唐门词学

唐圭璋先生一百二十周年诞辰纪念文集

高峰 主编

南京师范大学出版社

图书在版编目（CIP）数据

唐门词学：唐圭璋先生一百二十周年诞辰纪念文集 / 高峰主编 . — 南京：南京师范大学出版社，2022.4
ISBN 978-7-5651-5044-9

Ⅰ . ①唐… Ⅱ . ①高… Ⅲ . ①唐圭璋（1901 – 1990）– 纪念文集 Ⅳ . ① K825.6-53

中国版本图书馆 CIP 数据核字（2021）第 250442 号

书　　名	唐门词学：唐圭璋先生一百二十周年诞辰纪念文集
主　　编	高　峰
责任编辑	许晓婷
出版发行	南京师范大学出版社
地　　址	江苏省南京市玄武区后宰门西村 9 号（邮编：210016）
电　　话	（025）83598919（总编办）　83598412（营销部）　83373872（邮购部）
网　　址	http://press.njnu.edu.cn
电子信箱	nspzbb@njnu.edu.cn
照　　排	南京凯建文化发展有限公司
印　　刷	南京凯德印刷有限公司
开　　本	710 毫米 ×1000 毫米　1/16
印　　张	30.25
字　　数	495 千
版　　次	2022 年 4 月第 1 版　2022 年 4 月第 1 次印刷
书　　号	ISBN-978-7-5651-5044-9
定　　价	120.00 元

出 版 人　张志刚

前言

唐圭璋（1901—1990），字季特，江苏南京人。中国当代词学大师，著名的中国文史学家、教育家、词人。1922年考入东南大学国文系，师从吴梅先生研治词学。抗战期间任教于重庆中央大学，1953年从东北师范大学调入南京师范学院。兼任国务院古籍整理出版规划小组顾问、中国韵文学会会长、中华诗词学会名誉会长、《词学》主编，被国务院授予"有特殊贡献的专家"称号。从事词学研究七十余春秋，精心撰著二十多部皇皇巨制，在词籍文献整理、词学艺术评论等方面卓有成就，在当代词学领域矗立起一座巍巍丰碑，为现代词学的发展和南京师范大学古代文学学科建设做出了不可磨灭的贡献。

早在20世纪30年代，唐圭璋在前人汇编成果的基础上，投入大量的时间和精力，孜孜不倦地进行考证、校勘和辑佚，终于编纂完成了《全宋词》。该著博涉群籍，旁采笔记小说、金石方志、书画题跋、花木谱录、应酬翰墨及《永乐大典》诸书，共辑录两宋词人一千四百余家，词作约二万首，代表了当代词籍辑集校勘之学的最高成就，成为当今所有研治词学者最为重要的基本文献。他所编撰的《词话丛编》，辑录宋至近代词话共85种，1986年由中华书局出版。这部巨制鸿编，填补了我国词学批评史上的空白，又为词坛增添了一个新的坐标。唐圭璋先生的《词学论丛》体现了他在词学理论方面的成就，而其《唐宋词简释》着眼于词的作法与体会，详析名篇佳作之起结、过片、层次、转折、脉络，帮助初学者领会词旨要义。他领衔主编的《唐宋词鉴赏辞典》、《金元明清词鉴赏辞典》等，则选目精严，赏析优美，为词学知识的普及发挥了重要作用。因此，当代著名词学家叶嘉莹先生撰文评价道："先生一生研治词学，词学就是他所有的精神、感情、生命之所寄托，正由于他有如此专注的投入，所以才使得他在词学界中完成了如此伟大的成就。"

1978 年，唐圭璋开始指导研究生。1981 年，他成为全国首批博士生导师。耄耋之年的唐先生不顾年老体弱，多方写信征询教学意见，亲手编制教学计划，拟订考题，阅卷评分。他坚持在家中亲自为研究生开课讲授，尽管声音微弱，语调缓慢，但是思路清晰，语态亲切，令人如沐春风。如今，他的弟子杨海明、王筱芸、钟振振、王兆鹏、肖鹏、史双元、孙立、刘尊明、朱崇才等早已成为海内外词学名家，唐门词学的种子遍洒神州大地，枝繁叶茂、硕果累累。"春蚕到死丝方尽，蜡炬成灰泪始干"，一代词学泰斗，把他对词学的眷恋，对南师的深情，都镌印在随园的朝云暮霭、繁花绿茵之间。

2021 年是唐圭璋先生 120 周年诞辰。为了缅怀唐先生的学术风范，纪念他的词学贡献，展现他桃李芳华的育人成果，南京师范大学文学院编纂、出版全面反映唐门弟子词学研究丰硕成果的唐圭璋先生 120 周年诞辰纪念文集《唐门词学》，得到了唐门弟子的积极响应。本书主体分为三个部分的内容："词学研究"收录唐门知名学者也是全国诸多词学研究专家的代表性文章，充分彰显出唐门词学厚重朴实的学术风格和守正创新的繁荣态势。"纪念文萃"选登了三篇纪念性文章，从不同的侧面回顾了唐圭璋先生的道德文章、学术风范、厚生精神，全面展现出一位以学术为生命的纯粹学者的深挚情怀，令人感怀，催人奋进。"唐门学谱"系统梳理了几代唐门学人薪火相继的学术传承，激励人们不忘来时路，砥砺新征程。这部分内容是由王兆鹏先生提出倡议，各位唐门弟子积极参与，王先生带领其团队组织编纂完成的，付出了很多辛劳，在此表示由衷的感谢！

唐圭璋先生曾经说过："祖国优秀文化遗产在世界上的地位相当重要，我们一定要树立雄心，下定决心，把古典文学研究搞上去，决不能让外国学者先我着鞭。"我们每一位唐门弟子都要牢记唐先生的谆谆教诲，肩负使命，刻苦钻研，像唐先生那样做人、治学，为中国词学研究事业的发展做出自己的贡献！

高　峰

2021 年 9 月 14 日

目录

词学研究

试论人生意蕴是唐宋词的『第一生命力』

杨海明

一

在老祖宗所留下的全部文学遗产中间，唐宋词对现当代读者来说，堪称最具“活性效应”的作品之一。例如随便走进哪家书店（甚至是以出售言情武侠书籍为主的小书铺），你就准会看见各式各样的唐宋词选本，以及多家出版社编写的《唐宋词鉴赏辞典》。而若有机会读到青年学生热恋时所写的“两地书”，其中也差不多全会引用下面这些几近滥熟的宋词名句：“多情自古伤离别，更那堪冷落清秋节”、“两情若是久长时，又岂在朝朝暮暮”……这就说明，社会虽已进入以电脑为标志的高科技时代，然而古老的唐宋词却至今存活在人们的心中。再如，曾经一度风靡过大陆的台湾女作家琼瑶的众多言情小说和影视作品，其中又有很多即取名于唐宋词的名句名篇：如《庭院深深》之取名于冯延巳的“庭院深深深几许”，《心有千千结》之取名于张先的“心似双丝网，中有千千结”，《一帘幽梦》之取名于秦观的“夜月一帘幽梦”，《烟锁重楼》之取名于李清照的“念武陵人远，烟锁秦楼”，《寒烟翠》之取名于范仲淹的“秋色连波，波上寒烟翠”……这种情况，绝非偶然，一则说明她对唐宋词的情有独钟，二则也表明了她有意用唐宋词的魅力来“招徕”读者。事实上，以词中名句来作点睛之笔着实使其作品平添了顾盼自怜的“姿色”。无独有偶，大陆的文艺作品也曾这样做过。如周克芹的小说《山月不知心里事》，宗璞的散文《丁香结》，张瑜、陈道明等主演的电视剧《梦断秦楼》，还有那新中国成立前就家喻户晓的电影《一江春水向东流》，等等，它们也都选用了唐宋词句作为篇名。究其用心，或者是作者曾从词中获取过创作的灵感和启示，或者又是想借助于词的“名句效应”来吸引读者和观众的注意。而仅以取名这一狭窄的角度来看，我们也足以窥见当代作家对于唐宋词的熟悉与喜爱了。所以综合以上情况可知，尽管星移斗转，换了人世，可唐宋词却仍对现实的文化生活发挥着参与作用。

然而，以上所举其实还只是词的“活性效应”之显而易见的表面现象。若往深层去看，则此种“活性效应”就更加深刻地体现在它对读者感情世界和心理气质的影响方面，对于这个问题我们还可将视野拓宽来看。

封建时代的士大夫文人，全都是些读书人，故从一定意义上说，他们的思想观念、人生哲学，乃至生活情趣、审美心理，就在很大程度上是通过读书而获得的。在他们所读的众多书籍中，自然以儒家经典和以儒家思想为指导思想的政史类著作显得最为重要，无数代人对这些著作的学习和授传，就铸成了整个封建士大夫文人的群体文化人格。但除此之外，诗文作品对他们影响却也不可小视。且以诗歌为例：撇开《诗经》作为儒家“五经”之一的崇高地位不论，就拿《离骚》、陶诗、杜诗这三类作品来说，它们就对封建社会的大量读书人产生过巨大而深远的影响。屈子那“信而见疑，忠而被谤”的怨愤，曾经激起过千百年来与他有着相似命运的士人之强烈共鸣；陶渊明的几首《归田园居》和一篇《归去来兮辞》(可以看作今之散文诗)，又引动了他们多么深浓的归隐情趣；而一部被人称为“一饭未尝忘君”的杜甫诗集，竟又被囚禁在元朝狱中誓不屈服的文天祥读得烂熟，并一口气地衍生了二百首《集杜诗》。这就说明，正统的诗文作品，曾在凝铸和塑造中国士大夫文人的思想性格和文化心理方面，发挥过不可低估的作用。

对旧时代的广大平民百姓来说，则由于他们读书机会较少和文化程度不高，故其接受的文学影响，就主要不是来源于高雅的散文和诗歌，而是来源于比较通俗的戏曲和小说。这里且以小说为例，昔年梁启超就曾有过论述：“吾中国人状元宰相之思想何自来乎？小说也。吾中国人佳人才子之思想何自来乎？小说也。吾中国人江湖盗贼之思想何自来乎？小说也。吾中国人妖巫狐鬼之思想何自来乎？小说也。若是者，岂尝有人焉提其耳而诲之，传诸钵而授之也？而下自屠爨贩卒、妪娃童稚，上至大人先生、高才硕学，凡此诸思想，必居一于是，莫或使之；若或使之，盖百数十种小说之力直接间接以毒人，如此其甚也。即有不好读小说者，而此等小说既已渐渍社会，成为风气，其未出胎也，固已承此遗传焉。其既入世也，又复受此感染焉。虽有贤智，亦不能自拔。”① 虽则其言明显有所偏颇（一是只看到小说“含有毒性”的一面，二是把上述陈腐观念的成因统统归罪于小说），但它确实相当犀利地揭示了小说对于“人心”、“人格”形成的重要熏染作用（因此他在此文中又大声疾呼：“欲新人心，欲新人格，必新小说”、“欲新一国之民，不可不先新一国之小说”）②。以此类推，则戏曲对于民众心理的影响亦复如此。如像“私订终身后花园，落难公子中状元，奉旨完婚大团圆”的才子佳人式婚姻理想，“莫谓老天不长眼，善恶到头终有报”的因果报应思想，也都在很大程度上是通过戏曲舞台而向广大民众传播的。由此可证，无论是高雅的士大夫群体还是普通的平民群体，他们就都曾从文学作品中接受过思想文化方面的影响，只是其接受来源和所产生的思想效应有所不同而已。

现在再让我们来看词对读者所产生的思想文化影响。对这问题，我们可从两个角度来看：

第一是其影响面。应该承认，由于词为“小道末技”，所以它对士大夫文人的影响远逊于诗文作品那样深刻，又因它比小说戏曲来得典雅，且缺少后两者的故事性和传奇性，所以它对平民百姓的影响也不如小说戏曲那样明显。但若换个角度来看，由于词体具有比诗文通俗而又比小说戏曲文雅的文体特色和文体优势，它就有可能同时获得雅、俗两大读者群的喜爱，故其影响面就几乎涵盖了全社会稍具文化知识的各式人等。

第二是其影响力的心理指向。由于小说戏曲之兴盛主要是在宋元以后，所以这里就仅将唐宋词和前代诗文作个比较。孔子曰：“不学诗，无以言。”（《论语·季氏》）据此，则诗歌和文史作品就对封建文人俨然具有“教师”的资格和职责。不过，诗和文这两位“教师”却是相当严肃和正经的“男教师”，他们主要向学生们传授如何成为“士”和“君子”的大道理（虽然偶也会在课堂上发发个人的牢骚不平），故在通常情况下他们就努力将读书人的心理气质导向“阳刚”的方向。如儒家先哲们就谆谆教诲后生学子：“刚、毅、

① 梁启超：《论小说与群治之关系》，见《饮冰室合集》第2册，中华书局1996年版，第9页。
② 同上。

木、讷，近仁”(《论语·子路》)，“士不可以不弘毅”(《论语·泰伯》)。这样一来，读书士子自然只好收敛起他们内心固有的“阴柔”一面，而尽量使自己变得“刚毅”。但唐宋词（其主流作品自是婉约词）则显得大不相同了，她在总体上就扮演了一个“女教师”的角色（这正好吻合于德国哲学家谢林把诗歌称为“人类女教师”的比喻）。尽管唐宋词中也有类似于诗文那种士大夫文人的思想意趣，例如宋人就曾说过，读苏轼的《赤壁》词能“使人抵掌激昂而有击楫中流之心”，读苏轼的《哨遍》词，能“使人甘心淡泊而有种菊东篱之兴”(《燕喜词叙》)，但从整体和主流来说，则唐宋词就像一位温柔的女教师那样，给人以女性的体贴和关怀，教人懂得爱和柔情的可亲和可爱。故在她的抚慰和熏陶之下，读者的感情世界就可能变得更加丰富和细腻，其心理和气质也会产生变“柔”和变“俗”(世俗化）的趋向。当然，想要证明上述影响，虽然在封建时代的士大夫文人那里还是比较困难的（这是因为他们一般不肯轻易和直率地向人们承认这种显得不太有出息的心理变化），但从某些偶露真情的片言只语中，我们却还能见到一些蛛丝马迹。例如清人沈谦在其短短的《填词杂说》中就曾两次谈到读词对他产生的“移情”作用，一是说读了柳永“杨柳岸，晓风残月”之句后，惝恍迷离，不能自主；二是说自己某次独宿旅店，读了柳永那首极言孤眠之苦的“每到秋来”(《爪茉莉》)词后，深觉它“能移我情”。再如，另一位清人江顺诒则说：“余性刚而词贵柔，余性直而词贵曲，余性拙而词贵巧……余性浅率而词贵蕴蓄……乃学为词，冀以移我性也。”(《愿为明镜室词稿序》)请看他的欲以读词来修补其心理性格的某些不足而使之朝柔、曲、巧和含蓄蕴藉的方向发展，我们就不难感知唐宋词对读者的心理影响，大体确是指向“阴柔”一路的。而因古代读书人长期以来所接受的正规教育，基本是儒家经典和诗文作品那一套“传道”、“授业”、“解惑”的男式教育，所以从完整的人性出发，实际早就产生了某种“阴阳失调”的缺憾感。现今一旦得遇唐宋词这样一位温柔美丽的“女教师”，他们当然就会倍感亲切和欣喜。这就难怪词体一登唐宋文坛，便立即蒙受了当时雅、俗两大读者群的热烈欢迎；而即使在唐宋以后直至现当代，唐宋词仍以其主体上的女性化文学魅力深深地吸引着读者。当然，正如前述，词在思想观念方面给予他们的直接影响或许比不上诗文和小说戏剧那样深刻和明显，但它对读者的感情世界和心理气质，却起着一种相当微妙而持久的潜移默化作用。对此，丰子恺先生的一段读书体会就很能说明问题。他在《谈自己的画》一文中曾说：

> 欢喜读与人生根本问题有关的书，欢喜谈与人生根本问题有关的话，可说是我的一种习性。我从小不欢喜科学而欢喜文艺。为的是我所见的科学书，所谈的大都是科学的枝末问题，离人生根本很远；而我所见的文艺书，即使最普通的《唐诗三百首》、《白香词谱》等，也处处含有接触人生根本而耐人回味的字句。我读了“想得故园今夜月，几人相忆在江楼”，便会设身处地做了思念故园的人，或江楼相忆者之一人，而无端地兴起离愁。又如读了“流光容易把人抛，红了樱桃，绿了芭蕉”，便会想起过去的许多的春花秋月，而无端地兴起惆怅……

小小年纪，本应无忧少虑，然而只因读了几本唐诗宋词，心头却“无端”地兴起了种种莫名的人生惆怅，这就足可证明古典文学（特别是以写愁情和柔情为主的婉约词）对于年轻人的感情世界和心理气质，有着多么深细的感染作用了。而再证之当今的流行歌曲，也曾以它缠绵悱恻的情调和轻靡柔艳的风格培养出了一大批“发烧友”和“追星族”，且在相当程度上影响了这一代青年人之精神面貌。那么我们对于作为唐宋时代之流行歌曲的唐宋词极能“动摇人心”的影响力，也就不难由此而想见。所以讲到这里，我们很可仿效梁启超论旧小说的话来论说唐宋词对读者的影响：吾国青年男女卿卿我我、一往情深的情愫何自而来乎？吾国文人淑女多愁善感、嗟离伤别之心理气质何自而来乎？吾国读者“以艳为美”、“以柔为爱”的审美心理何自而来乎？——它们很大程度上就是得自于唐宋词（婉约词）的熏陶。

以上，我们由唐宋词之身影不时在当代生活中闪现谈起，进而论析了它对读者的深层心理影响，由此证明唐宋词的确是一种至今犹在产生“活性效应”的古典文学。而接下来的问题则是：应该如何来解释唐宋词虽“古”而不“老”的奥秘？或者换句话说，唐宋词究竟是靠什么来打动人心和吸引读者的？它之所以具有长盛不衰的生命力之原因主要又在哪里？对此，我们的回答是：唐宋词中贮存着十分丰厚而又能贯通古今的人生意蕴，而这人生意蕴就该是唐宋词的“第一生命力”。

二

现在，再让我们接过前引丰子恺的话头继续述说。从他的读书体会中我们大可明白：对于不少读者来说，古典诗词之所以能深深吸引他们，其主要原因就在于其中“处处含有接触人生根本（问题）而耐人回味的字句”，从而能够激活读者自身的情思和联想。因此这段十分质朴而又真切的自述，实际却揭示了一个相当深刻的道理：古典诗词的“活性效应”，其本源即主要在于它们所贮存的有关人生诸种问题的思想底蕴。

平心而论，广大读者之所以喜读古典诗词，自然还有另一个重要的原因，那就是他们对于其艺术美感的赞赏和迷恋。确实，古典诗词的艺术美感是光彩照人、美不胜收的，在一定意义上甚至还是不可超越和无法复制的，因此它们同样也是唐宋词“生命力”的构成要素之一。但是相比之下，则古典诗词所贮存的有关人生问题的思想底蕴，就更是一种能直接对读者心理产生“活性效应”的首要和主要的活性因素。由于下列原因：古人和今人人生状况的相似和相续，今人和古人在心理气质方面的大致不变和一脉相承，民族文化心理的延绵沉积，唐宋词中的人生意蕴就能持久地激活一代又一代读者的情思，不断地产生“活性效应”。对此，且作分析：

首先应该看到，古今的人生状况虽因时代环境的变易而产生出不小的差异，但从其根本内容来说，却又是万变不离其宗和不断得到“复制”的。例如，从个人的物质生活而言，无论哪个朝代的人，其实都在为衣、食、住、行而奔忙，分解到最后，也不外是饮食男女、吃喝拉撒睡。再从生活遭遇和人生道路来看，各人的具体情况虽有千差万别，但概括来说，他们就都要面对生、老、病、死的人生大问题，也都会经历诸如荣辱是非、悲欢离合的人生遭遇。由此而来，古人和今人在处置这类相似的人生课题时，也就会产生出异代而同貌的情志与心态。例如，面对人生短促这一严峻的现实，他们就都会感叹光阴之易迁、青春之难驻，从而思索人生的价值和意义，并努力去善待今生。又如，任谁都难逃生活的压力，不免会陷入感情危机或人生逆境之中，这时他们就都会勉力寻觅解决烦恼的良方，皈依某种人生哲学。若再说得具体一些，则不论是智者还是愚者，也不论是在上的达官贵人还是在下的芸芸众生，他们一生中总要碰到诸如下列这一些人生问题：读书、求职、婚姻、家庭、沉浮、迁徙、穷通、得失，乃至休闲娱乐、退休养身……虽然各个时代和每位个人的情况并不相同，但正像每天都要迎接太阳的升起那样，一代又一代的中国人却无一例外地必须面对上述几乎是"永恒"的人生课题，并产生大致相似的感情活动。而在这两方面，早于我们千百年的唐宋词人就堪称是现当代人的一群"先行者"。苏轼曾有诗曰："崎岖世味尝应遍。"（《立秋日祷雨宿灵隐寺同周、徐二令》）唐宋词（以及其他古典文学作品）在一定意义上就是一部记录唐宋词人如何体验人生以及如何处置各种人生问题的"心灵文献"和"经验总结"。读着这样一部形象化的"人生百科全书"，怎能不激发起后代读者的心灵共振和感情共鸣？

其次应该看到，古今时代的人们尽管在穿着打扮、言语举止方面产生了一定的差异，但在心理气质方面却并未发生根本的改变——道理相当简单：既然他们同样生息在华夏大地之上，既然他们同样用筷子进食这块土地上长出的黍稷稻麦，且仍使用着老祖宗所传下的同一种方块汉字，那么要说他们的心理气质会产生出很大的变易，就很难说通的。一首有名的流行歌曲，其中有两句是这样说的："洋装虽然穿在身，我心依然是中国心。"据此可知，同是黄皮肤和黑眼珠的中国人，则不论他们是身在大陆还是身在海外，也不论他们是生活在古代还是生活在现代，就基本都拥有着同一类型的"中国心"。而在这"中国心"中，自然也包含着心理气质方面的内容，举例来讲，千百年来的中国多情文人，大多数都会见落花而伤春，闻雁声而悲秋，这种"集体无意识"的感情行为就表明他们共同怀有着多愁而善感的气质。而更妙的是，年龄尚幼、涉世未深的少年丰子恺，一读到某些古典诗词，竟也会漾起莫名的人生哀愁，这就更足说明中国人在心理气质的多愁善感方面，就确是古今相似和一脉相承的。而因其心理气质的一致性，加上又面对着本质相同的人生问题，古人在其诗文作品中所抒写的种种人生感慨，当然就会对后代读者产生出撩拨心弦的"活性效应"。例如，杜牧登齐山，联想到《晏子春秋》所载齐景公登牛山而泣涕的故事，不禁浩叹："古往今来只如此，牛山何必独沾衣。"（《九日齐山登高》）这句"古往今来只如此"，以及晏几道所说的“尝思感物之情，古今不易”[1]，就相当深刻地阐说了这样一个道理：古典文学作品之所以能激动后人，其原因之一即在于前代作者和后代读者之间，存在着“古今不易”、基本相似的心理气质。

再次，古典诗词能对后人产生“活性效应”，还与文化心理的绵延和沉积有关。由于中华民族具有十分悠久的历史，所以前代人所形成的文化心理就会变成一种“传统”，代代相续地绵延在后代人的心中。举个极为常见的例子来说，几千年的封建社会中，形成了男尊女卑、重男轻女的思想，然而时至当代，它却仍然未曾断根。再如，古人对其后代抱有“望子成龙”、“光耀门庭”的强烈企盼，而20世纪末的中国人却也无不千方百计要把子女送进名牌学校，这就足以说明某些传统观念不仅没有绝迹，反而竟有越演越烈之势。由此可证，包括思想观念、民风民俗、生活习惯、审美情趣等等在内的文化心理，确实存在着由古至今不断绵延和积淀的事实。而前代的文学作品，就正充当了沉积和承传这种传统文化心理的重要载体。所以，当后代读者阅读古代文学作品，尤其是阅读其中特别擅长于抒情写心的唐宋词时，他们就会与古人贮存在其作品中的文化心理产生“似曾相识”的稔熟感和“情投意合”的默契感，从而激起了自身的感情涟漪。举例来讲，自古以来中国人对月亮就怀有某种特殊的感情：既感亲切，又感神秘；既感温馨，又感清冷；既盼望它的早日变圆，却又忧惧它的由圆变残……总之，一见到月亮，就往往在心中涌发盈亏离合的人生惆怅。这种文化心理和感情体验，却照样绵延在现代人心中。故当他们读着“江畔何人初见月？江月何年初照人？人生代代无穷已，江月年年只相似”时，心中也会涌起和张若虚一样的迷惘；当他们在与恋人分离或聚首时见到一轮圆月或一钩残月时，也会发出和吕本中一样的怨嗟：“恨君不似江楼月，南北东西。南北东西，只有相随无别离。恨君却似江楼月，暂满还亏。暂满还亏，待到团圆是几时？”（《采桑子》）所以尽管苏轼已经远离了我们八百多年，但当人们（特别是与亲人不能团聚的离人）面对中秋的皓月，却仍然会和他一样升腾起“人有悲欢离合，月有阴晴圆缺，此事古难全”的人生遗憾，也同样会对亲人发出衷心的祝愿：“但愿人长久，千里共婵娟。”古典诗词之所以能激活读者之情思，使他们产生“古人先得我

① （宋）晏几道：《小山词自序》，见金启华等编《唐宋词集序跋汇编》，江苏教育出版社1990年版，第25页。

心”的钦佩与感激，分明就与它们所“释放”出的文化心理能与读者心中沉积的传统心理一拍即合有关。

所以综合以上情况可知，唐宋词人在其词中所记录和贮存的人生意蕴，绝不是一大堆冷冰冰的思想资料，而是一大团散放着光和热的文化资源，读者只要稍具人生阅历和文化悟性，就定能接受其“辐射”而引发相应的“心理感应”。因此归根到底，词之所以能对后世读者产生“活性效应”，之所以具有长盛不衰的生命力，其本源就主要在于它所贮存的十分丰厚而又贯通古今的人生意蕴。当然除此以外，词的绚丽多姿的艺术美感也是吸引读者的另一个重要原因，但相比之下，后者毕竟属于第二位的因素。这是因为，人们之欣赏词的优美“词境”就必定是与它们所深裹着的“词心”紧紧联系在一起的（而这“词心”就是那有关于人生问题的思想底蕴）。尽管有些读者之喜欢读词在一开始时或许仅被其艺术美感所深深吸引，但最终使他们反复涵泳和无穷回味的，却依然是那贯通古今的人生意蕴。何况，“石韫玉而山晖，水怀珠而川媚”（陆机《文赋》），正是由于人生意蕴像珠玉那样韫怀其中，词的艺术天地才会显得分外地山晖川媚。而若抽去了这层丰厚生动的思想底蕴，则再好的艺术美感也会像橱窗里的时装模特那样徒具华美的外表而缺乏真实灵魂。所以说到最后，唐宋词的“第一生命力”就该是它所贮存的人生意蕴。

三

为了更加清楚地说明上述道理，我们还可从后世读者对唐宋词的接受情况着眼，进一步论证“唐宋词之‘第一生命力’在于其贮存的人生意蕴”的题旨。以现当代读者为例，他们之所以会在紧张的工作学习之余，不时捧读唐宋词选，除开满足审美需求之外，主要就在于利用词中的人生意蕴，以求得自身的心理平衡和获取精神方面的滋补。他们对词的喜爱和接受，分明就体现着“各取所需”和“古为今用”的实用性倾向。这从以下两种情况尤可看清。

第一是不同年龄段的读者分别偏嗜不同类型词篇中所贮存的不同人生意蕴，从而各取所需地获得感情的宣泄和满足。对此且让我们先引郑板桥的三句话作佐证，他在《词钞自序》中曾说：“少年冶游学秦、柳，中年感慨学苏、辛，老年淡忘学刘、蒋。”这虽然仅是他个人的学词经验，但又概括了许多读者读词的共同偏嗜：青少年时代，喜读秦观、柳永的恋情词；中年时代，喜读苏轼、辛弃疾的感慨之作；而到老年，则又爱读刘克庄、蒋捷的“看穿”、“出世”之词。这种人随年龄长进而产生的阅读兴趣之改变，主要非关审美方面的因素，而恰与其人生轨迹同步。换句话说，人在不同的年龄段自会遭逢不同的人生问题和产生不同的人生感触，因此他们就十分自然地会向相应的词篇靠拢，“求其友声”地去寻求感情的共鸣。这就又一次证明了词之“活性效应”其产生的基础即在于它们贮存的人生意蕴能够“心有灵犀一点通”地贯通古今。下文就让我们略述读者因年龄和所遇人生问题不同而导致的对词的各有偏嗜。

青少年时代，是人生中最为“清纯”的时期。或是情窦初开，或是春情勃发，少男少女们往往就把唐宋（婉约）词当作“爱”和“美”的文学海洋，在里面恣情遨游。胸怀着满腔恋情时，他们爱读“陌上谁家年少，足风流？妾拟将身嫁与、一生休”（韦庄《思帝乡》）；心灵涌起惆怅时，他们则爱读“欲寄彩笺兼尺素，山长水阔知何处”（晏殊《蝶恋花》）；为着增添自己的信心，他们会再三吟诵“衣带渐宽终不悔，为伊消得人憔悴”（柳永《凤栖梧》）；为着宣泄自己的苦闷，他们又会反复默吟“剪不断，理还乱，是离愁，别是一般滋味在心头”（李煜《乌夜啼》）。总之，这批青少年读者是怀着一颗赤子之心和抱着最虔诚的态度去“拥抱”唐宋词的。词中有关爱情、婚姻、相思、离别等方面的情思和意蕴就像无形的细针密线那样在他们的脑海深处缝织进了无限的柔情蜜意，使他们的性格变得温柔，使他们的举止变得文雅（至少在恋人面前）。青春可爱和爱情可贵这两种美丽的人生意蕴，就像磁石那样牢牢地吸住了无数唐宋词的读者，而即使是对那些婚嫁已毕的成年人来说，也仍具有着一定的魅力。曾有一位中年女教师自述，当她装修新分到的公房时，并无太多讲究，却特意要把卧房之门砌成圆形，并饰以枝叶婆娑的塑料罗宋草。其目的无他，只想让自己能时时重温“月上柳梢头，人约黄昏后”的诗情画意。这足以说明唐宋词确有柔化人们心灵世界的魔力。它们所贮蓄的如水柔情简直已化为春风雨露，润物细无声地在国人的意识深处滋润着他们的心田。而前文已谈过的唐宋词的“女教师”作用，也就主要集中体现在这一方面。

中年时代，是人生的“多事之秋”。这一阶段的人们，事情特多，头绪特繁；由此而来，则又压力太多，负担太重。因此，精神疲惫，感慨良多，就成了他们共同的心理状态。故对这批读者而言，苏、辛那些抒写人生百味的感慨之词，自然便成了“良师益友”。情绪高涨时，他们爱读苏轼的“老夫聊发少年狂”和“酒酣胸胆尚开张”；情绪低落时，则又转爱稼轩的“可惜流年，忧愁风雨，树犹如此”和“欲说还休，却道天凉好个秋！”而在某种特殊的环境中，他们竟还从苏、辛词中直接获取过支撑其生命的精神力量——“文革”期间有些落难的干部竟就是靠着背诵东坡居士“莫听穿林打叶声，何妨吟啸且徐行”的词句而挺过其囚禁生活的。由此我们就不难想知苏、辛词中某些人生意蕴对于这批成年读者具有何等强大的精神感染力了。

老年时代，则是人生渐近结束的时期。这一群体的读者，已经在人生旅途中跋涉过千山万水，谙尽了人生甜酸苦辣的各种况味，因此很易产生“看穿”人生、心如止水的思想状态，所以他们就尤其爱读词中那些咏叹“老年忘情”的作品。蒋捷词云：“少年听雨歌楼上，红烛昏罗帐。壮年听雨客舟中，江阔云低、断雁叫西风。而今听雨僧庐下，鬓已星星也。悲欢离合总无情，一任阶前、点滴到天明！”（《虞美人》）刘克庄词云：“老子颇更事，打透利名关，百年扰扰于役，何异入槐安？”（《水调歌头》）这些阅尽人间沧桑、看破人生名利的词篇，就极能引起他们的心理共鸣，帮助他们消释暮年的寂寞感和孤独感。

以上情况表明：老中青这三类读者对于唐宋词的各有偏嗜，其实是依据人生各阶段的实际心理需求而产生的。也就是说，读者在人生道途中碰到了什么突出的问题，他们就会自觉或不自觉地到词中去寻觅与此有关的人生意蕴，借他人之酒杯，浇自己之块垒。这种各觅所好和各取所需的读词偏嗜，就很有说服力地证明了唐宋词对读者的吸引力主要发源于它所贮存的丰厚人生意蕴。

第二则可从唐宋词与现实人生的关系来看。尽管词中所凝聚与贮存的人生意蕴，静止来看已属“过去”时态，但它们却又能贯通古今地影响到现当代读者的心灵世界和精神生活。因此聪明一点的读者就很自然地会将它们拿来“古为今用”。具体而言，词就可对他们发挥“调节人生、滋润人生、丰富人生、提高人生”的作用（当然有时也不免会产生某些负面效应）。对此，凡是喜欢读词朋友，大概都曾有深切的体会：除开提高文学修养以外，唐宋词在思想方面就确能给人以启迪和教益。因此，人们即可通过读词来“修补”和改善那并非尽善尽美的人生。

例如：我们的生活或许太紧张了——生态环境既有恶化之势，社会竞争则又是那样的激烈，那我们何不通过读词来适当调节自己的人生呢？读一读“西塞山前白鹭飞，桃花流水鳜鱼肥。青箬笠，绿蓑衣，斜风细雨不须归”（张志和《渔歌子》）和“世路如今已惯，此心到处悠然，寒光亭下水如天，飞起沙鸥一片”（张孝祥《西江月》）吧，你的心境至少就能获得片刻的放松和休憩。我们的心田或许太干涸了。金钱至上，物欲横流，几欲冲刷掉人性中固有的真情和温情，而使一切都变得那么冷漠和无情，那就何不让我们通过读词来滋润一下自己的人生呢？读一读“夜月一帘幽梦，春风十里柔情”（秦观《八六子》）吧，它们就像春风那样，会鼓荡起你内心的温柔；再读一读“明月别枝惊鹊，清风半夜鸣蝉。稻花香里说丰年，听取蛙声一片”（辛弃疾《西江月》）吧，它们又像清风一样，拂除你心头的烦躁，使你感到平凡的人生中竟到处都能发现“美”，从而教人尽量地活得滋润有味。我们的阅历或许太浅薄了，整天束缚在家和办公室里，逼仄的生活空间压抑了才情的自由发展，那我们何不通过读词来驰骋想象，丰富自己的人生？李后主词，能使人懂得人世的悲凉；秦少游词，则又使人充分感受到人间的真情；我们没有上过战场，但“燕兵夜娖银胡䩮，汉箭朝飞金仆姑”（辛弃疾《鹧鸪天》）却使我们身临其境地感受战争的紧张气氛；我们没有离开过地球，但“身游银阙珠宫，俯看积气濛濛”（刘克庄《清平乐》）却使我们有机会飞临月宫，这就大大拓宽了人们的艺术视野，丰富了他们的人生阅历。最后，作为实际生活中的一位凡人，我们的思想境界有时又显得相当低下，经常患得患失，忧谗畏讥，那又何不通过读词来净化自己的灵魂，开拓自己的心胸？读一读稼轩的“求田问舍，怕应羞见，刘郎才气”（《水龙吟》）吧，人们的胸襟定会变得高远一些；读一读于湖居士的“素月分辉，明河共影，表里俱澄澈”和“尽吸西江，细斟北斗，万象为宾客”（《念奴娇》）吧，人们的心灵也一定会得到澡雪。而以上种种有益于人生的奇妙功效，就全都是由“词心”的“辐射”和读者之心的“感应”结合而生的。所以一方面是读者对唐宋词中的人生意蕴各有偏嗜和各觅所好，另一方面则是他们更将这些人生意蕴当作思想遗产和精神财富来“古为今用”，这两方面的情况就均足说明人生意蕴乃是唐宋词能产生“活性效应”的主要原因。

四

行文至此，似可结束。但我们又顺此而想到了另一个重要问题：如若承认人生意蕴乃是唐宋词（以及所有优秀古代文学作品）的“第一生命力”，那么我们对唐宋词（以及其他古典文学）的研究，就有必要调整视角，立足人生，这才能真正将它们读透读活。

应该承认，以往的大量词论词话，有许多也是围绕着人生来诠释唐宋词的思想蕴含的。不过，它们的侧重点和落脚点却基本局限在人生中的政治层面上，而未能从整体的、全方位的人生角度来研究问题。例如苏轼中秋词的主题明明是抒写人间亲情和咏叹人生缺憾，可宋人却硬要说它是“爱君”之词，而温庭筠写女性生活的《菩萨蛮》词，则又被常州派词人穿凿出了“感士不遇”的政治情怀。由此看来，由于受到汉儒说《诗》的传统观念之严重束缚和深刻影响，以往的词学批评虽然实都绕不开人生问题来论词，但它们却又把人生仅仅（或者主要）归结为政治。这样一来，其视野就势必变窄，而其结论也往往会背离事实。相比之下，则王国维将“人生”引入词学批评的做法就显得视野开阔多了。如其论“诗人对宇宙人生，须入乎其内，又须出乎其外。入乎其内，故能写之。出乎其外，故能观之。入乎其内，故有生气。出乎其外，故有高致”；又如他之用“忧生”、“忧世”来发掘晏殊、冯延巳词的深层意蕴，就都显示了他眼光并不局囿于“政治”一途，而已拓展到了更为宽广的人生大背景上。可惜的是，这种着眼于整个人生的研究和探讨，在《人间词话》中也只显露了苗头，而未见深入全面的论析。因此综观历代的词学批评，虽已取得了不小的成绩，但却基本未能跳出以政治和道德评判为主的批评模式，更未能注目于唐宋词对后世读者的思想文化影响。所以我们提出立足人生的研究角度，或许能拓展思路，为词学批评开启一个新的领地。

我们认为，现存二万余首唐宋词篇，若从根本上说，实是唐宋词人人生经验的文学结晶。依叶燮《原诗》的说法，词中所表现的“理、事、情”三种内容，就全都紧贴着词人本身的人生：从“事”的层面来看，词中反映了词人多种多样的人生经历和人生遭遇；从“情”的层面来看，词中淋漓尽致地表现了词人各式各样的人生欲念和人生感慨；从“理”的层面来看，词中又述说了词人不尽相同的人生理念和人生哲学。但不管是“事”，是“情”，还是“理”，它们都来源和扎根于词人的人生中。因此只有立足于人生来论词，才能直探其本源，真正将它读深读透。而在这方面，词体本身的下列特点又需予以注意。虽然词和其他文学作品一样，其根本使命都在于表现人生（这和诗、文、小说、戏曲等文体并无二致），然因词体具有其独特的文体特色和文体优势，故其表现人生又有以下两个特点：一是尤其擅长于表现私生活环境中的人生情思，二又特别致力于表现人生情思中最为精微深细的内容。这就提示我们：从人生角度来论词，更须注意其“方位”和“层次”的问题。拿前一个特点来说，词所表现的人生内容，除开所谓的豪放词之外，十之八九就全属私生活环境中的活动和情思。如晏殊贵为大宰相，然其小词所写却尽多吟风弄月、赏花品酒、歌舞冶游之类私生活的内容。而欧阳修则更说得透彻，他在退居颍州所写的《采桑子》小序中说：“虽美景良辰固多于高会，而清风明月幸属于闲人。并游或结于良朋，乘兴有时而独往。鸣蛙暂听，安问属官而属私；曲水临流，自可一觞而一咏。”据此则这十首《采桑子》之所写，就纯属他“痴儿了却公家事”之后在私人自由支配时间内的休闲生活和闲情闲致。因此唐宋词所表现的人生，就远不局限和集中在政治生活方面，而是一种全方位的人生。再从第二个特点来说，词尤致力于表现人生情思中最为精微深细的内容（特别是恋情方面的情思），这就使得词中的人生意蕴显得“层次”更深。例如欧阳修所写的“人生自是有情痴，此恨不关风与月”（《玉楼春》），其情深至“痴”的人生体验就非一般的诗文作品所能表达。再如清末民初的词论家曾说：“人静帘垂，灯昏香直，窗外芙蓉残叶飒飒作秋声，与砌虫相和答。据梧冥坐，湛怀息机，每一念起，辄设理想排遣之。乃至万缘俱寂，吾心忽莹然开朗如满月，肌骨清凉，不知斯世何世也。斯时若有无端哀怨枨触于万不得已，即而察之，一切境象全失，唯有小窗虚幌、笔床砚匣，一一在吾目前。此词境也。”[1] 他所体味到的这番“词境”（而非“诗

---

① 况周颐：《蕙风词话》卷一，见《蕙风词话 人间词话》，人民文学出版社 1960 年版，第 9 页。

境”或“文境”），也是一种来自心灵深处的人生枨触。所以根据词在表现人生方面的上述两个特点，我们就不能仅从狭隘的政治、道德角度来诠释词的思想底蕴，而只有改从全方位、多层次的人生角度来论词，这才能吻合唐宋词的实际情况，还原其大型“人生乐章”的本来面目。

在以人生作为“切口”，顺滑地剖开唐宋词的“词心”（即探视其中贮存的人生意蕴）之同时，我们还应注目于当代读者对它们的接受情况和所产生的社会影响，真正将唐宋词当作一种“活文学”来研究。人生本是很不容易的，而唐宋词人在他们艰难的人生中竟然集体创造了那么灿烂的词文学，并给后人留下了取汲不尽的精神遗产，这就越发值得我们珍惜和加以利用。一方面，唐宋词人无不感叹于人生的虚空和多艰（如苏轼叹曰“须信人生如寄”，李之仪叹曰“人生弹指事成空”，赵令畤叹曰“人生更在艰难内”），但另一方面他们却又万分痴恋和执着于人生（如欧阳修曰“人生自是有情痴”，晏殊曰“人生有限情无限”）。一方面，他们极度关心自身，珍惜着自己每一寸光阴和玩味着自己每一份感情，另一方面他们却又具有着强烈的责任心和使命感，绝不愿让自己的生命浪掷和让自己的人生虚度（这在南宋的爱国词中表现得非常充分）。前贤早就说过：“每览昔人兴感之由，若合一契。”又说：“后之视今，亦犹今之视昔。”（王羲之《兰亭集序》）既然人类历史是由一代又一代人的人生所共同延续而成的，而他们之间又存在着今昔相似的人生感遇，那么作为唐宋词人之后辈的我们，怎又能轻易置前人在词中留下的那笔丰厚的思想遗产而不顾呢？因此，文学创作固然是为人生，文学研究也同样应该为人生——尤其是为现实的人生。而以人生意蕴来沟通古今两代人的心灵，使当代读者能从唐宋词中获取有益于现实人生的滋养，就该是新时期词学研究的一项重要工作。我们相信，必会有人乐意朝这方面努力。

（原载《文学评论》2000年第1期）

【作者简介】

杨海明，男，1942年生，江苏苏州人。1978—1981年在南京师范学院中文系师从唐圭璋先生攻读硕士学位。后执教于苏州大学文学院，教授、博士生导师。著有《唐宋词风格论》、《唐宋词史》、《唐宋词美学》、《唐宋词与人生》等。曾获首届“夏承焘词学奖”一等奖、“中华词学研究终身成就奖”。

“变旧声作新声”

——柳永歌词的都市叙述与北宋中叶都市文化建构

王筱芸

对柳永的研究已经有很多视角和研究成果。但如何解释同时并存于柳永作品的浪子、才子、游宦词人等芜杂的文化身份叙述，仍然是研究的难点。本文从柳永歌词都市叙述方式和角色话语的变化，切入唐宋文化转型和重构的模式。

从北宋中叶都城制度发生重大变革，形成新的街市[①]空间和街市文化——新都市叙述中的文化身份变化和多元角色话语实践的视角，研究柳永、柳永歌词和柳永故事，如何将主流和边缘话语进行雅、俗重构，建构一套宋代都市文化的言说方式？这些话语方式和故事母题，被哪些不同的群体选择、接受或排斥，如何在不断的叙述中，建构成为宋代都市文化的母题和经典之一？这些是本文研究的目的。

从都市叙述切入，是因为从经济发展到制度变革、再到生活方式和价值取向的变迁，作为背景的描述，永远是单向度的时间和因果流程，很难凸显出各种复杂的因素和力量共同作用形成的共时性状态。而城市空间结构形态的变化，引发的都市叙述的变化，对因经济、制度、文化等等引发（同时又互为因果）的社会分化和社会结构功能变迁的呈现，却是全方位的、直接的物质现实和话语现实。因此，在特定的都市叙述中研究文化身份和角色话语

① 宋仁宗景祐三年（1036）曾下诏曰：“天下士庶之家，屋宇非邸店、楼阁临街市，毋得为四铺作及斗八。”（宋）李焘《续资治通鉴长编》卷一一九，景祐三年八月己酉，清文渊阁《四库全书》本。

实践的流变，比简单的经济政治背景描述，具有更坚实的基础。

当然，都市叙述不是一个自然而然形成的过程，生活在新的街市空间的人们，并不先天地具有新都市叙述的优势，也并不一定可以直接地获得关于新都市制度、空间结构功能的认同。对这一语境独特的体验和情感记忆——作为不同角色的文学表意实践——都市叙述，才能使新的都市空间，经由都市叙述成为个体—群体—大众的词汇。

大约出生于宋太宗雍熙四年（987），生活并创作于真宗和仁宗朝的柳永[①]，其歌词的都市叙述和多元角色话语实践——作为浪子词人、才子词人和宦游词人，对新都市空间的角色切入和独特体验，恰恰是北宋真宗、仁宗时期，新的都城街市制度和都市阶层分化重构——新的都市文化转型、建构之际的准确体现。正如北宋范镇所云："仁宗四十二年太平，镇在翰院十余载，不能出一语歌咏，乃于耆卿词见之。"[②]

一、从浪子词人到狎客话语：由里坊到街市——柳永歌词的都市艳情叙述与北宋中叶都市文化转型

与宋敏求"二纪以来（指宋仁宗庆历、皇祐年间），不闻街鼓之声，金吾之职废矣"[③]的历史记载相同，柳永对北宋中叶里坊宵禁解除的制度变革，是用"金吾不禁六街游，狂杀云踪并雨迹"（《玉楼春》）的歌词方式来表达的，他直言不讳地唱出了都市制度变革带给人们的都市生活新时空、生活方式新感受。

"皇都今夕知何夕"，"金丝玉管咽春空，蜡炬兰灯烧晓色。凤楼十二神仙宅，珠履三千鹓鹭客"（《玉楼春》），朝野通宵达旦、歌吹沸天、灯火彻夜的

① 唐圭璋：《柳永事迹新证》，《文学研究》1957 年第 3 期。

② （宋）祝穆：《方舆胜览》卷十一，中华书局 2003 年版，第 197 页。

③ （宋）宋敏求：《春明退朝录》卷上，见［日］加藤繁《宋代都市的发展》、《唐宋时代的市》，载《中国经济史考证》，商务印书馆 1959 年版，第 258、284 页；"金吾"：据《唐六典》卷一三载，唐代都城的坊市宵禁巡逻制度："凡两京城内则分知左、右巡，各察其所巡之内不法之事。"卷二五载："左、右金吾卫大将军、将军之职，掌宫中及京城昼夜巡警之法，以执御非违。……（翊府）中郎将掌领府属，以督京城内左、右六街昼夜巡警之事。"（唐）李林甫等：《唐六典》，中华书局 1992 年版，第 381、639 页。

都市生活情景，与唐代长安和洛阳里坊宵禁制度下的都市叙述——“六街朝暮鼓咚咚”①，“六街鼓绝尘埃息”②的景象，形成鲜明对比。

同是“归来中夜醉醺醺”的冶游，在宵禁已经解除的宋代中叶，柳永只不过是独自“惹起旧愁无限”而已；而唐代诗人温庭筠在扬州，却因此犯夜受惩，遭到巡街虞候的痛打，连牙齿都被打掉了③。这些在唐传奇中随处可见的都市叙述——“及里门，门扃未发”，只好整夜在外“坐以候鼓”（《任氏传》）的禁夜情景，在唐宋文学的叙述中已然判若两境。

使“云踪并雨迹”“狂杀”的，当然不只是里坊宵禁制度解除在都市娱乐时间上获得的自由，更是娱乐场所由里坊一隅，到街市合一所形成的娱乐空间拓展和新的都市叙述：“朝野多欢，九衢三市风光丽，正万家、急管繁弦。凤楼临绮陌。”

据宋仁宗景祐三年（1036）诏曰：“天下士庶之家，屋宇非邸店、楼阁临街市，毋得为四铺作及斗八；非品官毋得起门屋；非宫室寺观，毋得绘栋宇，及间朱黑漆梁柱、窗牖雕镂柱础。”由此可以看出，在仁宗朝解除旧的街鼓制度的同时，“邸店、楼阁临街市”的街市合一空间也已获得制度认可。东京的街市不仅在宋仁宗景祐年间已经形成，而且大街上的邸店和楼阁（酒楼、茶坊、酒馆、市肆），超越“四铺作及斗八”旧制的建筑装饰，已经得到制度的默认。这种变革，使得北宋东京的街道比之中古时期，不仅增加了商业贸易、娱乐交际等新的功能，而且成为“雅俗熙熙物态妍”、“朝野多欢”的新公共空间，由此开启和孕育了宋型文化的种种新特质。

北宋中叶都市制度和都市空间的变革，与新的社会阶层的崛起以及商业化、都市化推进互为因果。宋代城市户籍制度中出现的十等“坊郭户”④，标志

---

① （唐）张籍：《洛阳行》，见《张司业诗集》卷七拾遗，《四部丛刊》景明本。

② （唐）姚合：《同诸公会太府韩卿宅》，见《姚少监诗集》卷八，《四部丛刊》景明钞本。

③ （宋）李昉《太平广记》卷二六五“载温庭筠”条：“温庭筠……咸通中，失意归江东，路由广陵……醉而犯夜，为虞候所系，败面折齿。”

④ 宋仁宗时，欧阳修谓：“往时因为臣寮起请，将天下州县城郭人户分为十等科差。”（《乞免浮客及下等人户差科札子》，见《欧阳文忠公全集》卷一一六）并根据房产和财产的多寡分为上、中、下户三类。坊郭上户包括地主、房主、商人、贷主、手工业主和揽户；坊郭下户大致由小商贩、工匠、被雇者、穷书生等组成。见王曾瑜：《宋朝的坊郭户》，见《宋辽金史论丛》第一辑，中华书局1985年版，第73—77页。

着此时城市社会分工和阶层的分化，已经达到前所未有的细化程度。坊（城）郭户正式列入封建国家的户籍，表明他们的社会地位和经济作用，得到封建国家的承认："城郭人户虽号兼并，然而缓急之际，郡县所赖。饥馑之岁，将劝之分以助民；盗贼之岁，将借其力以捍敌；故财之在城郭者，与在官府无异也。"①宋真宗时"京城资产百万者至多，十万而上，比比皆是"②。宋仁宗时与西夏交战，"借大姓李氏钱二十余万贯，后与数人京官名目以偿之"③。这些积聚了巨额财富的坊郭上户"粱肉常余，乘坚策肥，履丝曳采，羞具、居室过于侯王"④。致使"雕文纂组之日新，金珠奇巧之相胜。富者既以自夸，贫者耻其不若"⑤。他们不仅在经济上，而且在生活方式、价值取向上，日益成为举足轻重的群体。他们的崛起虽然不一定构成真正的政治势力，却以强有力的物质生产和文化消费的参与方式介入了整个社会，甚至从都市叙述的话语⑥层面，改变了社会日常生活的方式和向度。因此，一种新的都市文化话语方式，在北宋中叶的建构是一个必然趋势。柳永歌词的浪子词人角色话语实践，不仅代表了新兴的坊郭户群体的精神诉求和话语表达，而且以其世俗化、平民化的言说方式和审美价值取向参与了北宋中叶新的都市文化建构。

"金吾不禁六街游，狂杀云踪并雨迹"之"云踪并雨迹"，以个体的方式所代表的狎客群体及其艳情叙述，最突出地表现了柳永作为浪子词人在新街市空间的角色体验、情感记忆与话语实践。柳永歌词由士大夫精英话语到街市世俗话语的分化转型，正是从他"未名未禄，绮陌红楼，往往经岁迁延"（《戚氏》），"长是因酒沉迷，被花萦绊"的浪子词人角色开始的。所谓浪子，是封建正统对不务正业、行为举止不符合封建道德规范的游荡子弟之谓，也是两宋人对柳永的一致评价："（永）为举子时，多游狭邪，善为歌辞。"⑦从

① （宋）苏辙：《制置三司条例司论事状》，见《栾城集》卷三五，四部丛刊景明嘉靖蜀藩活字本。

② （宋）李焘：《续资治通鉴长编》卷八五，大中祥符八年十一月己巳。

③ （宋）李焘：《续资治通鉴长编》卷三八八，元祐元年九月丁丑。

④ （宋）张方平：《乐全集》卷一四，清文渊阁《四库全书》本。

⑤ （清）徐松：《宋会要辑稿·刑法二》，稿本。

⑥ 所谓话语，是指受一定价值系统支配的言说语汇和言说方式。不同的文化身份由于受各自价值系统和话语资源的影响，呈现出言说语汇和言说方式上的巨大差异。

⑦ （宋）叶梦得：《避暑录话》卷下，见朱易安、傅璇琮等主编《全宋笔记》第二编第 10 册，大象出版社 2006 年版，第 285 页。

柳永的歌词中，也随处可见他放浪形骸、多游狭邪的自我描写："小楼深巷狂游遍，罗绮成丛。"（《集贤宾》）浪子词人之名，并不始于柳永。晚唐词人温庭筠早就因与柳永经历相似的"士行尘杂"、"狂游狭邪"、作侧艳之词，被视为浪子词人[①]。只不过因为他艳情叙述的丽密华美，依然体现了士大夫群体贵族化、精英化的审美标准，故后世仍有"飞卿之词，深美闳约"（张惠言《词选》）之誉。

柳永作为浪子词人的行径和艳情叙述，之所以一直处于被批判的边缘化状态，固然是因为与唐宋以来科举取士，特别是与北宋朝廷提倡的"与士大夫治天下，非与百姓治天下"[②]，故须"留意儒雅，务本理道"[③]的主流价值取向相左有关；最主要的，是他与市井私妓的交往及其在艳情叙述上的平民化、世俗化取向，悖逆并解构了士大夫群体贵族化、精英化的正统审美价值取向。

同样是艳情叙述，比较一下柳永"眼前时、暂疏欢宴，盟言在、更莫忡忡。待作真个宅院，方信有初终"（《集贤宾》）、"待恁时、等着回来贺喜。好生地。剩与我儿利市"（《长寿乐》）的两情相悦，与晚唐词人温庭筠"水精帘里玻璃枕，暖香惹梦鸳鸯锦。江上柳如烟，雁飞残月天"（《菩萨蛮》）和"过尽千帆皆不是，斜晖脉脉水悠悠，肠断白蘋洲"（《梦江南》），完全是两种截然不同的言说方式。尽管温、柳二人的经历相似，然而不同都市制度下形成的不同的都市叙述，使柳永浪子词人的艳情叙述，充满了街市的世俗和庸常，具有明显的平民化、世俗化、口语化特征。解构了晚唐五代和宋初台阁词人"满目山河空念远，落花风雨更伤春。不如怜取眼前人"（晏殊《浣溪沙》）艳情叙述的贵族化、精英化的审美定势，挑战了传统的主流话语伦理。因此招致宋代士大夫群体的激烈批评[④]。

正是通过柳永浪子词人的角色话语实践，新街市空间中的酒楼、歌馆、市肆和世俗饮食男女，作为新的都市标志和都市阶层——"坊郭户众"——"都下富儿"[⑤]，进入柳永的都市叙述，分化并替代了以往都市叙述以皇宫贵族为中

---

① （宋）刘昫等：《旧唐书》列传卷一四〇下《温庭筠传》。

② （宋）李焘：《续资治通鉴长编》卷二二一。

③ （宋）吴曾：《能改斋漫录》卷一六，清文渊阁《四库全书》本。

④ （宋）陈师道《后山诗话》："骫骳从俗。"（宋）徐度《却扫编》卷五："多杂以鄙语，故流俗之人尤喜道之。"

⑤ （宋）王灼：《碧鸡漫志》卷二，清知不足斋丛书本。

心的话语模式和审美取向。

柳永浪子词人都市艳情叙事的世俗化和商业化特征，还表现在他对“千金买笑”的娱乐商业化关系的反复描写与强调：“莫道千金酬一笑，便明珠、万斛相邀。”（《合欢带》）“有天然、蕙质兰心，美韶容，何啻值千金。”（《离别难》）“一笑千金”或“千金买笑”之典①，原本是形容宫廷皇妃和权贵宠姬一笑难得的喻说，彼时并无商品交换的内容。而在柳永歌词中，却是男欢女爱商品交换关系的实指，是北宋中叶新的街市空间中娱乐艳情商品化的世风的真实反映。

“何啻值千金”的被强调，是因为金钱的交换作用，早已在街市商业、娱乐的交易方式和生活方式中成为共识。②与唐五代、宋初台阁词人群刻意回避情欲的金钱交易关系（因为他们艳情遇合的对象，更多的是家妓和官妓等非商品化的性资源和娱乐资源，与柳永及其坊郭户众主要对象是商业化的市井私妓不同），常常是用温情脉脉、充满诗意的人仙遇合、阳台云雨、洞天福地的贵族化意象，来进行艳情叙述的言说方式截然不同，它以赤裸裸的金钱交换方式，换取以往被皇宫贵族垄断的性资源和娱乐资源，使其由小众的特权，变为大众可以购买的商品，用以满足人皆具有的享乐欲望，体现出由贵族文化和精英文化向世俗文化和商业文化转型的特征。又因为这种言说方式赤裸裸地凸现出金钱交易的商品关系，剥掉了男欢女爱温情脉脉的面纱，抵触并僭越了文人士大夫建构的、他们的才具和话语权力足以超越金钱的话语神话，因而同样遭到主流士大夫群体的攻击：“惟是浅近卑俗，自成一体，不知书者尤好之。”③

正是由于代表了“不知书者”的世俗群体“浅近卑俗”的话语表达和审美价值取向，柳永歌词从浪子词人到狎客话语的艳情叙述，完成了从个体书写到男性性别、欲望群体话语模式的建构。

作为男性欲望群体的浪子和狎客，最突出的特征是流连青楼歌馆，通过

① 源自东汉崔骃《七依》：“回顾百万，一笑千金。”南朝梁王僧孺《王左丞集·咏宠姬》诗：“再顾连城易，一笑千金买。”

② “……雕文纂组之日新，金珠奇巧之相胜，富者既以自夸，贫者耻其不若。则人欲何由而少定哉！”（《宋会要辑稿·刑法二》）

③ （宋）王灼：《碧鸡漫志》卷二。

金钱交换，以获取声色之娱，凸显出他们作为性别和欲望主体的文化身份和话语表达。柳永的狎客话语，以恣肆的男性自我欲望叙述，大胆的身体和情欲关怀，大量的女性声色、姿容感官刺激描写，和“算等闲，酬一笑，便千金慵觑”的夸富、显富的世俗言说方式，表达了普通街市市民——被边缘化的城郭户众久被压抑的情欲诉求，表现出世俗化甚或鄙俗化的审美价值取向。柳永的狎客话语，强调男欢女爱的云雨之欲，应该获得满足的天经地义，何况郎才女貌两情相悦，而且认为“雨雾云惹”四处留情，是浪子和才子的天性和权力：“嘉景，向少年彼此，争不雨霑云惹？奈傅粉英俊，梦兰品雅。”（《洞仙歌》）“佳景留心惯，况少年彼此，风情非浅。”（《洞仙歌》）集游宴、狎妓于一体的狎客群体，视女性的身体为欲望化的消费对象，因而肆意渲染女性声色姿容、歌喉舞姿带给他们的感官刺激：“访雨寻云，无非是、奇容艳色。就中有、天真妖丽，自然标格。”（《满江红》）“意中有个人，芳颜二八。天然俏、自来奸黠。最奇绝，是笑时、媚靥深深，百态千娇，再三偎着，再三香滑。”（《小镇西》）凸现欲望不断膨胀的街市世俗文化消费风尚和新都市空间下话语言说方式的转型。柳永的狎客话语，以对情色感官刺激和放浪无度的诉求，以及周旋于无数歌妓之间的艳遇炫耀，在满足男性中心的虚荣和欲望的同时，凸现狎客赤裸裸的消费狎戏女性身体的粗鄙、世俗的言说方式，反映了在新的街市空间下，艳情娱乐的商品化，使作为坊郭户众的男性欲望群体日益膨胀的感官刺激、情欲诉求，获得了前所未有的释放空间和话语表达权利。

这种通过个体体验建构的“浪子＋艳情”的狎客话语，与六朝宫体诗一样是自我欲望想象的话语表达，是个体感官欲望和欲望叙述的又一个轮回。只不过欲望的主体，由彼时垄断性资源和娱乐资源的宫廷权贵，变成了此时的普通举子士人和街市市民。这种狎客话语，由于表达了广大的市民阶层久被压抑的身体和情欲诉求，“始行于世，于是声传一时”，成为世俗文学——宋人笔记小说和话本津津乐道的人物和情节。由柳永、柳永歌词和柳永故事构成的“浪子＋艳情”的话语模式，作为都市市民文化的话语建构，在接受群体不断选择、叙述的历史化过程中，成为都市文化的经典。从两宋众多的词话和笔记小说、话本，如《醉翁谈录》、《绿窗新话》、《柳耆卿诗酒玩江楼记》等，到元明的戏曲小说、拟话本，如《众名妓春风吊柳七》等流行于民间的市井大众文本中，可以看到这种话语的建构和流变过程。

这种“浪子—狎客”话语，因为代表着新的都市文化群体的文化诉求而“大得声称于世”，并且不断地在社会日常生活中渗透与播散，日益由边缘影响中心，构成了北宋中叶都市文化不可忽略的世俗潮流。

二、从才子词人到才人话语：功名与享乐相对立的都市叙述言说方式——新都市空间下才人群体的文化身份叙述与北宋中叶都市文化建构

北宋中叶新的都市变革，除带来娱乐时空与娱乐群体的拓展外，另一个显著特征，是朝野上下日常生活和时序节庆集体狂欢的享乐化、平民化和商业化趋势，催生“陶陶尽醉太平”、享乐至上的都市生活和都市叙述方式。

对元宵节、清明节、中秋节等都城时序节庆的长篇铺叙，是柳永歌词“陶陶尽醉太平”的都市叙述名篇。从“列华灯、千门万户。遍九陌、罗绮香风微度。十里燃绛树。鳌山耸、喧天箫鼓”街市的繁华喧腾；到“倾城，尽寻胜去”，“风暖繁弦脆管，万家竞奏新声”的集体狂欢；节庆中的少年男女，共同感受“浓欢无价。任他美酒，十千一斗，饮竭仍解金貂贯。恣幕天席地，陶陶尽醉太平，且乐唐虞景化”（《抛毬乐》），将北宋中叶新都市空间下，借时序节庆及时行乐的集体狂欢展现得淋漓尽致。无论形式（慢词长调）还是内容（寻胜游宴），都最能体现北宋都市文化转型的特征。

以时序节庆为载体的集体狂欢，当然不是宋代的独创[①]。只是由于都城制度与商业制度的变革，由于北宋皇帝对借时序节庆彰显太平盛世、与民同乐的强调[②]，此时的时序节庆集体狂欢，比之前代，呈现出更为平民化、世俗化、商业化和艳情享乐化的倾向。同样是都城时序节庆叙述，柳永歌词更关注

---

① 早在唐代长安，曲江已经是节庆时序集体出游的胜览之处。“都城胜赏之地，唯有曲江。”（唐）李昂：《听诸司营造曲江亭敕》，见《全唐文》卷七四，清嘉庆内府刻本。

② “真宗皇帝因元夕御楼观灯，见都人熙熙，举酒属宰执曰：‘祖宗创业艰难，朕今获睹太平。与卿等同庆。’宰执称贺。”参见（宋）朱弁：《曲洧旧闻》卷一，清知不足斋丛书本。

和描述的，是新街市空间中的饮食男女。而非中古时期里坊制度下集体出游的皇宫贵族主体[①]。同样是皇家水边修禊盛宴，北宋“三月一日开金明池琼林苑”，无论是柳永笔下“绕金堤、曼衍鱼龙戏，簇娇春罗绮，喧天丝管”的百戏班子或孟元老笔下的商业摊位出租[②]，甚或“凤辇宸游，鸾觞禊饮，临翠水、开镐宴。两两轻舠飞画楫，竞夺锦标霞烂”（《破阵乐》）的飞舟夺标专业户，都充满了浓郁的商业气息。新的街市制度下的日常生活或集体狂欢，时时处处皆有街市商业化如影随形。因为有“朝廷买市”的商业利益和彰显太平盛世之政治功能的双重趋动，各种鱼龙百戏、小唱、杂剧杂技也异彩纷呈，构成了新的都市文化娱乐商业化、专门化的新内涵和新功能。

在里坊制度下，只能在两市不定时演出的市井文娱，在北宋的日常生活和时序节庆集体狂欢中，成为固定的日常化和商业化的娱乐行业。遍布全城的勾栏瓦肆，为坊郭户众提供他们喜闻乐见的各种娱乐消费。以其新的生产、消费和传播方式，重构了传统的以等级、权力为核心的贵族精英文化一体化的创作、消费、传播方式[③]。它既以满足新的城市坊郭户众的文化需求为目标，同时又以新的话语方式和世俗内容，重构都市文化的趣味和价值取向。

同是都城节庆时序叙述，杜甫从朝野出游看到的，是皇妃贵戚的骄奢淫逸，引发的是“炙手可热势绝伦，慎莫近前丞相嗔”的深刻感叹和批判意识。而柳永看到的却是“凤辇宸游，鸾觞禊饮，临翠水，开镐宴”“霁色荣光，望中似睹，蓬莱清浅”的与民同乐的人间仙境，以及“太平时，朝野多欢民康

① 如唐杜甫的《丽人行》：“三月三日天气新，长安水边多丽人。”“就中云幕椒房亲，赐名大国虢与秦。”“黄门飞鞚不动尘，御厨络绎送八珍。箫鼓哀吟感鬼神，宾从杂遝实要津。”

② “（金明池）不禁游人，殿上下回廊，皆关扑钱物、饮食、伎艺人作场勾肆，罗列左右。”“游人还往，荷盖相望。桥之南立棂星门，门里对立彩楼，每争标作乐，列妓女于其上。”“街东皆酒食店舍，博易场户，艺人勾肆质库。不以几日解下，只至闭池，便典没出卖。”参见（宋）孟元老：《东京梦华录》卷七，中华书局1982年版，第181–182页。

③ 姚合所写“六街鼓绝尘埃息，四座筵开语笑同”（《同诸公会太府韩卿宅》），是唐代里坊制度下娱乐生活的典型表征。我们所熟知的唐代士大夫群体的宴享唱和、歌舞夜宴，“环炉会语终夕”、“征异话奇”讲说和传播传奇小说的高雅消遣，大多仍然是在宵禁制度下，在与市井隔离的里坊空间语境中进行的。仍然是士大夫自成一体的贵族沙龙的产物，无论创作者或接受者，都不出士大夫文人的圈子。

皁，随分良聚。堪对此景，争忍独醒归去”（《抛毬乐》）的世俗享乐陶醉。这体现出传统士大夫精英群体和文化，在新的社会结构和都市空间中的阶层、角色分化，以及精神生活方式（从修齐治平“先忧后乐”到以声色享乐为尚）的更替和取代趋向；体现出他们在世俗化、平民化、享乐化的过程中，对世俗的认可和追随。这种拆除深度，追求瞬间的快感，以声色享乐为尚的价值取向，代表了北宋中叶新街市空间下从士子、才子到才人群体的角色变化和文化身份转向。

才子，是唐宋科举考试，特别是“以诗赋取士”制度化以来，用以称谓那些具有卓著文学才能、却又被排斥在主流之外的个体。士大夫与才子的本质区别，在于前者不仅被制度认可而且位居要路；而后者却是怀才不遇，生不逢时。才子词人是柳永平生最真实、快意的角色，他著名的《鹤冲天》，最为淋漓尽致地表达了他的角色话语、文化身份和价值取向：“黄金榜上，偶失龙头望。明代暂遗贤，如何向？未遂风云便，争不恣狂荡？何须论得丧，才子词人，自是白衣卿相。　烟花巷陌，依约丹青屏障。幸有意中人，堪寻访。且恁偎红翠，风流事、平生畅。青春都一饷，忍把浮名，换了浅斟低唱！”柳永作为才子词人最突出的特征，不仅是多才多艺，更是他“忍把浮名，换了浅斟低唱”——将功名与享乐相对立的言说方式，以及惊世骇俗的边缘化人生取向“才子词人，自是白衣卿相！”，不啻是对主流价值取向的公开宣战。

宋代统治者基于“为与士大夫治天下”的国策，重文抑武[①]。天子亲自殿试，中举者皆为“天子门生”，荣耀无比。因此，进京赴考，学优而仕，是宋代学子概莫能外的人生道路和主流价值取向。宋朝优待士大夫[②]，所以娱宾遣兴、浅斟低唱，早已是宋代士大夫普遍的享乐方式。文人角色的多重性：公务与私情、治国与娱乐，因为社会政治、经济、商业、娱乐文化发展形成的不同空间得以实现[③]，并用诗、文、歌词或笔记、小说等不同的文体功能表达。

然而士大夫群体浅斟低唱的享乐方式，与“忍把浮名，换了浅斟低唱”

---

① 如北宋蔡襄所言：“今世用人，大率以文词进。大臣，文士也；近侍之臣，文士也；钱谷之司，文士也；边防大帅，文士也；天下转运使，文士也；知州郡，文士也。”（《端明集》卷二二《国论要目》，宋刻本）

② 提出“与士大夫治天下”的重要国策。（宋）李焘：《续资治通鉴长编》卷二二一。

③ “韩黄门持国，典藩觞客，早食则凛然谈经史节义，及政事设施，晚集则命妓劝饮，尽欢而罢。”参见（宋）周煇：《清波杂志》卷十，《四部丛刊续编》景宋本。

的功名与享乐相对立的言说方式和享乐至上的价值取向，是两个完全不同的范畴。对于皇帝和朝廷而言，前者是可以接纳的享乐方式；后者则是不能容忍的、对士大夫主流精英价值取向的解构和挑战，是对士大夫群体文化身份的颠覆。柳永因此而触犯天颜，招致同时代和历代士大夫群起而攻之，也就没有什么奇怪的了①。在柳永的歌词里，随处可见这种着意将功名利禄和艳情享乐相对立的叙述："浮名利，拟拚休。是非莫挂心头。富贵岂由人，时会高志须酬。莫闲愁，共绿蚁、红粉相尤。向绣幄，醉倚芳姿睡，算除此外何求？"（《如鱼水》）

作为举子，本应以功名读书为重，明知"如斯佳致，早晚是、读书天气"，但随着"渐渐园林明媚，便好安排欢计。论槛买花，盈车载酒，百琲千金邀妓。何妨沉醉，有人伴、日高春睡"（《剔银灯》）。作为屡试不第的才子，他更是唱出了"青春都一饷，忍把浮名，换了浅斟低唱"（《鹤冲天》）的愤激。即使是殿试中举这样重大的人生大事，"便是仙禁春深，御炉香袅，临轩亲试。对天颜咫尺，定然魁甲登高第。待恁时、等着回来贺喜。好生地、剩与我儿利市"（《长寿乐》），也被他解构为与庸常的艳遇赏钱相提并论；中举了，他的最大愿望，也仍然是艳情享乐，"遍九陌，相将游冶，骤香尘，宝鞍骄马"（《柳初新》）；中举后四处游宦，他仍一如既往地认为："这巧宦、不须多取。共君把酒听杜宇，解再三，劝人归去。"（《思归乐》）

曾经被作为士大夫精神标志的"举世皆浊我独清，众人皆醉我独醒"的屈原精神，在这里被解构成为"堪对此景，争忍独醒归去"（《抛毬乐》）的自甘沉溺。杜甫"致君尧舜上，再使风俗淳"的历史使命感，在这里，成为"晚岁光阴能几许？这巧宦、不须多取"（《思归乐》），并代之以"念浮生，不满百。虽照人轩冕、润屋珠金，于身何益"（《尾犯》）。

文化身份是需要叙述才能表达的，它来自创作者的话语实践，并受制于各种社会权力。才子词人的角色话语和都市叙述，固然是因"偶失龙头望"的落第和"明代暂遗贤"的怀才不遇而引发，却以"忍把浮名，换了浅斟低

① "仁宗留意儒雅，务本理道，深斥浮艳虚薄之文。初，进士柳三变，好为淫冶讴歌之曲，传播四方。尝有《鹤冲天》词云：'忍把浮名，换了浅斟低唱。'及临轩放榜，特落之曰：'且去浅斟低唱，何要浮名。'景祐元年方及第。后改名永，方得磨勘转官。"载（宋）吴曾：《能改斋漫录》卷一六。

唱”的价值取代，突破主流意识形态对个人建功立业的目标规定，叙述出与之不同的文化身份、价值取向。实质上代表了一个庞大的、从士大夫群体分化而出，介于主流精英和街市市民之间的才人[①]群体的言说权利和话语建构。

尤其是“才子词人，自是白衣卿相”的文化身份和话语权威喻说，赋予“才子词人”——才人群体的合法性，使得这一新崛起于边缘的群体，具有了与主流精英分庭抗礼的意味。正是在这一点上，其躲避崇高，拆除深度，消解传统士人人生意义和使命感，摆脱主流意识形态桎梏，追求瞬间情欲享乐，放弃精神维度的人生态度和价值取向，才具有意味深长的边缘文化或亚文化的创造价值。也正是由此，柳永才子词人的角色话语和都市叙述，才得以实现了从个体文学书写到才人群体话语模式的建构。

才人群体从娱乐消费到生产的角色过渡——由“见说兰台宋玉，多才多艺善词赋。试与问、朝朝暮暮，行云何处去”(《击梧桐》)的独逞才情、娱乐消费，到“耆卿居京华，暇日遍游妓馆。所至，妓者爱其有词名，能移宫换羽，一经品题，声价十倍”[②]的角色转换，是柳永才人话语和文化身份叙述——作为新街市文化的创作主体——才人群体的价值实现和生存特征的话语表达。

与主流精英群体的价值实现，主要依赖于皇帝朝廷的知遇不同，才子词人——才人群体则全赖新的接受和传播群体——青楼歌妓的赏识、“云踪雨迹”——冶游于街市各色人等的认同与消费。由于歌妓是才人和受众之间的第一媒介，才人与歌妓之间在才艺上的惺惺相惜，是这个新角色、新群体和新职业，异于其他男性群体狎玩心态的亮点：“自古及今，佳人才子，少得当年双关。且恁相偎倚，未消得、怜我多才多艺。”(《玉女摇仙佩》)“未同欢、寸心暗许，……结前期、美人才子，合是相知。”(《玉蝴蝶》)

这些歌妓不仅是他们才艺的知音，还是他们在主流生活和价值取向受挫时的红颜知己：“烟花巷陌，依约丹青屏障。幸有意中人，堪寻访。”歌妓们的青睐、追慕，不仅是才人歌词流传的巨大推动，更是他们男性魅力获得满

① 才人：又称书会才人或书会先生。宋元称勾栏瓦肆编撰杂剧话本的作者和说话艺人为才人。见宋周密《武林旧事》和元无名氏《蓝采和》第一折：“俺路歧每怎敢自专，这的是才人书会刬新编。”

② (宋)罗烨：《醉翁谈录》卷二，宋刻本。

足，社会功能、人生价值和情感依托获得多重实现的关键："珊瑚筵上，亲持犀管，旋叠香笺。要索新词，殢人含笑立尊前。按新声、珠喉渐稳，想旧意、波脸增妍。"（《玉蝴蝶》）由此决定了他们将艳情与功名相对立的言说方式和价值取向，不仅是基于欲望的满足，也是不同的角色群体、社会阶层分化、分工和职业取向所致。

因此，才人群体必然更贴近街市空间和世俗社会，通过作品的商品化，为大众提供文化娱乐消费："平生自负，风流才调，口儿里、道知张陈赵。唱新词，改难令，总知颠倒。解刷扮，能哄嗽，表里都峭。每遇着、饮席歌筵，人人尽道，可惜许些了。"（《传花枝》）这种为主流社会惋惜的浪费，却是最受市民阶层欢迎之处。尤其"三妓挟耆卿作词"的"才子＋艳情"的柳永故事模式，更是作为此后小说戏曲的母题广泛流传。

"柳耆卿，名永。……其为人有仙风道骨，倜傥不羁，傲睨王侯，意尚豪放。花前月下，随意遣词，移宫换羽，词名由是盛传，天下不朽。……至今柳陌花衢，歌姬舞女，凡吟咏讴唱，莫不以柳七官人为美谈。"①柳永作为街市空间的时尚偶像和主流社会批评的热点，数百年经久不衰，体现了他作为才子词人的边缘人生、社会功能和价值实现的最大成功。

偶像的认同，是话语建构和文化身份认同以及价值观念流行的必然结果。新兴的街市文化需要有自己的偶像作为文化、审美取向的代言。它以时尚的形式传达出偶像的言说方式，人生取向和价值目标在民众中的反映。特别是在市民文化这样的亚文化层，偶像具有意想不到的巨大魅力，柳永构建的"才子词人，自是白衣卿相"，"忍把浮名，换了浅斟低唱"的"倜傥不羁，傲睨王侯"的神话，以神奇的速度流传和再叙事。让新兴崛起的才人群体和世俗庸常中的街市大众，在日常生活中及时找到意义世界，确认他们自己在文化地图上的标志。作为浪子、才子词人角色话语实践的柳永、柳永歌词和柳永故事，在宋、元、明、清不同的群体、不同文类、文本反复叙述的过程中，

① （宋）罗烨：《醉翁谈录》卷二。

成为才子和才人话语的偶像和经典[①]。

正是由于才子词人的这种话语实践，使得才人群体和街市市民阶层的话语表达，由口传模式的边缘状态，成为文本，跨越边缘与中心两种传统，交叉于主流和边缘多个文化圈，打破精英文化一体化的格局，为才人群体和市民阶层的言说权力、话语表达争取到一席之地。如宋人徐度《却扫篇》卷五所云："耆卿以歌词显名于仁宗朝，……其词虽极工致，然多杂以鄙语，故流俗之人尤喜道之。其后欧、苏诸公继出，文格一变，至为歌词，体制高雅。柳氏之作，殆不复称于文士之口，然流俗好之自若也。"

柳永歌词的才子词人角色话语，将中唐以来杜牧、温庭筠、韦庄等才子的角色分化倾向，发展为才人角色话语实践，为此后无数默默地在新的街市空间里，在勾栏瓦肆中卖文为生，为市民阶层生产娱乐文化商品的书会先生们，勾勒出新的文化身份和文化定位[②]。从柳永到元代书会才人的典型代表关汉卿那里，我们可以清楚地看到从浪子—才子—才人群体一脉相承的轨迹。

柳永的才子词人叙述，作为北宋中叶从士大夫话语到市井才人话语转型的开风气者，表现出柳永的社会身份与文化身份叙述之间的交叉错位，甚或自相矛盾的状态。例如，一方面他的文化身份叙述是"才子词人，自是白衣卿相"的自傲和不屑于功名；但在社会身份上，他则必须屡败屡试，直至改名方才一举高中；再如，在文化身份叙述上，他认为"晚岁光阴能几许？这巧宦、不须多取"（《思归乐》），但在实际生活中，他又为了升迁不断用词拜谒权贵，献词祝寿于当朝皇帝。显示其作为传统士大夫社会角色和文化身份的另一面。又如，他在文化身份叙述上，是"忍把浮名，换了浅斟低唱"，但在作为官宦的社会角色上，他又不得不收敛自己："又岂知，名宦拘检，年来减尽风情。"（《长相思》）使自己尽量符合士大夫主流的伦理要求。

这种集多元角色话语实践和文化身份叙述于一体的交叉错位状态，使柳

① 见宋人杨湜《古今词话》、王灼《碧鸡漫志》、吴曾《能改斋漫录》、张舜民《画墁录》、陈师道《后山诗话》、叶梦得《避暑录话》、徐度《却扫集》、罗烨《醉翁谈录》、皇都风月主人《绿窗新话》等等。此后又被作为宋元话本小说、元代戏曲和明代拟话本的人物和故事，如《清平山堂话本》有《柳耆卿诗酒玩江楼记》，元代关汉卿杂剧《钱大尹智宠谢添香》，明代冯梦龙《古今小说》有《众名妓春风吊柳七》。

② 如《碧鸡漫志》卷二所记载的张山人、孔三传、王彦龄、曹组、张衮臣和《东京梦华录》、《梦粱录》记载的说话人等。

永的歌词充满了复杂的形态和张力，很难用一元化的价值标准进行判断。体现出文化转型时期，边缘与中心相互位移渗透，导致角色分化、价值取向和文化身份叙述复杂多元的过渡时期特征。正是这种多元交叉错位，使柳永的歌词得以打破不同阶层文化圈的壁垒，同时在士大夫群体和街市市民群体中传播，代表了宋代文化分化、整合的新趋势。

三、从游宦词人到羁旅行役话语：游宦与艳情——新都市空间下游宦叙述的多元拓展——边缘和主流话语的雅俗整合与北宋都市文化建构

话语是一种自我文化身份确认。阶层的分化带来角色话语表达的变化，这是一个随社会身份的变化而变化的双向过程。柳永的歌词，既有从主流到边缘的话语分化和建构，例如他的浪子词人和才子词人角色话语，又有从边缘到主流的话语整合和雅俗重构——游宦词人的干谒投献和羁旅行役叙述。

宦游叙述是中国古代士人最常见的话语方式。唐宋科举取士的制度化，使庶族地主知识分子获得游学、游幕和游官——空间流动和人生选择的最大可能性。宦游叙述，从来包括修齐治平、入世达生、干谒投献、羁旅行役等等主题。只不过这些以往主要由诗歌文本承担的功能，转由以娱宾遣兴为主的歌词承担时，无论在叙述方式或话语资源上，都要经过雅俗整合的话语拓展和重构。

柳永歌词的宦游叙述，有两个重大的创新。一是用诗歌的应制干谒和羁旅行役叙述，拓展歌词的表现功能和话语形态，使之由边缘进入中心；二是用歌词原本的艳情叙述和娱宾遣兴功能，改造宦游叙述的宏大话语，使之充满了世俗的温暖和诗意。以歌词作为皇帝祝寿之献和宫廷大典之献，从现存文本看，始于柳永[①]。

他的《玉楼春》（凤楼郁郁）歌颂宋真宗作醮的盛大场面；《御街行》（蟠

① 柳永生活的真宗后期和仁宗朝，正是北宋的“盛时”，无论是“天书封祀”的祥瑞或是大赦的盛典，还是皇帝的生日，“士大夫争奏符瑞，献赞颂”。参见（明）冯琦编，（明）陈邦瞻增辑：《宋史纪事本末》卷四，明万历刻本。柳永的宫廷祝献词，便是这一时期政坛和文坛歌功颂德现象的体现。

紫烟断星河曙）庆祝宋真宗天禧二年以星变大赦天下之盛；《送征衣》、《永遇乐》均是为宋仁宗生日所作的祝寿词。铺叙皇帝生辰之日，天地日月山川呈现出各种祥瑞，以及政和民丰、朝野同庆的太平盛世。他以赋为词，极尽铺叙渲染之能事，直接禀承汉赋“宣上德而尽忠孝”的话语传统和叙述模式，盛赞“朝野多欢民康阜”。他的咏京城禁苑元宵节的《倾杯乐》，更因传入禁中，人“多称之”。他打破宋初“民间作新声者甚众，而教坊不用”[①]的文化隔膜。将流行的新声小唱，拓展为慢词长调的鸿篇巨制，使其与“承平气象，形容曲尽”的需求相符[②]。由边缘进入中心，开辟了宋词的另一番天地。

另一方面，他又不囿于宫廷中心视野和程式化的话语模式，用歌词作为都市叙述，雅俗重构。与投献朝廷之作程式化的歌功颂德不同，柳永对各路府太守的干谒词，更具浓郁的新都市生活气息。他干谒苏州太守、杭州太守、成都太守的投献之作，上片大都着意凸显繁华喧闹的都市享乐生活；下片则盛赞其治下的清明政绩。由于柳永的关注点和兴趣点更多的是在“万井千闾富庶，雄压十三州。触处青蛾画舸，红粉朱楼”（《瑞鹧鸪》），“锦里风流，蚕市繁华，簇簇歌台舞榭。雅俗多游赏，轻裘俊、靓妆艳冶”（《一寸金》）等街市空间的世俗享乐生活，使易流于程式化的干谒之作，平添许多世俗的温暖和亮色。其都市叙述也因“承平气象，形容曲尽”，成为传颂千古、彰显地域风土人情的名篇佳句。

这种边缘与主流话语的雅俗整合[③]，不仅使宋代宦游叙述获得多元拓展，而且使新的街市世俗生活，获得话语表达的一席之地。柳永的干谒之作，也因为鲜活的都市叙述不胫而走，由官府到市井，远播边陲和异国，“凡有井水饮处，皆能歌柳词”，无论是在接受群体，还是传播空间上，都远比一般的干谒投献词更具生命力。

---

① （元）脱脱等：《宋史》卷一四二《乐志十七》，中华书局2000年版，第3册，第2244页。

② 宋翔凤《乐府余论》：“慢词盖起宋仁宗朝。中原息兵，汴京繁庶，歌台舞席，竞赌新声。耆卿失意无俚，流连坊曲，遂尽收俚俗语言，编入词中，以便伎人传习，一时动听，散播四方……慢词遂盛。”

③ 新的街市合一的制度和都市娱乐时间、空间的拓展带来的娱乐世俗化、平民化、商业化的文化趋势，使官妓、家妓、市井妓打破原来的等级、文化圈限制，使路府与街市空间的宴享歌词获得相互传播流通的可能性。

唯其如此，柳永以赋为词的慢词长调，才同时具有街市、宫廷、路府的多元视角，使宋词的宦游叙述和都市叙述，“至柳耆卿，始铺叙展衍，备足无余，形容盛明，千载如逢当日”[①]，体现出北宋中叶新的都市文化建构过程中，与传统话语资源分化整合的流变过程。最能体现这一话语分化整合流变的，是他的羁旅行役叙述，实现了从游宦到艳情的话语转型和雅俗重构。他将唐代王勃“与君离别意，同是宦游人。海内存知己，天涯若比邻。无为在歧路，儿女共沾巾”所代表的大丈夫志在四方的宦游叙述话语模式，重构为“执手相看泪眼，竟无语凝噎”、“今宵酒醒何处，杨柳岸、晓风残月”的儿女情长的宋代羁旅行役的言说方式。

柳永的羁旅行役叙述，有两种类型。一是将功名仕途与艳情相对比、相对立的言说方式，叙述士人因功名仕途无法实现的艳情享乐，借以抒发羁旅行役之苦。是对时代主流话语伦理的反抗，传达的是打破话语和价值取向一体化，争取个人情欲享乐合法化的审美诉求。二是将艳情打入传统的宦游宏大话语，以世俗生活的“儿女情长”取代宦游叙述的“风云之气”。前者可谓“雅不避俗”，后者可谓“俗不伤雅”，获得“尤工于羁旅行役”之称，他的《戚氏》甚至被推誉为：“《离骚》寂寞千年后，《戚氏》凄凉一曲终。”[②]

第一类代表作是《玉蝴蝶》(望处雨收云断)、《夜半乐》(冻云黯淡天气)、《满江红》(暮雨初收)、《洞仙歌》(乘兴)、《轮台子》(雾敛澄江)等。以《戚氏》为最。如蔡嵩云所评：“《戚氏》为屯田创调，‘晚秋天’一首，写客馆秋怀，本无甚出奇，然用笔极有层次。初学慢词，细玩此章，可悟谋篇布局之法。第一遍，就庭轩所见，写到征夫前路。第二遍，就流连夜景，写到追怀昔游。第三遍，接写昔游经历，仍落到天涯孤客，竟夜无眠情况，章法一丝不乱……一气贯注。”[③] 使此词化平常为神奇的，是在情感记忆、情绪体验上，刻意以今日游宦相思之苦，与昔日艳情云雨之乐相对比的言说方式，和层层推进的今昔忧乐强烈对比的时空情景设置。层层深入的今昔、忧乐对比叙述，将“抱影无眠”的羁旅行役之苦，表现得既一气贯注又极富层次。以至于有与《离骚》相比的过誉之辞。

---

① （宋）李之仪：《跋吴师道小词》，《姑溪居士集》前集卷四〇，清文渊阁《四库全书》本。

② （宋）王灼：《碧鸡漫志》卷二。

③ 蔡嵩云：《柯亭词论》，见唐圭璋编《词话丛编》第五册，中华书局1986年版，第4916页。

第二类以《雨霖铃》(寒蝉凄切)、《曲玉管》(陇首云飞)、《八声甘州》(对潇潇暮雨)等词为代表。王勃“丈夫志四海，万里犹比邻”的宦游叙述，以宏大的胸襟和独标高格，代表了唐代士大夫群体的自我期许和精神境界，体现出那个时代将报国情怀置于儿女私情之上的话语伦理、价值取向。柳永的《雨霖铃》，则反其道而行之，不仅将世俗艳情打入宦游的主流宏大话语，而且着意渲染、刻画、叙写的，正是游宦之人无数次经历，却被主流话语伦理所忽略、遮蔽、压抑的人之常情——“执手相看泪眼，竟无语凝噎”。而且以身临其境的离别情境铺叙，动人的握别细节和别后的想象情景，将这份儿女之情，叙写得婉转低抑，直指人心，体现出柳永置儿女情于功名仕途之上的审美价值取向，以及以边缘话语伦理，消解、稀释主流话语伦理和价值取向的努力。在这种追逐个体欲望实现的诉求中，不可避免地也带来负面的精神示范效应——推诿社会责任和自我原宥的精神逃亡倾向。如陈振孙和陈廷焯所评：“其词格固不高，而音律谐婉，语意妥帖。”“耆卿词，善于铺叙，羁旅行役，尤属擅长。然意境不高，思路微左，全失温韦忠厚之意。词人变古，耆卿首作俑也。”[①] 点出柳永在话语转型和雅俗重构中的作用。

上述两种羁旅行役叙述的类型虽各有侧重，但都体现了一个共同的诉求：以边缘化的话语方式和价值取向，渗透、改造主流话语，表达士大夫被功名压抑的艳情享乐正常欲望，代表士人群体——世俗群体对欲望实现和表达的正当性、合法性的审美要求——雅俗整合和雅俗重构，拓展了游宦角色话语的表达领域和话语类型，展示出游宦情怀的多元视角。自开以艳情写游宦一派，遂使“杨柳岸晓风残月”名动古今，成为宋代羁旅行役叙述模式的经典。

经过雅俗重构的柳永的羁旅行役话语，解构了唐代诗歌宦游叙述中最常见的修齐治平、怀才不遇、世态炎凉、叹老嗟贫的内容。他笔下的宦游生活，是多情的才子，在一个又一个城市和驿站的迁转中，一次又一次艳情聚散、伤离念别的过程。以往寻常市井可望而不可即的宦游生活，在他笔下成为时人津津乐道的艳遇，改变了以往宦游生活与市井世俗生活的隔膜。由于反映了共同的情欲和享乐诉求，这种羁旅行役叙述的话语模式，也获得了街市世俗文化的广泛认同。这种从游宦到艳情的诗情画意，升华了世俗艳情叙述的

---

① （宋）陈振孙：《直斋书录解题》卷二十一，清武英殿聚珍版丛书本；（清）陈廷焯：《白雨斋词话》卷一，人民文学出版社 1959 年版，第 12 页。

声色沉溺，体现了游宦与商旅共同的情怀。

这种由边缘到主流的话语改造和雅俗整合，打破以往士大夫主流精英话语一体化或世俗边缘文化一体化的格局，达到雅俗共赏的境界，获得“凡有井水饮处，皆能歌柳词”的传播效应。柳永以艳情写游宦的羁旅行役话语模式和“今宵酒醒何处，杨柳岸晓风残月”的经典场景，成为后世小说、戏曲的母题，在不同时代、不同文本的不断叙述中历久常新。

综上所论，柳永歌词的都市叙述，通过新都市空间下浪子词人、才子词人、游宦词人多元角色话语实践——从浪子词人到狎客话语、从才子词人到才人话语、从宦游词人到宦游话语，建构了一套宋代都市文化以艳情享乐为尚的言说方式，和艳情—才子—羁旅行役的基本话语模式和母题（此后的都市世俗文化，无论是话本、小说还是戏曲，基本沿着这个话语模式不断演绎丰富），并继承晚唐五代以来的话语分流趋势，完成了从主流精英话语到世俗边缘话语的转型和重构，对宋代新的街市空间中的都市文化转型和文化建构，具有深远的影响。

（原载《文学评论》2007 年第 3 期）

【作者简介】

王筱芸，女，1955 年生，广西柳州人。1985—1988 年在南京师范大学中文系师从唐圭璋先生攻读博士学位。中国社会科学院文学研究所研究员，中国社会科学院研究生院教授。著有《碧山词研究》等。

『宋词运用唐诗』散点透视

钟振振

唐诗是中国古代诗歌发展史上继《诗经》、《楚辞》之后耸入云霄的又一座高峰。宋代诗人们聚居的村落，距离这座高峰最近。他们喜爱这座高峰，也最熟悉这座高峰。唐代许多诗集，正是经过他们的搜集、整理、刊刻，才得以流传下来。唐诗的经典地位，也是由他们首先确立的。可以说，他们是唐诗的“第一读者”。终其一代，宋人学习唐诗的热情就没有衰减过，宋人运用唐诗的风气也没有消歇过。即便有许多优秀的诗人自出机杼，另辟蹊径，并通过自己的不懈努力，最终创立了迥异于“唐风”的“宋调”，——但那也不过是有意与唐人较劲，希望超越这座高峰，就其实质而言，仍然是对唐诗的高度尊崇，尽管其外在的表现形式有些极端。

宋人的文学创作，主要精力是投注在诗上的。但宋诗的总体创作成就却未能超过唐诗。就连是否能与唐诗比肩，也还没有获得过后世多数文学史家的认同。然而，他们余事为词，却大得好评。“唐诗宋词”，双峰对峙，世人早有定论。虽然宋词的总体创作成就仍不可与唐诗相提并论，但至少从“人气指数”上看，是在伯仲之间的。这是一个耐人寻味的现象。为什么会是这样？原因当然很多。笔者这里无意去做全面的总结，而只想强调其中的一个因素：宋词的成功，从写作技术的层面来看，颇得益于宋人对唐诗之烂熟在胸，且娴于运用。

宋词中运用唐诗的情况很普遍，而且运用的方式也令人眼花缭乱：有用字面，有用句，有用意，有用格。其中最基本的是用句。就用句而言，又有整用，有截用，有嵌用，有增字用，有减字用，有改字用，有扩用，有缩用，有顺用，有逆用，有正用，有反用，有别用，有化用，不一而足。对此，钱锺书先生大不以为然，曾在其《宋诗选注》里辛辣地给予讽刺：

> 在宋代诗人里，偷窃变成师徒公开传授的专门科学。王若虚说黄庭坚所讲“点铁成金”、“脱胎换骨”等方法“特剽窃之黠者耳”；冯班也说这是“宋人谬说，只是向古人集中作贼耳”。……偏重形式的古典主义有个流弊：把诗人变成领有营业执照的盗贼，不管是巧取还是豪夺，是江洋大盗还是偷鸡贼，是西昆体那样认准了一家去打劫还是像江西派那样挨门排户大大小小人家都去光顾。这可以说是宋诗——不妨还添上宋词——给我们的大教训，也可以说是整个旧诗词的演变里包含的大教训。①

虽然，这里“吃板子”的主要是宋诗，宋词只不过是“陪绑”；声讨的是对一切古典的“偷窃”，也不限于唐诗。

钱先生的批评，自有他的道理。他强调文学的写生与原创，否定文学的反刍与因袭。对此笔者并无异议。但如果我们不在文学应以生活为第一源泉这个基本原理的层面上，而仅在写作技术的层面上来探讨宋诗、宋词之运用唐诗是否可取，则笔者以为，对两者还应有所区别，不可一概而论。

笔者以为，作为同一种文体，原则上说（注意：只是“原则上说”，凡事皆有例外），宋诗运用唐诗不是一个好的策略。道理很简单：动作的难度系数不高，即便做得很完美，裁判给分也是要按较低的权重来打折扣的。而宋词运用唐诗则另当别论。诗、词虽然相近，毕竟还是不同的文体，故宋词之用唐诗，不但不为人所诟病，甚且被认为是一种特别的才能。道理也很简单：动作有一定的难度，起点分自然较高，稍能出彩，就很容易赢得观众的掌声。

此外，宋词之屡用唐诗，还有其不得不然的特殊文化背景。词在宋代，尚未脱离音乐，在许多情况下，是“听”的文学，而不像诗那样主要是“读”

---

① 钱锺书：《宋诗选注》，人民文学出版社1958年版，第23–24页。

的文学。“读”的文学与“听”的文学，审美标准既有其同，更有其异。具体来说，两者都需要“陌生化”与“熟悉化”相结合，这是“同”。但“读”的文学要求“陌生化”更多一些，即“推陈出新”；“听”的文学却要求“熟悉化”更多一些，即“以故为新”，这是“异”。汉语言的特征是一字一音，同音字、同音词数量巨大，耳朵很难一一分辨。因此，“听”的文学的最佳写作策略，是使用常见字、浅俗语、现成句，是尽量迁就（换一个角度来说则是“充分利用”）接受者既有的文学积累，否则就会产生“接受障碍”，影响接受效果。而对于宋词听众之一大宗的宋代文化人来说，唐诗是其文学积累中时代最接近、语言最熟悉、内容最丰富、艺术最多彩、数量最庞大的那一部分，自然是“迁就”或“利用”的首选。倘若他们在听一首新词时，突然听到一两句熟悉的唐诗——哪怕是乔装改扮过了的，也会油然而生出某种亲切感。那是一份近似于“他乡遇故知”的喜悦。“故乡遇故知”，自然也可喜，但原在意料之中，那“喜”便一般；唯其是“他乡遇故知”，事出意料之外，那“喜”便不是寻常的“喜”，而是“惊喜”。“他乡”是“陌生”，“故知”是“熟悉”。“陌生”是“新”，“熟悉”是“故”。“故知”而在“他乡”见，这“故”就不单单是“故”了，虽“故”却“新”，亦“故”亦“新”，是“熟悉化”与“陌生化”的有机结合。因此，宋词之用唐诗，就有“以故为新”，寓“陌生”于“熟悉”之中的特殊美学效果。而这正是“听”的文学所预期的最佳审美状态。

听众既然不认为宋词之用唐诗是“偷窃”，甚且还很欣赏这种“偷窃”，作者自然更放心大胆，理直气壮地“向古人集中作贼”。以至于某些词调的某些句位，例如《临江仙》调上下篇末尾的五言二句，用古人成句（多用唐诗，当然也有用唐以前人诗和宋诗的）竟成了惯技。这在作者一面，还有其特殊的隐衷。文学家原有才思敏捷之“快枪手”与慢工出细活之“雕刻家”的分别，“对客挥毫秦少游”（秦观）总是少数，“闭门觅句陈无己”（陈师道）更多一些。而词往往是要在酒席上当场作了来交给歌妓们去演唱的（在某些特殊的社交场合，虽不由歌妓演唱，也要求限时完成），必须“短平快”，断断乎容不得你吮笔腐毫，冥思苦想。而要“短平快”，就不能像旧时盖房子那样一砖一瓦地砌，须学现代化建筑施工，多用预制件吊装组接。唐诗成句，正是优质品牌的“预制件”！词人填词时，顺手牵羊，“偷”它一两句、三四句唐诗，减轻“劳动强度”，提高“生产效率”，如若“偷”得巧妙，还能赚来奖誉——好处多多，何乐不为？

风气一旦形成，初始的原因就不再重要。后来有些宋词，不为“应歌”而作，不属“听”的文学，创作时也没有时间限制，却仍然要“偷”唐诗，那便是习惯性动作了。附带说一句，宋词后来也常遭到元曲乃至明清戏剧的“盗窃”，道理是一样的：“听”的文学永远无法改变自己的这一“DNA”。

当然，笔者对宋词之“偷”唐诗持同情、理解并肯定的观点，是就总体而言的。如具体到实际创作个案，则同样是“偷”，也还有“鼓上蚤时迁”之“偷”与一般“梁上君子”之“偷”的区别。我们只欣赏那些“偷”得妙的，并不会偏执到对那些笨拙的“偷”也拍巴掌。试以宋人的几首《临江仙》词为例。其一：

湖水连天天连水，秋来分外澄清。君山自是小蓬瀛。气蒸云梦泽，波撼岳阳城。　帝子有灵能鼓瑟，凄然依旧伤情。微闻兰芝动芳馨。曲终人不见，江上数峰青。①

上片末二句，是唐人孟浩然《望洞庭湖赠张丞相》诗中的警策；下片末二句，是唐人钱起《省试湘灵鼓瑟》诗中的警策。滕词也写“望洞庭湖”，也写“湘灵鼓瑟”，场景还是原作中的那些场景，用得毫无新意。本地“盗窃”，本地“销赃”，“偷”的又是登记在册的“国宝”，且光天化日，众目睽睽，公然砸展览馆陈列柜的玻璃，无任何“技术含量”可言。这是“盗”之下下者，只能算是“钝贼”！其二：

千里潇湘挼蓝浦，兰桡昔日曾经。月高风定露华清。微波澄不动，冷浸一天星。　独倚危樯情悄悄，遥闻妃瑟泠泠。新声含尽古今情。曲终人不见，江上数峰青。②

---

① （宋）滕宗谅作。见唐圭璋编：《全宋词》第 1 册，中华书局 1965 年版，第 110-111 页。
② （宋）秦观作。见唐圭璋编：《全宋词》第 1 册，第 468 页。

其所“盗窃”者，止钱起一件，量刑时当比照滕氏而减半。但还是“钝贼”，与滕氏只有“五十步”与“一百步”的区别。以上两例，是宋词运用唐诗的失败教训。其所以失败，在于“以故为故”，未能给后人提供“新”的审美享受。

下面两例，“以故为新”，才是宋词运用唐诗的成功典范。其三：

> 梦后楼台高锁，酒醒帘幕低垂。去年春恨却来时。落花人独立，微雨燕双飞。　记得小蘋初见，两重心字罗衣。琵琶弦上说相思。当时明月在，曾照彩云归。[①]

上片末二句整用五代翁宏《宫词》五律中的颔联（文学史家习惯上也将五代诗圈在唐诗的范围内），全诗见南宋阮阅《诗话总龟》前集卷十一《雅什门》下：

> 又是春残也，如何出翠帏？落花人独立，微雨燕双飞。寓目魂将断，经年梦亦非。那堪向秋夕，萧飒暮蟾辉！[②]

翁氏这一联本身固然也很精彩，可惜全首不称，所谓“有佳句而无佳篇”。加之其人诗名不著，故连累到如此佳句也几乎湮没无闻。但它一经宋词名家小晏拈用，得其上下左右许多隽语的烘托，遂如众星捧月，焕发出了炫眼的光芒。譬如一位天才足球运动员，不幸处在一支丙级球队，孤掌难鸣，自与奖牌无缘；偶遇名教练慧眼识人，提携他入甲级队踢主力前锋，有众多优秀的队友相配合，传球到位，助攻默契，要风得风，要雨得雨，那么谁还能阻止他破门得分、脱颖而出呢？像这样“偷”唐诗，竟将原本被人忽略的诗句“偷”得大红大紫，“偷”得连名不见经传的“失主”也有了几分知名度，不仅是宋词的光彩，也为唐诗增添了荣耀，两利双赢，真可谓“慧贼”！其四，南宋沈作喆《寓简》卷十记载：

---

① （宋）晏几道作。见唐圭璋编：《全宋词》第1册，第222页。

② （宋）阮阅：《诗话总龟》前集卷十一《雅什门》下，人民文学出版社1987年版，第122页。

汴京时，有戚里子邢俊臣者，涉猎文史，诵唐律五言数千首，多俚俗语。性滑稽，喜嘲咏。常出入禁中。善作《临江仙》词，末章必用唐律两句为谑，以调时人之一笑。徽皇朝，……内侍梁师成，位两府，甚尊显用事，以文学自命，尤自矜为诗。因进诗，上皇称善，顾谓俊臣曰："汝可为好词，以咏师成诗句之美。"且命押"诗"字韵。俊臣口占，末云："用心勤苦是新诗。吟安一个字，捻断数茎髭。"上皇大笑，师成愠见。谮俊臣漏泄禁中语，责为越州钤辖。①

"吟安一个字，捻断数茎须"，是唐人卢延让《苦吟》诗中的成句，邢词为了押韵，将末字改作"髭"。这两句唐诗，用得实在妙不可言！表面上看似乎是对梁某用心作诗的赞叹，骨子里却是刻毒的嘲弄。梁是"内侍"，亦即太监。太监哪来的髭须？词人正是扣紧了这一点在做文章：梁公公作诗可真下功夫！"吟安一个字，捻断数茎须"，作了那么多诗，胡须还不全断光了哇？难怪他一根胡须也没有呢！宋徽宗和梁师成都是聪明人，自然一听便懂。"旁观者"乐而"大笑"，"当事人"羞极"愠见"，效果何其显著！拿别人的生理缺陷来取笑逗乐，原本是不道德的；但梁是臭名昭著的奸佞，故邢氏对他的戏谑，甚快人心，性质又当别论。似这般"雅谑"，即有文化水平的幽默，是需要高智商的。用唐诗用到这份儿上，可谓"盗狐白裘手"，你不服也得服！相同的意思，如用自己的话来说，谁能达到像邢词拈用卢诗那样令人拍案叫绝的讽刺效应？小晏之词，用不用唐诗，倒还无可无不可；而邢氏此词，若奉钱锺书先生说为戒律，不用唐诗，干脆就别作了。如果有人想写"宋词不可不用唐诗论"，这是一个很有说服力的例证。试想，倘若不许运用唐诗，宋词将丧失多少生机和妙趣啊！

纵观宋词中用唐人诗句的大量例证，仔细分析比较其得失，我们可以总结出一些带有普遍性的意见。

第一，唐诗名篇名句，慎莫轻用。因为它们是镶嵌在王冠上的钻石，剥

① （宋）沈作喆：《寓简》卷十，（清）鲍廷博《知不足斋丛书》本。

离原作，很难营造出新的更好的意境来与之匹配。宋词高手如周邦彦，其名作《西河·金陵怀古》糅合唐人刘禹锡《金陵五题》中《石头城》、《乌衣巷》等名篇而为之，竟能做到与刘诗平分秋色，这已经是非常了不起的成绩了。而宋代的一般词人，或著名词人的一般作品，用唐诗名篇名句者，多半都不大成功，只能贻人以东施效颦之讥。

第二，唐诗非名篇中的佳句，或名篇中的非名句，不妨多用。因为它们或如“潜力股”，有较大的“升值空间”；或如“准名牌商品”，有较好的“性能价格比”。宋人用此类句最多，且往往能发挥自己的技术优势，略事润色、打磨，使加工过的产品格外精致，见出他们良好的文学艺术修养。如欧阳修《采桑子》词：

> 轻舟短棹西湖好，绿水逶迤。芳草长堤。隐隐笙歌处处随。　无风水面琉璃滑，不觉船移。微动涟漪。惊起沙禽掠岸飞。①

末句即用五代后蜀花蕊夫人《宫词》之“惊起沙鸥两岸飞”，唯改“鸥”为“禽”、改“两”为“掠”而已。切莫草草看过这两处似乎无关紧要的改动！试吟诵之，花蕊夫人原句的声调是：

> 惊（阴平）起（上）沙（阴平）鸥（阴平）两（上）岸（去）飞（阴平）。

4个平声字全是阴平，3个仄声字则2上1去。而欧阳修改动后的声调是：

> 惊（阴平）起（上）沙（阴平）禽（阳平）掠（入）岸（去）飞（阴平）。

4个平声字中，相连着的阴平“沙鸥”2字换成了阴平与阳平搭配的“沙禽”；

① （宋）欧阳修作。见唐圭璋编：《全宋词》第1册，第121页。

3个仄声字则由2上1去换成了1上、1入、1去。这样一来，声调的配置就更加繁复变化。虽因词乐失传，其当年入乐歌唱的效果，今已不可得而详；但仅凭吟咏，我们还是能够感受到，欧阳修改句比原句更富于声律之美。宋词用唐人诗句，每能踵事增华，后出转精。这一点，有时须于细微处去细心玩味、分辨。

第三，唐人诗句，一般用作配角为宜，主角还应由自己的原创来担当。正如一支球队，最好是靠自己培养的球星去夺金牌。依赖"外援"，因人成事，虽胜不武。宋人是明白这个道理的。如晏殊的名作《浣溪沙》词，就凭自撰的一联精彩对仗"无可奈何花落去，似曾相识燕归来"，奠定其千古绝唱的地位。而首句"一曲新词酒一杯"，用唐人白居易《长安道》诗"艳歌一曲酒一杯"、许浑《颍州从事西湖亭燕饯》诗"一曲离歌酒一杯"；次句"去年天气旧池台"，用唐人郑谷《和知己秋日伤怀》诗"去年天气旧亭台"：都只不过是铺垫罢了。

第四，用唐诗为主角，也并非绝对不可以，但要求较高。最好能翻出新意，翻出别趣，如上举邢俊臣《临江仙》词。如仍用其本意，则当像晏几道同调词那样，配绿叶以衬红花，制金鞍以饰骏马。倘若这两点都做不到，与其弄巧成拙，还不如藏拙来得稳便。

"用句"如此，比它低一级的形式如"用字"，比它更高级的形式如"用意"、"用格"，不外乎也是这样一些原则。关于宋词之用唐诗字面、唐人诗意、唐人诗格，"画虎不成反类犬"那样失败的个案，"秋水共长天一色"那样不分胜负的个案，这里就不讨论了。让我们重点来关注一下那些代表着宋词运用唐诗之较高水平，"青出于蓝而胜于蓝"的个案。

"用唐诗字面"的成功之作，可举赵彦端《谒金门》词为例：

> 休相忆。明夜远如今日。楼外绿烟村幂幂。花飞如许急。　柳岸晚来船集。波底斜阳红湿。送尽去云成独立。酒醒愁又入。[①]

① 唐圭璋编：《全宋词》第3册，第1440页。

“红湿”二字，唐以前诗中所无，首见于杜甫《春夜喜雨》：“晓看红湿处，花重锦官城。”老杜第一次这样用，生动新鲜，固然可喜；但雨后的春花，那“湿”是真“湿”，还在人情物理之中，故只能算“妙语”。而赵氏移用于“波底斜阳”，“熟悉”的旧字面写出了一种“陌生”的全新的美。想那水中的“斜阳”只是一抹光影，看得见却摸不着，如何能“湿”？但任何物体扔进水里都会“湿”，所以词人不妨巧妙地想象那倒映在水的“斜阳”也是“湿”漉漉的。这就把非物质的光影物质化了。文学之所以是文学，不是“科学”，区别就在于，它在许多情况下是“不讲理”的，所谓“无理而妙”。即如此例，“斜阳”之倒影本不能“湿”，而词人偏将它写“湿”，而且“湿”得那么美，这就是绝妙好词！想落天外，匪夷所思，可称“神悟”！应当承认，仅就“红湿”二字的使用技术而言，赵词似优于杜诗。它给我们带来的美学享受，是在老杜“晓看”二句之上的。

“用唐人诗意”的典范，当推李清照的杰作《如梦令》。硬要说它“实有其事”，笔者也无可奈何。但是请注意，晚唐韩偓的五言排律《懒起》，末尾4句有“专利”在先：

昨夜三更雨，今朝一阵寒。海棠花在否？侧卧卷帘看。①

基本构思大体一致，且“昨夜”、“雨”、“海棠”、“卷帘”，那么多的关键词相重合，无论如何，易安女士也摆脱不了“偷窃”韩公子的嫌疑！不过，倘若韩公子地下有知，想必他非但不会恼怒，相反会感到无比荣幸。因为他的诗竟被中国古代文学史上最杰出的才女看中，为她所创作的一首经典宋词提供了原始素材！同时，我们也永远不要因为逮着了易安女士“盗窃”的“现行”而抹煞她“二次创作”的功绩。你看，在韩诗为美人惜花、卷帘自看的一幕独角哑剧，到了李词中却被演绎成感情细腻的女主人公与粗心大意的小丫鬟之间饶有生活气息的一场对白，情境是不是变得更生动、更活泼、更有趣味了呢？“知否知否”两个短句，利用《如梦令》词调特殊的叠句格，表现女主人公纠正小丫鬟关于“海棠依旧”之错误观察时的急切语气，真是惟妙惟

① （清）彭定求等编：《全唐诗》第10册，中华书局1960年版，第7832页。

肖！此等处，一般作者往往为格律所苦，勉强凑拍趁韵；而李清照乃能因难见巧，游刃有余，是何等的精灵！至于“绿肥红瘦”之以俗为雅，新警妥溜，当行本色，那就更不用说了。“旧”题材翻出了“新”意境，引发了“新”而奇、“新”而妙的艺术语言表达，谁敢说宋词之善用唐诗“特剽窃之黠者”，而不是一种付出了自己的劳动与智慧的“再创造”？

无独有偶，南宋另一位优秀女词人朱淑真的《清平乐》，也是“用唐人诗意”的佳作：

> 风光紧急，三月俄三十。拟欲留连计无及，绿野烟愁露泣。　倩谁寄语春宵？城头画鼓轻敲。缱绻临歧嘱付：来年早到梅梢！[①]

所用唐诗，是贾岛的《三月晦日赠刘评事》：

> 三月正当三十日，风光别我苦吟身。共君今夜不须睡，未到晓钟犹是春。[②]

贾诗是写“惜春”，而且是在春天的最后一天“惜春”。朱词沿用其意，并及其“三月三十”、“风光”等语。与贾诗比读，它显然也更胜一筹。上片“绿野烟愁露泣”一句，移情于物的对象化描写，韵味便比用主观的口吻直接抒情要深长。况且“绿野”无垠，景象阔大，也使女词人那本来就难于测量的惜春之情得以形象而充分地展现。下片愈出愈奇：将春天拟人化，欲向她“寄语”，这是一奇；而所请的传话者，竟是城楼上报时的更鼓，这又是一奇；至于口信的内容，则更加奇妙，居然央求春天明年务必要早早归来！如此构思，波诡云谲，环环相扣，抟转关生，不由人不击节称叹。

说到“用唐人诗格”，李之仪的《卜算子》词是当之无愧的极品：

---

① 唐圭璋编：《全宋词》第2册，第1406页。

② （清）彭定求等编：《全唐诗》第9册，第6687页。

> 我住长江头，君住长江尾。日日思君不见君，共饮长江水。　此水几时休，此恨何时已。只愿君心似我心，定不负相思意！①

其上片完全是套用唐人姚合的《送薛二十三郎中赴婺州》：

> 我住浙江西，君去浙江东。日日心来往，不畏浙江风。②

但又有不少翻换：其一，姚诗写友情，李词转写爱情，主题已经改变。其二，姚诗中的“江”，是将“君”、“我”两人隔开的障碍，诗人乃借彼此之“心”对这障碍的逾越，来突出友情的深笃；而李词中的“江”，却是联系双方的纽带，词人就让“我”以能与恋人共饮这一江之水的不幸之幸作为精神慰藉，从而凸显爱情的缠绵：表现手法也不雷同。其三，姚诗写满4句便戛然而止，又暗用“心来往”3字婉言“相思”，好在含蓄隽永，节短韵长；而李词则衍为8句，“心”、“思”迭见，好在明快发越，词浅情深：美学趋向亦迥然有别。比较起来，李词的民歌色彩更浓一点。姚诗今已鲜为人知，而李词却脍炙人口，经久不衰。譬如积薪，后来居上，文学接受史的现实已经做出了无声的结论。

以上诸例，一次又一次雄辩地证明：宋词之用唐诗，不仅仅是消极的、被动的、为了快速成篇并迁就听众而不得不采取的权宜之计，有时还是——至少对于那些优秀的词人来说——积极的、主动的、充分利用“游戏规则”来展示自己学养与才华的恒定方略；不仅仅是对唐诗的钦服，更是对唐诗的挑战；不仅仅是对唐诗的学习和接受，更是以某种特殊方式与唐诗进行的一场场写作艺术表演赛。

（原载《文学评论》2009年第4期）

---

① 唐圭璋编：《全宋词》第1册，第343页。

② （清）彭定求等编：《全唐诗》第8册，第5632页。

【作者简介】

钟振振，男，1950年生，江苏南京人。1978—1981年，南京师范学院中文系古代文学专业硕士生；1985—1988年，南京师范大学中文系古代文学专业博士生，导师均为唐圭璋先生。1988年获得博士学位并留校工作。南京师范大学文学院教授、博士生导师，清华大学特聘教授。整理有《东山词》(校注)，著有《唐宋词举要》等。

宋词的深度 阅读与现场还原

肖鹏 王兆鹏

古典诗词的阅读和研究面临着挑战。传统的考证辨伪、训诂注释、校勘点评，不再受到读者的广泛青睐，而流行的赏析演绎大行其道，这种阅读方法尽管对普及古典文学起到了一定作用，但往往虚构发挥，随意调侃戏说，对历史缺乏敬畏之心。读者无法从中获得阅读的尊严。严谨的学术研究和通俗的大众阅读，两者渐行渐远。

学术创新，方法进化，是摆在我们面前的紧迫任务。在科技文化如此发达的今天，我们能否找到其他的阅读方法？读图时代的读者和学者，应该怎样来阅读唐诗宋词？能否找到一种雅俗共赏的阅读方法，尽可能让学术走向大众、让大众也走向学术？能否借助现代科技，让历史变得更加清晰、更加生动？现代刑侦学的现场勘查方法给了我们启发。

一、为什么要回到现场

阅读，是一个由浅入深的心灵理解过程。阅读方法在不断进化。句读训诂、疏通文义，赏析作品，是第一层次的浅阅读。孟子提倡“知人论世”，诵其诗，读其书，必须知其人。要完整地理解一首作品，必须了解作者是一个什么样的人，他生活在一个什么样的时代。但仅仅有一个凝固的时代、一个定型的作者，我们还不能深入理解作品。所以需要为具体的作品编年、系地、考证本事，以确定它们是在什么年代、什么地方被创作出来的。有了这些，作者的身份和行踪变得清晰，作品的本事和地理位置得以浮现，阅读变得更加真切可感。我们把它称为第二层次阅读。

是否还有更深层次的阅读？西方语义派学者强调文本细读。我们能不能找到其他方法，来实现文本的深度阅读？学者的研究，终极目标是还原历史，呈现事件真相，带领读者重新回到历史的氛围之中，尽可能地向读者交代清楚各种细节。细节越多，读者看到的历史越逼真，脑海中浮现出来的艺术画面越生动。

假如我们要为某一首宋词拍摄电影故事，我们需要知道什么？观众和读者又想看到什么？拍摄电影，如同还原事件现场。完整的电影故事，离不开人物、事件、地点、时间、背景、性格、心理等要素，甚至典章制度、风俗习惯、建筑形制等都不能少。有了这些，我们才能拥有历史的全息图。

所以，我们必须回到历史现场。作品阅读，必须讲述现场周围的情况，讲述谁在那里，当事人怎么了，那里究竟发生了什么，他为什么要写这样的作品，作品又是怎样从这个原点传播出去的。这些我们过去都很少注意。回到现场，意味着阅读注意力的重心调整，不仅要关注文本、作者，还要关注现场环境和事件；意味着我们需要更高的清晰度、更多的历史细节。我们把这种刨根问底的阅读称为“深度阅读”或“全息阅读”。

地理现场考察，并非没有人尝试过。苏轼死后七十六年，四川制置使范成大被朝廷召回，坐船沿长江而下赴临安。舟过赤壁的时候，他特意仔细观察了那个传说中的赤壁矶和周围的地貌，发现赤壁矶只是一个很小的红色土山，“未见所谓乱石穿空，及蒙茸巉岩之境”①。两年后的淳熙六年（1179），陆游沿长江而上入蜀，前往夔州任通判。他也是八月间路过黄州的，也去了赤壁矶现场，结果与范成大看到的一样，所谓的赤壁矶，“亦茅冈尔，略无草木”②。他们都是八月间经过赤壁的，与苏轼写《赤壁赋》、《念奴娇·赤壁怀古》在同一个季节，但看到的风景却与《念奴娇》相去甚远。可惜，他们发现了问题，却没有进一步深究。

① （宋）范成大：《吴船录》卷下，见《景印文渊阁四库全书》史部第460册，台湾商务印书馆1984年版，第870页。

② （宋）陆游：《入蜀记》卷3，见《景印文渊阁四库全书》史部第460册，台湾商务印书馆1984年版，第905页。

在此，我们借鉴现代刑侦学现场勘查的方法，来构建我们现场调查的框架。刑侦现场通常被称为犯罪现场。我们将词人假想成“犯罪嫌疑人”，这样一切都很容易理解：他的创作过程就是“犯罪过程”，他的创作现场就是“案发现场”，他的创作动机就是“犯罪动机”，他的歌唱作品就是遗留在现场的“文字证据”，我们的作品分析就是“案件侦破”。用破案的思维方式还原历史、讲述宋词，我们可以发现许多过去被忽视的问题。

循此而往，现代刑侦学的许多方法，都可以借鉴到我们的研究中来：现场地理勘查、证据收集鉴定、事发现场重建、事件过程还原、当事人行踪调查、当事人经历查证、当事人行为方式分析、心理病理学分析、语源痕迹比对等等，都可以有用武之地。尤其是现场勘查取证、事件过程重建、创作心理分析，是我们阅读作品首先要做的功课，文本阅读赏析必须尽量与它们建立联系。

二、什么是写作现场

刑侦学定义的犯罪现场，指犯罪行为实施的地点，以及遗留有相关痕迹物品的场所。[①] 之所以要把痕迹物品的遗留场所也视为现场，是因为需要利用它来重建犯罪过程，最终找到犯罪嫌疑人。文学作品的现场，主要是用来深入理解作品，不需要排查未知的犯罪嫌疑人。所以，我们把全部的注意力集中在写作事件发生的场所。

狭义的写作现场，首先是指作品最初诞生的那个物理空间场所。这个定义的意思是，宽泛的州府行政地区，不是写作现场。例如作于扬州、湖州、杭州，这些州府所在地不是写作现场；只有目力所及的渡口、庭院、古迹、园林、府衙、歌栏、酒肆等具体场所，才能称为写作现场。其次，作者事后修改作品、谈论作品、书赠交流、题壁传唱的地方，也不是写作现场。它们是作品的第二、第三落点，应该被定义为传播现场，或者广义的文学现场；再次，虚拟的梦境、想象的地方（例如遥远的故乡、沦陷的中原等），也不能

① 张玉镶：《刑事侦查学》第 12 章第 1 节《犯罪现场的概念和种类》，北京大学出版社 2014 年版，第 179 页；方福建：《刑事侦查原理与案例教程》第 4 章第 1 节《犯罪现场的概念和类型》，清华大学出版社 2014 年版，第 118 页。

视为写作现场。“明月夜，短松冈”不是写作现场，“淮南皓月冷千山”也不是写作现场。

广义的写作现场，可以宽泛地将一些关联现场包括进来。只要有助于还原历史真相，都不妨进行相关的勘查探索。其中，作品所描述的环境场所，我们称之为作品现场，它既可能是事件发生的写作现场，也可能不是事件发生的现场。范仲淹写《岳阳楼记》，作品现场是洞庭湖、岳阳楼，而他本人当时并不在洞庭湖畔的岳阳楼上。欧阳修的《朝中措》(平山阑槛倚晴空)，写作现场是在京城的家中，而作品现场却在遥远的扬州平山堂。辛弃疾的《菩萨蛮》(郁孤台下清江水)，作品现场涉及了赣州的郁孤台和万安的造口驿，由于没有人进行深入的实地勘查，许多学者都弄错了写作现场。

写作现场之所以重要，是由于它是作品的第一落点，也是作品意境的自然母体。它是事件行为的发生处，也是作品传播的原始点。这个环境的某些信息，会直接、间接地影响作品、参与作品、塑造作品。许多理解作品的重要线索，都隐藏在这个空间之中。为此，我们在阅读作品文本的时候，必须回到现场，进行现场勘查，分析现场的各种细节。具体地说，需要做这样三件事情：第一，寻找现场，到现场去发现各种线索，建立环境要素与作品要素、情感要素的不同对应关系；第二，重建现场，将已经面目全非的现实现场，尽可能地还原为原始状态的历史现场，让读者能够看到作者当年看到的具体环境，产生感同身受的体验；第三，阅读现场，尽量把现场的重要信息提取出来，逐一拼接，还原出当时所发生的一切。这三件事情，是我们深入理解作品的前提。当我们还原了现场和事件的大致轮廓，作品的本来面貌就呈现出来了。真实，是还原的底线。清晰，是还原的目标。

三、现场勘查的主要方法

对写作现场进行详细的观察、阅读、分析、感受，是理解作品的重要途径。古人说“读万卷书，行万里路”。书籍文本如果能够与地理环境对应起来，相互发现，互为注释，我们就能够让文字复活，让历史的场景再现。

写作现场的勘查，不同于考古发掘和地理测绘，对地貌和现场只能观察，不能打扰、改变。怎样科学地进行现场勘查和分析，对我们来说是一个陌生的课题。现代刑侦勘查技术对我们很有启发。我国的《公安机关刑事案件现场勘验检查规则》第三条对刑事案件现场勘查任务的规定是:"发现、固定、提取与犯罪有关的痕迹、物证及其他信息,存储现场信息资料,判断案件性质,分析犯罪过程,确定侦查方向和范围,为侦查破案、刑事诉讼提供线索和证据。"①台湾地区《警察侦查犯罪规范》关于现场勘查的内容有七项:保全现场,留置嫌犯和询问目击证人,检查嫌犯及寻找物证,初步访谈,邻居访谈,被害人身份鉴定,现场勘查采证。②由于写作现场都已经遭到千百年的风化破坏,也不需要追查当事人和目击证人,所以我们的现场调查主要任务集中在发现和确认写作现场、实地勘验检查、采集提取证据(非实物证据)、还原事件过程、分析创作心理。在有条件和有必要的时候,可以探索进行现场实验、现场访问、现场建模。

犯罪现场的类型,可分为主发现场和关联现场,原始现场和变动现场,真实现场和伪造现场,第一现场和第二现场等。写作现场也有不同的类型,要根据情况区别对待,采用不同的调查勘验方法。例如变动现场和固定现场,姜夔的《点绛唇》(燕雁无心),先后写到了湖州、太湖、吴松江、第四桥好几个地方,其中前三个地方处在他行舟的线路上,构成作品的第一现场、第二现场、第三现场。而创作这首词的真正写作现场究竟落在哪里,他没有挑明。那棵参差舞的残柳究竟在什么地方,他究竟在哪里驻足徘徊,我们必须尽力去还原它。

为了让读者更直观地了解地理现场,我们可以借鉴刑侦学的现场提取、现场绘图、现场照相方法,将事发现场的照片、地图、卫星图等,制作成方位图、示意图、关系图、线路图,给读者作阅读参考。这些空间方位的图像,也符合当今"读图时代"大众读者的阅读趋势,具备直观逼真的优势。

根据我们的了解,目前科技界已经研发出现场重建的3D数字系统(Crime Scene Virtual Reality)。只要将现场的各角度照片输入该系统,便会自动生成立体的三维图像,能够任意面展开,不同的角度和距离可以自动计算

① 方福建:《刑事侦查原理与案例教程》第4章第3节《现场勘查的概念任务和要求》,第126页。

② 王小光:《论现场勘查标准程序的构建》,《河北公安警察职业学院学报》2011年第3期。

呈现。并且还可以生成顶视图，能够让不在现场的专家直接俯视现场全貌，实现交互式虚拟漫游[①]。这个系统对我们今后文学现场的重建，有直接的帮助。

具体的现场勘查方法，我们初步做了以下几个方面探索。

1. 确认写作现场

确认具体的写作现场，是作品编年系地工作的进一步精确化和清晰化。它依赖作品的小序、作者的自述、在场者和周围朋友的记录。没有文献资料的说明，确认工作困难很大。对于大多数宋词作品来说，这种确认非常困难。名家名作的数据相对丰富一些，它们在当时和后世都曾经反复被人谈论和记载。这些名篇是我们首先要调查的对象。

所谓确认，包含三种类型：一种是原来不知道写作现场，经过考证发现，最后确定具体的地点。一种是原来仅仅知道作品创作于某行政区划，或者某官某职的任上，需要我们进一步细化，来确认具体的现场。例如“吴兴寒食”、“密州出猎”；或者仅仅知道一个非常具体狭小的地点，需要我们将周边的自然空间场所还原出来。例如陈与义《临江仙》（忆昔午桥桥上饮），小序仅仅交代“夜登小阁”。这个小阁究竟在什么地方，他半夜三更看的是哪里的新晴，听的是哪里的渔唱，读者并不清楚。还有一种类型是文献记载有分歧，读者面对两个以上的写作现场难辨真假，真现场需要我们予以确认。

以辛弃疾《菩萨蛮》（郁孤台下清江水）为例。这首词写于淳熙三年（1176），也就是辛弃疾剿灭茶商军之后的第二年。它的写作现场，学术界大多认为是在赣州的郁孤台。因为词人落笔即写到了登台眺望江水和“长安”。而后他又把这首词题写在了造口（皂口）的墙壁上。其实真正的写作现场，不在郁孤台，而是在北面的造口驿。查看赣州的卫星图，郁孤台四周地势非常开阔（参图 1）。正北面是赣江河谷，到造口的直线距离 51 公里。西北面最近的山峰，直线距离 10 公里。东北面最近的山峰，直线距离 9 公里。西面的山峰距离最远，直线距离有 30 公里。只有东面数公里之外，有一座很小的马祖岩。宋人也把它称为马祖峰。用谷歌地球（Google Earth）工具实地测量，其海拔高度只有 242 米。减去郁孤台海拔高度 114 米，从台上眺望马祖岩，

① 宋飞宇：《重建案发现场，永保现场不破坏——公安现场三维重建系统 v5 在刑侦领域的应用》，《警察技术》2005 年第 5 期；刘晶、查亚兵：《基于虚拟现实技术的犯罪现场重建系统设计》，《微计算机信息》2009 年第 21 期。

其相对高度只有 128 米。两地之间的距离为 3700 米，用三角函数计算仰视夹角，辛弃疾当年“抬望眼”的角度只有 1.98 度仰角，几乎就是平视。

图 1 马祖岩上眺望西北方向，可以见到郁孤台四周视野极其开阔

现场勘查说明，郁孤台附近没有深山，无法听到山中传来的鹧鸪叫声。辛弃疾词中所描写的“山深闻鹧鸪”，从哪里冒出来的？没法解释。而五十公里外的造口，恰恰就在深山之中（参图 2）。它的前后左右都是高山，而且近在咫尺。连隔着赣江的对岸，都是险峻的高山。所以，我们推断，辛弃疾是从赣州来到造口，在造口驿附近临江怀古，凭吊当年隆祐太后的逃难往事。他在这里举目眺望，却被重重叠叠的高山遮住了视线。他站在江边，久久望着江水滔滔流去。最后黄昏降临，暮色四合，深山中传来鹧鸪的叫声。这一切细节，都发生在赣江边的造口驿中。弄清楚了写作地点，我们才明白他“西北望长安”，并不是在望中原或故都汴京，而是指在临安的朝廷；才明白那“毕竟东流去”的江水，也并不代表什么历史潮流，而是指对岁月流逝的无比焦虑。

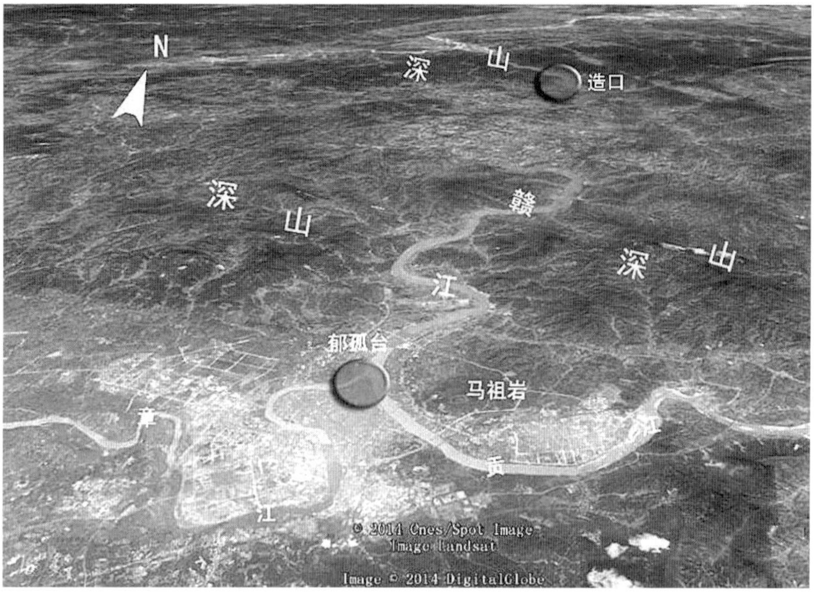

图 2　郁孤台和造口（皂口）地貌卫星图

2. 重建原始现场

重建是一个专门术语，指认识层面上对事件真相和事发现场的还原。与实地的景物修复模仿无关。

现场不仅仅只有地理空间，还有时间因素。这个时间，包括事发时间和事后现场的风化剥蚀时间。事发时间指词人在具体哪一年哪一月来到这里，在什么季节里、什么天气下创作的这首作品。具体时间的定位非常重要，词人当时是什么身份，跟谁在一起，已经写过哪些作品，同时还写了哪些作品，都要依据这个时间点来确认。他同时写的其他作品，也是重要的现场证据。

风化时间，是指勘查记录者来到现场时，距离创作事件发生的时间跨度。原始现场由于自然山川的变迁、风雨的剥蚀、泥沙的淤积、植被的改变、人类的栖息，会产生种种变化，而导致现场被破坏。时间跨度越长，破坏的程度往往越大。历史现场与现实现场经常对不上号。这就需要研究者前来仔细分辨，重建原始现场。

举例来说，梅尧臣、王安石看到的平山堂，就是欧阳修建造的那座平山堂。欧阳修当时只是简单地改建了一处老房子，用了两三个月时间就草草完工。五十年后，叶梦得登临平山堂，发现这座建筑恢宏高敞，“壮丽为淮南第一”[①]。殊不知它根本不是欧阳修原来的那座建筑，而是十八年后新太守刁约重建的平山堂。写《朝中措》时的欧阳修，完全不知道后来的重建工程。老太守在新太守刘敞面前津津乐道的，绝不是那栋改建的旧建筑本身，而是它前面壮丽的山川景象。他劝刘敞“行乐”，不是身居豪宅的享乐，而是尽览江山的痛快。盲目相信了叶梦得《避暑录话》的记载，会弄不清楚欧阳修当时的复杂心理。再如，苏轼、陆游、范成大看到的赤壁矶还在长江边上，九百多年后的今天，随着河床淤积后退，黄州的赤壁矶已经远离江岸，退到了1400米外的陆地上。赤壁矶也非常低矮，离水面只有数米之高，与苏轼《念奴娇》的描述完全不符。用谷歌地球测量，其海拔只有30—35米左右。它在宋代的真实高度，会不会受到长江淤积冲刷导致河床升降的影响？会不会有地面沉降、山体塌落的情况？仅仅根据我们看到的现场来判断作品，容易出现理解偏差。

还有一些原始现场已经完全消失，地貌已经完全改变。这给我们的现场重建带来更大的困难。张孝祥看到的八百里洞庭湖，与我们看到的洞庭湖天差地别。那个传说中的金沙堆，早已荡然无存。在宋代，六七月间荆江涌来的冰冷“西水”，和九月间江水倒灌形成的“蓼花水”，如同洞庭湖的天癸，涨涨落落，造就了美丽的金沙堆。张孝祥是那年中秋前夕赶到洞庭湖的，正好处在两次涨大水的中间，这才有了千古绝唱《念奴娇》(洞庭青草)。这样的原始现场，只有将来利用三维建模，我们才能重新目睹了。姜夔多次路过的吴江垂虹桥也是这种情况。垂虹桥遗址在今天吴江城的东面陆地上，吴松江改道后，已经离它很远。他当年舟过垂虹，徘徊在两条河流分岔口，踌躇不去的情形，早就失去了地理依据。

特别值得注意的是，许多名胜古迹都曾经在保护和复原的美好愿望下，

---

① (宋)叶梦得：《避暑录话》卷一，见《宋元笔记小说大观》第3册，上海古籍出版社2007年版，第2582页。

被前人重新修复改造过。现场的故居、寺塔、古木、坟茔、石刻，都不是当初的东西。这些景观工程，是历代官员和工匠们所做的现场重建。除了地理位置基本可信之外，人为添加的成分太多，夸大赞美的情结太明显。这些刻意的努力，导致了原始现场的进一步破坏和扭曲。实景的这种重建，不是我们所说的现场重建。

这是写作现场与刑侦现场最大的不同。写作现场尽管没有人刻意伪造，但后人会美化现场，时间也会模糊现场，最终让它们变得面目全非。严格地说，只要存在时间跨度，所有的写作现场都已经不是原始现场，都不能直接阅读，直接相信。必须根据情况进行修复和重建，才能与作品建立联系。

重建前的地理现场勘查，我们首先要关注那些稳定的现场要素，区分对待。地理方位和周边距离是不会变的，气候条件和主要植被是不会变的，山川地质和基本生态是不会变的，残存的遗迹如碑刻、台基、古城、驿道等等是不会变的。我们的现场勘查必须充分考虑这些变与不变的因素，从中提取有价值的证据。然后才是现场重建，还原它们的原始面貌。重建还原的写作现场，因为存在不确定因素，大多情况下只能建立假设推论，不能简单地形成学术定论。

3. 追问现场发生了什么

刑侦现场勘查完成之后，有一个重要环节：现场分析。现场分析也叫临场讨论，主要是根据勘查所得到的各种证据，初步分析案件性质、作案时间、作案位置、作案人数、作案工具、作案手段、作案动机、作案过程、刻画作案人特征等①。这些技术手段和方法对我们的研究非常有启发。

我们认为，写作现场的勘查应该与现场分析、心理分析、作品解释结合起来。“侦破”的重心不在找到“作案者”，而在找到作者的原始动机和作品的真正意图。所以，当我们初步弄清楚了现场的地理山川、水文地质、植被景观、交通距离、建筑位置等情况之后，重建和分析事发过程，追问现场当时究竟发生了什么，就成了关键。

真正读懂一首作品，我们必须知道整个事件的前因后果，必须弄清楚他为什么来到现场，他从哪里来到现场，他是以什么身份来到现场，他与谁

---

① 方福建：《刑事侦查原理与案例教程》第 4 章第 8 节《现场分析》，第 150 页。

在一起，又在现场干了些什么。传统术语把这种与作品相联系的创作事件称为“本事”。不弄清作品本事，往往会误解作品。举个典型的例子，秦观那首《满庭芳》(山抹微云)，过去学界都以为是他离开越州的时候，与妓女在渡口依依不舍地告别，是一首爱情离别词。我们现场还原后，发现他是在与越州知州程师孟话别，《满庭芳》词原来是借男女惜别之情，婉转表达他对老太守的感激和依恋。

古人所说的“本事”，概念过于狭窄，仅指作品写作时所发生的故事。非故事性的背景，例如行程、路线、心理、动机、位置、在场者、言谈、景物等等，都不是本事。这就大大限制了我们的调查范围。而且见于宋人记载的本事，大多出于传说附会，不能直接相信。很多宋词作品连这种不太靠谱的本事都查找不到，没有留下任何事件线索。能够弄清楚它们的写作时间和写作地点，就已经谢天谢地了。有鉴于此，我们将“本事”概念置换为“现场过程”，尽量把非故事性的要素包括进来。对于那些只知道时间地点的作品，我们可以结合词人平生经历的轨迹，来还原当时的情景。这种接近本事、但又不是本事的现场过程，对于理解作品也非常重要。我们将它称为“历事”。如张孝祥过洞庭金沙、辛弃疾过江西造口、姜夔过太湖吴松。历事是一种泛本事，对重建事发过程，分析判断作者当时的心理状态，有重要的参考价值。

还有一个概念，我们称之为“前事”。也就是现场事件发生之前，当事人曾经遭遇过什么样的重大事件，这一事件影响了他的心态和行为，影响了他的创作表达，间接构成了现场事件要素。对于心理分析来说，这种前事甚至有可能比本事更重要，更影响词人的创作。我们在重建现场过程的同时，要努力向前查找，他在写这首作品之前最近的一段时间里，究竟发生过什么。然后评估这些事件对词人心理造成多大程度的伤害、多大程度的刺激。这种心理创伤或快慰向后延伸，又在多大程度上影响了他作品的基调。时间越近，这种影响肯定越大；时间越远，这种影响越淡。辐射波呈现为边际递减效应。

例如范仲淹写《渔家傲》之前，宋军刚刚战败于好水川。阵亡将士的家属聚集在路边，拦住主帅韩琦的马队哭吊亡灵，哭声震天动地①。范仲淹获知后扼腕叹息，深受刺激，由此对士卒产生了强烈的悲悯之情。辛弃疾大刀阔

① （宋）魏泰：《东轩笔录》卷一一，中华书局1983年版，第82页。

斧扑灭茶商军后，受到朝廷褒奖加官，一度情绪高涨，心理期望值很高，说过“玉阶方寸地，好趁风云会。他日赤松游，依然万户侯”(《菩萨蛮》)之类的话。后来朝廷任命他为京西转运判官，调他去襄阳任文职。接到新任命后，辛弃疾极度失望。怀着强烈的岁月蹉跎情绪，北上路过造口驿，在那里写下了著名的《菩萨蛮》(郁孤台下清江水)。不知道这些前事，我们很可能读不懂词人，听不懂他的心声，对现场感觉一片茫然。

4. 现场位置与视点

现场勘查的一个技术性细节，是确定词人的位置和视点在哪里。也就是说，我们要重新站在词人当年所站的原点，来观察周围的景物，思考人生的问题，比对作品的意境，体味作者的心情。用电影术语来说，是要弄清楚他的摄像机机位在哪里；用绘画术语来说，是他的透视焦点在哪里；用摄影术语来说，是他的取景位置在哪里。这也是现场重建的一个环节，尤其对理解环境与作品的对应关系，有着重要作用。

苏轼在黄州凭吊赤壁古战场，高唱“大江东去”，可是他开口就错。现场风景与作品风景彼此不符。流过黄州赤壁的大江，不是东去，而是南流(参图3)。他应该高唱“大江南去”。赤壁在长江的东岸，长江只能往南流，东去地理方位不对。如果他是站在临皋亭下，那没有问题。长江过了赤壁大约三公里左右才折向东方，流经他的临皋亭住所(参图4)。当时他的视点位置在哪里呢？如果他是站在赤壁山上，或许勉强可以说“大江东去”。但他当时是在江面上的小船中，看到的只能是“大江南去”。根据他自己的多次记载，他每次游览赤壁，都是从临皋划小船，沿江溯流而上过去的，这个视点所见到的长江，不可能东去。

图 3 地貌卫星图：从空中俯瞰赤壁矶和赤壁山

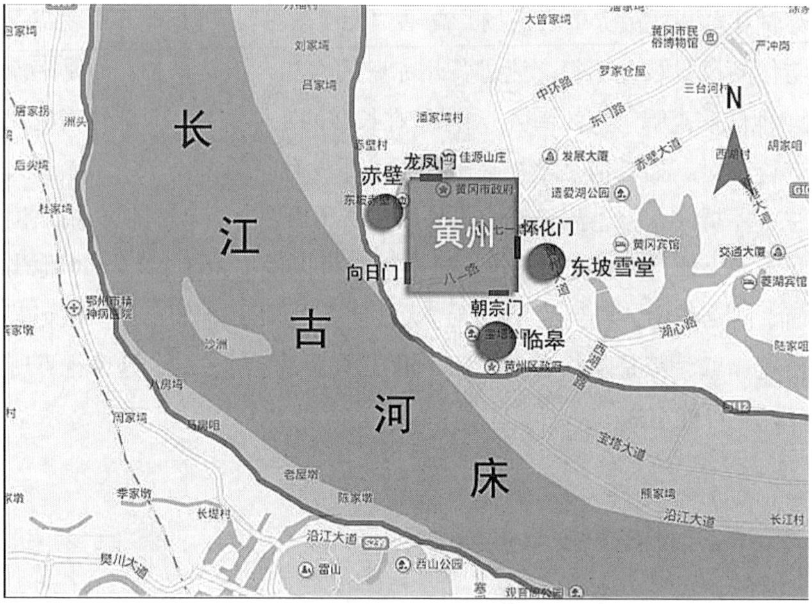

图 4 宋代黄州与长江河道的地理位置示意图

这个细节，意味着词人并不是拿着照相机，实拍眼前的风景。所有的风景，都经他处理过了，是道具化了的风景。他不仅把假古迹写成真古迹，还把真风景写成假风景，现场既没有什么“乱石穿空”，也没有什么“惊涛拍岸”，小乔初嫁也是虚构的，谈笑破敌也是虚构的。道具化的风景是他为渲染战争场面特意设置的，他要再现周瑜大破曹操的战争氛围，要美化心中的偶像，所以才这么下笔。

我们再举辛弃疾的例子。辛弃疾剿灭茶商军后离开赣州北上，路过江西万安造口时，写下《菩萨蛮》(郁孤台下清江水)。他站在赣江边的造口渡旁，或者造口驿中，眺望北方中原，悲凉地叹息说：“西北望长安，可怜无数山。”努力张望着西北方向的京城“长安”，可惜重重叠叠的青山遮挡住了视线。

这个“长安”，学界大多解释为代指北宋的都城汴京。词人是在望故都，思中原，想念北方沦陷的祖国。这个解释其实是错的，因为视线不对。“西北望长安”，有的版本作“东北是长安”。有的学者对此大惑不解，长安怎么会在郁孤台的东北？汴京也不在郁孤台的东北。汴京明明在正北面，为什么说东北？西北也不对，长安是借指，但地理方位不能跟着错，应该符合现场地理才对。所以无论从造口位置，还是从郁孤台位置眺望，这样理解都有问题。其实辛弃疾眺望的不是汴京，也不是中原，而是朝廷、君王。他之所以从郁孤台写起，是因为联想到了魏公子牟身在江湖，心存魏阙[①]。唐代李勉出任虔州刺史，曾经登临郁孤台北望，叹息说：“吾虽不及子牟，心在魏阙一也。”[②]辛弃疾身在江湖，心存宋阙，他日夜思念的，是南宋朝廷，是孝宗皇帝所在的临安。临安的地理位置正是在郁孤台和造口的东北方向。不弄清楚这个现场细节，我们就无法理解词人当时岁月蹉跎的焦虑。两年前他登临建康赏心亭，就曾经抒发过这种内心焦虑：“可惜流年，忧愁风雨，树犹如此！倩何人唤取，红巾翠袖，揾英雄泪？”(《水龙吟》)英雄泪就是行人泪，行人泪就是英雄泪，都是他自己的沉痛眼泪。

---

① 《庄子·让王》：“中山公子牟谓瞻子曰：身在江海之上，心居乎魏阙之下，奈何？”(郭庆藩辑，王孝鱼整理：《庄子集释》，中华书局1961年版，第979页。)

② (宋)祝穆：《方舆胜览》卷二十：“郁孤台，在丽谯。坤维隆阜，郁然孤起平地数丈，冠冕一郡之形势，而襟带千里之江山。唐李勉为虔州刺史，登临北望，慨然曰：余虽不及子牟，而心在魏阙一也。郁孤岂令名乎？改为望阙。”见《景印文渊阁四库全书》史部第471册，台湾商务印书馆1984年版，第728页。

四、当事人的深度调查

刑事侦查的最终目的是找到犯罪嫌疑人。因此，刑侦专家们把大量的精力投放在研究嫌疑人上。他的犯罪动机、犯罪心理，他的家庭状况、婚姻状况，他的健康、交游、职业、体貌、血型、指纹、口音等，蛛丝马迹无所不及。

作为宋词的读者，尽管我们已经知道作词者是谁，但他是怎么来到现场的，是以什么身份来到现场的，他为什么要来到现场，他在现场干了些什么，他与谁在一起，他当时的心理状态怎样，他是一个什么性格类型的人，他为什么要这样歌唱，这样说话，这样行事……对于这一切，我们都感到强烈的好奇。不知道当事人的这些具体细节，就不能够真正走进他的心灵深处，也就无法真正理解他的歌唱。

他是谁，与他是一个什么样的人，不是同一个概念。以往“知人论世”的作家研究，常常局限于探讨作者的仕宦经历和儒道佛思想以及他的社会交游等方面情况，不太注意性格研究和心理分析。站在刑侦破案的角度，我们应该把作者研究放大到更多的细节上，追问他的经济状况、他的性格类型、他的健康婚姻、他的说话方式、他的相貌特征等等。性格分析和心理分析，是深度调查的重点，也是过去常常被忽略的地方。

他是一个什么样的人，与当时他是一个什么样的人，也不是同一个概念。我们之所以不采用作家研究的说法，而称之为现场当事人的调查，是因为作家或词人这个代称没有时间维度，只是一个抽象的历史名称。我们所说的现场当事人，是指身在现场、创作那首作品时的那个作家，不是被历史盖棺论定的那个历史人物。

我们以往的作品赏析，经常会犯这样的错误，无论赏析什么作品，作者都是没有时间维度的定型人，是已经被历史风干、被学者盖棺论定的那个词人，完整而凝固，没有任何变化。文学史上的苏轼豪放飘逸、从容博大、同情百姓、历经磨难而百折不挠。这没有问题。但在所有的作品面前他都是这种形象，就有问题了。画家为苏轼画像，画来画去，大多都是背着手，仰头看天的造型，一副不食人间烟火的模样。其实早年的苏轼和晚年的苏轼，差别非常大。元祐版的苏轼是顺境中的苏轼，元丰版的苏轼是逆境中的苏轼，完全不是一回事。翰林学士的苏轼，绝对写不出《赤壁赋》、《念奴娇》那样的作品来。同样，早年狂放不羁的贺铸，也绝对写不出《青玉案》那样羞怯低回的单相思作品来。贺铸晚年性情大变，蓬首垢面，连人多的公共场合都怕去。所以，我们谈论作者，谈论词人，必须有具体的时间维度。必须告诉读者，他究竟是哪一个具体时间段的词人，不能永远是个木乃伊。地理现场有时间维度，在场的当事人也应该有时间维度。

与之对应，传统的作家生平研究，也需要时间维度来具体定位和理解。换句话说，我们不仅要了解他当时是个什么样的人，而且要知道他在创作这首作品时，正处在他人生的哪个段位、哪个时间节点上。我们的深度调查，目的是要弄清楚他的这种生存状态和心理状态，究竟处于他年轻时，还是老年时；是在精力旺盛的青兕时期，还是在卧病多年的阶段，或是刚刚从大理狱中放出来；是顺境的最初开始，还是逆境的最初开始。不同阶段的心态是不一样的，不同心态下写出来的文字也是不一样的，尤其是处在转折点附近。

姜夔写《点绛唇》(燕雁无心)，讲述自己徘徊于梦想和现实之间，踌躇不去。看着没有什么特别之处。但我们注意到这个时间点正好发生在他十年江湖生涯的起始处。那一年是宋孝宗淳熙十四年(1187)，他三十三岁，刚从湖北迁家来浙中投奔萧德藻。此后的生活轨迹，主要转移到了江浙地区，开始了年复一年的干谒生涯。这首《点绛唇》词的时间节点，正好落在这段江湖十年的起点上。可以说，姜夔用这首凄苦低回的小唱，拉开了他江湖人生的序幕。这个时候，词人还年轻，还没有放弃高贵的人生梦想，还没有向贫穷和绝望投降，还没有习惯卑微地奔走寄食于权贵豪门。所以特别痛苦纠结：去范成大的石湖还是去陆龟蒙的甫里(参图5)，去干谒还是去隐居，这是一个问题。就像哈姆雷特在不断地问自己“To be or not to be(生存还是毁灭)”。如果是老于江湖生涯的中晚年，一切都已经习惯，已经麻木，他的心理状态就全然不同了。清楚了这个时间维度，我们才理解他为什么如此仰望陆龟蒙，才理解他作为名士，为什么会拜倒在隐士面前。

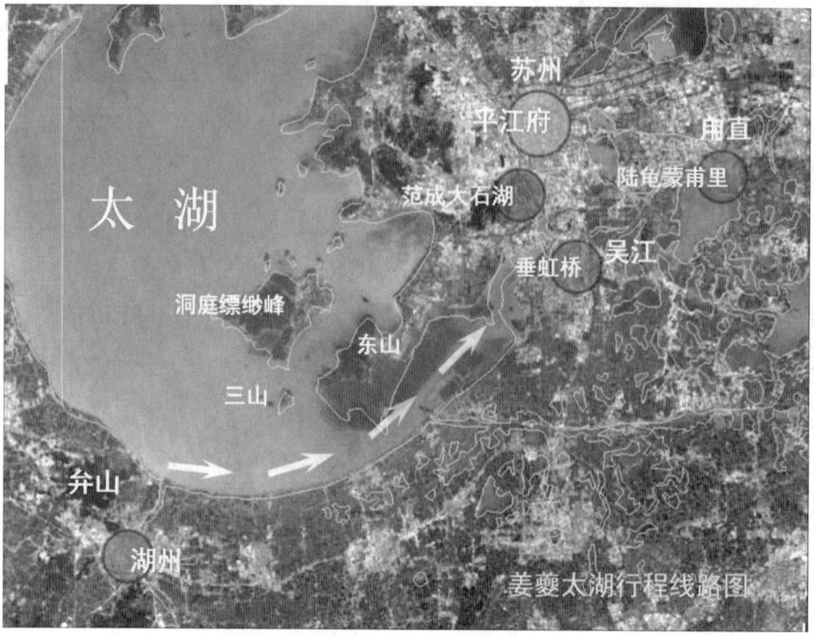

图 5　姜夔前往范成大石湖，吴江垂虹桥是必经之地。
舟过垂虹，有水路分别通往石湖和甫里

这就是对现场当事人的性格分析和心理分析。它既是作者生平思想研究的细化和深化，也是人性局部放大的个案分析。知人论世所说的人，不仅是历史人，还是现场人。两者不能简单等同，也不能彼此混淆替代。

五、文本证据的勘验鉴定

文本证据，就是书面文献资料的记载。这些资料的考订研究，清代以来已经形成专门的学问，包括行年事迹考订、版本考订、真伪考订、本事考订等等。它是古典文学研究的基础功夫，也是我们宋词研究行之有效的传统研究手段。

借鉴刑侦学证据勘验鉴定的方法和思维方式，我们发现，传统的文献考证还可以扩大范围，向周边的关联证据延伸。除了直接证据之外，间接的关联证据也能够为我们重建现场、重建事发过程，乃至为破解作品的真实意图、剖析作者的行为心理提供有力的支持。

1. 作者在现场还说了什么

侦查鉴定中最重要的一项鉴定，是同一鉴定。将现场遗留的枪弹、工具、血迹、精斑、脚印、毛发等，与嫌疑人进行比对，确认是否就是同一人所为，从而最终锁定罪犯。这对我们的研究也非常有启发。能不能反过来，在已知同一人所为的情况下，在这些众多的遗留物之间建立彼此互证的逻辑关系呢？

过去我们阅读宋词，都是就这首作品说作品，围绕着这首词，仔细分析作者的思想、情绪、态度，作品的内涵、意境、风格。这当然是对的，但远远不够。当我们返回到历史现场仔细勘查，经常发现许多词人在写作第一作品的同时，还写了其他一些作品，还有现场第二作品、第三作品。我们所谈论的这首作品常常不是唯一的现场“遗留物”。作为同一人所为，这些作品是同一时间里同一个心灵的倾诉，它们相互构成证据链，不能视而不见。

我们知道，苏轼在黄州不仅写过《念奴娇・赤壁怀古》，同时还写过意思全然不同的《赤壁赋》，还写过其他一些文字。词与赋比对，赋东坡眼里没有英雄，词东坡不仅满眼是英雄，而且是超级大英雄，曹操何在变成了周瑜犹在。赋东坡看到的是枯骨一具，词东坡看到的却是美貌肌肤。赋东坡走出了内心挣扎，对客人悟出没有必要羡慕古人，从而安慰了自己，时间最终洗刷了一切。词东坡深陷在人生失败的痛苦中，那么羡慕古代的英雄美人，充满了英雄幻觉、人生失落、功名神往。由此推断，黄州的苏轼处在剧烈的内心挣扎和自我救赎之中，远远没有达到旷达超脱的境界。他不断地与自己对话，不断地否定自己，超越自己。那些飘逸高旷的诗词歌赋，不是他人格成熟的证明，恰恰相反，是他内心挣扎的证明。

另一个典型的例子是张孝祥。孝宗乾道二年（1166）张孝祥路过洞庭湖，不仅写下了清气四溢的《念奴娇・过洞庭》，还写有缠绵悱恻的《念奴娇・离思》，讲述对家人的刻骨思念；还写下了小词《浣溪沙・洞庭》，七古体诗歌《金沙堆》，还写有散文《观月记》、骈赋《金沙堆赋》、骚体赋《祭金沙堆庙》等。这一组现场的文本证据是一个整体，它们有些与第一作品《念奴娇・过洞庭》大相径庭，情绪和心理截然不同。也就是说，在同一时间里，词人心头交织着各种复杂矛盾的念头。一会儿大笑，一会儿流泪，一会儿平静。既有超越世俗红尘的清高之想，也有纠缠官场是非的勃郁不平之气，还有亲情难忘、思念双亲和妻子儿女的常人之情。我们不能仅仅据《念奴娇·过洞庭》，就断定说他飘然欲仙，满心的尘外之想，断定他高洁澄澈得对人间浊世不屑一顾。洞庭湖现场的那个张孝祥，绝不是我们想象的那样一味飘逸超脱，完全忘记了红尘烦恼。作为现场当事人，他泊舟洞庭湖上，既忧国忧谗，又怀乡思亲，既远避尘嚣，又渴望自证高洁。超尘拔俗的情怀只是其中的一种而已。我们把它们放在一起比对阅读，才能得到完整对称的信息。

2. 其他人曾经说过什么

现场勘查和证据提取，我们不能仅仅关注作者本人在干什么，在说什么，在想什么，还要注意搜集分析其他在场者的关联证据，甚至还要搜集分析那些不在现场、但与现场当事人有重要关联的文本证据。

康定元年（1040），宋军战败于陕西三川口。朝廷罢免了延州知州范雍，任命范仲淹为陕西经略安抚副使。不久范仲淹又兼知延州，第二年又调任为庆州知州。在庆州任上，范仲淹写下著名的《渔家傲》组词。很少有学者注意到，范仲淹写这组词不是一个孤立的事件。他很可能受了他的前任范雍的影响，读了范雍的边塞诗，受到创作启发和情绪感染。当时人田况《儒林公议》记载说，范雍镇守延州时，曾经写过边塞诗数十章，记录与西夏人残酷战斗的细节。其中流传下来的三首是：

> 七百里山界，飞沙与乱云。虏骑择虚至，戍兵常忌分。啸聚类宿鸟，奔败如惊麕。难稽守边谣，应敌若丝棼。
>
> 承平废边事，备预久已亡。万卒不知战，两城皆复隍。轻敌谓小丑，视地固大荒。愿因狂狡叛，从此葺兵防。
>
> 剧贼称中寨，驱驰甲铠精。昔惟矜突骑，今亦教攻城。伏险多邀击，驱羸每玩兵。拘俘询虏事，肉尽一无声。[1]

第一首写延州防线漫长，守兵不足。西夏骑兵在七百里边界哪里冒出来，让人防不胜防。第二首写宋军承平日久，兵不知战，将不知兵，朝廷上下没有把西夏威胁放在眼里。第三首写西夏人用兵日新月异，已经能够攻打城池，

① （宋）田况：《儒林公议》卷下，见《丛书集成初编》，中华书局1985年版，第24页。

善于打埋伏。中寨，是西夏军里最彪悍的部伍。诗的最后记录了当时延州守军经常捕获到西夏派来的探哨，无论怎样严刑拷打，甚至把他们浑身的肉都脔割下来，这些探哨都死不开口。范雍的边塞诗记录下了这些残忍的画面，也反映了他对边塞状况有一定的观察思考。与范仲淹的组词一样，这组诗也是“颇述边镇之劳苦”，而且也大部分失传了。田况曾经辅佐范仲淹镇守陕西，做过陕西经略安抚判官，后来也被派到西北任帅臣。他的记载，是重要的现场证词。

另外我们还发现，康定元年八月，范仲淹代替张存兼知延州时，年轻的刘敞也曾经写过一组边塞诗寄给范仲淹。当时刘敞不过二十多岁，还没有考取进士。这组诗的题目是《贺范龙图兼知延安》，共8首，见《全宋诗》卷四六五。可见范仲淹镇守西北，朝野士大夫寄予了很大的希望。刘敞写诗寄赠的时间，也正好发生在范仲淹写《渔家傲》之前不久。可能当时还有其他朋友给范仲淹寄赠过诗词。这些作品，都触动了范仲淹的诗人情怀，都可以看作是《渔家傲》的文本旁证。

再举晏殊《浣溪沙》(一曲新词酒一杯)为例。关于这首词的主旨，学界有争议，有的学者认为是追忆当年，怀念故人或恋人；有的学者则认为主要是表现对生命匆匆、时光短暂的感慨。两种说法都有道理，但究竟哪一种才是晏殊本来的意思？在找不到写作现场和直接证据的情况下，借助其他人的关联证据，不失为解决问题的有效途径。

我们发现，晏殊的“一曲新词酒一杯”，化用了唐代诗人白居易的《长安道》诗：“花枝缺处青楼开，艳歌一曲酒一杯。美人劝我急行乐，自古朱颜不再来。君不见，外州官客长安道，一回来时一回老。”[①] 白居易的诗主旨非常清晰，人生短暂，及时行乐。“去年天气旧亭台”，直接借用唐人郑谷《和知己秋日伤怀》中的诗句：“流水歌声共不回，去年天气旧亭台。梁尘寂寞燕归去，黄蜀葵花一朵开。”[②] 河水像时间一样，一去不返，歌声也是一去不返。晏殊借用这个现成的句子，可见也是叹息时间的流逝。

这还没完。除了这两处语典借用之外，晏殊还模仿了前辈田锡的《三月

① （唐）白居易撰，高时显、吴汝霖辑校：《白香山诗集》卷一二，中华书局1936年版，第9页。

② （清）彭定求等编：《全唐诗》卷六七六，上海古籍出版社1986年版，第1702页。

二十八日书怀》诗:“惜春将尽自徘徊,巷馆残阳户半开。芳树更无莺舌语,故巢空有燕归来。音书杜绝家千里,愁愤消磨酒一杯。地狭长沙何所适,行谣方忆摘杨梅。”① 诗中的惜春、夕阳、自徘徊、燕归来、酒一杯几个意象,晏殊都拿来用了。这是语痕相似。可见晏殊一定读过这首诗。田锡比晏殊年长五十一岁,不可能抄袭后生。我们相信,田锡诗的主旨,白居易、郑谷诗的主旨,就是《浣溪沙》(一曲新词酒一杯)的主旨。除此之外,白居易还写过一首很长的《无可奈何歌》,叹息生命短暂,岁月无情:“无可奈何兮,白日走而朱颜颓,少日往而老日催。生者不住兮,死者不回。”② 读完这首无可奈何的诗,晏殊的心态也就清晰地浮现出来了。

3. 并案侦查方法

并案侦查也称案件串并,指两起以上犯罪案件存在相似之处,作案方式、侵害对象、犯罪工具、现场痕迹基本相同,有可能是同一犯罪嫌疑人或团伙所为。侦查机关将这些案件放在一起,作为系列案件对待,实行合并侦查。案件合并后,线索大大增加,破案概率也大幅提高。

写作现场的勘查和证据提取,也可以借鉴这种方法。如果能够确认两首(或两首以上)作品写于同一个地点、同一个时间,为同一件事情而作,那么,它们就是现场的系列作品,属于同案文本。

贺铸晚年爱上一位横塘女子。一见钟情之下,写出了著名的单相思恋词《青玉案》(凌波不过横塘路)。据他的朋友李之仪记载,他当时为她写过两首词。那位横塘女子死后,贺铸曾半夜三更跑去拜访李之仪,含着热泪为之吟诵③。除了千古流传的《青玉案》,他的另一首词在哪里?我们翻检了贺铸的所有作品,在流传至今的宋人残本里面,找到了一首《感皇恩》,认定它就是

① (宋)田锡:《咸平集》卷一五,巴蜀书社 2008 年版,第 143 页。

② (唐)白居易撰,高时显、吴汝霖辑校:《白香山诗集》卷三八,第 3 页。

③ (宋)李之仪:《姑溪居士前集》卷四十,《题贺方回词》:“右贺方回词。吴女宛转有余韵,方回过而悦之,遂将委质焉。其投怀固在所先也。自方回南北,垢面蓬首,不复与世故接。卒岁注望,虽传记抑扬一意不迁者,不是过也。方回每为吾语,必怅然,恨不即致之。一日暮夜,叩门坠简,始辄异其来非时,果以是见讣。继出二阕,已尝报之。曰:‘已储一升许泪,以俟佳作。’于是呻吟不绝,泪几为之堕睫。尤物不奈久,不独今日所叹。予岂木石哉!其与我同者,试一度之。”(见《景印文渊阁四库全书》集部第 1120 册,台湾商务印书馆 1984 年版,第 582 页。)

《青玉案》词的姊妹篇。试比较：

凌波不过横塘路，但目送、芳尘去。锦瑟华年谁与度？月桥花院，琐窗朱户，只有春知处。　飞云冉冉蘅皋暮，彩笔新题断肠句。若问闲情都几许？一川烟草，满城风絮，梅子黄时雨。（《青玉案》）

兰芷满芳洲，游丝横路，罗袜尘生步。迎顾，整鬟颦黛，脉脉两情难语。细风吹柳絮，人南渡。　回首旧游，山无重数。花底深朱户，何处？半黄梅子，向晚一帘疏雨。断魂分付与，春将去。（《感皇恩》）

这两首词在景宋本《东山乐府》里被编排在一起，文字痕迹彼此吻合，都写到了柳絮和梅子黄时的风景，都以水边洲渚为故事的发生地，都写到了自己对那位美丽女子住在什么地方的强烈好奇，而且，它们都写到了黄昏下雨的景象。两首词用了同一个词韵，路、去、户、处、絮、雨六个韵脚重复使用；都用到了《洛神赋》的联想比喻，一个说凌波微步，一个说罗袜尘生。这一定是词人初见到那位美丽女子的第一印象。如果我们的推断正确，这两首作品就可以作为一个现场文本的整体来阅读还原，细节内容彼此视为“互文”，相互填补模糊不清的空缺。由此，我们可以大致重建出整个事发过程。相遇季节、相遇地点、天气情况、相遇细节、记忆形象、内心挣扎等，都可以做到比单篇阅读来得丰满清晰。

辛弃疾的那首《菩萨蛮》（郁孤台下清江水），作于他担任江西提刑剿灭茶商军之后。当时他被朝廷调去任京西转运判官，当年秋天离开赣州，前往襄阳。我们推测，这项新任命让辛弃疾感到非常失望，他使尽全力剿灭盗匪，建立朝野威名，期待的是能够执掌地方军政，指挥一路兵马。他的人生目标是督府、帅司、两府，是安抚使、招讨使，最后成为帝王师，率领千军万马，为北伐中原驰骋沙场。而不是掌管漕运、常平、茶盐。所以新任命下来，他内心充满了怅然、失落、不平。

我们发现，《菩萨蛮》不是现场的唯一文本。宋人刊刻的十二卷本《稼轩长短句》里，紧接着《菩萨蛮·书江西造口壁》之后，还有另外两首《菩萨蛮》，非常像是同时所作。现将三首一并列出：

> 郁孤台下清江水，中间多少行人泪。西北望长安，可怜无数山。　青山遮不住，毕竟东流去。江晚正愁余，山深闻鹧鸪。（《菩萨蛮·书江西造口壁》）
>
> 西风都是行人恨，马头渐喜归期近。试上小红楼，飞鸿字字愁。　栏干闲倚处，一带山无数。不似远山横，秋波相共明。（《菩萨蛮》）
>
> 功名饱听儿童说，看公两眼明如月。万里勒燕然，老人书一编。　玉阶方寸地，好趁风云会。他日赤松游，依然万户侯。（《菩萨蛮》）

第二首《菩萨蛮》也写到了行人恨、山无数，也写到了见景生愁、登楼、远眺、凭栏、望江水。远山横是写愁眉的眉峰，秋波共明是写眼睛秋波对着江水秋波，久久凝视。我们相信，它是《菩萨蛮·书江西造口壁》的姊妹篇，并且是同时所作。“郁孤台下清江水”是现场第一作品，“西风都是行人恨”是第二作品。第二作品向我们透露，当时的季节是西风起的深秋，而且归去的日期逐渐临近。词人当时的心情非常低落。而且，写作现场绝不在郁孤台上，而是在山无数的造口驿小红楼上。

第三首词提到已经剿灭了茶商军，城里城外，人们都在传说着他的剿匪故事。他已经可以奢谈“万里勒燕然”了，已经开始梦想“好趁风云会”了。对于未来封万户侯充满了自信。“老人书一编”，说的是汉代张良在下邳时，曾经遇到一位神秘的老父，送给他一部《太公兵法》，告诉他：熟读此书，可以为帝王师矣。后来张良果然辅佐刘邦打江山，成了帝王之师。晚年又飘然而去，从赤松子云游。可见词人在剿灭了茶商军后，一度喜出望外，自信心极度膨胀，有过不切实际的梦想。三首词的心理落差很大，把它们看作是新任命下来之前之后，词人心态的自我写照，合情合理。前两首作品并案侦查，第三首作品引为现场心理分析的旁证，原始现场的事发过程就变得清晰了。

4. 语源痕迹的比对鉴定

借鉴刑侦学的痕迹鉴定，我们还可以探索语源痕迹的比对鉴定。语源痕迹简称语痕，它不是我们常说的语典、事典，而是一种语汇表达习惯。我们常说某人长得像谁，这个像，是我们视觉上的模糊判断。像和不像，建立在具体细节的精确比对上，专业术语叫作比对节点（minutiae）。现代计算机的人脸识别技术、指纹识别技术、DNA 鉴定技术，都是通过对人脸、指纹、基因的不同节点进行数据采集，然后进行比对，最后找到嫌疑人。

宋词的阅读，能不能采用这种节点比对呢？诗词作品也有自己的脸谱特征，也有各种不同的节点。我们暂且不谈体裁、押韵、风格、题材、立意、典故、章法等等，只说最基本的意象语汇。语汇是众多诗人在同一种习惯思维下，经常采用的词汇系统。年深月久，形成了固定的表达定式，就好像是某一类型诗歌创作的“方言口音”。我们把它看作“类型识别要素”。比如唐人的边塞诗，就有它固定的语汇系统，特别容易见到玉门、羌笛、瀚海、楼兰、燕然、胡骑等常见语汇；晚唐五代和宋人的《花间》体曲子词，也有它固定的语汇系统，读得多了，很容易捕捉到它们的节点特征。

所有的文学史教材都说，范仲淹的《渔家傲》是宋代的边塞词，它继承了唐代边塞诗的抒情传统，开创了宋词的新天地。这种大印象判断不免简单化、概念化。写边塞题材这么简单的事实，说了等于没有说。

语痕比对技术可以帮助我们把《渔家傲》所使用的全部语汇排列出来，排除掉那些不是意象的语词，剩下的意象符号有十七个：塞下、秋来、大雁、边声、画角、千嶂、长烟、落日、孤城、家乡、燕然、羌管、寒霜、将军、白发、征夫、眼泪。它们构成范仲淹视野中的边塞图像，是他“范体”的一种口音。

这十七个意象符号，能不能作为比对节点，在唐人的边塞诗歌中找到它们的“近亲”呢？找到一个、两个语汇相同没有意义，你不能就说它们谁像谁。但如果同时出现三个、四个、五个，甚至七个、八个、九个意象，你会不会感到惊讶？这就是我们要做的语痕比对。把所有唐代边塞诗找出来，用关键词进行检索，然后一一与上述十七个语汇节点进行对照。同时具备五项以上节点相同的例子有：

> 孤城沙塞地，残月雪霜天。会转胡风急，吹长碛雁连。应伤汉车骑，名未勒燕然。（释齐己《角》）[①]

① （清）彭定求等编：《全唐诗》卷八四一，第 2061 页。

军气横大荒，战酣日将入。长风金鼓动，白露铁衣湿。四起愁边声，南庭时伫立。断蓬孤自转，寒雁飞相及。万里云沙涨，平原冰霰涩。惟闻汉使还，独向刀环泣。（王昌龄《从军行》之二）①

边草萧条塞雁飞，征人南望泪沾衣。黄尘满面长须战，白发生头未得归。（令狐楚《塞下曲》之二）②

秋日并州路，黄榆落故关。孤城吹角罢，数骑射雕还。帐幕遥临水，牛羊自下山。征人正垂泪，烽火起云间。（李宣远《并州路》）③

匈奴不系颈，汉将但封侯。夕照低烽火，寒笳咽戍楼。燕然山上字，男子见须羞。（王贞白《塞上曲》）④

战士军前半死生，美人帐下犹歌舞。大漠穷秋塞草腓，孤城落日斗兵稀。（高适《燕歌行》）⑤

白雁兼羌笛，几年垂泪听。阴风吹杀气，永日在青冥。远戍秋添将，边烽夜杂星。嫖姚头半白，犹自看兵经。（贯休《古塞上曲》之三）⑥

地角天涯外，人号鬼哭边。大河流败卒，寒日下苍烟。杀气诸蕃动，军书一箭传。将军莫惆怅，高处是燕然。（贯休《古塞上曲》之六）⑦

交河冰薄日迟迟，汉将思家感别离。塞北草生苏武泣，陇西云起李陵悲。晓侵雉堞乌先觉，春入关山雁独知。何处疲兵心最苦，夕阳楼上笛声时。（胡曾《交河塞下曲》）⑧

月冷榆关过雁行，将军寒笛老思乡。二师骨恨千夫壮，李

---

① （清）彭定求等编：《全唐诗》卷一四〇，第325页。
② （清）彭定求等编：《全唐诗》卷三三四，第826页。
③ （清）彭定求等编：《全唐诗》卷四六六，第325页。
④ （清）彭定求等编：《全唐诗》卷七〇一，第1767页。
⑤ （清）彭定求等编：《全唐诗》卷二一三，第501页。
⑥ （清）彭定求等编：《全唐诗》卷八三一，第2036页。
⑦ 同上。
⑧ （清）彭定求等编：《全唐诗》卷六四七，第1630–1631页。

广魂飞一剑长。戍角就沙催落日，阴云分碛护飞霜。谁知汉武轻中国，闲夺天山草木荒。（沈彬《塞下》之三）[①]

这还不够。除了上述的语汇节点，我们再加入其他限定性条件，来缩小寻找范围。范仲淹的《渔家傲》是描写守边之苦的组词，所以与它血缘最近的边塞诗还必须是咏边塞的组诗，必须有多个要素语汇重叠出现，必须以艰苦悲壮的情景为主要内容。

我们找到贯休的边塞组诗《古塞下曲》七首：

下营依遁甲，分帅把河隍。地使人心恶，风吹旗焰荒。搜山得探卒，放火猎黄羊。唯有南飞雁，声声断客肠。

归去是何年，山连逻逤川。苍黄曾战地，空阔养雕天。旗插蒸沙堡，枪担卓槊泉。萧条寒日落，号令彻穷边。

虏寇日相持，如龙马不肥。突围金甲破，趁贼铁枪飞。汉月堂堂上，胡云惨惨微。黄河冰已合，犹未送征衣。

南北惟堪恨，东西实可嗟。常飞侵夏雪，何处有人家。风刮阴山薄，河推大岸斜。只应寒夜梦，时见故园花。

不是将军勇，胡兵岂易当。雨曾淋火阵，箭又中金疮。铁岭全无土，豺群亦有狼。因思无战日，天子是陶唐。

榆叶飘萧尽，关防烽寨重。寒来知马疾，战后觉人凶。烧逐飞蓬死，沙生毒雾浓。谁能奏明主，功业已堪封。

万战千征地，苍茫古塞门。阴兵为客祟，恶酒发刀痕。风落昆仑石，河崩苜蓿根。将军更移帐，日日近西蕃。[②]

它们写到了南飞的大雁、归去无期、日落、梦思故乡、将军、士卒、深秋。士卒是作为死去的鬼魂（“阴兵”）出现的，深秋是通过榆叶飘萧来表达的。加上题目的塞下，共有八个语汇符号，范仲淹都采用了。尤其是这组诗描写

---

① （清）彭定求等编：《全唐诗》卷七四三，第 1851 页。

② （清）彭定求等编：《全唐诗》卷八三〇，第 2036 页。

边塞之苦，苦得让人揪心，让人毛骨悚然。我们推测，范仲淹当年一定反复读过这组作品。

更相似的还有戎昱的《塞下曲》组诗：

惨惨寒日没，北风卷蓬根。将军领疲兵，却入古塞门。回头指阴山，杀气成黄云。

上山望胡兵，胡马驰骤速。黄河冰已合，意又向南牧。嫖姚夜出军，霜雪割人肉。

塞北无草木，乌鸢巢僵尸。泱漭沙漠空，终日胡风吹。战卒多苦辛，苦辛无四时。

晚渡西海西，向东看日没。傍岸砂砾堆，半和战兵骨。单于竟未灭，阴气常勃勃。

城上画角哀，即知兵心苦。试问左右人，无言泪如雨。何意休明时，终年事鼙鼓。

北风凋白草，胡马日骎骎。夜后戍楼月，秋来边将心。铁衣霜露重，战马岁年深。自有卢龙塞，烟尘飞至今。①

这组诗，除了题目的塞下之外，日落、将军、战卒、霜露、单于未灭、画角、泪如雨、秋来，九个意象，范仲淹都使用了。将军三次出现（将军、嫖姚、边将），士卒四次出现（疲兵、战卒、战兵、兵心）。尤其是“秋来边将心”一句，像是范仲淹《渔家傲》全篇的立意所在。“战卒多苦辛”一句，似乎也是范仲淹感慨最深、最想表现的内容。

唐人这两组边塞诗写到的戍边艰苦如此之多：边地荒凉、归去无期、调防频繁、军号惊心、强敌相持、铠甲破旧、半夜劫营、缺乏征衣、夏天飞雪、四无人烟、寒风刺骨、天气无常、刀伤箭伤、植被破坏、野兽出没、寨堡密布、士卒乖戾、毒雾弥漫、鬼魂作祟、劣酒伤身、金疮发作、飞沙走石、河岸崩塌、士卒疲惫、紧闭城门、沙尘成暴、杀气弥漫、满山胡兵、霜雪割脸、冰封河面、狂风终日、沙埋战骨、阴气森森、画角哀回、兵士心苦、眼泪如

① （清）彭定求等编：《全唐诗》卷二七〇，第673页。

雨、风吹枯草、胡马交驰、铠甲不解、霜重露侵、烽烟不息、尘土飞扬。这些艰苦的边塞细节，范仲淹当年一定反复吟咏过，也真实地品尝过。宋人魏泰说范仲淹这组词“颇述边镇之劳苦”[①]，今天我们只读到了东兵思乡之苦，还有更多的苦寒、苦战、苦行、苦食、苦雨、苦守等等，我们没有读到。那些失传的《渔家傲》姊妹篇，一定还有更多的悲壮画面。这才是真实完整的原始现场。语痕比对的发现，为我们填补了残缺的历史画面。

六、余论

文史不分家，是千百年来中国的学术传统。地理是相对后起的新兴科学，刑侦作为一门专业知识，更加年轻。传统的宋词研究怎样走向未来，现代学术怎样拓展新的想象空间，文地史不分家，是一条值得探索的途径。近年来兴起的文学地理学，对文地结合的研究方法进行了初步探索；几年前，我们也立足于地理考察，主持了国家社会科学基金重大招标项目“唐宋文学编年系地信息平台建设”。这些努力，尽管还局限于书面文献，以二维平面为主，但文地史学科的交叉融合，已经初露端倪。

本文所探讨的写作现场勘查和深度阅读，既可以视为文学地理学的一个分支，也可以独立定义。它涉及考古学、刑侦学、田野调查、军事地理、网络技术、影像地图等多种学科和技术手段。随着虚拟科技的进步和海量基础数据的积累，这种借助跨学科优势的研究方法具有广阔的发展前景。它的研究成果，不仅具有学术价值，而且对历史题材的影视拍摄、名胜古迹的复原陈列、古代作家的传记写作、大学文科的课堂演示等，都有帮助。跨学科、跨专业的会诊式研究，应该成为未来学术界的常态。

并不是所有的作品都能找到现场，都能借助现场勘查方法来实现深度阅读。宋词是高度抒情化的心灵咏叹，大多数作品很难确认创作时间和创作地点。遇到这类作品，我们的现场勘查研究就显得无能为力了。所以还要继续采用其他传统的研究方法。换句话说，它只能与传统方法互相弥补，不能完全取代。同时，理论上的全息阅读，在操作层面上往往只能做到一部分，甚

① （宋）魏泰：《东轩笔录》卷一一，第126页。

至很小的一个具体局部。我们的现场勘查还原常常只能做到六七分、四五分，甚至只能解决某一个具体问题。除了局部真相得到还原之外，仍然有许多地方模糊不清。这就需要更多的学者参与进来，不断发掘补充，相互纠谬，肯定或否定假说，不断扩大现场的清晰面。

期待这项新的研究方法能够得到学界关注，逐渐完善，将来可以推广应用到唐诗研究、宋诗研究、散文研究等更多的领域；也期待有软件设计专家、地理学专家前来联手，为我们提供更多的技术手段。文中谬误之处，敬请读者指正。

（原载《中国文化研究》2016年冬之卷）

【作者简介】

肖鹏，男，1957年生，江苏南京人。1987—1990年，就读南京师范大学中文系，师从唐圭璋先生，获得文学博士学位。深圳广播电影电视集团资深媒体人、文化学者。著有《群体的选择——唐宋人词选与词人群通论》、《宋词通史》等。

从诗词的离合看唐宋词的演进

王兆鹏

中国古代各种文体的演进史，常常是彼此分离与融合的历史。一种新兴的文体，从别的文体衍生分离而出后，既要确立自身独立的文体特性，以区别于其他文体，又会不断吸取融合其他文体的特点以求得新变与发展。[①] 而从发生学的角度看，一种文体在萌芽新生阶段，往往不具备鲜明的自我属性，常与其他文体混同，发展到一定阶段后，才形成自我独立的文体属性。词体的发展就经历了这样的历程。如果抛开与音乐的关系不谈，纯粹从文本的角度来观察，词体是从诗体衍变而来。纵观唐宋词的发展流变，词与诗始终是有合有离，从诗词的离合过程可以考察词的演进轨迹。

一、初唐至中唐：词变于诗，诗词混合

初唐至中唐，是词体的形成阶段。从目前的文献资料所载诸词来看，词体的雏形，形成于初唐。文人正式开始词体创作，是初唐的沈佺期等人。据曾昭岷等编《全唐五代词》所载，沈佺期、杨廷玉、李景伯曾在中宗朝分别

① 袁行霈：《中国文学史·总绪论》，高等教育出版社1999年版，第9-10页。

写过《回波乐》词。[①] 这几首词，虽然没有什么审美价值，却具有词体标本的意义：它们都是齐言体，除合乐之外，与六言古诗基本上没有什么区别。词体一开始就呈现出与诗混合的迹象。

沈佺期之外，初唐很少有文人染指词体创作（敦煌民间词，因无具体创作时代可考，只能存而不论），这符合一种文体在萌芽初生时的状态。它本来是在无人关注的原生态环境中自然萌芽生长，或生或灭，就看它未来的命运和走向了。

盛唐半个世纪间，写词者仍然寥寥，只有李白传世之词受人关注。而关于李白词，自明清以来，聚讼纷纭，真伪之争，迄今无定论。就我编纂《全唐五代词》的体认而言，李白似乎不可能写出这么成熟的长短句词，这倒不是李白的才华不够，而是历史条件没有赋予他成熟的词体形式去创作，因为直到中唐，成熟的长短句词都还不多。即使是李白所作，那也是极端的特例，它就像晴空中的一道霹雳闪电，虽然响亮，却转瞬即逝，没有响应者，没有跟进者，很难说它是词体演进过程中一个必然性的环节，我们只能暂时把李白词看作是一个例外，放置一边，存而不论。

到了中唐，开始词体创作的诗客逐渐多起来。这时的词体仍然是以齐言为主而稍加变异。总体上看，这时的文人还处在模仿与尝试阶段。创作主体既不熟练，创作的文本也缺乏与诗体完全不同的独立的审美特征。韦应物、王建和戴叔伦的《调笑令》(亦作《宫中调笑》)，虽然是长短句体，但与后来成熟的长短句词比较，还缺少必要的变化，其主要句式是二二六六六二二六。基本上是以齐言的六言句式为主，只是开头和结尾部分多了两个二言句式。

与之同时的张志和的五首《渔父词》(一作《渔歌子》)和其他无名氏和作的十五首同调词，也基本上齐言的绝句体，它与七言绝句诗没有太大的差别，只是第三句七言减一字而破为两个三字句。虽然这种“破体”，与当时的《渔歌子》乐曲可能有关，是受乐曲的规定，即依调填词。但它的体制却与齐言体诗非常接近，至少可以看作是七言绝句的变体。也许我们可以这样认为：当时的曲调虽多，但由于诗客们习惯了创作齐言体诗，故而只选择那些与齐

① 曾昭岷、曹济平、王兆鹏、刘尊明编：《全唐五代词》，中华书局1999年版，第1-5页。

言体相近的曲调来创作。[1]这样写来才得心应手，不致因对新体新形式的不熟练而束手束脚。

白居易和刘禹锡是唐代诗客中存词最多的两位，也是首次明确标明“依曲拍为句”即依调填词的两位词人。他俩写的五首《忆江南》，自然是比较成熟的长短句体。但他们写这种有别于齐言诗的长短句词，也还仅仅是偶尔试手练笔而已。他们现存的词作，绝大多数是齐言的《杨柳枝》、《竹枝》和《浪淘沙》词。白氏现存词作28首，而齐言体占了20首，长短句词仅为8首。刘氏现存词作39首，而齐言体占了35首，长短句词仅为4首。[2]这说明刘白二人对长短句词的创作还不娴熟，只是模仿民间曲调写他们比较得心应手的齐言调。王灼《碧鸡漫志》卷一早已指出：“唐时古意亦未全丧，《竹枝》、《浪淘沙》、《抛毬乐》、《杨柳枝》，乃诗中绝句。”[3]虽然王灼的出发点是从词的立意上着眼，却同样说明了刘、白创作的《竹枝》诸词是齐言绝句体这一事实。值得注意的是，刘、白二人的《浪淘沙》调，与后来李煜的《浪淘沙》调，一齐言句式，一长短句式。也许《浪淘沙》调本有两种唱法，而刘、白二氏因只习惯于齐言诗，故写成齐言体，而到李后主时代，长短句已成熟，故而他填的《浪淘沙》调是长短句体。

从以上简略分析中可以看出，初唐到中唐的词作体制，与诗基本是处于混合状态。而在观念上，诗客们也没有把这些后来认定为词的作品独立出来而视作词。刘、白二氏自编文集时，都是把这些作品与其他诗作编在一起，而没有别为一体独立出来另编成一卷。

从初唐到中唐，不仅是体制和观念上诗词不分，词作的语言、题材取向也还没有形成一种有别于诗的特质。语言还是诗中习用的语言风格，题材也是表现诗歌中常见的景与情。比较一下白、刘二氏的《杨柳枝》词与其他唐人古乐府的《折杨柳》：

---

① 孙康宜在《晚唐迄北宋词体演进与词人风格》中即认为：“文人词的发展基础首先便建立于‘绝句’这种四行诗的写法上。……温氏之前的文人所宗尚的词牌，一点都不出七言绝句这种形式，例如《杨柳枝》、《竹枝》、《浪淘沙》、《清平调》或是《采莲曲》。”又说：“早期的‘小令’词家喜欢用‘绝句’或‘类绝句’填词。”（台湾联经事业出版公司1994年版，第36、38页）

② 据曾昭岷等编《全唐五代词》统计。

③（宋）王灼：《碧鸡漫志》卷一，见唐圭璋编《词话丛编》第1册，中华书局1986年版，第77页。

御陌青门拂地垂，千条金缕万条丝。如今绾作同心结，将赠行人知不知。（刘禹锡《杨柳枝》词）

叶含浓露如啼眼，枝袅轻风似舞腰。小树不禁攀折苦，乞君留取两三条。（白居易《杨柳枝》词）

水边杨柳麴尘丝，立马烦君折一枝。惟有春风最相惜，殷勤更向手中吹。（杨巨源《折杨柳》诗）

含烟惹雾每依依，万绪千条拂落晖。为报行人休尽折，半留相送半迎归。（李商隐《离亭赋得折杨柳》诗）

前二首是词，后二首是乐府诗。除了题目的差异之外，很难分辨二者究竟有何实质的差异。正因为如此，明人在编选唐词时，常把《折杨柳》诗改作《杨柳枝》词录入，明代董逢元的《唐词纪》和卓人月的《古今词统》中就常常误收这类诗作。[①]

即使是刘白二氏“依曲拍为句”的《忆江南》、张志和的《渔父词》，也仍然是诗化的语言，没有脱离文人士大夫传统的审美趣味，与后来五代花间词所确立的词体语言，判然有别。况周颐《蕙风词话》卷二曾说：“唐贤为词，往往丽而不流，与其诗不甚相远。刘梦得《忆江南》云……流丽之笔，下开北宋子野、少游一派。唯其出自唐音，故能流而不靡。”[②]况氏从语言风格上指明唐人词与其诗“不甚相远”。

总之，在体制、语言风格和表现功能诸方面，初唐到中唐的文人词作与传统的古近体诗歌，都还处于混合难分的状态。这时词虽变于诗，但词体还没有形成与诗体判然有别的特质，只是语言节奏和平仄组合稍有不同而已。

二、晚唐五代：词体独立，词别于诗

经过一二百年的孕育发展，到了晚唐五代，词体进入到一个崭新的时代。

① 王兆鹏：《〈古今词统〉误收误题唐五代词考辨》，《文史》2001 年第 1 辑。

② 况周颐：《蕙风词话》卷二，见唐圭璋编《词话丛编》第 5 册，第 4423 页。

这以温庭筠的词作为标志。温词的出现，标志着词体从传统的五七言诗歌中分离独立出来，宣告词体的定型与成熟。唐圭璋先生《温韦词之比较》早已指出："离诗而有意为词，冠冕后代者，要当首数飞卿也。"[①] 除合乐可歌、与音乐有着密切的依存关系之外，词体的特质日益突显，这主要表现在：

其一，体制句式的长短化。

近体诗的体制，全是齐言体，整齐划一。即使是杂言古体诗，也是以齐言为主。而温庭筠词，体制句式已从齐言体变为长短句体。《花间集》所载66首温词，基本上都是长短句体。

历来编选唐五代词总集，最易将诗词二体混淆的绝大多数是唐人作品，特别是齐言体作品，如张说的《舞马词》和其他众多的《折杨柳》等。温庭筠以后，这种情况渐少。这也表明，当词体定型确立之后，诗词容易区分，而唐人词作，以齐言为主，故不易与诗区别。

其二，语言风格的香艳化和节奏的错综化。

从语言内在的节奏到外在的色泽，温庭筠所定型的词体都与传统的诗体有显著差别。唐代古近体诗歌的语言，更接近于日常生活话语和自然物象的原色，而温词一变为华美秾艳，无论是写情达意，还是状物描景，都喜欢用色彩鲜艳浓烈的字眼，注意语言的装饰性和色彩感，[②] 给人强烈的视觉冲击。如其《菩萨蛮》的"新帖绣罗襦，双双金鹧鸪"，从物象色泽（"绣罗襦"）的选择到语言色彩（"金"）的装饰都鲜艳亮丽。这种语言风格，后来即成为词体语言的"本色"正宗。宋末林景熙《胡汲古乐府序》早就指出："唐人《花间集》，不过香奁组织之辞，词家争慕效之。粉泽相高，不知其靡，谓乐府体固然也。"[③] 林氏虽对此不满，却道出了以温庭筠为代表的花间词"粉泽相高"的事实。

除语言风格的艳丽之外，语言节奏的繁复多变也是词体语言的基本特征。近体诗的语言节奏，基本上是二元组合，高低相应，正反相成，即平平仄仄，或仄仄平平。一高一低，一正一反。近体诗的语言节奏可以用三句话来概括：一句之内平仄相间，一联之内平仄相对，两联之间平仄相粘。相对词的语言

---

① 唐圭璋：《词学论丛》，上海古籍出版社1986年版，第896页。
② 袁行霈：《中国诗歌艺术研究》（增订本），北京大学出版社1996年版，第299-301页。
③ （宋）林景熙：《霁山集》卷五，清文渊阁《四库全书》本。

节奏而言，近体诗单一而少变化，所有句子的平仄都是平仄相间，统一固定。而词的语言节奏则是多元组合，灵活自由，富于变化，每一句的平仄可能不同，每一调的平仄又都不一样。近体诗的韵位统一固定，除首句相对自由可协可不协之外，其余都是在偶数句上，韵位的疏密是统一固定的。而词的韵位，疏密变化无常，每个词调的韵位都不一样，既可句句用韵，也可隔几句用韵。韵字的声调，近体诗是统一用平声韵（用仄声字者为变例）。词的韵字，却变化不定。既可协平，也可协仄，还可以平仄通协，平仄互协，平仄错协。总之，词的语言节奏比诗更富于变化。就一调而言，又相对要严格，正如李清照《词论》所说的："诗文分平侧，而歌词分五音，又分五声，又分六律，又分清浊轻重。"[①] 正因如此，词作读来比近体诗更优美，更富有抑扬顿挫的韵味。

其三，审美趣味的女性化。

诗歌世界是以男性为主角的舞台，是由男性的话语、男性的视角展现男人的生活世界和情感世界。而温词的世界，是以女性为中心，以女性的视角、女性的话语来建构女性的生活世界和情感世界。词世界里活跃的是女性的生命，歌唱的是女性的心声，展现的是女性的时尚，以女性之美为美。注重对女性的时装打扮、相貌体态、行为举止和心态情感的描写和刻画。以温词为代表的花间词，基本是一个女性世界或母系社会，其中的男人大多是配角，是女性思恋追求的对象。词世界里男女的换位，意味着词体从一直被男性统治的诗体里分离而出，形成了自己独特的艺术特征。尽管此时的词世界仍是由男性设计、男性建构的，所谓"男子而作闺音"[②]，但男性作者仿佛都变了"性"，化身于女性角色，去洞察女性的心理世界，以"妇人女子之言""写妇人女子之怀"。[③]

这时的词世界，已消解了从前诗世界里男性的激昂、男性的力度、男性的大气。有的只是女性的柔软，女性的妩媚，女性的精致细腻。男人的豪气为女性的脂粉气所替代，无论是语言还是情调，都充满了脂粉味和香艳气。

① （宋）胡仔：《苕溪渔隐丛话》后集卷三十三，人民文学出版社 1984 年版，第 254 页。
② （清）田同之：《西圃词说》，见唐圭璋编《词话丛编》第 2 册，第 1449 页。
③ （清）魏际瑞：《魏伯子文集》卷一《钞所作诗余序》，清道光二十五年宁都绂园书塾刻《宁都三魏全集》本。

欧阳炯《花间集序》说得明白："绮筵公子，绣幌佳人，递叶叶之花笺，文抽丽锦；举纤纤之玉指，拍按香檀。不无清绝之辞，用助娇娆之态。"这些清绝美艳之词，都是歌唱女性的婀娜风韵和娇娆情态。审美趣味的女性化，确立了词体以柔情为美的特质。

其四，境界的精美化与小巧化。

古代女性的生活世界封闭而狭小，与之相对应，晚唐五代词的艺术境界，也精致优美，深幽狭小。明人李日华曾说画境有三："一曰身之所容，凡置身处非邃密，即旷朗水边林下，多景所凑处是也。二曰目之所瞩，或奇胜，或渺迷，泉落云生，帆移鸟去是也。三曰意之所游，目力虽穷而情脉不断处是也。"① 借用李氏的说法，唐诗是多取"目之所瞩"和"意之所游"的远大之景，故有"登高壮观天地间"、"群山万壑赴荆门"的雄奇壮阔。而以温词为代表的花间词，多取"身之所容"的近景小景，故常见的是"小山重叠金明灭"、"水精帘里颇黎枕"式的精致狭小。缪钺先生《论词》曾将词体特性概括为"文小"、"质轻"、"径狭"、"境隐"四端。② 而词体这种狭小深隐的境界，是由温庭筠确立的审美范式。

其五，表现功能的抒情化与单一化。

诗歌的表现功能，多元无限，言志叙事和议论说理，无往而不可。词体因从音乐脱胎而出，则只专主言情。五代词虽含有一定的叙事性，但那是隐性的、片段性的叙事。③ 唐诗中有老杜式的"诗史"，温词和整个花间词却无反映时代现实的"词史"可言。词体定型之初，就自觉与不自觉地与诗歌明确分工：诗言志叙事，而词纯粹抒情。沈祥龙《论词随笔》说："作词须择题，题有不宜于词者，如陈腐也、庄重也、事繁而词不能叙也、意奥而词不能达也。几见论学问、述功德而可施诸词乎？几见如少陵之赋《北征》、昌黎之咏《石鼓》而可以词行之乎？"④ 沈氏虽是着眼于词作的题材选择，却也说明了诗词在功能上的区别。

词中所言之情，也是非常单一狭窄。诗歌面对的是无限广阔的现实生活

---

① （明）李日华：《紫桃轩杂缀》卷二，《四库全书存目丛书》本，齐鲁书社 1996 年版。

② 缪钺：《诗词散论》，上海古籍出版社 1982 年版，第 56-61 页。

③ 张海鸥：《论词的叙事性》，《中国社会科学》2004 年第 2 期。

④ （清）沈祥龙：《论词随笔》，见唐圭璋编《词话丛编》第 5 册，第 4050 页。

世界和丰富多彩的主体精神世界，而温词只关注个体私密化的情感世界，注重表现以女性为中心的两性之间的爱恨悲欢。词中的情感，是非政治化、非社会化、非意识形态化的超越时空的情感。长期被正统观念压抑着的个体内心深处的隐秘情绪，在诗中不便公开表达的情爱与性爱，在词中却得到了公开自由的张扬、酣畅淋漓的表白。

其六，抒情方式的模式化。

叙事文学有叙事方式，抒情文学也有抒情方式。诗有诗的抒情方式，词有词的抒情方式。从词的抒情方式的确立与变异，可以考察词与诗分离后自身独立成长和发展演变的历程。无论是唐代的民间曲子词，还是中唐以前的文人词，词体都还没有形成独立的统一的抒情方式，只是一种原生态的自发自由的创作，外在的形式格律既无定规，内在的抒情方式也无统一的范式。而到温庭筠手里，词体就确立了有别于诗的抒情范式。这种抒情方式，为花间词人所普遍遵从效法。因此，我称之为“花间范式”[①]。

诗词的抒情方式，可以从三个层次来把握，即人物层、情感层和时空场景层。[②]诗（以抒情为主的诗）中的抒情人物，是自我化的，即诗中的抒情主人公就是抒情主体（作者），抒情人物与抒情主体是同一对应的。杜甫诗中的抒情主人公，就是老杜本人；李白诗中的抒情主人公，就是太白自我。而温词的抒情人物却是非我化的、类型化的。词中的抒情人物与抒情主体是分离错位的。词中的抒情人物，既不是作者本人，也不是某一个特指的个体，而是共我化的人、某一类型的人，其身份、性别有时都模糊而无法确指，也无须确指。

诗中的情感，是个性化的，是诗人自己独特的情感体验，表现对社会、人生、自然及历史独特的体察和感悟。正如黑格尔所说的：“抒情诗的内容是主体（诗人）的内心世界，是观照和感受的心灵。”“抒情诗采取主体自我表现作为它的唯一的形式和终极的目的。”[③]温词的情感，则是普泛化的，既不是词人独有的人生感受，也不是某一特定个体的人生感受，而是人类共通的或某

---

① 王兆鹏：《宋南渡词人群体研究》，台湾文津出版社 1992 年版，第 161-166 页。

② 王兆鹏：《唐宋词的审美层次及其嬗变》，《文学遗产》1994 年第 1 期。

③ ［德］黑格尔：《美学》第三卷，下册，朱光潜译，商务印书馆 1981 年版，第 99-100 页。

一社会群体、阶层所共有的情感心态。王国维曾说："境界有二，有诗人之境界，有常人之境界。诗人之境界，唯诗人能感之而能写之，故读其诗也，亦高举远慕，有遗世之意；而亦有得有不得，得之者亦各有深浅焉。若夫悲欢离合、羁旅行役之感，常人皆能感之，而惟诗人能写之，故其入于人者至深，而行于世也尤广。"① 由此可以说，诗歌表现的是诗人之境界，而温词表现的是常人之境界。

诗中的时空场景，是纪实性的，是此时此地特有的时空环境的真实描写。虽然或有变形和夸张，但都是以真时真地真景为基础进行艺术建构，有着明确的时代特征和地域特征。而温词的时空场景是虚拟的，因而是模糊的，没有时代性和地域性。词中的时空有意被消解。它虽然也有时间性和季节性，但没有时代性，它是超时代的，任何时代都会有此时此季。它虽然也有空间环境的描写，但没有地域性，是泛化虚拟的空间。

三、北宋：词的转型，诗词初步融合

到了北宋，词体开始转型。这个时期，从词体与诗歌关系的演变来看，又可分为两个时段。苏轼登上词坛之前的北宋初中叶百余年为第一时段，词与诗"亲密接触"。苏轼登上词坛后的北宋中后期的半个世纪为第二时段，词与诗初度融合。

（一）北宋初中叶：词与诗初步贴近

北宋初中叶，词体虽日益成熟，但词体地位却没有得到认同。人们在观念上鄙视词体，认为词是"方之曲艺，犹不逮焉"。虽然"文章豪放之士，鲜不寄意于此者，随亦自扫其迹，曰谑浪游戏而已也"②。以游戏的态度写词，既不认真对待，也就不注意怎样去变革它，所以，词创作的主流一直是沿着温庭筠所确立的审美规范和抒情方式向前运行，温词所开启的方向和定型的格

① 王国维：《清真先生遗事·尚论三》，见孙虹《清真集校注》附录，中华书局2002年版，第466页。

② （宋）胡寅：《向芗林〈酒边集〉后序》，见《斐然集》卷十九，中华书局1993年版，第403页。

局没有实质性的变异。

不过，主流之下含有潜流，常规之中亦有变异。早在五代，词作就出现了偏离温词方向而朝着诗歌靠拢的端倪。韦庄和李煜的部分词作，开始表现自我独特的人生感受。“韦庄以清简劲直之笔为主观抒情之作”，使词“有了抒情诗之性质”。[①] 他的几首《菩萨蛮》（人人尽说江南好）等，就是表现他本人的飘泊流落之感。李煜入宋后的词作，也大多是表现他亡国后独有的痛苦体验。写自我的情感，原本是诗歌的专利，而韦庄和李煜将个人的情感渗入词体中，意味着词体的表现功能开始向诗歌贴近。

宋初词在表现功能上沿着三个方向朝诗歌靠拢。

一是抒情的自我化。此期词作并不是完全因文造情，也偶尔坦露词人的自我情怀和精神气度。如欧阳修的《朝中措》（平山栏槛倚晴空），表现“文章太守，挥毫万字，一饮千钟”的豪迈洒脱；范仲淹的《剔银灯》写他夜读《三国志》的人生感悟；柳永羁旅行役词写他人生的落魄失意与四处宦游求助的酸楚；苏舜钦《水调歌头·沧浪亭》抒发其“当景盛，耻疏闲”的“丈夫志”，都是表现词人自我的体验和感受。

二是写景的纪实化。此期词人，言情造景，不完全像温词那样“假多真少”[②]，也不再限制在人造建筑空间之内，而是像诗歌那样回归大自然，写真山真水真景物，如潘阆的《酒泉子》十首描绘杭州形胜，韩琦的《安阳好》表现安阳风物，范仲淹《渔家傲》写塞外风景，蔡挺《喜迁莺》咏“汗马嘶风”、“烽火一把”的“紫塞古垒”，都具有纪实性。

三是词调加题序。这时的词体，开始像诗歌那样用题序来交代创作缘起。晚唐五代词，只有词调而无题序，词调主要是表示唱法与作法，词作本文多赋调名本意，词的内容与调名本意大体相符。到了北宋，词作的内容日渐与调名本意分离，从调名上看不出词的内容，因而词人借鉴诗歌的形式，在调

① 叶嘉莹：《灵谿词说》，上海古籍出版社 1987 年版，第 91－92 页。参见其《嘉陵论词丛稿》，上海古籍出版社 1980 年版，第 71－72 页。

② （清）田同之：《西圃词说》，见唐圭璋编《词话丛编》第 2 册，第 1449 页。

名之下用题序，以明创作宗旨。在宋代词人中，较早用题序的是张先。①

题序的出现，至少表明三个方面的意义：第一，表明词体已具纪实性。词是因事因情而作，而不再是“因文造情”、虚拟情事以付之歌喉。如张先《泛清苕·正月十四日与公择吴兴泛舟》和《木兰花》题序：“去春自湖归杭，忆南园花已开，有‘当时犹有蕊如梅’之句。今岁还乡，南园花正盛，复为此词以寄意。”② 都是因现实生活的激荡有感而作，而且创作的时间地点都有明确交代。第二，表明词体的日常性在加强，词作与文人的日常生活愈来愈近。词体的表现功能不再局限于男女之间私密化的情感世界，而逐步延展向文人士大夫社会化、日常化的生活空间。这原来也是诗歌的专利，现在也向着词体开放了。第三，词体的实用性即交际功能扩大。③ 晚唐五代至宋初，诗客在正式的社交场合，一般只用诗歌来酬唱赠答，诗歌既是抒情言志的工具，也是社交往来的重要媒介。而此时张先开始用词来酬唱赠别，如《好事近·和毅夫内翰梅花》、《玉联环·送临淄相公》、《喜迁莺·清暑堂赠蔡君谟》、《定风波令·次子瞻韵送元素内翰》等；或在正式的聚会时用词来纪事，如《感皇恩·安车少师访阅道大资同游湖山》、《宴春台慢·东都春日李阁使席上》等，④ 表明词的文化实用功能、社交功能得到提升和认同，而与诗歌的功能日益贴近。词作不再是酒边花下调笑游戏的小道，也可登大雅之堂。

不仅如此，北宋初中叶词作，在语言的运用上也开始了与诗歌的亲密接触。词人遣词造句，常常活用前人诗句，这又有化用、隐括和集句三种形式。化用诗句入词，后来发展为一种比较完备的艺术手法，周邦彦即以化用唐人诗句见长。而集句词、隐括词后来又都发展为一种专门的体式，即所谓集句体和隐括体。集句体，王安石、苏轼和宋末汪元量所作甚多。而隐括体，苏

① 《全宋词》第一册所载最早有题的词是王禹偁的《点绛唇·感兴》（第2页），但“感兴”二字这种虚泛的题目当为后人所加。又陈亚《生查子》词有题曰《药名寄章得象陈情》（第8页），此题系《全宋词》所加，宋吴处厚《青箱杂记》卷一原载此词无题。《全宋词》所载范仲淹五首词调下都有题，亦为后人所加。

② 唐圭璋编：《全宋词》，中华书局1965年版，第82、75页。

③ 黄文吉：《北宋十大词家研究》，台湾文史哲出版社1996年版，第106-108页。

④ 唐圭璋编：《全宋词》，第62、63、69、61页。

轼和南宋的林正大等人多有尝试[①]。无论是化用、隐括还是集句，都表明宋词开始出现与诗联姻、融合的倾向。

（二）北宋中后期：词与诗初度融合

自苏轼为代表的元祐词人群登上词坛后，词与诗的关系更加密切，呈现出日益融合的趋势。这表现在三个方面：

其一，在诗文和文学批评中，开始出现“诗词”并称。唐五代北宋初，因词的文体地位没有获得认同，诗词并称尚未之见。到了北宋中后期，“诗词”并称成为常用语。最早使用“诗词”一语来指代诗体与词体的，应是苏颂（1020—1101）在欧阳修刚刚辞世时（1072）写的《欧阳文忠公二首并序》：“某到东阳累月，不闻中朝士大夫新作，颇有孤陋之叹。忽得颖上故人书，录公会老堂唱和诗词为示，远方见之，不胜企耸，辄遍和以寄献。”[②]此后，“诗词”并称成为一时习语，如“诗词高胜，要从学问中来”[③]；“东坡初未识秦少游，……及见孙莘老，出少游诗词数百篇，读之”[④]；“鲁直名重天下，诗词一出，人争传之”[⑤]；“所得诗词满箧，家多畜纸笔墨”[⑥]；等等。

“诗词”并称，虽然不一定说明词体的地位能与诗歌并驾肩随，但至少表明在当时人们的观念里，词与诗一样也是文章之一体。可见，随着词体的日益发展和广泛流行，人们已经不能不正视词体的存在及其影响力，词体的地位得到初步认同。

---

① 关于集句词，可参王伟勇：《宋词与唐诗之对应研究》，台湾文史哲出版社 1996 年版，第 129-186、347-418 页。隐括词，参见吴承学：《论宋代的檃括词》，《文学遗产》2000 年第 4 期；王伟勇：《两宋词人檃括词探析》，《宋元文学学术研讨会论文集》，台湾东吴大学中文系 2002 年印行，第 221-288 页。

② （宋）苏颂：《苏魏公文集》卷十四，清文渊阁《四库全书》本。

③ （宋）朱熹：《宋名臣言行录》续集卷一《黄庭坚传》，清文渊阁《四库全书》本。

④ （宋）惠洪：《冷斋夜话》卷一，见《宋元笔记小说大观》，上海古籍出版社 2001 年版，第 2167 页。

⑤ （宋）惠洪：《冷斋夜话》卷十，见《宋元笔记小说大观》，第 2223 页。

⑥ （宋）陈师道：《后山居士集》卷九《书旧词后》，上海古籍出版社 1984 年影印本，第 522 页。

其二，在词的理论批评中，常以诗为参照来评词论词[①]。如苏轼在《祭张子野文》中说张先“微词宛转，盖诗之裔”，在《与陈季常书》中说：“又惠新词，句句警拔，诗人之雄，非小词也。”[②]《王直方诗话》载：“东坡尝以所作小词示无咎、文潜，曰：‘何如少游？’二人皆对曰：‘少游诗似小词，先生小词似诗。’”[③]

以诗评词，或者说以诗来比附词作，不论苏门词人的本意如何，客观上都有推尊词体之意，它表明词体与诗一样，也可以写出“警拔”之句，创造出跟唐诗一样的高远之境。诗词并称和以诗评词，都为诗词融合奠定了理论基础。

其三，词人普遍地自觉地移诗法于词，虽然各自移植的方法不一，但以诗为词，一时成为词坛风尚。不仅苏轼“以诗为词”[④]，连晏几道、贺铸、周邦彦等人也都“以诗为词”。晏几道是“寓以诗之句法，清壮顿挫，能动人心”[⑤]；贺铸“遍读唐人遗集，取其意以为诗词”[⑥]，又“善于炼字面，多于李长吉、温庭筠诗中来”[⑦]；周邦彦词“多用唐人诗语隐括入律，浑然天成”[⑧]。李清照《词论》批评黄庭坚词“固高妙，然不是当行家语，自是着腔子唱好诗”，也从反面说明黄词是把词当诗来写，是以诗为词的另一种表现形态。

以诗为词，给词体带来最大震荡变化的无疑是苏轼。苏轼“以诗为词”，不仅仅是一种方法的移植，更是全方位地向着诗歌传统的回归。跟五代宋初词相比，苏轼词的语言风格、审美趣味、艺术境界、表现功能和抒情方式都

---

① 吴熊和：《吴熊和词学论集》，杭州大学出版社 1999 年版，第 81-82 页；方智范等：《中国词学批评史》，中国社会科学出版社 1994 年版，第 39-40 页。

② （宋）苏轼：《苏轼文集》，中华书局 1986 年版，卷六三，第五册 1943 页；卷五三，第四册第 1569 页。

③ （宋）胡仔：《苕溪渔隐丛话》前集卷四十二引，第 284 页。

④ （宋）陈师道：《后山诗话》，见何文焕辑《历代诗话》，中华书局 1981 年版，第 309 页。

⑤ （宋）黄庭坚：《小山词序》，见（明）吴讷辑《百家词》，天津古籍出版社 1992 年版，第 295 页。

⑥ （宋）王铚：《默记》卷下，中华书局 1981 年版，第 46 页。

⑦ （宋）张炎：《词源》卷下，见唐圭璋编《词话丛编》第 1 册，第 259 页；又《宋史》卷四四三《贺铸传》：“尤长于度曲，掇拾人所弃遗，少加隐括，皆为新奇。尝言：‘吾笔端驱使李商隐、温庭筠常奔命不暇。”（中华书局 1977 年版，第 13103 页）

⑧ （宋）陈振孙：《直斋书录解题》卷二十，上海古籍出版社 1987 年版，第 618 页。（宋）张炎《词源》卷下亦谓周邦彦“采唐诗融化如自己者，乃其所长”。

有新的变化，即由“歌化”词向着“诗化”词转变[①]。

词的语言由香艳变为清刚。由于向着诗歌传统的回归，把词当作诗来写，词的语言开始出现回归自然的倾向。元好问即说东坡词“清壮顿挫”，是以自然为工，所谓“非有意于文字之为工，不得不然之为工也”[②]。东坡词的语言风格是清丽自然，刚柔相济。前人对此多有论评，张炎谓其词“皆清丽舒徐，高出人表”[③]；周济说东坡词“韶秀”[④]。南宋汤衡则说：“元祐诸公，嬉弄乐府，寓以诗人句法，无一毫浮靡之气。实自东坡发之也。”[⑤]去浮靡之气，就是脱离温词香艳的语言风格而与诗歌语言的自然清新相贴近。

审美趣味的女性化变为男性化。与语言风格同步，词的审美趣味也发生了变化，即由女性化的柔软艳丽之美变为男性的刚健豪放之美。温词突现的是女性的细腻与柔软，东坡词挥洒的是男性的力度与高昂。胡寅说东坡词“一洗绮罗香泽之态”[⑥]，就道出了东坡词在审美趣味上的变化。即使是咏美人，也是表现其“待浮花浪蕊都尽，伴君幽独”（《贺新郎》）的清高孤傲。而在悼亡词里，苏轼也没有忘记表现“尘满面，鬓如霜”（《江神子》）的男性自我形象。男子汉气概的挥洒、男子汉形象的回归，预示着原由女性形象一统江山的词坛被分割打破。从此男人和女人各占词坛的半边天。

艺术境界由小巧变为高远。东坡词的艺术境界，高远阔大。不仅从狭小的人造建筑空间延伸到广漠的大自然，更拓展向历史时空。刘辰翁说：“词至东坡，倾荡磊落，如诗如文，如天地奇观。”[⑦]这“天地奇观”可从境界上见出。“乱石穿空，惊涛拍岸，卷起千堆雪”（《念奴娇》），固然是天地奇观；《满江红》的“江汉西来，高楼下葡萄深碧。犹自带，岷峨雪浪，锦江春色”，不仅

---

① 胡适《词选·序》谓东坡以前是“歌者之词”，东坡到稼轩是“诗人之词”。诗人之词，“是不管能歌不能歌，也不管协律不协律”，“只是用一种新的诗体来作他的‘新体诗’”（《胡适选唐宋词三百首》，东方出版社 1995 年版，第 3–5 页）。本文所言“歌化之词”与“诗化之词”，与之用意大体相同。

②（金）元好问：《遗山先生文集》卷三十六《新轩乐府引》，《四部丛刊》本。

③（宋）张炎：《词源》卷下，见唐圭璋编《词话丛编》第 1 册，第 267 页。

④（清）周济：《介存斋论词杂著》，见唐圭璋编《词话丛编》第 2 册，第 1633 页。

⑤（宋）汤衡：《张紫微雅词序》，见《景宋本于湖先生长短句》卷首，《景刊宋金元明本词》，上海古籍出版社 1989 年影印本，第 727 页。

⑥（宋）胡寅：《向芗林〈酒边集〉后序》，见《斐然集》卷十九，第 403 页。

⑦（宋）刘辰翁：《辛稼轩词序》，见《刘辰翁集》卷六，江西人民出版社 1987 年版，第 177 页。

空间境界辽阔广远，而且富于奔动流走的气势，与李太白“黄河之水天上来，奔流到海不复回”有着同样的气势，表现出同样的奇观。而“大江东去，浪淘尽，千古风流人物”，在流动奔走的气势中又饱含着对历史的反思。“大江东去”所蕴含的空间感，与老杜诗句“不尽长江滚滚来”异曲同工。王安石《桂枝香·金陵怀古》的“千里澄江似练，翠峰如簇”同样写出天地奇观，而他从六朝繁华的消歇中总结历史教训，既有现实感，又有深沉的历史感。苏轼和王安石这类怀古之作，与怀古咏史诗在表现功能和艺术境界上已无实质性的差别。东坡词不仅是像“天地奇观”千变万化，更直接用纪实性的如椽大笔描绘天地奇观。词的境界至此已不再局限在女性封闭狭小的生活场景之内，而是延伸到男性士大夫开放性的无所局碍的远大空间。

表现功能由单一变为多元。东坡以诗为词，最大的突破与变化，是打破原有的诗词分工的界限壁垒，扩大词的表现功能。刘熙载早有见于此，说“东坡词颇似老杜诗，以其无意不可入，无事不可言也”，[①] 这是对以诗为词最精到的诠释。吴熊和先生即说：“苏轼‘以诗为词’的含义，实即如此。”[②] 苏轼扩大词的疆域、打破诗词功能上的界限，时贤多有论述，无须赘言。

需要说明的是，苏轼固然打破了诗词界限，但并不是无限制地扩大，“他只是在有限的程度上把诗体的题材走向与风格倾向导入词体”，“并未泯灭词体与诗体的界限”。[③] 诗词的大界限，东坡还是坚守着。他整个的生命情怀和人格个性，更多的是表现在诗里而不是在词中。在与社会政治、现实生活的关系上，其词也远不像他的诗歌那样紧密。如果说宋诗不写爱情[④]，那么北宋词是不写政治。词体干预和表现社会现实的功能直到南渡后才得到释放与显示。

抒情方式由“花间范式”变为“东坡范式”。[⑤] 东坡词不仅打破了诗词界限，而且确立了新的抒情方式。东坡范式的主要特征，正与花间范式相对应，一是抒情人物的自我化，即以自我为抒情主人公。其词的抒情人物与抒情主

---

① （清）刘熙载：《艺概》卷四《词曲概》，上海古籍出版社 1978 年版，第 108 页。

② 吴熊和：《唐宋词通论》，浙江古籍出版社 1985 年版，第 202 页。

③ 莫砺锋：《从苏词苏诗之异同看苏轼“以诗为词”》，《中国文化研究》2002 年夏卷。

④ 钱锺书：《宋诗选注·序》，人民文学出版社 1982 年版，第 10 页；吴世昌：《诗词论丛·唐宋词概说》，北京出版社 2000 年版，第 14 页。

⑤ 王兆鹏：《论东坡范式》，《文学遗产》1989 年第 5 期。

体是同一对应的。二是情感的个性化，其词写自我独特的生命体验和人生思考。三是场景的纪实化。如《江神子·密州出猎》写打猎场面，固然是纪实性描写，《念奴娇·赤壁怀古》的场景也是赤壁实有的景致，而《浣溪沙》五首写徐州的乡村风光和村民生活，也都是实录。其词常有题序交代创作时间地点，大多可以考证出创作年代，也与纪实性密切相关。而东坡范式，正与一般抒情诗的抒情方式相同或相近。也可以说，正是吸取融合了诗歌的特点，东坡才建立起新型的抒情范式。

不仅是东坡一派的词人在向着诗学传统的回归，与苏轼不同派的词人，如晏几道、秦观和周邦彦等历来被认为是“本色”正宗的词手，也在一定程度上受诗歌传统的渗透和影响，在词中流露出自己的生命情怀。晏几道词不仅如黄庭坚所说“寓以诗人之句法”，还在恋情的外衣下潜藏着个体人生的失意与悲哀。他在《小山词序》中自言其词是“不独叙其所怀，兼写一时杯酒间闻见、所同游者意中事”。所谓“叙其所怀”，就是写自我情怀，并用纪实性的手法写所闻所见。他虽然总体倾向上是坚守花间词的传统，但有所偏离，向着诗歌靠近。秦观词“将身世之感打并入艳情”[①]，将个体化的情感隐藏在普泛化的情思之中，也同样是在向诗歌抒情传统靠近。周邦彦词写自我政治上的失意和情场上的悲欢，有着抒情自我化的倾向。而他隐括诗句入词，将化用诗句为词发展为一种比较完备的语言方法，也是另外一种形式的“以诗为词”。只不过东坡的诗词融合着重在功能上，而清真的诗词融合主要体现在技法上而已。

一个时期的文坛风尚，不可能是一元的。当东坡等向着诗歌传统回归的时候，仍然有词人在理论和创作上坚守诗词各自的本体特性，反对词的诗化或词被诗歌同化。陈师道就曾指责东坡“以诗为词”，“要非本色”，有乖词体的审美特性。王灼曾说“今少年妄谓东坡移诗律作长短句”，故“十有八九不学柳耆卿，则学曹元宠”，[②]而不学苏东坡。与苏轼同时而略晚的李之仪也说“长短句于遣词中最为难工，自有一种风格，稍不如格，但觉龃龉”[③]。强调

① （清）周济：《宋四家词选》眉批，见唐圭璋编《词话丛编》第2册，第1652页。

② （宋）王灼：《碧鸡漫志》卷二，见唐圭璋编《词话丛编》第1册，第85页。

③ （宋）李之仪：《跋吴师道小词》，见《姑溪居士前集》卷四十，清文渊阁《四库全书》本。

词的风格不能等同于诗的风格，否则就“觉龃龉”，与词体特性不合。李清照更直接反对以诗为词，批评东坡词是“句读不葺之诗”，强调词应有“当行家语”，“别是一家”①。苏轼虽然也说过其词“自是一家”，但他是从创作论的角度主张词作要像诗歌一样有自我的个性风格。李清照的“别是一家”说，则从本体论的角度强调词体要有自身独立的本体特性，要求词不能写得像诗，更不能被诗同化。

就推尊词体而言，苏轼和李清照是殊途同归。只不过苏轼是从表现功能上提升，而李清照是从本体上固守。如果说李清照“别是一家”的理论不免“保守和片面”，限制了词作题材和表现功能的扩大；那么，苏轼以诗为词，也同样有得有失。从文学的角度看，东坡以诗为词，固然推进了词体的发展，但也会减弱词体原有的艺术魅力。东坡词之所以在当时并没有像柳永、秦观和周邦彦词那样得到广泛的传唱，就是因为其词不便唱、不好唱。李清照正是有见于此，才力主词“别是一家”，坚决“维护词体的传统词风”，“为诗词之别立下界石”。②如果词都写成“句读不葺之诗”而无法歌唱，词体就失却了自身的文体特性和优长，也就失去了独立的地位和存在的价值，从而丧失在社会娱乐文化的中心地位。南宋以后，正是因为词不能唱、不便唱，失却了它原有的魅力，才远离了大众，最终走向衰落。

四、南宋：词的诗化，诗词深度融合

宋室南渡以后，民族灾难改变了词人的生活和命运，也改变了他们的价值观。文人士大夫救亡图存的社会责任感和使命感影响于文学创作，促使词体观念由娱乐游戏向着抒怀言志和强化社会功利目的的大转变，词与诗进一步走向深度的多元融合。

在这一转变过程中，张元干在理论和创作上表现得最为典型。其《醉道士图》题跋云：“黄冠师未用事时，见之图画，自有萧散出尘之想。今日盗

① （宋）胡仔：《苕溪渔隐丛话》后集卷三十三，第 254 页。
② 吴熊和：《吴熊和词学论集》，第 84、82 页。另参见方智范等：《中国词学批评史》，第 73 页。

贼遍天下，虽使此曹骨碎，未快人愤。”[①] 和平时期，见道士像，自有“萧散出尘”的遐思逸兴，而当战乱时期再见这些在徽宗朝曾乱朝纲的醉鬼式道士图，就痛愤异常。张元干对醉道士图不同的观感，反映出南渡词人价值观念和审美态度的变化。他在《戏犬图宗室景年作》题跋中又说：“犬戎乱华，痛愤彻骨。观贵公子墨戏乃尔，使生今代，岂不怒移水中蟹乎？”[②] 民族危亡时期，贵公子却玩笔墨游戏，画无关痛痒的“戏犬”，让张元干感到痛愤彻骨。在这救亡图存的时代，词人要求一切文艺之事，都要承担起相应的社会责任，与时代要求相呼应，要有利于抗战，能激励人心，而不允许笔墨游戏。

张元干创作上也实现了他自己的主张。在南渡词人中，他是较早以词为武器投入抗战的词人。绍兴八年（1138），南宋朝廷与金人议和，当时闲居福州的张元干，闻知此事，义愤填膺，当即写了一首《贺新郎》送给同在福州闲居的被免职的宰相李纲，激励他“飞举”“楼兰三尺剑”痛斩“骄虏”，不要坐视朝廷当道的投降误国。四年后，当胡铨因上书反对和议请斩秦桧而遭贬谪之时，张元干又写了一首《贺新郎》对胡铨表示声援，激励他的斗志。后来张元干因为写此词而遭秦桧迫害，被捕下狱，出狱后被削籍除名。[③] 此词所引发的政治后果也表明，词不再是游戏娱乐的“小道”，而已经像诗歌一样，成为政治斗争的工具。北宋中期，苏轼因写诗酿成“乌台诗案”后，心有余悸，一度不敢写诗，而改用词来自由宣泄内心的郁闷痛苦。因为词体在当时还是被视为笔墨游戏，不登大雅之堂，政敌们不会对词作深文罗织。[④] 而到了南宋，词与诗一样同被视为文章之一体，词中也有微言大义和讽刺功能，故而在政治斗争中，政敌也对词人词作兴师问罪，罗织成文字狱。

张元干的其他词作，也具有鲜明的时代性、功利性和现实批判精神，在批判现实和抒怀言志这个层面上，首次实现了与诗歌的同化合流。蔡戡为其词集作序时说：

---

① （宋）张元干：《芦川归来集》卷九，上海古籍出版社 1978 年版，第 162 页。

② （宋）张元干：《芦川归来集》卷九，第 166 页。

③ 王兆鹏：《张元干年谱》，南京出版社 1989 年版，第 132-133、152-154、182-185 页。

④ 王兆鹏、徐三桥：《苏轼贬居黄州期间词多诗少探因》，《湖北大学学报》1996 年第 2 期。

（张元干）喜作长短句，其忧国爱君之心，愤世嫉邪之气，间寓于歌咏。绍兴议和，今端明胡公铨上书请剑欲斩议者，得罪权臣，窜谪岭海，平生亲党避嫌畏祸，唯恐去之不速。公作长短句送之，微而显，哀而不伤，深得三百篇讽刺之义，非若后世靡丽之词、狎邪之语，适足劝淫，不可以训。公博览群书，尤好韩集杜诗，手之不释，故文词雅健，气格豪迈，有唐人风。[①]

表达"忧国爱君之心，愤世嫉邪之气"，原是屈原和杜甫确立的诗歌传统。宋人就常说屈赋杜诗深含忧国之心和愤世之意，宋人也常常将"忧国爱君之心，尽发于诗文中"[②]。如今，张元干在词中抒发"忧国爱君之心，愤世嫉邪之气"，可见其词在表现功能上已与正统诗歌同化合一了。

张元干之外，曾首任南宋宰相的李纲，也用词来表达他力主抗战的政治主张。他的七首咏史词，充满着强烈的忧国之心和救世之志，现实的针对性和政治的功利性十分鲜明突出。[③]张孝祥也常常在词中抒写他的忠愤之气、忧国之情。他的《水调歌头·闻采石战胜》欢呼南宋采石矶大捷[④]，及时表现时事战局的变化，时代感和现实性一同于诗；《六州歌头》表现对南宋王朝长期"静烽燧，且休兵"的无比义愤，慷慨激昂，词的现实批判功能与陆游类似题材的诗歌已无区别。故刘熙载评此词说："词之兴观群怨，岂下于诗哉！"[⑤]陈亮也是"一腔忠愤，无处发泄，尽情寄之于词"[⑥]。他经常用词来表达他的政治主张，其词作的内容有时可与他在政论文中表达的政治主张、军事策略相互

---

① （宋）张元干：《芦川归来集》卷末附录，第220页。

② （宋）楼钥：《静退居士文集序》，见《攻媿集》卷五十二，《四部丛刊》本。

③ 唐圭璋：《李纲咏史词》，见唐圭璋著、王兆鹏编《词学探微》，商务印书馆2020年版，第439–443页。

④ 此词一题《和庞佑父》，此据（宋）张孝详撰，宛敏灏笺校：《张孝祥词笺校》，黄山书社1993年版，第9页。

⑤ （清）刘熙载：《艺概·词曲概》，上海古籍出版社1978年版，第122页。另参杨海明：《唐宋词史》，江苏古籍出版社1987年版，第422页。

⑥ 唐圭璋：《陈亮其人其词》，见唐圭璋著、王兆鹏编《词学探微》，第451–454页。

印证，相互补充。[①]他的词不仅是诗化，而且是散文化了。他写词的政治功利目的非常明确，叶适说他写词“每一章就，辄自叹曰：‘平生经济之怀略已陈矣。’”[②]

至于辛弃疾，更是以“挥拥万夫”的英雄气概，在词坛上纵横驰骋开拓。他本着战斗性、功利性的创作观念[③]，“横绝六合，扫空万古”[④]，彻底打破诗词的疆界，不只是诗词的界限被打破，也打破了词与其他文体的界限。他将词体的表现功能发挥到了最大限度，词不仅可以抒情言志，还可以跟诗文一样议论说理。词的创作手法不仅是借鉴诗歌的艺术经验，以诗为词，而且吸取散文的创作手段，以文为词；词的语言在保持原有音乐节奏感的前提下，也大量融入了诗文中的语汇。[⑤]词体到辛弃疾手中，除体制之外，在功能和表现手法已彻底与诗同化合一。此后，辛派后劲，如刘克庄、陈人杰等人，就是沿着稼轩开辟的诗化方向进行词的创作。虽然他们在题材上有所拓展，诗化程度有所加深，甚至出现散文化的倾向，[⑥]但总体上没有太大的超越。

不仅是创作实践上词与诗的表现功能同化融合，而且理论上形成并确立了诗词一体、诗词相通的观念。南宋初王灼就提出：“诗与乐府（词）同出，岂当分异。”[⑦]在王灼看来，诗词本是同源同出，不应分异同和高下。与王灼同时的郑刚中进而说：“长短句亦诗也。诗有节奏，昔人或长短其句而歌之，被酒不平，讴吟慷慨，亦足以发胸中之微隐。”[⑧]郑氏认为，长短句也是诗，诗词一理，词与诗一样可以言真情，抒胸臆。王灼和郑刚中这种诗词同源和诗词一理的观念，已超越了东坡词为“诗之苗裔”的理论。稍后陈䕫的《燕喜词序》从歌诗流变的角度也说明诗词同理：“春秋列国之大夫，聘会燕飨，必歌

① 姜书阁：《陈亮龙川词笺注》，人民文学出版社 1980 年，第 26–29、36–43 页。

② （宋）叶适：《书龙川集后》，见《叶适集》卷二九，中华书局 1983 年版，第 597 页。

③ 刘扬忠：《辛弃疾词心探微》，齐鲁书社 1990 年版，第 56–66 页。

④ （宋）刘克庄：《辛稼轩集序》，见《后村先生大全集》卷九八，《四部丛刊》本。

⑤ 王兆鹏：《唐宋词史论》，人民文学出版社 2000 年版，第 31 页。

⑥ 南宋后期，有用散文来比附词作的，如李昴英《文溪集》卷四《题菊坡〈水调歌头〉后》评崔与之《水调歌头·题剑阁》词：“惓惓（原作‘卷卷’）爱君忧国，遑恤身计，此意类《出师表》。”（清文渊阁《四库全书》本）

⑦ （宋）王灼：《碧鸡漫志》卷二，见唐圭璋编《词话丛编》第 1 册，第 83 页。

⑧ （宋）郑刚中：《乌有编序》，见《北山集》卷十三，清文渊阁《四库全书》本。参见方智范等：《中国词学批评史》，第 116 页。

诗以见意。诗之可歌，尚矣。后世阳春白雪之曲，其歌诗之流乎？沿袭至今，作之者非一。”[①] 唐宋以来的词作，与春秋时代的歌诗和后来的“阳春白雪之曲”相同，词可上比《诗经》。既然词是歌诗之流变，则其功能与价值自与诗歌相等。宋末林景熙的《胡汲古乐府序》说得更明白：“乐府，诗之变也，诗发乎情，止乎礼，美化厚俗。胥此焉寄？岂一变为乐府，乃遽与诗异哉？”[②] 此处“乐府”即词，将词称作“古乐府”，作者胡汲本人也是将词与诗、古乐府同等对待的。林氏更说词从诗出，也是“发乎情，止乎礼”，功能本是同一，诗词原无差异。詹效之所作《燕喜词序》也说曹冠词“得于六义之遗意，纯乎雅正者也”，“足以感发人之善心”，“有助于教化”。[③] 词的功用已发展到可助教化、感发善心的程度，则词与诗还有何区别？词的理论观念发展至此，已“是彻底的诗化了”[④]。

诗词一理，元人吴澄作过更明确的表述：

> 主诗者曰诗难，主词者曰词难。二说皆是也。第以性情言诗，以情景言词而不及性，则无乃自屈于诗乎？夫诗与词一尔，歧而二之者，非也。自其二之也，则诗犹或有风雅颂之遗，词则风而已。诗犹或以好色不淫之风，词则淫而已。虽然，此末流之失然也，其初岂其然乎？使今之词人，真能由《香奁》、《花间》而反诸乐府，以上达于三百篇，可用之乡人，可用之邦国，可歌之朝廷而荐之郊庙。则汉魏晋唐以来之诗人，有不敢望者矣。尚可嘐嘐然不揣其本而齐其末哉？[⑤]

吴澄认为，诗词功能同一，不应区分为二。五代花间词风香艳靡丽，那不是词体的过错，而是“末流之失”。词如果回归《诗经》和古乐府的传统，也同

① （宋）曹冠：《燕喜词》卷首，见（清）王鹏运辑《四印斋所刻词》，上海古籍出版社1989年版，第749页。
② （宋）林景熙：《霁山文集》卷五，清文渊阁《四库全书》本。
③ （宋）曹冠：《燕喜词》卷首，见《四印斋所刻词》，第749页。
④ 方智范等：《中国词学批评史》，第120页。
⑤ （元）吴澄：《戴子容诗词序》，见《吴文正公集》卷十五，清文渊阁《四库全书》本。

样可以“用之邦国”，成为经国之大业，甚至超过汉魏晋唐以来的诗歌。吴澄虽是元人，但他的看法可以看作是宋人观念的延续和回响。

不过，我们也清醒地认识到，虽然南宋在理论和创作上诗词同化，但并不是说整个南宋词上是大一统的诗化。实际上，自苏轼以后的宋代词史，一直存在着“诗化”和“歌化”这两条路线的“斗争”。诗化词，强调的是词作文本的文学性和可读性；歌化词，固守的是词体的音乐性和可歌性。两宋词人，各有偏重，或主歌化，或重诗化。偏重词的诗化者，不满于歌化词的格局狭隘；而追求歌化者又不满于诗化词的失律难歌。正如宋末元初刘将孙所说：“歌喉所为喜于谐婉者，或玩辞者所不满；骚人墨客乐称道之者，又知音者有所不合。”① 且不说张炎等主张歌化的词人，反对词的诗化，即使是辛派写诗化词的词人，对于诗化与歌化的选择，也时有矛盾。如刘克庄，一方面他高度肯定稼轩诗化词“扫空万古”的开拓精神，并步其后尘，写诗化词，另一方面，他有时又说词要协律可歌：“词当叶律，使雪儿、春莺辈可歌，不可以气为色。”② 可以说，词的诗化与歌化，始终是在矛盾与交叉中向前发展。一位词人，也并不是彻头彻尾的诗化，有时仍写本色正宗的歌化词。即使是诗化词，也没有泯灭词体的特性。

本文为了论述的方便，才将诗化这个层面从词史复杂的矛盾运动中独立分割出来，其目的是从文体的角度探讨词的诗化进程，进而考察唐宋词的演进轨迹。

（原载《中国社会科学》2005 年第 1 期）

【作者简介】

王兆鹏，男，1959 年生，湖北鄂州人。1987 年忝列唐圭璋先生门墙。1990 年获博士学位后，至湖北大学任教，1992 年破格晋升教授。2000 年移任武汉大学教授，2016 年调中南民族大学任教。现为中国词学研究会会长、中国李清照辛弃疾学会会长。出版词学专著十多部，发表论文近三百篇。

① （宋）刘将孙：《新城饶克明集词序》，见《养吾斋集》卷九，清文渊阁《四库全书》本。
② （宋）刘克庄：《跋刘澜乐府》，见《后村先生大全集》卷一〇九，《四部丛刊》本。

宋词融摄佛道思想之诸种形式

史双元

在前两章中，我们分别以时间为纵轴，以事类为横轴，大致勾勒了词人、词作与佛道思想的“关系网”。之所以把“佛”、“道”思想放在一起观照，是因为唐代思想界已经达成“三教合一”，到宋代，已经是儒佛道深度融合，你中有我，我中有你了。在这一章中，我们将由表及里地讨论宋词融摄佛道思想的诸种形式。它包括三个层次：第一，用语，用典；第二，化用义理；第三，追求禅味道情。前两个部分比较容易理解，因为它们有迹可循，本文只作简略涉及。而第三部分，特别是禅味词，往往如羚羊挂角，无迹可求，如水月镜花，难以捉摸，这是我们分析的重点，但也是难点。我们将采用参证的办法，力图破译几个“热点”，以现其一般风貌。

一、用佛道语汇和典故入词

宋人词作中运用佛道语汇的地方很多，但相对来说，语汇比较集中。如“鼻观”一词，汉末来华、最早的佛经翻译家安世高所译《安般守意经》介绍了数息、相随、止、观、还、净六种法门，“守意”过程中就包括“鼻观”。宋词中常用到这个语汇，苏轼《西江月·宝云真觉院赏瑞香》“公子眼花乱发，老夫鼻观先通”；向子諲《满庭芳》(月窟蟠根)“清香远，秋风十里，鼻观已先参”；卢炳《清平乐·木犀》“秋光占断江南，清香鼻观先参”；郭应祥《临江仙·次黄几叔韵赋酴醾》“虬枝才破蕾，鼻观已遥闻”；王居安《沁园春·敬次白真人韵》“密林静处，鼻观常闻三界香”；刘克庄《浪淘沙·素馨》“却爱素馨清鼻观，采伴禅床”；赵以夫《荔枝香》（翡翠丛中）“怪得鼻观香清，凉馆薰风透”……类似的词汇还有不少：因缘、宿习、香火、灯传、心尘、耳根、逃禅、习定、抖擞、精进、绮语、业债、法喜、爱河、兜率、蓬莱、仙苑、瑶池、玉清、金丹、灵芝、琪树、云车、跨鸾、羽化、虚白、三生恨、五铢衣、龙象众、菩萨行、粘骨胶、返魂香、钧天乐、罗浮梦、第一义、不二门、大罗天、地行仙、镜里花、水中月、三千世界、一刹微尘、玉京仙子、阎罗大伯、调理三关、安和四体、无边苦海、极乐洞天、现身说法、口吸西江……如此等等。当然，许多语汇经反复运用，已成套语，宗教含义也已不大强烈，有的词作偶一用之，也只是略取其“情调”而已。但也有一些词作，佛道语汇特多，甚至通篇皆是佛道语，这种词作的宗教味道就显得比较突出。如沈瀛《减字木兰花》：

> 朱幡归止，却返烟霞寻旧喜。羽帔香风，再拜天门直上通。　青君赐酒，乞与长生无量寿。更挟仙何，跨鹤凌云洞府多。

道家语汇接连出现。又如陆游《大圣乐》（雷转电惊）：“苦海无边，爱河无底，流浪看成百漏船。何人解向无常火里，跌打身坚。”“苦海”、“爱河”、“漏”、“无常”皆是佛家语。再如刘克庄《沁园春》（有个头陀）一词中运用十五个佛教词汇，辛弃疾《卜算子》（一以我为牛）全首“用庄语”。如此词作，就不是点缀性地运用内典了，语言、形式和思想内容是吻合一致的。

运用佛道词汇，有个“显”和“隐”区别。有的语汇一看就知道它的来历，但也有的佛道语汇用得比较僻，因而作者自己不得不加注，如王千秋《念奴娇·水仙》“玉陇娟娟黄点小”，自注“道书：玉女鼻端有黄点”；沈瀛《减字木兰花·二劝》“切莫讥何”，自注：“何充与弟准崇佛，谢氏讥之曰：‘二何佞佛。’”

运用佛道语汇高妙者常常能随手拈来又含而不露，不知道出处并不妨碍对原词的理解，知道了出处又可增加一种“理智的快感”（康德语）。如苏轼《念奴娇·赤壁怀古》“谈笑间，樯橹灰飞烟灭”。“灰飞烟灭”出唐·佛陀多罗译《大方广圆觉修多罗了义经》:“譬如钻火，两木相因，火出木尽，灰飞烟灭。”又，东坡《南歌子》开头两句“师唱谁家曲，宗风嗣阿谁”，用的是和尚“上堂”语，高僧上堂说法或解公案，发问者一上来就是这两句。下面引两例作证，《五灯会元》卷十四:“潭州道吾契诠禅师，僧问:‘师唱谁家曲？宗风嗣阿谁？’师曰:‘凤岭无私曲，如今天下传。’……”“果州清居山升禅师，僧问:‘师唱谁家曲？宗风嗣阿谁？’师曰:‘金鸡啼石户，得意逐波清。’”[①]（东坡这首词是戏谒大通禅师的，一上来用这两句“行话”，亦庄亦谐，十分贴切。）钱锺书《谈艺录·六十九》曰:“词章家隽句，每本禅人话头。如《五灯会元》卷三忠国师云‘三点如流水，曲似刈禾镰’，卷五投子大同云‘依稀似半月，仿佛若三星’，皆模状‘心’字也。秦少游《南歌子》云:‘天外一钩斜月带三星’。《高斋诗话》谓是为妓陶心儿作;《泊宅编》卷上极称东坡赠陶心儿词‘缺月向人舒窈窕，三星当户照绸缪’，以为善状物，盖不知有所本也。”

在宋人词作中，还有一些使用频率很高的典故，如:令威仙鹤、云英蓝桥、王质烂柯、曼倩偷桃、刘向遇青藜、张良见黄石、濠上观鱼、蕉间求鹿，如瓮茧、瓜样枣、壶中有洞天、须弥纳芥子、维摩示疾、天女撒花、灵山说法、拈花微笑、蒸砂成饭、扫雪填井、盲人扪象、猴子捞月、弄玉吹箫、玉斧补月……这些典故都出自佛道经典，它们在宋词常用典故中占有很大比重。

除了一些常用典故，有的文人还喜欢用一些僻典或公案故事。如张元干《满庭芳》(三十年来):“今宵，闲打睡，明朝粥饭，随分僧家。把木佛烧却，除是丹霞。”此用丹霞天然禅师烧木佛取暖之典故。王千秋《临江仙》(者也之乎真太错):“要将驴佛我，分付马牛风。”下一句用《左传》语，上一句用黄龙三关公案:黄龙慧南禅师常问门下人“我手何似佛手？”还没等得他人回答。他又问:“我脚何似驴脚？”在这些词中，若不了解典故的出处及含义，往往会影响对原文的理解。

宋词中还有一些隐括佛道故事或人物生平的作品，它和用典的差别在于本事更为完整，也更加贴近原意。如东坡《戚氏》(玉龟山)全首铺叙周穆王宾于西王母事;刘克庄《水调歌头》(羯虏问周鼎)演绎葛仙生平;黄庭坚《渔家傲》(万水千山来此土)隐括了菩提达摩来华传法的重要事迹;惠洪

① （宋）释普济:《五灯会元》卷十四，中华书局1984年版。下同不注。

《渔父词》(急雨颠风花信早)叙述了灵云和尚睹桃花而发悟的故事。这些作品因内容已经限定，即使大手笔也脱不出藩篱，因而，也只能聊备一格，价值不大。

东坡以诗为词，稼轩以文为词，继踵者大多有掉书袋之癖，为搜奇炫博，内典也越用越多，这也是词中多佛道之语，多佛道之典的原因之一。

二、化义理入词

对于佛道义理领会较深的词人，不满足于摭拾词语典故来装饰门面，有时，他们还运用佛道提供的思维方式来观察世界，理解生活，印证心地。将这些理解和印证写下来就是义理词。

东坡有两首“戏作”《如梦令》：

> 水垢何曾相受，细看两俱无有。寄语揩背人，尽日劳君挥肘。轻手，轻手，居士本来无垢。

> 自净方能净彼，我自流汗呀气，寄语澡浴人，且共肉身游戏。但洗，但洗，俯为人间一切。

这两首词因“浴泗州雍熙塔下”而“戏作”(宋人之禅理词、禅味词常标为“戏作”)。词人以佛教思想来“细看”沐浴这一现象，从中悟出了“垢”与“净”、“自”与“彼”之间的统一性。在“空”的性质上，万物平等无差别，心生种种分别，才有世界的种种分别，若能心净，世界也就不存在污垢，把一切“垢”见放下，所见无非清净。如宋释晓莹《罗湖野录》卷一载：空室道人(范珣之女)参死心禅师后大悟，“又设浴于保宁，揭榜于门曰：‘一物也无，洗个甚么？纤尘若有，起自何来？道取一句子玄。乃可大家入浴。古灵只解揩背，开士何曾明心。欲证离垢地时，须是通身出汗。尽道水能洗垢，焉知水亦是尘。直饶水垢顿除，到此亦须洗却’”。[1]东坡为扬州石塔戒禅师作《戒衣铭》亦云：“振此无尘衣，洗此无垢人。”东坡这道词说的也是同

---

① (宋)释晓莹：《罗湖野录》卷一，商务印书馆1936年版。下引不注。

一个道理：本来就无“净”、“垢”之分，何必强生区别，若能“自净”，所见皆能“无垢”。这首词写事和说理融为一体。

向子諲曾“过彭蠡，遇大风，行巨浪中”，舟子愁极而五老峰不动声色，因此而体悟到“不动闻见”之妙用，作义理词《虞美人》：

> 银山堆里庐山对，舟子愁如醉。笑看五老了无忧，大觉胸中云梦，气横秋。　若人到得归元处，空一齐销去。直须闻见泯然收，始知大江东注，不曾流。

舟子有闻见，有情感，因而有惧怕，有愁苦；“五老”无见闻、无思维，故无担忧、无惶恐。作者即此深悟“空一齐销”、“闻见”俱泯的道理，这首词前半叙事，后半说理。

还有一种义理词，以写景叙事为主，只在中间或结尾顺提一笔，点透主题，叫醒读者。如张抡《醉落魄》：

> 湖光湛碧，亭亭照水芙蕖拆。绿罗盖底争红白，恍若凌波，仙子步罗袜。　如今霜落枯荷折，清香无处重寻觅。浮生似此初无别，及取康强，一笑对风月。

前面则是写芙蕖花开花落、花飘香消的自然过程，但“浮生似此初无别”则转为“色空”观念之阐述，由此而表达了词的主旨。

另有一种词，义理表达得更含蓄，词作表面并没说理，而义理隐含其中。如辛弃疾《祝英台近》云：

> 与客欢饮瓢泉，客以泉声喧静为问，余醉，未及答，或者以“蝉噪林逾静”代对，意甚美矣。翌日赋此词以褒之：水纵横，山远近，拄杖占千顷。老眼羞明，水底看山影，试教水动山摇，吾生堪笑，似此个、青山无定。　一瓢饮，人问“翁爱飞泉，来寻个中静，绕屋声喧，怎做静中境？”“我眠君且归休，维摩方丈，待天女、散花时间。”

客人提出“绕屋声喧，怎做静中境”这一问题，词人以不语语之，以不答答之：你看看我的生活态度吧，自由潇洒，要眠即眠，天真性空，全无挂碍，即使天女散花也不会粘着于身了。彻底空静之人，还会闻见声色吗？这就叫做“蝉噪林愈静”、心静声自歇。这首词阐述“心静则万法静”的道理，却非常含蓄。

宋人的理性精神较强，文艺作品中说理部分明显增加，不仅以文说理，以诗说理，还以词说理，这就使得宋人词中多了一种理趣之美。

三、融禅境道趣入词

宋词中融摄佛道思想的妙品并不在佛语词、“道”理词，艺术性较高的是那些表现禅趣禅境、道情道心的词章。这些词作默契南宗“但睹性情，不立文字”之旨，运用道家得鱼忘筌、得意忘言之法，将作者所感受到的禅境道趣融入诗情画意之中，化为具有美学意义的象征性图景，与清秀灵异的山水景物、自然风光融合在一起描写，既含蓄隽永，神韵超然，又平淡自然，深入人心，犹如花落香浮，月印水底，又如羚羊挂角，无迹可求，非有妙悟，难以领略。其禅趣、道情只在似有似无间，可以神会，难以实指。这些词，人们既可以从“世俗”的角度去欣赏，得到美的感受（物质世界缤纷万千，皆是客观存在，皆是“实有”，此仍世俗所共见，名之曰“俗见”；相对于此，把物质看作精神的幻相，视物质为“假有”，认为其本质是“非有”，此乃佛门子弟之“独悟”，名之曰“胜义”），那些高人逸士又可从“胜义谛”的角度对此拈花微笑，缘此而发悟生慧，体禅味“道”。也就是说，这些词大多有“俗”与“真”、明与暗、显与隐二相。我们要重点解析的就是那隐于表层画面下的“真”义。

禅境道趣词的具体象征图式是多种多样的，我们只能解析几幅流行之作，也就是较常用的几种象征模式，以期以少总多，见微知著。

另外，佛道二教都认为，那种神秘的宗教体悟是不可言说的，只可“如鱼饮水，冷暖自知”，一落实指，便成死道，而佛道之徒在表达禅机妙心时，大都力求不落言诠，截断言语道（如棒喝等），即使以言语来呈解心要时，也多在隐约朦胧之间，以心印为主。因而，我们在还原分析时，也只能拈出大致指向，而难以给出“破案式”的坐实论证。

在下面的分析中，我们以表现禅趣禅味的词为重点对象，因为在表达神秘的内心体悟时，道教也大多采取了禅宗的语汇和象征模式。

（1）警世钟

辛弃疾有一首《浪淘沙·山寺夜半闻钟》：

> 身世酒杯中，万事皆空。古来三五个英雄，雨打风吹何处是，汉殿秦宫？　梦入少年丛，歌舞匆匆。老僧夜半误鸣钟，惊起西窗眠不得，卷地西风。

词写夜宿山寺，闻钟惊梦。这一场景是真还是幻，是“现量”还是“比量”，是“融机”还是“借机”，我们无法考证也不必考证，但这首词中的钟声寓有佛家的警世之心，宗教的召唤之意却是十分明显的。稼轩集中有不少参禅悟道之作，这首词又作于山寺，裹带上宗教趣味是十分自然的事。再从词本身看，上片以理说空，下片借梦说空：梦入歌舞丛，闻钟而警醒，梦中繁华消散，眼前“卷地西风”，凄寒入骨、彻悟入心。

以钟声表达宗教之召唤，醒世之妙音，并非仅见于稼轩词中。在佛教典籍和前人诗作中，有很多例证：如《敕修百丈清规》卷八《法器章》云：“大钟，丛林号令资始也，晓击则破长夜，警睡眠；暮击则觉昏衢，疏冥昧。”《佛祖统纪》第六卷记天台修禅寺智者大师临终语：“人命将终，闻钟磬声，增其正念。”大沩智禅师说过：“长子罗睺罗，遵守如来敕。撞钟发大机，阿难圆信人。我今撞此钟，见面获大益。上彻三千界，下透无穷极……。”（《罗湖野录》）《五灯会元》卷二十“常州荐福院归则禅师”条载：“僧问：‘如何是祖师西来意？’师曰：‘耳畔打钟声’。”同书卷十三“曹山本寂禅师”条：“师闻钟声，乃曰：‘阿啣！阿啣！’僧问：‘和尚作甚么’？师曰：‘打着我心。’”杜甫《游龙门奉先寺》：“欲觉闻晨钟，令人发深省。”常建《题破山寺禅院》：“万籁此都寂，唯余钟磬音。”白居易《寄韬光禅师》：“前台花发后台见，上界钟声下界闻。”《敦煌曲子词》中有《苏莫遮·五台山曲子六首》，其六云：“上南台，林岭别。净境孤高，岩下观星月。远眺遐方思情悦。

或听神钟，感愧捻香爇。”苏轼有《梵天寺见僧守诠小诗清婉可爱次韵》：“但闻烟外钟，不见烟中寺。幽人行未归，草露湿芒屦。”古城之《忆罗浮》诗云：“红尘一下拘名利，不听山间午夜钟。”陆游《梦入禅林有老宿方升座，或云通禅师也》：“忽然梦断难再逢，空忆说法如钟声。”著名成实师之弟子有名“僧钟”的。清·彭际清称《华严》、《般若》、《四十二章经》如“静夜钟声，发人深省”。今人海灯法师也多次吟咏钟声“惊醒”、“破无明”之力：“蒲牢（即钟）频助发深省，幽梦惊回驷马桥”；“何处蒲牢百八杵，殷勤助我破无明”；“不寐学禅深夜坐，疏钟几杵度幽林”；“结愿长敲晓夜钟，频年精力瑜伽中”；“一阵蒲牢传岭下，半庭丹桂影萧萧”；“临行回顾少林径，益我难忘子夜钟”[①]……而将钟声的宗教意义说得最清楚的还是黑格尔：“塔楼上的钟塔是专为宗教礼仪而设的，因为钟声特别适合于基督教的礼拜，这种依稀隐约而庄严的声响，能感发人的心灵深处。”[②]

有了上面的这些参证，我们再举两首词例就用不着解释了：沈瀛《卜算子》：

> 睡觉五更钟，正好深提省。只看如今梦几般，觉后原无影。　明暗若从来，且道来从甚。不是空生不是根，认取真如性。

向子諲《卜算子》序云：“中秋欲雨还晴，惠力寺江月亭用东坡先生韵示诸禅老，寄徐师川枢密。”词曰：

> 雨意挟风回，月色兼天静。心与秋空一样清，万象森如影。　何处一声钟，令我发深省。独立沧浪忘却归，不觉霜华冷。

“归去暮烟深处，听疏钟。”那依稀疏隐约的钟声，岂是人间的回声，实在是灵魂深处的共鸣。词人就在这钟声中，进入一种突然悟透实相的境界中，

---

① 海灯法师：《少林云水诗集》，巴蜀书社 1985 年版，第 3、51、60、89、107、167 页。
② ［德］黑格尔：《美学》第三卷，朱光潜译，商务印书馆 1981 年版。

摆脱万紫千红，眼前白茫茫一片大地真干净，如秋风横扫，寒入骨髓，禅入骨髓。

（2）发悟

禅宗有南北之分，大致来说，北宗重“定”，南宗重“慧”，北宗主“坐禅”，南宗主“悟禅”。南宗认为一悟之后，万法皆空，一悟之后，成佛作祖，若不能发悟、即使坐穿禅床也只是呆僧。《五灯会元》卷三载：“开元中，有沙门道一（即马祖也），在衡岳山常习坐禅。师（指南岳怀让）知是法器，往问曰：‘大德坐禅图甚么？’一曰：‘图作佛。’师乃取一砖，于彼庵前后石上磨。一曰：‘磨作甚么？’师曰：‘磨作镜。’一曰：‘磨砖岂得成镜邪？’师曰：‘磨砖既不成镜，坐禅岂得成佛？’……一闻示诲，如饮醍醐。”这就是南宗著名的“磨砖”公案。既然“悟”是关键，那么，怎么才能得“悟”呢？南宗认为：向外寻求，即使千遍万遍，不能得“悟”，唯有回头看，朝内看，才能在灵机猝发时突然感悟。悟又与偶然性相联，据载，有许多参悟者都是在苦思冥想、终不得解时，突然因某种机遇的促发而片刻“发悟”，一悟就天宽地阔，一悟就认得了“自家本来面目”，如遇故人。如洞山良价过水睹影，突然开悟，作偈曰：“切忌从他觅，迢迢与我殊。我今独自往，处处得逢渠。”[①]香岩智闲禅师“一日，芟除草木，偶抛瓦砾，击竹作声，忽然省悟”。“乃有颂曰：‘一击忘所知，更不假修持。’”[②]茶陵郁山主“一日乘驴渡桥，一踏桥板而堕，忽然大悟”。[③]“唐朝因禅师，微时，尝运槌击土次，见一大块，戏槌猛击之，应碎，豁然大悟。”[④]《石门洪觉范林间录》卷下一载：“白云端禅师作《蝇子透窗》偈，曰：‘为爱寻光纸上钻，不能透处几多难。忽然撞着来时路，始觉来生被眼瞒。’”罗大经《鹤林玉露》卷六载“某尼悟道诗”：“尽日寻春不见春，芒鞋踏遍陇头云。归来笑捻梅花嗅，春在枝头已十分。”这些公案诗文都是在指示学人，“悟”机无处寻，也不可寻，向外寻找，踏破铁鞋无觅处，待机遇猝发，“归来”一看，就会突然发现“春”在“枝头”。

有了上面的介绍，我们再来看辛弃疾的名作《青玉案·元夕》词就会觉

---

① （宋）释普济：《五灯会元》卷十三。
② （宋）释普济：《五灯会元》卷九。
③ （宋）释普济：《五灯会元》卷六。
④ （宋）释普济：《五灯会元》卷六。

得个中另有一番滋味。

> 东风夜放花千树，更吹落、星如雨。宝马雕车香满路，凤箫声动，玉壶光转，一夜鱼龙舞。　蛾儿雪柳黄金缕，笑语盈盈暗香去。众里寻他千百度。蓦然回首，那人却在，灯火阑珊处。

词的主要篇幅是写元夕夜晚的热闹和自己的孤独，词人在热闹丛中千百度寻找，找不着"那人"，但偶然回头，却在清冷处突然发现了意中人。结尾数句"众里寻他千百度。蓦然回首，那人却在，灯火阑珊处"包括三个主要情节：千百次寻找，回头看，突然发现。这三个步骤与南宗参禅发悟的境界是如此吻合，真是天衣无缝。但这是不是戴着有色眼镜找出来的孤证呢，这是不是绝无仅有的偶然巧合呢？

我们还可以"参悟"几首辛弃疾词作，都与这种"突然发现"的境界相关。稼轩有一首《玉楼春·戏赋云山》：

> 何人半夜推山去，四面浮云猜是汝。当时相对两三峰，走遍溪头无觅处。　西风瞥起云横度，忽见东南天一柱。老僧拍手笑相夸，且喜青山依旧住。

我们已提到过，宋人的参禅词多标以"戏作"。这首"戏赋"词写的是：云遮不见山，走遍溪头寻不得，风起吹散云，忽然发现山还在。这当然是象征手法，诗人不可能真的去溪头寻山。那么主人公要千方百计寻觅的这座山，老僧拍手笑夸"依旧住"的这座山到底象征什么呢？原来，禅宗常以"不动山"比喻"如如不动"之真性，又常以云遮山比喻真性被妄见所蔽。我们可略引几个例证：《续传灯录》卷十云："建州定峰晓宣禅师。僧问：'如何是祖师西来意？'师曰：'云收千岳翠。'"同书卷十六"台州佛窟昌国可英禅师"载："问：'如何是佛窟境？'师曰：'春归一径岩前秀，雪尽数峰云外寒。'"又《佛祖历代通载》卷十八载宋仁宗夸奖大觉禅师怀琏为"青山般若如如体"。东坡《祭龙井辩才文》夸奖辩才禅师："律无持破，垢净皆空。讲无辩讷，事理皆融。如不动山，如常撞钟。如一月水，如万窍风。”……体悟了“山”在佛教名相中常常象征“真如”本性，我们再看这首词就觉得别有意趣：词作以象征手法表达了追求“那人”的三个过程：（云遮山时）寻觅千百度；偶然一瞥，突然发现青山依旧在；当下明白，其实无须寻觅。

这种境界在稼轩另一首词中也有所表现：《卜算子·寻春作》先写寻春所见，结句为：“着意寻春不肯香，香在无寻处。”当你“着意”寻找那“真有”、“妙香”时，你根本找不到，当你“无心”去找时，春光香气却突然氤氲漫延。这两句和前面所引“某尼悟道诗”完全一致。

写到这里，我们再反思《青玉案·元夕》词，至少可以说，词中含有禅趣是大致不错的了。当然，辛弃疾毕竟是词人而不是僧人，所以词中的禅趣也更为隐约含蓄，有时只在似有似无间，体味似有，拈出则无。如辛弃疾有一首名作《西江月·夜行黄沙道中》：

> 明月别枝惊鹊，清风半夜鸣蝉。稻花香里说丰年，听取蛙声一片。　七八个星天外，两三点雨山前。旧时茅店社林边，路转溪桥忽见。

这首词中也似乎有一些禅趣，但又很淡，已化入浓浓的乡村生活气息中。上片写蝉鸣蛙鸣，声声在耳，突出夜行时视觉为之止，听觉为之明的感受。这似乎纯为写景，但辛弃疾另有一首《江神子·闻蝉蛙戏作》，写闻蝉鸣蛙鸣而感悟佛理的过程：

> 簟铺湘竹帐笼纱，醉眠些，梦天涯。一枕惊回，水底沸鸣蛙。借问喧天成鼓吹，良自苦，为官哪？　心空喧静不争多，病维摩，意云何。扫地烧香，且看散天花，斜阳绿阴枝上噪，还又问，是蝉么？

这首词仍写“心生万法生，心空万法空”之理，上片写闻蛙鸣而发问：“为官乎私乎？（晋惠帝语）”蛙鸣岂分“官”与“私”，只因为人心中有此种分别（此为稼轩活用典故），即“风动幡动，皆是心动”（慧能语），“为官为私”，皆是“意下之分”。下片写“喧”、“静”之分，只要心静，闻蝉噪也是静（“还又问，是蝉么?”）。从蝉鸣蛙鸣中词人悟到了“心静之理”。因蛙鸣而悟，这种发悟手段在佛教史籍中屡有记载：侍郎无垢居士张九成“一夕如厕，以柏树子（即“庭前柏树子”公案）话究之，闻蛙鸣，释然契入。有偈曰：‘春天月夜一声蛙，撞破乾坤共一家。正恁么时谁会得?岭头脚痛有玄沙’”(《续传灯录》卷三十二)。又《罗湖野录》载：成都府世奇首座闻蛙鸣突然发悟，“乃占偈曰：梦中闻版响，觉后虾蟆啼。虾蟆与版响，山岳一时齐。”可见蛙鸣之“声闻”有助于参悟。因而，读这首词，也能隐约感受到词人闻蝉鸣蛙鸣而起心、而得禅悦之趣得心境。

《西江月·夜行黄沙道中》下片写遇雨赶路，终于找到避雨处，这也是生活中常见的场景。但若把省略的过程补出来又是一个“三段式”：因遇雨而著意寻找避雨处；偶而转过路口；忽然发现“旧时”茅店就在眼前；不期而遇，又见到了它的“本来面目”。词到这里戛然而止，格式也很像述禅之偈。因此说，细细品味这首词似乎有些禅味，粗粗读过，又似乎全是写实，这也正是“入禅之作”的妙品，如“花香”，可闻而不可得，如水月，可睹而不可求。

写这种突然发悟，发现禅心的词作并不限于稼轩词中，如沈瀛《念奴娇》（光阴转毂）写的是：“学道参禅，要识取，自家本来面目。”“斩却猫儿，问他狗子，更去参尊宿。忽然瞥见，碧潭冷浸寒玉。”这首词结尾也是写因“活参”而突然发现清净禅心（月喻佛性，参后）。又如汪莘《水调歌头》开头几句是：“欲觅存心法，当自尽心求，此心尽处，豁地知性与天侔。行尽武陵溪路，忽见桃源洞口。”这也是表白，先要“尽心”，即不起心，无所求，然后才能突然发现，犹如渔人路尽而发现桃花源口。不仅禅客常写此种境界，羽流也有借用此境发明道心者，如张继先《沁园春》(真一长存)：“幽绝处，听龙吟虎啸，蓦地风雷。”但是，上面这几首词作，说教味太重，比起稼轩之作，就逊色多了。

（3）禅月

宋人词集中，咏月之作特多，其中又有不少咏月妙品，这些作品既不离自然界月亮的特征，又让人感受到一种妙不可言的意境。如朱敦儒《念奴娇·垂虹亭》:

放船纵棹，趁吴江风露，平分秋色。帆卷垂虹波面冷，初落萧萧枫叶。万顷琉璃，一轮金鉴，与我成三客。碧空寥廓，瑞星银汉争白。　深夜悄悄鱼龙，灵旗收暮霭，天光相接。莹澈乾坤，全放出叠玉层冰宫阙。洗尽凡心，相忘尘世，梦想都销歇，胸中云海，浩然犹浸明月。

寥廓之天宇、莹洁之明月与澄澈之内心三位一体，物我为一，梦想销尽，凡心洗却，只觉得内外俱是无边光明境界。又如陈瓘《减字木兰花》："触目是家山，到了须拈取。云散长空月满天，好个还乡路。"任意自在，处处见机，月光遍照江天，照亮了"还乡"之路。这些作品中的明月都明显地带有一种象征意味。

以月象征佛性，象征真如本心，这在佛教经典及文人笔下大概是最常用的手法了。唐紫阁山草堂寺沙门飞锡撰《念佛三昧宝王论》："光净因缘，虚空皓月，现于清水。彼佛不来，我身不往。念佛因缘，如来宝月，现于心水。如说颂曰：菩萨清凉月，游于毕竟空。众生心水净，菩提影现中。"《华严经疏钞》卷十六："譬犹朗月，流影遍应，且澄江一月，三舟共观。"《三藏法数》引《华严经疏》注曰："一月喻佛，三舟喻世间众生见佛不同。"姚秦龟兹三藏鸠摩罗什译《文殊师利问菩提经》(一名《伽耶山顶经》)云："初发心如月新生，行道心如月五日，不退转心如月十日，补处心如月十四日，如来智慧如月十五日。"唐·玄奘译《大般若波罗蜜多经》第六分《显相品》第三"又如净月，常自庄严；甚深般若波罗蜜多亦复如是，性本清净恒自庄严。"唐·于阗国三藏沙门实叉难陀译《华严经·兜率宫中偈赞品》："影象虽无量，本月未曾二。"以此来比喻"如来等正觉，寂然恒不动，而能普现身。遍满十方界。"《大慧普觉禅师语录》卷一："夫心月孤圆，光吞万象，光非照境，境亦非存。"《续传灯录》卷十云："僧问：'学人上来，请师垂示。'师（建州定峰晓宣禅师）曰：'江澄秋夜月，风扫晓天霞。'"《罗湖野录》"临川化度淳藏主"条，有参禅诗云："无心闲淡云归洞，有影澄清月在潭。此景灼然超物外，本来成现不须参。"佛教中还有"月光摩尼"、"月明菩萨"、"月面佛"、"月爱三昧"、"水月观音"等词汇，又有"月轮观"法，还专有《月喻经》一卷。我们再看几首诗证：寒山诗云："寒山顶上月轮孤，照见晴空一物无。可贵天然无价宝，埋在五阴溺身躯。”“吾心似秋月，碧潭清皎洁。无物堪比拟，教我如何说。”李白《宣州灵源寺仲濬公》：“观心同水月，解领得明珠。”韦应物《寄皎然上人》：“想兹栖禅夜，见月东峰初。”王安石《记梦》：“月入千江体不分，道人非复世间人。钟山南北安禅地，香火他日供两身。”苏轼《送小本禅师赴法云》：“师来亦何事，孤月挂空碧。”

不仅佛教以明月喻净心，道教也常以月喻“得道心”。《道藏·洞真部》有《玉清元始元黄九真经》云：“以神为体，以空为宅。神我遍空，如波涵月。道合无为，求问真宅。”张继先《沁园春·降魔立治》前面写降魔过程以及大神威：“立活化民，摄邪归正，生息熙熙享太和。”结句为：“风云静，见天连碧汉，月浸澄波。”民国二十五年（1936）圆顿识选辑《最一上乘性命双修二十四首丹诀》云：“西南路上月华明，大药也从此处生。记得古人诗一句，曲江之上鹊桥横。”（第十四首）“塞兑垂帘默默窥，满空白雪乱参差。殷勤收拾无令失，伫看孤轮月上时。”（第十五首）

禅性道心本是不可言说的，“如捉水月，只挹清辉，如雨天花，但闻香气”，词人笔下的禅月境界更是只可直寻，不可说破，但下面这些词句，虽有显隐之别，“禅月”、“道月”之味还是可以体会到的。王安石《望江南》（归依法）：“愿我六根常寂静，心如宝月映琉璃，了法更无疑。”张继先《度清霄·其三》：“三更三点三更中，烟开雾敛静无风。月华进入水晶宫，四方上下同一空。光明遍转华胥同，千古万古无初终。铁蛇飞舞如流虹，倒骑白凤游崆峒。”向子諲《一落索》：“欲问个中玄路，阿谁能语。澄江霁月却深知，把此意，都分付。”张炎《南楼令·题聚仙图》：“曾记宴蓬壶，寻思认得无。醉归来、事已模糊。忽对画图如梦寐，又因甚、下清都。　拍手笑相呼，应书缩地符。恐人间天上同途。隔水一声何处笛，正月满、洞庭湖。”

大部分接受过佛道思想熏陶的词人都描写过对这种明月澄澈之境的追求，在这种万象一体、心月交辉的境界中，他们似乎进入了一种“宗教迷狂”的状态，到虚幻的彼岸，到时间空间以外，似乎置身于世界的深处。

（4）清凉世界

佛道两家都喜欢以冰心皎洁来写冷冽澄澈的禅性道心，以清凉世界象征理想境界。道家著作中的藐姑仙子即具冰雪之质。佛家直接以“热喻众惑，渴喻贪爱”，“清凉安住”则用来形容佛国境地，“如人夏热，遇水清凉；热恼有情，得闻如是甚深般若波罗蜜多，必获清凉，离诸热恼”。“谓如凉月，能除热恼；甚深般若波罗蜜多亦复如是，能除一切烦恼热毒。”[①]又如唐·义净译《金光明最胜王经疏卷》第四：“譬如七宝楼观，有四阶道清凉之风来吹四门，受安稳乐静虑法藏，求满足故，是名第五静虑波罗蜜因。……清凉之风喻能除烦恼炎热，四来吹四门，四门喻常、乐、我、净四观。”据佛本生经，过去佛释迦牟尼出家后即是到雪山修行的，因而，对于佛教徒来说，雪山之地乃是佛之所在的崇高境界。唐·玄奘译《阿毗达磨俱舍论》第十一卷载：大雪山北边还有一个大池叫“无热恼池”（“雪北香南，有大池水，名无热恼”）。从过去到今天，都有名为“清凉”的寺庙，如东坡就有《赠清凉寺和长老》诗。转烦恼为安乐也可比作转“热”为“凉”，如苏东坡《定风波·南海归赠王定国侍人寓娘》（常羡人间琢玉郎）夸王定国侍人寓娘能安居岭南，变烦恼为安闲，犹如“雪飞炎海变清凉”。朱敦儒《满江红》词，词牌后标注云：“大热卧疾，浸石种蒲，强作凉想”，词的结尾云“怎似我，心闲便清凉”。《宋诗纪事》卷二十四引《退谷消夏录》云：“世传道臻净因禅师居都城隅，三十年不出户，无所嗜好，独雪方丈四壁，请（文）与可画墨竹，谓人曰：‘若使游人见之，心自清凉。此君盖替我说法也。’”

我们发现，有不少词作也喜欢礼赞式地描写“清凉”世界，或“山中高士晶莹雪”的清寒境界，而禅机道趣也就或深或浅地渗透在字里行间。如刘克庄《清平乐·居厚弟生日》（冰轮万里）：“震旦人人炎热，补陀夜夜清凉。”“震旦”即中华，“补陀”指佛国。很明显，此处“清凉”不是生理上的感觉，而是心理上的向往，即对佛国世界的追求。又如张抡《阮郎归》：

> 炎炎暾日正当中，澄潭忽此逢。金丹乍浴表深功，通明照水红。　丹浴罢，乐无穷，怡然百体融，人间何处不清风，此怀谁与同。

① 见（唐）玄奘译：《大般若波罗蜜多经》第六分《显相品》。

词人自己标明，之所以能独得“清风”，乃是“丹浴”后之感应，这里的清凉风也是一种“道契玄微”之乐的象征。陈著《沁园春》(潇洒书斋）序云：“单景山雪中以学佛自夸，因次韵戏抑之。”这位学佛者只知皮相，以为坐雪中即可成佛，因而词人以“戏言”的方式告诉了他的真正的“雪山”所在地：“兜率天宫，清凉境界，总是由心不是缘。雪山上，自有人坐了，不到君边。”词的意思是：真正的“清凉境界”是在悟得禅机后的心中，若坐在雪山就能成佛，可能早就轮不到你了。可见，清凉境界是得道悟禅的一种象征。

有上面这一些较明显的例证作参悟之资，我们再看几段咏雪之作。朱敦儒《朝中措》：

> 夜来听雪晓来看，惊失却尘寰。摇撼琼林玉树，心疑身是仙官。　乘风飘缈，凌空径去，不怕高寒，却被孤鸿相劝，何如且在人间。

葛长庚《贺新郎·咏雪》：“鹊桥半夜寒云妒，到晓来、千岩万壑，了无认处。极目四方银世界，五凤楼前如许，应自感、伤心凝伫。人在神霄玉清府，小狮儿、捏就无佳句，骑汗漫，好归去。”秦观《念奴娇·赤壁舟中咏雪》：“中流鼓楫，浪花舞、正见江天飞雪。远水长空、连一色，使我咏怀逸发。寒峭千峰，光摇万象，四野人踪灭。孤舟垂钓，渔蓑真个清绝。”读这几阕词，总觉得清寒雪境上有一种仙风道骨、禅光佛影笼罩着：乘风凌空自然是仙家之想、畅神之游，“寒江钓雪”又岂是人间实境、江上真景呢。词人所寄托的只是一种对清寒境界的向往、对禅趣道机的追求罢了。

（5）一色无差别境界

《续传灯录》卷三十四记载了常州华藏伊庵有权禅师所描绘的参禅四境界：“黑漆昆仑把钓竿，古帆高挂下惊湍。芦花影里弄明月，引得盲龟上钓船。”虽然禅悟之境很难解说，但我们还是根据佛教徒修炼的常规程序做一些分解：第一句说的是断绝思维路，在混沌中寻求；第二句说的是惊悟（即蓦然发悟）；第三句描绘悟后通体透明，与万物为一，物我不分的境界；第四句是说将无明之心引回本初清净无染状态。

这一节讨论的是词中以诗化的语言表达的第三种状态。

据说，参禅者发悟得道之时会进入那种万物一体、澄澈透明的境界，当代禅学大师铃木大拙在《禅天禅地》一书中就记载了他发悟时的情景："我记得那天夜里，我从禅堂走向我在寺里的住宿处时，只见月光下的楼木和我自己澄澈透明。"①

《五灯会元》等著作记载不少僧人禅悟的故事，有许多僧人都描绘过这种具有透明感的"一色""无差别"境界，常用的比喻是雪月交辉、雪梅交映、月光吞万象、鹭鸶入芦花等。如《五灯会元》卷十"光庆遇安禅师"云："鹭倚雪巢犹可辨，光吞万象事难明。"唐·曹洞宗洞山良价《宝镜三昧歌》："银碗盛雪，明月藏鹭。"其他类似的比喻还有不少，如："鹭鸶飞入芦花里，雪月映交俱不及。""无限白云犹不见，夜乘明月出芦花。""芦花两岸雪，秋水一江天。"……宋嘉兴报恩寺法常首座有《渔家傲》词云："此事楞严尝露布，梅花雪月交光处。一笑寥寥空万古。风瓯语，迥然银汉横天宇。"②

禅境和诗境、词境本有相通之处，比如，我们前面分析过"蓦然回首"式的惊悟，王国维曾比作灵感到来的境界。物我一体，一色无差别的境界，也和审美观照上的全身心沉入对象中的体验有类似处，因而，当某些词人，特别受到一定程度的宗教思想影响的词人，在描写这种主客不分的审美境界时，也会有意无意地朝禅境靠拢。我们以张孝祥的名作《念奴娇·过洞庭》为例试作一些探讨：

> 洞庭青草，近中秋，更无一点风色。玉界琼田三万顷，着我扁舟一叶。素月分辉，明河共影，表里俱澄澈。悠然心会，妙处难与君说。　应念岭海经年，孤光自照，肝胆皆冰雪。短发萧骚襟袖冷，稳泛沧浪空阔。尽吸西江，细斟北斗，万象为宾客。扣舷独笑，不知今夕何夕。

在这首词中，直接阐发佛教义理的地方几乎没有，但从整体上看，不管是凭第一印象还是再三回味，都觉得有一些"难与君说"的"妙处"，而且，这些妙处具有统一的指向：开头，"在万顷波涛之间，只画一只小小的渔船，

① ［日］铃木大拙：《禅天禅地》，徐进夫译，台湾志文出版社1981年版。

② （明）圆极居顶：《续传灯录》卷二十，大正新修大藏经本。

不但足以在观者的心间唤起一种汪洋广阔之感，同时，也可产生一种宁静满足之意——一种禅的‘孤绝’之感”[①]。接下来描写“水月世界”，得“一月普观一切水”之趣。至“表里俱澄澈”则进入了一色无差别境界。这种境界“难与君说”，不可分享，只可独自领会，等同于纯粹禅悟境界。下片所写“肝胆皆冰雪”，形象化地描写了“清寒”入骨的感受。“尽吸西江”见《五灯会元》卷三载襄州居士庞蕴问马祖云：“不与万法为侣者是甚么人？”“祖曰：‘待汝一口吸尽西江水，即向汝道。’居士言下顿领玄旨。”这一句与“细斟北斗，万象为宾客”合在一起，呈示出不离万法、又不依万法，心为主、物为宾，绝地通天、总领万象的“佛祖”气魄。独自领受着超世间的“大快乐”，摆脱了时间的局限，忘记了“今夕何夕”。没有时间的判别，没有物我的区别，真是通体透明、一色无差别境界。

如果说，上面的分析还有欣赏者臆测的成分，我们不妨再看一些实证：张孝祥守无锡时，曾请来径山大慧说法，大慧作偈云：“一叶扁舟泛渺茫，呈桡舞棹别宫商。云山海月都抛却，赢得庄周蝶梦长。”大慧还讲解了“四宾主”：“尼问：如何是夺人不夺境？师曰：野花开满路，遍地是清香。曰：如何是夺境不夺人？师曰：茫茫宇宙人无数，几个男儿是丈夫。曰：如何是人境俱不夺？师曰：处处绿杨堪系马，家家门首透长安。曰：如何是人境两俱夺？师曰：雪覆芦花，舟横断岸。”（见《五灯会元》卷二十“平江府资寿尼无着妙总禅师”条）大慧在传授悟禅心要时，特别是讲解“人境俱夺”（即物我皆空）时，突出了“雪覆芦花”这种一色无差别的感觉和“舟横断岸”或“扁舟泛渺茫”的“孤绝感”。直接聆悟了这一禅门心要，张孝祥着一叶扁舟过洞庭时，目睹水月交辉、“玉界琼田”式的“一色”境界，触机而悟，写出这首带有禅味的《念奴娇》，这就很有可能是事实而不是臆测了。

我们在前面已说过，在表达禅机道趣时，许多象征模式是通用于佛道两家的，如，道教也常常用一色无差别境界、清寒境界来表达道心之澄澈。仅举一首为例。北宋末著名道士“翛然子”张继先《雪夜渔舟》：

晚风歇，漫自棹扁舟，顺流观雪。山耸瑶峰，林森玉树，

① ［日］铃木大拙：《禅的思想》，海南出版社 2019 年版，第 126 页。

> 高下尽无分别。性情澄澈，更没个、故人堪说。恍然身世，如居天上，水晶宫阙。　万尘声影绝，透尘空无外，水天相接。浩气冲盈，真官深厚，永夜不愁寒冽。愧怜鄙劣，只解道、赴炎趋热。停桡失笑，知心都付，野梅江月。

这首词与张孝祥《念奴娇》词在境界上有许多相似处：扁舟夜泛，见水天相接，一片清寒，犹如水晶宫阙，在雪月交映，一色“无分别”境界中，性情为之澄澈，妙处无人堪说。但这首词又加上个说理尾巴，点破宗旨，不若张孝祥词隐约含蓄、若有若无之妙。

（6）钓鱼　牧牛

黄庭坚写过一首饶有深意的钓鱼词《诉衷情》：

> 一波才动万波随，蓑笠一钩丝。金鳞正在深处，千尺也须垂。　吞又吐，信还疑，上钩迟。水寒江静，满目青山，载明月归。

这首词前几句写渔父心与鱼游的垂钓之乐，末三句描绘了一幅清寒空灵的月夜渔归图，澄静淡远的境界令人神往。

这首词有序云“为拟金华道人（张志和）作此章”，但仔细体味，也能看出船子和尚德诚偈语之心印。胡仔《苕溪渔隐丛话》前集卷五六引《冷斋夜话》：“华亭船子和尚偈曰：‘千尺丝纶直下垂，一波才动万波随。夜静水寒鱼不食，满船空载月明归。’丛林盛传，想见其为人。山谷倚曲音，歌成长短句曰……”华亭船子和尚的这首诗原是《拨棹歌》三十九首之一，《拨棹歌》本是超度众人的偈语。知道了它的出处，我们就能深入一层，看清渔父蓑衣里面的禅客之心，弄懂“钓鱼”、“载月”的真正含义。

禅宗常以“游鱼”比作“游心”，“鱼迷”比作“心迷”，以钓鱼比作修禅，以钓得明月比作发现清净佛性。《镇州临济慧照禅师语录》记凤林禅师语云：“海月澄无影，游鱼独自迷。”师云：“孤轮独照江山静。自笑一声天地惊。”言下之意是：佛性本净，人心自迷，但得“孤轮独照”，迷途知返。《五灯会元》卷十四“益州崇真禅师”条：“僧问：‘如何是禅？’师曰：‘澄潭钓玉兔。’”意思是，悟禅犹如于平静江潭处钓得明月。安闲和尚净端有一首《渔家傲》词写“钓月”过程：

> 浪静西溪澄似练，片帆高挂乘风便。始向波心通一线。群鱼见，当头谁敢先吞咽。 闪烁锦鳞如闪电，灵光今古应无变。爱是憎非都已遣。回头转，一轮明月升苍弁。

这首词的下片将“喻体”和“本体”都全盘托出：人世是非之心已遗，佛祖今古之性无变，修禅至此境界，蓦然回头，发现一轮明月已上钩。山谷词与净端词大致相同，但略去“本体”，只写“喻体”，因而禅味也就更加空灵。

陆游有一首《道室杂咏》诗：“身是秋风一断蓬，何曾住处限西东。棋枰窗下时闻雹，丹火崖间夜吐虹。采药不辞千里去，钓鱼曾破十年功。白头始悟颐生妙，尽在《黄庭》两卷中。”可见，“道室”之人也可以把钓鱼比作悟道。

我们已说过《全宋词》中歌咏渔父的作品很多，而江湖渔父也已经与羽客禅子乃至仙人佛祖“道通为一”了。与此相关，钓鱼词也很多，有的属于写实，但也不能排除有些钓鱼词属于象征之作，作为一种研究，我们应当弄清“钓鱼”中可能包含的象征性内容，以便准确破译这些词的深层含义。

“钓鱼”能喻禅，“牧牛”也可喻禅。

《罗湖野录》载：“潼川府天宁则禅师，早业儒，词章婉缛。既从释，得法于俨首座，而为黄檗胜之孙，有‘牧牛词’，寄以《满庭芳》调曰：‘咄这牛儿，身强力健，几人能解牵骑，为贪原上，绿草嫩离离。只管寻芳逐翠，奔驰后、不顾倾危，争知道，山遥水远，回首到家迟。 牧童，今有智，长绳牢把，短杖高提。入泥入水，终是不生疲。直待心调步稳，青松下、孤笛横吹。当归去，人牛不见，正是月明时。’世以禅语为词，意句圆美无出此右。”僧人作词僧人解，将这首“牧牛词”定为说禅词，这大概是毋庸置疑的了。

以“牛”拟人，以“牧牛”喻修性“调心”，这在佛教典籍中有很多证据。如《妙法莲华经》中有“露地白牛”说。后秦龟兹国三藏鸠摩罗什所译《佛说放牛经》就以十一项“牧牛之法”来比喻修行者精进修道之法。流行很广的《牧牛图颂》有二种，一为宋廓庵禅师所作，一为宋普明禅师所作。普明禅师的禅诗《牧牛图颂》“言近而旨远”、其图“象显而意深”，他将“牧牛”之过程分为十大阶段：未牧、初调、受制、回首、驯伏、无碍、任运、相忘、独照、双泯。意象双关，诗句圆融，处处说牧牛，处处说修行。如（八）“相忘”：“白牛常在白云中，人自无心牛亦同。月透白云云影白，白云明月任西东。”又（十）“双泯”：“人牛不见杳无踪，明月光含万象空。若问其中端的意，野花芳草白丛丛。”廓庵禅师《牧牛图颂》也饶有禅趣味；如（七）“忘牛存人”云：“骑牛已得到家山，牛也空兮人也闲。红日三竿犹作梦，鞭绳空顿草堂间。”（八）“人牛俱忘”云：“鞭索人牛尽属空，碧天辽阔信难通。红炉焰上争容雪，到此方能合祖宗。”这些禅诗面世之后，和者甚众。

寺庙还有名“牛牧寺”者，亦称“牛牧佛寺”，在故江陵县城。《资治通鉴》东晋义熙八年（412）条载，“（刘）毅夜投牛牧佛寺。初，桓蔚之败也，走投牛牧寺僧昌，昌保藏之，毅杀昌”。可见牧牛之喻，已成常识。《西游记》中既有降伏“心猿”“意马”的情节，也有降伏牛魔王的故事。《五灯会元》中所记更多。如卷三记“南泉普愿禅师”：“上堂曰：‘王老师自小养一头水牯牛。拟向溪东牧，不免食他国王水草。拟向溪西牧，亦不免食他国王水草。不如随分纳些些，总不见得。’”卷十八载“上封祖秀禅师”：“上堂：‘枯木岩前夜放华，铁牛依旧卧烟沙。侬家鞭影重拈出，’击拂子曰，‘一念回心便到家。’”《景德传灯录》卷九载“沩山灵佑禅师”，“上堂曰：‘老僧百年后，向山下作一头水牯牛，左胁书五字云“沩山僧某甲”。此时唤作沩山僧，又是水牯牛；唤作水牯牛，又是沩山僧，唤作甚么即得？’”宋·志南《天台山国清禅寺三隐集记》有两则寒山、拾得故事，其一为：“赵州到天台，行见牛迹，寒曰：‘上座还识牛么？此是五百罗汉游山。’州曰：‘既是罗汉，为什么作牛去？’寒曰：‘苍天，苍天！’”其二为：“拾笑曰：‘无瞋即是戒，心净即出家。我性与汝合，一切法无差。’驱牛出，乃呼前世僧名，牛即应声而过。”

如果要“强作解人”地“说白”“牧牛”的象征意义，那么，前引“牧牛十一法”及《牧牛图颂》所记载诗作，已经大致包含了“牧牛”喻“修心”对应的过程：“寻牛”，喻发菩提心；从“见迹”至“骑牛归家”喻不同的修行之位，“忘牛存人”喻小乘“我空”之心，“人牛俱忘”，喻大乘“我法俱空”；“返本人源”喻得涅槃；“入尘垂手”，乃“究竟方便”之位。

前引潼川府天宁则禅师词较完整地描写了“牧牛”“调心”的过程：先是

寻得贪恼执着、难以调训之“牛”；“牧童”以“智”绳把牢，直至“心调步稳”；然后骑牛吹笛归去；终于见到“明月”满天，入“人牛不见”之境。

《罗湖野录》夸则禅师词“意句圆美”，此语尚不为过，因为大多数僧人词枯燥直露，这首词的形象则较为生动，但夸之为“无出其右”则不免领受井蛙之诮，我们可再引一首王质的《满江红·牧童》词以资比较：

> 落尽斜阳，尚有些、断霞残影。甚弯环、东溪西巷，南岩北岭。行熟更教羊引着，睡浓却被鸦惊醒。渐孤村、树暗颤山攲，霜风冷。 人世里，嫌他蠢。牛背上，输他稳。但芒鞋一緉，蓑衣一领。五脏荒陂蔬荐口，双髻幽崦花漫顶。虽云乌，月黑路蒙笼，何曾窘。

这首词，只描写了牧童骑牛归村这一画面，牛既驯服，心亦闲逸，纵月黑路暗，无惧无窘，心中“自有一轮明月，万古无亏瑕”。这一牧童形象不离世间而超世间，似乡村牧童又似佛家“牧童”，词句只有暗示，没有说明，得拈花微笑之深旨，比之禅师词则更为虚灵无迹，圆转如珠。

四、余论

在这一章中，我们由外向内、由表及里地探讨了词作内容融摄佛道思想之诸种形式。由表及里就是由显及隐的过程：衣表发肤，人人可睹；肌理经络，隐约可见；至于精神气质，只能以心印可，整体感受。若以佛言道语拟衣表发肤，则佛道义理为肌理经络，而禅机道趣就是精神气质。因此，在论述词中之禅机道趣这一层次时，我们虽力求实证，却仍有“感应大于判断”（康德语）之趋势。道家主“不落言诠”，禅宗说“言即不是”，我们既要以今人之理性精神勘破古人之混沌迷雾，但也要考虑到佛道两家特有的思维方式，力求虚实兼顾，以整体清晰取代细节清晰。

在解剖具体的象征模式时，我们多取名家作品分析重点，而所附的同类词作就无暇条分缕析了，同时，因篇幅所限，所取例证也只能略提一二，并非包罗全部。

另外，词中所取象征模式尚有许多种类，如镜喻、水喻、孤峰喻、飞鸟喻、枯木喻等等，我们也无法在本文中全面展开。尝鼎一脔，取其滋味而已。

（原载《宋词与佛道思想》，今日中国出版社 1992 年版）

【作者简介】

史双元，男，1953 年生，江苏南京人。孙望、唐圭璋先生弟子，长期从事中国古典文学教学工作和中华文化研究与传播工作，出版著作多种。先后担任南京师范大学国教院副院长，澳大利亚新南威尔士州教育部中文教育督导，悉尼教育局局长助理，新南威尔士州教育部国际战略中心主任，澳大利亚国立大学、墨尔本大学和悉尼科技大学之“中国研究”博士论文审阅导师。现任新南威尔士州教育联盟秘书长。

唐宋词物象分析

孙立

我们通常将词视为抒情性极强的文体，但也必须明确，注重主体性的艺术创造，并不是说就可以完全舍弃外界事物的触发媒介，取消对客观事物的完美塑造。黑格尔曾说："抒情诗也并不排除对外界对象的鲜明描绘。真正具体的抒情作品要求把主体摆在他的外在情境里，因而也要把自然环境和地方色彩之类采纳进来，甚至有些抒情诗只是在这方面下工夫。"[①]黑氏所语，肯定了客体对象的"鲜明描绘"对诗歌抒情性的辅助作用。中国古代文人对文学创作中人物情感与客观物体相互影响的重要性也有很深刻的认识。如刘勰《文心雕龙·物色》所言："诗人感物，联类不穷。流连万象之际，沉吟视听之区。写气图貌，既随物以宛转；属采附声，亦与心而徘徊。"人物情感借助于外象形式而投射、释放出去；同样，对客体的审美创造，也能结构成完整、美感力极强的艺术境界，给人以鲜明的审美感知。由"词心"所规定，词体物象形式也具有独特的艺术风貌，这既反映出时人共同的审美趣向，而且于词中也创造出精美的艺术境界。因而，分析与认识词体物象的表现形态及其审美意味，这对了解艺术结构的本质特征无疑是很重要的。

① ［德］黑格尔：《美学》第三卷（下），朱光潜译，商务印书馆1986年版，第213页。

一

与表现对象、审美情调较为统一相协调，唐宋词物象形式也有着明显的类型化倾向，即同类物象在词中有较高的使用频率。据精确的统计[①]，以下与物象相关的字种出现的次数较多：

风	12867	花	11432	云	7590	水	5156
雨	4998	江	4263	烟	3834	梅	2953
柳	2861	雪	2718	草	2167		

此类物象在许多作家作品中反复出现，常常给人以似曾相识的印象。这虽然使词体外观显得相对单一，但如细细地体味，其实也并不影响某一作品的艺术表现力。同类物象在不同作品所处的位置，所起的作用并不完全等同。而且，物象与物象之间铺陈排列的相异组合形式，也往往能极好地适应情感表现的需要。如同是写明月，苏轼的“明月几时有”(《水调歌头》)，晏几道的“当时明月在，曾照彩云归”(《临江仙》)，两者所构成的意境，所产生的艺术情趣显然不同。苏轼词借客观物象的交替变化，隐蕴了人生无常、好事难再的内心感慨。而晏几道词，则借明月这个意象，抒发自己对美好往事的思恋、追慕之情。再比如晏殊《踏莎行》：“春风不解禁杨花，濛濛乱扑行人面。”王雱《眼儿媚》：“杨柳丝丝弄轻柔，烟缕织成愁。”同写杨花，前者注重场景气氛的渲染，写出了景象的迷离状态；后者以实写虚，显得极为轻灵、细微，且渗透进缕缕情思(“愁”)。类型化的表现形式，致使词人有着较为自觉的艺术追求。词人要凭借寻常事物构造出新颖的词境，传达出幽渺的生活情趣，自然就必须在技巧上下功夫。唐宋词之所以给人以较为强烈的审美感受，这在一定程度上与它们对物象的精心创造是分不开的。

词较为注重抒发个体的生活感受，因而词中物象形态也洋溢着浓郁的生活气息。物象种类大多为生活中惯常所见的具体事物，这正如缪钺先生所提示的那样：“言天象，则‘微雨’、‘断云’、‘疏星’、‘淡月’；言地理，则

① 据南京师范大学《全宋词》计算机检索。

'远峰'、'曲岸'、'烟渚'、'渔汀'；言鸟兽，则'海燕'、'流莺'、'凉蝉'、'新雁'；言草木，则'残红'、'飞絮'、'芳草'、'垂杨'；言居室，则'藻井'、'画堂'、'绮疏'、'雕槛'；言器物，则'银缸'、'金鸭'、'凤屏'、'玉钟'；言衣物，则'彩袖'、'罗衣'、'瑶簪'、'翠钿'……"[①]生活类物象，往往令人感到较为亲切，很易激发起人们的审美想象活动，产生相应的情感共鸣。因而在词中像唐代边塞诗极力描绘塞外荒漠的粗犷、壮丽，以及李白《蜀道难》、《梦游天姥吟留别》之类展现地域自然山水奇观的作品可以说极为少见。如范仲淹的《渔家傲》(塞下秋来风景异)，人们常称之为宋词反映边塞生活的代表作。但此词并未极力铺张边塞场景的荒凉，也未具体描写异域的自然景观。场面景色只是略作交代，稍为点化，着重"述边镇之劳苦"(魏泰《东轩笔录》卷十一)，从而传达出主人公那种思家难归的心灵苦痛。词很注重人物心态的具体写照，情感色彩浓烈，所以相对而言，词之"移情"作用较为明显。词人不是将审美思维倾心于外观景物的自在情趣上，而是将自然景物作为"移情"对象；外在物象本身的审美意义并不十分重要，关键是要能适应情感的抒发。这样，词人要眇深微的心灵脉动，自我观照的生活情趣，自然就将审美视界转到斗转星移、花谢叶落等客观物象微妙变化的发现、感触方面。

与诗不同，词不是一句一境，而是通首构成完整的场面。物象形式作为画面的构成部分本身并不作过于详尽的描述，只起到局部的点缀作用。物象的组合以及与情感的交融，往往结构成声情并茂、形神俱备的词境形式。如晏殊的《诉衷情》：

> 芙蓉金菊斗馨香，天气欲重阳。远村秋色如画，红树间疏黄。 流水淡，碧天长，路茫茫。凭高目断，鸿雁来时，无限思量。

词中"芙蓉"、"金菊"、"远村"、"红树"、"疏黄"、"流水"、"碧天"、"鸿雁"等多处物象，既有近景的局部描写，又有远景的整体勾勒。词作借助物象所

---

① 缪钺:《诗词散论》，上海古籍出版社1982年版，第56页。

描绘出的江村山水图，给人的审美感官如视觉、听觉、嗅觉以一定的触动。再比如张先（一作赵令畤）的《浣溪沙》：

水满池塘花满枝，乱香深里语黄鹂。东风吹软弄帘帏。 日正长时春梦短，燕交飞处柳烟低。玉窗红子斗茶时。

词作侧重客观景象的描绘，人物之情含而不露。“水”、“池塘”、“花”、“黄鹂”、“东风”、“帘帏”、“燕”、“柳烟”、“玉窗”等众多物象，组合成视听感极强的画面，景象显得极为优雅。正如俞陛云先生之所云：“‘日长’二句写春景，辞妍而笔轻；‘玉窗’句丽不伤雅，情味在含蕴中。”①

二

对客体对象与审美主体的关系，古代词论家也有明确的识见。刘熙载说：“昔人词咏古咏物，隐然只是咏怀，盖其中有我在也。”（《艺概·词曲概》）词中有“我”在，物象、景观不单是客观描写，而是内在于其中的“我”起着主导作用，这就肯定了主体性艺术创造的必要性。沈祥龙也有相类论述：“咏物之作，在借物以寓性情。凡身世之感，君国之忧，隐然蕴于其内，斯寄托遥深，非沾沾焉咏一物矣。”（《论词随笔》）咏物与寓情，两不分离，而更为侧重的是“情”——主体意志的艺术化实现。故词的文本尽管表层结构是以写景咏物为主要对象，但是“隐然蕴于其内”的寄托意志，却构成了作品的艺术生命。上节已言，词中所出现的物象多为日常生活中所见，而这在很大程度上取决于作家本身的生活实践。但是，作家创作虽然是以现实生活为主要内容，创作的结果毕竟是不能等同于客观自然的“第二自然”。人物心态的创造，乃为艺术区别于自然而又高于自然的关键所在。因而，作家创作如能具备“在我发挥”（张炎《词源》卷下）的审美意识，那么就能自觉地投注自我生命于艺术本体中，使物象皆着上“我”之色彩。在词中，物象的审美结构并不是艺术创造的终极旨趣，它只是作为情感传达的中介形式，承担传

① 俞陛云：《唐五代两宋词选释》，上海古籍出版社1985年版，第151页。

递与再创造功能。“在艺术里，感性的东西是经过心灵化了，而心灵的东西也借感性化而显现出来了。”[①] 所以词中物象的色调变化，往往与人物心灵的发展脉络不可分离。与人物心境相为关联，物象类型可以从大体上划分为以下几类：

艳丽型 此类物象形式，与人物的相思爱恋之情相关，尤其适合以女性为主人公的“代言体”创作形式。唐宋词在表现男女相思之类的题材时，人物的生活取材于庭院闺房之中，所见物象大多为室内器物、人物服饰以及花草虫鱼。由于词中主人公大多为丽人贵妇，装饰华贵，格调高雅，所以物象色彩较为鲜明、艳丽，人物情调委婉含蓄。如韦庄的《酒泉子》：

月落星沉，楼上美人春睡。绿云倾，金枕腻，画屏深。 子规啼破相思梦，曙色东方才动。柳烟轻，花露重，思难任。

此词写“美人”春梦乍醒的神态，笔致细腻。“绿云”、“金枕”、“画屏”，色彩感极强；“月落”、“星沉”、“柳烟”、“花露”，笔调轻灵；梦破、“思难任”的心绪描述，也显得极为优雅。再比如顾夐的《浣溪沙》：

红藕香寒翠渚平，月笼虚阁夜蛩清，塞鸿惊梦两牵情。 宝帐玉炉残麝冷，罗衣金缕暗尘生，小窗孤烛泪纵横。

此词也是写女性空闺独守的思念愁绪，情调较为忧郁，但词中物象色调却极为艳丽。如“红藕”、“翠渚”、“宝帐”、“玉炉”、“罗衣”、“金缕”等，“皆以秾丽之笔，寓宛转之思”[②]，词作颇有雍容华贵之气。

清淡型 与词人恬淡的心境相仿，词中物象形式往往多以实写笔法描摹形体，不刻意修饰，物象本身的表现力相对较弱。词作主要给人以整体美感，局部的感染力并不强烈。如苏轼的《鹧鸪天》：

林断山明竹隐墙，乱蝉衰草小池塘。翻空白鸟时时见，照

① ［德］黑格尔：《美学》第一卷，朱光潜译，商务印书馆 1982 年版，第 49 页。
② 俞陛云：《唐五代两宋词选释》，上海古籍出版社 1985 年版，第 78 页。

水红蕖细细香。　村舍外，古城旁，杖藜徐步转斜阳。殷勤昨夜三更雨，又得浮生一日凉。

词中“林”、“山”、“竹”、“蝉”、“草”、“鸟”、“红蕖”、“斜阳”等处物象，只是作为视觉形象作用于人们的审美感官，色彩感并不眩目。因而，词作境界清静，格调悠缓，正好贴近词人那由外象而触发的超然胸怀。这正如郑文焯所评：“渊明诗‘啸傲东轩下，聊复得此生’。此词从陶诗中得来，逾觉清异。”再比如张孝祥的《西江月》：

问讯湖边春色，重来又是三年。东风吹我过湖船，杨柳丝丝拂面。　世路如今已惯，此心到处悠然。寒光亭下水如天，飞起沙鸥一片。

词作尽管是写春色，但并未着意刻画，而是以“东风”、“柳丝”、“湖水”、“沙鸥”几种物象略作点缀，借以映衬词人“世路已惯”、“此心悠然”的心怀。因而清淡型物象，其本身的情感色彩并不鲜明，多是通过众多物象组合成完整的生活画面，为词人超然、自在的心灵表现提供场所。

雄浑型　当词人视野拓开，激情充沛，感发深远时，外界景物常以其雄浑、壮观而切合词人的心境需要，常常不注重细节的描写，而是粗线条的勾勒，着重场面的铺展，以求与词人豪放、旷达之胸怀相为合拍。如苏轼的《念奴娇》起首：“大江东去”，大笔挥洒，写滔滔江水东流而下，视界极为开阔。再递进“浪淘尽，千古风流人物”，由物象的动态变化，包蕴了极为厚重的人世忧患，词气雄放。接下，“故垒西边，人道是，三国周郎赤壁”，笔法疏宕。但“赤壁”、“故垒”两处地名的交代，也足以促发人们想象古战场之悲壮。“乱石崩云，惊涛拍岸，卷起千堆雪”，极力渲染场景气氛：山崖交错林立，云雾剧烈翻腾，涛声阵阵，浪花飞溅，令人惊心骇目。结拍两句，统括上文，由外象表现自然过渡到人事。此词上片物象未予详尽铺陈，只是粗笔点化。但山水之磅礴气象，还是为词人深沉的人生感慨作了极好的铺垫，这从中也能见出作者非凡的胸怀。再比如周邦彦的《西河·金陵怀古》：

佳丽地，南朝盛事谁记？山围故国绕清江，髻鬟对起。怒涛寂寞打孤城，风樯遥度天际。　断崖树，犹倒倚，莫愁艇子曾系。空余旧迹郁苍苍，雾沉半垒。夜深月过女墙来，赏心东望淮水。　酒旗戏鼓甚处市？想依稀、王谢邻里。燕子不知何世。入寻常、巷陌人家，相对如说兴亡，斜阳里。

此词乃为咏古之作。唐圭璋先生曰："'山围'四句，写山川形胜，气象巍峨。第二片，仍写莫愁与淮水之景象，一片空旷，令人生哀。第三片，借斜阳、燕子，写出了古今兴亡之感。全篇疏荡而悲壮，足以方驾东坡。"① 沈际飞曾云，此首使"介甫《桂枝香》独步不得"(《草堂诗余正集》)。即是说清真词足以媲美王安石《桂枝香》词，而这显然得力于词中巍峨气象的表现。

阴冷型　唐宋词人多言"愁"，这其中既有相思无据、愁情难遣的诉说，又有怀古伤今、感怀人事的嗟叹。这样，当词人以极为黯然的心境看待外界事物变化，或由"物"而引发主人公百感断肠时，物象为人"情"所染就，也添着上昏暗、阴冷的色调。此类物象，由于受情感的内驱作用，情与物紧密交融，物体的情态化特征也较为突出。而且，物象的表现也很注重贴近人物深细微妙的心理变化，细节描写较为得体。如秦观的《浣溪沙》：

漠漠轻寒上小楼，晓阴无赖似穷秋，淡烟流水画屏幽。　自在飞花轻似梦，无边丝雨细如愁，宝帘闲挂小银钩。

此词写妇人别离之愁绪。词中"轻寒"、"淡烟"、"流水"、"画屏"、"飞花"、"丝雨"、"宝帘"等场景物象的铺写，烘托出迷离、清冷的气氛，人物愁绪也犹如淡烟薄雾般弥漫于词境空间，给外物景观平添了几分情意。词中"漠漠轻寒"、"晓阴无赖"、"淡烟流水"、"飞花似梦"、"丝雨如愁"、"宝帘闲挂"等处的精细刻画，也足以反衬出人物极为敏感而多情的心理。

又如姜白石词，意境如"瘦石孤花，清笙幽磬"(郭麐《灵芬馆词话》)。其词《湘月》："暗柳萧萧，飞星冉冉，夜久知秋信。"以秋夜深静、飞星流动

---

① 唐圭璋：《唐宋词简释》，上海古籍出版社 1981 年版，第 138 页。

的昏暗色调，勾画出幽静、冷艳之境。再如柳永的《玉蝴蝶》：

> 望处雨收云断，凭栏悄悄，目送秋光。晚景萧疏，堪动宋玉悲凉。水风轻、蘋花渐老。月露冷、梧叶飘黄。遣情伤。故人何在？烟水茫茫。　难忘。文期酒会，几孤风月，屡变星霜。海阔山遥，未知何处是潇湘？念双燕、难凭远信，指暮天、空识归航。黯相望。断鸿声里，立尽斜阳。

上片“雨收”、“云断”、“秋光”、“水风”、“蘋花”、“月露”、“梧叶”、“烟水”等物象形态，较好地描绘出秋雨乍歇、晚景萧索的秋夜景色。下片词人则着力抒发“黯相望”，却“念双燕、难凭远信，指暮天、空识归航”的凄楚心情。词作色调灰暗，格调低沉，景与情妙合无间，声情凄婉。

以上所论只是示其大概，唐宋词物象类型当不止上述四种。总之，物象的审美创造并不只是客体形式的机械摹写，其自身所包蕴的情感成分，也大大增强了词体的艺术感染力。

三

物象的结构形式，往往也会根据审美需要形成不同的组合关系。一般而言，词体结构偏重审美感知的艺术创造，物象在词体中就呈疏放的结构形态。密集型物象，整体画面感较强，如李煜的《应天长》：

> 一钩初月临妆镜，蝉鬓凤钗慵不整。重帘静，层楼迥。惆怅落花风不定。　柳堤芳草径，梦断辘轳金井。昨夜更阑酒醒。春愁过却病。

此词写春夜愁绪。词中“初月”、“妆镜”、“蝉鬓”、“凤钗”等处描写，暗示了人物的慵懒无绪。“重帘”、“层楼”、“落花”，则通过外物状况的刻画，衬托出人物孤苦冷寂的心境。下片“柳堤”、“芳草”、“辘轳”、“金井”，皆暗示昔日与情人相游的一段往事。歇拍点明题意：愁病交加，思恋甚痴极苦。此词人物“愁”情虽已沉积甚重，但并不是采取激流奔放式的倾诉方式，而是借助于物象的调和功能，以外象感知进而触动心灵，引发想象。此类词体结构形式，笔法较实，词作的表情效果较为含蓄。

吴文英词，谭献评为“有五季遗响”(《词辨》卷一)。此即是说，梦窗词承五代词创作风气，着力于外象形态的描绘。如《风入松》：

> 听风听雨过清明，愁草瘗花铭。楼前绿暗分携路，一丝柳、一寸柔情。料峭春寒中酒。交加晓梦啼莺。　西园日日扫林亭，依旧赏新晴。黄蜂频扑秋千索，有当时、纤手香凝。惆怅双鸳不到，幽阶一夜苔生。

词中“风”、“雨”、“花”、“柳”、“莺”、“西园”、“林亭”、“黄蜂”、“秋千”、“双鸳”、“幽阶”、“苔”等物象形式，声色感极强。密集的物象，使人的审美意识始终不脱离感官形式。

当作者笔触着力于人物心境，情感的流动构成艺术表现的主线时，物象往往只是在局部发挥着作用，显示出较为疏放的词体结构形式。如苏轼的《江城子》：

> 十年生死两茫茫。不思量，自难忘。千里孤坟，无处话凄凉。纵使相逢应不识，尘满面，鬓如霜。　夜来幽梦忽还乡。小轩窗，正梳妆。相顾无言，惟有泪千行。料得年年肠断处，明月夜，短松冈。

词为悼亡之作。“词心”稳定在怀念亡妻这一审美情感层次。故作品中词人的思绪处于不间断的流动状态，情调的转换较为显明。“真情郁勃，句句沉痛，而音响凄厉，诚后山所谓‘有声当彻天，有泪当彻泉’也。”[1]词中“孤坟”、“明月”、“松冈”只是略着几笔，勾勒出场景的粗线条轮廓，给人的审美想象提供了有限的空间。物象作为情感投射的对象形式，自身的表现力相对弱化。

---

① 唐圭璋：《唐宋词简释》，上海古籍出版社1981年版，第96页。

再如秦观的《江城子》：

> 西城杨柳弄春柔。动离忧，泪难收。犹记多情、曾为系归舟。碧野朱桥当日事，人不见，水空流。　韶华不为少年留。恨悠悠，几时休？飞絮落花时候，一登楼。便做春江都是泪，流不尽，许多愁。

此词物象类型，从表层来看似乎较多，有“杨柳”、“归舟”、“碧野”、“朱桥”、“飞絮”、“落花”、“春江”等。然而由于词作上、下片人物情感的流露皆极为激切，物象遮上了浓郁的主观色调，所以物象的构景能力并不强，很容易见出人物心态的发展轨迹。

物象的疏、密，既然与词作情感的表现有密切联系，那么由此产生的审美效应也会有一定差异。通常，密集型物象，艺术效果较为含蓄；而疏放型，则给人以较为直接的审美感受。这主要是因为，物象形式在词体结构中也起着调节、强化功能。物象密集则外形化特征较为突出，情感的表现含而不露，时隐时现。如韦庄的《清平乐》：

> 野花芳草，寂寞关山道。柳吐金丝莺语早，惆怅香闺暗老。　罗带悔结同心，独凭朱栏思深。梦觉半床斜月，小窗风触鸣琴。

词中“野花”、“芳草”、“山道”、“柳丝”、“罗带”、“朱栏”、“斜月”、“小窗”、“鸣琴”等处物象，构成密集的物象群。而散见于其间的“惆怅”、“悔”、“思”、“梦觉”等情感成分，具体所指并不十分明确。因而词作中的视听感觉大大强化，而情感的艺术力量只是随词境的深入渐为加强。再如周邦彦的《尉迟杯》：

> 隋堤路。渐日晚、密霭生深树。阴阴淡月笼沙，还宿河桥深处。无情画舸，都不管、烟波隔南浦。等行人、醉拥重衾，载将离恨归去。　因思旧客京华，长偎傍、疏林小槛欢聚。冶

叶倡条俱相识，仍惯见、珠歌翠舞。如今向、渔村水驿，夜如岁，焚香独自语。有何人、念我无聊，梦魂凝想鸳侣。

词中“隋堤日晚”、“密霭深树”、“淡月笼沙”、“河桥深处”、“无情画舸”、“烟波南浦”、“渔村水驿”等处场景的描绘，景象气氛极为朦胧凄迷，词中“离恨”似花丛暗流，不经意地从写景状物中款款溢出。周济评曰：“南宋诸公所断不能到者，出之平实，故胜。”（《宋四家词选》）“出之平实”，即词境多着以实写之笔，通过寻常生活的写照，隐蕴了词人的人生感触。

物象疏放，词人主观意念、自身情感的艺术表现则相应充实，笔调随心态的运动而起承转合，词情的表露较为直接而强烈。如柳永的《忆帝京》：

薄衾小枕凉天气，乍觉别离滋味。展转数寒更，起了还重睡。毕竟不成眠，一夜长如岁。　也拟待、却回征辔，又争奈、已成行计。万种思量，多方开解，只恁寂寞厌厌地。系我一生心，负你千行泪。

词起首“薄衾小枕凉天气”，写物实已包含了词人悲凉处境的感受。故下句“乍觉”，笔触很自然地过渡到人物心灵的表现。“展转数更”，“起了重睡”，以动态化的行为细节描写，写出了人物的百端忧思。“毕竟不成眠，一夜长如岁”，心理感受极为深切。下片词情落到实处，“也拟待”，“又争奈、已成行计”，心情显得十分矛盾。“万种”、“多方”的解脱方式，仍无法消除“寂寞”的痛苦。歇拍发一感慨，直接点明心声。此词基本上是人物心境的叙述，起首物象的交代，并未能让人产生更多的联想，词作情感色彩较浓，语言表现畅直、明快。

当然说物象密集，意旨含蓄，也并不是证明词情感染力不强。物象与情感密不可分，物象勾画的场景，渲染出的气氛，常常也能增强情感力度。因而，有时虽非直接言情，但情蕴含在其中。如周邦彦的《拜星月慢》：

夜色催更，清尘收露，小曲幽坊月暗。竹槛灯窗，识秋娘庭院。笑相遇，似觉琼枝玉树，暖日明霞光烂。水盼兰情，总平生稀见。　画图中、旧识春风面，谁知道、自到瑶台畔。眷恋雨润云温，苦惊风吹散。念荒寒、寄宿无人馆，重门闭、败壁秋虫叹。怎奈向、一缕相思，隔溪山不断。

此词物象较密。“清尘收露，小曲幽坊月暗”，写出了场景之深静、清幽；“琼枝玉树，暖日明霞光烂”，衬映出昔时“相遇”的热烈气氛。下阕笔调一转，俞陛云先生云：“‘雨润云温’，何等旖旎；‘秋虫空馆’，何等荒寒。两相写照，情孰能堪！人与寒蛩，同声叹息矣。”①

再比如柳永的《雨霖铃》（寒蝉凄切）中的“念去去，千里烟波，暮霭沉沉楚天阔”；“今宵酒醒何处，杨柳岸，晓风残月”，历来为人们所称道。此两句乃为场景之实写，然对整首词的情感表现起到重要的烘托作用。李攀龙在《草堂诗余隽》中云：“‘千里烟波’，惜别之情已骋。”刘熙载云：“词有点有染，柳永《雨霖铃》云：‘多情自古伤离别，更那堪、冷落清秋节。今宵酒醒何处，杨柳岸、晓风残月。’上二句点出离别冷落；‘今宵’二句，乃就上二句意染之。”② 以上两说，实道出了词体情与景相互作用的真谛。同样说物象疏放，言情畅达，也并不是说词情就一定浅明、平直。词人之情的表现，有时尽管可以不借物象衬托，但人之心灵本身也是极为复杂、微妙的。深沉的人生思考，强烈的忧患意识，也使词情内涵极为丰厚。此点无须再详细分析。

总之，物象在词体结构中占据着重要的位置，且生发出含义极丰的审美意味。对词体物象形式的审美观照，将有助于我们更确切地把握词的审美特性。

（原载《社会科学战线》1993年第3期）

【作者简介】

孙立，男，1955年生，江西婺源人。1989年就读南京师范大学中文系，唐宋词方向博士生，师从唐圭璋等先生，获得文学博士学位。著有《词的审美特性》等。

① 俞陛云：《唐五代两宋词选释》，上海古籍出版社1985年版，第316页。

② （清）刘熙载：《艺概·词曲概》，见唐圭璋编《词话丛编》第四册，第3705页。

宋代无名氏词中的孤调及其词史意义

刘尊明

据笔者依《全宋词》进行检索、统计与考订，两宋无名氏共存词1590首，共用词调凡306调，尚不计其中多达235首失调名词作所用词调的数量，其用调总数已远远超出了两宋任何一个具名的大家词人或名家词人，其用调实践与创作成就已不容小觑；虽然其中沿用唐宋已有词调共188调，但首见和仅见于宋无名氏词的新调共118调，也仍然有力地显示了两宋无名氏在词调运用上的开拓与创新之功。历代对宋代无名氏词的关注和研究都较为薄弱，故笔者拟从用调方面来全面探讨宋代无名氏词的创作成就，本文即先从考察宋代无名氏词中的“孤调”入手。

在宋代无名氏词所用118个新调中，首见于无名氏词而为文人词所沿用的常用词调为41调，占宋代无名氏所用词调总数的比例仅为13.3%，占宋代无名氏所用新调的比例仅为34.7%；而仅见于宋无名氏词所用“孤调”达77调之多，占宋代无名氏所用词调总数的比例则为25%，占宋代无名氏所用新调的比例更高达65.3%。那么，这些只在宋无名氏词的创作中运用和出现过的所谓“孤调”，具体的创制情况如何，有哪些类型和特征，对宋代词调繁衍和词体发展有何贡献和意义，这是我们研究宋代无名氏词用调首先需要加以考察的内容。

我们可以将两宋无名氏词仅用的77个孤调，分为四种类型：（一）采自民间的新声之调，约为22调；（二）赋咏本调的创始之调，约有34调；（三）歌舞相兼的歌舞剧曲，约有14调（另有始见无名氏之《金盏子［慢］》1调亦属同类）；（四）体调不详的残词之调，约有7调。第四类的7个词调为：《头盏曲》、《六幺》（大曲）、《啄木儿》、《宴清堂》、《金落索》、《秋千儿》、《庆青春》，所存词作皆为残句，其体调形式难以考订，除《六幺》（大曲）附入歌舞剧曲类加以考察外，其余姑略而不论。以下我们主要对宋代无名氏词中前三种类型的孤调分别加以考察和分析。

一、采自民间的新声之调

宋黄升曾论曰："唐词多缘题，所赋《临江仙》则言仙事，《女冠子》则述道情，《河渎神》则咏祠庙，大概不失本题之意。尔后渐变，去题远矣。"[①]这个论断也得到了明清以来词论家的认同和沿用。的确如此，从早期词的创作情形来看，词与曲的配合大多具有缘题而赋、赋咏本调的特征。换言之，属于创调之作或早期创作的词篇，其歌词的内容往往与词调的意义恰相应合。这种情形和特征不仅在从唐五代一直到北宋的词坛上都有着较普遍的表现，而且也表现在各个具体词调的创作演变历程中。因此，考察一个词调的若干词作究竟孰先而孰后，何为创调之作而何为依调之篇，一个重要的判断依据就是歌词的内容与词调的含义是否相互应合以及相合的程度如何。词曲相合，便是赋咏本调或缘调而赋；词曲相合的程度越高，属于创调的性质就越突出。否则，便多为后来倚调之作，而非早期创始之篇。

在宋无名氏词所用孤调中，有一部分应该是采选或沿用民间的新声之调，这从歌词内容并非赋咏调名本意这一点上即可得到证明。属于这种类型的孤调主要有：《真珠髻》、《罥马索》、《枕屏儿》、《镜中人》、《扫地舞》、《鞓红》、《二色宫桃》、《金钱子》、《新水令》、《伊州曲》、《倾杯序》、《转调贺圣朝》、《水仙子》、《水晶帘》、《荔子丹》、《行香子［慢］》[②]、《香山会》、《娇木笪》、

① （宋）黄升：《花庵词选·唐宋诸贤绝妙词选》卷一，辽宁教育出版社1997年版，第21页。

② ［朝鲜］郑麟趾撰《高丽史·乐志》卷七十一《乐二·唐乐》中，收录了一批北宋词曲，在有些调名后以小字加注"慢"、"令"、"曲破"等字，盖以标示曲体类型或演唱特征，兹加方括号"［ ］"以表示。明景泰二年（1451）朝鲜活字本，《四库全书存目丛书》史部第160册，齐鲁书社1996年版。

《六州4》、《六州6》、《十二时3》、《十二时5》[1]，共计约22调。下面试举例进行分析。

如《真珠髻》一调，不见唐宋文献记载，其创调情形已难详考。从调名取意看，似与女性发型头饰有关，则此调的音乐内容大致是表现女性生活题材，当属描写闺情一类的曲调。然而无名氏此词题作“红梅”，为咏梅词。从词作内容与调名本意的关系看，此词显然不是赋咏本调，应非创调之作。从词作形式看，全篇105字，双片，上片10句4仄韵，下片10句5仄韵，属于长调慢词之体制。词载南渡之际黄大舆编《梅苑》卷一。《梅苑》是一部咏梅词专题词选，据编者自序称该书编定于己酉之冬[2]，即宋高宗建炎三年（1129），所收为唐五代至北宋咏梅词，则无名氏此词当为北宋之作无疑。综上所述，大致可以推断，《真珠髻》一调盖来自北宋民间新声，其本调当为表现女性生活的闺情之曲，无名氏词乃采用其调以咏梅，属于非赋本意的倚调之作，而创调之作则散佚不传。

与《真珠髻》相类似的词调，还有《枕屏儿》、《相思引》（即《镜中人》别名）、《水晶帘》等，大致皆属描写女性生活、赋咏闺思恋情一类的曲调，但无名氏词所写或咏梅，或祝寿，很难认定为赋咏本意的创调之作，而应该属于对民间新声的采用。至于《鞓红》、《二色宫桃》等调，原为咏牡丹和宫桃之曲，无名氏词皆用以咏梅，虽题材相近，亦终非本调。

最典型的例子，莫过于《罥马索》和《扫地舞》两调了。

据宋曾公亮等撰《武经总要前集》卷六《制度三》之“诸家军营九说·绳营”条记载：“凡绳营，所以援马。若入敌境，刍秣不给，即须寻择水草放牧，每人给罥马索一条，入夜则为绳营，以护畜产。其制，立枪为杠，凡两重，上系罥马索，连绊相续，马居营中，布官健牧人四面卫马，使不得逸出。”[3]据此可知，《罥马索》一调盖来源于民间或军营牧马生活之歌唱。此

① 对于一些调名相同而词体差异较大的词调，笔者姑考订为同名异调，在调名后标序号或括注“令”、“慢”以示区分。有关考订，部分参考了田玉琪《词调史研究》的相关意见，人民出版社2012年版。

② （宋）黄大舆《梅苑序》云：“己酉之冬，予抱疾山阳，三径扫迹，所居斋前更植梅一株，晦朔未逾，略已粲然。于是录唐以来词人才士之作，以为斋居之翫，目之曰《梅苑》……”清文渊阁《四库全书》本。

③ （宋）曾公亮等：《武经总要前集》卷六，湖南科学技术出版社2017年版，第312页。

调于两宋仅见无名氏孤词，然此词载录于《梅苑》卷二，为咏梅之作，与本调之意已毫不相关，盖采用牧马之歌以为咏梅之调，内容题材虽然与本调不合，而清远激健的声情却得以保留下来。

至于《扫地舞》一调，顾名思义，应来自于扫地劳动之歌舞。唐崔令钦《教坊记》所记初唐盛教坊“曲名”中有《扫市舞》[①]，中唐时似曾流行，白居易哭吊杨虞卿诗有“何日重闻扫市歌”之句，注云“师皋醉后善歌扫市词”[②]，所谓“扫市歌”“扫市词”，应即指《扫市舞》之歌与词。然唐五代并无《扫市舞》词传世。宋初潘阆有《扫市舞》词一首，歌词仅为“三/三/七/三”四句之单片体[③]，或为采用唐教坊曲填词者。宋无名氏《扫地舞》词，调名虽与《扫市舞》仅一字之差，然歌词为“三/三/七/三/三/四/三/三”句式之双叠体[④]，与潘词前四句句式相同而多出后四句，且用韵、平仄和修辞也有所不同，是否为同调已不得其详，有可能是在《扫市舞》旧曲的基础上翻制的新调。无名氏词载《梅苑》卷七，为咏梅之作，已完全逸出《扫地舞》或《扫市舞》的调名本意，说明此词亦非创调之作，不过是依调填词之篇，此调盖采用已然流行的民间新声。

在两宋无名氏词所用孤调中，其对民间新声的采用，也包括散落民间的宫廷音乐或来自大曲的“摘遍曲”。如《二色宫桃》、《转调贺圣朝》等调，即带有宫廷乐曲的色彩，而《新水令》、《伊州曲》、《倾杯序》、《六州》等，或由大曲“摘遍”而成。

二、赋咏本调的创始之调

这些仅见于宋无名氏词的孤调，一部分词调正如上文所考，并非出自无名氏的创调，而是对民间新声之调的采用；而另有相当一部分词调，即如下文所考，当属赋咏本调的创调之作。这些具有创始性质的词调有：《误桃源》、

---

① （唐）崔令钦：《教坊记》，中华书局2012年版，第18页。

② （唐）白居易：《哭师皋》，见《白氏长庆集》卷三十，清文渊阁《四库全书》本。

③ （宋）沈括：《梦溪笔谈》卷二十五载潘阆《扫市舞》词。唐圭璋编《全宋词》据沈书收录此词，中华书局1986年版，第6页。

④ 任半塘《教坊记笺订》云：“《梅苑》所载之一首有两片，而用韵不同，实系两首。”中华书局2012年版，第88页。

《庆春泽》、《玉梅香慢》、《早梅香》、《马家春慢》、《春雪间早梅》、《鬓边华》、《落梅风》、《绕池游》、《结带巾》、《贺圣朝［慢］》、《楼心月》、《祔陵歌》、《永裕陵歌》、《花酒令》、《醉瑶池》、《庆千秋》、《福寿千春》、《还宫乐》、《清平乐 1》、《太平年［慢］》、《金殿乐［慢］》、《安平乐》、《游月宫［令］》、《倚西楼》、《花前饮》、《惜寒梅》、《古阳关》、《檐前铁》、《林钟商小品 1》、《林钟商小品 2》、《甘露滴乔松》、《花落寒窗》、《碧玉箫》，共计约 34 调。

兹先以《误桃源》一调为例。北宋张耒《明道杂志》记载了此词的创作本事：“掌禹锡学士，厚德老儒，而性涉迂滞，尝言一生读书，但得佳赋题数个，每遇差考试辄用之，用亦几尽。尝试监生，试《砥柱勒铭赋》。此铭今具在，乃唐太宗铭禹功，而掌公误记为太宗自铭其功。宋涣中第一，其赋悉是太宗自铭。韩玉汝时为御史，因章劾之。有无名子作一阕嘲之云：‘砥柱勒铭赋，本赞禹功勋。试官亲处分，赞唐文。秀才冥子里，銮舆幸并汾。恰似郑州去，出曹门。’‘冥子里’，俗谓昏也。”[①] 张耒（1054—1114）为苏门四学士之一，掌禹锡（992—1068）为张耒前辈人，于真宗天禧三年（1019）进士及第，主要在仁宗朝为官，一度管勾国子监，则张耒所记其试监生之事当在仁宗朝。无名氏词嘲讽掌禹锡试监生出《砥柱勒铭赋》一题，而误记此铭为唐太宗自铭其功，因以宋涣赋取为第一名的故事，歌词内容与曲调本意正相符合。据此，我们大致可以判断，无名氏《误桃源》一词乃赋咏本调的创始之作，创作时代即在北宋仁宗朝。值得注意的是，从张耒原书所记创作本事看，明言“无名子作一阕嘲之”，即作者为无名之子（或即佚名之太学生），创作目的和内容乃为嘲讽掌公出题考试有误，作品的性质属曲子词，这些都没有疑问和歧义，但原书并未指明此阕歌词所用词调为何名。这首无名氏词除了见诸北宋张耒《明道杂志》的记载之外，在宋元其他词集和文献中均未见选录和著述，直至明代，陈耀文辑《花草粹编》卷一收此词，于作者处署出《明道杂志》，而于调名题作《梦桃源》，于词后转引了《明道杂志》所记创作本事[②]。至清代，《词谱》卷三收《误桃源》一调，仅列一体，所收词作亦注出《明道杂志》，于作者署为“无名氏”，于调名下亦引录了《明道杂志》所记本

① （宋）张耒：《明道杂志》，见《全宋笔记》第二编第七册，大象出版社 2013 年版，第 15 页。

② （明）陈耀文：《花草粹编》卷一，河北大学出版社 2007 年版，第 51 页。

事，又于词后注明“无他首可校”[①]。探寻此词创作本事和传播源流，可见此词原始的曲调名称未能记载下来，明人陈耀文编《花草粹编》选录此词，盖据创作本事和词作内容而拟补调名为《梦桃源》，至清人编《词谱》录此词又改此调作《误桃源》，《全宋词》据《明道杂志》收此词为《误桃源》，于调名未出校语说明，盖径以《词谱》为据也。尽管《误桃源》的调名是后人所补拟，其取名盖源自东晋陶渊明《桃花源记》所写武陵渔人误入世外桃源之故事，但鉴于无名氏此词针对时事即事而作的性质，其词必为创始之作，其调亦必与其词之声情内容相印合，则《误桃源》为允当可信也。即使不是《误桃源》，也必有其他一调与之相应，为之所用也。甚至有可能，此首歌词与曲调皆为无名氏所创制，专为嘲掌公而作也。

又如《结带巾》一调，据宋龚明之《中吴纪闻》卷六“结带巾”条记载：“宣和初，予在上庠，俄有旨令士人结带巾，否则以违制论。士人甚苦之，当时有谑词云：‘头巾带，谁理会？三千贯赏钱，新行条例。不得向后长垂，与胡服相类。法甚严，人尽畏。便缝阔大带，向前面系。和我太学先辈，被人叫保义。’”[②]由这则本事记载可见，此词乃作于北宋徽宗宣和（1119—1125）初年，为太学士人嘲讽政府“有旨令士人结带巾”而作的“谑词”。《全宋词》据《中吴纪闻》录此词，注云：“案原无调名，此据《花草粹编》卷五。”[③]考原书正文虽未明记此词所用调名，但此则纪闻既题作“结带巾”，而本事记载中又重复了“结带巾”三字，歌词内容亦嘲讽“结带巾”之事，则“结带巾”三字很可能既是此则纪闻的题名，亦为此首“谑词”的调名，《花草粹编》以《结带巾》为此词的调名应该是确切可信的。由此可见，此词大致亦属赋咏本调、曲词合一的创调之作；与上述《误桃源》一调相类似，《结带巾》一调也很可能是因时事而专题创制的新曲，二调皆因具有很强的针对性和讽刺性，而未能得到宋代词人的沿用，以致成为孤调。

两宋无名氏词所用孤调中，带有明显的赋咏本调的创调性质的，还有两批较集中的典型实例，其一为《梅苑》所载一批咏梅词，即多属赋咏本调。

① （清）王奕清等：《钦定词谱》卷三，中国书店2010年版，第44页。

② （宋）龚明之：《中吴纪闻》卷六，见《宋元笔记小说大观》第三册，上海古籍出版社2001年版，第2917页。

③ 唐圭璋编：《全宋词》，第3667页。

如《玉梅香慢》、《早梅香》、《春雪间早梅》、《落梅风》、《惜寒梅》等，这些词调从名称看皆属咏梅之曲，而歌词的内容亦属咏梅，正反映了词与调合的创始特征。即使是《梅苑》所载像《庆春泽》、《马家春慢》等调被用来咏梅，大致与本调之内容声情亦相符合，也略具早期创作缘调而赋的创始特征。其二为《高丽史·乐志》所载《还宫乐》、《太平年［慢］》、《金殿乐［慢］》、《安平乐》等，皆为颂圣祝寿、歌咏升平之作，歌词内容与调名本意相合，应该都属于宫廷乐歌的性质。

此外，两宋无名氏词孤调中其他属于赋咏本调的作品也不在少数，如《事林广记》癸集卷十二所载《花酒令》词，写酒筵花酒行令的娱乐游戏，开篇即直揭“花酒”二字，结拍更唱“酒满金卮花在手，且戴花饮酒”[①]，毫无疑问是属于赋咏本调的创始之作；又如《花草粹编》卷四引《古今词话》所载《花前饮》词，写好天良夜花前饮酒的享乐生活和浪漫情调，有句云“告你休看书，共我花前饮”[②]，即取词句三字为调名，创调的性质也非常明确；又如《截江网》、《翰墨大全》等书所载《醉瑶池》、《庆千秋》、《福寿千春》等调之作[③]，皆为祝寿词，《汴京勼异记》卷四引《苕溪诗话》所载《倚西楼》写闺情[④]，《词谱》卷十六引《古今词话》所载《檐前铁》写羁旅等[⑤]，大致也都属于赋咏本调的创始之篇或早期之作，兹不一一赘述。

三、歌舞相兼的歌舞剧曲

在仅见于两宋无名氏词所用孤调中，还有一部分属于以歌舞相兼表演故事为主要特征的“歌舞剧曲”，包括“大曲”、“队舞曲”（或称“舞曲”）、“转踏”、“曲破”等多种类型。宋代大曲渊源于唐五代大曲而又有新的变化，是一种融器乐、舞蹈和歌唱为一体的结构较为复杂的大型歌舞曲，其中的歌唱部分或配合舞蹈演唱的歌词便运用了一些曲子词调，而两宋词坛流行的杂曲

---

① 唐圭璋编：《全宋词》，第 3736 页。
② 唐圭璋编：《全宋词》，第 3839 页。
③ 唐圭璋编：《全宋词》，第 3762、3785、3790 页。
④ 唐圭璋编：《全宋词》，第 3836 页。
⑤ （清）王奕清等：《钦定词谱》卷十六，第 283 页。

词调也有相当一部分来自于大曲的“摘遍”或裁截。“队舞”又称“舞队”，是宋代宫廷乃至地方都特别盛行的一种较大型的歌舞表演，故“队舞曲”又称“舞曲”。“转踏”也是一种歌舞相兼、诗词递转以演故事的艺术形式，与“舞曲”相类，亦多用于队舞表演。至于“曲破”，则是裁截大曲“入破”以下的急曲部分独立为用的音乐体裁。宋以来历代也多有将“队舞曲”、“转踏”、“曲破”等音乐体裁统称为“大曲”者，今人又有“歌舞曲”或“歌舞剧曲”之称。过去的词史研究多只注意到宋代文人词中的各类“大曲”或“歌舞曲”创作，而对于无名氏词中的同类创作却较少关注。实际上，在两宋无名氏词的创作中，用于表演故事的歌舞剧曲或各类大曲之调数量并不少，主要有：《六幺》(残)、《九张机》、《献天寿［慢］》、《献天寿令》、《金盏子令》、《瑞鹧鸪［慢］》、《寿延长中腔令》、《寿延长破字令》、《步虚子令》、《五羊仙破字令》、《折花令》、《小抛毬乐令》、《清平令破子》、《惜奴娇［曲破］》、《万年欢［慢］》、《金盏子［慢］》，共约16调。其中，前15调皆属仅见于无名氏词“孤调”中的大曲之调或歌舞剧曲，《六幺》原题作“王子高六幺大曲”，歌词仅存残句二句11字，其余14调歌词都属全篇；《九张机》为“转踏”，《惜奴娇》为“曲破”，《万年欢［慢］》盖亦属“曲破”类或大曲词，其余《献天寿［慢］》、《献天寿令》等12调，乃《高丽史・乐志》所载《献仙桃》、《寿延长》、《五羊仙》、《抛毬乐》等五种队舞中所歌之曲，其中《金盏子［慢］》为首见无名氏而得到流行的常用之调，因同属大曲或歌舞曲，故连类及之，放在这里一起考察。

首先，值得我们关注的是被列为“转踏”的《九张机》一调两组凡20首作品。

原作载录于南宋初期曾慥所编《乐府雅词》卷上。《乐府雅词》为宋人选宋词的一部重要词集，正编分上中下三卷，另有《拾遗》上下二卷，自序署时“绍兴丙寅上元日”，知此书编成于绍兴十六年（1146）。自序称：“‘九重传出’，以冠于篇首；诸公《转踏》次之。”[①] 按原书目录，卷上分为三类，依次为“转踏”、“大曲”、“雅词”。“转踏”一类，首收无名氏《集句调笑》8首，以下为郑彦能（郑仅）《调笑》12首、晁无咎（晁补之）《调笑》7首、无名氏《九张机》20首。“大曲”一类，仅收董颖《道宫薄媚》10首；“雅词”

① （宋）曾慥：《乐府雅词・引》，辽宁教育出版社1997年版，卷首。

一类，收欧阳修等文人词。以下卷中至卷下，皆收有名氏之文人雅词；《拾遗》二卷，所收则多为无名氏词。

所谓“转踏”，是从北宋中前期开始流行的一种歌舞相兼以演故事的艺术形式。王国维《宋元戏曲史·宋之乐曲》论曰：“其歌舞相兼者，则谓之传踏（曾慥《乐府雅词》卷上），亦谓之转踏（王灼《碧鸡漫志》卷三），亦谓之缠达（《梦粱录》卷二十）。北宋之转踏，恒以一曲连续歌之。每一首咏一事，共若干首则咏若干事。然亦有合若干首而咏一事者。”“传踏之制，以歌者为一队，且歌且舞，以侑宾客。宋时有与此相似，或同实异名者，是为队舞。”“此种词前有勾队词，后以一诗一曲相间，终以放队词，则亦用七绝，此宋初体格如此。然至汴宋之末，则其体渐变。”[①] 则王国维大致以“转踏”为歌舞曲，与宋代的队舞曲相似甚至是同实异名者。刘永济《宋代歌舞剧曲录要》则标举“歌舞剧曲”一名，分大曲、舞曲、曲破、法曲、鼓子词、转踏、赚词共七类，则“转踏”为“歌舞剧曲”之一种。刘书所录转踏一类作品共计九种，除《乐府雅词》所收外，另录秦观《调笑令》10首、毛滂《调笑》10首、洪适《番禺调笑》12首、洪适《渔家傲引》16首[②]。

据《乐府雅词》卷上所载，无名氏《九张机》共分为两组，第一组结构较完整，前有骈文一段云：“《醉留客》者，乐府之旧名；《九张机》者，才子之新调。凭戛玉之清歌，写掷梭之春怨。章章寄恨，句句言情。恭对华筵，敢陈口号。”下接七言四句诗一首，首二句云“一掷梭心一缕丝，连连织就九张机”，盖有解题和领起的作用。这与无名氏及郑仅等《调笑》转踏的形式完全一样，骈文即“致语”或“念语”，有时也称“勾队”，七言四句诗称“口号”，皆用于歌舞或队舞表演前的开场部分。中间唱词共11首，前9首按“一张机”至“九张机”顺序排列，与“五更转”“十二时”等民间俚曲歌调相类，盖属定格；每首词皆为30字之单片，平仄韵通押（转换），词体形式完全一样；后2首不用“九张机”之定格，各以“轻丝”“春衣”二字领起，内容依然是“写掷梭之春怨”，盖有收束之意，除首句少一字外，词体与前9首皆同。末尾又有七言四句诗一首，另缀“敛袂而归，相将好去”二句，即

① 王国维：《宋元戏曲史》，百花文艺出版社2002年版，第33、35页。
② 刘永济：《宋代歌舞剧曲录要》，古典文学出版社1957年版，目录1–2页，正文第89–116页。

“放队”诗，又称“遣队”，为歌舞或队舞表演结束时的套式。后一组只有9首词，原题“同前”，盖承前省略了开头的致语、口号及末尾的放队。可见，无名氏这两组《九张机》共20首词，虽形体相同，同调叠唱，却与一般杂曲歌词的同调联章体并不相同，而是用于队舞表演中的歌唱部分，其性质为歌舞相兼，属于宋代歌舞曲或歌舞剧曲中的“转踏”一类。将《九张机》与无名氏及郑仅等文人《调笑》转踏词相比较，虽同为以一曲连续歌唱以演故事，但其间在结构类型上也略有不同，其一，《调笑》转踏乃为王国维所说“每一首咏一事，共若干首则咏若干事”，《九张机》转踏则为“合若干首而咏一事者”（见上文引录），用刘永济的分类，前者为“分咏体”，后者为“专咏体”，也正是从这一点上刘永济将《九张机》视之为转踏一类中的“别体”[①]。其二，《调笑》转踏歌咏故事，皆以一诗配一词，诗在前，词在后，诗词内容相互关联，诗皆为七言八句体，诗之末尾二字，用作词之开头二字，形成呼应递转的鲜明特色，而《九张机》每首词前却没有七言八句诗，径以曲词按序叠唱以演故事，诗词组合递转的特色略有欠缺。这或许与《九张机》作为北宋转踏词的初期作品有关。

关于《九张机》一调，除《乐府雅词》载录无名氏两组20首词作之外，并不见于唐宋其他文献记载，也没有其他文人的创作，则此调的创始情形已难详考。至于《九张机》的创制年代，《高丽史·乐志》则为我们提供了较确切的史料。该书卷七十一“用俗乐节度”条记载：“文宗二十七年二月乙亥，教坊奏女弟子真卿等十三人所传《踏莎行》歌舞，请用于燃灯会，制从之。十一月辛亥，设八关会，御神凤楼观乐。教坊女弟子楚英奏新传《抛毬乐》、《九张机》别伎，《抛毬乐》弟子十三人，《九张机》弟子十人。”[②]据吴熊和考证，高丽文宗二十七年，即宋神宗熙宁五年（1072），正好紧接熙宁四年通使之后，北宋派遣的乐师已在高丽开城教成《踏莎行》、《抛毬乐》、《九张机》等中国歌舞了[③]。《九张机》在神宗熙宁五年就传到高丽国了，当是此年

---

① 刘永济论《九张机》云：“此曲不知作者，曾慥《乐府雅词》列入传踏一类，盖别体也。通首咏织妇春怨之情，与《调笑》传踏以一诗一词分咏一故事者异。”《宋代歌舞剧曲录要》，古典文学出版社1957年版，第121页。

② ［朝鲜］郑麟趾：《高丽史·乐志》卷七十一，西南师范大学出版社2014年版，第715页。

③ 吴熊和：《高丽唐乐与北宋词曲》，见《吴熊和词学论集》，杭州大学出版社1999年版，第40页。

来访的高丽使者回国时，教坊女弟子奉命随同东渡高丽而传授教习的，说明《九张机》等“转踏”曲在宋神宗熙宁年间就已在汴京教坊演唱了，其创制时间当在此时或更早，原曲应该来自于市井民间的织妇之歌，而为教坊所采进和加工，并由才子翻制新词，用于歌舞或队舞表演。《高丽史·乐志》虽记载了此曲传入高丽的史实及时间，却未能将曲词记载下来；而曾慥在《乐府雅词》中予以收录时，则已延迟了约七十年左右的时间了。曾慥之所以能收录此调词曲，大概与靖康之难后宫廷乐章散佚民间有关。从以上文献资料可见，曾慥《乐府雅词·引》所谓“九重传出”者，当亦包括《九张机》一曲在内。由此看来，现存两宋转踏类曲词，当以无名氏《九张机》为最早，其他无名氏及郑仅、晁补之、秦观等《调笑》转踏则为稍后之作，影响所及，至南宋洪适等仍有创作。

其次，《高丽史·乐志》所载五支队舞曲及其所歌十余词调，也格外引人注目。

这五支队舞各有曲名曰《献仙桃》、《寿延长》、《五羊仙》、《抛毬乐》、《莲花台》。原书对每支队舞的舞队人员、表演节次、形式内容都有很详细的文字记载。兹以《献仙桃》一曲为例。开头一段文字，详细规定和描述了舞队上场及表演的节次和内容：首先是舞队人员的分工和列队，包括舞队、乐官、妓人、竹竿子以及由一妓扮演的王母等；其次为“乐官奏《会八仙》引子”，竹竿子先舞蹈而入，念诵“致语口号”，乐官又奏《会八仙》引子，舞队舞蹈而进；最后是扮演王母的妓人舞蹈而进，奉仙桃盘，唱《献仙桃》“元宵嘉会”一词。以下依次奏乐、唱词、舞蹈，都有明确的文字记载。末尾部分又有一段文字，记乐官奏《千年万岁》引子，舞队回旋而舞，三匝而退；竹竿子致语（即放队），乐官奏《会八仙》引子，竹竿子舞蹈而退；王母等亦从舞蹈而退。[①] 可见这种队舞曲体现了舞、乐、歌三者相结合，歌唱中急曲和慢曲相搭配，场面较为宏大，表演井然有序。《献仙桃》这套队舞，共唱词7首，所用词调依次为《献仙桃》、《献天寿［慢］》、《献天寿令［嗺子］》、《金盏子［慢］》、《金盏子令［嗺子］》、《瑞鹧鸪［慢］》、《瑞鹧鸪［慢嗺子］》。其中，《献仙桃》之体式与《瑞鹧鸪》相同，《瑞鹧鸪［慢］》亦即

---

① ［朝鲜］郑麟趾：《高丽史·乐志》卷七十一，第691–693页。

《瑞鹧鸪》，皆为七言八句齐言体，而《瑞鹧鸪［慢嗺子］》与《瑞鹧鸪》体式不同，盖为变调或异调。这样，此套队舞唱词所用词调，不计重复和同调异名，实际共用 6 调。其余四支队舞曲的结构形式和表演特征，与《献仙桃》大致相同。《寿延长》队舞曲共唱 2 词，调名为《中腔令》、《破字令》；《五羊仙》队舞曲亦唱 2 词，调名为《步虚子令》、《破字令》；《抛毬乐》队舞曲共唱 7 词，凡用 4 调，即《折花令》、《水龙吟令》、《小抛毬乐令》、《清平令破子》，除《小抛毬乐令》唱词 4 首外，余 3 调各唱词 1 首；《莲花台》队舞曲亦唱 2 词，与《献仙桃》队舞曲所唱《献天寿［慢］》、《献天寿令［嗺子］》曲词皆同，盖《莲花台》队舞曲又重复演唱了这两调歌词。总计上述五支队舞曲唱词共用 14 调，除《瑞鹧鸪》（含《献仙桃》及《瑞鹧鸪［慢］》）、《水龙吟令》（即《水龙吟》）2 调已见唐宋词、《金盏子［慢］》（即《金盏子》）1 调首见无名氏词而另有宋代文人词沿用之外，其余 11 调皆仅见于无名氏队舞曲。从五支队舞曲来看，除《抛毬乐》一曲为唐教坊曲名、已见唐五代小令词和柳永长调词之外，其余四曲皆不见唐宋词坛用于创作与歌唱。换言之，这五支队舞曲及曲中所用 11 调曲词在中国本土都已经失传，幸赖《高丽史·乐志》得以保存。

关于这五支队舞曲的创制时代及其传入高丽的时间，历来皆以为属北宋之作无疑，而在具体时间和细节上却略有分歧和出入。清人编《词谱》，已据《高丽史·乐志》采录中国本土已经失传的北宋词曲，注谓“按宋以大晟乐赐高丽，其乐章皆北宋人作，故《高丽史·乐志》有宋词一卷”[①]，乃将《高丽史·乐志》所载北宋词曲与宋徽宗朝赐高丽以大晟乐等同起来。吴熊和认为这是一种“混同”，他考证“高丽传入宋乐，绝非自大晟乐始，早在宋神宗熙宁时期，双方交流就已络绎不绝，屡见于宋人典籍”；他认为“两国的文化交流集中在宋神宗、哲宗、徽宗三朝，其中，神宗一朝尤为关键。……音乐文化交流亦以熙宁、元丰间为最盛”。《高丽史·乐志》卷七十一“用俗乐节度”条记载，在高丽文宗二十七年十一月，即宋神宗熙宁五年（1072），“教坊女弟子楚英奏新传《抛毬乐》、《九张机》别伎”（已见上文引录），吴先生据以考证，认为“《抛毬乐》是一种队舞大曲”，在《高丽史·乐志》所载宋代词曲

① （清）王奕清等：《钦定词谱》卷九，《迎春乐》一调所收无名氏词后注语，第 159 页。

中，《抛毬乐》等“可能是传入时间最早的一组曲子”。对于《献仙桃》、《五羊仙》，吴先生考证说：“这两套歌舞曲在内容上都属于楚英所演奏的‘王母队歌舞’，由歌舞伎扮演西王母祝贺圣寿。”另据《惜奴娇［曲破］》及《万年欢［慢］》曲词中的祝颂之语，吴先生认为以上这些歌舞曲大致都是歌颂宋神宗之作，盖于宋神宗朝上元灯节时歌舞表演用以祝寿颂圣。① 另外，也有学者虽然认为“高丽‘唐乐’主要是在北宋太宗至徽宗这150年间形成的，是北宋时候的‘新乐’”，但却“把‘唐乐’传入高丽的时间确定为宋徽宗之时”，对于《献仙桃》等队舞曲，则认为是宋徽宗朝作为元宵灯节和天宁圣节的祝寿活动而创制的。②

参考各种意见，我们认为，《高丽史・乐志》所记“唐乐”中的中国词曲属于北宋之作固无疑问，其传入高丽的时间应该在宋神宗、哲宗和徽宗三朝都有发生，其作为“唐乐”被著录似乎不是一次性完成的，应该有一个集结形成的过程；即使是将“唐乐”传入高丽的最后时间确定在徽宗政和年间，也不能由此论定其中的词曲作品都是徽宗朝创作的。在《高丽史・乐志》所著录的57调共计72首北宋词曲中③，有15首词作可考定其作者，分别为柳永8首、晏殊1首、欧阳修1首、苏轼1首、李甲1首、阮逸女1首、赵企1首、晁端礼1首，其中只有赵、晁二人晚年进入徽宗朝，苏、李、阮三人皆神宗、哲宗朝词人，而柳、晏、欧三人更是真宗、仁宗朝词人，以此类推，其他57首无名氏词曲的创作年代大致与有名氏词情形相似，在北宋中前期和后期应该也都有分布。就上述大曲、转踏、队舞曲等类作品而论，《高丽史・乐志》已明确记载《九张机》、《抛毬乐》传入高丽的时间在宋神宗熙宁五年，则其在中国本土的创制时间当为同时，甚至稍前或更早；至于《献

① 以上参见吴熊和：《高丽唐乐与北宋词曲》，见《吴熊和词学论集》，第35–36页、38–42页。

② 王小盾：《从〈高丽史・乐志〉“唐乐”看宋代音乐》，见《隋唐音乐及其周边：王小盾音乐学术文集》，上海音乐学院出版社2012年版，第99–100页、第102–103页。

③ ［朝鲜］郑麟趾：《高丽史・乐志》“唐乐”著录北宋词曲共计57调72首，其中无名氏队舞曲五套共用14调凡18首（2调2首重出不计），无名氏《惜奴娇［曲破］》1调6首（一作8首，兹据《词谱》校订为6首），无名氏杂曲词共用30调凡33首，总计无名氏词曲共用44调凡57首；其中可考姓名者凡8人15首，共用15调，其中2调与无名氏词曲重出。

仙桃》、《寿延长》、《五羊仙》等用于上元灯节表演王母祝寿的队舞曲，究竟是歌颂宋神宗，还是为宋徽宗而作，似乎难以详考与遽断，鉴于《九张机》、《抛毬乐》等转踏曲及队舞曲在神宗朝已经创制并传入高丽，又鉴于《高丽史·乐志》将《抛毬乐》与《献仙桃》等队舞曲排列在一起，则《献仙桃》等队舞曲或与《抛毬乐》为同时及稍后之作的可能性似乎更大。

四、宋代无名氏词孤调的形成原因及词史意义

在宋代无名氏词所用 306 个词调中，有 188 个词调为沿用唐宋已有词调，所占比例为 61.4%；有 118 个词调为首见和仅见于宋代无名氏词的新调，所占比例为 38.6%。虽然继承的比例略高于创新，但高达 38.6% 的创新率仍然显示了宋代无名氏词对词调创制和词史发展所做出的贡献与成就。然而在宋代无名氏词所用 118 个新调中，却有 77 个词调属于仅见于无名氏词的“孤调”，所占比例也高达 65.3%；换言之，在宋代无名氏词所用 118 个新调中，只有 41 调得到宋代词人的采用，其流行率或应用率则只有 34.7%。因此，我们有必要对宋代无名氏词中孤调的形成原因及其词史意义进行探讨与揭示。

考察宋代无名氏词孤调的形成原因，大致有以下三个方面。

首先，一批宫廷歌舞大曲不利于也不适合在民间传唱和流行。《高丽史·乐志》所载《献仙桃》、《寿延长》等队舞曲，皆以队舞的形式在宫中表演，所用歌曲除少量采用流行词调如《瑞鹧鸪》、《水龙吟》等调之外，其余 12 调皆属队舞所有，除《金盏子［慢］》1 调传入民间为文人词采用外，其他各调都没有在歌坛流行开来。《高丽史·乐志》所载《惜奴娇［曲破］》一套 6 首，从内容看与《献仙桃》等队舞曲相近，盖亦用于宫中表演；“曲破”为大曲特殊形式，其乐曲既有多段结构，其歌词亦有多种体式，这支“曲破”也只有其中的一段被截取出来成为词调，如贺铸等人所作《惜奴娇》10 首，即与《惜奴娇［曲破］》中的第 5 首体式大致相同，盖用“曲破”的摘遍曲。《万年欢［慢］》一套 4 首，盖亦属“曲破”或大曲词，其情形大致与《惜奴娇［曲破］》相类似。至于《乐府雅词》所载《九张机》“转踏”词，内容虽写民间织妇生活与情感，却主要在宫廷表演，与队舞相类，也不利于流传，盖因靖康之难后散落民间，曾慥方有机会录入《乐府雅词》。以上这些歌舞大

曲皆属宫廷所有，形式歌舞相兼，结构亦较为宏大，其内容也主要为颂圣祝寿、歌咏升平，因此也就影响了它在民间的流行。即使是演唱文人与仙女艳遇故事的“王子高《六幺》大曲”，虽属民间所有，却仍然不利于传唱，因此只留下残句，也没有以摘遍曲的形式成为词调。

其次，一批宫廷杂曲词调也难以在词坛流行。除上述宫廷歌舞大曲之外，另有一批杂曲词调也多带有宫廷乐歌的性质，如《六州》、《十二时》、《祔陵歌》、《永裕陵歌》等调，皆属宫廷鼓吹曲，用于郊庙祭祀等仪礼活动，具有较浓厚的礼仪性质，自然不宜在社会上流行开来；又如《高丽史·乐志》所载《还宫乐》、《太平年［慢］》、《金殿乐［慢］》、《安平乐》、《行香子［慢］》、《游月宫［令］》等，亦多属带有享乐性质和富丽风情的宫廷歌曲，内容多描写宫廷生活，歌功颂德，粉饰升平，故其艺术生命力也非常有限，难以为广大民众所喜爱。

再次，一些民间歌曲词调也具有一定的艺术局限性。一是一些无名氏曲词具有一定的俚俗性和谐谑性，影响了这些曲调的生命力。如《花草粹编》卷四引《古今词话》所载《花前饮》，赋咏本意，同书卷七所载《香山会》，描写艳情，声情都较为俚俗谐谑；即使是如前文所述《误桃源》、《结带巾》之作，虽不无讽刺丑恶现象的积极意义，却也带有滑稽谐谑的游戏色彩。二是一些无名氏歌调带有较强的适用性和应用性，也不利于歌唱和流传。如《花酒令》为酒筵行令之曲，《醉瑶池》、《庆千秋》、《福寿千春》等，皆为祝寿庆贺之调，适用范围狭窄，成为孤调也就在所难免了。三是无名氏歌词的艺术水准一般不高，缺少名作，故影响力也有限。如《高丽史·乐志》所载《游月宫［令］》，敷演玄宗游月宫故事，通篇无叶韵，或为宫廷艺人即兴应急之作。这样的歌调自然会昙花一现，随生随灭。

尽管如此，我们对两宋无名氏词所用孤调的词史意义仍当给予充分肯定。这主要表现在以下两大方面：

一是创制了一批形式多样的歌舞剧曲，既对宋代词调的发展繁荣起到了推动作用，也丰富了宋代词曲的艺术形式。《高丽史·乐志》所载《献仙桃》、《寿延长》等五支队舞曲，反映了乐、舞、歌相结合的歌舞剧曲在北宋中后期的宫廷所呈现的繁荣景象，它对流行词调如《瑞鹧鸪》、《水龙吟》的采用，以及《金盏子［慢］》从队舞曲中独立为歌坛词调，也反映了宋代大曲与杂曲、歌曲与舞曲相互为用、共同发展的格局与特征；《高丽史·乐志》的著录，不仅反映了宋丽两国音乐文化交流的历史情形，而且也保存了一批在中国本土已经失传的曲词作品，形成与宋代文人大曲舞曲作品的比较与互补，其词学价值和词史意义不言而喻。《九张机》从“九重传出”，进入《乐府雅词》这部宋人词选，则不仅丰富了我们对“转踏”类曲词早期特征的认识，也反映了宋词发展历程中民间与宫廷的紧密联系与互动关系。即使是“王子高《六幺》大曲”残句，对管窥宋代大曲在民间的创作和流传情况，也颇有参考意义。

二是反映了民间词曲创作的活跃状态和本真风貌。虽然是仅见于无名氏的孤调，就杂曲词调来看且多是单篇零章，却反映了以无名氏为主体的民间词曲创作异常活跃、丰富多彩、灵活自由、朴野本真的状态与风貌。如《玉梅香慢》、《早梅香》、《落梅风》等，皆属咏梅专曲；《醉瑶池》、《庆千秋》、《福寿千春》等，则属祝寿专曲；《六州》、《十二时》、《祔陵歌》等，乃专用于宫廷礼仪的鼓吹曲；而《新水令》、《伊州曲》、《倾杯序》等，或源于大曲摘遍曲；《花酒令》、《花前饮》等，盖来自酒宴令曲。说明无名氏在民间的词曲创作并不冷落单调，反而状态活跃，空间广阔，形式多样，令慢兼具。就创作类型和特征来看，赋咏本意、曲词相合的创始之调占大多数，而像《误桃源》、《结带巾》这样的即人即事而作的曲词，也颇具民间创作的真率风貌与嘲谑个性。即使是像《游月宫［令］》那样的应急之作，以《真珠髻》、《罥马索》、《扫地舞》等调来咏梅等，也都反映了民间词曲创作自由本真一面的风貌与特征。

［原载《南京师大学报》（社会科学版）2017 年第 6 期］

【作者简介】

刘尊明，男，1961 年生，湖北钟祥人。1990—1993 年就读于南京师范大学中文系，师从唐圭璋等先生，获得文学博士学位。现为深圳大学人文学院教授、博士生导师。著有《唐五代词的文化观照》、《唐五代词史论稿》、《唐宋词综论》等。

汉字图像还原与文学接受的一个缺环

——以词学核心概念『雅』字为例

朱崇才

直观现量与话语蕴藉及概念抽象

有这样一种文学境界，它给接受者生香活色的场景和触手可及的亲切画面，使接受者在第一时间直观文学话语所描绘的人物、故事或情感，感受到作家作品给我们带来的“现场感”，并将接受者带入作品所引导的一个特定情境中，使得接受者的心灵与作品所描述的情景浑然无间地融为一体。

文学理论家王夫之曾引佛家语提出“现量说”，形象生动地描述了这一境界：“‘僧敲月下门’，只是妄想揣摩，如说他人梦，纵令形容酷似，何尝毫发关心？知然者，以其沉吟‘推敲’二字，就他作想也。若即景会心，则或‘推’或‘敲’，必居其一，因景因情，自然灵妙，何劳拟议哉？‘长河落日圆’，初无定景；‘隔水问樵夫’，初非想得。则禅家所谓‘现量’也。”①什么是“现量”呢？王夫之解释说：“禅家有‘三量’，唯‘现量’发光，为依佛性；‘比量’稍有不审，便入‘非量’；况直从‘非量’中施朱而赤，施粉而

① （明）王夫之：《姜斋诗话》卷下，影民国十六年（1927）无锡丁氏铅印清诗话本，见《续修四库全书》1698册，上海古籍出版社2002年版，第10页。

白，勺水洗之，无盐之色，败露无余，明眼人岂为所欺耶。”①“三量”及“现量”，丁福保《佛学大辞典》释云：“就心心所量知所缘之境，而立三量之不同：第一，现量，如镜之对于物体，能缘之心，不为些之分别计度，量知现在之境者。如耳识之对于声，眼识之向于色，是也。第二，比量，于不现显之境。比知分别而量知者。如见烟知有火。凡因明依第六意识之比量智而成也。第三，非量，于现在之境与非现在之境，以逆乱之心错分别取不实之事者。”②王夫之还举例进一步说明“现量”云：“身之所历，目之所见，是铁门限。即极写大景，如‘阴晴众壑殊’、‘乾坤日夜浮’，亦必不逾此限。非按舆地图，便可云‘平野入青徐’也，抑登楼所得见者耳。隔垣听演杂剧，可闻其歌，不见其舞，更远则但闻鼓声，而可云所演何出乎？前有齐、梁，后有晚唐及宋人，皆欺心以炫巧。”③

与“现量”境界相仿佛的，还有王国维的“不隔”、“直观”之说。《人间词话》云：“‘池塘生春草’、‘空梁落燕泥’等二句，妙处唯在不隔。词亦如是。即以一人一词论，如欧阳公《少年游·咏春草》上半阕云：‘阑干十二独凭春，晴碧远连云。千里万里，二月三月，行色苦愁人。’语语可以直观（手稿初作‘语语可以直观’，手定稿、国粹本等改作‘语语都在目前’），便是不隔。”④

西方哲学中，胡塞尔的现象学有“本质直观”之说，也可用以说明这一境界。胡塞尔认为，对于现象世界，应当建立在考察直接经验的方法基础之上，通过“本质直观”来达到对于对象的把握：“对某物或对象的意识也是本质直观。直观的目光朝向某物，变成了被思考的某个东西，通过目光交遇的方式在自悟中把握和达到本质。”胡塞尔认为，尽管本质直观的方法有其局限性，但仍不失为直接感知并把握事物本质的一个最佳途径：“本质呈现给我们的是原初状态，它可能是充分的，比如我们对声调本质的呈现容易直观体会。但它在某种程度上来说也可能是不完善、不充分的；这里不单指它的明晰性和清楚性的程度。”“本质直观由诸多的个别直观转化而来，且它的所予物是

① （明）王夫之：《姜斋诗话》卷下，第16页。
② 丁福保：《佛学大辞典》“现量”条，文物出版社1984年版。
③ （明）王夫之：《姜斋诗话》卷下，第11页。
④ 滕咸惠：《人间词话新注》（修订本），齐鲁书社1986年版，第72页。

一种具有共同性的纯粹本质。”[①] 中国台湾的龙应台女士则形象地将这一境界比喻为“白杨树的湖中倒影”：“为什么需要文学？了解文学、接近文学，对我们形成价值判断有什么关系？如果说，文学有一百种所谓‘功能’，而我必须选择一种最重要的，我的答案是：德文有一个很精确的说法，macht sichtbar，意思是‘使看不见的东西被看见’。在我自己的体认中，这就是文学跟艺术的最重要、最实质、最核心的一个作用。……文学与艺术使我们看见现实背面更贴近生存本质的一种现实，在这种现实里，除了理性的深刻以外，还有直觉的对‘美’的顿悟。美，也是更贴近生存本质的一种现实。”[②]

但是，我们也应认识到，这一境界的效果是一回事，但对于这一境界的表达则是另外一个层面的问题。文学作品的话语风格和表述形式是复杂多样的。就文学作品的一般性来说，文学话语的特点就在于“蕴藉”、“含混”、“复义”，中国古代文论也提倡“含蓄”、“深婉”、“隐秀”、“不着一字，尽得风流”；古今中外的许多论者，都认为文学话语的特点之一，是以表面的单义与确定，而蕴藏多重不确定的意义，从而达到“言有尽而意无穷”的审美效果。就某一具体的文学现象来说，例如就词学来说，历代词作中既有直接契合“现量”、“直观”的文学作品，例如多数的晚唐五代词及相当部分的北宋词，确实是明白如话，“语语都可直观”，直如“身之所历，目之所见”；但是，也有相当多的词作，例如许多南宋中后期词作，却并不那么可以“直观”，其话语的指向也不是那么“现量”，而是深沉曲折，隐约模糊，甚至晦涩难解，要从这类作品的话语中得到直观感知，就需要一系列的条件（例如要求接受者具有丰富的背景知识、较高层次的理解能力、甚或需要机缘凑泊），并经历比较复杂的转化的过程（例如通过查阅资料、反复吟咏、“精读”等较为复杂而长期的接受过程），才能将这些较为艰深的话语在接受者的心灵中转化为直观的画面和场景。

不仅如此，在文学理论层面，概念抽象作为文学接受活动的一个重要方法，或作为文学接受的“背景知识”之一，在文学接受过程中发挥着重要的作用。例如，在词学理论史上，词论家在批评实践中，从成百上千个评论描述辞语中，概括抽象出一些核心概念及范畴，用以要言不烦地评点作家作品，

---

① ［德］胡塞尔：《现象学》，李光荣编译，重庆出版社 2006 年版，第 4–5 页。

② 龙应台：《文学——白杨树的湖中倒影》，《新一代》2012 年第 3 期。

或描述词学风向流变。在这些核心概念中，较为重要的有“雅正”、“婉约”、“清空”、“浑成”等，而“雅、婉、清、浑”，则构成词学理论术语中最为重要的构词单字。本文拟以“雅”字为例，来说明文学接受中的一个重要问题。

这一问题是，文学接受活动面临这样一个矛盾——文学接受的最佳境界是本质直观；但文学话语的特征却是“蕴藉含蓄”；文学接受的最佳状态是“现量”与“直观”，但文学理论概念却具有抽象性。因此，在文学接受过程中，需要一个将“蕴藉”的话语、抽象的概念，转化为可以“直观”、“现量”的过程。这一过程的重要环节，就是“图像还原”。

汉字的图像生成与还原

我们面对文学作品，以“直观的目光朝向”文字，使文字“变成了被思考的某个东西”，即转化成心灵中的人物、故事或情感。这些人物、故事、情感，由一幅幅连续的或断续的图像所组成，或者，我们可以将这些人物、故事、情感分解为一幅幅连续的或断续的图像；我们通过与这些图像“目光交遇的方式在自悟中把握和达到本质”。在这一过程中，最重要的环节，就是使文字变成“图像”。我们将这一环节称之为“图像还原”。也就是说，要将文字变成“直观”的场景，需要“图像还原”。为什么是“图像”，而不是“影像”？因为人总是直觉一幅幅的图像，然后才会感知活动的图像，或者说，人的直观所直接感知到的，人在直观的瞬间所操作的对象，是一幅幅的图像，或能够分解为一幅幅的图像的连续影像。

图像还原，是相对于“图像生成”而言。文字的创造者，用“近取诸身，远取诸物”的原则，通过“本质直观”的方法，将其所见所闻的现象世界包括心灵世界的人、物、场景、故事、情感等元素，由连续的图像，通过简化、抽象，突出其本质，化成一幅幅作为文字之“文”的图像。可将这一创制过程称之为“图像生成”。而“图像还原”，就是“图像生成”的逆过程，即面对文字，通过“直观的目光”，将“文字”转化为“图像”。在一定意义上，图像还原就是图像生成的“重演”。考查图像生成的一般过程，对于理解图像还原有一定的参照作用。汉字的创制，就是从“对象”到“文（图像）”的过程。作为汉字图像，其生成的四个主要途径是:（1）平面化（从3D到2D）;（2）现象化（从物自体到现象）;（3）共时化（从历时—共时性简化为共时性）;（4）片段化（从叙事到断面）。而图像还原，则可以从汉字图像生成的这四个主要途径的逆过程中考察。因此，下文我们将结合具体字例，将“生成—还原”作为一个整体性事例来论述。

文学接受过程中的图像还原的实现，有一系列内在和外在的条件或机遇。一般而言，能够顺利实现图像还原的条件因素有:（1）作品原本就明白如话，再加上其他因素的引导启发。例如，通过插图、反复渲染描绘，多用赋（直接的叙述描写）等方法;（2）作品情景交融，因景传情，多用比（形象的比喻象征）;（3）通过对于文本语义的阐释理解，或反复诵读涵泳。

通俗文学例如明清长篇小说多有插图，说唱文学则靠对于场景的反复渲染描绘，都是为了使用图像唤起接受者将文字、话语等进行图像还原。但是，对于多数的“雅文学”来说，特别是对于那些不那么“现量”或“直观”的文学作品或文学评论来说，图像还原就需要具备相当的相关背景知识，特别是“小学”即文字学、音韵学乃至语义学、阐释学等学科的知识，甚至需要通过专业训练而培养的感悟能力；因为“雅文学”讲究话语蕴藉，讲究文学理论的概念体系，讲究文化系统的传承，因此，在“雅文学”的接受过程中，图像还原就有了许多先决条件；如果不具备这些条件，图像还原就会产生一定的障碍，甚至不能进行。例如，对于许多南宋词作，作为案头文学，经常被指责为“晦涩”、“隔”、“模糊”，而在词学理论方面，则更有许多较为抽象的名词概念术语，从而增加了图像还原的难度。图像还原，其主要过程，就是从“对象”到“意象”再到“意义”，其中在“图—底”关系中起重要作用的“背景知识”，不但有补充想象画面的功能，它还可以在图像还原过程中，起到充当“重演”原初图像生成材料的作用。如果接受者已经将这些背景知识融会贯通，从而对于文字与图像之间的可能关系已经洞若观火，那么，这种还原就有可能成为原初的、作为逻辑起点的还原——从文字（主要是“文”）中直接感知、直觉、直观“图像”。

试以词学理论中的核心概念用字“雅”为例，来具体说明词学接受中图像的“生成—还原”。

“雅”，是词学理论中最重要的抽象概念。李清照《词论》批评当时词坛

“郑、卫之声日炽，流靡之变日烦”，批评柳永“词语尘下”、苏轼词为“句读不葺之诗”、秦观词似“贫家美女”，都是认为词应雅应正。宋末元初张炎《词源》，正式提出“雅正”之说，成为近七百年来的词学纲领。其后的词坛，历经元明清，不论是浙是常，都将“醇雅”、“雅正”、“意内言外”、“比兴寄托”等概念作为词学的主流意识形态。先师唐圭璋教授，作为风靡词坛三百年之久的常州派的传人，曾提出“雅婉厚亮”之说，亦是将“雅”作为词学的“第一标准”。

作为词学核心概念用字的“雅”，绝非仅限于“雅俗”之辨，而是有着更深广的含义。《诗经》中有《大雅》《小雅》，雅作为诗之体，是为王室及朝廷乐歌。《毛诗序》提出“风雅颂赋比兴”之“六义说”，解释雅曰：“言天下之事，形四方之风，谓之雅。雅者，正也，言王政之所由废兴也。政有大小，故有小雅焉，有大雅焉。”雅，相对于蛮夷戎狄、甸服荒野、民间世俗，代表着华夏文化、王朝礼乐、官方高雅意识形态之正统，其乐歌称之为“大雅”、“小雅”，其话语则称之为“雅言”。《论语·述而第七》：“子所雅言，《诗》、《书》、执礼，皆雅言也。”孔颖达正义：“雅言，正言也。”但是，为什么“雅”可训“正”，而与“华夏”文化有密切关系呢？我们认为，这必须从“雅、鸦、乌、华、夏”等字的字源及原初文意考索。

雅，甲金文中未见，现所见较早者，为秦文雅（《睡虎地秦简文字编》法 12）。《说文》卷四上：“雅，楚乌也，一名鸒，一名卑居，秦谓之雅。从隹，牙声。”[①] 清朱骏声《说文通训定声·自序》中认为，“雅”与“乌”的关系为：“开口雅而闭口乌，哑哑亦其天籁。”[②] 也就是说，乌、雅，所指为同一对象，只是因方言不同，而读音为文稍有不同。雅，亦写作“鸦”，从“隹”或从“鸟”，本无不同，后来才分化为不同的字形。《说文》言“隹”为短尾，“鸟”为长尾，从甲金文之实例来看，并无实据。要之，乌、雅、鸦、乌鸦，皆指称同一对象，即雀形目鸦科鸦属（Corvus），该属广泛分布于亚欧、非洲、北美、澳洲，计有 41 种。中国境内有 7 种，其中秃鼻乌鸦（Corvus frugilegus）、达乌里寒鸦（Corvus dauuricus）、大嘴乌鸦（Corvus macrorhynchos）为最常见的 3 种。《小尔雅》等中国古代文献，言有乌、雅、

① （汉）许慎：《说文解字》，《续古逸丛书》影宋本。

② （清）朱骏声：《说文通训定声》，中华书局 1984 年版，第 6 页。

雅乌、燕乌等名，有纯黑与脰白腹白、反哺与否、体大体小、群飞双飞之别，用以描述划分该属中各种或亚种的外形习性，其说法不一，几言人人殊。盖因古代博物之学，并无科学统一标准，今则似不必拘于何种何类，可就鸦属（Corvus）概而言之。

甲骨文中，尚未见有公认释为“乌”的文字；西周金文中，乌作一鸟张喙呀呀形，如（何尊）、（沈子它簋）、（班簋）、（毛公鼎）等，其特征，孙诒让《名原》卷上云：“乌亦与隹古文略同，但上为开口盱呼形。”[①]李孝定、戴家祥亦持此相同或相似之观点。[②]这是乌与鸟、隹最大的不同之处——乌鸦区别它鸟的特征，即为“乌乌”、“雅雅”仰天聒噪，先民造字时突出此一特征，用以指称“乌鸦”这属鸟类，并借以形容描述人类的语音发声，如上述尊簋鼎等器铭中，该字都用为“乌呼”等语气词。

甲骨文中没有“乌”字，似是一件比较奇怪的事，按常理，乌鸦这种常见而与人类的日常生活、心灵诉求、文化习俗高度相关的鸟类，在甲骨文不应缺席。有学者疑甲骨文、等字应为“舄”字[③]，《说文》：“舄，䧿也，象形。”舄在乌部，“形似乌而羽旁有白条”[④]。细察甲骨文字，其上部与等字的区别，是其笔画作三，似是突出鸟舌，疑该字或为“乌”字初文。

先民造字，对于鸟纲动物，一般都用“鸟”或“隹”为表总类的形旁，加上声旁或另一义旁，而造一合体字，如“鹊”、“鹳”之类，但对于“乌鸦”却“情有独钟”，专门为其造了一个独体字，由此可见此鸟在先民心目中的重要地位。乌雅善鸣，先民遂以其“乌乌雅雅”之声指称此属鸟类，并亦以其声自况。陈独秀《小学识字教本》云：“古言乌呼，今音阿哈，皆读喉声麻韵，故孳乳为雅，与乌之古音同。……大小《雅》者，即《史记·李斯传》所谓秦人‘歌呼乌乌’之音。《汉书·杨恽传》‘仰天拊缶而呼乌乌’，师古注曰：‘乌乌，秦声，关中旧有此曲。’今乐剧秦腔犹如此，周京本秦地，故以雅为中原正音。”[⑤]陕北近代有“信天游”，其“呼儿嗨呦”之高亢辽远，仍是

---

① （清）孙诒让：《名原》，见《四库未收书辑刊》拾辑第2册，第325页，北京出版社1991年影印本。

② 李圃主编：《古文字诂林》第4册，上海教育出版社2000年版，第259、261页。

③ 季旭升：《说文新证》上册，台湾艺文印书馆2004年版，第300页。

④ 李圃主编：《古文字诂林》第4册，第262页。

⑤ 陈独秀：《小学识字教本》，巴蜀书社1995年版，第36–37页。

“雅言”遗风。简而言之，中国华夏之人，将自己的言语比之于乌之雅雅，故称自己的语言为“雅言”，以别于蛮夷戎狄的“鴃舌之音”；而这一名称得到了华夏及四裔之人的普遍认可。

但有一个疑问，夏商周三大族群所在之地鸟类众多，比乌鸦更漂亮鸣叫更动听者众多；但为什么华夏先民偏偏选中了乌鸦作为代言人呢？学界一般从“日神—乌鸦—扶桑”神话系统中寻找答案，认为正是这一神话系统的影响，才有了“乌—雅—雅言”的文化发生谱系。这一神话系统，可分为三个分支：A 金乌负日；B 日乌山；C 日乌桑。《山海经·海外东经》：“下有汤谷。汤谷上有扶桑，十日所浴，在黑齿北，居水中，有大木，九日居下枝，一日居上枝。”《山海经·大荒东经》：“汤谷上有扶木，一日方至，一日方出，皆载于乌。”① 从仰韶文化陶器到汉代画像砖，从远古传说到汉代神话，持续数千年，都有此三个分支图像存留：

分支 A 金乌负日：

仰韶文化庙底沟型

仰韶文化庙底沟型

汉代画像砖

① （清）郝懿行：《山海经笺疏》卷九、卷一四，影印清嘉庆十四年（1809）阮氏琅嬛仙馆刻本，见《续修四库全书》第 1264 册，第 209、228 页。

分支B 日乌山：

莒县陵阳河大汶口文化：日乌山（一说为日月山）

分支C 日乌桑：

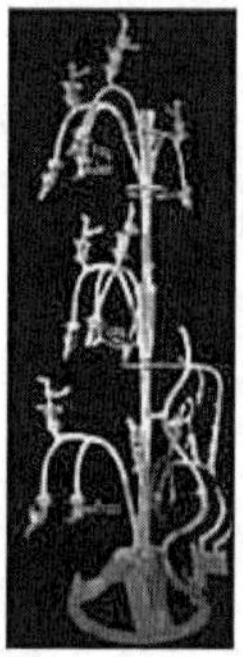

战国楚马王堆帛画局部摹本　三星堆遗址太阳神树

现在的问题是，为什么华夏先民要将乌鸦、太阳、扶桑这原不相干的三个事物联系在一起呢？学界有所谓“太阳黑子说”，认为古人观察到太阳中的黑子，故将乌与日联系在一起。但这一观点的解释功能不强，特别是不能解释何以不仅有“日中有乌”，而且有“乌负日”，乌、日何以与扶桑若木相联系等问题。笔者曾考索多年，亦不得其解。某年冬日，于首都一学院旅居，偶见该院有白杨成排成片，值“冬看山林萧疏净”之季节，每当清晨傍晚，日于林间升落，而有无数老鸦，立于疏枝之上，仰天呱呱，而天幕间有一轮红日映衬，其时，日在林间枝上，一乌在日中，数乌在日旁，聒噪不已，恰似一幅皮影戏图。遂恍然而悟“乌日桑”何以相互联系——“乌日桑”原本自然常见之景，正是佛家之“现量”，康德、胡塞尔、王国维之“直观”，此外并无深意。先民熟见此景，图像于心，日积月累，依“接触律”、“相似律”，加之以想象升华，遂有“乌日桑”之神话传说。天人原本相分，人虽不能飞天，然日光可下达于地，鸟可上通于天，天人之通，惟有借日光及鸟类为中介为使者。

“乌”、“雅”与“华”、“夏”有密切的相关关系。我先民之所以自称为“华”、“夏”，学者多从章太炎说，认为是自“华山夏水”而来，但此山此水何以名为华为夏？似仍应从华夏二字初文寻绎。

华，繁体作“華”，后俗写作“花”，《说文》卷六下：“華，荣也，从艸从𠌶。”華的核心部件是𠂹，《说文》卷六下：“𠂹，草木华叶𠂹。象形。”[①]甲骨文有（拾3·6）、（续6732）、（陈17）等文，一般隶为𠂹字。𠌶、𠂹，学者一般认为是草木花叶下垂之形，林义光《文源》卷一则认为是“象一蒂五瓣之形”[②]，陈独秀《小学识字教本》云：“華，古匋器文作，命簋作，均象全枝之花，非如许氏之说……”[③]按陶、甲、金中皆有画出枝叶花序者，𠌶、𠂹、華、花应为一字，仅古今繁简不同耳。将三星堆太阳神树与甲骨文等字形相对照，“华”字核心部件、与太阳神树何其相似！太阳神树后演变为华表及摇钱树，一雅一俗，正构成一个完整的华夏文化。

夏，《说文》卷五下：“，中国之人也，从夊，从页，从臼。臼，两手；夊，两足也。”[④]夏为中国之人的自称，这没有问题。问题是，中国之人为何自称“夏”，“夏”的本义为何？林义光《文源》卷四明确表示不同意许慎的解释：“中国之人，不当别制字以象其形。”[⑤]甲骨文有（戬5. 13）、（林2. 26. 7），金文有（伯夏父鼎）、（鄂君启舟节），六国古文有（战国齐邳伯罍），可见甲骨文、金文、六国古文多从日、从页、从手、从足，秦系文字一般省日，汉隶从秦篆，演变为今天“省日”的字形。夏字的本义，除了“中国之人”，尚有训“方位之西”、“水名”、“大”、“季节名”、“象人当暑燕居，手足表露之形”等等。[⑥]尽管众说纷纭，但有一点可以确定——夏的初文，是一个人，此人稽首拱手立于阳光之下，突出其首、手、足。自称“夏”，就是如同其他许多民族一样，自认为是太阳神的子孙，

① （汉）许慎：《说文解字》，《续古逸丛书》影宋本。
② 李圃主编：《古文字诂林》第6册，第106页。
③ 陈独秀：《小学识字教本》，第19页。
④ （汉）许慎：《说文解字》，《续古逸丛书》影宋本。
⑤ 李圃主编：《古文字诂林》第5册，第661页。
⑥ （清）朱骏声：《说文通训定声》，第452页。

所谓“帝高阳之苗裔兮，朕皇考曰伯庸”，作为“南蛮”的屈原，为了强调自己的华夏正统，于是非常虔诚地自称为太阳神的苗裔。

在先秦古籍中，“华”、“夏”、“雅”三字在一定场合常可通用。这三个字，再加上“乌”字，从上古到现在，其读音相同或相近，其义则有一“交集”——都与“日”有关。

近千年的词学史上，对于“雅”的理解，主要就是基于上述知识背景而产生的观念——“雅”，即“华夏正声”。近百年来，随着甲骨文的发现和更多的相关金文及简帛文献的出土，使我们对于“雅”有了更全面、更深入的了解掌握的可能——日，是天人沟通的使者，上天唯一能达于人间者，为日光。乌（甲金文突出其张喙仰天对日雅雅而叫之态），雅（乌的形声写法，秦人方言），华（日之精华凝于植物者），夏（从日从页从手从足，象人注视或膜拜太阳，突出其人头奇大，或表示所见所感对于情绪的巨大影响），皆强调主体面对太阳这一对象，直观其对于人类的“本质”属性——光明灿烂、生命之源，形成同一概念，随着直观场景不同，而用不同的图像表达同一个与“日”有关的观念：动物为“乌”、“於”、“雅”，植物为“华”，山为“崋”、“”，用以测量太阳运行的仪器为“华表”，发声为“呜”、“呼”、“兮”，构成语言系统为“雅言”，族群为“夏”，族人所居为“厦”，季节为“夏季”，文化影响所及者则为“诸华”、“诸夏”，复言之则为“华夏”，其礼乐制度的特征为“雅正”，诗歌乐舞名为“大雅”、“小雅”、“九夏”。“乌”、“雅”、“华”、“夏”，声韵相同或相近，同是表达对于阳光灿烂的强烈情绪反应——故秦之地，千百年来仍有“信天游”等对于太阳的欢呼“呼儿嗨呦”，其发声三千年来稳定如一。“乌”、“雅”、“华”、“夏”所具有的“赤”、“大”、“中”（测日圭表）、“正”等义，其实亦都与“日”有关。“日”是贯穿“乌雅华夏”和“赤大中正”这两个“相似性家族”的红线和灵魂。“乌雅华夏”、“赤大中正”可作为汉字美学谱系拓扑结构的一个标本，这两组八字虽然来自不同的“树”，但由“日”而交叉贯串，形成一个网络状结构。

从理论上的可能性来说，有了这些丰富的背景知识特别是“小学”知识，当我们以“直观的目光朝向”作为词学抽象概念的“雅”字时，就会立刻“直观”到与“雅”相关的一系列图像——太阳神鸟（乌、雅，例如长沙马王堆帛画中的扶桑与乌鸦）、太阳下的花朵（华、华表、太阳神树）、那些自称

“华夏”的“太阳神子孙”（黄帝、炎帝、太昊、少昊、羲和、高阳），以及与“乌雅华夏”有关的种种神迹、传说，和凝结在汉字中的有关太阳的图像。

但是，对于我们当代的大学生及绝大多数接受者来说，这一图像还原并没有发生。因为大多数本科生甚至研究生，并没有与此相关的文化学术背景知识。

1900年前后，废文言行白话，废科举兴学堂，学问成为分门别类甚至老死不相往来、有了复杂“代码”和严格等级体系的“专业”，而作为图像“生成—还原”基础的“小学”，则成为古文字学、古音韵学、训诂学的代称，已不再是“小学生”所学的内容，如果不是专家学者，就不可能再将“乌雅华夏”、“赤大中正”等“汉字”直观为“图像”。于是就不再有“还原”，更没有了“重演”。学生们无从知道“雅”的原初意义，更无从将其还原为图像；但是，问题正在于，这些词学概念的提出者、使用者和假定的接受者，原本是约定俗成地以“小学”知识为文学活动的基础及背景的，但现在，这一基础，这一背景，已经不复存在。

“小学”的百年缺环与汉字图像还原

从20世纪初的一百多年来，中国教育放弃汉代以来的“小学”教育，而增加注音字母或汉语拼音，这其中虽然取得巨大成绩，但也有重大失误。

首先是对汉字的认识，认为汉字不好，要用拉丁文字取代。这就如同一个人认为父母没钱没权，要换个父母。这是时代的错误。百年来那些最有名望的学者，无不认为汉字当废，拼音文字当行。1935年，中国新文字研究会草拟《我们对于推行新文字的意见》，后由蔡元培等688位中国最有名望的文化人签名发表，提出“中国大众所需要的新文字是拼音的新文字”。而在那些对于汉字有特殊情感的人士来说，也无法从正面抗衡这股潮流。例如，对国语情有独钟的黎锦熙，在其《国语辞典序》中用这样的语气说：“要对于中国文字作一番根本的大改革，因而不能不给四千年来语言文字和他所表现的一切文化学术等等结算一个详密的总账，以资保障而便因革……”[①] 赵元任先生

① 黎锦熙：《国语辞典》，商务印书馆1937年版，第14页。

是那个时代最为清醒的学者，他用《石室诗士食狮史》来调侃拼音化的努力，但他仍然在 1967 年发表《通字方案》，试图利用中古音韵、各地方言中声韵调各种差异元素，降低拼音文字音节的同音率，从而在文字与拼音之间找到一个折中方案。这仍然是变相的“拼音化”努力，其核心要害仍然是“汉字低劣论”。

其次是砍掉小学的“小学”教学内容，而将小学生必学课放到大学，违反了儿童的成长规律。汉代以来行之有效、不可或缺的字源学、字义学、音韵学教育，在中小学教育中实际上统统没有了。这就如同一个人，看到自己跑得不如别人快，就砍掉自己一条腿，拄上一条洋拐杖。洋拐杖例如汉语拼音、国际音标当然是好东西，甚至可以升一格为自行车、汽车、飞机、轮船，但是，有了现代化交通工具，就砍掉自己一条腿，有必要吗？象形文字学习的最佳时段应是小学生阶段。儿童看一下甲骨文、金文，其中的象形字可以轻松地画出来。例如“龟”字，繁体字没有几个人能写出来，但许多学龄前儿童，看了一会儿以后，第二天还可以画出一个漂亮的甲骨文“龟”字，那头尾爪甲，栩栩如生，呼之欲出。

儿童的图像“生成—还原”能力远远超出我们的想象，对于这种能力的鼓励、拓展和发挥，能够极大地增强儿童的直观感知能力和艺术想象能力。奥地利儿童教育家鲁道夫·斯坦纳（Rudolf Steiner）认为，“在儿童从换牙期至青春期的这段时间，你一定要以想象力的本质来教导儿童。因为在此时，令儿童为全然感知器官的力量已渐渐内敛，这力量进入了灵魂层次的生命。感官不会思考，它们只感知讯息，或者也可以说它们依外界物体造出影像，因此你必须以（想象性的）图像、影像的方式来教。……你应该用鲜活的、有想象力的方式，也可以说是人类发展出文化的过程中所经历的方式。在很早以前，人类就使用象形字了，也就是说，人们用画来做类似备忘录的东西。你不须研究人类文化史，但你要将人类用画来表达意思的这种精神表现给儿童看，如此儿童便能轻松自在地学习。”[①] 自孔子以来所逐步形成的以“小学”为基础内容的语文教学体系，也许更适合儿童的先在大脑结构。人类的童年与人类个体童年的心理结构是同构关系，“重演律”在这一领域有一定的普适

① ［奥地利］鲁道夫·斯坦纳：《童年的王国》，潘定凯译，深圳报业集团出版社 2014 年版，第 25–26 页。

性，儿童会在一定程度上重演人类童年所操作的汉字与图像之间的生成与还原。儿童的绘画能力、韵律感，或许正是儿童大脑中的先在因素，这种能力和感觉，在初中阶段以后可能就逐步消失或被掩盖。因此，儿童学习甲金文应该比大学生更容易。

然而，一百年来，除了古文字学家，我们对于最重要的文化工具——汉字，是知其然不知其所以然，我们每天都要面对的汉语言文字文献，就只能从语音层面去理解意义，再深一层分析也只是到语法分析层面，而文学接受过程中最重要的图像艺术感受力、本质直观能力、“文字—图像”之间的生成还原能力，也就只能“暂付阙如”了。

这一缺环对于现当代社会科学文献的接受也许损害不大，但对于以话语蕴藉为主要手段、以民族传统为主要内容、以艺术意象为主要积淀形式的人文学科来说，则是致命的缺失。对于从“小学”学起的古人来说，那些意象是约定俗成的，不言而喻的；但对于我们，却只能在浅层次上理解或用西学来曲解；从而使得今天的我们与作为创作者与接受者的古人之间，产生了很大的隔膜。我们所理解的古代文化古代文学，与古人眼中心中的文化与文学，也许有着完全不通约的部分，在某些方面甚至可以说是一条不易逾越的鸿沟。因为我们和一百年前的人们或更早的人们，在知识背景方面已有了很大的不同。对于文本，今天的我们，只能从意义层面而不是初文图画所揭示的本质层面去认知，于是文本需要“精读”、“阐释”、“分析”甚至是“示范”，而不再是“直观”或“现量”，对于那些“语语都在目前”的文学意象，我们也没有了直击内心的体验与感动。

爱因斯坦在论述这一问题时说：“西方科学的发展是以两个伟大的成就为基础的：希腊哲学家发明形式逻辑体系（在欧几里得几何学中），以及（在文艺复兴时期）发现通过系统的实验可能找出因果关系。在我看来，中国的贤哲没有走上这两步，那是用不着惊奇的。作出这些发现是令人惊奇的。”[①]也就是说，古代中国并没有形成现代科学技术所赖以存在发展的形式逻辑与系统实验这两个因素，但古代中国却同样取得了辉煌的成就。古代中国的文化传

① ［德］爱因斯坦：《西方科学的基础和中国古代无缘——1953年4月23日给J. S. 斯威策的信》，见《爱因斯坦文集》第一卷，许良英等编译，商务印书馆2017年版，第772页。

统一定有其自在的逻辑自洽性，其思维方式也自有其长处，“小学”教育所奠定的对于图像、对于韵律的本质直观能力、想象力和超越能力，以圆融、超越、仁义为核心的价值观，诚心正意、修身齐家治国平天下的伟大抱负，宗族成员对于祖先神灵的崇拜与敬畏，这是一套完整而相配套的文化思想精神体系。缺失其中任何一环，都是对于这一体系的致命伤害。“小学”教育的缺失，正是这其中的缺环。例如在古代文论、词学理论等课程中，能有多少本科生研究生能将“雅”这一概念直接而直观地与“乌”、“日”、“桑”、“华”、“夏”等相联系，从而获得必要的背景知识，并迅速地还原为一系列的图像，从而获得对于具体词学作品的直观感悟？

缺环的修补

面对文化巨变，文化人一直在作最大的努力。在辛亥革命的前夜，1901年，刘树屏出版了《澄衷蒙学堂字课图说》，全书四卷，共选3291个汉字，一一从源到流加以解说，并配以插图762幅，特别可贵的是，该书还吸收了最新的西学成果。这是为新型学校而编纂的传承古典文化的新式语文课本，几十年间历有再版，其学术精神直接影响了不久后的《共和国教科书》（1912）和《国民字课图说》（1915）。例如，该书解释“政”字云：“音正，所以正人者曰政”，“政者，正也。正国者曰国政，正家者曰家政。引申之，凡上所施于下者皆谓之政。故虽弊政、虐政亦以政称。”释“电”云：“阴阳二气薄而生热，热而发光曰电，……动植及金类多有含之者。今所用则人造之电也”，并由电而雷：“阴阳二电，摩荡空际，鼓击而成声者为雷。雷声必在电后者，光行较速于声。如施放火炮，先见火后闻声也。避雷之法，勿近铁器，勿着湿衣，勿倚高墙，勿开窗户。屋高者设防雷杆，可以引电入地。”说“议”字云：“谓欲事合于义，必群相论议也。因引申为风议谏议之议。今中国有事上闻，辄归部议；泰西各国则归上下议院公议。”[①] 这种释读，既传承了《说文》以来的传统文化的智慧，也有对当代科学技术和社会政治思潮的吸收，通过汉字图文释读教学，在教以知识的同时，培养学生的图像生成还原

① （清）刘树屏：《澄衷蒙学堂字课图说》，影光绪辛丑（1901）上海书局四次石印本，新星出版社2014年版，卷二第1页、卷一第9页、卷四第45页。

能力，涵养性灵。

令人遗憾的是，这一类既继承“小学”传统，又不断吸收现代新文化的成果，并没有成为时代的主流。这一缺环仍然存在，并有逐步扩大的趋势。

新文化运动的领军人物陈独秀，在其晚年对于文化传统与新文化的关系做出了深刻的反思。对于新学制推行以来的近五十年的中国教育，陈独秀清醒地看到了这一缺环并试图以一己之力来尽力修补。其《小学识字教本》一稿，正是这种修补的一个努力。其《自叙》云：“中小学习国文识国字之法急待改良，不可一日缓矣。”① 此稿在《说文》和段注的基础上，根据新见之甲金文、泉玺、陶瓦等材料，联系方言口语，诠释三千多汉字之形音义，以探求初文本义及同源字之关系、孳乳衍生之规律，试图给中国学校教师提供一个修补缺环的权威教本。

这一可贵的努力，在风靡百年之久的“拼音化”历史潮流中当然不会有多大的效果。该稿在陈独秀生前仅以很少的油印本传世，一直到近年方在海峡两岸分别出版。但是，类似的努力一直未能进入小学教育体制内。现在，应该是开始反思和试图修补这一缺环的时候了。

（原载《江海学刊》2016 年第 1 期）

【作者简介】

朱崇才，男，1954 年生，江苏涟水人。1990—1993 年就读于南京师范大学中文系，师从唐圭璋等先生，获得文学博士学位。现为南京师范大学文学院教授、博士生导师。有《词话丛编续编》、《词话史》等。

① 陈独秀：《小学识字教本》，自叙。

朱淑真事迹新考

邓红梅

宋代著名的女作家朱淑真，在诗词创作上取得了令人瞩目的成就。但由于史传资料的缺乏，我们对她的生平事迹、年代籍贯诸方面的研究至今还停留在甚为肤浅的阶段。这种状况势必会给朱淑真作品的理解与研究带来困难，从而使中国女性文学史上这块璞玉总是积满尘埃，不能得到应有的重视。本文试图在尽可能占有原始资料的基础上，剔除附会不实之词，进行实事求是的研究，以期对朱淑真生活的年代及生平事迹作出较为科学的结论。

一、朱淑真是南宋中后期人

到目前为止，对于朱淑真的生活年代虽有北宋说、南宋说及元代说诸种（后两说主要采自明人。如田艺蘅《纪略》言："淑真，浙中海宁人，文公侄女也。"则自然是说淑真为南宋人。田汝成《西湖游览志》卷十三："大瓦巷，北通宝康巷。元时，诗妇朱淑真居此。"但持此二说者皆未提出任何证据），但比较一致的看法是南北宋说——这其实是北宋说的完善。持此说者认为她生活在南北宋间，既见到过北宋神宗时宰相曾布的妻子魏夫人（据朱诗《会魏夫人席上命小鬟妙舞曲终求诗于予以飞雪满群山为韵作五绝》），又得闻南宋小朝廷偏安于临安时的宫漏（朱诗《夜留依绿亭》有"风传宫漏到湖边"之句），但至迟不超过淳熙壬寅年（1182）。此是魏仲恭端礼为她的诗集作序的时间（魏序末有"淳熙壬寅二月望日醉□居士宛陵魏仲恭端礼书"诸字）。

但是，经过反复研究，我发现南北宋说也是不正确的。

首先，没有任何证据证明朱集中的“魏夫人”是北宋宰相曾布之妻，世间魏姓之夫人不计其数，或者此魏夫人与朱集中其他夫人如吴姓、余姓、王姓及张姓一样，皆非著名于世者。单文旁证，不足为据。

其次，魏序作成的时间亦不可信。淳熙壬寅（1182）为孝宗年号，但淑真集内自一首题为《月台》的诗，却必是晚于孝宗时作成。诗云：“下视红尘意渺然（‘下视’，铁琴铜剑楼本作‘不视’，误），翠阑十二出云颠。纵眸愈觉心宽大，碧落无垠绕地圆。”是为登眺之作。宋祝穆《方舆胜览》卷六《绍兴府·台榭》下有注云：“旧有此台，不知其址。汪纲创，在镇越堂之前。”《明一统志》亦云：“月台在绍兴府镇越堂前，宋汪纲建。”宋长白《柳亭诗话》则云：“越城府署雄踞龙山，元微之观察是邦，屡夸胜于白傅者也。向有月台，尤为登眺之最。”据此可知：一、月台在绍兴府署“镇越堂”前，为登眺之最——此与淑真诗意极合。二、月台为宋汪纲建。汪纲，宋孝宗至理宗时人，其建月台在宋宁宗时（时纲为绍兴知府兼浙东提刑）。《宋史》卷四〇八有汪纲传，称其“以祖任入官，淳熙十四年中铨试”。宋张淏《宝庆会稽续志》（按宝庆为理宗年号）卷二《安抚题名》条：“汪纲以朝奉大夫、直秘阁、两浙东路提点刑狱公事，除直焕章阁知。嘉定十四年十二月十七日到任”，“绍定元年三月磨勘转中奉大夫，七月以收籴椿管米及数，转中大夫，十二月初三日召赴行在”。又同卷《提刑司》条：“提刑司在府治之东，与蓬莱馆相望，嘉定十六年，知府事兼提刑汪纲以其敝陋，乃撤其坏甚者六七而鼎新之，且增创吏舍，架阁库并钱酒什物文籍诸库。又新其公余燕坐之所，属官议事之厅，及亭馆楼观，罔不毕新。”（又《方舆胜览》卷六多记其新建馆舍楼观后之题柱记）月台之建，当在此时（至少是在嘉定十四年至绍定元年汪纲驻越时），淑真能登上月台眺览赋诗，亦必在此时或此后，魏序若著成于淳熙壬寅，不亦诞极乎？

这样，通过朱淑真自己的作品提供的证据，我们确知淑真是南宋中后期人（元代说殆由此误会）。记于清王士禛《池北偶谈》卷十五之“宋朱女郎淑贞（真）手书《璇玑图》”，在时间上就与淑真的生活年代无甚相违处了（因其文末有“绍定三年春二月望后三日，钱塘幽栖居士朱氏淑贞书”诸字，况周颐在其《证璧集》中猜测“绍定”乃“绍圣”之误。按“绍定三年”为1230年，“绍圣三年”为1096年，绍圣是北宋哲宗年号，因况氏亦持南北宋说，故曲意附会之)。有人认为此《图记》或非淑真之作，因“流传墨迹，千伪一真”(《四库全书总目·别集类存目·断肠集》)，这是没有对此墨迹详加考证，而以“千伪”概论此“一真”之伪。下文即考证之：

淑真既是南宋中后期人，生活在宁宗、理宗时期，在时间上，她作此序极有可能。又王士禛言：“辛亥冬，于京师见宋朱女郎淑贞手书《璇玑图》一卷，字法妍妩，有记云……首有‘璇玑变幻’四小篆，后有小朱印……后有仇英实甫补图四幅，亦极妙。”(《池北偶谈》卷十五)据王氏记载，淑真认为她作“记”的《璇玑图》(织锦回文诗)是晋代苏蕙之作［《图记》有言：“其(指苏蕙)著文字五千余首，世久湮没，独是图犹存……可周流而读者也。”］据王氏目击，明画家仇英已见此图此序，故亦补图于后。而事实上，见过此图此序的前代人非止仇英一人。明张丑《清河书画舫》巳集引《画系》(按《画系》作者失考)：“周文矩(按南唐画家)画《苏若兰话别会合图卷》(按若兰即苏蕙)，后有李易安小楷织锦回文诗，并则天《璇玑图记》，书画皆精，藏于陈湖陆氏。”据此，《璇玑图记》前人已阅，且是书法珍品，非后人蓄意作伪也。只是《画系》以为武后之作的《璇玑图记》，乃淑真之作(按淑真于《图记》中言：“唐则天尝序图首，今已鲁鱼莫辨矣。”则《画系》作者阅览不慎，以淑真《记》误作已模糊不清之武氏“序”)还有一种可能是，前人将序于《璇玑图》上的武氏文抄录，并将易安之诗同录于周文矩画后。则淑真与武氏同见过古玩《璇玑图》矣。无论是上述情形中的哪一种，淑真作《璇玑图记》都是毫无疑问的了。

王氏所记之文末小朱印，黄爱华或已见之①。她所见朱淑真手迹之勒石拓本，“末有长圆形‘淑真’小朱印一方……自题‘古歙朱淑贞录’”。据此，她考证朱淑真乃“淑贞”之误，其籍贯为宋之休宁县，一洗明代人钱塘下里说及浙中海宁说之误(按：一、钱塘实无“下里”，止有“下泥”，为西马塍之属地。《杭州府志》：“东、西马塍在溜水桥北，以河为界。并河而东抵北关外为东马塍，河西上泥桥、下泥桥至西隐桥为西马塍。”持下里说者殆由淑真

① 详见黄爱华：《朱淑真籍贯新考》，《中华文史论丛》1985年第1辑。

诗《东马塍》附会而成。二、宋时，浙中海宁为盐官地，一直沿用盐官之名，至元代始改为海宁州。此见《元书·地理志》。故宋时浙江无海宁)。籍贯休宁说与朱淑真手书《璇玑图记》之言亦甚合。《图记》云:“初，家君宦游浙西，好拾清玩。”称“宦游”，说明浙西(钱塘江以西)非其故里。故不当为下里(泥)之桃村人(浙江止宣平县北有桃村市，无桃村)。

二、淑真父是朱晞颜，其夫是汪纲

宋元两代、名朱晞颜且流传于史者有三人，《四库提要》已辨正其中二人(见于《瓢泉吟稿》之提要):“考元代有两朱晞颜，其一为作《鲸背吟》者;其一为长兴人，字景渊，即著此稿者也。晞颜始末不甚可考，惟吴澄集有晞颜父文进墓表，载及晞颜，称其能诗文而为良吏，亦不详其为何官。”又此集前郑僖序云:“瓢泉朱君……二十余年复胥会于钱唐。”另据《苏州府志》卷五十九《选举》(按实沿范成大《吴郡志》)载绍熙元年(1190)余复榜有朱晞颜一人，此即吴郡朱晞颜。此三人俱已入元，非淑真之父。淑真父应为隆兴元年进士、后官浙西转运判官及临安知府之朱晞颜(《宋人传记资料索引六》、《宋诗纪事》、《全宋词》作朱晞颜，误)。晞，《玉篇》:“眄也。”又:“慕也。”《韵会》:“通作‘希’。”扬雄《法言》有“晞颜之人亦颜之徒也”句，为晞颜(即慕颜回)取名之意。(按晞既可作希，希、淑又音近，将朱淑真误作朱希真，是由乃父名而来。这又使沈雄《古今词话》误以为宋朝有“两朱希真”。叶申芗沿明代《彤管遗编》、《名媛集》诸书之误，于《本事词》卷下云:“朱希真小名秋娘，适徐必用。工词翰，欲继美易安。徐久客未归，朱赋《菩萨蛮》云:‘湿云不度溪桥冷……’”此实为朱淑真词。且所有清人云为秋娘之作，皆可在影元刻本淑真集中见到，为淑真作品无疑。)

程敏政《新安文献志》卷八十二有《宋故通议大夫守尚书工部侍郎致仕休宁县开国男食邑三百户赠宣奉大夫朱公晞颜行状》，为晞颜门生谈钥所制。《行状》略云:“公讳晞颜，字子渊，徽之休宁人。先世积德韬晦林墅，中大起家(按据此文，中大为晞颜父逢时，赠中大夫)，履善尤自立，每曰:‘功名富贵不必当吾身，我后必有显者。’俄感朱峰羽仙入梦，已而生公……擢进士第，时隆兴二年也……调荆门军当阳尉……调靖州永平令……通判阆州……（淳熙）八年赴阙，授知兴国军……知吉州（周必大有《吉州改修学记》记朱事）……除直秘阁京西转运判官……除知静江府（楼钥有《除直焕章阁知静江府》劄子），主管广西经略安抚司公事，进直焕章阁，时绍熙四年也，公年六十矣……特授中大夫……庆元初元冬召赴行在所……（二年）除太府少卿总领淮东军马钱粮……（四年）八月迁权工部侍郎，俄兼实录院同修撰，五年六月，兼知临安府带浙西帅……庆元六年卒。”另据《行状》，知其有三子一女，三子名克已、立已、成已，一女适宣教郎主管佑神观汪纲侍御史，为汪义和之长子，又言“公与令人（按朱夫人封令人，乃洪遵、洪适之幼妹，卒于晞颜亡故后数月，此据《行状》）爱女甚笃，故遇汪君加厚。”晞颜卒时，三子尚幼，故朱公把后事托付给女婿汪纲，“且字呼之曰：‘吾得瞑目，有仲举矣！’”（此言显示了朱公对汪纲之厚爱与厚望，殆欲其终不负已之爱女也）《行状》又记其卒后荫官于诸侄而不及其子。《咸淳临安志》卷四十八及《徽州府志》亦有相同记载，并载其诸侄为由信、由义、由道。

关于其诸侄，《新安文献志》卷九十六有章琰作《武翼郎差监泉州市舶务朱公由义墓志铭》：“由义字宜之……父晞孟，武略郎……伯父侍郎晞颜心甚爱之，每游宦，必与俱，丞相周益公一见加重……长弟蕲州判官由道，次第将仕郎由信……（公）诗得唐体，有集以《秀轩》名……公生于乾道癸巳四月（1173年，则晞颜卒时由义已二十七岁，成年久矣。故得伯父之荫官），卒于嘉熙己亥三月。”此《墓志》后尚有小注，以汪奎之书明新安朱姓之世系。据汪书，朱文公熹为由义之从祖，则淑真当为朱熹从孙女也。世以为淑真是文公侄女，虽误，殆亦有因矣。惜汪书不见。

为何说淑真是晞颜之女呢？首先，两人都是休宁朱姓。其次，晞颜曾数次在浙西作官（见前《行状》），与淑真《图记》中“初，家君宦游浙西”合（淑真文中言其父“宴郡倅衙，偶于壁间见是图，偿其值，得归遗予”，当为晞颜作临安知府时事）。再次，《行状》称晞颜夫妇极爱此女，而《断肠诗集》中“断肠”原因一半是辞亲远游、不得承欢膝下，印证了她对父母的感情深过常人。“从宦东西不自由，亲帏千里泪长流。”（《春日书怀》）“目断亲闱瞻不到，临风挥泪独悲歌。”“岁节将残恼闷怀，庭闱献寿阻传杯。”“谁识此情肠断处，白云遥处有亲庐。”（俱见《舟行即事》）皆是此种深情的证明。

除以上三点理由可证淑真乃晞颜之女外，淑真集中尚有两首诗为有力证据。其一为《题王氏必兴轩》。诗中有“从来天报无先后，不在其身在子孙”句，与谈铨制《朱公行状》中朱晞颜父逢时之言如出一辙：“(逢时)每曰：‘功名富贵不必当吾身，我后必有显者。’”此言殆是朱氏传家之训，故淑真亦熟知之。其二为《贺人移学东轩》。诗中有“谢班难继予惭甚，颜孟堪晞子勉旃”句。据前人考证，晞颜弟名晞孟，二人之名意，即颜孟堪晞了(此实即“我后必有显者”之意)。淑真对朱氏之家训及晞颜、晞孟之名意熟谙至此，确乎淑真为晞颜之女了。

由上文所示的五点证据，我认为淑真乃晞颜之女。下文我将通过淑真与汪纲的关系继续证明之。因为晞颜止有一爱女，且此女嫁与汪纲，若能证明淑真为汪纲之妇，则其是晞颜之女更属无疑。而是否为汪纲妇，可从她的随宦踪迹以及她对汪纲事的熟稔上看出。下文将从此数点上说明之。

汪纲，《宋史》卷四〇八有传，乃汪勃之曾孙，黟县人(按黟县与休宁县宋时同属新安郡)。汪勃，《宋史》亦有传，字彦及，为枢密使，与秦桧不合，求去不允。卒封新安郡开国侯，食邑一千五百户。其子之一为作砺(字必成)，作砺子三：义和、义荣、义端，皆进士及第，汪纲即为义和长子(《东南纪闻》卷二载汪勃轶事)宋罗愿《新安志》卷七《汪枢密》条，《古今图书集成》第361册41页下亦载勃之子息事。《宋史·汪纲传》：“纲字仲举，黟县人……勃之曾孙也。以祖任入官，淳熙十四年中铨试，调镇江府司户参军……试湖南转运司，又中……调桂阳军平阳县令……寻丁父丧，服除，知兰溪县……继知太平县，主管两浙转运司文字……擢监行在左藏西库……以选知高邮军……增一秩，提举淮东常平……移疾乞闲……提点浙东刑狱……(时天大旱，纲)祷雨龙瑞宫，有物蜿蜒朱色，盘旋坛上者三日。纲曰：‘吾欲雨而已，毋为异以惑众。’言未竟，雷雨大至，岁以大熟。进直焕章阁，知绍兴府，主管浙东安抚司公事兼提点刑狱……兼权司农卿，寻直龙图阁，因任。理宗即位，召为右文殿修撰，加集英殿修撰，复因任。又加宝谟阁待制……绍定元年，召赴行在……权户部侍郎。越数月，上章致仕，特畀二秩守户部侍郎，仍赐金带。卒……所著有《恕斋集》(按恕斋为汪纲自号)、《左帑志》、《漫存录》(按今俱不存)。”

关于汪纲在浙东祈雨灵异事，《宝庆会稽续志》亦有记载。其卷三言：“嘉定十四年，浙东提刑汪纲以旱来祷，设坛于宫，忽有物蜿蜒于坛上，体状殊异，不类凡虺，人皆知神龙所变化也，继而雨如倾注。叶适有诗云‘感格孰如汪仲举，步虚未了龙来语。会稽秦望都洗清，越人唤作提刑雨’。”可证此事当时影响相当大（淑真集中《喜雨》一诗，似亦为此事发）。

考淑真为汪纲妇者证据有数条，首先是她的集子里有两首为汪纲作的诗。其一为《代送人赴召司农》（纲尝为司农卿，见纲传）。此诗中有“郡国承风远，朝廷注意深”一联，证明此诗中司农确为汪纲。因纲在兼权司农卿前诸官加身，极受朝廷注意，此时又兼九卿之一的司农，故曰“朝廷注意深”，而汪纲曾祖勃亦位重官高，且封新安郡开国侯（称郡国侯可也），汪纲此时的官状，与其祖何其相似，故言“郡国承风”而“远”（按此处注淑真集者皆注释不清，是不知其事故）。其二是《卧龙》。诗云：“角莹纤琼鳞粲金（铁琴铜剑楼本作‘桀金’，误），拥珠闲卧紫渊深。时来天地云雷举，起作人间救旱霖。”此与《宝庆会稽续志》所记“不类凡虺”之“一物”及《宋史》本传所记汪纲在浙东祈雨而灵验事极合，其必为汪纲设无疑。

其次，在本文第一部分所论之《月台》诗，及下文之《题斗野亭》、《题四并楼》诗亦是一佐证。月台为汪纲建于嘉定十六年（1223）左右，而淑真登临赋诗，则淑真随宦于绍兴也。斗野亭与四并楼，见于祝穆《方舆胜览》。其卷四十四《淮东路·扬州》：“四并堂，韩忠献建于郡圃。”“斗野亭，东坡、秦观、孙觉、黄庭坚、苏子由、米芾皆有诗。”《明一统志》亦云：“四并堂在郡圃，宋韩琦建，取美景、良辰、赏心、乐事四者难并之义。”“斗野亭在府治，宋熙宁（神宗年号）二年（1069）建。苏轼、秦观、孙觉、黄庭坚、米芾皆有题咏。”朱淑真《题四并楼》有“人间四者此环并”句，知此楼即扬州四并堂。又《题斗野亭》有“访古多遗迹，留题有钜公”句，知其访此古时已见过前此诸公之题咏。汪纲曾知高邮军并提举淮东常平，此亦随宦之作。另外，淑真集中诗句“春向隋堤柳上来”（《新春二绝》）、“淮南寒食更风流，丝管纷纷逐胜游”（《寒食咏怀》）皆为随宦扬州及高邮时目见（宋代扬州、高邮皆属淮南东路）。

通过以上考证，我认为淑真为晞颜之女、汪纲之妇的说法是成立的。下文将谈一谈淑真与汪纲的关系。

如前所言，晞颜夫妇爱此长女甚笃，淑真聪明早慧、美丽过人（其集中多处自写雪肤花貌，如“桃花脸上汪汪泪”之类），且兄弟出生甚晚，晞颜夫妇对此独女倾注钟爱之情，自小教其诗文书画琴艺（观《断肠集》，淑真于此四艺无所不能），使其颖慧未被埋没，而是很早就显示出来。请看其《秋日偶成》："初合双鬟学画眉，未知心事属他谁？待将满抱怀中月，分付萧郎万首诗。"在"初合双鬟"的小小年纪（合鬟表示年已及笄），就能赋诗言志，有作万首诗的雄心，证明她此时作诗已很有基础（这首诗确也写得轻松流利），因而极自信了。明人说其"幼警慧"倒也得之（田艺蘅《诗女史》）。

父亲将其许配汪纲，是否有违她的初衷呢？如上所言，在"初合双鬟"时，淑真虽"未知心事属他谁"，但还是有自己理想的偶像模式的，那就是，那位"萧郎"应是个性情中人，能够看得懂自己写给他的"万首诗"。但是，据《宋史》本传及《宝庆会稽续志》载，汪纲是个出色的实干家，在每一任上都是称职的地方官，极为关心民瘼。为老百姓减税减刑，量民力而治，又为百姓疏浚河道，兴水利而解旱田，遇事立断而政清如水。《南宋书》卷四十七又记其长于论事，其不作无谓之诗可以想见。因此，敏感多情的淑真与注重实干的汪纲之间，在情感上有小小的不协调就非不可能了，这也是淑真内心幽怨的一大来源。淑真常常吟出惆怅自怜的诗，如"山光水色随地改，共谁裁剪入新诗？""对景如何可遣怀，与谁江上共诗裁？"及"此愁此恨人谁见"之类，表达了内心的一种缺憾，至于"须嗟流水琴中意，难向人前取次弹"之类（《春昼偶成》），就不止惆怅而直涉幽怨了（当然，此诗不一定为汪纲设，也可能是在自编文集时对别人给予的误会产生感慨）。但是，这位受到良好教育，有志学班昭、谢道韫，并生活在理学气氛渐浓的中晚宋时的女诗人，还是乐于遵循"夫妇之道"的。她本人对理学思想并非全然不信（其《杂题》序云："翰墨文章之能，非妇人女子之事。"这就是"女子无才便是德"之意了，故而又作《自责》云："女子弄文诚可罪，那堪咏月更吟风。"），因而微憾的存在并不有碍于他二人间的真感情。更何况易感者多受寂寞，最为脆弱，极需扶持，所以淑真集中充满了与丈夫会时喜、离别悲及别后寂寞相思（汪纲外任时淑真因体质差弱，未必皆从宦）。"大家莫惜今朝醉，一别参差又几时！"（《围炉》）"莺莺燕燕休相笑，试与单栖各自知。"（《恨春》）在其一生中，虽然情怀不免小小的骚动，其《湖上小集》云："门前春水碧于天，坐上诗人逸似仙，白璧一双无玷缺。吹箫归去又无缘。"与逸仙般的诗人相遇而无缘相慕（或为淑真已嫁，或为诗人先娶，或者使君有妇罗敷有夫），在其心中引起了深深的叹惋。在《次韵见赠兼简吴夫人》中，她羡慕人家夫妇是“张姬淑德同冰玉，李白高吟泣鬼神。”但终其一生，她是一直自咏“孤高烈女心”的（《咏直竹》），她自拟班昭、谢道韫之贤德俊才不类凡妇，也不愿比拟凡卉。在汪纲卒后（绍定二年，1229），她吟出了“王孙去后无芳草”的诗句，以此明志。

在汪纲那一面，事情不一定如此简单。殆至淑真父下世前，淑真年轻美慧，纲待之亦甚善，淑真随宦大半亦在此时（其集中潇湘、吴蚕、扬州诸风物，可证之）。但在他们生活中的一个时期，因淑真多病体弱，或未能生子，可能出现了《璇玑图记》所记的“窦滔阳台”之事（晋窦滔娶妻苏蕙字若兰，美丽能诗，又得能歌善舞的赵阳台为妾。妻妾互不相容，窦滔后携阳台外任，若兰悲戚不堪，乃制织锦回文诗使人送与窦滔，情切辞苦，文采斐然，窦滔大受感动，终于黜阳台而迎苏蕙，夫妻恩爱愈初），而淑真与此妾关系亦不佳，于是她生出“鸥鹭鸳鸯作一池，须知羽翼不相宜，东君不与花为主，何似休生连理枝”、“欲将郁结心头事，付于黄鹂叫几声”（《愁怀二首》）之怨尤，及“一夜凉风动扇愁，背时容易入新秋。桃花脸上汪汪泪，忍到更深枕上流”（《新秋》），“待封一罨伤心泪，寄与南楼薄倖人”（《初夏二首》）之深愁重怨（按“扇愁”用汉班婕妤咏扇故事。“南楼”而“寄”，知其非淑真家中物。襄阳与鄂州皆有南楼，淑真或“寄与”其一）。最后，当汪纲晚年为绍兴知府兼浙东提刑时，淑真复得随宦，有诗《月台》可证。则汪纲若娶妾，当在两人生活的中期（按淑真夫妇事或竟大似窦滔、苏蕙。故汪纲卒后，淑真尚情不自已，乃作《璇玑图记》浇心中块垒。又淑真记窦滔、苏蕙事与《晋书·窦滔妻苏氏传》异，殆由别一传说来）。

三、淑真晚年寄居尼庵

据淑真自己的《璇玑图记》，我们知其绍定三年（1230）尚在世，而汪纲去年已下世，所以她此时真成了“单栖”“独睡”人，自号“幽栖居士”。其《对雪一律》即表达了对这种幽栖生活的感怆：“自嗟老景光阴速，唯使佳时感怆多。更念鳏居憔悴客，映书无寐奈愁何？”此诗中的“念鳏居憔悴客”，人皆易从字面理解，认为是其想念一鳏夫。如明朝人所说，是其牵情于才子的表现。实则淑真是个情感受理智引导着的女诗人，又自许甚高，爱比班昭谢女，如何肯在“老景”时，坏其“孤高烈女心”，而更恋一憔悴鳏夫（按即在晚年作的不少诗词里，她也不断歌咏超群脱俗之品格与贞洁孤高之志向）？此处实为自写，“更念”乃往深一层想之意。鳏、寡皆失伴独栖之意，因寡字不宜入诗且犯韵，乃以鳏字代替。其《围炉》云：“围炉漫忆昔年欢。如今独坐无人说，拨闷唯凭酒力宽”亦丧夫后作，暮年情景，何其萧瑟！淑真晚年不仅丧夫而单栖，所谓“燕子楼台春寂寂”（《暮春三首》。按此用唐张建封及关盼盼燕子楼事），而且寄居于尼庵（或即出家为尼），其《西江月·咏竹》即是明证：“爱君嘉秀，对云庵亲植，琅玕丛簇……雅称野客幽怀，闲窗相伴，自有清风足。终不凋零材异众，岂似寻常花木！傲雪欺霜，虚心直节，妙理皆非俗。天然孤淡，日增物外清福。”淑真自称“野客”而种竹庵前，爱其材质，借其喻志。可见此时的她已渐悟情缘，渐脱情役，而能在理性之光的照耀下心安神怡，情怀孤淡，从而感到了“物外清福”。这巨大的飞跃与升华既得自世事的启发，她已知道“生杀循环本自然”（《秋深偶作》），也难免受到佛经道藏的影响，其《书王庵道姑壁》写得亦极淡净。

不管对淑真晚年寄居尼庵作何种解释，比如她想脱出情海，比如她因无子息而不得不在丧夫后寄居尼庵（中国妇女的这种结束方法不是个别现象。考淑真集中亦从无一语及其子息，其感情方式亦皆女性的而非母性的），反正她既长居尼庵，当她下世后，为她处理后事的自当是庵中人，尼庵中以佛法葬人（即火焚或称荼毗）乃是常事。魏序称其及诗稿俱为火焚，虽为耳食之言，究是可信之事。至谓她“佳人命薄”“芳魂”寂寞（意指年轻即下世），诗文为父母火焚，则为不确之辞了。淑真多次在诗中自道老景，又咏《黄花》而特重“晚节”云：“土花能白又能红，晚节由能爱此工。宁可抱香枝上老，不随黄叶舞秋风。”且事实上父母早已下世，如何会被父母火焚呢？

四、对魏仲恭序与孙寿斋后序的解释

在前人所有对朱淑真诗集词集的序跋中，内容不确之处随处可见，但大致皆由魏序生发，上文之考证可廓清之。惟有魏序、孙跋在写作时间上与上文所考朱淑真的生活年代大大不合（内容不合处一并论）。魏序时间之不可信，此文第一部分已考。具体来说，魏序（见于张璋、黄畬校注《朱淑真集》，云录自南陵徐氏影元刻本）内容与朱淑真生平事迹间有数点违拗。首先，魏序说淑真“乃嫁为市井民家妻”（按此一句已开了明代人诸种附会之门），此与淑真夫家门第不合。前文已考证，汪纲家族自曾祖汪勃为枢密使并封新安郡侯始，祖父作官（《宋史》本传称汪纲乃“以祖任入官”者）父辈三兄弟并中进士而为宦，连淑真本人亦说汪纲是“郡国承风远”。至于汪纲本人，做过绍兴知府、代理司农卿、户部侍郎，与淑真父晞颜所终官职为同品（晞颜终于权工部侍郎兼知临安府）。魏序以市井民家目之，毋乃太过乎？其次，魏序说淑真“其死也……并其诗为父母一火焚之”，此与淑真晚年事不合，上文已辨证之。此二点错误证明了魏序在事实上的不可信。的确，魏氏并非稔知淑真事的人，种种揣想，不过得自道听途说而已（魏序：“比往武陵，见旅邸中好事者往往传诵朱淑真词，每窃听之，清新婉丽”），此种耳食之言，本不足为据。他自己也有做贼心虚的心理，故于文末言：“后有好事君子，当知予言之不妄也。”此种“画蛇添足”的做法，正是“此地无银”的招牌。他从“好事者”那儿听得一点轶闻，添油加酱地写作诗序，尚欲后世之“好事君子”知其“不妄”，其可得乎？当然，这篇序文最要紧的错误是时间之误，对此，我已在文前考证过。现在我们不妨对这篇序文的真正写作时间作一推理：“淳熙壬寅”他既不可能作此序，而此序又作于宋代，则其必作成于“淳祐壬寅”（1242）。变淳祐为淳熙，乃元刻本之误。作此解释，一切豁明。至于其序中“近时之李易安”之称，乃是与上文“蜀之花蕊夫人”比照，易安之比蜀花蕊夫人，自是近时人无疑。另外，元代杨维祯《东维子集》卷七《曹氏雪斋弦歌集序》一文亦有“近代易安、淑真之流”的说法，盖“近时”、“近代”乃大概言之，非确指何时。

孙寿斋后序（同书，云录自清瞿氏铁琴铜剑楼藏旧钞本）内容实自魏序而来。文中“触物而思，因时而感”、“一唱三叹，听之者多，和之者少”之类，即魏序“每临风对月，触目伤怀，皆寓于诗”、“未尝不一唱而三叹也”、“竟无知音”之翻版。所以孙跋作于魏序之后，是可以肯定的。魏序作于淳祐壬寅，而孙跋反作于“嘉泰壬戌”（1202）（其文末有“嘉泰壬戌正月中浣滏阳孙寿斋书”诸字），岂不笑话！

观孙跋之中，皆明代人声吻，其“夫何耦非其佳，而匹非其良”、“齐大非偶”之类匹偶不伦的直接表白，实是明代人据魏序而作的总结。陈霆《渚山堂词话》曰“所适非偶”、潘是仁《〈断肠集〉引》“藁砧非匹”，田艺蘅《纪略》曰“匹偶非伦”，郦琥《彤管遗编》曰“匹偶之非”，诸人如出一辙，孙寿斋亦其一例，盖亦明代人。另，孙跋文末“中浣”一词，实是中旬之意。明代杨慎《丹铅总录》卷三《时序·三浣》：“盖本唐制，十日一休沐，今袭用之，或者作浣。”明“中浣”之用，自明代人始。杨慎（1488—1559）是弘治至嘉靖年间人，则寿斋为明代人可定矣。又铁琴铜剑楼此旧钞本，错误百出，前文引朱淑真诗时已数举之，即文末“溠阳”一地，亦有错误，“溠”字无，殆“滏”字或“淦”字之误（滏阳在湖北，淦水在江西）。“嘉泰”或亦为“嘉靖”之误。靖、泰虽异形而同义，或乃后人无学识者抄时臆改。孙跋在魏序后，另一根据是，两者皆为《断肠诗集》作。而“断肠”乃魏氏用以名淑真诗集（魏序：“乃名其诗为《断肠集》。”），孙氏为《断肠诗集》作跋，其在魏氏后无疑矣。

以上我们考证了朱淑真生平事迹和诸方面，并对历来人们视为考证朱淑真事迹的唯一依据——魏仲恭序作了考证与证伪，对可能引起混乱的孙寿斋跋作了推证。有关朱淑真的生平事迹的考证至为困难，我们只有通过其作品提供的线索，披历诸书，才能真正释开这一千古之谜。

（原载《文学遗产》1994 年第 2 期）

【作者简介】

邓红梅（1966—2012），女，江苏句容人。1988 年获苏州大学文学硕士学位，1994 年获苏州大学文学博士学位，师承杨海明教授。原南京师范大学文学院教授、博士生导师。著有《女性词史》、《闺中吟——传统女性的精神自画像》、《李清照新传》等。

生平中的两个问题
关于吴文英

钱锡生

南宋词人吴文英（约1200—1260），字君特，号梦窗，晚年又号觉翁，四明（今浙江宁波）人。他落魄江湖，与姜夔一样生平没有做官，只是在江浙一带当过幕客，留下词集《梦窗词》，存词三百余首。他的词在南宋后期的词坛上闪烁出奇光异彩。但由于文献不足和吴词本身存在的晦涩难读，致使吴文英的生平中有两个谜团至今未曾澄清。

第一，吴文英一生行踪基本不出苏、杭两地。其在苏州的一段，已经明晓，夏承焘在《吴梦窗系年》中云："居苏始见于绍定五年（1232），先后共十余载。"① 而另有"十载西湖"一段，是在他一生中的什么时期？目前一般认为应在"十载吴中会"之后，夏承焘《系年》曰："客杭始见于淳祐三年（1243）冬……居杭先后约十余年"②，"悼杭州亡妾之作，其时在遣苏妾之后"③。杨铁夫同夏说，其笺注吴文英词《琐窗寒·玉兰》时说："考梦窗卸苏幕后即挈姬来杭，殆所谓'占香上国'者欤？"④ 谢桃坊承上说曰："文英寓杭十年是可考的，当在淳祐三年至十二年之间。"⑤ 以上诸说，我认为值得商榷。

① 夏承焘：《唐宋词人年谱》，上海古籍出版社1979年版，第470页。下简称《系年》。
② 夏承焘：《唐宋词人年谱》，第477页。
③ 夏承焘：《梦窗词集后笺》，见《夏承焘集》第2册，浙江古籍出版社1997年版，第160页。
④ 杨铁夫：《吴梦窗词笺释》，广东人民出版社1992年版，第2页。
⑤ 谢桃坊：《词人吴文英事迹考辨》，见《词学》第五辑，华东师范大学出版社1986版，第82页。

第二，杨铁夫认为梦窗忆姬之作居全集四分之一，这说明忆旧悼亡在梦窗的生活中占有很重要的地位。梦窗究竟恋的是什么人？为什么会表现得如此铭心刻骨、缠绵悱恻、生死不忘？由于年代久湮、文献不足，今人已很难详细了解，但研究梦窗词又不能完全无视这一问题，于是，众说纷纭。杨铁夫《吴梦窗事迹考》曰："梦窗一生艳迹，一去姬、一故妾、一楚伎"①；夏承焘在《系年》中曰："梦窗似不止一妾"，"总之，集中怀人诸作，其时夏秋，其地苏州者，殆皆忆苏州遣妾；其时春，其地杭者，则悼杭州亡妾，一遣一死。约略可稽"②；刘永济《微睇室说词》则以为除苏妾外，梦窗"在杭别有所恋，似未成娶"③。上述诸说尽管不一，但都指出梦窗不止一妾，情非钟于一人。这些说法是否能成立，值得怀疑。

现在，我们试解吴文英生平中的这两个谜团。

梦窗"十载西湖"是确凿可信的，屡次见于其词中："追念吟风赏月，十载事，梦惹绿杨丝"（《西平乐慢·过西湖先贤堂》）；"十载西湖，傍柳系马，趁娇尘软雾"（《莺啼序》）；"烟波桃叶西陵路，十年魂断潮尾"（《齐天乐》）。但这"十载西湖"的时间是在苏州之前还是之后，却是问题的关键。

（一）从作品的风格看，梦窗写于杭州的词有两种不同的风貌，可看出是不同时期寓杭时所作。如同写于杭州丰乐楼会饮的作品：

> 翠阴浓合晓莺堤，春如日坠西。画图新展远山齐，花深十二梯。　风絮晚，醉魂迷，隔城闻马嘶。落红微沁绣鸳泥。秋千教放低。（《醉桃源·会饮丰乐楼》）
>
> 修竹凝妆，垂杨驻马。凭栏浅画成图。山色谁题，楼前有雁斜书，东风紧送斜阳下，弄旧寒，晚酒醒余。自销凝，能几花前，顿老相如。　伤春不在高楼上，在灯前攲枕。雨外熏炉。怕舣游船，临流可奈清臞，飞红若到西湖底，搅翠澜。总是愁鱼，莫重来。吹尽香绵，泪满平芜。（《高阳台·丰乐楼分韵得如字》）

① 杨铁夫：《吴梦窗事迹考》，见《吴梦窗词笺释》，第36页。
② 夏承焘：《唐宋词人年谱》，第469页。
③ 刘永济：《微睇室说词》，上海古籍出版社1987年版，第1页。

前词华美秾丽、饶多欢乐，后词沉重凄婉，满腔悲慨。前词和梦窗“十载西湖”时“吟风赏月”、“傍柳系马”的生活十分相似，这类写于杭州但风格情调与后期明显不同的词还有不少。如“歌管重城，醉花春梦半香残”（《丑奴儿慢·双清楼在钱塘门外》），“听一声相思曲里，赋情多少。红日阑杆鸳鸯枕，那枉裙腰褪了”（《贺新郎·湖上有所赠》）。这些词可看出浓厚的“花间”痕迹，形式雕琢，情感柔弱。而梦窗入苏幕后，入世渐深，作品风格开始成熟，写于苏州的《八声甘州·陪庾幕诸公游灵岩》、《金缕歌·陪履斋先生沧浪看梅》、《古香慢·赋沧浪看桂》等作风格沉郁，感情真挚，显然迥别于梦窗早年“十载西湖”词，而《高阳台·丰乐楼分韵得如字》显然是继承和发展了这种风格，这一类写于杭州的饱经忧患、激昂哀怨的作品还有很多，系梦窗后期寓杭时所作。因此，从作品的风格看，“十载西湖”的时间只能是入苏幕之前而不是之后。

（二）根据夏承焘《系年》考订，梦窗《莺啼序》作于淳祐十一年（1251），词中已有“十载西湖”语。而梦窗离苏赴杭行迹，始见于淳祐四年（1244）甲辰岁，有《喜迁莺·甲辰冬至寓越，儿辈尚留瓜泾萧寺》一词为证，梦窗淳祐五年还有苏州行踪。淳祐四年或五年至淳祐十一年统共才六七年时间，不能坐实“十载西湖”。这也从一个方面证明梦窗的这段“十载西湖”时间是在“十载吴中会”之前。

（三）从梦窗词中所反映的感情而言，“十载西湖”的时间也不可能在苏州之后。梦窗是深于用情之人，他在苏州有大量的怀人词，较集中地反映在淳祐三年（1243）、淳祐四年（1244）。其时，梦窗的恋人已离他而去，他的处境很是孤寂，心态很是悲凉。《满江红·甲辰岁盘门外寓居过重午》中云：“荒城外，无聊闲看。野烟一抹。”《水龙吟·癸卯元夕》中云：“陈迹征衫，老容华镜，欢悰都尽。”《喜迁莺·甲辰冬至寓越，儿辈尚留瓜泾萧寺》中云：“雁影秋空，蝶情春荡，几处路穷车绝。”《思佳客·癸卯除夜》中云：“衣懒换，酒难赊，可怜此夕看梅花。隔年昨夜青灯在，无限妆楼尽醉哗。”从这些词的小序看，时间有元夕、重午、冬至、除夜，这说明这段恋情的失败给梦窗的生活蒙上了巨大的阴影，他对其恋人的思念简直是无时不在、无处不存的。而且他在词中屡次提到“伤头俱雪”（《喜迁莺》），“叹霜簪练发，过眼年光，旧情尽别”（《六丑》），“自唱新词送岁华，鬓丝添得老生涯”（《思佳客》)。不惑之年，头发已开始发白。虽然诗人好作虚语、夸饰语，但也可说明苏州情事给梦窗的身心带来了巨大的变化。更关键的是，梦窗的这种郁结于心的伤痛，剪不断、理还乱的愁绪，一直持续了许多年。离苏游杭后的第三年，他还在词中忧伤地写道："想重来新雁，伤心湖上，销减红深翠窈。小楼寒，睡起无聊，半帘晚照"(《瑞鹤仙·丙午重九》)，"重来新雁"已点明二度寓杭，若其时正值"十载西湖"时期，则"伤心湖上"、"睡起无聊"殊难解释。因此，这种情绪只能理解为是梦窗苏州情事的延续。其《塞垣春·丙午岁旦》在对往日恋情的甜蜜回忆中，忽插入"梦惊回，林鸦起，曲屏春事天远"，对逝去的幸福爱情表示深深的遗憾。从梦窗的处境、心境，我们可推测，他在发生苏州情事后，不可能马上再发生"十载西湖"的杭州情事。

(四)退一步说，在古代诗人中，眷恋一女子的同时，又移情于另一女子这样的事例也是存在的。梦窗在苏州情事之后，又发生杭州情事。那么，总会在他的"十载西湖"词中出现一些苏州情事的痕迹，一个人不可能割断历史，何况是对梦窗来讲影响至深的一段生死不忘的爱情生活。但出现在梦窗"十载西湖"这一段时间里的词却只有"密约偷香"、"断魂西陵"、"春江同宿"的浪漫行径，只有青春的欢乐、幽会的欢情。很难想象一个在苏州写了那么多表现相思之苦、忆念之久、用情之深的篇什，经历了人生巨大挫折的人，马上又卷入一场"少年不识愁滋味"的情事中。这两种情绪比较起来相隔是多么遥远，梦窗不至于情感如此变幻无端、人品如此轻薄佻达吧！

(五)根据梦窗的年龄，我们也可得出苏州情事后，梦窗不可能再有杭州情事。夏承焘《系年》定梦窗生年为1200年，离苏游杭始于淳祐三年(1243)，其年梦窗四十四岁，下推十年梦窗五十三岁。谢桃坊《词人吴文英事迹考辨》认为："这个年纪的人还有'密约偷香'、'魂断西陵'、'春江同宿'等浪漫行为已不易理解，即使文英有这样青春焕发的兴致，对方也不会报以热情了"，此论甚是。但谢先生却由此而断言："如果文英生于1207年，此时为三十七岁至四十六岁，这样，考查其西湖情事是较合符情理的。"[①] 此说令人不敢苟和。根据梦窗作品可知，淳祐六年(1246)他离苏游杭后，一直往来于杭州、越州间，他周旋于达官贵人之间，为他们祝寿，贺新居。其时，

① 谢桃坊：《词人吴文英事迹考辨》，见《词学》第五辑，第82页。

他已不是一个初涉人世、意气风发的少年，而是已阅历了世态炎凉、人情冷暖的中年人。作为清客文人，他虽不一定会像杜甫一样“朝扣富儿门，暮随肥马尘。残杯与冷炙，到处潜悲辛”，但毕竟是仰人鼻息、寄人篱下。以这样的身份和经济条件很难设想梦窗还能过那种“春宽梦窄”的生活。

至此，第一个谜团应该予以解开了。梦窗“十载西湖”的时间应是在“十载吴中会”之前而不是之后，也即是理宗绍定五年（1232）梦窗到苏州之前。夏承焘《系年》在梦窗绍定五年三十三岁之前，只提及梦窗“重游德清”，余皆未及。这一段漫长的空白，正是梦窗“十载西湖”，歌酒流连之际。梦窗年轻时有过一段很舒心的生活，二十五岁重游德清时写道：“重来趁得花时候，记流连，空山夜雨，短亭春酒。”（《贺新郎·为德清赵令君赋小垂虹》）。比词人时代稍后的周密也有戏调梦窗之《玲珑四犯》，其中有语云：“年少忍负韶华，尽占断，艳歌芳酒。”梦窗的这一段豪华、阔绰、浪漫的生活在他的一些作品中也曾屡次透露：“暗省长安年少，几传杯吊甫。把菊招潜。”（《声声慢·和沈时斋八日登高韵》）“还忆。洛阳年少，风华秋檠，岁华如昔。”（《瑞鹤仙·饯郎纠曹之严陵》）以至他到了苏州，还时常回忆起昔日的西湖生活：“向夜永，更说长安梦，灯花正结”（《六丑·壬寅岁吴门元夕风雨》）。

解开了梦窗“十载西湖”时间之谜后，我们再来看梦窗情事之谜。

首先，必须了解诸家之说都以为梦窗不止一妾，这结论是怎么得出的？根据以上对“十载西湖”时间的分析，苏州情事在梦窗离苏赴杭之际已告结束，而诸家都定“十载西湖”的时间在苏州之后，这样势必就会产生梦窗发生过两度以上爱情的错觉。但如果将“十载西湖”的时间放在苏州之前，则不必一定得出梦窗两度爱情之结论。

其实，梦窗词中有关恋情的词全是写给一人，其行踪为杭州——苏州——杭州。先看梦窗的一首词《琐窗寒·玉兰》：

> 绀缕堆云，清腮润玉，汜人初见。蛮腥未洗，海客一怀悽惋。渺征槎、去乘阆风，占香上国幽心展。□遗芳掩色，真姿凝澹，返魂骚畹。　一盼。千金换。又笑伴鸱夷，共归吴苑。离烟恨水，梦杳南天秋晚。比来时、瘦肌更销，冷薰沁骨悲乡远。最伤情、送客咸阳，佩结西风怨。

此词载梦窗全集之首。诸家都以为此非咏物词，而是以“玉兰”喻故姬。杨铁夫云：“此词更于姬之来踪去迹详载无遗。可作一篇琴客小传读”[①]，“梦窗一生恨事全见”；陈廉贞云：此词“把去姬的丰韵玉貌，来踪去迹，约束在百字内的词阕中”[②]。这些说法是可以成立的。那么，此词是怎样来描写其“来踪去迹”的呢？按照顺序，词中出现三个地名：上国、吴苑、咸阳。“上国”指京城，依次可看出，他们的相识及相爱是在“上国”，梦窗在《塞翁吟》中也用到此词：“想初寄、上国书时。”“占香上国”表明他们爱情发生的地点是在京城。“吴苑”指苏州。换头四句梦窗用了范蠡的典故。范蠡自号鸱夷子皮，传说他功成身退后带西施泛游五湖。这里，梦窗以范蠡自况，以西施喻其姬，写他们一起由杭赴苏。“咸阳”泛指京城也即杭州，“送客咸阳”暗用李贺诗典“衰兰送客咸阳道，天若有情天亦老”（《金铜仙人辞汉歌》）切玉兰和离别。可见，最后“最伤情”三句写他们在京城分手时生离死别的一幕。从词中可知，梦窗曾与其姬一起在苏杭生活过，所谓“苏州遣妾”和“杭州亡妾”应是同一人。

梦窗生前曾自编词集，可惜今已不传。毛氏汲古阁刊《梦窗四稿》，卷中屡注“旧刊云云”，不知即是梦窗自编集否？但很有可能毛氏《梦窗四稿》作品之排列是依据宋本。《琐窗寒·玉兰》载全集之首，很有可能是梦窗模仿李商隐之《锦瑟》。钱锺书先生称《锦瑟》：“自题其诗，开宗明义，略同编集之自序。”[③]周汝昌以为“我觉得如谓《锦瑟》中有生离死别之恨，恐怕也不能说是全出臆断”。[④]宋人理解此诗也都以为是恋情诗，且认为锦瑟即令狐楚之婢女。[⑤]以梦窗对商隐诗之谙熟和心仪，很可能《琐窗寒·玉兰》中之“玉兰”即其恋姬之字号，将此篇放在首位亦带自序自传性质。

此外，梦窗集中有大量将苏州和杭州情事交织在一起写的篇什。如梦窗有一苏一杭两位恋姬，为何在每次怀人词中都要把她们交织在一起写？试看

① 杨铁夫：《吴梦窗词笺释》，第3页。

② 陈廉贞：《读吴梦窗词》，《光明日报》1957年4月28日。

③ 钱锺书：《冯注玉溪生诗集诠评》未刊稿，见刘学锴、余恕诚《李商隐诗歌集解》，中华书局1988年版，第1434页。

④ 萧涤非、程千帆等编：《唐诗鉴赏辞典》，上海辞书出版社1983年版，第1128页。

⑤（宋）刘攽：《中山诗话》，见丁福保编《历代诗话》，中华书局1981年版，第287页。（宋）计有功：《唐诗记事》，上海古籍出版社2008年版，第811页。

以下诸词:《莺啼序·荷和赵修全韵》第三叠回忆杭州情事:“西湖旧日,画舸频移,叹几萦梦寐……”,第四叠写到苏州:“残蝉度曲,唱彻西园,也感红怨翠……”;《宴清都》上阕写西湖情事:“痛恨不、买断斜阳,西湖酿入春酒”,下阕转到苏州:“吴宫乱水斜烟,留连倦客,慵更回首”;《六丑·壬寅岁吴门元夕风雨》明点作于苏州,词末却回忆到杭州:“向夜永,更说长安梦,灯花正结。”梦窗词中的“梦”往往喻其爱情生活。如“醉云又兼醒雨,楚梦时来往”(《解蹀躞》);“梦惊回,林鸦起,曲屏春事天远”(《塞垣春》),则是上词在描写苏州情事“青鸾杳,钿车音绝”时,又回忆起他们一起在京城共度的爱情生活。又如《风入松·桂》上阕写“暮烟疏雨西园路”,下阕写“忆西湖、临水开窗”,地点甚是分明。像这样在一首词中将两地生活放在一起描写,绝不是偶然的事,正是因为梦窗曾与其姬一块在杭州、苏州生活过,所以每当他重温旧情,回味往事时。这两地生活的情景就会纷至沓来,使他难以为怀,惆怅万分。

梦窗词中最长之《莺啼序》词,记其“十载西湖”时与恋姬初遇、初恋、结合及诀别、吊亡之深情,此词也是将两地生活交织在一起写的,词中有“燕来晚,飞入西城”、“晴烟冉冉吴宫树”、“水乡尚寄旅”等话。考梦窗集中,有西园(《瑞鹤仙》、《点绛唇》等)、西池(《解连环》、《夜行船》等)、西馆(《金盏子》),均特指苏州,是则“西城”亦当是指梦窗吴中居处。“吴宫树”更是明指苏州,而“水乡”也绝不会是指杭州,杭州作为都城繁华无比,不能用“水乡”来指代,这一无考的水乡恐怕也就是指苏州。梦窗在此词中将两地生活交织起来写一段恋情亦可证实“苏州遣妾”、“杭州亡妾”就为同一人。

另外,梦窗集中其所恋女子均是一种类型的,那就是玉瘦冰清、风姿绰约而又哀怨含情。如“一握柔葱,香染溜巾汗”(《点绛唇》);“行云梦中认琼娘,冰肌瘦,窈窕风前纤缟”(《花犯》);“印藓迹双鸳,记穿林窈”(《三姝媚》);“帘半卷,带黄花,人在小楼”(《声声慢》),“隔江人在雨声中,晚风菰叶生秋怨”(《踏莎行》)等等,这也可作为梦窗的恋人是一人的证据。

夏承焘先生说法与实际不符。夏先生认为梦窗怀人词中,夏秋是怀苏州遣妾,春季是怀杭州亡妾。但翻开梦窗词,我们可看到梦窗在苏州既有夏秋的怀人词,也有大量寒食清明的怀人词。后者如《风入松》:“听风听雨过清明……西园日日扫林亭。"《瑞鹤仙》："垂杨暗吴苑。正旗亭烟冷，河桥风暖。"《点绛唇》："时霎清明，载花不过西园路。"《浪淘沙》："往事一潸然，莫过西园。……燕子不知春事改，时立秋千。"而梦窗在杭州既有清明寒食的怀人词，也有秋天的怀人词，如《齐天乐》之"烟波桃叶西陵路，十年魂断潮尾……可惜秋宵，乱蛩疏雨里"。当然夏承焘指出梦窗怀人词春天喜写杭州、秋天喜写苏州，也是客观存在的现象，这一现象正好反映了梦窗与其姬初会、离别的情景。他们的初会时间是在寒食清明之际，地点是杭州，其情景在梦窗词中有大量反映："千丝怨碧，渐路入、仙坞迷津，肠漫回，隔花时见、背面楚腰身"（《渡江云三犯》）；"正旗亭烟冷，河桥风暖，兰情蕙盼。惹相思、春根酒畔"（《瑞鹤仙》）；"溯红渐，招入仙溪，锦儿偷寄幽素"（《莺啼序》）；"飞盖争避处，犹解佩旗亭，故人相遇"（《扫花游》）。他们的分手是在秋天，地点是在苏州，梦窗曾将其姬从苏州送回杭州。梦窗词中有："惟有别时难忘，冷烟疏雨秋深"（《朝中措》）；"何处合成愁，离人心上秋"（《唐多令》）；"越山青断西陵浦，一片密阴疏雨，潮带旧愁生暮，曾折垂杨处"（《桃源忆故人》）；"峭寒暮，更萧萧，陇头人去"（《扫花游》）。从初会到离别，从杭州到苏州，再到杭州，这其实很清楚是一个人。

夏承焘先生又认为梦窗苏州恋人是遣妾，杭州恋人是亡妾，这一说法也是不完整的。梦窗《昼锦堂》词写于他二到杭州、"独鹤华表重归"之际，词中用了一极明了的譬喻："难忘处，犹恨绣笼，无端误放莺飞"，对放琴客一事表示了极大的懊悔，是则杭州亡妾亦为遣妾。夏先生认为梦窗恋人"一死一遣，约略可稽"，其实应纠正为"先遣后死"。因为他自己也在《系年》中以为"苏妾遣后或流落杭州"，而杭州亡妾"其人必死于别后"。这实质上是一个人。

根据以上推断，我以为梦窗情事之谜可解开，即梦窗的怀人词全是写给一人的。联系梦窗的其他词，我们可串成一部凄婉的恋爱史：

梦窗"十载西湖"时期，与一女子倾心相爱，但这种爱情似乎为封建礼法所不容，因此，他们的爱情只能以非公开的形式发展。表现在梦窗词中是"密约偷香□踏青。小车随马过南屏"（《定风波》）；"溯红渐，招入仙溪，锦儿偷寄幽素"（《莺啼序》）。他们爱情发生的地点只能是"春江"："练单夜共，波心宿处，琼箫吹月霓裳舞"（《莺啼序·荷和赵修全韵》）；"渔灯分影春江宿，记当时、短楫桃根渡。”（《莺啼序》）由于爱情欢乐的短暂，使他们常常产生如梦似幻之感：“春梦人间须断，但怪得当年，梦缘能短”（《三姝媚》），“十年一梦凄凉”（《夜合花》）。为了摆脱这种困境，他们一起到了“吴苑”，在苏州共度了一段较幸福稳定的生活：“犹记初来吴苑……嬉游是处，风光无际，舞葱歌蒨”（《水龙吟·癸卯元夕》）；“横塘棹穿艳锦，引鸳鸯弄水。断霞晚，笑折花归，绀纱低护灯蕊。”（《莺啼序·荷和赵修全韵》）即便是短暂的外出，人分两地，而他的心绪却还系在其恋人的身旁：“念秦楼，也拟人归，应剪菖蒲自酌。”（《澡兰香·淮安重午》）可是，好景不长，这种美好的生活由于一种外来的干扰而被迫结束，这就是“燕辞归，客尚淹留”（《唐多令·惜别》），“宜城当时放客，认燕泥旧迹，返照楼空”（《秋雁过妆楼》）。梦窗在遣姬之初还不时托人了解其情况，万俟绍之《江神子·赠妓寄梦窗》中有“我已相将飞棹过长安，为说崔徽憔悴损，须觅取，锦笺还”，并描述其姬情状是“十年心事上眉端。梦惊残，琐窗寒”，词中暗嵌梦窗两字。《忆旧游·别黄澹翁》中也写道：“西湖断桥路……问离巢孤燕，飞过谁家？”并一直盼其归来：“人间宝镜离仍合，海上仙山去复还。”（《思佳客》）等他第二次重到杭城，故地重游之际，其姬则已死，所谓“别后访、六桥无信，事往花萎。瘗玉埋香，几番风雨”（《莺啼序》）。

千百年来，对梦窗词毁誉不一，誉之者推崇备至，毁之者一片指责。指责的焦点在于吴词难读：“其失在用事下语太晦涩处，人不可晓”[①]，“吴梦窗词如七宝楼台，眩人眼目，拆碎下来，不成片断”[②]，“梦窗之词，吾得取其词中之一语以评之，曰：‘映梦窗，零乱碧’”[③]。胡适在批评吴文英的《琐窗寒·玉兰》时说：“这一大串的套语和古典，堆砌起来，中间又没有什么‘诗的情绪’或‘诗的意境’作个纲领；我们只见他时而说人，时而说花；一会儿说蛮腥和吴苑，一会儿又在咸阳送客了。”[④]梦窗词难道真的如此难懂？从知人论世言，我以为迎刃而解的关键在于对其生平和情事的明晰了解。梦窗词无处不有其情事的折映，这种“情结”使他的心理感知和审美格局是独特的。

---

① （宋）沈义父：《乐府指迷》，见唐圭璋编《词话丛编》，中华书局1986年版，第278页。
② （宋）张炎：《词源》，见唐圭璋编《词话丛编》，中华书局1986年版，第295页。
③ 况周颐、王国维：《蕙风词话　人间词话》，人民文学出版社1982年版，第215页。
④ 胡适：《词选》，商务印书馆1927年版，第343页。

“蠹损歌纨人去久，漫泪沾，香兰如笑”（《珍珠帘》），“黄蜂频扑秋千索，有当时、纤手香凝”（《风入松》），这些咏物词都不是纯写物态，而是物中有人，杨铁夫《吴梦窗词笺释》中云：“以花比人，吴词屡见。”本文揭开吴文英生平中的两个谜团，非为猎奇或为考证而考证，而是以为用以上两说来解释吴词会释然开朗，并可澄清前人对梦窗的种种误解，是为作意。

（原载《文学遗产》1993年第2期）

【作者简介】

钱锡生，男，1962年生，江苏张家港人。1987年考入苏州大学，师从杨海明先生攻读硕士学位，1990年获文学硕士学位。2003年继续师从杨海明先生在职攻读博士研究生，2007年获博士学位。现为苏州大学文学院教授、博士生导师。著有《唐宋词传播方式研究》、《化古为新：唐宋词对前人诗歌的接受》等。

秦观词接受史管窥

董希平

秦观词横空出世至今，已有近千年的历史。然而，作为中国词史链条上耀人眼目的一环，它在今人眼中的风貌并不尽如它在历史上所呈现的面目。如果我们追溯一下秦观词的传播接受过程，就会发现它在词史长河的跌宕起伏中所显示的变幻不定的风采。

宋：当代词手与作家歌

秦观及其词在宋代就已经享有盛誉。称秦氏为当代词手[①]，称其词为“能特立清新之意，删削靡曼之词”的“作家歌”[②]，几乎是南北宋论者的共识。当少游尚在世，其词尚以单篇形式流播为主的时候，不论是“陪燕游”、“酬妙舞清歌，丽锦缠头”而“谩赢得、青楼薄幸名存”的游冶篇章，还是“潘鬓点、吴霜渐稠”的感时伤怀篇什，都大受欢迎。一篇既成，往往海内争颂。年轻人甚至开始热热闹闹注解起秦观词，如曾经和苏轼诗词唱和的章质夫，其家中子弟就有人这样做[③]。当日理学名家伊川先生程颐也熟悉秦词。他曾就“天若有情，天也为人烦恼”责问少游：“是公之词否？”少游意伊川赏之，拱

---

① （宋）陈师道：《后山诗话》，见何文焕《历代诗话》，中华书局 1981 年版，第 309 页。

② （宋）张炎：《词源·序》，人民文学出版社 1963 年版，第 1 页。

③ （宋）曾季狸《艇斋诗话》：“章质夫家子弟有注少游词者。”见丁福保辑《历代诗话续编》，中华书局 1983 年版，第 309 页。

手逊谢。伊川云："上穹尊严，安得易而侮之?"[1]伊川头巾气十足的责难虽不足道，但当日人们热衷于谈论品评秦词的盛况于此可见一斑。

苏轼和苏门诸君子应该是秦词的重要读者，也是最早对秦观及其词作出权威评价的论者。陈师道《后山诗话》云："退之以文为诗，子瞻以诗为词，如教坊雷大使之舞，虽极天下之工，要非本色。今代词手，唯秦七黄九耳，唐诸人不逮也。"[2]而在凌驾唐宋诸词客的秦黄两人中，晁无咎讥嘲黄庭坚词"不是当家语，自是着腔子唱好诗"，论及少游，晁氏则充满了赞赏之情："近世以来作者，皆不及少游。"并拈出"斜阳外，寒鸦数点，流水绕孤村"，说："虽不识字，亦知是天生好言语。"[3]至于苏东坡自己，虽然有批评秦氏学柳七和用语啰唆这一类疵病的言论，但不自觉中也将秦词视为当行本色的词家正宗，将自己的词作与秦词相比较。《王直方诗话》载，苏轼尝以所作小词给晁补之、张耒看，问："何如少游?"二人却也不客气："少游诗似小词，先生小词似诗。"[4]苏门诸学士的看法，应当是当时的公论。秦观去世后，黄庭坚在《寄贺方回》一诗中对秦词的写情本色也予以推许：

> 少游醉卧古藤下，谁与愁眉唱一杯?
> 解作江南断肠句，只今唯有贺方回!

这样，认为秦词不仅合乐，而且在辞采和写情上有别于诗，具备了词的本色，遂成为北宋人在解读秦词过程中形成的共识。后来叶梦得的一段述评，似可作为揭示北宋时秦词流播情况的代表之论：

> 秦观少游亦喜为乐府，语工而入律，知乐者谓之作家歌，元丰间盛行于淮楚。……"山抹微云，天粘衰草"，尤为当时所传。[5]

---

① （宋）袁文：《瓮牖闲评》卷五，上海古籍出版社1985年版，第50—51页。
② （宋）陈师道：《后山诗话》，第309页。
③ （宋）胡仔：《苕溪渔隐丛话》后集卷三十三，人民文学出版社1962年版，第253页。
④ （宋）胡仔：《苕溪渔隐丛话》前集卷四十二，第284页。
⑤ （宋）叶梦得：《石林避暑录话》卷三，上海古籍出版社1980年影印涵芬楼本。

在一片宏观的赞美声中，蔡伯世的评论开始变得具体而细致："苏东坡辞胜乎情，柳耆卿情胜乎辞，辞情兼称者，唯少游而已。"① 而李清照《词论》以词"别是一家"的标准来检讨品评北宋诸家，在继苏轼以秦词"气格为病"② 之后，第一次具体地对秦词的缺憾提出了自己的见解："秦（观）即专主情致，而少故实。譬如贫家美女，虽妍丽丰逸，而终乏富贵态。"③ 惜乎响应者寥寥。而李氏自己填词实际上也是"主情致"而"少故实"。

其后，对秦词的评论显示出论者更加成熟和理性，并表现出对前人论述秦词的反思，虽然论调开始有点褒贬不一，但由于论者多有所感而发，论证过程细密，因而显得更加客观。如胡仔驳陈师道对"秦七黄九"的赞誉，虽然首先面临的还是几乎举世称颂秦词这一大前提："柳（永）之乐章，人多称之。然大概非羁旅穷愁之词，则闺门淫蝶之语；若以欧阳永叔、……秦少游辈较之，万万相辽。"但在谈到陈师道誉秦黄为今代词手，晁无咎讥黄词是"着腔子唱好诗"时，胡仔却并不盲目附和，驳道："自今视之，黄词亦有佳者，第无多耳。少游词虽婉美，然格力失之弱。二公之言，殊过誉也。"④ 同样，王灼则直接指出少游词虽"俊逸精妙"，但由于其人遭际坎坷，遂使其词沾染风尘之气，即所谓"屡困京洛，故疏荡之风不除"。⑤

值得注意的是，南渡后词坛复雅风潮涌起，求雅求韵成为主流，这与北宋人论词立足本色协律有所不同，此时秦词为人所推崇处与北宋相较便有了微妙的变化。秦词的婉美清丽作为清雅特征的主要组成部分，大受论者注目。洪迈曾指出，秦氏《八六子》(倚危亭)"片片飞花弄晚，濛濛残雨笼晴。正销凝，黄鹂又啼数声"为名流推激的原因，即是"语句清峭"；⑥ 杨万里《送子弟赴郴州使君罗达甫寺正之招》一诗中对于秦氏妙语韵声的欣赏更是溢于言表，从中也可见出秦词这一风貌已是深入人心：

---

① （宋）孙兢：《竹坡老人词序》，见吴讷编《百家词》，天津市古籍书店 1992 年版，第 1079 页。

② （宋）叶梦得：《石林避暑录话》卷三，上海古籍出版社 1980 年影印涵芬楼本。

③ （宋）胡仔：《苕溪渔隐丛话》后集卷三十三，第 254 页。

④ （宋）胡仔：《苕溪渔隐丛话》后集卷三十三，第 253 页。

⑤ （宋）王灼：《碧鸡漫志》卷二，中华书局 1991 年版，第 10 页。

⑥ （宋）洪迈：《容斋随笔·四笔》卷十三，上海古籍出版社 1978 年版，第 772 页。

郴山奇变水清泻，郴江幸绕郴山下。
韩秦妙语久绝弦，谁煎凤嘴续此篇？

综观宋人诸评，绝少有如今人这样以软媚香艳诟秦词者。如张炎《词源》以清高骚雅为尚，推崇姜白石、周美成，对“作词者颇多效其（美成）体制，失之软媚而无所取”颇多微词，但论及少游，在序文中即将其视为宋代合乎雅词规范的有数词家之一：

> 旧有刊本《六十家词》，可歌可颂者，指不多屈。中间如秦少游、高竹屋、姜白石、史邦卿、吴梦窗，此数家格调不侔，句法挺异，俱能特立清新之意，删削靡曼之词，自成一家，各名于世。①

他论及作词之法，更以秦词作为范例，加以征引；品评其他词人，也往往选择秦词作品为颇具可比性的标准，如在“杂论”中，论苏东坡《哨遍》之精妙，认为“周（邦彦）、秦（观）诸人所不能到”；②论元好问词，以为“深于用事，精于炼句，有风流蕴藉处不减周、秦”。当然，张炎并不以为秦词白璧无瑕，他在论证“大词之料，可以敛为小词；小词之料，不可展为大词”，就以秦观《水龙吟》（小楼连苑横空）“犹且不免为东坡所诮”作为反证。③张炎在纵论宋词诸家时，他对秦观作品的评价可代表南宋风雅词人对秦词的基本看法：“秦少游词体淡雅，气骨不衰。清丽中不断意脉，咀嚼无滓，久而知味。”④看来北宋词人中似乎只有少游集歌词诸美于一身。

南宋时期，以别样标准解读诠释秦词者也不乏其人，辛派词人刘克庄在《辛稼轩集序》中赞美辛弃疾词“秾纤绵密者亦不在小晏、秦郎之下”⑤。显然，

① （宋）张炎著、夏承焘校注：《词源注·原序》，人民文学出版社 1963 年版，第 9 页。
② （宋）张炎著、夏承焘校注：《词源注·原序》，第 30 页。
③ （宋）张炎著、夏承焘校注：《词源注·原序》，第 27–28 页。
④ （宋）张炎著、夏承焘校注：《词源注·原序》，第 31 页。
⑤ 施蛰存：《词籍序跋萃编》卷三，中国社会科学出版社 1994 年版，第 200 页。

在刘克庄眼里，秦氏算得上是“秾纤绵密”词风的最高标准之一。而孝宗淳熙间陈𬳽在为曹冠词集所作《燕喜词叙》中则以苏、秦相较，扬苏而抑秦：

> 盖东坡平日耿介直谅，……歌《赤壁》之词，使人抵掌激昂，而有击楫中流之心。歌《哨遍》之词，使人甘心淡泊，而有种菊东篱之兴。俗士则酣寐而不闻。少游情意妩媚，见于词则秾艳纤丽，类多脂粉气味，至今脍炙人口，宁不有愧于东坡耶？①

陈氏以“类多脂粉气味”来评价秦词，几乎是秦词接受史上负面评论的经典，它与百余年前东坡“气格为病”及胡仔“格力失之弱”的论断相比，更加具体深入。

概言之，在宋代二百余年的秦词品评接受过程中，秦观一直享有崇高的地位。北宋人立足本色、协律。秦词遂号称“作家歌”；南宋人多尚雅求韵，秦词又被奉为“特立清新之意，删削靡曼之词”的雅词楷模，成为评词、填词的标准与典范。与上述诸评相始终，从“气格为病”到“格力失之弱”到“类多脂粉气味”，这一系列慧眼独具却与接受大潮不甚合拍的声音在二百年中也是绵延不绝，调整着接受大众的接受心理及对秦词的评价倾向。

元明：在婉约言情词人群中定位

元明之际，诗、词、曲并行，在对三者体制进行辨别界定的背景下，明人对词的审美趣味开始偏离宋人，向“俗”“艳”靠拢，王世贞论“隋炀帝《望江南》为词祖”云：

> 词者，乐府之变也。……故词须宛转绵丽，浅至儇俏，挟春月烟花于闺幨内奏之，一语之艳，令人魂绝；一字之工，令人色飞，乃为贵耳。至于慨慨磊落，纵横豪爽，亦抑其次，不

① 同上。

可作耳，作则为大雅罪人，勿儒冠而胡服也。[①]

这代表了明人普遍的词体观。虽然明人也推崇秦词，也如宋人一样奉秦氏为词家正宗，但他们的理由不同于宋人的“当行本色”、“语工入律”，而是认为秦词符合词“婉娈而近情”、“柔靡而近俗”的正宗标准。为宋人所诟病的秦词的“气格”、“格力”之病、弱，恰恰成了明人推崇秦词的优长之处，其婉娈柔靡的格调成为明人给秦氏在词史定位的依据。王世贞论“词之正宗与变体”，将柳永、秦观、李清照与李煜、晏氏父子、周邦彦同列为正宗，认为“言其（词）业，李氏、晏氏父子、耆卿、子野、美成、少游、易安至矣，词之正宗也”，[②] 已透露出个中消息。王氏“论孙、李、秦词”又第一次将秦观与孙夫人、李清照两位女词人并列，指出秦词与“看朱成碧”的孙词、“憔悴支离”的李词相比，“一二时无间矣”、“非深于闺恨者不能也”，这是自宋以来，明人依据自己的审美趣味，明确对秦词的女性化与闺恨气特点予以赞扬的较早言论。自此，宋人对秦诗“小石调”的讥诮和金人元好问对秦诗“女郎诗”的评价，开始被明人不知不觉地用于品评秦词，并给予肯定性评价。

嘉靖间，张綖开始将词体析为婉约、豪放二格，以前者为正宗，将少游定位于婉约一格，他在《诗余图谱》“凡例”中说：

按词体大略有二：一体婉约，一体豪放，婉约者欲其词情蕴藉，豪放者欲其气象恢弘，盖亦存乎其人。如秦少游之作多是婉约，苏子瞻之作多是豪放。大抵词体以婉约为正，故东坡称少游为今之词手，后山评东坡词虽极天下之工，要非本色。[③]

嗣后，豪放、婉约并称，而苏、秦遂得分立，秦观、李清照渐成为婉转绵丽一格的代表。俞彦论“柳词之所本”，重拾宋人“一洗绮罗香泽之态”、“非吃人间烟火语”的尊苏话头时，已是非常自然地将秦、李并称：

---

① （明）王世贞：《艺苑卮言》，见唐圭璋编《词话丛编》，中华书局1986年版，第383页。

② 同上。

③ （明）张綖：《诗余图谱》凡例，明嘉靖十五年丙申张綖刊本。

> 子瞻词无一语着人间烟火，此自大罗天上一种，不必与少游、易安辈较量体裁也。[1]

将词体分为婉约、豪放两格而奉婉约为正宗，将少游词置于婉约之中，并以秦、李风格近似而并提合称来印证少游在婉约词中的地位，这是明人看待秦词的主流观点。明人重词体，秦词地位水涨船高随之提升，这是明代秦词接受的重要背景。万历间，徐师曾在其《文体明辨序说》中，表述了对"诗余"的理解，这应该是明代人在诗、词、曲三体分辨鉴别方面，经过三百余年的对话所得出的最终结论，可为明人推许秦词作一注脚："词贵感人，要当以婉约为正，否则虽极精工，终乖本色，非有识之所取也。"[2] 王骥德在《曲律》中则从另一侧面进行了阐释："词曲不尚雄劲险峻，只一味妩媚闲艳，便称合作。是故苏长公、辛幼安并置两庑，不得入室。"[3] 可见，明人并非不知气象恢宏、雄劲险峻之词，但其崇尚者却唯有婉曲轻倩、纤丽灵便的词章。

这样，秦词又成为明人评词的典范，但这一次的典范内容与在宋代张炎《词源》中作典范的内容已大不相同。例如杨慎《词品》评明代多"蜂蝶绮罗"之句的词人冯伟寿时，就认为他"殊有前宋秦、晁风艳，比之晚宋酸馅味、教督气不侔矣"。[4]

理论上的评论探讨以外，在词选中评点批注秦词也是明人传播接受秦词的又一重要媒介。明人对秦词的批点数量之多可谓空前，它们直接结合作品，展示出读者接受文本时的心理状态与活动，是秦词影响效果的最直观显示。当时的诗词理论大家如杨慎、李攀龙、王世贞、沈际飞本身又是批点名家，这就更使秦词成为明人词论实践的样本。

翻检明人批点秦词处，艳美的物象、惝恍迷离的情境、匠心独运的用语结体技巧是评家落笔最多的地方。说明人欣赏口味流入妩媚浮艳也好，说他们眼界不够宏阔通达也好，但他们确是将秦词作为比曲雅、比诗俗的闺情悲

---

① （明）俞彦：《爰园词话》，见唐圭璋编《词话丛编》，中华书局1986年版，第402页。

② （明）徐师曾：《文体明辨序说·诗余》，人民文学出版社1962年版，第165页。

③ （明）王骥德：《王骥德曲律》卷四，湖南人民出版社1983年版，第264页。

④ （明）杨慎：《词品》卷四，见唐圭璋编《词话丛编》，第499页。

恨的载体来读的。秦词在花飞蝶舞中所传达出的细腻情思也正是他们所频频注目之处。

不同批注家对同一阕词的点评，往往近似，如《水龙吟》(小楼连苑）一首，批点者不约而同地注意到了词之“情”与用语安排之“巧”。杨慎眉批全篇道：“首句与换头一句，俱隐妓名‘东楼玉’三字，甚巧!”评“天还知道，和天也瘦”二句，则云：“情极之语，纤软特甚。”[①] 李攀龙则眉批道：“轻风微雨，写出暮春景色，有见月而不见人之憾，问天天不知。”评语则是：“按景缀情，最有余味。谓笔能开花，信然。”[②] 待月迎风之思与别人感时之怨，以及赋予这类情怀的碧云飞花，是秦词的批点热门，也是明人崇尚婉约词体这一倾向在大众消费领域内的反映。明代秦词消费热的升温，其关键处也在于此。崇祯乙亥（1635）王象晋在为其所编《秦张两先生诗余合璧》撰写的序言中，总结了秦氏词史地位及秦词的魅力所在：

> 诗余盛于赵宋，诸凡能文之士靡不舐墨吮毫，争吐其胸中之奇，竞相雄长。淮海一鸣，即苏黄且为逊席。盖诗有别才，从古志之，诗之一派流为诗余，其情郅，其词婉，使人诵之，浸淫渐渍而不自觉。总之不离温厚和平之旨者近是，故曰：诗之余也。此少游先生所独擅也。[③]

而沈际飞则在《草堂诗余序》中，发出词以“参差不齐之句，写郁勃难状之情，则尤至也”的感叹之余，罗列了苏、柳、秦词对不同读者群的影响，指出秦词影响至巨者，是女性读者：

> 甚而远方女子，读《淮海词》，亦解脍炙，继之以死。[④]

---

① （明）何士信辑、杨慎批点：《草堂诗余》卷四，见《丛书集成续编》第161册，上海书店1994年版，第345页。

② （明）吴从先辑：《新刻李于麟先生批评注释草堂诗余隽》卷二，明书林萧少衢师俭堂本。

③ （明）王象晋：《秦张两先生诗余合璧序》，见《四库全书存目丛书》第425册，齐鲁书社1997年版，第262页。

④ 施蛰存：《词籍序跋萃编》卷八，第668页。

这恐怕是秦词在明代接受大众中所留下的普遍印象。

综而观之，明人依自己的理解在婉约词的体格中为秦观词找到了归属，这无疑使他们对秦词的解读阐释细腻而具体；但局限于秦词女性化色彩的一方面，又使明人对秦词的理解显得偏狭而境界不广，这不能不成为一个时代的缺憾。

清：在总结与探究中开拓

经过几百年的积淀，清人对于秦词的接受心理渐趋成熟稳健。与宋元明人相比，他们对秦词的阐释显得广博而深刻，在反思前人对秦词的理解与评论的基础上予以总结，并渗入自己独到的见解。由于清代词学批评思潮先后经历了辨词体与觅词统、讲醇雅、重兴寄与分正变、求新变等阶段，与之相适应，讨论秦观词史地位、辨析秦观词风及探究秦观词心，遂成为这一时期接受秦词过程中清人最为关心的三大问题。

（一）辨词统·祖承温韦开启清真

在号称词学中兴的清代，秦观虽然起初就被给予了较高的词史地位，但他在词统中的重要性却经历了一个渐次的、具体深入的认识过程。

一方面，清人翻出宋代就已争论不休的秦黄孰优孰劣的官司，在不断深入的论析中扬秦抑黄，强化了秦观的词史地位。彭孙遹论“黄不及秦”：“词家每以秦七黄九并称，其实黄不及秦远甚。犹高之视史，刘之视辛，虽齐名一时，而优劣自不可掩。”[①] 这近乎老调重弹。不过在李调元看来，秦、黄并列甚至是不可思议，他说：“后山谓‘今词家惟秦七、黄九’，此语大不可解。山谷惟工诗耳，词非所长。”[②] 李调元在论及“山谷改少游词”时指出秦优黄劣的例证，以为少游《河传》词末句“瘦杀人，天不管”与山谷和作的尾句“好杀人，天不管”相比，“巧拙亦于此一字见之，黄九不敌秦七，亦是一证”。[③] 在清人尊词体的背景下，柳七风味往往不为人所赏，冯煦“论黄庭坚

① （清）彭孙遹：《金粟词话》，见唐圭璋编《词话丛编》，第 722 页。

② （清）李调元：《雨村词话》卷一，见唐圭璋编《词话丛编》，第 1400 页。

③ （清）李调元：《雨村词话》卷一，见唐圭璋编《词话丛编》，第 1394-1395 页。

词”提及秦、黄，以黄比柳，抑黄而扬秦：“后山以秦七、黄九并称，其实黄非秦匹也。若以比柳，差为得之。”[①] 后来，一直到同治、光绪年间，常州词派大家陈廷焯进一步拉开了秦黄的差距，他论“黄不如秦”说：

> 秦七、黄九，并重当时。然黄之视秦，奚啻碔砆之与美玉？词贵缠绵，贵忠爱，贵沉郁，黄之鄙俚者无论矣。即以其高者而论，亦不过于倔强中见姿态耳。于倔强中见姿态，以之作诗，尚未必尽合，况以之为词耶？[②]

陈氏将秦词由原来的本色合律特色上升到了缠绵、忠爱、沉郁之境，以此压倒了黄九。在论“竹垞词独出冠时”时，陈氏针对朱彝尊“不师秦七、不师黄九，倚新声玉田差近”的自白，驳道：“夫秦七、黄九，岂可并称？师玉田不师秦七，所以不能深厚。不知秦七，亦何能知玉田？”[③] 这俨然将秦七捧过黄九，视为玉田（张炎）之源了。陈廷焯是执同、光词坛牛耳的大家，其观点代表了当时的主流，秦、黄优劣问题，至此似已有定论。

另一方面，通过鸟瞰唐宋词坛，辨析词统，清人使秦观的词史地位日趋重要、明朗。然而最初，秦氏的地位并不十分引人注目。如云间七子之一宋征璧虽许少游以宋代七大词人之三的地位，却并未详加推奖。其后尤侗在《词苑丛谈序》中以唐诗喻宋词，畅论两宋词统，则云：

> 唐诗有初、盛、中、晚，宋词亦有之。唐之诗，由六朝乐府而变；宋之词，由五代长短句而变。约而次之，小山、安陆，其词之初乎；淮海、清真，其词之盛乎；石帚、梦窗，似得其中；碧山、玉田，风斯晚矣。唐诗以李、杜为宗，而宋词苏、陆、辛、刘有太白之风，秦、黄、周、柳得少陵之体。[④]

① （清）冯煦：《蒿庵论词》，见唐圭璋编《词话丛编》，第 3586 页。
② （清）陈廷焯：《白雨斋词话》卷一，见唐圭璋编《词话丛编》，第 3784 页。
③ （清）陈廷焯：《白雨斋词话》卷三，见唐圭璋编《词话丛编》，第 3834 页。
④ （清）徐釚撰、唐圭璋校注：《词苑丛谈校注》，上海古籍出版社 1981 年版，第 3 页。

少游的词史地位，开始得到具体确认。但尤氏之论，在当时并未引起太大反响。如和尤侗差不多同时的贺裳论“秦柳周康词协律”，就认为秦观的杰出地位应显示在长调协律词人群中，当与柳、周、康比肩。[①] 后来，常州派宗主张惠言在《词选序》中提到秦观时，也是将其与张先、苏轼诸人一起泛泛而论，言：“渊渊乎文有其质焉。”[②] 可以说，相当长一段时间内，秦观是作为比较重要的名家或大家出现于清人视野内，其地位的关键、突出性尚不明朗。

真正开始将秦氏提到关键、突出地位的，是先著和田同之。先著有意将秦氏与在清代一直受到好评的周邦彦并提，其《词洁》卷三云：“词家正宗，则秦少游、周美成。”然而先著还是更欣赏周美成一些：“然秦之去周，不止三舍。宋末诸家，皆从美成出。”[③] 继而王士禛为《倚声初集》作序，详论乐府正变，秦观遂成为乐府正宗中关键一家：

> 诗之为功既穷，而声音之秘，势不能终废。于是温、和生，而《花间》作，李、晏出，而《草堂》兴。此诗之余，而乐府之变也。诗余者，古诗之苗裔也，语其正，则景、煜为之祖，至《漱玉》、《淮海》而极盛，高、史其大成也。……有诗人之词，唐、蜀、五代诸君子是也；有文人之词，晏、欧、秦、李诸君子是也；有词人之词，柳永、周美成、康与之之属是也……。[④]

王士禛这段序后来被田同之在其《西圃词说》收录，于是更广为人知。在当时词坛上，先、田二人观点相左、并非一派，但其推激秦观之心却无二致，这显示了秦氏地位变化的趋势。至刘熙载，少游位置又朝词源正宗前移，其“词曲概”云：“秦少游词，得《花间》、《尊前》遗韵，却能自出清新。东坡词雄姿逸气，高轶古人，且称少游为词手。山谷倾倒于少游《千秋岁》词

① （清）贺裳：《皱水轩词筌》，见唐圭璋编《词话丛编》，第 705 页。
② （清）张惠言：《词选》，中华书局 1957 年版，第 8 页。
③ （清）先著、程洪撰，胡念贻辑：《词洁辑评》，见唐圭璋编《词话丛编》，第 1356 页。
④ （清）邹祇谟、王士禛：《倚声初集》，南京图书馆藏清顺治十七年（1660）刻本。

‘落红万点愁如海’之句，至不敢和。”[①] 稍后的谢章铤在《赌棋山庄词话》中又将此前诸论予以融合发挥：

> 晏、秦之妙丽，源于李太白、温飞卿。[②]
>
> 欧阳、晏、秦，北宋之正宗也。柳耆卿失之滥，黄鲁直失之伧。白石、高、史，南宋之正宗也。吴梦窗失之涩，蒋竹山失之流。[③]

如果说，刘熙载、谢章铤试图将继承晚唐《花间》与北宋正宗这两种角色赋予少游一身，那么陈廷焯则使这一努力成为现实。其论“皋文蒿庵为风雅正宗”云：“温韦创古者也。晏、欧继温、韦之后，面目未改，神理全非，异乎温、韦者也。苏、辛、周、秦之于温韦，貌变而神不变，声色大开，本原则一。”[④] 其论“北宋南宋不可偏废”更以为少游不唯有承前之功，且有启后之力：“东坡、少游、方回、美成诸公，亦岂易及耶？况周秦两家，实为南宋导其先路，数典忘祖，其谓之何？”[⑤] 于是他以为“秦柳不可相提并论”：

> 少游自是作手，近开美成，导其先路；远祖温、韦，取其神不袭其貌，词至是乃一变焉。然变而不失其正，遂令议者不病其变，而转觉有不得不变者。后人动称“秦柳”，柳之视秦，为之奴隶而不足者，何可相提并论哉！[⑥]

至此，清人接受视野中的秦观，既得温韦嫡传，又启周邦彦及南宋诸家，成为唐宋词统一大正宗。

---

① （清）刘熙载：《艺概》卷四，上海古籍出版社1978年版，第109页。

② （清）谢章铤：《赌棋山庄词话》卷九“苏辛藩篱独辟”条，见唐圭璋编《词话丛编》，第3444页。

③ （清）谢章铤：《赌棋山庄词话》卷十二“两宋词评”，见唐圭璋编《词话丛编》，第3470页。

④ （清）陈廷焯：《白雨斋词话》卷八，见唐圭璋编《词话丛编》，第3965页。

⑤ （清）陈廷焯：《白雨斋词话》卷三，见唐圭璋编《词话丛编》，第3825页。

⑥ （清）陈廷焯：《白雨斋词话》卷一，见唐圭璋编《词话丛编》，第3785页。

至清末民初，况周颐扬言词学“以秦氏为山斗”[1]。王国维论“诗词工拙”、“有篇有句词家”，以少游为两宋“词之最工者”、“有篇有句”的有数词家之一，[2] 这虽是拥秦派推激秦氏之余波，然亦卓然可观。

（二）识词风·蕴藉风流

如前所述，每一代人的眼中的秦词风貌各不相同，宋人以为它本色协律，元明人以为它婉约凄艳，而清人解读、感受秦词风貌时，则强调其词貌之幽艳与词质之蕴藉，这两个特征在评论其词风的过程中也经历了一个由分立到融合的过程，并随着“词有兴寄”思潮的深入人心成为秦观“词心”论产生的重要背景和依据。

“蕴藉”、“风流”、“幽艳”是清人论及秦词风貌时使用频率最高的词汇，它们事实上也概括了清人眼中秦词风貌的两个特征。在接受过程中这两个特征也往往被交错提及，所受到的评价也时时变化。如清初沈谦《填词杂说》中赞扬张世文词时说：“风流蕴藉，不减周秦。”[3] 这就是将秦词词貌的两点特征作为创作标准提及的。但贺裳对秦词风流美艳显然并无好感，其论“词见世风”言及少游艳词时就斥之为“蔓草之偕藏，顿丘之执别”的“一一自供”，并借题发挥，说自己平生“亦悔习此技”。[4] 而与其差不多同时的邹祇谟则撇开了道德评价，其言“董文友词论”中称赞秦词含蓄悠长的词质为习词者楷模：“欧、晏蕴藉，秦、黄生动，一唱三叹，总以不尽为佳。”[5] 另外，贺裳也是一方面指责秦词“然形容处，殊无刻肌入骨之言，去韦庄、欧阳炯诸家，尚隔一层”，另一方面也承认“少游能曼声以和律，写景极凄婉动人”。[6]

到了康熙中叶，在以“风神豪迈”著称的郑燮眼中，秦词还是“少年游冶”（《词钞·自序》）者习法的对象，他在《与江昱、江恂书》中视婉丽为正格，并以戏剧喻词，认为“秦淮海、柳七则小旦也”[7]，此时，人们对秦词词

① 况周颐：《蕙风词话续编》卷二“高阳台”条，见唐圭璋编《词话丛编》，第 4558 页。

② 王国维：《人间词话·删稿》，见唐圭璋编《词话丛编》，第 4264、4265 页。

③ （清）沈谦：《填词杂说》“张世文词警策”条，见唐圭璋编《词话丛编》，第 633 页。

④ （清）贺裳：《皱水轩词筌》，见唐圭璋编《词话丛编》，第 705-706 页。

⑤ （清）邹祇谟：《远志斋词衷》，见唐圭璋编《词话丛编》，第 651 页。

⑥ （清）贺裳：《皱水轩词筌》“秦黄词评”，见唐圭璋编《词话丛编》，第 696 页。

⑦ 卞孝萱编：《郑板桥全集》，齐鲁书社 1985 年版，第 135、264 页。

貌的摹写还是有些粗糙，对这两个特征的把握还是分立而非融合的。

大约到了浙西词派后期，关于秦观词貌的认识开始变得细腻灵动，郭麐论“词有四派”，秦为其一：“施朱傅粉，学步习容，如宫女题红，含情幽艳，秦、周、贺晁诸人是也。”① 同时，随着“词有兴寄”思潮的盛行，少游词的风艳、蕴藉两特征也开始融合，周济介绍时人对秦词风貌的描绘，已透露出这方面的消息：

> 晋卿曰：“少游正以平易近人，故用力者终不能到。”
>
> 良卿曰：“少游词如花含苞，故不甚见其力量其实，后来作手无不胚胎于此。”②

即是周济自己，也认为少游词艳情中有身世之感。后来道光、咸丰间，李慈铭则索性认为风艳之象与含蓄之质的完美结合，乃是自己所悟的词之本色，其咸丰乙卯（1855）论纳兰词时谈到自己对作词的领悟，以为词“必若近若远，忽去忽来，如蛱蝶穿花，深深款款；又须于无情无绪中，令人十步九回，如佛言食蜜，中边皆甜”，并声称：“得此旨者，惟南唐二主及淮海等数家而已。”③

至谭献（复堂）、庄棫（中白）、陈廷焯，三人互通声气，少游词貌遂合风艳、蕴藉为一，陈廷焯引“中白论词”：

> 中白先生叙《复堂词》有云：“夫义可相附，义即不深，喻可专指，喻即不广。托志帏房，睠怀君国，温韦以下，有迹可寻。然而自宋及今，几九百载，少游美成而外，合者鲜矣。”④

谭、庄、周是同、光词坛风云人物，他们的推许，使对于秦氏词貌的描

① （清）郭麐：《灵芬馆词话》，见唐圭璋编《词话丛编》，第1503页。
② （清）周济：《介存斋论词杂著》，见唐圭璋编《词话丛编》，第1631–1632页。
③ （清）李慈铭：《越缦堂读书记》卷八“文学”(4)，商务印书馆1959年版，第914页。
④ （清）陈廷焯：《白雨斋词话》卷五，见唐圭璋编《词话丛编》，第3877页。

述几成定论。嗣后，陈氏操《词则》选政，批点秦词时更是处处强调艳情与寄慨的表里关系。黄苏批点《蓼园词选》，对秦词“寄慨无端”、“情词双绝”形象的描绘更是浓彩重笔：谓《鹊桥仙》(纤云弄巧)的“婉恻缠绵”是“慕君之念”；《风流子》(东风吹碧草)的“情致浓深”是“念京中旧友”；对《满庭芳》(晓色云开)更是字比句附，与张惠言解温、欧词毫无二致。① 一直到近代，论及少游词貌，王国维《人间词话》依然以为“终有品格”：“词之雅郑，在神不在貌。永叔、少游虽作艳语，终有品格。方之美成，便有淑女与倡伎之别。”②

当然，“寄托”虽可救秦词“风艳”，使其终有“品格”，但秦词风貌毕竟不是在所有人眼中都是无瑕之璧，张宗橚引楼俨评秦词，可谓妙语：“淮海风骨自高，如红梅着花，能以韵胜，觉清真亦无此气味也。”③ 但对于这枝“以韵胜”的红梅花，江顺诒却不以为然，其“就词字之意论词”云：“声之得者又有三：曰清，曰脆，曰涩。不脆则声不成，脆矣而不清则腻，清矣而不涩则浮。屯田、梦窗以不清伤气；淮海、玉田以不涩伤格。”④ 的确，秦词中大量的诗赋字面虽形成清华之象，但过犹不及，词采太过华美，影响到声律的顿挫，导致“不涩”，毕竟在音乐上伤害了词格。

回顾清人描绘秦词风貌的过程，可以看出风艳与蕴藉特征的分离融合过程，其中“词重兴寄”思潮的深入人心，则是这一融合过程的催化剂。正是在完善词貌的过程中，清人完成了对秦观“词心”的探究和构建。

(三)探词心·身世之感并入艳情

对于秦观词心与词境的探究，是清人接受评价秦词过程中的独创。在清代对秦词的热热闹闹的品评解读中，有见识的论者不再囿于律韵艳情、派承家数的老圈子，他们试图结合少游身世际遇，在他的词世界中，寻找出儿女情愫以外的成分；将秦词视为秦氏心灵在饱受坎坷后的外在折射，以少游词心为核，通过学养、才情、阅历向外辐射，形成一个语言“场”，这便是清人

---

① (清)黄苏:《蓼园词评》，见唐圭璋编《词话丛编》，第 3044、3088、3067 页。
② 王国维:《人间词话》，见唐圭璋编《词话丛编》，第 4246 页。
③ (清)张宗橚:《词林纪事》卷六，成都古籍书店 1982 年版，第 178 页。
④ (清)江顺诒:《词学集成》卷六，见唐圭璋编《词话丛编》，第 3283 页。

开辟的解读秦词的新境界。

周济《宋四家词选》对《满庭芳》(山抹微云)的眉批，标志着清人以自己全新的视角阐释秦词内涵与技巧的开始。他说："将身世之感打并入艳情，又是一法。"[①] 对少游临终前在光华亭上所作《好事近》(春路雨添花)，周氏则批道："隐括一生，结语遂作藤州之谶。造语奇警，不似少游寻常手笔。"[②] 秦观纤媚幽艳的词采，开始现出悲慨沉郁的底蕴。至冯煦，更将秦词的格调意蕴和秦氏早年气豪志盛、后期心忿情哀的经历联系起来，演绎出秦词世界的内核——词心。冯煦"论秦观词"云：

> 少游以绝尘之才，早于胜流，不可一世，而一谪南荒，遽丧灵宝，故所为词，寄慨身世，闲雅有情思，酒边花下，一往而深，而怨悱不乱，悄乎得小雅之意，后主而后，一人而已。昔张天如论相如之赋云："他人之赋，赋才也；长卿，赋心也。"予于少游之词亦云：他人之词，词才也；少游，词心也。得之于内，不可以传。虽子瞻之明隽，耆卿之幽秀，犹若有瞠乎后者，况其下邪！[③]

如果说，前人读秦多以词才为主的话，那么自周、冯二人开始则自词心入手，探其源而见其词心。冯氏随后在"论晏几道"中补充了对秦氏词心与才情的赞赏之意，并点明了秦氏词心中的沧桑之感："淮海、小山，真古之伤心人也，其淡语皆有味，浅语皆有致，求之两宋词人，实罕其匹。"[④] 由于秦氏流离不偶的身世遭遇和"清新妩丽，鲍谢似之"[⑤] 的学养襟怀，遂使秦词在清人眼中具有了感慨沉郁和幽艳清绮的双重色彩。

陈廷焯更将这词心视为内中之蕴，外化之韵，其论"少游为词心"以为此是秦词"高处"："美成意余言外，而痕迹消融，人苦不能领略。少游则义

① （清）周济：《宋四家词选目录序论·附录》，见唐圭璋编《词话丛编》，第 1652 页。
② （清）周济：《宋四家词选目录序论·附录》，见唐圭璋编《词话丛编》，第 1653 页。
③ （清）冯煦：《蒿庵论词》，见唐圭璋编《词话丛编》，第 3586–3587 页。
④ （清）冯煦：《蒿庵论词》，见唐圭璋编《词话丛编》，第 3587 页。
⑤ （宋）王安石：《回苏子瞻简》，《临川集》卷七十三，《四部丛刊》本。

蕴言中，韵流弦外，得其貌者，如鼹鼠之饮河，以为果腹矣，而不知沧海之外，更有河源也。"[①] 与上述理论上的思考相适应，清人在评点秦词时，也不再像明人那样醉心于飞燕柳莺、芳草林峦的表象及其编织技巧，而是开始在斜阳断肠、飞红愁海的氤氲中寻绎弦外之音、象外之旨。少游词"意在含蓄，如花初胎，故少重笔"这一内敛式风格，无疑也成为寻绎的根据，并增添了寻绎的魅力。观清人对秦词批点，在上述思想指导下比兴寄托之处比比皆是。

于是少游之词便有了"托兴自娟秀"的特质。黄苏《蓼园词选》中评秦观《眼儿媚》(楼上黄昏杏花寒)，以为秦词一部分可与杜诗"一律同看"[②]，似也顺理成章。后来王国维纵论"有我之境与无我之境"，以"可堪孤馆闭春寒，杜鹃声里斜阳暮"为"有我之境"，谓"有我之境，以我观物，故物皆着我之色彩"，[③] 也点出少游词心对词境的影响。

况周颐论"以吾言写吾心"，对词心进行定义，可谓清人"词心"观念在创作心理上的体现与总结：

> 吾听风雨，吾览江山，常觉风雨江山外有万不得已者在。此万不得已者，即词心也。而能以吾言写吾心，即吾词也。此万不得已者，由吾心酝酿而出，即吾词之真也。非可强为，亦无庸强求，视吾心之酝酿何如耳。[④]

在每个人具体的体验阅历的基础上，词心由沉冥杳蔼的心灵中酝酿而来，"非可强为，亦无庸强求"，少游一生起伏跌宕的心态与凄切缠绵的词境就这样联系在了一起。

由于清人结合词人身世、经历来诠释词章，秦氏词心词境终于出现了复合色彩，飘零怨郁的情绪中，有身世之慨，也有儿女之思；而不同论者以不同尺度对秦词的辨析，更使其显得多姿多彩。秦词在与有着高深素养的清代接受大众的相遇中，终于开掘出了新的美学意义。

---

① 陈廷焯：《白雨斋词话》卷八，见唐圭璋编《词话丛编》，第 3959 页。
② （清）黄苏：《蓼园词评》，见唐圭璋编《词话丛编》，第 3039 页。
③ （清）王国维：《人间词话》，见唐圭璋编《词话丛编》，第 4239 页。
④ 况周颐：《蕙风词话》卷一，见唐圭璋编《词话丛编》，第 4411 页。

历观自宋至清八百余年的秦词品评解读的接受中，由于不同时代读者的诠释方法、品评标准不同，在他们面前所呈现的秦词的内蕴与风采也各有差异。宋代强调词的音乐属性，秦词于是被誉为“作家歌”；明代崇尚俗艳词体，秦词于是成了“婉媚柔靡”的婉约典范；清人抬高词体地位，以知人论世的方法探讨秦词，结果发现它是秦氏人生感受的曲折表达，隐然有屈原芳草美人、老杜江湖思君的遗风。

（原载《文学评论》1999年青年学者专号）

【作者简介】

董希平，男，1970年生，山东莱阳人。1996—1999年就读于湖北大学文学院中国古代文学专业，师从王兆鹏先生，获得文学硕士学位。现为中国传媒大学文学院教授、博士生导师。著有《唐五代北宋前期词之研究：以诗词互动为中心》等。

赵师侠《坦庵词》略论

曹志平

南宋词人赵师侠，字介之，号坦庵，燕王德昭七世孙，临江军新淦（今属江西）人，有《坦庵词》一卷，存词一百五十四首，生卒年不详。《四库全书总目提要》云“盖南宋初人也”，饶宗颐《词集考》推测“似师侠生于建炎元年丁未（1127）以前”，似不确。毛晋汲古阁刻本《坦庵词》，题有明确年干者，始于丁亥即孝宗乾道三年（1167），止于丁巳即宁宗庆元三年（1197）除夕，其创作时期晚于南北宋之交的词人张元干、张孝祥，大约与陈亮、辛弃疾、陆游、杨万里、刘过等同时。据楼钥《益阳县丞赵君墓志铭》（《攻媿集》卷一〇二），赵师侠之父赵伯摅卒于孝宗乾道四年（1168）七月四日，享年五十有五，其母曹氏小他五岁。前推五十五年约为徽宗政和四年（1114），若以此年为赵伯摅生年，到高宗建炎元年，赵伯摅年方十四，曹氏年方九岁，因此，师侠作为仲子，定生于建炎之后无疑。楼钥《益阳县丞赵君墓志铭》、《宝谟阁待制致仕特赠龙图阁学士忠肃彭公神道碑》（《攻媿集》卷九六）又记彭龟年之续娶是赵伯摅次女即师侠胞妹，赵师侠与彭龟年有交往；彭龟年《止堂集》卷一五有《祭赵介之参议文》，而据《宋史》记载，彭龟年于宁宗开禧二年（1206）三月离世，那么，赵师侠去世当在宁宗庆元三年之后、开禧二年之前。又据《江西通志》载赵师侠淳熙二年（1175）乙未进士及第，《坦庵词》亦有调寄《酹江月》题“乙未白莲待廷对”词；而彭龟年《送赵介之赴春陵十首》之二（《止堂集》卷一八）云师侠“少年擢两科”，既云“少年”，当不超过三十，若自淳熙二年前推三十年，师侠当生于高宗绍兴十六年（1146）之后。可见，师侠历高宗、孝宗、光宗、宁宗四朝，属于南宋中期词人，这是考察词人创作背景的关键问题，必须辨证清楚。至于师侠生平其他行事，笔者另有拙文考证，此处不赘。

坦庵词清淡隽朗，自然流畅，在南宋词坛上堪称别调，如毛晋《坦庵词跋》所云：“或病其能作浅淡语，不能作绮艳语，余正谓诸家颂酒赓色，已极滥觞，存一淡妆以愧浓抹。”《四库全书总目提要》也说：“今观其集，萧疏淡远，不肯为剪红刻翠之文，洵词中之高格。”但迄今为止，坦庵及其词尚未引起学界关注。笔者不揣鄙陋，试作探讨。

一

坦庵作词如其“坦庵”名号，追求平易疏淡，摒弃浮艳雕琢，着意挥洒闲雅萧散的意趣，如谢章铤《赌棋山庄词话》所评“清绝滔滔”。他的一百五十四首词除了几首颂圣和祝寿外，不管是写景还是咏物，赠别还是和韵，其主题都与恢复大计无关，亦与艳情昵语无涉，其内容不干政事，不诉牢骚，不言富贵，亦不露寒酸。

《坦庵词》往往在写景咏物中寄寓自我志趣、抒发人生感慨，表现其不慕富贵、与世无争、随缘自适的怀抱，词情萧散，格调清雅。如《水调歌头·和石林韵》云：“幸有乔林修竹，随分粗衣粝食，何必计冠裳。我已乐萧散，谁与共平章。”他满意于乔林修竹的清幽环境，满足于粗衣粝食的萧散生活，“幸有”、“何必”两相映对，凸显了其“随分”之求、“萧散”之乐。坦庵虽也有花开花落、春去不归，人生如寄、韶华不久的淡淡哀愁和无奈，但常常能自我宽解：“百岁光阴难挽，一笑欢娱易失，莫惜酒盈卮。无计留连住，还是送春归。”（《水调歌头·癸卯信丰送春》）“恨年华，何去速，又来迟。绿阴浓映池沼，縠浪皱风漪。啭午莺声睍睆，滚地杨花飘荡，爱景惜芳卮。此意谁能解，一笑任春归。”（《水调歌头·戊申春陵用旧韵赋二词呈族守德远》之一）最终还是顺随自然，送春以归，任春以归，“一笑”二字，显示出词人心境的旷达和淡定，使人读来并没有消极颓废之感。

坦庵的这种心境贯穿其《坦庵词》。在淳熙二年（1175）进士及第前后的词中就有表露，如《酹江月·乙未中元自柳州过白莲》表达人生志趣："一叶扁舟，数声柔橹，陡觉红尘远。""贺监风流，玄真清致，我亦情非浅。渔蓑投老，利名何用深羡。"希望在湖光山色中，伴荷香，乘扁舟，隐居一生。又如作于孝宗淳熙戊申十五年（1188）的《水调歌头·戊申春陵用旧韵赋二词呈族守德远》之二曰："静中乐，闲中趣，自舒迟。心如止水，无风无自更生漪。已是都忘人我，一任吾身醒醉，有酒引连卮。万法无差别，融解即同归。"兼取老庄的任运自然、佛禅的万法皆空，追求适宜为乐、随遇而安、萧散自在，达到彻悟人生、参透禅机、"心如止水"、"人我两忘"的超然境界。

难能可贵的是坦庵的萧散常常交融着清景、淡饭等日常生活的舒适和惬意，清雅而不孤高，淡远而不冷寂，具有较为浓郁的生活气息，读来有一种亲切和清隽之感。如《满江红·丁巳和济时几宜送春》："去去春光，留不住、情怀索莫。那堪是、日长人困，雨余寒薄。叶底青青梅胜豆，枝头颗颗花留萼。叹流年、空有惜春心，凭春酌。非与是，忘今昨。且随时随分，强欢寻乐。世事燕鸿南北去，人生乌兔东西落。问故园、不负送春期，明年约。"这首词是坦庵后期作品，词人因留不住春光、挽不住流年而情怀落寞，但他却发现并捕捉了伴随春归而带来的另一份收获和惬意：逐渐深绿茂盛的叶底已经长出青青梅子，枝头花瓣虽已飘散但颗颗花萼却留有余香；今年春归欲留不住，但可相约明年故园迎春送春——在不问是非、不管今昨、随时随分的超脱、随缘之中，透显着他对故园和生活的热爱。

这种淡定从容的归隐之念、萧散闲雅之语在《坦庵词》中俯拾即是："悠悠，不复侥求。但安分、随缘休便休"（《沁园春·和伍子严避暑二首》之一），"尘世知何计，不老朱颜，静看日月跳丸"（《促拍满路花·信丰黄师尹跳珠亭》），"任乌飞兔走匆匆，世事亦何穷。官闲民不扰，更年丰。箪瓢云水，时与话西东。真乐谁能识，兀坐忘言，浩然天地之中"（《促拍满路花·瑞荫亭赠锦屏苗道人》），"富贵功名，本自无心逐，粝食粗衣随分足。此身安健他何欲"（《蝶恋花·戊申秋夜》），"利名汩没黄尘里，又哪知、清胜无穷。何日轻舠蓑笠，持竿独钓西风"（《风入松·戊申沿檄衡永，舟泛潇湘》），"人生一笑难同。更余韵、都藏笑中。日助清芬，酒添风味，须与从容"（《柳梢青·和张伯寿紫笑词》），等等。坦庵的人生没有消沉没也有逃遁，坦庵的人生感慨没有激愤也没有哀怨，他随分可遇“无穷”清景、“可乐”风光，他静心可观“溅雪”香茗、“跳丸”日月，他淡然地追求着生活的萧散，随缘地享受着生活的惬意，直到《坦庵词》系年最后一词都保持着这种淡定、随分和惬意：“归欤幸有园林胜，次第花开可自娱。”（《鹧鸪天·丁巳除夕》）

二

在萧散旷达、淡定从容的心境统摄下，坦庵词的意象选择与运用，带有清淡而灵动的审美特征。

首先，坦庵词的意象不鄙俗、不冷奥，多带有“清”气。《坦庵词》一百五十四首词“清”字使用频率最高，有三十八处之多，描写景物不仅有“清漪”、“清泉”、“清江”、“清阴”、“清霜”、“清芬”、“清香”、“清风”、“清声”、“清昼”、“清夜”、“清露”、“清暑”、“清胜”，而且有“景清”、“风清”、“花清”、“江清”、“露清”，书写感受不仅有“清兴”、“心清”，而且有“清致”、“清绝”、“澄清”、“清和”等。很多意象描写即使不以“清”字修饰也常带清雅韵致，写景如“凿破苍苔地，一掬泓澄，六花疑是深渊”（《促拍满路花·信丰黄师尹跳珠亭》）、“一水萦蓝，群峰耸翠，天接高寒”（《柳梢青·邵武熙春台席上呈修可叔》）等，是清新自然之景；四十首咏物词中咏梅九首、咏莲四首、咏荼蘼四首，所选物象多具清雅天然标格，如咏茉莉“玉骨无尘，冰姿有艳，雅淡天然别”（《酹江月·信丰赋茉莉》），咏梅“玉骨解凌风露，铅华不涴凝脂”（《画堂春·梅》）、“玉点枝头，犹自萧疏”（《一剪梅·丙辰冬长沙作》）等，着力表现一种内在的清雅气质和品格。可以说，坦庵借景物之“清”而感“清”兴、写“清”心、抒“清”情。

其次，坦庵词的意象不浓艳、不朴重，多带有“淡”味。坦庵也多以淡云、疏林、远山、烟树、迷江等淡远、空濛的意象来表达萧散淡泊意趣。如：“平林远岫浑如画，更渔村、返照斜红。两岸荻风策策，一江秋水溶溶”（《风入松·戊申沿檄衡永，舟泛潇湘》），“天弓摇挂孤光，映烟树、云间渺茫”（《柳梢青·鉴止月下赏莲》）、“斜日淡云笼，溪山烟霭中”（《菩萨蛮·春陵迎阳亭》）等，犹如一幅幅淡墨山水，洋溢着清疏淡雅之美。

再次，坦庵词的意象不艰涩、不凝滞，多带有“动”态。坦庵门人尹觉《题坦庵词》曾借苏轼自评其文之语“如泉出不择地”来评价坦庵为文自然流畅，实际上坦庵的词作也有这样的特点。坦庵对于景物的描写并不停留在静态观照，而注重动态呈现，并且意象组合常常按顺承的结构方式平铺开去，给人流畅自然的美感。如《水调歌头·癸卯信丰送春》“渐清和，微扇暑，日迟迟。新荷泛水摇漾，萍藻弄晴漪”，描写初夏景色，天气、太阳、新荷、水波、萍藻五个意象描写均为动态，而且意象之间的顺承衔接自然，景物描写充满清新和畅的气息。《少年游·梅》“雪破梢头，香传花外，春信入江南”，由梅花初绽的视觉特写，到梅花怒放、芳香四溢的嗅觉描写，再到江南早春已至的信息感知叙述，三个动态意象的组合把梅之花开——梅之香浓——梅带来了江南早春气息的高雅意趣逐步展示开来。这一个“破”字，刻画了梅花初绽的动态和力度，突出梅花的傲雪之姿和高洁之质，气韵高雅而灵动。

词人还善用叠字修辞手法，使景物意象更生动、鲜明，又加强音节之美。如写花草、树木、鸟虫：“芳草萋萋”、“夭桃灼灼，杨柳依依”、“袅袅垂铃”、“采采东篱”、“细细吹香，盈盈浥露”、“娉娉袅袅”、“灿灿红云”、“亭亭翠盖”、“翩翩黄叶”、“榕叶阴阴”、“漠漠轻阴”、“阴阴庭院”、“春景熙熙”、“百舌关关”、“声声历历”、“燕喃喃，蜂簇簇，蝶飞飞”等；写日、山、云、雨、烟、风、水：“爱日融融”、“春日迟迟”、“落日沉沉”、“群山灿灿”、“冉冉红云”、“茫茫云海”、“蔼蔼疏烟”、“冥冥烟雨”、“剪剪西风”、“风细细，露湍湍”、“松雪纷纷”、“同云幕幕，狂风浩浩”、“迟迟春昼长，冉冉东风软”、“流水溅溅”、“曲沼漪漪”、“渺渺绿波”、“淼淼澄清波面，依依紫翠山光”、“悠悠东去水，簇簇渔村市”等等。

三

坦庵以词来吟咏情性，抒写个人心志，近承石林，远绍东坡，而自成一体。他的词不涉男女艳情，也很少触及社会政治尤其是国家兴亡，他既没有同时代词人辛弃疾、陆游、陈亮等英雄志士表现激情壮怀、抒写英姿奇气的情不可遏，也没有后来姜夔、戴复古等江湖游士把眼前生活的闲趣、愁心与对社会现实的灰心、绝望融合起来的自觉追求。在坦庵词中，词的社会功能少了，审美自娱的功能强了，他以描写登临远望或旅途所见或身边日常即有的清淡自然的景象，来表现萧散淡泊的意趣，营造出清淡、自然、隽朗的词境，也不愧为词中高格，在南宋中期词坛上辟出另一蹊径。坦庵的这种心境与词风的形成，与时代风尚有关，更与他本人的身世、气质、性情密切相联，对此我们应该辩证看待。

赵师侠一生主要处在"隆兴和议"之后孝宗、光宗、宁宗四十多年的"中兴"时期，这时期宋金关系暂时趋向平和，社会相对比较稳定，经济得到发展，士人们开始满足于眼前的清景优游，如《西湖游览志余》卷二载："绍兴、淳熙之间，颇称康裕。君相纵逸，耽乐湖山，无复新亭之泪。士人林升者，题一绝于旅邸云：'山外青山楼外楼，西湖歌舞几时休。暖风熏得游人醉，直把杭州作汴州。'"类似的记载不少，足见当时逸豫之态。一些前期主战激进的士大夫如范成大、陆游、杨万里、周必大等等，为避祸全身也逐渐变得超脱起来，他们在竹林花海和铅黄书卷中排遣情累，安顿心灵。"中兴"词坛的审美好尚，已不在于慷慨激昂的铿锵镗鞳之音，而在平和闲雅的疏淡之味，世事看穿、流连风景、优游田园的作品在南宋中期词作中开始大量涌现，林泉隐逸主题、超然旷放格调成为"中兴"词坛主流之一，他们承继苏轼词风，词中的东坡即是闲旷超然的化身，如曹冠《哨遍》序"东坡采《归去来》词作《哨遍》，音调高古。双溪居士隐括《赤壁赋》，被之声歌，聊写达观之怀，寓超然之兴云"，就是典型代表。

不少词人面对国家危亡，不能实现恢复大志，被迫退居，赋闲山林，往往在超然、旷达的表象后压抑着壮志难酬的忧愤、孤高、失落与寂寞，并不时从诗词作品中喷发出来，在辛稼轩的田园词里有"却将万字平戎策，换得东家种树书"（辛弃疾《鹧鸪天》）的悲愤和无奈！被夏承焘先生评为"萧飒衰颓，道人隐士气息很浓重"的陆游，后期隐逸词也有英雄失路、排遣不得的压抑与忧愤，如《鹧鸪天》（家住苍烟落照间）一词描写词人隐居于山阴镜湖，在风景如画的大自然中恣游，但在"啸傲，任衰残，不妨随处一开颜"的旷达背后，实际蕴藏着难以压抑的忧愤，最后终于一吐心曲："元知造物心肠别，老却英雄似等闲！"使隐逸萧飒词情平添一股孤愤之气、苍凉之感。相比之下，坦庵的心境显得尤为萧散闲雅、淡定从容，词风显得更为清淡萧疏、自然平畅。

赵师侠一出生就处在秦桧专横跋扈的时代，他的青壮年时期主要是在政治相对清明的孝宗朝度过，政治环境并不要求、允许他必言“恢复”；而且他虽然官处下僚，但自己似乎对当时环境比较满意，其颂寿词《万年欢》盛赞“隆兴和议”以来的“太平”盛世曰：“万宇讴歌归舞，宝历新增。四七年间盛事，皇威畅、边鄙无尘。仁恩被，华夏咸安，太平极治欢声。”作于宁宗庆元二年（1196）的《满江红·丙辰中秋定王台即席饯富次律》对“和戎”政策、“中兴”政治大加颂赏：“皇华使，和戎策。西府赞，中兴业。”另外，“燕王宫宣州位宗室”（楼钥《宝谟阁待制致仕特赠龙图阁学士忠肃彭公神道碑》）的特殊身份也应该让他早早懂得人事纷扰，养成口不言事的习惯。早在作于乾道九年（1173）的《菩萨蛮·癸巳自豫章檄归》词中就以眼前江头风浪暗示人生波折：“电光云际掣，白浪天相接。不用怯风波，风波平地多。”其中“不用怯”三个字，显示自己早已作好准备，可以从容面对一切风浪。《浪淘沙·杏花》“飞片入帘栊，粉淡香浓，凤箫声断月明中。只恐明朝风雨恶，燕嘴泥融”，寄寓对人生风雨的一丝忧虑。因此，坦庵词更不可能激昂抒发恢复大计。另外，坦庵“性天夷旷”（尹觉《题坦庵词》），平生又关注道学之理，作词亦以吟咏情性，正如其门人尹觉《题坦庵词》序云：“以至得趣忘忧，乐天知命，兹又情性之自然也。”

总之，坦庵词没有反映国家大事、社会忧患，是其不足；平易流畅的意象组合和表达方式，也在一定程度上阻碍了词境的层深曲折，显得含蓄蕴藉不够，《四库全书总目提要》评曰“微伤率易，是其所偏”，是中肯的。

（原载《文学遗产》2009年第6期）

【作者简介】

曹志平，女，1965年生，山东嘉祥人。1996—2000年就读苏州大学文学院中国古代文学专业，师从杨海明先生，获得文学博士学位。现为曲阜师范大学文学院教授。著有《唐宋词艺术研究》等。

花间词简论

高峰

一

任何文学的兴起，都是多种条件合力作用的结果。花间词的出现，离不开特定时代、地域等诸多因素的影响。

唐玄宗天宝十四载（755）发生的安史之乱，使得唐王朝的统治遭到了重创；中唐以后政治的腐朽、社会的颓败，更令广大文士屈志难伸，背上了沉重的精神枷锁。面对着衰乱的时世，人们既有虚无之中的忧患，也获得了摆脱一切禁锢之后的轻松。社会文化回避那些金刚怒目的刚性文学，转而需要熨帖人心灵的慰藉，使得人们从焦躁、饥渴的状态中求得滋润和平衡。于是，消遣性、柔弱性、日常琐细化的软性文学应运而生。加之中唐以来南方都市经济的发展，市民阶层逐步壮大，追求世俗享乐的意识迅速膨胀，进而成为一股声势巨大的文化潮流。曲子词的兴盛正是迎合了这样的趋势，即如欧阳炯在《花间集序》中所云："举纤纤之玉指，拍按香檀。不无清绝之词，用助娇娆之态。"广大文人沉溺于身心的放纵，本能地开始浅淡情思和轻柔爱意的吟唱，通过绵邈软媚的词作传达出婉约细腻的心曲。正如李泽厚所说的那样："盛唐以其对事功的向往而有广阔的眼界和博大的气势；中唐是退缩和萧瑟，晚唐则以其对日常狭小生活的兴致，而向词过渡。这并非神秘的'气运'，而正是社会时代的变异发展所使然。"[①]

---

① 李泽厚：《美的历程》，文物出版社 1981 年版，第 156 页。

巴蜀地域文化对花间词的发展给予了强大的外部推动力量。“天府之国”优越的自然条件，使得蜀人的生活相当富足，养成了耽于享乐的习性，注重审美的直觉感受和天马行空的奇情异想；而且由于其性情的毕露，又令蜀地文学带上了技巧化、装饰性、炫才性的特点。同时，由于较少受到儒家规范的约束，蜀人多具热情奔放的浪漫个性，自古多经商又形成了其精细的心理特征。所有这些个性特征对于巴蜀文化的发展轨迹具有巨大的影响。正因为如此，它们才能全面而又真切地聚焦、凸现在花间词这一富有灵性的艺术活体中。

有唐一代，“蜀为西南一都会，国家之宝库，天下珍货聚出其中”[①]。封闭的地形特征，又使其避免了安史之乱以来中原板荡的劫难。然而蜀人固有的割据自足的观念又诱使他们依仗三川之殷实，豪奢恣游，淫逸成风。晚唐之际，许多文士纷纷避乱于此。他们深知眼前的逸乐不可能久长，所以更加珍惜现世的欢愉，越发地纵情声色，表露出末路狂花般的迷恋。他们带入的浓情艳思、旖旎柔媚的小词，也迎合了西蜀君臣的欣赏口味，于是“镂玉雕琼”、“裁花剪叶”的花间词得以大行其道。

中唐以来，爱情意识开始呈现出勃兴的态势，及至晚唐李商隐等人，摹写真挚的闺情，捕捉细腻的心绪，代表了唐代爱情诗歌的最高成就。但是近体诗发展至此，在言情方面的“力不从心”也逐渐显露了出来。它四平八稳、整齐划一的体制形态，难以扣合波澜起伏的内心情感；“发乎情，止乎礼义”的温柔敦厚的诗教规范，也束缚着绮情艳思的自然流露。但是这种新的情感心境、审美情趣一旦兴起，就必定要寻找到一种能够避免诗教责难和形式束缚，更加自由地传达心曲的文学载体。在这方面，温庭筠卓有功绩。他采用了长短句这种富有新鲜活力的文体形式，打破了近体诗整齐、单一的格局，具备灵巧多变、音律和谐的特质，契合了人们内心深处的感情涟漪，成了那个时代表达幽微隐约的情感世界的最为“惬意”的文学形式。

繁兴的隋唐燕乐与高度成熟的近体诗的有机结合，赋予了词体以外在形体和内在情韵两方面所独具的艺术品性。首先，它使歌辞的制作依据曲谱，由乐以定词，这样就形成了诸多体制格局的规范，具备独特的声律美。其次，

① （宋）刘昫等撰：《旧唐书》卷一九〇中，中华书局2000年版，第3418页。

歌辞的创作配合胡夷、里巷之曲，必然带有鲜明的适俗性；又由于它是由美色歌妓语娇声颤、娉娉袅袅地演唱，自然也偏向了香艳之路。再次，长短参差、音韵起伏的词体与欣赏者内在的情感节奏又构成了某种微妙的契合，收到了以声传情、声情并茂的表达效果。与前代所有的歌辞形式相比，词体显示出更为灵活、更有弹性的优化趋势，并且进而促发了新的艺术魅力和审美境界的生成。

二

晚唐五代的文士沉湎于声色歌舞的感官享乐，反映了整个时代精神的颓靡。但是，他们在毫无拘束的状态下填制出来的曲子词，就像蚌病成珠那样，反而显现出眩人眼目的新异特质。他们“逐弦吹之音，为侧艳之词”，以富丽的辞藻、华美的意象、轻柔的曲调、精致的画面，处处显示出迥别于诗的光彩。

这类题材具体包括：揭示登第才子的狂喜，如韦庄、薛昭蕴的《喜迁莺》；描摹文士纵情冶游的情态，如张泌的《浣溪沙》(晚逐香车入凤城)；刻画文人狎妓、宴饮等行为，如毛文锡的《西溪子》(昨日西溪游赏)。这些作品不可能给人以健康向上的力量，而是人性欲求的宣泄。但是，它毕竟展示了当时文人真实的生存状态和内心感受，为我们客观地认识、理解晚唐五代的历史和文化提供了可信的资料。从艺术角度来看，对于感官享乐的细致描摹，扩大了艺术的表现空间，使得花间词成为五官都散发出灵性和热力的艺术精品。花间词里的享乐意识、华丽的环境、亢奋的情绪、妖冶的美妓……统统都沾染上了深浓的富贵气息，形成了词体所独有的“以富为美”的风格特征。

同时，作为“娱宾遣兴”的流行音乐，花间词以其雅致的形式表现出俗艳的共性。它的创作年代正处于民族精神极度亢奋的唐朝和理性意识占据主导的宋朝之间，战乱的时代背景、偏安逸乐的西蜀地域环境，使其既与重事功实践的“兼济”，又与重内心修养的“独善”，都拉开了很大的距离。没有了儒家文化的严重束缚，人情中的冶艳之思便迸发出来，并且成为整个社会的共同追求。花间词肆无忌惮地描摹这样的情思，表现出前所未有的直露性、香艳性和媚俗性。从整个文化史的角度来看，由唐入宋经历了贵族社会向士官社会的过渡、雅文化抒情艺术向俗文化叙事艺术的过渡。花间词正是介乎其间，它保留着传统文人诗歌的意韵，但是适俗之风又使其向通俗文学靠拢，其合乐性、娱乐性、长短句式等艺术特征都表现出俗文化的痕迹，为俗文学的真正勃兴起到了先导作用；而这种变而未尽变的雅俗兼备的状况，更加具备多向发展的可能性和自我协调的内在动力，表现为更加独特的美学价值。

花间词对女性美的描摹、对女性缠绵情思的刻画，都取得了前所未有的成就。词人们注目于女子“照花前后镜，花面交相映”（温庭筠《菩萨蛮》）的娇美容貌，“舞衣罗薄纤腰”（张泌《思越人》）的袅娜体态，“无语，无绪，慢曳罗裙归去”（孙光宪《风流子》）的独具风神的举止以及“慢回娇眼笑盈盈”（张泌《浣溪沙》）的特富魅力的妩媚，更有男女离别时分那“忍泪佯低面，含羞半敛眉”（韦庄《女冠子》）的动人心魄的深情瞬间。作品以充满感性的笔触描画女性之美，引发人们对于艳情的企慕和遐想。这本身就是对于文学传统观念的一大突破，为文学的表现范围开拓了一大空间。因此，花间词确立了“词为艳科”的传统，在文学表现和词体发展的历程中都具有重大的意义。

花间词人在对女性形象的刻画中，将美丽的形象与幽怨的心绪融为一体，创造出既眩人耳目又动人心魄的绮怨之美。他们首先以镂金错彩之笔刻绘精美的物象，工笔细绘美人的姿容，处处都散发出“熏香掬艳，炫目醉心”的香艳气息，呈现出“风流华美”的富贵气象。然而，在花间词绮美表象的背后，又深藏着感伤的内质。词人们善于描摹西施微颦般的情感境界，女性的形象越娇美，其内心的隐微之情就越发惹人怜爱。精美物象的描摹与感伤之情的抒发，构成了紧密的对应。所以说花间词虽然绮艳但少欢乐，尽管华美终显落寞。绮丽因了感伤而富于气韵，感伤亦因了绮丽而越发迷人。

花间词亦不乏清丽的一面。词人们走出锦帷绣幄，或流连于南国的山村水驿，或憧憬着北国的边塞风光，都展现出了不同的人生感受和审美情趣。对南国风景的描绘，使人们于“熏香掬艳”的都市风情之外，又享受到了一种纯真秀丽之美。词人们在对风景的观照、体验中，涤荡着自己的情怀，寄寓着对于和平宁静的精神家园的憧憬与追寻。

花间词中还有几首描写北国风光的边塞作品，气势豪迈，格调飞扬，比之王维《观猎》、卢纶《塞下曲》亦毫不逊色。事实上，这些文人墨客大都缺乏塞外战争体验，他们的创作只能借鉴传统的诗歌作品而重新悬想构制，进行艺术的再创造。花间词人创作这样的题材，是在有意识地营构一种强健的精神境界，表达出对于昂扬蓬勃的生命力度的向往和追求。尽管这样的追求“不合时宜”，但是弥足珍贵，具有独特的思想力量和审美价值。花间词人虽然沉醉于歌酒之乐，憧憬着美好的仙境，却终究不能忘怀人事的纷扰。在他们的内心深处，仍然潜伏着沉重的忧患意识。他们无力改变衰颓的社会现实，只能以自身特有的敏感发出微弱的喟叹，借凭吊古迹、咏叹历史来抒发“烟月不知人事改”（鹿虔扆《临江仙》）、“去年沙嘴是江心”（皇甫松《浪淘沙》）等沧桑变幻之感。

三

“诗之所言，固人生情思之精者矣，然精之中复有更细美幽约者焉，诗体又不足以达，或勉强达之，而不能曲尽其妙，于是不得不别创新体，词遂肇兴。……词之所言，既为人生情思意境之尤细美者，故其表现之方法，如命篇、造境、选声、配色，亦必求精美细致，始能与其内容相称。”[①] 当沉溺于柔情艳思的花间词人去描摹美女之姿态，代她们唱出“无限心曲”的时候，他们所采用的词体也必然是心绪化的，带上了鲜明而精致的柔性。它具体表现在语汇、体制、表现技法以及意境构成等各个方面，这就形成了花间词体。

第一，语汇系统。诗和词虽然都属于中国诗歌的整体系统，但是“诗之境阔，词之言长”、“诗庄词媚”的差异，使它们在许多方面都呈现出不同的特性，这些区别首先体现在语汇上面。

伴随着中唐以来文人的生活追求由马上转向闺房，由世间转向心境，文学对女性的观察和描摹达到了空前细致的程度。女子的衣冠服饰、一颦一笑都成了词人着力刻画的中心，大量表现女性服饰、体态、心情的名物语汇便涌入词中。这些语汇围绕着“香径春风”、“红楼夜月”，营造出雕缋满眼、五彩斑斓的艺术世界，使得词体染上精致细腻的柔性色彩，形成了秾艳婉媚、香软绮靡的体性特征。它们又具有相对的自足性，只有在表现男女情思的词

① 缪钺：《论词》，见《诗词散论》，陕西师范大学出版社2008年版，第44—45页。

作中，方才显示出其本色之美和娇艳的魅力；而且它们一经花间词人的创造，便会约定俗成地固定下来，成为后代词人进行创作之时的语汇规范。

第二，体制结构。中唐以后的文艺“走进更为细腻的官能感受和情感彩色的捕捉追求中”[①]。花间词更因其短小的体制、长短参差的句式、跌宕起伏的结构，能够形神俱到地折射出碎锦般跳荡的直觉印象，传递深微、曲折的感情律动。

花间令词体式短小，但境象转换频繁，这就需要依靠美感联想来沟通、维系和增加容量，并且在容量积聚的过程中化景为情，产生新的意境。例如温庭筠《菩萨蛮》中“江上柳如烟，雁飞残月天”，是梦境，是远景？袅袅情思充盈其间，物象笼罩上一层纤美凄婉的气氛。深长之情越出了词体的拘限，创造出渺远的境界，这就是小词所独具的玲珑剔透、幽曲深挚的艺术魅力。

花间令词长短参差的句式，对传达声情具有重要的作用。例如顾夐的《杨柳枝》(秋夜香闺思寂寥)通篇采用“七三七三”的句式，由后面的三字句形成撞击情感的重锤，与人们内心的情感节奏叠印，产生了强烈的心灵共振。温庭筠的《更漏子·玉炉香》词下片则是用“三三六,三三五”的句式，取得了绵长悠远的抒情效果，充分展现出温词含蓄绵邈的艺术个性。这种看似混乱、破碎的句式结构，传写出了如陈廷焯所称美的“发之又必若隐若现，欲露不露，反复缠绵，终不许一语道破”[②]的言外之意蕴。

花间令词结构起伏跌宕。王国维《人间词话》以“弦上黄莺语”来定评韦庄词的风格，正是概括了其结构灵动、跳跃的美质。花间词人在精致的小令中，促成意脉的转捩和跃动，更加形象地展现出心灵的感发和律动，“神理超越，不复可以迹象求矣；然细绎之，正字字有脉络”[③]。另外，花间令词对起结、换头等句法结构的处理，既合乎音乐演唱，有适于情感抒发，更为后代词体的规则树立了典范，所以说“五代小词，虽小却好，虽好却小”[④]。

第三，表现技巧。欧阳炯在《花间集序》中说：“镂玉雕琼，拟化工而迥

① 李泽厚：《美的历程》，第 155 页。

② （清）陈廷焯：《白雨斋词话》卷一，人民文学出版社 1959 年版，第 5 页。

③ （清）周济：《介存斋论词杂著》，见唐圭璋编《词话丛编》第二册，中华书局 1986 年版，第 1631 页。

④ （清）刘熙载撰，袁津琥校注：《艺概注稿》卷四，下册，中华书局 2009 年版，第 574 页。

巧；裁花剪叶，夺春艳以争鲜。”这就揭示了花间词体具有精致玲珑的技巧特征。它首先表现为各种感官形式的敏锐感应与精细刻画。“花间词状物描情，每多意态，直如身履其地，眼见其人”[①]。例如孙光宪《浣溪沙》(兰沐初休曲槛前)，描摹兰沐初休女子天然美丽的姿容和风韵。其中“翠袂半将遮粉臆，宝钗长欲坠香肩”两句，将刹那间的香艳形体尽收眼底，尤其是“半”、“长”字造成一种隐约的不稳定感，而这种形体的不稳定越发惹人关情，激起欣赏者情绪的动荡和丰富的美感想象。贺裳《皱水轩词筌》评之曰：“真觉俨然如在目前，疑于化工之笔。”李珣《南乡子》组词里的“烟漠漠，雨凄凄，岸花零落鹧鸪啼”、“沙月静，水烟轻，芰荷香里夜船行”等句则别具清丽迷蒙的视觉形象，展现出新奇的南国风情。花间词人透过自己的慧眼，描绘出充满灵性和美质的精美画面，正如况周颐《餐樱庑词话》评顾夐词所云：“其体格如宋院画工笔折枝小帧，非元人设色所及。”

花间词人在描摹物态之时尤其注重对于色彩的捕捉和表现，给人以“金碧山水，一片空濛”的视觉美感。例如韦庄《谒金门》上片：“春雨足，染就一溪新绿。柳外飞来双羽玉，弄晴相对浴。”整个画面充溢着绿的韵致，将本无生命的景物写得富有灵性，形成动态化的美感。“柳外飞来双羽玉”，凝静的绿、飞动的白两相辉映，再辅以“弄晴相对浴”的动作写照，立刻增添了无穷的清新生气。花间词人不是单纯地在词中涂抹色彩，而是赋予这些色彩以感情的生命。又如毛文锡《更漏子》写春恨别怨，特别是“人不见，梦难凭，红纱一点灯”，以红纱笼罩着如豆烛光的幽渺飘忽的情态，极其传神地隐现出女子内心蕴蓄着的郁闷和思念，暗红浓重的色彩与闺阁环境的空寂冷寞、愁人心绪的沉郁感伤融合在一起，所以陈廷焯感叹：“‘红纱一点灯’，真妙！我读之不知何故，只是瞠目呆望，不觉失声一哭。我知普天下世人读之，亦无不瞠目呆望失声一哭也。”又云：“‘红纱一点灯’，五字五点血。”[②]

花间词注重细致描绘典型环境中的典型动作和情态，抓住一刹那的心灵感受，无限情意蕴于其中。例如韦庄《女冠子》中的“忍泪佯低面，含羞半

① （清）沈雄：《古今词话·词品》下卷引江尚质语，见唐圭璋编《词话丛编》第一册，第852页。

② （清）陈廷焯：《云韶集辑评》卷一，见葛渭君编《词话丛编补编》第三册，中华书局2013年版，第1409页。

敛眉”，少女别离时分克制忍泪而仍担心被情郎察觉后伤感，于是低下脸来，这“半敛眉”的情态又恰恰微露出心曲，将女子此刻异常复杂的心绪刻画得惟妙惟肖。又如欧阳炯《南乡子》（路入南中）描写南国人家雨后收红豆的习俗。词人特别捕捉到了“树底纤纤抬素手”刹那间的动作形象，女子“抬素手”而未及摘取，这一瞬间凸现出勾人魂魄的纤纤之态。这样一个移动着的纤美而洁白的玉臂，也调动着欣赏者的审美情绪。而词作于此一瞬间戛然而止，也就更能生发出越出词体字面的意韵。此外，花间词人还着意于视角变换、对面着笔、语言对话、心理刻画等多种表现手法的运用，共同营造出花间词体特富技巧性的艺术表征，显现出眩人耳目的华彩和魅力。

第四，意境创造。花间词情景之间的有机结合，创造出了要眇宜修的美学境界。花间词意境创造的方法主要有以下几种。

1. 以景诱情，情寓景中。花间词通过景物本身诱情因素的强化，使情景融汇统一。例如温庭筠“雨后却斜阳，杏花零落香”（《菩萨蛮》）、“兰露重，柳风斜，满庭堆落花”（《更漏子》）等词句，在精工摹绘的画面里隐露出淡淡的哀愁，诱发出离思闺怨。除了正面的诱情之外，花间词中也不乏情景的反衬。温词“为君憔悴尽，百花时”、“忆君肠欲断，恨春宵”（《南歌子》），都是以丽景反衬闺怨；而其“翠钗金作股，钗上蝶双舞”、“新贴绣罗襦，双双金鹧鸪”（《菩萨蛮》）等，又均以成双的物象来反衬女子独处的孤寂。另如魏承班《诉衷情》（春情满眼脸红消）、《黄钟乐》（池塘烟暖草萋萋）等词作则通过今昔的对照，以往昔的欢洽反衬今日的落寞。情与景、单与双、今与昔的反面映衬，造成了加倍的抒情表达效果。

2. 烘托环境，渲染气氛。张泌《浣溪沙》（小市东门欲雪天）词，以雪前的阴沉景致，渲染出骚动纷扰的气氛。词人伫立在滚滚红尘之中，默默地凝视着伊人，突现出一见倾心的特有感受。薛昭蕴《浣溪沙》（倾国倾城恨有余）词下片，则更由吴越遗迹的荒凉，发思古之幽情，产生沧海桑田的喟叹。

3. 虚实相生，真幻结合。韦庄《女冠子》（昨夜夜半）描写男子别后梦中的思念，短短四十一字却转出了四个感情的层面，如此跳荡的结构不但自由地出入于虚实、真幻之间，叙述了曲折的情事，扣合着情感的律动，也使得整个意境显得空灵而朦胧。

毋庸讳言，花间词的意境创造并未能够完全达到融汇一体，词中景语与情语的分置排列造成了某些隔阂，具体的词人创作也因此表现出各自的偏嗜。温庭筠词偏重于密丽物象的细致描摹和重叠堆砌，韦庄词则侧重于情感的直接抒发，二者在意境创造方面，存在着密与疏、隐与显、“严妆”与“淡妆”等个性风格的差异。

四

作为“倚声填词之祖”[①]的花间词，在千年词史上占有极为重要的地位。

透过花间词，我们可以窥见晚唐五代文化的某些本质特征。尤其值得重视的是，它在刻画人物心理和抒写人物情感方面所表现出来的深入程度，为我们体认中国古代文人的心灵世界提供了莫大的帮助。花间词的出现，是中唐以后社会文化转型的必然结果。配合音乐歌唱的曲子词在表现“纵情逸乐”这一人性侧面时显示出极强的真实性。它既是文人品格的一次堕落，又是人性情欲的一次张扬，这种张扬更因了蜀地文化的兴盛而愈显活跃。花间词以其独特的体式优势酣畅淋漓地宣泄出冶艳的“花草情思”。

作为当时的“流行歌曲”，花间词经过歌妓的演唱广为传播，对于南唐、北宋词坛颇有影响。北宋人视曲子词为“末技”、“小道”，词体遭到普遍的轻视，但是正因为有了“词为艳科”的挡箭牌，人类的本真情感获得了“安身立命”之所，有了一个可以卸去虚饰、宣泄情欲的舞台。在词人内心的底层，冶艳的“花草情思”从来就没有衰歇。花间词所创立的“词为艳科”的题材规范，终于成为词体创作的“当行”“本色”。

花间词的价值还在于开创了中国古代文学和审美文化的新境界。花间词人竭力追求语言、音韵、意象、情感表达的唯美化效果，创造出了深美闳约的艺术境界。它的心理刻画、意境表现、工巧构思、细腻白描、景物烘染、隽永韵致等，也都体现出与“词为艳科”相对应的“香而弱”的艺术品性，对宋代婉约词的兴盛起到极大的示范作用，从而构成了词“别是一家”的体制特征。

陆游在《花间集跋》中指出：“方斯时，天下岌岌，生民救死不暇，士大

① （宋）陈振孙：《直斋书录解题》卷二一，清武英殿聚珍版丛书本。

夫乃流宕至此，可叹也哉！或者出于无聊故耶！”历来都将此话当作驳斥花间词的例证。其实陆游的态度还是比较辩证的，特别是最后一句，深刻地揭示出花间词产生的时代原因。晚唐五代文人精神上的“无聊”，恰恰反映了当时儒家道德文化的颓丧。词人们通过追求享乐、宣泄情欲，来填补内心的失落，表现出“离经叛道”的精神实质；但是身为封建文士，他们从骨子里不可能完全抹去儒者的底色，自“花间鼻祖”温庭筠词以来，就一直存在着浓艳密丽与端庄含蓄的两面性；到了孙光宪、李珣出蜀之后，词风更显典雅清正。词风的雅化经由南唐至宋代而渐趋鲜明，词体也就逐渐走上了一波三折文人化的道路。从思想和精神的角度来讲，后代的词更为纯熟和典重；但是从更深层的角度来看，词体向儒家文化的回归令其丧失了异质文化的鲜活生气和神奇的情感魅力，词的雅化、诗化也就丧失了其本体的意义。由此可见，花间词具有不可替代也无法复现的独特价值。

（原载《文学评论》2001 年第 3 期）

【作者简介】

高峰，男，1969 年生，江苏镇江人。1999—2002 年在职攻读南京师范大学中国古代文学专业博士生，师从钟振振先生，获得文学博士学位。现为南京师范大学文学院教授、博士生导师。著有《花间词研究》、《江苏词文化史论》等。

论宋代山水词的艺术特色

王晓骊

随着宋词的文人化，山水自然逐渐成为宋词的重要题材。据统计，《全宋词》中以自然风景为描写对象的词作有近 2000 首，将近宋词总数的 10%，与祝颂、咏物、艳情同为宋词的四大题材[①]；创作过山水词的两宋词人有 285 人，超过词人总数的 20%。其中既有宋词创作的名家高手，如柳永、苏轼、周邦彦、张孝祥、辛弃疾、姜夔、张炎等；也有在艺术上稍逊一筹，但在山水词创作上却用力颇勤、作品较多的词人，如向子諲、朱敦儒、范成大、李处全、丘密等。甚至连一些存词很少的词人，也留下了值得一读的山水词，如滕宗谅的《临江仙》咏洞庭、苏舜钦的《水调歌头》咏太湖、汪莘《沁园春》咏黄山、欧阳辟《临江仙》咏桂林山水等。宋代山水词不仅数量可观，而且在整体上也呈现出较高的艺术水平。不少山水词都堪称宋词中的传世佳作，如柳永《满江红》(暮雨初收)、苏轼《水调歌头》(落日绣帘卷)、张孝祥《念奴娇》(洞庭青草)、辛弃疾《沁园春》(叠嶂西驰)等。宋代山水词的创作改变了“词为艳科”的单一局面，丰富了宋词的审美风格，为文人词的发展开辟了道路。遗憾的是词学界对宋代山水词的探讨还很不全面，自 1994 年以来，相关学术论文不足 10 篇，因此还有很大的研究空间。笔者曾就宋代山水词的

① 许伯卿:《宋词题材研究》，中华书局 2007 年版，第 37 页。

情感内涵和文化精神作过初步探讨[①]，故本文拟就其艺术特征作进一步的分析，以求在整体上把握宋代山水词的审美意义。

一

宋代山水词的兴起大大晚于山水诗，其审美风格的形成无疑受到了山水诗的影响，比如宋代山水词清远淡雅的审美追求就与前代山水诗一脉相承。作为宋代最早的山水词，潘阆的《酒泉子》之所以广受北宋文人喜爱，就在于画面淡雅，语意潇洒，“非俗子所可仰望”[②]。而宋代山水词的“清远”风格，相较于同时代的山水诗，更注重营造峭洁清冷、遗世独立的境界。宋代词人特别好写“水月之境”，以张孝祥为例，他一人就写过洞庭月色、金山观月、吴江秋夜、桂林中秋、湘江夜色等各种不同的月下水景。词人们不约而同地以莹澈的美玉琉璃来比喻水色月光，如“无风水面琉璃滑，不觉船移”（欧阳修《采桑子》）、“夜阑风静欲归时，惟有一江明月、碧琉璃”（苏轼《虞美人》）、“玉鉴琼田三万顷，著我扁舟一叶”（张孝祥《念奴娇》）、“身在冰壶千里，独倚朱栏一啸，惊起睡中龙”（崔敦礼《水调歌头》）、“万顷琉璃，一轮金鉴，与我成三客”（朱敦儒《念奴娇》）、“白萍风定，波澄万顷寒玉”（卢炳《念奴娇》）……词人着意渲染“澄江霁月清无对”（向子諲《虞美人》）的雅洁明净，既表现了大自然给人带来的静谧空灵的审美感受，也寄托了自己相忘尘世的人生追求和自持高洁的人格操守。

词人们苦心经营的澄洁清远境界也透露出词人孤寂痛楚的内心情感。与唐人相比，宋人情感细腻而内敛，又大多身世坎坷，或遭家国之难，或终生落拓不偶，他们的山水词于空灵中夹杂着清苦，超旷中沉淀着沧桑，如：

> 濯足夜滩急，晞发北风凉。吴山楚泽行遍，只欠到潇湘。买得扁舟归去，此事天公付我，六月下沧浪。蝉蜕尘埃外，蝶

---

① 详见王晓骊的《比德·抒情·体道——论宋代山水词及其内在意蕴》（《中国韵文学刊》2007年第4期）、《宋代山水词中的城市风情》（《古典文学知识》2007年第2期）。

② （宋）黄静：《逍遥词附记》，见王鹏运辑《四印斋所刻词》，上海古籍出版社1989年版，第708页。

梦水云乡。　制荷衣，纫兰佩，把琼芳。湘妃起舞一笑，抚瑟奏清商。唤起九歌忠愤，拂拭三闾文字，还与日争光。莫遣儿辈觉，此乐未渠央。（张孝祥《水调歌头》）

冰轮斜辗镜天长。江练隐寒光。危阑醉倚人如画，隔烟村、何处鸣榔。乌鹊倦栖，鱼龙惊起，星斗挂垂杨。　芦花千顷水微茫。秋色满江乡。楼台恍似游仙梦，又疑是、洛浦潇湘。风露浩然，山河影转，今古照凄凉。（陈亮《一丛花》）

皎洁苍茫的江上月色，不仅引发自己远离尘世的清旷之思，也触动了词人被谗落职的忠愤之情和报效无门的忧国之思，包孕着宋词中广泛存在的悲剧意识，可见，宋代山水词的“清远”风格也烙上了深刻的时代印记。

由于词人特殊的审美心理和宋词的音乐文学特性，宋代山水词还具有柔美婉转的女性化审美倾向。杨海明先生曾经指出，唐宋词具有相当明显的南方文学特色，呈现出柔美型的主体风格，[①] 宋代山水词也是如此。受宋代疆域大幅南移的影响，不少山水词都以南方山水为表现对象，尤以优美的江南山水居多。况周颐《蕙风词话》卷三云：“南人得江山之秀，北人以冰霜为清。南或失之绮靡，近于雕文刻镂之技。北或失之荒率，无解深裘大马之讥。”[②] 南方山温水软的地理环境造就了山水词婉约含蓄的主体风格。同时，宋词合乐协律、女声演唱的特殊要求也使宋人形成了“诗庄词媚”的词学观，从而进一步限制了词人的创作视野。如南宋王炎曾云：“盖长短句宜歌而不宜诵，非朱唇皓齿无以发其要妙之声”，“长短句命名曰曲，取其曲尽人情，惟婉转妩媚为善”[③]；宋末沈义父《乐府指迷》也说：“音律欲其协，不协则成长短之诗。下字欲其雅，不雅则近乎缠令之体。用字不可太露，露则直突而无深长之味。发意不可太高，高则狂怪而失柔婉之意”[④]。宋代山水词因此较少描写雄

① 杨海明：《唐宋词史》，江苏古籍出版社1987年版，第10页。

② 况周颐：《蕙风词话》卷三，见唐圭璋编《词话丛编》第5册，中华书局1986年版，第4456页。

③ （宋）王炎：《双溪诗余自序》，见王鹏运辑《四印斋所刻词》，上海古籍出版社1989年版，第793页。

④ （宋）沈义父：《乐府指迷》，见唐圭璋编《词话丛编》第1册，第277页。

奇变态的自然风光，除了少数词人之外，大多数词人都好写南方山水胜于北地风光，好写平静柔和的水景胜于雄奇伟岸的山景。据统计，《全宋词》中描写庐山、黄山以及五岳等名山的不足40首，而地处南方、风景秀美的庐山就独占25首；描写长江、洞庭湖、吴淞江、太湖、西湖等河川湖泊的共600余首，其中描写杭州西湖的就将近300首，吴淞江也有80首之多，由此可见词人在题材选择上的重水轻山、重南轻北的倾向。词人还大量选择水、月、烟、柳、莺、燕等柔性意象入词，以此营造柔弱朦胧的意境。以宋末张炎的《南浦·春水》上阕为例：

> 波暖绿粼粼，燕飞来，好是苏堤才晓。鱼没浪痕圆，流红去，翻笑东风难扫。荒桥断浦，柳阴撑出扁舟小。回首池塘青欲遍，绝似梦中芳草。

波暖、燕飞、鱼跃、流红、柳阴、芳草，都属于阴柔美的范畴，给人细小而温柔的审美感受。而“回首池塘青欲遍，绝似梦中芳草”又用梦境来给词作增添缥缈迷离的美感，从而更加强了这首词轻柔婉丽的艺术特色。

宋代山水词的女性化风格也体现在具体的表现手法上，词人们好用女性的眼波、蛾眉、鬓发来比喻山水，如“水是眼波横，山是眉峰聚。欲问行人去那边，眉眼盈盈处”（王观《卜算子》）、“伤心重见，依约眉山，黛痕低压”（姜夔《庆宫春》）、“水乡霜落，望西山一寸，修眉横碧”（范成大《念奴娇》）、“遥望翠凹，隔江时见，越女低鬟”（吴文英《丑奴儿慢》）、“隐约遥峰，和泪谢娘眉妩”（史达祖《绮罗香》）、“爽气霏霏，翠娥妩媚，聊慰登临眼”（王沂孙《醉蓬莱》）……他们还常常将艳情抒发与山水描写结合在一起。如北宋王琪《望江南·江景》：“江南雨，风送满长川。碧瓦烟昏沈柳岸，红绡香润入梅天。飘洒正潇然。朝与暮，长在楚峰前。寒夜愁敧金带枕，暮江深闭木兰船。烟浪远相连。”就是以闺中少妇孤独缠绵的愁怨，来烘托江南氤氲迷离的雨景。还有的词人以女性的视角来描写山水景物，如周密《木兰花慢·苏堤春晓》：

> 恰芳菲梦醒，漾残月、转湘帘。正翠崦收钟，彤墀放仗，

台榭轻烟。东园。夜游乍散，听金壶、逗晓歇花签。宫柳微开露眼，小莺寂妒春眠。 冰奁。黛浅红鲜。临晓镜、竞晨妍。怕误却佳期，宿妆旋整，忙上雕軿。都缘探芳起早，看堤边、早有已开船。薇帐残香泪蜡，有人病酒恹恹。

就以闺中女性清晨醒来，急于探春游湖的心情为线索，将“苏堤”和“春晓”串联在一起，这一独特视角使这首西湖词在情感内容和语言风格上都具有明显的女性化特征。

甚至连山水词中的豪放风格也有偏于优美婉约的倾向。以苏轼为例。苏轼于绘画提倡“山水以清雄奇富、变态无穷为难”[①]，他的山水词受此影响，也有以阔大雄壮的自然景色和瞬息万变的山水风光为描写对象的，如《水调歌头·黄州快哉亭赠张偓佺》描写长江风云突变的壮丽景象、《归朝欢·和苏坚伯固》描写词人舟行九江，梦中“雪浪摇空千顷白”，“觉来满眼是庐山，倚天无数开青壁”的神奇感受，都体现出与其山水诗相通的审美风格。但是，苏轼山水词风又与诗风不尽相同。其山水诗好写奇特的山水形态，如《游金山寺》写神秘莫测的江中炬火：“江中似有炬火明，飞焰照山栖鸟惊。怅然归卧心莫识，非鬼非人竟何物”；《十月十六日记所见》写突如其来的冰雹：“忽惊飞雹穿户牖，迅驶不复容遮防……恍疑所见皆梦寐，百种变怪旋消亡。共言蛟龙厌旧穴，鱼鳖随徙空陂塘”，都让人有惊心动魄、目眩神移之感。但是他的山水词却很少这样的描写，如其《行香子》写浙江桐庐之七里滩：

一叶舟轻，双桨鸿惊。水天清、影湛波平。鱼翻藻鉴，鹭点烟汀。过沙溪急，霜溪冷，月溪明。 重重似画，曲曲如屏。算当年、虚老严陵。君臣一梦，今古空名。但远山长，云山乱，晓山青。

七里滩，即富春渚，两岸山崖峭立，水流湍急，绵延七里，唐代陆

① （宋）苏轼：《跋蒲传正燕公山水》，见《苏轼文集》卷七十，中华书局 1986 年版，第 2212 页。

龟蒙有“狂怒七里濑”(《引泉诗》)之语。可以推想，如果以诗歌来描写，苏轼大约也会将之写成与《百步洪》相似的狂放风格，但这首词却着重描写七里滩“水天清、影湛波平”的空阔平静、“鱼翻藻鉴，鹭点烟汀”的悠闲安详和“重重似画，曲曲如屏”的淡雅秀丽，而将其疾驶如箭的水势以“沙溪急”一笔带过，由此可见词人的描写重点并不在急流峭崖，这首词的风格也偏于优美明净。其实，如果对苏轼同题材山水诗词作一个简单对比就可以发现，苏词中的雄放风格通常都比其诗歌更趋平和，如咏风水洞的《临江仙》和《风水洞二首和李节推》、咏钱塘潮的《南乡子》和《催试官考较戏作》等。而且，苏轼山水词也并不仅限于雄放风格，在词人现存的约50首山水词中，像《水调歌头》(落日绣帘卷)和《念奴娇》(凭高眺远)这样的恢宏旷放之作只有6首，其余作品或简约含蓄，或莹澈静谧，或平实闲淡，或明丽生动，其中如“云水萦回溪上路。叠叠青山，环绕溪东住。月白沙汀翘宿鹭。更无一点尘来处”(《蝶恋花》)、“夜阑风静欲归时，惟有一江明月、碧琉璃”(《虞美人》)、“照日深红暖见鱼，连溪绿暗晚藏乌”(《浣溪沙》)、“小溪鸥鹭静联拳。去翩翩，点轻烟”(《江城子》)、“山色横侵蘸晕霞，湘川风静吐寒花，远林屋散尚啼鸦”(《浣溪沙》)等描写，都有意境明净淡雅、色彩柔和协调的特点。

苏轼描写山水景物，有时也以艳色柔情相点缀，如其《南乡子·黄州临皋亭作》：

> 晚景落琼杯。照眼云山翠作堆。认得岷峨春雪浪，初来。万顷蒲萄涨绿醅。　春雨暗阳台。乱洒歌楼湿粉腮。一阵东风来卷地，吹回。落照江天一半开。

描写突如其来的风雨，从楼头佳人粉腮尽湿的角度来表现，与《六月二十七日望湖楼醉书五绝》“黑云翻墨未遮山，白雨跳珠乱入船”的描写相比，固然少了一点铺天盖地的气势，却多了一分香艳旖旎的情韵，这也正是词家本色的表现。其余如《南歌子》(日出西山雨)“不见彩绳花板、细腰轻”、《阳关曲》(济南春好雪初晴)“使君莫忘霅溪女，还作阳关肠断声”、《南歌子》

（雨暗初疑夜）“蓝桥何处觅云英，只有多情流水、伴人行”、《浣溪沙》（画隼横江喜再游）“黄菊篱边无怅望，白云乡里有温柔”等艳情描写，都使这些山水词风格趋于轻艳婉转。由此可见，苏轼山水词虽然不乏雄奇之作，但在整体上还是保持了优美和谐的艺术风格。这也说明词“要入闺房之意”①、“词以隽永委婉为尚”②等观念的强大力量。不过，必须承认，女性化的委婉清丽风格正是宋代山水词得以独立于山水诗之外的重要艺术特征之一。

二

同样以山水景物为表现对象，除了山水诗之外，宋代高度成熟的山水画也给予山水词人以艺术借鉴，尤其是在谋篇布局上，山水词明显受山水画构图方式的影响。同时，作为音乐文学，词体的很多特征是由词调决定的。“词之为调，有六百六十余，其体则一千一百八十有奇”③，不同的词调，篇幅有长有短，韵位或密或疏，句式奇偶不一，繁复多样的词体形式使宋代山水词形成了灵活多变的章法结构。而受音乐旋律和宋词委婉含蓄的审美追求的影响，宋代山水词在结构上又往往具有曲折回旋的特点。

词有小令、慢词之别，这两者在章法结构上也有不同的要求。以篇幅短小的小令描绘山水，就相当于山水画中的小景，既不适于表现气势磅礴的崇山峻岭，也不适于表现开阔浩荡的大江大河，只能以“断取沧州趣”（王安石《惠崇画》）的方式，截取一小段山水进行描绘。因此山水小令往往采用画面组合式的章法结构，也就是将焦点集中于一二小景，以明净亮丽的色彩和传神逼真的刻画来凸现山水景物的主要特征，其余则以淡笔渲染，或者干脆忽略不提，犹如山水画中的留白，给读者留下回味的余地。如：

> 无穷白水。无限芰荷红翠里。几点青山。半在云烟暗霭间。 移舟横截。卧看碧天流素月。此意虚徐。好把芗林入画

① （宋）沈义父：《乐府指迷》，见唐圭璋编《词话丛编》第1册，第281页。

② （宋）柴望：《凉州鼓吹自序》，见朱孝臧《彊村丛书》，上海古籍出版社1989年版，第1079页。

③ 吴梅：《词学通论》，上海古籍出版社2006年版，第28页。

图。(向子諲《减字木兰花》)

小院雨新晴。初听黄鹂第一声。满地绿阴人不到，盈盈。一点孤花尚有情。　却傍水边行。叶底跳鱼浪自惊。日暮小舟何处去，斜横。冲破波痕久未平。(叶梦得《南乡子》)

向词在云烟笼罩的青山白水背景下，以翠叶红花的色彩搭配营造绚烂生动的画面；叶词则以黄鹂婉转、鱼跳浪翻的天籁之声传达大自然宁静而又活泼的气氛，这两首词都以鲜明突出的艺术形象，给人留下了深刻的审美印象。

长调慢词对山水自然的描写大多为全景式的铺叙，景色描写也渐趋细腻。北宋前期山水自然虽尚未成为词的独立题材，但已出现了不少以阔大而细致的景色描写著称的佳作，如孙浩然(又作张昪)《离亭燕》(一带江山如画)、苏舜钦《水调歌头·沧浪亭》、李甲《望云涯引》(秋容江上)等。虽然这些词并非有意于山水描写，但是都以广阔的自然风景、而非小品式的片段景色作为表现对象。其中以柳永对自然山水的描写最为集中也最为成功。他的很多传世名作如《八声甘州》(对潇潇暮雨洒江天)、《戚氏》(晚秋天)、《安公子》(远岸收残雨)、《迷神引》(一叶扁舟轻帆卷)等，都有出色的景色描写。以《夜半乐》为例：

冻云黯淡天气，扁舟一叶，乘兴离江渚。渡万壑千岩，越溪深处。怒涛渐息，樵风乍起，更闻商旅相呼，片帆高举。泛画鹢、翩翩过南浦。　望中酒旆闪闪，一簇烟村，数行霜树。残日下、渔人鸣榔归去。败荷零落，衰柳掩映，岸边两两三三、浣纱游女。避行客、含羞笑相语。　到此因念，绣阁轻抛，浪萍难驻。叹后约、丁宁竟何据！惨离怀、空恨岁晚归期阻。凝泪眼、杳杳神京路。断鸿声远长天暮。

这首词分三叠，其中一、二叠为写景，第三叠抒情，景色描写占了三分之二的篇幅。词人以行踪为序，描写自己触目所见的景象，山水村树、渔人浣女、败荷衰柳，层次井然，历历在目，风格清疏旷远，于细微处又刻画逼真传神。这种以行踪为线索描写山水的方法明显受山水长卷散点透视的构图法影响，在篇幅较长的山水词中运用较为普遍，如侯寘《水调歌头·题岳麓法华台》：

晓雾散晴渚，秋色满湘山。青鞋黄帽，恢与名士共跻攀。窈窕深林幽谷，诘曲危亭飞观，俯首视尘寰。长啸望天末，余响下云端。　白鹤去，荒井在，汲清寒。醒然毛骨，浮丘招我御风还。拂拭苍崖苔藓，一写胸中豪气，渺渺洞庭宽。山鬼善呵护，千载照层峦。

这首词也以游踪为序，上片写登山，下片写探幽。随着词人立足点的变化，词作所描写的景色也随之变化，其中有远观："晓雾散晴渚，秋色满湘山"；有俯视："窈窕深林幽谷"；有仰望："诘曲危亭飞观"，词作将不同立足点的景色组接在一起，形成了丰富多变的山水画面。

在画家的眼中，描绘山水之景不仅需"移步换形"，还得"因时变态"，郭熙《林泉高致集》就曾指出山水"四时之景不同"、"朝暮之变态不同"[①]。宋词中也有将四时、朝暮之景集中在一首词中的，如周密《瑞鹤仙》就描写了西湖一年四季"柳织烟绡，花易春镜"、"波涵月彩，露裛莲妆，水描梅影"的不同景色。而杰出的山水词人往往能将时间和空间的变化结合在一起，如柳永《满江红》：

暮雨初收，长川静、征帆夜落。临岛屿、蓼烟疏淡，苇风萧索。几许渔人飞短艇，尽载灯火归村落。遣行客、当此念回程，伤漂泊。　桐江好，烟漠漠。波似染，山如削。绕严陵滩畔，鹭飞鱼跃。游宦区区成底事，平生况有云泉约。归去来、一曲仲宣吟，从军乐。

① （宋）郭熙：《林泉高致集》，影印《文渊阁四库全书》子部第812册，上海古籍出版社1987年版，第576页。

词作不但营造了层次井然又迂回曲折的艺术空间，而且在时间上也发生了由日暮到天明的推进。观察时间不同，自然风景显示出不同的审美特点，词人的心情也随之而变化：傍晚时分，暮色沉沉，词人触目所见是“蓼烟疏淡，苇风萧索”的暗淡秋色，其心情是压抑苍凉的；到了白天，青山壁立，碧波似染，鹭飞鱼跃，又是一片生机盎然的美景，让人在层出不穷的景色变化中获得审美快感。

柳永词还大量使用上片写景、下片抒情的结构方式，如《女冠子》（断云残雨）、《古倾杯》（冻水消痕）、《诉衷情近》（雨晴气爽）、《留客住》（偶登临）等。这成为后来山水词的常见章法，如周邦彦《蓦山溪》（湖平春水）、张孝祥《多丽》（景萧疏）、范成大《念奴娇》（吴波浮动）、（水乡霜落）、周密《乳燕飞》（波影摇涟甃）等都延续了由景而情的结构脉络，由此可见柳永在山水词创作中的地位。但是先景后情的结构将大量的景色描写集中在一起，容易使人产生审美疲劳。为了避免一览无余的弊病，词人或者在写景中插入抒情、议论或叙事，或者以抒情开头，然后继之写景，或者通篇情景交融，来打断以时间或方位为序的描写脉络。在写景中插入抒情的，如上文所引柳永《满江红》就以“遣行客、当此念回程，伤漂泊”和“游宦区区成底事，平生况有云泉约。归去来、一曲仲宣吟，从军乐”中的抒情来打断景色描写的平直顺序，以取得顿挫的审美效果。以抒情开头的如张炎《壶中天·夜渡古黄河》：

> 扬舲万里，笑当年底事，中分南北。须信平生无梦到，却向而今游历。老柳官河，斜阳古道，风定波犹直。野人惊问，泛槎何处狂客。 迎面落叶萧萧，水流沙共远，都无行迹。衰草凄迷秋更绿，唯有闲鸥独立。浪挟天浮，山邀云去，银浦横空碧。扣舷歌断，海蟾飞上孤白。

词作上阕前半部分都是带着浓烈抒情意味的议论，一方面为全词奠定了“惊奇之美”的审美基调，另一方面又以浓厚的家国感慨营造了凄怆苍凉的情感氛围，与词人另一首名作《南浦·春水》的体物细腻、用字工巧，在情感上却相对单薄的特点恰成鲜明对比。通篇情景交融的，则可举张孝祥名作

《念奴娇·过洞庭》。词人描写月下洞庭的宏阔澄澈，也借此表现自己“肝胆俱冰雪”的人格和“万象为宾客”的胸襟。黄蓼园曾有精妙评价：

> 写景不能绘情，必少佳致。此题咏洞庭，若只就洞庭落想，纵写得壮观，亦觉寡味。此词开首，从“洞庭”说至“玉界琼田三万顷”，题已说完，即引入“扁舟一叶”，以下从舟中人心迹与湖光映带，写隐现离合，不可端倪。镜花水月，是二是一。自尔神采高骞，兴会洋溢。①

陈匪石《声执》曾云：“盖词之用笔，以曲为主，寥寥百字内外，多用直笔，将无回转之余地。必反面侧面，前路后路，浅深远近，起伏回环，无垂不缩，无往不复，始有尺幅千里之观，玩索无尽之味。”② 在山水词的创作中，“以曲为主”的笔法要求词人尽量避免对山水景物作正面的直接描摹，而要抓住审美对象的主要特征，从“反面侧面，前路后路，浅深远近”等各个方面加以渲染烘托，既有起伏顿挫之笔，又有前后呼应之法，“无垂不缩，无往不复”，“如常山之蛇，救首救尾”③，以形成回环曲折的审美效果。以史达祖《绮罗香》为例：

> 做冷欺花，将烟困柳，千里偷催春暮。尽日冥迷，愁里欲飞还住。惊粉重、蝶宿西园，喜泥润、燕归南浦。最妨它、佳约风流，钿车不到杜陵路。　沉沉江上望极，还被春潮晚急，难寻官渡。隐约遥峰，和泪谢娘眉妩。临断岸、新绿生时，是落红、带愁流处。记当日、门掩梨花，剪灯深夜语。

江南春天，细雨濛濛，氤氲迷离，这种景色很难正面刻画。词人避免了吃力不讨巧的直接描写，上阕围绕“尽日冥迷，愁里欲飞还住”两句，从雨中之花、柳、蝶、燕以及雨中的人物活动等各个侧面来层层烘托，曲折而又

---

① （清）黄苏：《蓼园词评》，见唐圭璋编《词话丛编》第4册，第3077页。
② 陈匪石：《宋词举（外三种）》，江苏古籍出版社2002年版，第190页。
③ （清）陆辅之：《词旨》，见唐圭璋编《词话丛编》第1册，第303页。

传神地表现出细雨笼罩下湿润朦胧的江南春色；下阕一方面继续运用侧笔，从春潮、远峰、新绿、落红等各个方面描写春雨，同时又围绕上阕最后“最妨它、佳约风流，钿车不到杜陵路”所暗示的“不遇”主题展开词情，先写等待之人的失落迷茫，接着设想谢娘因不能赴约而流泪，再以“是落红、带愁流处”与上阕“愁里欲飞还住”相照应，最后又用逆折的笔法，由实入虚，回忆剪灯夜语的往事，形成玩索不尽的韵味。这首词在章法上曲折回环，又彼此呼应，过片处有“蛇线蚓灰”之妙，从而形成了“娇女扶春”，“一步一态，一态一变”[①] 的委婉情韵。

此外，词作为配乐演唱的文学形式，其文辞受音乐的制约。词在体制上分片的特点，就是由乐曲决定的。乐曲奏过一遍，是为一阕，有很多上下阕相同的双调词实际上就是把相同的乐曲演奏两遍，这就决定了这些词在形式上必定有相互对应的地方。高明的词人往往巧妙利用词调的这一特点，形成前后呼应、错落有致的美感。比如《行香子》前后阕的最后三句都是由三个排比的三字句组成的，词人们常将最具特征的景色集中于此，如秦观《行香子》：

树绕村庄，水满陂塘。倚东风，豪兴徜徉。小园几许，收尽春光。有桃花红，李花白，菜花黄。 远远围墙，隐隐茅堂。飏青旗、流水桥旁。偶然乘兴，步过东冈。正莺儿啼，燕儿舞，蝶儿忙。

上下阕的最后三句如同特写镜头，并列组成跳跃性很强的一组画面，集中表现了生机盎然的乡村春色，并且前后映照，“使这支乐曲的旋律节奏由舒徐到急促，显现出动人的音乐美，恰似乐曲中的华彩乐段”[②]。其余如苏轼《行香子》（一叶舟轻）、汪莘《行香子》（策杖溪边）等都充分利用《行香子》曲调跳荡回旋的音乐节奏，运用排比和呼应的手法，让人感受到如线串珠的流畅灵动之美。

① （清）王又华：《古今词论》引毛先舒语，见唐圭璋编《词话丛编》第1册，第609页。
② 陶文鹏：《论东坡词写景造境的艺术》，《社会科学战线》1998年第1期。

三

王国维曾云："有有我之境，有无我之境。"又云："有我之境，以我观物，故物皆著我之色彩。无我之境，以物观物，故不知何者为我，何者为物。"① 如果从表现手法上来分，所谓"无我之境"多客观描摹，"有我之境"则多主观抒情。在宋词中，自然山水常常充当着"感物道情"的作用，是情感抒发的媒介和载体；自然山水也因此染上了词人的情感和思想。比如范仲淹《苏幕遮》（碧云天）、柳永《八声甘州》（对潇潇暮雨洒江天）苏轼《满江红》（江汉西来）等都是情景交融的名作。这些作品或借斜风细雨的江南风光表达隐逸情怀，或借红衰翠减的江上秋色抒发乡愁别情，或借浩荡东流的长江表现壮怀激情，人情因山水而感发，山水因人情而妩媚，突出地体现了"一切景语皆情语"的特色。

在两宋词人中，创造"有我之境"的高手当属辛弃疾和姜夔。辛弃疾一生两度被迫闲居，时间长达十八年。在他隐居于江西上饶、铅山的岁月里，自然界中的山水花鸟都成为词人精神上的挚友，词人壮志难酬的悲慨、岁月蹉跎的苍凉以及对时事的担忧都借此得到暂时的化解。同时，词人的英雄之气和自信风趣的性格，又赋予自然山水活泼灵动的个性和雄深雅健的气质。姜夔才华出众，襟怀磊落，但是功业不遂，爱情不果，一生漂泊江湖。词人在山水描写中寄予了自己流落江湖的苍凉悲慨，形成了独标一格而足以自立于词坛的风格特色。先来看姜夔词：

> 双桨莼波，一蓑松雨，暮愁渐满空阔。呼我盟鸥，翩翩欲下，背人还过木末。那回归去，荡云雪、孤舟夜发。伤心重见，依约眉山，黛痕低压。　采香径里春寒，老子婆娑，自歌谁答？垂虹西望，飘然引去，此兴平生难遏。酒醒波远，正凝想、明珰素袜。如今安在？唯有阑干，伴人一霎。（《庆宫春》）

① 王国维：《人间词话》，见唐圭璋编《词话丛编》第5册，第4239页。

这首词描写吴淞江上冬天日暮的景色。词作一开始就营造了忧郁伤感的氛围："暮愁渐满空阔"，江南冬天细雨迷蒙、层云密布的气候，整体上给人以阴郁低沉的感受。词人用"愁"来形容，不仅真实传达了这一感受，而且也使词作所描写的自然风光沉浸在词人的主观情绪之中。白鸥欲下却飞，似乎也带着飘零之人的惊疑之心；远山低压，好像深怀别愁离恨。虽然词的下阕转入"自歌谁答"的潇洒和旷放，却始终没有改变由上阕所奠定的情感基调，他所描绘的山水景色淡远幽雅却清苦伤感，是词人主观情感和自然山水的客观特征相结合的产物。

如果说姜夔山水词的主观情感是淡淡的哀愁，对景色描写的影响是投射式的，那么辛弃疾的山水词就是以自我为核心重塑山水的过程。作为一位有着强烈自我意识的主观型词人，辛弃疾笔下的山水不仅浸染着作者的主观情感，有时甚至可以完全看作是其主观情感的产物，是词人个性、精神和人格的外化。如《生查子·独游西岩》：

> 青山招不来，偃蹇谁怜汝。岁晚太寒生，唤我溪边住。山头明月来，本在天高处。夜夜入清溪，听读《离骚》去。

词作所写无非是山与月，但是词人以人与山水之间惺惺相惜的虚拟情感为核心，描写青山之孤傲、明月之清高，以及山月对自己的怜惜之意，这样的山水描写已完全不为对象的客观属性所拘束，从而赋予自然景物以鲜明的个性和浓郁的人情味。其余如《贺新郎》（甚矣吾衰矣）、《水调歌头》（带湖吾甚爱）、《临江仙》（莫笑吾家苍壁小）、《沁园春》（叠嶂西驰）等都是以强烈的主观情感表现山水的佳作。在这些词作中词人盟鸥友鹭，山水则竞相来娱，自然景物已化身为词人生活的一部分，正是"万象为宾客"的具体化，显示出辛弃疾非凡的胸襟和鲜明的个性，也使他笔下的山水不仅是外在于主体的审美对象，更是只属于辛弃疾的"人化自然"。

强烈的抒情要求，使词人不满足于对自然景物作冷静的理性观照，他们往往展开丰富活跃的联想想象，借助于比喻、拟人、夸张等修辞手法，来营造"登山则情满于山，观海则意溢于海"的情景交融境界。

刘熙载《词概》云："词要放得开，最忌步步相连。"[1]为了不被眼前之景所拘囿，词人常常使用联想手法来拓展词作的表现空间，如苏轼《水调歌头·快哉亭作》：

落日绣帘卷，亭下水连空。知君为我，新作窗户湿青红。长记平山堂上，攲枕江南烟雨，渺渺没孤鸿。认得醉翁语，山色有无中。　一千顷，都镜净，倒碧峰。忽然浪起，掀舞一叶白头翁。堪笑兰台公子，未解庄生天籁，刚道有雌雄。一点浩然气，千里快哉风。

快哉亭是苏轼的朋友张偓佺建造于黄州临皋长江边的一座亭子，这首词描写登亭所见的长江景色，又寄寓了词人身处贬谪之中的复杂情感。词作通篇运用联想手法：上阕由江上空水相连的景象，联想到当年在扬州平山堂上所见的江南烟水，又由此联想到自己的恩师欧阳修，既借其"山色有无中"的名句描写眼前的长江景色，又巧寓自己对恩师的深切怀念和内心的孤寂之情；下阕更由实而虚，从江上的浩荡长风，联想到孟子的"浩然之气"，借此表达自己高洁坦荡的人格追求。联想手法的运用，使这首词不仅形成了开阖自如、不主故常的风格，而且也使词作感情更为丰厚深沉，表达更为自然含蓄。

相比于联想，词人大胆的想象和幻想使词作更具奇幻瑰丽的特色。比辛弃疾略早的张孝祥就是一位擅长运用驰骋想象来表现自然山水的浪漫型词人。其《水调歌头·泛湘江》、《水调歌头·金山观月》、《水调歌头·隐静山观雨》、《水龙吟·望九华山作》、《水龙吟·过浯溪》等作品，都借助于各种神话传说，将眼前实景与虚幻想象结合在一起，形成想落天外的奇妙艺术境界。在他笔下，湘灵起舞、屈子高歌、仙人拍手、山神相助，极尽想象之能事，为自然山水增添了神奇幻美的色彩。如：

满载一船秋色，平铺十里湖光。波神留我看斜阳，放起鳞鳞细浪。　明日风回更好，今宵露宿何妨？水晶宫里奏霓裳，准拟岳阳楼上。（《西江月·阻风三峰下》）

---

① 刘熙载：《词概》，见唐圭璋编《词话丛编》第4册，第3699页。

舟行途中，被风雨所阻，这本是令人沮丧的事情，词人却以诙谐乐观的心态，想象波神多情，故意以风雨阻行，挽留词人欣赏斜阳；下阕更以置身水晶宫的奇思妙想，设想第二天乘风而行，到岳阳楼上观赏洞庭湖的赏心乐事，新奇的想象使词作具有浓厚的浪漫色彩。

词人丰富活跃的想象，也使宋代山水词中比喻、拟人、夸张等修辞手法的运用更为大胆生动。借助于这些修辞手段，词人不仅传神地表现出自然山水的形态特征，更巧妙融合了自己对大自然的深厚感情。

宋代山水词中比喻手法的运用是非常灵活多变的。从辞格来看，有明喻，如王安石《桂枝香》“千里澄江如练，翠峰如簇”；有暗喻，如王观《卜算子》“水是眼波横，山是眉峰聚”；有借喻，如朱敦儒《念奴娇》“万顷琉璃，一轮金鉴，与我成三客”。从喻体来看，既有以物喻物，如米芾《蝶恋花》“宝月圆时多异气，夜光一颗千金贵”以夜明珠喻圆月；又有以人喻物，如史达祖《绮罗香》“隐约遥峰，和泪谢娘眉妩”以多情含泪的女性双眉喻远山。从方法来看，既有以具象喻抽象，如范成大《眼儿媚》“春慵恰似春塘水，一片縠纹愁”以春水喻春困；又有以抽象喻具象，如秦观《浣溪沙》“自在飞花轻似梦，无边丝雨细如愁”以梦喻花，以愁喻雨。从本体与喻体关系而言，既有取其形似者，如辛弃疾《满江红》“有飞泉、日日供明珠，三千斛”；又有取其神似者，如王质《水调歌头》“群山左顾右盼，如虎更如龙”。从风格而言，既有生动清新，如陈与义《渔家傲》“今日山头云欲举，青蛟素凤移时舞”；又有夸张浪漫，如张孝祥《水调歌头·隐静山观雨》“电掣金蛇千丈，雷震灵鼍万叠。汹汹欲崩空尽泻银潢水，倾入宝莲宫”。这些不同的比喻手法，使词人笔下的山水词形神兼备，栩栩如生。

而在众多山水词人中，运用比喻手法最活跃也最成功的非辛弃疾莫属。辛弃疾山水词大多清雄豪放，其比喻也多出人意料，令人耳目一新。以其名作《沁园春》为例：

> 叠嶂西驰，万马回旋，众山欲东。正惊湍直下，跳珠倒溅；小桥横截，缺月初弓。老合投闲，天教多事，检校长身十万松。吾庐小，在龙蛇影外，风雨声中。　争先见面重重，

看爽气朝来三数峰。似谢家子弟，衣冠磊落，相如庭户，车骑雍容。我觉其间，雄深雅健，如对文章太史公。新堤路，问偃湖何日，烟水濛濛。

这首词最大的艺术特点就是新奇而又丰富的比喻，词作几乎通篇用喻，而在妙用博喻上，更可与苏轼山水诗《百步洪》相媲美。上阕以奔腾的战马比喻灵山山势，用跳珠比喻山泉飞溅的水珠，用缺月比喻横跨山涧的小桥，用即将出征等待检阅的雄兵和风雨之中飞舞的龙蛇比喻山上茂密的松林，既赋予山水景物以强烈的动感，又寄予了词人的军人性格。下阕的立意更为绝妙：词人连用三喻，把秀峰比作谢家子弟、司马相如的车骑和司马迁的《史记》。从表面上看，本体和喻体之间似乎风马牛不相及，但是从修辞的角度而言，只要抓住了恰似点，本体和喻体之间的距离越大，就越能调动读者的想象力，从而造成新奇的艺术效果。这几个比喻都从词人的主观感受出发：山峰挺拔俊美，像是杰出不群的谢家少年；峰峦连绵，像是司马相如身后跟随的雍容车骑；而自然所赐予的美如此深邃，集高雅、雄壮、刚健于一体，只有太史公的文章差可比拟。奇妙而又密集的比喻，使词人笔下的青山独具个性，堪称山水词中的不朽名作。

对于人生失意的词人，大自然不仅给予他们山清水秀的审美快感，也让他们在官场尘嚣中疲惫不堪的心灵得到休憩。正因如此，词人对山水的感情是深厚的，正如辛弃疾所谓"一松一竹真朋友，山鸟山花好弟兄"(《鹧鸪天·博山寺作》)。因此拟人手法的使用不但使自然景物更加生动活泼，同时也使宋代山水词具有浓厚的人情味。以下面两首词为例：

湖上风来波浩渺。秋已暮、红稀香少。水光山色与人亲，说不尽、无穷好。　莲子已成荷叶老，清露洗、蘋花汀草。眠沙鸥鹭不回头，似也恨、人归早。(李清照《怨王孙》)

扁舟三日秋塘路。平度荷花去。病夫因病得来游。更值满川微雨洗新秋。　去年长恨拏舟晚。空见残荷满。今年何以报君恩。一路繁花相送到青墩。(陈与义《虞美人》)

李清照是一个很有些士大夫气的女词人，个性鲜明而心胸开阔。此词描写暮秋景色，却殊少萧瑟苍凉之意。在她笔下，山水有情而相亲，鸥鹭不舍而生嗔，自然景色是如此生机勃勃又奇趣盎然，词作因此充溢着人与自然之间和谐亲切的情谊。陈与义词作于绍兴五年（1135）六月，词人因与宰相赵鼎论事不合，故引疾求去，其心情是压抑的。然而在归乡的路上，繁华似锦的荷花如同久未谋面的朋友，热情地一路相迎相伴，让词人领略到大自然的生机和美丽，也让他暂时忘却了政治上的失意。

在宋代山水词中，拟人手法的运用有两种情况：一是用人的神态、动作和情感来描绘事物。如王质《水调歌头》“群山左顾右盼”，范成大《鹧鸪天》“桃花暖日茸茸笑，杨柳光风浅浅颦”，陆游《好事近》“多谢半山松吹，解殷勤留客”，辛弃疾《沁园春》“三径初成，鹤怨猿惊，稼轩未来”等，既将静态的事物动态化，也赋予自然物以人的情感，使之充满情趣。二是干脆将对象物当作人来看待。如张孝祥《菩萨蛮》“倒冠仍落珮，我醉君须醉。试问识君不，青山与白鸥”，把白鸥和青山当作自己的朋友，邀酒呼醉，完全是物我相亲相融的境界。这种拟人手法的使用，在稼轩山水词中最多，词人常常以“尔”、“汝”、“君”等称呼山、云、溪、月，显示出词人与自然之间情同手足的关系，也使词作轻松幽默、意趣盎然。

为了突出自然物的某一特征，或者渲染某种审美感受，词人还常使用夸张的手法，来增强作品的感染力，给读者以鲜明强烈的印象。宋代山水词在整体风格上偏于优美，但也不乏大胆惊人的夸张手法，如：

江水去无极，无地有青天。（王质《水调歌头》）

忽惊河汉近人流。青霄元有路，一笑倚琼楼。（叶梦得《临江仙》）

看纵横斗转，龙蛇起陆，崩腾决去，雪练倾河。（辛弃疾《沁园春》）

昨夜鲸翻坤轴动，卷雕翚、掷向虚空里。（蒋捷《贺新郎·吴江》）

野人惊问，泛槎何处狂客。（张炎《壶中天·夜渡古黄河》）

前两例极写水天一色的空阔和山高近天的险峻，突出的是自然山水的某一具体特征，这种夸张在山水诗中并不鲜见。而后三例则更多体现的是词人独特的审美感受或情感体验。辛词描写的是江西上饶山中的一条山溪，而词人却用夸张的描写赋予这条小溪奔腾奇崛的气势；蒋词将开阔而平静的吴淞江描写得巨鲸翻动、波诡云谲，实际上是寄予了词人身遭国破家亡的惊惧之心；古黄河位于今徐州东，离江南并不遥远，而张炎却用张华《博物志》所载有人乘灵槎以至天河的典故，极言古黄河的遥远，从而突出“须信平生无梦到”的心理体验。

宋代山水词是在宋代士大夫文人崇尚自然、追求山林之趣的文化大背景下不断发展成熟的，作为一种后起的文学形式，其艺术特征的形成受到了包括绘画和诗歌在内的多种艺术形式的影响。以绘画为例，除了上文所论章法结构方面的影响外，宋代山水词人也借鉴了山水画的某些技法，比如勾勒、点染、白描、着色等[①]。而作为最主要的文学渊源，山水诗无疑给山水词人提供了最为丰厚的艺术营养。宋代山水词在审美理想、艺术风格、表现手法乃至具体的用字造句等各方面都受到了唐宋山水诗的滋溉。比如前文所举辛弃疾山水名作《沁园春》(叠嶂西驰)就有多处受苏轼诗歌的影响。如开篇“叠嶂西驰，万马回旋，众山欲东”，是从苏轼的《游径山》诗浓缩而来的：“众峰来自天目山，势若骏马奔平川。中途勒破千里足，金鞭玉镫相回旋。”而辛词中以龙蛇拟松树的比喻也来自于苏诗：“我昔少年日，种树满东冈。……不见十余年，想作龙蛇长。”(《戏作种松》)但是宋代山水词艺术特征的形成也受宋词音乐文学特性的制约。词在宋代主要用来合乐歌唱，这就决定了其篇幅较小、音声和谐、语言平易、风格委婉的总体特征。宋代山水诗的题材和风格并不都适用于山水词，比如山水诗中可以有长达数百句的五言、七言长篇大作，用来对山水景物作穷形极相的描写，或者发表酣畅宏肆的议论，这是最长只有二百余字的词所无法做到的；山水诗中古奥、艰涩、瘦硬等风格也都因不适于歌唱而不能为山水词所吸纳。总之，在宋词整体文学特征的制约下，宋代山水词的题材和风格都不够丰富多样，而以创造澄洁杳远、委婉

① 彭国忠：《唐五代北宋绘画与词》,《学术研究》2008 年第 11 期。

含蓄的艺术境界为主，但也正因如此，宋代山水词形成了山水诗未能完全涵盖的艺术特征，具有独立的审美意义和文学史价值。

（原载《文学遗产》2011 年第 3 期）

【作者简介】

王晓骊，女，江苏苏州人。1998 年就读于苏州大学文学院中国古代文学专业，师从杨海明先生，获得文学博士学位。现为华东政法大学文伯书院教授。著有《唐宋词与商业文化关系研究》、《中国古代题跋文学研究》等。

陈思《清真居士年谱》庐州、溧水系年词补考

——兼论罗忼烈《周清真词时地考略》中的『溧水之什』

孙 虹

近代研究周邦彦的学者，王国维与陈思都是用力既勤、创获也多的巨擘；而在现代研究者中，罗忼烈先生洵为功臣[①]。陈思《清真居士年谱》[②]对谱主周邦彦词的系年较为系统准确，但陈思与国学大师王国维相比，不免人微言轻；加上王国维重视从大量典籍中钩沉爬梳外证，而陈思则除了以经见的史乘（包括宋人笔记）、地理志、地方志作为扶证之外，最注重的是用周邦彦的作品作为内证。在考证领域中，因为内证似乎有相当的主观随意性，因而缺乏言之凿凿的稽考说服力。也许正是由于这个原因，长期以来，在词学界，学人没有把陈思的《清真居士年谱》（以下简称陈谱）与王国维的《清真先生遗事》等量齐观，因此陈谱一直无闻于世。我们在《清真集校注》一书中，曾根据陈谱为周邦彦的一些词作编年，这使周邦彦编年词的数量为之大增。最近，笔者在撰写《周邦彦词选注》一书的过程中，对周邦彦词进行了更为细致准确的编年。为此也进一步研读了陈谱，发现陈思的一些考辨往往是周邦彦行谊的最好切入点（当然其中也不乏误考），寻此以行，可以多所创获，而

① 罗忼烈：《周清真词时地考略》，原载 1978 年《大公报在港复刊卅周年纪念文集》，后收入作者《两小山斋论文集》，中华书局 1982 年版。

② （宋）周邦彦著，孙虹校注，薛瑞生订补：《清真集校注》，中华书局 2003 年版。以下未注明出处的周词、时间、事件及辨误均出于此书。

这种创获往往又可以反过来对陈谱考定的系年词加以扶证或修正。

下面我们仅以陈谱中的周邦彦庐州词《蓦山溪》(楼前疏柳)、《锁阳台·怀钱塘》、《宴清都》(地僻无钟鼓)、《倒犯》(霁景)和溧水词《玉烛新·早梅》、《红林檎近·咏雪》、《红林檎近·雪晴》的考论为基础，参以罗忼烈《周清真词时地考略》中的“溧水之什”进行发掘和补充（罗氏此文中也有“庐州之什”，但多仍陈思之旧，新增庐州之什均为长安词[①]，故本文忽略罗文中的“庐州之什”），共新考得庐州任上词四首，溧水任上词四首，详考如下。

一、陈思《清真居士年谱》庐州系年词补考

据《宋史》本传，周邦彦由太学生擢为试太学正、寄理县主簿尉之后，曾任庐州（今安徽省合肥市）教授[②]；外任庐州的具体时间，陈谱定在元祐四年（1089）至元祐八年（1093），此无大误［《清真集校注》定在元祐三年（1088）至元祐八年（1093）］。陈谱考证出四首庐州词《蓦山溪》(楼前疏柳)、《锁阳台·怀钱塘》系在元祐四年，《宴清都》(地僻无钟鼓）系在元祐五年（1090）、忆念之作《倒犯》(霁景）不系年。其实后两首均为离庐州任后写于溧水任上的忆念之作，虽然陈谱庐州词考证有误（详后说），但其大致的定位很有参考价值。特别是陈思考证出周邦彦接受庐州任命未赴任前——元祐四年夏间先回故乡钱塘（今浙江省杭州市），途中写有《蓦山溪》(楼前疏柳）一词的考论最富发掘价值。这个结论见陈谱中系于元祐四年下面的按语，兹录于后：“自元丰二年游京师，至本年，已十年矣[③]，故《锁阳台》(怀钱塘）云：‘凄凉，怀故国，朝钟暮鼓，十载红尘。’……教授庐州之命当在夏间，未赴任前先归杭州，故《蓦山溪》有‘十载却归来，倦追寻、酒旗戏鼓’之句。起云‘楼前疏柳，柳外无穷路’，柳曰‘疏柳’，则到杭时，秋意已深。”

---

① 薛瑞生：《周邦彦两入长安考》，《文学遗产》2002 年第 3 期。

② （元）脱脱等：《宋史》卷四四四《文苑六》，中华书局 2000 年版，第 10214 页。

③ 年谱此处的依据是周邦彦词《西平乐》的词序：“元丰初，予以布衣西上，过天长道中。后四十余年，辛丑正月二十六日，避贼复游故地。感叹岁月，偶成此词。”陈思根据周邦彦的行谊以为“元丰初”定于“二年”为宜。

换言之，陈思考证《蓦山溪》实际上写于接受庐州任命但未赴任的庐州任上，准确地说是庐州任上的归钱塘词。但是周邦彦此行是从汴京归钱塘，还是从庐州归钱塘，是写于出发地，还是目的地？抑或是途中所经之地？陈思均未明示，所以此词作为庐州词在词学界几乎被忽略不计。其实，上引按语中出现的《锁阳台》与《蓦山溪》之间就有草蛇灰线的联系，笔者在此尝试缕析之。

陈思所考的《锁阳台·怀钱塘》是三首组词之一，诸本此三词都前后排列，这在版本学上往往是时间、空间或内容有密切关系的显证，此三首《锁阳台》词亦然。兹录三首《锁阳台》和一首《蓦山溪》如下：

山崦笼春，江城吹雨，暮天烟淡云昏。酒旗渔市，冷落杏花村。苏小当年秀骨，萦蔓草、空想罗裙。潮声起，高楼喷笛，五两了无闻。　凄凉，怀故国，朝钟暮鼓，十载红尘。但梦魂迢递，长到吴门。闻道花开陌上，歌旧曲、愁杀王孙。何时见、名娃唤酒，同倒瓮头春。（《锁阳台·怀钱塘》）

花扑鞭鞘，风吹衫袖。马蹄初趁轻装。都城渐远，芳树隐斜阳。未惯羁游况味，征鞍上、满目凄凉。今宵里，三更皓月，愁断九回肠。　佳人，何处去，别时无计，同引离觞。但唯有相思，两处难忘。去即十分去也，如何向、千种思量。凝眸处，黄昏画角，天远路岐长。（《锁阳台》）

白玉楼高，广寒宫阙，暮云如幛褰开。银河一派，流出碧天来。无数星躔玉李，冰轮动、光满楼台。登临处，全胜瀛海，弱水浸蓬莱。　云鬟，香雾湿，月娥韵压，云冻江梅。况餐花饮露，莫惜徘徊。坐看人间如掌，山河影、倒入琼杯。归来晚，笛声吹彻，九万里尘埃。（《锁阳台》）

楼前疏柳，柳外无穷路。翠色四天垂，数峰青、高城阔处。江湖病眼，偏向此山明，愁无语。空凝伫。两两昏鸦去。　平康巷陌，往事如花雨。十载却归来，倦追寻、酒旗戏鼓。今宵幸有，人似月婵娟，霞袖举。杯深注。一曲黄金缕。（《蓦山溪》）

这三首词之间、三首词与《蓦山溪》之间都各有相关处：首先，前两首《锁阳台》时间都在春天，第一首《锁阳台》词怀念故乡钱塘，词题、所用典故均能确证这一点。第二首《锁阳台》有“花扑鞭鞘，风吹衫袖。马蹄初趁轻装。都城渐远，芳树隐斜阳。未惯羁游况味，征鞍上、满目凄凉”，表明这是离开汴京南行，但不是直接归钱塘，因为汴京归钱塘有京杭大运河这一最便利的水道可以通行，而至庐州则必先行一段陆路，与《蓦山溪》互证可知此南行的目的地正是庐州（详后说）。其次，周邦彦年青时虽然有四年零五个月羁游荆州、长安的经历[①]，但元丰二年（1079）至此年一直在汴京，所以第一首《锁阳台》中有“十载红尘”之语，写自己长时间京城繁华之地的生活[②]。第二首《锁阳台》中说“未惯羁游况味”，就是指这近十年间未曾离开京师游学或外任。至庐州后，又有归乡之程，因此《蓦山溪》中有“十载却归来”之语，前后时间啮合无间。再次，第三首《锁阳台》是钱塘秋词，冰轮满月，则时在仲秋，此应为中秋词。通过四首词之间的联系，可以看到词人前两首《锁阳台》写于由汴京南行之庐州时，行程中就已经酝酿着归乡的打算，回到钱塘后又写了最后一首《锁阳台》；在三首钱塘词之间，写了庐州归钱塘词《蓦山溪》，以上引词作特别是《蓦山溪》为线索，知《浣溪沙》也写于初至庐州时：“楼上晴天碧四垂，楼前芳草接天涯。劝君莫上最高梯。新笋看成堂下竹，落花都上燕巢泥。忍听林表杜鹃啼。”与《蓦山溪》比照，两词均写群峰高楼，登高远眺，有青山蓝天四面垂碧之感，时在春末，正与前两首《锁阳台》词前后衔接，足证写于同地。

确证《蓦山溪》为庐州归钱塘词，还有数端新证据可以寻按。据《中国历史地图集》，庐州可由陆路至金陵（今江苏省南京市），而此词正写于由庐州抵达金陵时。此词上阕写出发地庐州。证据有三：第一，庐州多柳，这可以从姜夔的合肥词中得到印证。姜夔有一首非常著名的合肥词，词牌就是《淡黄柳》，词小序说：“客居合肥南城赤阑桥之西，巷陌凄凉，与江左异，唯柳色夹道，依依可怜。”词中也有“空城晓角。吹入垂杨陌。马上单衣寒恻恻。看尽鹅黄嫩绿，都是江南旧相识”数句写杨柳。第二，据陈谱所考，周邦彦《倒犯》(霁景）中的“淮左旧游，记送行人，归来山路窎”，是回忆庐

① 孙虹：《周邦彦年青时期荆州、长安词考补正》,《江南大学学报》2004年第3期。

② “红尘”，典出班固《西都赋》“红尘四合，烟云相连”，指京城指繁华之地。

州月色（从安徽寿县附近开始淮水流向系自南而北，因习称今安徽淮河南岸一带为淮东，亦称淮左），则合肥是淮左“山城”，与《蓦山溪》中“翠色四天垂，数峰青、高城阔处”相合，上引《浣溪沙》中“楼上晴天碧四垂”中的“碧四垂”也是指满眼山色蓝天从高处四面垂下来。第三，安徽省北部地区对周邦彦来说有特殊的亲和力。周邦彦元丰二年（1079）以布衣之身途经安徽天长县入汴京，六年（1083）入太学、也就是尚在仕途起点时，就曾想以天长作为功成身退之地：“重慕想、东陵晦迹，彭泽归来，左右琴书自乐，松菊相依，何况风流鬓未华”（《西平乐》），所表达的就是此词“江湖病眼，偏向此山明”的意思。《蓦山溪》下阕写途经之地金陵。证据有二：第一，从“平康巷陌”看，平康巷陌是长安（今陕西省西安市）妓女的聚集地，见孙棨《北里志·海论三曲中事》：“平康里入北门东回三曲，即诸妓所居之聚也。妓中有铮铮者，多在南曲、中曲，其循墙一曲，卑屑妓所居，颇为二曲轻斥之。其南曲、中曲门前通十字街。”长安是十三朝古都，北宋时，文学作品中与长安可以互代的地名北方有洛阳、汴京，南方仅有六朝古都金陵。第二，词中“酒旗戏鼓”牵出了另一首《西河》词，由此引申，可以双证周邦彦此年夏末曾至金陵。首先，《西河》是一首词题即标明“金陵怀古”的词，也写及《蓦山溪》中“酒旗戏鼓”。词曰：“佳丽地。南朝盛事谁记。山围故国绕清江，髻鬟对起。怒涛寂寞打孤城，风樯遥度天际。断崖树，犹倒倚。莫愁艇子曾系。空余旧迹郁苍苍，雾沉半垒。夜深月过女墙来，伤心东望淮水。酒旗戏鼓甚处市。想依稀、王谢邻里。燕子不知何世。向寻常、巷陌人家，相对如说兴亡，斜阳里。”《蓦山溪》中“十载却归来，倦追寻、酒旗戏鼓”与此词中“酒旗戏鼓甚处市。想依稀、王谢邻里”何其相似乃尔！或曰此《西河》词也可作为溧水词，溧水宋属江宁府，金陵是江宁府治，因公往来当为常事，周邦彦在溧水任上也确有金陵词《菩萨蛮》（银河宛转三千曲），但时在冬末春初，与此词不侔（详后说）。其次，这两首词的时间均写夏末之景，故《蓦山溪》中有“疏柳”，《西河》中有“燕子”，自然意象也与季节相合。要之，陈思以《蓦山溪》（楼前疏柳）为受庐州任命后的归钱塘词，实不我欺；据此还可以得出《西河·金陵怀古》写于同时的结论，并且这两首词都可以准确地系年于元祐四年（1089）的夏末；另外也可以由此推论出周邦彦三首《锁阳台》词中前两首写于元祐四年春天离开汴京时，后一首写于同年仲秋归钱塘时；由之还能考出《浣溪纱》(楼上晴天碧四垂)也写于初到庐州任上。

陈思考证的庐州词唯有一首《蓦山溪》(楼前疏柳)为不误，但细节略有舛误：一是周邦彦春天离开汴京，不应在“疏柳”时节即夏末方至庐州，据《浣溪沙》(楼上晴天碧四垂)，知周邦彦春暮时已至庐州，故知此时周邦彦不是“未赴任前，先归杭州”，而是已赴庐州任，假归钱塘。二是周邦彦受庐州之命，不在夏间而在春季。三是周邦彦夏末已至金陵，途中若无迁延，不应“到杭时，秋意已深”，准以《锁阳台》(白玉楼高)，知周邦彦仲秋之前已到达钱塘。

二、陈谱溧水系年词及罗忼烈《周清真词时地考略》“溧水之什”补考

陈思考证周邦彦元祐八年（1093）至绍圣二年（1095）任溧水县令，此也大致不误[《清真集校注》定在元祐八年（1093）至绍圣三年（1096）]。陈谱考订的溧水词，除根据周词词题作为主证，辅以词叙、宋人笔记等加以佐证，也就是梳理总结前人成果考证出五首溧水词之外[五首词分别是《风流子》(新绿小池塘)、《隔浦莲近拍》(新篁摇动翠葆)、《满庭芳》(风老莺雏)、《鹤冲天》(梅雨霁)、《鹤冲天》(白角簟)]，陈思的最大创获就是自己还考证出了三首溧水词，这就是陈思系年于绍圣二年的一首梅词《玉烛新·早梅》与两首雪词《红林檎近·咏雪》、《红林檎近·雪晴》。分别先录三首梅、雪词，再录陈思考论于后：

原词：溪源新腊后。见数朵江梅，翦裁初就。晕酥砌玉芳英嫩，故把春心轻漏。前村昨夜，想弄月、黄昏时候。孤岸峭，疏影横斜，浓香暗沾襟袖。 尊前赋与多材，问岭外风光，故人知否。寿阳漫斗。终不似，照水一枝清瘦。风娇雨秀。好乱插、繁花盈首。须信道，羌管无情，看看又奏。(《玉烛新·早梅》)

陈谱考论：“‘溪源’即出庐山三派入秦淮之水。”

原词：高柳春才软，冻梅寒更香。暮雪助清峭，玉尘散林

塘。那堪飘风递冷，故遣度幕穿窗。似欲料理新妆。呵手弄丝簧。 冷落词赋客，萧索水云乡。援毫授简，风流犹忆东梁。望虚檐徐转，回廊未扫，夜长莫惜空酒觞。（《红林檎近·咏雪》）

风雪惊初霁，水乡增暮寒。树杪堕毛羽，檐牙挂琅玕。才喜门堆巷积，可惜迤逦销残。渐看低竹翩翻。清池涨微澜。 步屐晴正好，宴席晚方欢。梅花耐冷，亭亭来入冰盘。对前山横素，愁云变色，放杯同觅高处看。（《红林檎近·雪晴》）

陈谱考论："《太平寰宇记·溧水县》：庐山在县东南二十里，有水源三派，并入秦淮合大江。蠡船山一名感泉山，在县南十二里，山有青丝洞，泉脉泓澄，四时不绝。丹阳湖在县西南。石臼湖在县西南三十里，西连丹阳湖，岸广一百六十余里。军山、塔子、马头、雀垒四山并在湖中。《江宁府志》：秦淮水有二源。其西源出溧水东庐山西北，流过溧水城东北乌刹桥与明胭脂河，合胭脂河首引高淳石臼湖水，西入溧水界；又东至洪蓝埠入山；又东北流过天生桥出山，受溧水城西南山溪；又北流过沙河桥，东出通城壕，西北入秦淮水。澳洞山在溧水西南二十五里。按：丹阳、石臼二湖皆在县，秦淮西源及胭脂河水环经县城，故《咏雪》云'萧索水云乡'，《雪晴》云'水乡增暮寒'。'对南山横素'，南山即蠡船山。"

陈谱根据地理志、府志及作品内证考出这三首梅雪词写于溧水，这一结论内外证结合，科学有据，已经成为溧水词的定论。罗忼烈《周清真词时地考略》根据陈谱的既定成果，进一步考出《花犯·咏梅》、《丑奴儿》和《菩萨蛮》也是溧水之作。录三词如次："粉墙低，梅花照眼，依然旧风味。露痕轻缀。疑净洗铅华，无限佳丽。去年胜赏曾孤倚。冰盘共燕喜……今年对花最匆匆，相逢似有恨，依依愁悴。吟望久，青苔上、旋看飞坠。相将见。脆丸荐酒，人正在、空江烟浪里。但梦想、一枝潇洒，黄昏斜照水。""肌肤绰约真仙子，来伴冰霜。洗尽铅黄。素面初无一点妆。寻花不用持银烛，暗里闻香。零落池塘。分付余妍与寿阳。”“银河宛转三千曲。浴凫飞鹭澄波绿。何处望归舟。夕阳江上楼。天憎梅浪发。故下封枝雪。深院卷帘看。应怜江上寒。”《花犯》是历代公认的咏梅名篇，何士信甚至誉之为“梅词第一”（何士信《增修笺注妙选群英草堂诗余》），但研究者们似乎都忽略了这实际上是一首咏白梅词，虽然由于词的体性特点，词人对梅花之色表述得不够明确，但我们通过“露痕轻缀。疑净洗铅华，无限佳丽”和“更可惜，雪中高树，香篝熏素被”的笺释完全可以证明这是在写白梅。“净洗铅华”，典出乐史《杨太真外传》：“然虢国（太真姊妹虢国夫人）不施妆粉，自衒美艳，常素面朝天。当时杜甫有诗云：‘虢国夫人承主恩，平明上马入宫门。却嫌脂粉污颜色，淡扫蛾眉朝至尊。’”王安石《与微之同赋梅花得香字三首》（其二）：“不御铅华知国色，只裁云缕想仙装”，显然也是咏白梅之作。“雪中高树”，典出杜甫《江梅》，此诗写江边与雪同色的白梅：“雪树元同色，江风也自波。”在诗人笔下，梅雪本来就作为映衬物高频度出现，白梅与雪在文学中的关合程度更高。以此为契机，我们发现《丑奴儿》组词中的另外二首也是写于同地的白梅词：“南枝度腊开全少，疏影当轩。一种宜寒。自共清蟾别有缘。江南风味依然在，玉貌韶颜。今夜凭阑。不似钗头子细看。”“香梅开后风传信，绣户先知。雾湿罗衣。冷艳须攀最远枝。高歌羌管吹遥夜，看即分披。已恨来迟。不见娉婷带雪时。”

《花犯》、《丑奴儿》（三首）与陈谱考出的梅词《玉烛新·早梅》、雪词《红林檎近·咏雪》、《红林檎近·雪晴》多有可以互证的同构部分：其一，这是一树生于水边的野生梅花。江梅是野生梅花，不能望文生义认为是江边之梅；但梅性爱水，往往恰生水边，水与梅相映成趣，很容易进入诗人的视野，林逋《山园小梅》中的名句“疏影横斜水清浅，暗香浮动月黄昏”又使水梅相映成为黄金组合；另外，据陈思所考，溧水“丹阳、石臼二湖皆在县，秦淮西源及胭脂河水环经县城”（已见前引），溧水县可谓实至名归。溧水水域星罗棋布，梅生水边应是常态，上引词作中的江梅就是如此。《花犯》和《玉烛新》可以互证此梅为江梅的证据是，《玉烛新》有“溪源新腊后。见数朵江梅，剪裁初就”，直接点出了“江梅”；《花犯》“更可惜，雪中高树，香篝熏素被”中“雪中高树”出典就是杜甫的《江梅》诗。两词可以互证此树生于水边的证据是，《玉烛新·早梅》中有“孤岸峭，疏影横斜，浓香暗沾襟袖”、

“终不似，照水一枝清瘦”，《花犯》中有“但梦想、一枝潇洒，黄昏斜照水”，用的都是林逋《山园小梅》的出典。其二，这是一树白梅，《花犯》写白梅已如前说，《玉烛新》中有“晕酥砌玉芳英嫩，故把春心轻漏”，《红林檎近》中有“暮雪助清峭，玉尘散林塘”，“砌玉”形容花瓣如玉石雕琢而成，“清峭”形容与梅花白雪同其清丽；而三首《丑奴儿》中的“肌肤绰约真仙子，来伴冰霜。洗尽铅黄。素面初无一点妆”、“一种宜寒，自共清蟾别有缘”、“已恨来迟、不见娉婷带雪时”，都是写白梅的明证。其三，这是一树刚入腊月就透蕊的早梅，《丑奴儿》中的“南枝度腊开全少”，《玉烛新》中有“溪源新腊后。见数朵江梅，剪裁初就”，“度腊”句是说过了腊月就已经凋谢，“新腊”是刚入腊月，离入春尚有一个月时间；《红林檎近》中有“高柳春才软，冻梅寒更香”也是写刚入春就已经怒放（或接近披纷）的梅花。其四，《花犯》、三首《丑奴儿》与《红林檎近》（风雪惊初霁）互参，可以知道《花犯》与三首《丑奴儿》写于《红林檎近》（风雪惊初霁）之后、入汴京之前，理由如下。《花犯》写词人前去告别梅花时有“去年胜赏曾孤倚。冰盘共燕喜”，《红林檎近》中有“步屐晴正好，宴席晚方欢。梅花耐冷，亭亭来入冰盘。对前山横素，愁云变色，放杯同觅高处看”。比照的结果可以看到，《花犯》中去年“胜赏”和“冰盘共燕喜”的内容就是《红林檎近》中“宴席”、“同觅”、“梅花耐冷，亭亭来入冰盘”，换言之，《红林檎近》（风雪惊初霁）（准确地说应该是两首《红林檎近》，因为诸本这两首词并列，版本根据已如前说；而且两词的内容都写雪，时间一前一后，也可以佐证写于同时）是第一年赏雪中之梅，《花犯》则记载了第二年前去与此梅作别时的行动和心理。写《花犯》时，季节在“青苔上、旋看飞坠”的二月初，《丑奴儿》的“零落池塘，分付余妍与寿阳”、“高歌羌管吹遥夜，看即分披”等，也写于同时，而“相将见。脆丸荐酒，人正在、空江烟浪里”，表明词人在三月暮春时①，将由江宁府，沿长江入瓜洲镇，然后沿运河北上。虽然一路水程，但残春时行程正在长江中，所以说“脆丸荐酒，人正在、空江烟浪里”。另考周邦彦《浣溪纱》写在将入汴京之前：“日薄尘飞官路平。眼明喜见汴河倾。地遥人倦莫兼程。下马先寻题壁字，出门闲记榜村名。早收灯火梦倾城。”汴河是地属北方的运河水段，

① “青梅煮酒”是以青梅为佐酒之物的例行节令饮宴活动，北宋“青梅煮酒”的季节在暮春时，晏殊《诉衷情》词“青梅煮酒斗时新，天气欲残春”二句，可作旁证。

汴河之“倾”流，是汛期之后的状态。我国江河的汛期有春汛和伏汛，此应该是冰泮雨积的桃花春汛之后，词人《汴都赋》赞汴水有“桃花候涨，竹箭比驶”之句，此与《花犯》所叙说的行期正相吻合。准此，按陈谱的时间定位则《花犯》与三首《丑奴儿》写于绍圣二年仲春离开溧水时，而《玉烛新》和两首《红林檎近》则写在绍圣元年（1094）早春时，陈谱系年略误。

罗忼烈先生考《菩萨蛮》写于溧水任上，现在可以进一步认定此词是溧水任上因公去江宁府治金陵将归溧水时所作，虽不能准确系年，但罗先生考此词为溧水词不误。此词是词人在金陵时想象溧水佳人盼归兼及梅花的作品，主要根据是首二句“银河宛转三千曲，浴凫飞鹭澄波绿”，语出李白《登金陵凤凰台》“三山半落青天外，二水中分白鹭洲”和王安石《桂枝香·金陵怀古》“彩舟云淡，星河鹭起，画图难足”。李诗、王词均指金陵一带的河流，故知此为溧水任上的金陵词。

陈谱《宴清都》系在元祐五年（1090）的庐州任上，此为不确，录全词如下：“地僻无钟鼓。残灯灭，夜长人倦难度。寒吹断梗，风翻暗雪，洒窗填户。宾鸿漫说传书，算过尽、千俦万侣。始信得、庾信愁多，江淹恨极须赋。凄凉病损文园，徽弦乍拂，音韵先苦。淮山夜月，金城暮草，梦魂飞去。秋霜半入清镜，叹带眼、都移旧处。更久长、不见文君，归时认否。”此词中虽然有“淮山夜月，金城暮草”，但明言“梦魂飞去”则应是回忆庐州教授任上事；而词中“地僻无钟鼓”，与溧水任上词《满庭芳》：“地卑山近，衣润费炉烟……黄芦苦竹，疑泛九江船”，均从白居易《琵琶引》中化出：“我从去年辞帝京，谪居卧病浔阳城。浔阳地僻无音乐，终岁不闻丝竹声。住近湓江地低湿，黄芦苦竹绕宅生。其间旦暮闻何物，杜鹃啼血猿哀鸣。春江花朝秋月夜，往往取酒还独倾。岂无山歌与村笛，呕哑嘲哳难为听。”可知写于同地，“文君”，是以司马相如的妻子卓文君代指自己的妻子，按陈谱，词人元祐三年（1088）初赴庐州任年的初秋曾归钱塘，秋后返回庐州，至溧水任后期［绍圣二年（1095）］，词人已经近十年未归钱塘，故云“更久长、不见文君，归时认否”。所以，此词应写于元祐八年（1093）至绍圣三年（1096）在溧水任上的某一个冬天，《满庭芳》也写于同地。据《清真集校注·清真事迹新证》考证，周邦彦年青时期尚是性情中人，中晚年后渐趋浮躁；而溧水正是周邦彦思想发生这一重要转变的形成期，所以他在溧水的前期词作较为欢适，而后期词作转向秾唐，据此，略可知上引《宴清都》、《满庭芳》两词都应写于溧水任的后期。

陈谱以《倒犯》为忆念庐州之作，但不系年。录词如下："霁景、对霜蟾乍升，素烟如扫。千林夜缟。徘徊处、渐移深窈。何人正弄、孤影蹁跹西窗悄。冒露冷貂裘，玉斝邀云表。共寒光、饮清醥。 淮左旧游，记送行人，归来山路窎。驻马望素魄，印遥碧、金枢小。爱秀色、初娟好。念漂浮、绵绵思远道。料异日宵征，必定还相照。奈何人自老。"我们认为陈思定此词为忆庐州词，甚确。理由是前引庐州词《浣溪纱》中的"楼上晴天碧四垂"、《蓦山溪》中的"翠色四天垂，数峰青、高城阔处"表明庐州是淮左山城，而此词正有"淮左旧游，记送行人，归来山路窎"。准以《宴清都》，此词也可以系年，词中的"霜蟾"、"冒露冷貂裘"与《宴清都》中的"寒吹断梗，风翻暗雪，洒窗填户"时间正相衔接，故也应写于元祐八年（1093）至绍圣三年（1096）的溧水任上，时间略在《宴清都》之前。

另外，陈谱梳理总结前人成果考证出五首溧水词中，四首有词题，《隔浦莲近拍》题为"中山县圃姑射亭避暑作"，《满庭芳》题为"夏日溧水无想山作"，《鹤冲天》两首是组词，词题是"溧水长寿乡作"。在周邦彦任溧水县令的八十余年后，继任者强焕为周邦彦刻印词集，并为词集《清真词》作序，序中提到了这样的事实："自到任以来，访其政事，于所治后圃，得其遗政，有亭曰'姑射'，有堂曰'萧闲'，皆取神仙中事，可以想象其襟抱之不凡。"陈思据此判定"此四词皆后圃成后所作"。陈谱的这一判定恐有不妥之处：一，四词词题似乎都是"神仙中事，揭而名之"，但溧水因在道教重地茅山的附近，溧水县治后的堂、轩可能由县令周邦彦命名，但与道教相关的长寿乡、无想山的命名不一定始于周邦彦，所以命名不能成为考订写作时间的凭据；二，前两首词《隔浦莲近拍》、《满庭芳》寄寓了外放官员所共有的贬谪之恨，但两首《鹤冲天》却完全是怡然自得的心态。不妨以同写于黄梅时节的《满庭芳》与《鹤冲天》（《鹤冲天》是组词，两首内容相似，选一首即可见全貌）略加比较："风老莺雏，雨肥梅子，午阴佳树清圆。地卑山近，衣润费炉烟。人静乌鸢自乐，小桥外、新渌溅溅。凭阑久。黄芦苦竹，疑泛九江船。 年年。如社燕，飘流瀚海，来寄修椽。且莫思身外，长近尊前。憔悴江南倦客，不堪听、急管繁弦。歌筵畔，先安簟枕，容我醉时眠。"（《满庭芳》)“梅雨霁，暑风和。高柳乱蝉多。小园台榭远池波。鱼戏动新荷。　薄纱橱，轻羽扇。枕冷簟凉深院。此时情绪此时天。无事小神仙。”(《鹤冲天》)通过《清真集校注》的笺释可以明显看出《满庭芳》写的是“莫思身外无穷事，且尽尊前有限杯”[杜甫《绝句漫兴九首》(之四)]式的颓唐，而《鹤冲天》则是“有句闲富贵，无事小神仙”(魏野《述怀》)式的闲适。据上引《清真集校注·清真事迹新证》的推论，略可知两首《鹤冲天》应写在周邦彦初任溧水时，而《隔浦莲近拍》特别是《满庭芳》的编年应该尽量靠后。

根据陈谱对周邦彦的庐州、溧水系年词进行考证，不仅确考出陈谱中有不误之庐州词、溧水词。以陈谱的庐州词为线索，还新考证出了一首由汴京赴庐州任词《锁阳台》(花扑鞭鞘)，三首庐州任上词[一首在庐州词《浣溪沙》(楼上晴天碧四垂)、一首庐州归钱塘词《西河·金陵怀古》、一首庐州任上钱塘词《锁阳台》(白玉楼高)]。本文不仅扶证了陈谱以及罗忼烈《周清真词时地考略》中“溧水之什”原考订的六首溧水词为不易之考，还新考证出溧水任上的两首梅词《丑奴儿》，确定了陈谱原考订的庐州任上或忆念庐州词《宴清都》和《倒犯》是溧水任上词。利用这一新成果反证陈思、罗忼烈考订的词作，又可以对陈谱考证出的庐州任上词《蓦山溪》进行更为准确的行谊和空间定位，对陈谱、罗考的六首溧水梅雪词进行更为准确的时间系年。

综上所述，不计陈谱误考，陈思考证出了两首庐州任上词，本文新考得四首庐州任上词，陈谱、罗考考证出六首溧水任上词，本文新考得四首溧水任上词。也就是说包括前人的考证成果一共从周邦彦词集中考得六首庐州词，十首溧水任上词，这十六首词的考得，虽然不能说周邦彦的庐州、溧水词已经尽入我彀中，但可以说我们已经对周邦彦庐州词和溧水词进行了细致的对勘排比，尽量避免了沧海遗珠的疏漏。

(原载《文史》2004年第4辑)

【作者简介】

孙虹，女，1957年生。2000年师从杨海明先生攻读博士学位，获得文学博士学位。现为江南大学教授。著有《清真集校注》、《梦窗词集校笺》等。

张惠言事迹新证

朱德慈

"对作者之探索与了解，永远应该是文学批评中的一项重要课题"①。尤其是对那些坐标式作家个体的研究，更应该是文学研究不可或缺的最重要课题。本文即拟就常州词派开山祖张惠言生平事迹进行新的探索，主要是针对此前有关张惠言生平介绍或研究的文章中未曾涉及或未曾理清的有关问题而展开。这些文章主要指恽敬的《张皋文墓志铭》②、吴德旋的《张皋文先生述》③、谢忱的《张惠言先生年谱》④等。

一、家世渊源及皋文生卒时日考

关于皋文家世，迄今我们所能够知道的，都是依据皋文在《先府君行实》、《先祖妣事略》、《先妣事略》⑤三篇文章里提供的信息。那些信息虽然都不错，却多过于简略。本人近获皋文所属《毗陵张氏族谱·大南门分世系》

① 叶嘉莹:《词学新诠·迦陵随笔·"兴于微言"与"知人论世"》，北京大学出版社 2008 年版，第 28 页。

② （清）恽敬:《大云山房文稿初集》卷四，见《清代诗文集汇编》第 449 册，上海古籍出版社 2010 年版，第 116-117 页。

③ （清）吴德旋:《初月楼文集》卷八，见《清代诗文集汇编》第 486 册，第 72 页。

④ 谢忱:《张惠言先生年谱》,《常州工学院学报》1998 年第 1 期。

⑤ （清）张惠言:《茗柯文编（附词）·二编》卷下，上海古籍出版社 1984 年版，第 89-95 页。

卷，终于对皋文家世有了更加明晰的了解。

该谱系民国五年（1916）递修，城南书院藏版，封面由于右任题签，《大南门分世系》列次卷三三。兹据该谱，将皋文嫡先祖列述如下：

始祖：张端（1440—1497），字揆序，号近楼。自殷薛迁居武进县城南德安门外。二世：张继宗（1461—1536），字汝德，号春林。《先府君行实》历数先祖，独缺此世，直接记曰："端孙钦。"三世：张钦（1483—1524），字国敬。四世：张洲（1511—1585），字登之，号南瀛。五世：张宏道（1549—1617），字成孺，号元岳。六世：张典（1578—1639），字徽五，号醒之。七世：张以鼎（1602—1652），字启黄，号二当。八世：张铭伛（1631—1700），字再恭。曾祖：张采（1663—1734），原名衍徽，字文复，又字曦霞。祖父：张金第（1689—1732），字政诚。父：张蟾宾（1727—1763），字步青，一字云墀。

上述皋文先祖之生卒年及字号，自金第以上，向来无闻，此谱正可补其阙。

关于皋文子嗣，学界多仅知其有子名成孙。兹据该谱将其后裔情况亦顺便介绍如下：

张成孙（1789—1838）：字彦惟，又字子乔。皋文独子。著有《说文谐声谱》五十卷、《端虚勉一之居文稿》二卷等。孙：张晋仁（1810—1845），字胜之。曾孙：张式曾（1836—1886），字孟则。玄孙：张肇彝（1871—1878）；张肇骏（1872—？），字仲筠，一字云浦；张肇誉（1874—？），字向叔，生子瑞；张肇祥（1875—1878）；张肇宪（1876—？），字芝庭，号梦柯，生子汉章。张肇伟（1878—？）：字任卿；张肇馨（1879—？），字桂甫；张肇濂（1880—？），字莲卿；张肇启（1884—？），字庚甫。

该谱对于张惠言生平的撮述，提供了若干鲜为人知的信息，兹原文照录："惠言，蟾宾长子，字皋文，又字茗柯，原名一鸣。乾隆丙午，中式本省第七名经魁。庚戌会试，中正榜。奏罢，取景山宫教习。嘉庆己未进士，翰林院庶吉士，实录馆纂修官，武英殿协修官，奉旨往盛京篆列圣宝。辛酉散馆，改主事一日，复奉特旨授编修，敕封文林郎。著有《周易虞氏义》、《周易虞氏消息》、《虞氏易礼》、《虞氏易事》、《虞氏易候》、《虞氏易言》、《周易郑荀义》、《易义别录》、《易图条辨》、《易纬略义》、《周易郑氏注》、《周易荀氏九家注》，共四十六卷；《仪礼图》、《读仪礼杂记》，共四卷；《墨子经解》二卷；《茗柯文》初编、二编、三编、四编，《茗柯文补编》、《茗柯文外编》，共十一卷；《茗柯诗》一卷，《茗柯词》一卷，《拟名家制义》一卷，《握奇经解》一卷，《青囊天玉通义》五卷，《七十家赋钞》六卷。《说文谐声谱》、《太元述虞》二种，未成。乾隆十六年十一月二十六丑时生，嘉庆七年六月十二子时卒于京师，年五十二岁。配进士吴云步子太学生丞绂女，乾隆二十五年十二月初十卯时生，道光九年八月初十辰时卒，享寿七十。初厝于加官桥祖茔，道光二十四年九月，胞侄曜孙置地武进县循理乡塘北村新阡，主穴丁山癸向，同邑恽敬为志铭。子成孙。女适太学生董超然子、副榜候选直隶州判士锡。”

这份家传提供的皋文夫人吴氏之生卒年、皋文生日及墓葬地等信息，我们前所未闻，足堪珍视。

稍嫌吊诡的是，其谓皋文生于乾隆十六年（1751），卒于嘉庆七年（1802），享年五十二岁，完全颠覆了现存其他有关史料皆谓张惠言享年四十二岁的定说。（参见《张皋文墓志铭》《张皋文先生述》《清史稿·张惠言传》）皋文《先妣事略》曰：“府君卒，卒后四月，遗腹生翊。是时先妣年二十九，姊八岁，惠言四岁矣。……先妣以乾隆五十九年十月十八日卒，年五十有九。”[①] 由乾隆五十九年（1794）逆数至姜氏二十九岁时，乃乾隆二十九年（1764）。皋文明明说自己其时四岁，则自当生于乾隆二十六年（1761）。由乾隆二十六年至嘉庆七年（1802），当然是四十二岁。家传与皋文本人自述竟然不符，其不足信显而易见。

值得玩味的是，家传为什么要将皋文的生年提前十年，从而夸大其享年？大约是修谱者痛感家族中这位闻人寿命太短，尚不及半百，于是饱含激情为尊者讳，凭空为其添加了十年阳寿。

另外，该谱有张惠言嘉庆六年（1801）应邀为自己所属《增修大南门张氏宗谱》所作序，题《增修世谱序》。该文未见于《茗柯文编（附词）》中，属茗柯佚文。

① （清）张惠言：《茗柯文编（附词）·二编》卷下，第93–94页。

二、与钱伯垌、王灼的交游及阳湖文派的肇始

钱基博先生说："让清中叶，桐城姚鼐称私淑于其乡先辈方苞之门人刘大櫆，又以方氏续明之归氏而为《古文辞类纂》一书，直以归方续唐宋八家，刘氏嗣之，推究阃奥，开设户牖，天下翕然号为正宗，此所谓桐城派者也。方是之时，吾家鲁思（斯）先生实亲受业于桐城刘氏之门，时时诵师说于阳湖恽敬、武进张惠言，二人者，遂尽弃其考据、骈俪之学而学焉，于是阳湖古文之学特盛，谓之阳湖派。"[①] 钱基博先生是说阐释阳湖文派渊源最为明晰：钱鲁斯亲炙桐城文法于桐城三祖之一刘大櫆，而后传授给张惠言、恽敬，张、恽二人在此基础上加以改造，进而形成阳湖文派。

追根溯源，钱先生之说实来自张惠言自述。其《送钱鲁斯序》云："鲁斯长余二十四岁，以尝从先君子受经，故余幼而兄事之。鲁斯以工作书为诗名天下，交友遍海内。余年十六七岁，时方治科举业。间以其暇学鲁斯为书，书不工；又学鲁斯为诗，诗又不工。然鲁斯尝诲之。越十余年，余学为古辞赋。乾隆戊申，自歙州归，过鲁斯而示之，鲁斯大喜，顾而谓余：'吾尝受古文法于桐城刘海峰先生，顾未暇以为，子傥为之乎？'余愧谢未能。已而余游京师，思鲁斯言，乃尽屏置曩时所习诗赋若书不为，而为古文，三年乃稍稍得之。"[②] 由皋文之夫子自道，可知阳湖文派乃初胎于乾隆五十三年（1788）之后其"游京师"期间。

皋文于五十三年之后何时游京师？其自云"已而"。已而者，不久也。然则究竟在何时？综合相关文献，可知为翌年，即乾隆五十四年（1789）春。

皋文挚友左辅《念宛斋诗集》[嘉庆二十五年（1820）裕德堂藏版] 卷五《孤云集》中，有题《五日，桐城王灼滨麓、溧阳史祐受谦、庄献可大久、恽敬子居、张茗柯、白尚质亦文宴集水浙庵寓斋，分赋二首》。《念宛斋诗集》按年编排，本题编年是乾隆五十四年（1789）。此二诗作于何处？关键看题中所言水浙庵在哪里。

检桐城王灼《悔生诗钞》卷一，有题《都门午日，同庄大久、恽项旃、

① 钱基博：《现代中国文学史》，东方出版中心 2008 年版，第 753 页。

② （清）张惠言：《茗柯文编（附词）· 二编》卷下，第 69 页。

史受谦、张皋闻集左中甫水澌庵，分赋》[①]，诗题所及时间（端午日）、地点（水澌庵）、聚会人等（庄献可、恽敬、史祐、张惠言、左辅），与左辅诗题皆同，可见所记是同一回事。王灼诗题稍异者，在于明确指出水澌庵在都门，这表明皋文与王灼等人均于乾隆五十四年端午节前来到了京师。

水澌庵位于今北京城正阳门西南香厂路。元代名为水澌庵，明改名万明寺。《日下旧闻考》卷六一："万明寺，在香厂。"注引谷之麟《重建万明寺碑略》："京师正阳门外有万明寺，相传为水澌庵故址也。考庵之所由，盖自元季有游僧水澌，道行最高，结茅于此，邦人钦仰，即以其名名之。明万历间始改名万明禅林，康熙己丑岁重修。"[②]

阳湖文派始自何时？学术界向来意见不一。现在可以明确，以张惠言乾隆五十四年倾力习古文为标志，阳湖文派开始结胎。而其之所以能够专力为古文，钱鲁斯的奖掖功不可没。

案：钱鲁斯，名伯坰。钱伯坰（1738—1812）："字鲁斯。少孤贫，事继母孝。好学工诗文，尤善书，雄健豪放，似唐李邕。以品行高远见重于时，年老里居，近仆射山，自号仆射山樵。"[③] 有《仆射山房诗》，见李兆洛辑《旧言集》；有《见南草堂诗集》，毛燧传为之序，见《味蓼文稿》卷一。

皋文《文稿自序》："余友王悔生，见余《黄山赋》而善之，劝余为古文，语余以所受其师刘海峰者。为之一二年，稍稍得规矩。"[④] 此乃其自述习好古文原始的又一说。该说与《送钱鲁斯序》所言在时间节点上是否一致？查清《黄山赋》作于何时是关键。

案，《文稿自序》末曰："故检次旧所为文，去其芜杂，自戊申至甲寅为一编，丁巳、戊午为一编，存以考他日之进退云。"《黄山赋》见《茗柯文初编》，编次第二，有序曰："余既作《游黄山赋》，或恨其阙略，非昔者居方物、别图经、沐浴崇障、群类庶聚之意也，乃复捃采梗概，以赋之。"复检《游黄山赋》，序略云："黄山者，灵圉之闲馆，有方之郁林。……予与桐城王

① （宋）王灼：《悔生诗钞》卷一，见《清代诗文集汇编》第 431 册，第 536 页。
② （清）于敏中等：《日下旧闻考》卷六一，北京古籍出版社 1981 年版，第 1009 页。
③ （清）王其淦等修、汤成烈等纂：《（光绪）武进阳湖县志》卷二三，见《中国地方志集成·江苏府县志辑》第 37 册，江苏古籍出版社 1991 年版，第 597 页。
④ （清）张惠言：《茗柯文编（附词）·三编》，第 117 页。

灼滨麓客游兹邦，因往探焉。……故聊托篇翰，以志胜怀。”[①] 该赋为《茗柯文初编》之开篇，对照《文稿自序》末所述，宜当作于乾隆五十三年。更检王灼《悔生文集》卷五《黄山纪游》[②] 一文，乃知皋文与王灼同游黄山，正是乾隆戊申之秋八月中下旬。其文始云：“乾隆五十有三年，岁在戊申，秋八月既望，毗陵张子皋闻期为黄山之游。晨起，自歙西岩镇启行。”下文历叙其来回十日游，文长不录。

既然皋文之游黄山在乾隆五十三年八月，则《黄山赋》必当作成于此后不久，王灼见《黄山赋》而劝其为古文，又当在其后。估计最早不得早于该年冬，稍迟即为乾隆五十四年矣，与《送钱鲁斯序》所述始为古文时间完全吻合。两相印证，于是我们可以肯定地说，阳湖文派肇始于乾隆五十四年张惠言倾力古文创作时。

然而阳湖文派公认的首领有二，其一张惠言，另一恽敬，凭什么以张惠言始专力为古文的时间作为阳湖文派的肇始时间呢？且请看阳湖文派中人自己怎么说。皋文、子居二位的朋友吴德旋（1767—1840），字仲伦，亦为阳湖文派七大家之一，著有《初月楼文钞》十卷、《初月楼文续钞》八卷。皋文在《赠毛洋溟序》一文中说：“余为古文，在洋溟后，而同学于仲伦。”[③] 可知吴德旋是知悉阳湖文派初始的人。就是这位最知情者，在恽敬去世后所作《恽子居先生行状》[④] 云：“（嘉庆）七年，张皋文殁于京师。先生闻之，慨然曰：古文自元明以来，渐失其传，吾向所以不多作古文者，有皋文在也。今皋文死，吾当并力为之。”子居显然以皋文的继任者自命。无独有偶，陈光贻《阳湖派主要作者简介》一文亦云：“（恽）敬初闻桐城古文义法，自与张惠言、吴德旋以及桐城王灼交游，始为古文辞”[⑤] 分明言恽敬始为古文在皋文后。然则阳湖文派确实以张惠言始致力作古文为嚆矢。

“靡不有初，鲜克有终。”任何事物的发展，姑不论其善恶，总该有起讫的节点。研究者如果连这个坐标也不明确，如何能够将其沿革史程表述完

① （清）张惠言：《茗柯文编（附词）· 初编》，第 1 页。

② （清）王灼：《悔生文集》卷五，见《清代诗文集汇编》第 431 册，第 491 页。

③ （清）张惠言：《茗柯文编（附词）· 二编》卷下，第 69 页。

④ （清）吴德旋：《恽子居先生行状》，《初月楼文钞》卷八，见《清代诗文集汇编》第 486 册，第 75 页。

⑤ 陈光贻：《阳湖派主要作者简介》，《江淮论坛》1983 年第 1 期。

整？追究阳湖文派起点的意义正在这里。

三、结交黄仲则考论

张惠言《词选》[道光十年（1830）刻本] 附录时人七家词作为典范，郑善长序之曰："《词选》刻既成，余谓张子：'词学衰且数百年，今世作者宁有其人耶？'张子为言其友七人者，曰恽子居、丁若士、钱黄山、左仲甫、李申耆、陆祁生、黄仲则，各诵其词数章，曰：'此几于古矣。'"所谓七人，即恽敬、丁履恒、钱季重、左辅、李兆洛、陆继辂、黄景仁。附录作品次第，仲则居于第一。其他六人皆有与张惠言交游作品流传至今，见诸各人别集，唯黄景仁《两当轩集》中，并无与皋文交往的文字，张惠言《茗柯文集》中亦无黄景仁踪迹。因此，迄今为止学界中人皆三缄其口，避而不谈该事。既然张惠言将黄景仁作为体现其理论主张的并世七子之一，他又向郑善长明确告知黄景仁与其他六位一样，都是其友人，而黄仲则又是乾隆后期成就斐然、影响卓著的诗词家，那么追究其二人的交集时日当然是必要的。

检现存各种黄仲则年谱，最详尽者无逾许隽超《黄仲则年谱考略》（上海古籍出版社 2008 年版）。然翻遍该书，未见涉及谱主与张惠言的交游。谢忱的《张惠言先生年谱》，因过于简略，亦未及与黄仲则的关系。故而我们只能通过将黄仲则的行迹与张惠言的生平逐次对比，以寻求他们交集的可能时间。《词选》选录黄景仁的作品仅一阕，即《丑奴儿慢》（日日登楼）。该词于仲则词集《竹眠词》中列于第四阕，题作"春日"。按照《竹眠词》的编年次第，应是作于乾隆三十三年（1768）。彼时仲则年当弱冠，而皋文年方八岁。以年岁而论，二人交往论文的可能性甚微。自此以后，据《黄仲则年谱考略》，仲则行踪如下：

乾隆三十四年（1769）：春夏在徽州，秋经杭州归里，冬依湖南按察使王太岳。

乾隆三十五年（1770）：春在长沙，夏归里，秋应江南乡试，未售，旋里度岁。

乾隆三十六年（1771）：春夏，在太平知府沈业富幕。秋应江南乡试，被黜。冬入安徽学政朱筠幕。

乾隆三十七年（1772）：在安徽学政朱筠幕，随幕主按部各府州县岁试，冬返里。

乾隆三十八年（1773）：正月初，尚在里中。稍后复至安徽学政幕。六月，辞幕至徽州，七月游杭，八月复返徽州，冬由杭归里。

乾隆三十九年（1774）：春夏游扬州。秋应江南乡试，下第。度岁随园。

乾隆四十年（1775）：春由江宁至太平。夏应张佩芳之请，主寿州正阳书院。岁暮抵京。

乾隆四十一年（1776）至四十五年（1780）：在京师为四库誊录生。

乾隆四十六年（1781）：在京候铨。夏秋游陕西，欲依毕沅。

乾隆四十七年（1782）：在京候铨。

乾隆四十八年（1783）：正月在都。二月扶病离京前往陕西幕，抵山西运城病剧。四月二十五日，卒于河东盐运使沈业富署中。

皋文于乾隆四十八年之前的行迹如下：

乾隆三十四年至三十七年：在伯父家塾读书。

乾隆三十八年：在武进南门家中教授弟弟张琦。

乾隆三十九年至四十二年（1777）：为童子师，专心教学，治科举业（参见《送钱鲁斯序》）。

乾隆四十三年（1778）："始求友。"[①] 这年，他十八岁。

乾隆四十四年（1779）至四十八年：继续为童子师，同时忙于应对各种科举试。

由上述排比可知，自乾隆三十四年至四十八年间，皋文足迹未出武进县，甚至未出县城及其周边近处，而仲则则多在他乡觅生活，只有几次短暂的返里。张、黄相识，只能是在黄仲则某次返里过程中。按照皋文自述，他于十八岁前，或读书，或教学，或务举业，心无旁骛，直到乾隆四十三年十八岁始走出书斋，从事交友活动，即所谓"余年十八九时，始求友"。可是，黄仲则自乾隆四十三年以后却无返乡的蛛丝马迹。所以我们有理由推测，张、黄相会是在乾隆四十三年之前最近的那次黄仲则返乡期间，也就是说只能是

---

① （清）张惠言：《杨云珊〈览辉阁诗〉序》，见《茗柯文编（附词）·三编》，第114页。

乾隆三十八年。上年底，仲则自安徽返里过年，这年的正月初，其里居多暇，曾不止一次地与友朋聚饮，有七古《人日舣舟亭探梅过饮左云在斋头》[①]。左辅亦有七古《人日偕洪秀才亮吉（稚存）、赵上舍怀玉（味辛）、黄仲则、钱叔霞、吴江帆、蒋青曜（重光）舣舟亭探梅》记其盛，见《念宛斋诗·蒙泉集第一》。这年年底仲则回乡度岁，会见赵怀玉、龚协，翌年初别去，有诗《别稚存》[②]，形迹匆匆。度皋文结交仲则，宜在该年初。彼时仲则二十五岁，皋文年仅十三岁。十三岁在旧时代已经属小成人了。也就是在这次相会中，仲则书旧作《丑奴儿慢》赠初为成人的皋文。

青年才俊黄仲则为什么会愿意结交还未露头角的少年张惠言？考张惠言《先府君行实》云："先府君讳蟾宾，字步青，号云墀……生九岁而孤……补府学生，试高等廪膳，常教授乡里间。"颇疑黄仲则与钱鲁斯一样，也是皋文之父张蟾宾于乡里私塾教授的弟子，所以才不计年龄差距，乐与皋文交游。

黄景仁与张惠言，一位是乾隆诗坛光彩耀眼的明星，一位是阳湖文派、常州词派的双料创始人，探究他们的交往无疑有弥补文学史空缺的意义。

被皋文收录入《词选》的那首《丑奴儿慢》原文是："日日登楼，一换一番春色。者似卷如流春日，谁道迟迟？一片野风吹草，草背白烟飞。颓墙左侧，小桃放了，没个人知。　嫣然一笑，分明记得，三五年时。是何人挑将竹泪，粘上空枝？请试低头，影儿憔悴浸深池。此间深处，是伊归路，莫惹相思。"拿这首词作为其倡导词宜"兴于微言"理论的当代范本，是否合适？词写暮春零落，同时背面傅粉，绾合词人伤感。重点突出没人顾怜的颓墙侧的野桃，更触动词人怀才不遇之思。结拍劝解野桃"莫惹相思"，实亦无可奈何的自怜自慰。虽说野桃也有春天，但是野桃之无人赏识器重，终究是无法改变的宿命。仲则以野桃自况多舛命运，泄漏"幽约怨悱不能自言之情，低徊要眇，以喻其致"，正与皋文词学尚比兴之祈向暗合。一百一十年后，同样也襟抱难展的谭献在歙县署中诵读此词时，心领神会，"不禁黯然"，乃至"逡巡徐步，遂出南门，旷野舒眺，安得拉竹林诸人作幕天席地之游"[③]，即是

① （清）黄景仁：《两当轩集》卷九，上海古籍出版社1983年版，第192页。
② （清）黄景仁：《两当轩集》卷九，第237页。
③ （清）谭献：《复堂日记》卷五，河北教育出版社2001年版，第116页。

明证。或曰此词仅是“写春日怀人，一往情深”[①]，诚非智者言。

龚自珍有一阕名作《鹊踏枝·过人家废园作》，词云：

> 漠漠春芜芜不住。藤刺牵衣，碍却行人路。偏是无情偏解舞，蒙蒙扑面皆飞絮。　绣院深沉谁是主？一朵孤花，墙角明如许。莫怨无人来折取，花开不合阳春暮。[②]

其艺术策略与仲则《丑奴儿慢》全同，都是先摹春景，然后是无人怜处有孤花盛开，最后以愤激反语劝慰孤花莫怨莫嗔。颇疑定庵该词即是胎息仲则。钱仲联称该词“通篇用比兴的手法”，“寄寓的深意，较为明显”[③]。艾治平亦谓其“纯用比兴，借废园春景抒写对时事的感怀”，“寄寓深刻”[④]。龚定庵词有寄寓，同一机杼的黄仲则词当然也宜有寄寓。仲则该词之内蕴深意，自慨畸零，又得到了另一个侧面的证明。

将黄仲则视为常州词派中人固属不妥，但是我们也不得不承认，仲则词的确逗露了常州词派即将诞生的消息，预示了常州派词学理论具有实践可能性。

（原载《文学遗产》2018 年第 5 期）

【作者简介】

朱德慈，男，1963 年生，江苏宿迁人。2000—2003 年就读于南京师范大学文学院中国古代文学专业，师从钟振振先生，获得文学博士学位。现为扬州大学文学院教授、博士生导师。著有《常州词派通论》、《近代词人考录》等。

---

① 艾治平：《清词论说》，学林出版社 1999 年版，第 448 页。

② （清）龚自珍：《龚自珍全集》第十一集《怀人馆词选》，上海人民出版社 1975 年版，第 559-560 页。

③ 钱仲联：《清词三百首》，岳麓书社 1992 年版，第 225-226 页。

④ 艾治平：《清词论说》，第 489-490 页。

有关新版《全宋词》的几个问题

许隽超

1999 年 1 月，中华书局出版了署名唐圭璋编纂、王仲闻参订、孔凡礼补辑的新版《全宋词》。新版合旧版《全宋词》及孔凡礼《全宋词补辑》于一编，采用简体字横排，并把旧版附录中已经列出的排印、标点、底本等方面的错误，纳入新版的相应位置。中华书局编辑部暨孔凡礼等先生在校读中又是正了有关的讹误。关于新版《全宋词》的学术含量，中华书局编辑部在书前的“改版重印说明”中认为：“这样，经过全面修订的改版重印的《全宋词》，无论在整体质量，还是在网罗资料上，都有明显提高，版式也有了更新。希望它为学术界同仁及广大宋词爱好者提供更大的便利。”笔者近来对新、旧版《全宋词》做了一番比勘，觉得这个评价是中肯的。但在比勘过程中，也偶尔窥见新版《全宋词》的某些尚须完善之处。现拟分四个部分，将自己的一得之见写在这里，以就正于新版《全宋词》的修订者及词学界的师长。

第一，在辑佚方面。新版《全宋词》的修订者注意到了近年来发表在各种学术刊物上的宋词辑佚成果，并把这些辑佚成果增添到新版中去。如《文史》第二十四辑（中华书局，1985）刊有孔凡礼先生的《宋词拾零》一文，补《全宋词》、《全宋词补辑》所未收的龚端《画堂春》及冯观国《满庭芳》，二词被收入新版《全宋词》第五册后面所附的《全宋词补辑》中。这也就是新版优于旧版的地方。但网罗辑佚成果难免有遗漏之处。就笔者所看到的，《中华文史论丛》第五十一辑（上海古籍出版社，1993）刊有李裕民《司马光佚词二首》，是李先生 1992 年 1 月在日本东京内阁文库翻阅传世孤本《司马温公全集》时摘录下来的，二词是《西江月·河桥参会》、《中吕调踏莎行·寄致政潞公》。司马光的词作传世本来甚少，新版《全宋词》一仍旧版，只辑得《阮郎归》、《西江月》(宝髻松松挽就)、《锦堂春》三首，不能不说是件憾事。

又如，《词学》第九辑（华东师范大学出版社，1992）刊有施蛰存先生的《宋金元词拾遗》一文，其中补辑旧版《全宋词》未收词作七首，计有李壁《满江红·同蒋洋州饮湖上》、《满江红·蒋示和篇余亦再作》，章概《蝶恋花》，无名氏《七娘子》二首、《满江红·咏雪梅》、《阮郎归》。施蛰存先生的这些辑佚成果也被新版《全宋词》的修订者遗漏了。

第二，在考订方面。新版《全宋词》在词人生平事迹的考订上，未能对旧版有较大突破，这就忽略了近些年来众多学者在宋代词人生平事迹考订上所取得的成果。如李清照的里籍，《学林漫录》八集（中华书局，1983）刊有褚斌杰等先生的《李清照里籍考》一文，以确凿的史料考订出李清照是济南府章丘县明水镇人，这一考订成果早已得到学界认可，并被写进数种通行的高校文学史教材中。孙望、常国武主编的《宋代文学史》(人民文学出版社，1996)，即着意标出李清照是"济南章丘明水（今属山东）人"。莫砺锋、黄天骥主编的《中国文学史》第三卷（高等教育出版社，1999)，也标明李清照是"济南章丘（今属山东）人"，且未作任何解释，见得是作为定论来使用的。而新版《全宋词》同旧版一样，仍以李清照为"济南人"，这显然是过时的、不确切的说法。

又如，《文史》第四十辑（中华书局，1994）刊有方建新先生的《〈全宋词〉小传订误》一文，补订旧版《全宋词》内 86 位词人小传中的某些疏误之处，用力甚深。而这些言之凿凿的考订成果，新版《全宋词》却无所取裁，不免令人遗憾。

第三，在校勘方面。旧版《全宋词》初以唐圭璋先生一人之力编定，继以王仲闻先生的参订及后来唐先生本人的修订，词句错讹之处仍在所难免。新版《全宋词》虽经中华书局编辑部暨孔凡礼等先生的审核修订，亦不免留下些许遗憾。盖校书如扫落叶，况《全宋词》这样一部三百多万字的大书，宜乎其难也！以笔者翻检所见，如晏几道《诉衷情》（都人离恨满歌筵）上片："星屏别后千里，更见是何年。"（新版第1册，第317页）"更见"，底本《彊村丛书》本作"重见"。晏几道《醉落魄》（鸾孤月缺）上片："信道欢缘，狂向衣襟结。"（同上，第329页）"狂"，底本作"枉"。又如，吴潜《满江红·戊午秋半》下片："放儿童、今夜上青霄，探蟾穴"（新版第4册，第3504页）。"儿童"，底本《彊村丛书》本作"儿曹"。三处均系误排。盖唐先生治学严谨，但改动底本，必出校记；而此三例处并无校记，显系排印之误。窃以为新版《全宋词》照排旧版时，似乎未能尽复核其所用底本也。

在版本的比勘上，如李清照的名词《声声慢》上片中的"三杯两盏淡酒，怎敌他、晚（晓）来风急"。此处向有"晚来"与"晓来"两种版本。旧版《全宋词》作"晚来"，这是事实；但编纂者唐圭璋先生对此早已有所订正。唐先生的《读李清照词札记》（原载《南京师大学报》1984年第2期，后收入唐先生的《词学论丛》，上海古籍出版社，1986），其中有专条辨正此处作"晚来"之非、"晓来"之是，指出是延明人杨慎《词品》之误，并表示"必须从今改正，绝不能再以讹传讹，厚诬清照"（见《词学论丛》，第618页）。新版《全宋词》却仍作"晚来"，故使唐先生晚年对《全宋词》的修订之功无从体现了。

第四，在检索方面。新版《全宋词》把旧版第一册前的总目次分排到每册之首，这本无可厚非；但新版却删除了旧版第五册后面的作者笔画索引，旧版《全宋词补辑》书前的目次及书后的作者笔画索引也被删除了。读者若想查找某个词人的作品，尤其是不太著名的词人，只能把新版《全宋词》每册前的目次翻检一遍，使用起来颇感不便。仅从作者检索方面来说，新版《全宋词》就不如旧版便捷。况且，与旧版《全宋词》、《全宋词补辑》配合使用的，还有高喜田、寇琪编的《全宋词作者词调索引》（中华书局，1992）。该索引不仅能检索作者，而且借某词调及首句，便可知该词确切的册数、页数。同时，该索引采用四角号码检字法，使用起来十分便利。而这些便利，都是新版《全宋词》所不具备的。一部高质量的学术书，尤其是《全宋词》这种带有工具书性质的学术书，附有内容详尽、检索快捷的索引，应该不是读者对它的苛求。

钟振振先生曾经慨叹其先师唐圭璋先生的《全金元词》“校对不精，鲁鱼亥豕，俯拾皆是”，希望能“细细校改订正”（见《文学遗产》1999年第3期，第7页）。新版《全宋词》的整体质量虽然远高于尚未及修订的《全金元词》，但其可资完善的余地仍是很大的。笔者之以偏概全，专意指瑕，实仿“《春秋》责备贤者”之例。盖于《全宋词》这样一部广为词学研究者翻检引用的学术名著，任何形式的求全责备，于其学术价值非但无损，相反地，只会有所增益。其业已确立的学术地位，在这些求全责备声中，也会得到进一步的证实。

以上是笔者就管见所及，在粗略比勘新、旧版《全宋词》之后的一些想法。至于新版《全宋词》在学术普及上的功绩，学界自有公论，本来就不是这篇小文所能够承担的，故而也就没有多谈。这是需要最后说明的。

（原载《文学遗产》2002年第5期）

【作者简介】

许隽超，男，1969年生，黑龙江哈尔滨人。2001—2004年就读于南京师范大学文学院中国古代文学专业，师从钟振振先生，获得文学博士学位。现为黑龙江大学文学院教授、博士生导师。著有《黄仲则年谱考略》、《清人生平家世考》等。

张镃《南湖集》成书考

曾维刚

张镃（1153—1235），字时可，后改字功父，号约斋，家本成纪（今天水），寓居临安（今杭州），乃宋南渡名将张俊曾孙，刘光世外孙，尝历直秘阁、婺州通判、临安通判、司农寺丞、太府寺丞等职。张镃不仅是海盐腔创始人[①]，并以诗词享誉于时，为南宋中兴期重要作家，并为宋末著名诗词家张炎的曾祖[②]，是张氏家族由武功转向文阶过程中的重要环节。张镃诗文著作甚丰，今存《南湖集》十卷、《仕学规范》四十卷、《玉照堂词》一卷、《玉照堂梅品》一卷、《四并集》（一名《赏心乐事》）一卷、《桂隐百课》一卷等。张镃《南湖集》原为其亲自编撰，初为尤袤《遂初堂书目》著录，然传本极罕。宋末陈振孙《直斋书录解题》、元修《宋史·艺文志》均未见著录。明初杨士奇编《文渊阁书目》著录《南湖集》一部五册，明人叶盛《菉竹堂书目》亦载有五册，至万历中张萱编《内阁书目》已不著录。今本《南湖集》十卷乃清四库馆臣自《永乐大典》中辑出。《四库全书总目·南湖集提要》称："评其格律，大都清新独造，于萧散之中时见隽永之趣。以视嘈杂者流，可谓倏

① （清）张德瀛：《词征》卷五，见唐圭璋编《词话丛编》第5册，中华书局1986年版，第4164页。

② 杨海明：《张炎词研究》，见《杨海明词学文集》第1册卷二，江苏大学出版社2010年版，第184-191页。

然自远。……镃又工长短句，有《玉照堂词》，选本多见采录，而原本亦久散佚。谨裒集编次，以类相从，厘为诗九卷、词一卷，用存其略。”① 至乾隆四十六年（1781），鲍廷博在《四库全书》本基础上，辑补张镃遗文逸事，编为附录，重刻《南湖集》，刊入《知不足斋丛书》。因而现存张镃文集以《知不足斋丛书》本最为完善，今通行之《丛书集成初编》本《南湖集》，即是据此排印。有关张镃今本《南湖集》的版本存佚与流传情况，祝尚书先生《宋人别集叙录》详有考订②，然关于张镃原本《南湖集》的成书问题，迄今未见专门论述。事实上，张镃《南湖集》的成书涉及其生平经历、文坛交游、诗文编集及诗风形成与演变等诸多问题，成为理解其诗歌创作的一条重要线索。因而本文拟就此予以考述，以就教于方家。

论及张镃《南湖集》的成书，须先对其南湖别业略作考察。张镃南湖别业的来历，要追溯到高宗赐其曾祖张俊的宅第。宋室南渡之初，张俊与韩世忠、岳飞、刘光世等大将成为南宋赖以立国的重要力量。宋高宗绍兴十一年（1141）南宋与金达成和议，诏诸大将赴行在，拜张俊枢密使。俊晚年，高宗“眷之厚，凡所言，朝廷无不从”③。史载，绍兴十三年（1143）高宗赐张俊宅第一区。④ 张俊赐第的方位，在杭州城北艮山门内的南湖。张镃《南湖有鸥成群，里闾间云，数十年未尝见也，实尘中奇事。因筑亭洲上，榜曰鸥渚，仍放言六绝》其三称：“东家西家翁媪说，白洋湖自有多年。”⑤ 四库馆臣亦考：“南湖一名白洋池，在杭州城北隅。宋张俊赐第，四世孙镃别业，据湖之上。湖在宅南，因名南湖。”⑥ 可见南湖原名白洋池，因在张俊赐第之南而得名。在南宋前期，白洋池“周回三里”，水甚深，至理宗淳祐七年（1247）湖水仍盛，是夏大旱，“人争汲此水”，“一方赖之”⑦。不过到度宗咸淳（1265—1274）年间，

① （清）永瑢等：《四库全书总目》卷一六〇，中华书局1965年版，第1382-1383页。
② 祝尚书：《宋人别集叙录》卷二三，中华书局1999年版，第1152-1154页。
③ （宋）李心传：《建炎以来系年要录》卷一四〇，中华书局1956年版，第2255页。
④ （元）脱脱等：《宋史》卷三六九《张俊传》，中华书局1977年版，第11475页。
⑤ （宋）张镃：《南湖集》卷八，见《丛书集成初编》，中华书局1985年版，第134页。
⑥ （清）永瑢等：《南湖纪略稿提要》，见《四库全书总目》卷七六第667页。
⑦ （宋）潜说友：《咸淳临安志》卷三八，见《宋元方志丛刊》第4册，中华书局1990年版，第3697页。

“湖渐湮塞”，已所存无几。[①]

张镃建构南湖别业，始自孝宗淳熙十二年（1185）。时张镃在临安通判任上，因“倦处于旧庐，遂更谋于别业”，在南湖北滨购地百亩，着手辟建以玉照堂为主的桂隐，“历二岁而落成”[②]。淳熙十四年（1187）秋张镃以疾辞临安通判，得祠禄，归桂隐，遂捐南湖东旧宅为禅寺。绍熙元年（1190）光宗赐额广寿慧云禅寺，魏国公史浩为记，侍读楼钥为之书，并题额。[③] 张镃舍宅为寺后，又历时十四年继续营建南湖别业，至宁宗庆元六年（1200）修缮完整，主要有东寺、西宅、南湖、北园、亦庵、约斋、众妙峰山等七大园区，功能甚为齐备：“东寺为报上严先之地；西宅为安身携幼之所；南湖则管领风月；北园则娱燕宾亲；亦庵，晨居植福，以资净业也；约斋，昼处观书，以助老学也。至于畅怀林泉，登赏吟啸，则又有众妙峰山，包罗幽旷，介于前六者之间。”[④] 南湖别业在当时闻名遐迩，史浩称，“桂隐林泉，在钱塘为最胜”[⑤]。周密也称张镃“园池声妓服玩之丽甲天下”[⑥]。诚如鲍廷博重刻《南湖集》时所称，“集中诸作，大半皆纪所居南湖、桂隐、玉照诸胜，及与同时士大夫游宴酬答之篇”[⑦]，南湖别业自甫建之日起，便是张镃燕游歌咏及与四方名士诗文交会的胜地。张镃一生多次编撰诗稿，最终命名《南湖集》，亦与南湖别业密切相关。

张镃可考的最早诗编，见于淳熙八年（1181）。是年张镃通判临安，时陆游自提举淮南东路常平茶盐公事任上罢归居乡。八月，张镃以所著诗千篇投赠陆游。陆游有《谢张时可通判赠诗编》称：“圣朝中兴六十年，君家文武何

① （宋）潜说友：《咸淳临安志》卷二四，见《宋元方志丛刊》第 4 册，第 3600 页。

② （宋）张镃：《舍宅誓愿疏文》，见《南湖集·附录中》，第 209 页。

③ （宋）史浩：《广寿慧云禅寺之记》，见《南湖集·附录中》，第 211 页。按，史浩《广寿慧云禅寺之记》不存于今史浩文集《鄮峰真隐漫录》。考《鄮峰真隐漫录》并非史浩亲纂，而是由其门人周铸搜辑编纂而成，故该记当是周铸搜辑史浩文稿时，未能收集编入。

④ （宋）周密：《武林旧事》卷一〇，见《丛书集成初编》，中华书局 1991 年版，第 224—225 页。

⑤ （宋）张镃：《南湖集·附录上》，第 204 页。

⑥ （宋）周密：《齐东野语》卷二〇，中华书局 1983 年版，第 374 页。

⑦ （清）鲍廷博：《刻南湖集缘起》，见《知不足斋丛书》第八集《南湖集》卷首，中华书局 1999 年版，第 377—378 页。

联翩！……流传到君愈卓荦，投我千篇皆杰作。”① 对张镃此编诗甚为赞赏。

淳熙十三年（1186）春，张镃仍在临安通判任。陆游除朝请大夫，馆于西湖上。时杨万里亦在朝，官枢密院检详诸房文字。杨万里访陆游于西湖上，适逢张镃在访，杨万里因之与张镃相识，二人自此常有诗函往来，结为挚友。② 是年九月，张镃有《约斋诗乙稿》赠杨万里。杨万里《跋张功父通判直阁所惠约斋诗乙稿》称："句里勤分似，灯前得细尝。孤芳后山种，一瓣放翁香"③，指出张镃此期师法陈师道及瓣香陆游的诗学倾向。杨简亦有《张时可惠示甲乙稿》诗称："凌晨带月上竹舆，荷君封送两卷书。……乃是约斋甲乙稿，惊喜遽读味新好。一篇一篇奇益奇，闲姿雅态云生岛。石泉竹月风萧萧，斗牛剑气秋空高。意度横出不可速，洒洒落落真诗豪。"④ 考张镃现存文集中豪夸放纵的诗篇，与陆游诗确有神似之处。据此也可知淳熙八年张镃赠陆游的千首诗编，当为《约斋诗甲稿》。

淳熙十四年（1187）四月，张镃又编成《约斋诗丙稿》。其诗编成后，尝赠友人杨万里，并索杨万里诗集。⑤ 杨万里《张功父索余近诗，以南海、朝天二集示之，蒙题七字》云："作者于今星样稀，凄其望古驷难追。……报章不作南金直，惭愧君家丙稿诗"⑥，对张镃丙稿诗非常推许。张镃次杨万里韵，有《诚斋以南海、朝天两集诗见惠，因书卷末》云："笔端有口古来稀，妙悟奚烦用力追。南纪山川题欲遍，中朝文物写无遗。后山格律非穷苦，白傅风流造坦夷。霜鬓未闻登翰苑，缓公高步或因诗"⑦，亦称慕杨万里诗之活法与妙悟。

张镃编成丙稿诗集之际，已开始编撰丁稿诗集。淳熙十三年十二月，张

---

① 钱仲联为陆游《谢张时可通判赠诗编》作“题解”云：“此诗淳熙八年八月作于山阴。”参见（宋）陆游著，钱仲联校注：《剑南诗稿校注》卷一三，上海古籍出版社 1985 年版，第 1055—1056 页。

② （宋）杨万里撰，辛更儒笺校：《杨万里集笺校》卷八〇《约斋南湖集序》，中华书局 2007 年版，第 3251—3252 页。

③ （宋）杨万里撰，辛更儒笺校：《杨万里集笺校》卷二一，第 1076—1077 页。

④ （宋）杨简：《慈湖遗书》卷六，《影印文渊阁四库全书》第 1156 册，台湾商务印书馆 1986 年版，第 675 页。

⑤ 于北山：《杨万里年谱》，上海古籍出版社 2006 年版，第 324 页。

⑥ （宋）杨万里撰，辛更儒笺校：《杨万里集笺校》卷二二，第 1132 页。

⑦ （宋）张镃：《南湖集》卷六，第 93 页。

镃有《立春日园梅未花，书呈尤检正》称："十行犹用午年历，数首初编丁稿诗。腊雪已多春定好，愿求名句檄南枝。"① 诗题所谓尤检正，乃尤袤。尤袤于淳熙十三年除左司郎中兼国史院编修，迁中书门下检正诸房公事兼太子侍讲。② 由张镃赠尤袤诗，可知淳熙十三年底张镃已创作有编入丁稿诗集的诗作数首。淳熙十四年秋，张镃辞临安通判归，进一步营建南湖别业，其间立堂、宇、桥、舟诸名，各赋小诗，成《桂隐纪咏》组诗，总八十余首。③ 这些诗作，当也编入丁稿诗集之中。淳熙十四年归南湖前后，是张镃从事诗歌创作、编集与交流的活跃期。例如是年陆游在严州刻成《剑南诗稿》二十卷，张镃索陆游诗集，有《觅放翁剑南诗集》云："见说诗并赋，严陵已尽刊。未能亲去觅，犹喜借来看。纸上春云涌，灯前夜雨阑。莫先朝路送，政好遗闲官。"④ 同年张镃友人张尧臣归四明，时史浩以致仕居四明，张镃托张尧臣寄诗史浩，史浩有《跋张功父诗》云："寄语夫君当勉励，不耕何以望时丰。"⑤ 是岁除夕张镃以诗索杨万里《荆溪集》，有《春前一日，赋呈诚斋，觅荆溪诗编，且邀看玉照堂花》，杨万里次韵送往。⑥ 淳熙十五年（1188）正月张镃赋《玉照堂观梅二十首》，杨万里又有《和张功父梅花十绝句》，和张镃咏梅组诗后十首，其六称："约斋句子已清圆。"⑦ 可见，张镃丁稿诗集的风格有趋向清新圆融的重要变化，颇近于诚斋体。

张镃辞归后，盖因着力营建南湖别业及沉潜于南湖风月的缘故，于淳熙十五年到十六年（1189）间，将以"约斋"命名的甲、乙、丙、丁四编诗稿进行整理，首次以"南湖"为名结集。淳熙十五年三月，时为秘书少监兼太子侍读的杨万里因力举张浚从祀高宗，触怒孝宗，于四月出守江西筠州，至次年四月始还朝。杨万里出守筠州期间，张镃寄来《南湖集》，杨万里有《约

① （宋）张镃：《南湖集》卷五，第 85 页。

② 吴洪泽：《尤袤年谱》，见《宋人年谱丛刊》第 9 册，四川大学出版社 2003 年版，第 5967 页。

③ （宋）张镃：《南湖集》卷七，第 111 页；周密：《武林旧事》卷一〇，第 224 页。

④ （宋）张镃：《南湖集》卷四，第 50 页。

⑤ （宋）史浩：《鄮峰真隐漫录》卷三六，见《宋集珍本丛刊》第 43 册，线装书局 2004 年版，第 183 页。

⑥ 于北山：《杨万里年谱》，第 326 页。

⑦ （宋）杨万里撰，辛更儒笺校：《杨万里集笺校》卷二四，第 1218 页。

斋南湖集序》云："余出守高安，约斋子寄其诗千余篇曰《南湖集》，且谂予序之"①。淳熙十六年中秋，史浩亦有《题南湖集卷十二后》云："张子卜筑池台馆宇门墙道路，凡经行宴息处，悉命以佳名，而各有诗。予固未尝历其地，乃因邻友张以道东归，惠然寄示，总八十余绝，读之洒然，而与其人岸观散衽，徜徉于烟萝香霭间，可胜欣快。因为一绝题其后：'桂隐神仙宅，平生足未登。新诗中有画，一一见觚棱。'"② 史浩所见编于《南湖集》卷十二的八十余首绝句，当正是淳熙十四年秋张镃辞归后创作的八十余绝《桂隐纪咏》组诗，今《南湖集》中仍存四十余首。

淳熙十六年二月，孝宗禅位，光宗登基，五年后宁宗即位。自孝宗淳熙末至宁宗庆元六年（1200）的十几年间，张镃历宣义郎、直秘阁、司农寺主簿、司农寺丞等职，其南湖别业亦修葺完善。此期张镃创作仍夥，仅于南湖别业即"得诗凡数百"③。庆元六年，张镃编成诗稿《约斋集》。时杨万里已自江东转运副使任上请祠归里，居乡近十年。张镃赠《约斋集》于杨万里，杨万里有《谢张功父送近诗集》云："十年不梦软红尘，恼乱闲心得我嗔。两夜连翻《约斋集》，双明再见帝城春。……近代风骚四诗将，非君摩垒更何人？"自注："四人范石湖、尤梁溪、萧千岩、陆放翁。"④ 杨万里赞扬《约斋集》中表现的帝城风物，并称许张镃为追步范成大、尤袤、萧德藻、陆游的诗坛健将。

嘉泰二年（1202），张镃在太府寺丞任上，又有新编《南湖》第三集诗稿问世。时杨万里年七十六，仍居江西，张镃以《南湖》第三集诗及书函寄杨万里。杨万里有《和张寺丞功父八绝句》，其一称："约斋太瘦古仙真，寄我诗篇字字新。受业陈三能几日？无端参换谪仙人。"⑤ 并有《答张功父寺丞书》云："功父深居帝城……不远千里，走一介行李，移书寄诗……《南湖》第三集，诗老而逸夷而工。"⑥ 可见，自孝宗淳熙年间以约斋诗甲、乙、丙、丁四稿编成的《南湖集》，到宁宗庆元末编成的《约斋集》，嘉泰中编成的《南湖》

① （宋）杨万里撰，辛更儒笺校：《杨万里集笺校》卷八〇，第 3252 页。
② （宋）张镃：《南湖集·附录上》，第 204–205 页。
③ （宋）张镃：《桂隐百课》序，见周密《武林旧事》卷一〇，第 224 页。
④ （宋）杨万里撰，辛更儒笺校：《杨万里集笺校》卷三九，第 2030 页。
⑤ （宋）杨万里撰，辛更儒笺校：《杨万里集笺校》卷四〇，第 2124 页。
⑥ （宋）杨万里撰，辛更儒笺校：《杨万里集笺校》卷六八，第 2876–2878 页。

第三集，张镃每集诗都有变化，经历了师法黄陈江西诗学，到瓣香陆游、杨万里，转而师法唐人，逐步走向清新圆融与老到工夷的历程。张镃也因诗作的不断编集和传播，诗风的步步成熟与多样化，获得文坛越来越高的评价。

宁宗开禧二年（1206）五月，韩侂胄用兵伐金，北伐不久，金人即由守转攻，宋军全线溃败。在此情势下，礼部侍郎史弥远与杨皇后、杨次山、钱象祖、卫泾、王居安等开始谋诛韩侂胄，张镃亦参与其中。[①] 这不仅是张镃生平重要的政治活动，也成为其人生的转折点。开禧三年（1207）十一月，韩侂胄被诛，不久，张镃与钱象祖、卫泾、王居安等人亦因史弥远专功擅权而遭到贬斥。嘉定四年（1211）张镃被追毁出身以来文字，送象州羁管，理宗端平二年（1235）卒于象州。以开禧间参与诛韩为界，张镃在激烈的政治风浪及悲惨的远贬中度过了人生的后期近三十年。就在被贬象州的前一年，即嘉定三年（1210），张镃自定《南湖集》二十五卷，编诗三千余首。方回《读张功父南湖集并序》云："南湖生于绍兴癸酉，循忠烈王之曾孙，近得其前集二十五卷，三千余首，嘉定庚午自序，盖所谓得活法于诚斋者。"[②] 清朱文藻《书南湖集后》论云："史称弥远诛韩之后，独相两朝，擅权用事……则公之被斥逐，势有必然……观公之自定其诗，在宁宗嘉定三年，去谪象之年不远，公殆有先见矣。"[③] 由于资料缺乏，张镃贬象州后的事迹几近湮没无闻，因而其自定的《南湖集》二十五卷，是其可考的最后诗文结集。

综上所述，如杨万里诗"一官一集，每一集必一变"[④]，张镃《南湖集》也经历了多次编集而最终成书，主要有四个阶段：（1）孝宗淳熙八年至淳熙十六年，编成约斋诗甲、乙、丙、丁四稿，并结为《南湖集》；（2）孝宗淳熙末至宁宗庆元六年，编成《约斋集》；（3）宁宗嘉泰年间，编成《南湖》第三集；（4）宁宗嘉定三年，自定《南湖集》二十五卷。张镃南湖别业的建构用时十六年，而《南湖集》的成书前后历时三十年。尤袤《遂初堂书目》首

---

① 参见（宋）叶绍翁：《四朝闻见录·丙集》，中华书局 1989 年版，第 91 页；（宋）周密：《齐东野语》卷三《诛韩本末》，第 47–48 页。

② （元）方回：《桐江续集》卷八，见《影印文渊阁四库全书》第 1193 册，台湾商务印书馆 1986 年版，第 302 页。

③ （宋）张镃：《南湖集·书后》，第 218 页。

④ （元）方回选评，李庆甲集评校点：《瀛奎律髓汇评》卷一，上海古籍出版社 2005 年版，第 44 页。

次著录张镃《南湖集》，因尤袤卒于光宗绍熙五年（1194），故其所录，当为张镃淳熙年间结约斋诗甲、乙、丙、丁四稿而成的《南湖集》，还远非张镃诗集全貌。和友人陆游、杨万里一样，张镃确实才情横溢，极为活跃，是一位多产量、高质量的作家。其《南湖集》的成书，不唯是其人生中的重要经历，也是理解其诗歌创作的重要线索。《南湖集》的成书过程，既是张镃诗风不断演变和发展成熟的过程，也是其诗作在当时文坛，尤其是在陆游、杨万里、尤袤、史浩等名家之间广泛交流与传播的过程，折射出诗坛风会，对认识南宋中兴期的文学生态具有独特意义。

（原载《文学遗产》2011 年第 5 期）

【作者简介】

曾维刚，男，1974 年生，河南新县人。师从王兆鹏先生，2006 年获得武汉大学文学博士学位。现为苏州大学文学院教授、博士生导师。著有《南宋中兴诗坛研究》、《张镃年谱》等。

唐宋词二字句的功用体式及其演变

刘 学

随着二言诗的消亡，诗歌中的二字句式日渐式微。时过境迁，当诗歌句式演进到唐宋时期，本已在诗体中失去活力的二字句式，却在词体中寻得充分发挥的空间。唐宋词中的二字句至少有 2460 句[①]，虽无法与三字、四字、五字等句式等量齐观，却非微乎其微，且二字句因多种功用而形成的体式可谓丰富，不容忽视。一定程度上，透过不大引人注目的二字句，可以管窥词文与词乐、句式与词体之间的微妙关系。

然而，尽管句式研究作为词体研究不可或缺的部分，已取得不少的成果，二字句的相关讨论尚不充分[②]，多为词体结构与艺术研究所涉及，而非专论[③]。由于二言句在诗歌中不够活跃，诗体二言句式研究亦稀少。相对而言，二字句获得的更多关注来自中国古代音乐研究领域，主要体现于词调换头句式的乐

① 本文的统计依据曾昭岷、曹济平、王兆鹏、刘尊明编撰《全唐五代词》(中华书局 1999 年版)和唐圭璋编纂，王仲闻参订，孔凡礼补辑《全宋词》(中华书局 1999 年版)。

② 如王力先生认为词中二字句“颇不多见”，“至于既非叠句，而又不在后阕起句者，则较为罕见”。(《汉语诗律学》下册，中华书局 2015 年版，第 594 页)

③ 如洛地：《律句——句律》《韵断》《换头与易尾》，见《词体构成》，中华书局 2009 年版，第 19–20 页、第 148 页、第 182 页。又如蔡宗齐著，李冠兰译：《节奏·句式·诗境——古典诗歌传统的新解读》，《中山大学学报》2009 年第 2 期；蔡宗齐：《小令语言艺术研究：结构与词境》，《文学评论》2017 年第 2 期。

律学分析[①]。因此，本文拟对唐宋词二字句的功用体式展开历时性的考察，并吸收音乐学的相关成果，探讨二字句式与词体紧密结合的意义与原因。

一、二字词句的形成

目前作者可考的最早的二字词句出自戴叔伦的《转应词》[②]，共有四个二字句，两两重复，同时期转应词的二字句式习以成俗。此后二字句式在词中应用渐广，用法渐多。究其来源，则很复杂，影响二字句形成的因素，至少有四点。

一是二言诗句的影响。虽然诗体与词句未必存在直接关系，但二言诗作为最古老的诗歌形式，奠定了中国诗歌的二言节律，此种节律为二字词句的出现铺垫了基础[③]。至于二言诗消亡之后，零星分布于各类诗体的二言句，尤其是乐诗中的二言句，则可以视为与词中二字句具有相似形成机制、相互影响和生发的参照体。郭茂倩《乐府诗集》所录二言诗句也很少，然其用法和词作中二字句式有些相似，或可相参。

二是词调曲体的要求所致，这应该是二字词句形成的根本原因。词调的曲体结构发生改变，促使与之相配的词文调整句式，两宋二字词句最主要的用法——换头乃因此而生成。所谓因词乐摊破而形成的二字句，如令体《定风波》的间于齐言的二字句，同样体现了曲体的变化。二字句在词调中的合理分布与押韵，受乐句的影响。唐五代两宋时期的 2460 个二字词句仅有 217 句未押韵，即九成以上的二字句负有押韵使命，即使不押韵也有延声或顿歇的功用。此外，与曲体结构相关的创作规律，包括起调毕曲、换头合尾或易尾等创作习惯，也对二字词句的具体位置和用法做出了要求。至于词调曲体为何形成这些乐句特点，当与音乐的新变以及由此带来的音乐修饰有关系。例如苏轼的琴歌词调《醉翁操》中数个二字句的使用，应缘于这首琴曲的音

---

① 例如刘明澜、吕洪静、刘崇德、伍三土等学者的相关研究论著，参见“换头体”部分的注释。

② 敦煌词中有几首不具作者的《定风波》，其创作时间尚无法确定。又，唐词中的和声辞不属于词体正文，故非本文的研究对象。参见皇甫松《竹枝》和声辞（《全唐五代词》上册，第 93 页）。

③ 参见赵逵夫主编:《先秦文学编年史》上册前言，商务印书馆 2010 年版，第 8 页。

乐特征及修饰手法。词调曲体的要求，决定了二字句式对于词体的功用侧重于音乐表现，体现于韵律节奏，而非以词意书写为本。

三是特定表演形式与特定场合下，出于演出效果的考虑而采用的一些表现技巧与手法。例如隋唐五代的行令伎艺对于二字词句的形成就有一定的影响，王昆吾先生曾以唐代《调笑令》和《三台令》为例分析曲子辞中的改令著辞如何受到改令令格的影响，例如修辞手法方面，颠倒前韵韵脚二字而立新韵[①]，恰好涉及转应词中二字句式的使用。此外，二字词句还受到隋唐嘲伎艺的影响。嘲辞中二言句在形式与用法方面同词中二字句相似，尤其与酒令词调近似。“嘲不仅为酒筵著辞提供了谐谑风格，而且为它提供了种种的表现手法，可以看作唐著辞（尤其是杂言著辞）的一个渊源。”[②]因此，上述二字句式的产生及用法与音乐本身关系不大，而是表演技巧积累和运用的结果。

四是词人有意挣脱诗歌句法而进行的创造，而词体结构也赋予了此种可能。词人在主要韵断的基础上，再增添小韵，或是添加句中韵[③]，主要承担押韵功用的二字句式便应运而生。二字词句在《花间集》、《尊前集》中相当活跃，小韵、句中韵的添加频繁出现于两宋词人之手，是文人主体介入二字句形成的证明。正由于二字句常来自词人的即兴添加，带有一定的随意性，有的二字句体式并未成为定格。如晁冲之《感皇恩》三首，其中一首的七字句，因添加一韵，变成了五字、二字句[④]；陆游《沁园春》数首，也有一首添入一韵，将换头六字句破为二字、四字句[⑤]。《木兰花慢》、《念奴娇》、《满庭芳》等常见词调都存在类似现象，说明不少二字句的体式并不稳定。

二字词句的形成，受到复杂多元合力之作用，根源于词乐的变化，也有文人对诗歌句法的自觉革新。二字句进入词体，进一步丰富了词调的句式与表现。

---

① 王昆吾：《隋唐五代燕乐杂言歌辞研究》，中华书局1996年版，第237页。

② 王昆吾：《隋唐五代燕乐杂言歌辞研究》，第244页。

③ 田玉琪：《谈词的句中韵》，《湛江师范学院学报》2002年第1期。

④ 唐圭璋编：《全宋词》第2册，第843页。

⑤ 唐圭璋编：《全宋词》第3册，第2053–2054页。

二、唐宋词二字句的功用体式

虽然书写功用乃词句的应有之义，但是受到句子长度的限制，唐宋词二字句在这方面的功能并不太强，文字表现难以做到多姿多彩。其功能所长体现在韵律方面，通过押韵、字声、组合与协调等多种方式去呼应乐句、调整节奏、严密结构，实现词文与音乐的水乳交融。二字句的具体功用主要受制于以下三方面：出现位置、押韵方式和用句形式（单句或组句），其中出现位置为主导因素。

二字句的位置与词调结构有关，而词调结构的单位从大至小依次为调、片、均、句。“调”为词调整体；“片”为词调的大段落，又作“遍”；“片”的下一级是“均”，均为段落中的乐曲层次，又或称“乐句”，以大韵为标志，往往对应词文的句组或意群；而“句”是乐曲表达的最小单位，多对应词文的单句①。二字“句”首先是“均”的组成部分，因此，其基本功用由“均”中的出现位置决定。

当二字句出现在均首，主要功能是引起一均；当二字句位于均中，主要功能为承前启后，勾连词句；当二字句出现在均尾，主要功能为点染、呼应。以上为“均”中出现位置造成的基础功用类别：均首、均中、均尾三类。而二字句依均分布，因此在调中的出现位置又有不同，如调头、换头、调中、片尾等，由此带来其功用的细分，形成不同的体别，如调头体、换头体、调中均首体、均中体（“均中”已说明在“调中”，故不赘加“调中”）。此外，二字句在用法上，有押韵和用句方式的差异，故在体别之下，又有单句式、双句式、通韵式、随韵式、迟韵式等不同形式。以下根据二字句的位置，兼顾其他层面，归纳唐宋词二字句的主要功用体式。

（一）均首类：调头体；换头体；调中均首体

唐宋词位于均首的二字句总共有1838句，见于约150个词调，占比七成以上，据此可认为，引起一均是唐宋词二字句的主要功用。当二字句用作均

① 洛地：《词调三类：令、破、慢——释“均（韵断）”》，见《词体构成》，第193–194页；伍三土：《“均”的衍生义——乐句，词调结构的层次性单位》，见《宋词音乐专题研究》第六章第一节，扬州大学2013年博士论文，第367–369页。

的首句，往往在韵律和词意两方面引领后句，而后数句唯首是瞻，共同形成一均的声情特点，本文将此种二字句归为均首类。例如毛滂《忆秦娥・二月二十三日夜松轩作》，其中的二字句皆属此类：

夜夜。夜了花朝也。/连忙。指点银瓶索酒尝。/明朝花落知多少。莫把残红扫。/愁人。一片花飞减却春。①

词中“夜夜”、“连忙”、“愁人”各领一均，不仅奠定后句之韵，而且在文意上提点或牵引后句，令前后句连贯一体。经由这样的引领，全词韵断清晰，结构井然。均首类二字句据其在词调的位置，可分为调头、换头、调中均首三体②，调头体和调中均首体均于上词可见，而换头体多用于慢调，为上词所无。

调头体

当均首类二字句处于词调开头，本文称其为调头体。调头体通常心无旁骛地履行起“头”的职责，其押韵率极高，文字具有点题的意味，对于后句乃至全调构成韵律和书写的引导。

该体有单句式和双句式之分③，以单句式为多。该体单句式，唐宋词共有八十九句，用于十五个词调④。如温庭筠所作《归国遥》：

香玉。翠凤宝钗垂䍁䍁。/钿筐交胜金粟。越罗春水渌。/画堂照帘残烛。梦余更漏促。/谢娘无限心曲。晓屏山断续。⑤

① 唐圭璋编：《全宋词》第2册，第884页。斜线划分词均，后不一一说明。

② 由于片头位置的二字句，或与调头重合，或与换头重合，除此之外仅一二调，可计入调中均首体，故不专门列论。

③ 词首连用三个二字句的情况，仅见于苏轼体《醉翁操》一调。

④ 调头体见于唐宋词如下十五个词调：《归国遥》、《思帝乡》、《河传》、《上行杯》、《花酒令》、《调笑令》、《秋夜月》、《忆秦娥》、《越江吟》、《甘草子》、《浪淘沙》、《过涧歇近》、《郭郎儿近拍》、《踏歌》、《洞仙歌》。由于一调或包含数种二字句功用体式，故词句虽不重复统计，词调却有互见，后不再说明。

⑤ 杨景龙：《花间集校注》第1册，中华书局2014年版，第110页。

首句“香玉”是一个名词意象，引起下文的进一步摹写与展开，同时奠定了该词的主体韵部。虽然不清楚该体式在温词之前的创作情况，但可知晓隋末的嘲辞已经具备这样的雏形，如：

水恶。头如镰杓尾如凿。河里搦鱼无僻错。[①]

这首嘲诮诗以名词性二字句开头，点题并定韵，其形式、功用与调头体单句式十分相似。又如现存初唐时期的嘲辞《回波词》，如果将程式化的演唱定格“回波尔时”拿开，首句便成为调头体单句式，同样为全词点题、定韵[②]。

类似用法还见于酒令词，前引毛滂《忆秦娥》，从词格和内容判断乃行于酒令；无名氏酒令词《调笑令》和《花酒令》，均以二字句“花酒”开头[③]。《调笑令》又有与转踏伎艺相结合的转应组词形式，词首二字需要重复词前之诗的末二字以成转应，构成调头体单句式，作品如郑仅《调笑转踏》、秦观《调笑令》、曾慥《调笑》、洪适《番禺调笑》等，数量不少。

调头体双句式共四十二例，见于五个词调[④]。双句式也受到伎艺辞令的影响，但表现空间更大，且并未完全囿于旧格，功用更为丰富、细腻。双句式的早期用法，见于《古调笑》，即唐代戴叔伦、王建、韦应物等所作古体《调笑令》[⑤]，如韦应物之《调笑》：

胡马。胡马。远放燕支山下。/跑沙跑雪独嘶。东望西望路迷。/迷路。迷路。边草无穷日暮。[⑥]

---

① 曹林娣、李泉辑注：《启颜录》，上海古籍出版社1990年版，第25页。

② 曾昭岷等编：《全唐五代词》上册，第1–5页；王昆吾：《隋唐五代燕乐杂言歌辞研究》，第244页。

③ 唐圭璋编：《全宋词》第5册，第4736页。

④ 五个词调，《古调笑》、《醉翁操》、《诉衷情》、《河传》、《临江仙引》。又，双句作为整体统计，故以“例”为单位。

⑤ 《词律》、《唐宋词格律》均将调头体单句式《调笑令》列作调头体双句式《古调笑》的变体；《词谱》则将其分作两调。参见万树：《词律》卷二，上海古籍出版社1984年版，第83页；龙榆生：《唐宋词格律》，上海古籍出版社1978年版，第157–158页；（清）王奕清等：《钦定词谱》卷二、卷四〇，中国书店2009年版，第27、733页。

⑥ 曾昭岷等编：《全唐五代词》上册，第22页。

“胡马”叠句，点出全词之题，并为其后六字句“远放燕支山下”定韵。不仅如此，“胡马”叠句还奠定了全调的二字节律，在全体偶字句的配合下，该节律从头至尾得到贯彻，形成了异常鲜明的词调风格。与单句式相比，双句式定韵的作用多未及全调，但其节律效应可波及全调，双句再加上叠用形式，显著增强了节律营造的效果。

调头体双句式对叠句传统的突破，似得益于温庭筠的改造。他创立了两个二字句不相重叠，而是互助共济、有机联结的体式。例如其《河传》：

> 湖上。闲望。雨萧萧。烟浦花桥路遥。/谢娘翠蛾愁不销。终朝。梦魂迷晚潮。/荡子天涯归棹远。春已晚。莺语空肠断。/若耶溪。溪水西。柳堤。不闻郎马嘶。[1]

“湖上”与“闲望”押同部韵，而与上片主韵相区别，自成一个小韵段；同时，意脉相连的“湖上”与“闲望”，构成该词第一个书写单元。显然，温庭筠并不要求调头体双句式对后句定韵，而是加强它的书写功能，因而该体在配合音乐之外，更见出文辞的用心经营。

温庭筠体《河传》得到花间词人的继承，继而得到两宋词人的追步，如辛弃疾和黄昇仍效仿花间体《河传》[2]，此外的尝试则非常有限，除了《诉衷情》、《临江仙引》、《醉翁操》寥寥数首，再无更多开拓。尽管如此，仍应看到调头体双句式在传承中的变异，以及由此流露的词人摆脱辞令令格的意愿，或者一定程度上填词与伎艺表演相分离。实际上，调头体双句式的狭窄应用乃至部分地消亡，正透露出词格新变的消息。

调头体的新变还反映于柳永三调，包括单句式《浪淘沙》、《洞仙歌》和双句式《临江仙引》，是仅有的调头不押韵的情况。二字句不押韵，意味着无法带领声韵，导致其引领功能有所减弱，即便还可提点文意，造成音律的小顿。二字句领起全调的形式或许已不适合宋代的新兴词调，尽管柳永将调头体应用于令、引、近、慢诸体，又做了部分的体式创新，推广效果仍然不佳。

---

① 杨景龙：《花间集校注》第1册，第224页。

② 辛弃疾《唐河传》题“效花间集”。见唐圭璋：《全宋词》第3册，第2476页。

换头体

换头是又一特殊的均首所在。通常在双片词调中①，二字句出现在下片开头，且不同于上片开头句式，本文称其为换头体。该体双句式仅有一调②，因此换头体几乎即指换头体单句式。过片的特殊位置决定了换头体需要结上片而开下片，成为联结上下片的枢纽。

唐宋共有1012首词以二字句式换头，分布于101调③。作为两宋时期最重要的二字句体式，换头体的兴起与《满庭芳》、《玉蝴蝶》、《木兰花慢》、《喜迁莺慢》等慢体词调在北宋的流行基本同步，此观点亦见于洛地先生："换头'二言'或'二言短韵'，是慢调发展趋于浑成重要的一条，而慢调的成为词调的主体是词体成熟的标志。"④

二字句换头最初偶见于令体词，如欧阳炯《更漏子》、林逋《霜天晓角》，其功用特征还不明显，随后被柳永用于慢调，相关词作有二十六首，多达十六调，其过渡功用变得清晰⑤。如柳永应用最多的一调《玉蝴蝶》：

望处雨收云断，凭栏悄悄，目送秋光。/晚景萧疏，堪动

---

① 极少数三片的词调，第三片有换头，如《兰陵王》，亦归入此类。

② 《江城梅花引》为二字双句换头词调。

③ 换头体见于如下词调：《雪梅香》、《彩云归》、《洞仙歌》、《玉蝴蝶》、《引驾行》、《临江仙慢》、《木兰花慢》、《凤箫吟》、《芳草渡》、《沁园春》、《满庭芳》、《喜朝天》、《瑶台第一层》、《一丛花》、《忆旧游慢》、《塞翁吟》、《瑞鹤仙》、《明月照高楼慢》、《凤凰台上忆吹箫》、《孟家蝉》、《二郎神》、《石州慢》、《玉连环》、《风流子慢》、《喜迁莺慢》、《玉簟凉》、《步月》、《八归》、《渡江云》、《昼锦堂》、《高山流水》、《兰陵王》、《八六子》、《紫萸香慢》、《春从天上来》、《琐窗寒》、《千春词》、《金盏子慢》、《行香子慢》、《更漏子》、《黄莺儿》、《定风波慢》、《浪淘沙慢》、《破阵乐》、《望远行》、《郭郎儿近拍》、《倾杯》(散水)、《绛都春》、《金人捧露盘》、《无闷》、《玉京秋》、《石州引》、《丁香结》、《白雪》、《红楼慢》、《春草碧》、《宴清都》、《青门饮》、《长寿乐》、《曲江秋》、《月上海棠慢》、《峭寒轻》、《剑器近》、《有有令》、《眉妩》、《月下笛》、《暗香》、《角招》、《徵招》、《双双燕》、《换巢鸾凤》、《红窗迥》、《清夜游》、《水龙吟》、《江南好》、《秋思》、《梅子黄时雨》、《荔枝香近》、《曲游春》、《长亭怨慢》、《霓裳中序第一》、《白苎》、《玉漏迟》、《远朝归》、《胃马索》、《惜奴娇》、《万年欢慢》、《一萼红》、《千秋岁》、《促拍满路花》、《霜天晓角》、《笛家弄》、《内家娇》、《无愁可解》、《粉蝶儿慢》、《真珠帘》、《念奴娇》、《翠楼吟》、《疏影》、《望云南慢》、《江城梅花引》及失调名二种。

④ 洛地：《词体构成》，第20页。

⑤ 田玉琪《词调史研究》将柳永使用二字短韵的情况归纳为三种：最多为换头，其次既用于换头又用于上下片中间，再次用于上下片中间（人民出版社2012年版，第239页）。

> 宋玉悲凉。/水风轻、苹花渐老，月露冷、梧叶飘黄。/遣情伤。故人何在，烟水茫茫。/难忘。文期酒会，几孤风月，屡变星霜。/海阔山遥，未知何处是潇湘。/念双燕、难凭远信，指暮天、空识归航。/黯相望。断鸿声里，立尽斜阳。[①]

该调上片和下片本为对称结构，各含四个大韵和一个三字小韵，换头体“难忘”是下片开头添入的二字短韵，即六字句添韵而破为二字、四字两句，自然与上片不同了，反映出音乐的换头。“难忘”在音韵上呼应上片末结之“茫茫”，同时在文意上牵引后句“文期酒会”，起到承上片而启下片的重要作用。

与上片的末二字构成声韵呼应，这是换头体实现过渡的一个重要方法，也构成了两宋换头体的一个特征，该特征逐渐规律化，在姜夔词中有充分的展现。通过姜夔《长亭怨慢》、《霓裳中序第一》、《暗香》、《徵招》、《角招》、《翠楼吟》诸调旁谱，可以看到换头文字背后的乐律特征：换头体与上片末二字存在旋律的重复[②]，体现了乐曲的“巾斗”手法。

所谓“巾斗”，又称“斤斗”、“筋斗”，即重复前句结束音乐以为后句之首的手法，合对应二字、三字短韵词文。如南宋陈元靓《事林广记》所载《愿成双》套唱赚谱就多处可见“巾斗”的标示，通过谱字亦可判断前后句的巾斗重叠[③]。音乐学领域对于“巾斗”现象较为关注，如吴钊、于韵菲、刘崇德等学者均有阐释[④]。简言之，乐曲翻滚重叠处，其谱字反复重叠，与之相配的二字、三字唱词也反复重叠。

换头体正是词乐运用“巾斗”手法的典型体现。结合音乐特征来研究词中二字换头的学者有何昌林、洛地、刘崇德、伍三土等，其中刘崇德与伍三土均以巾斗释张炎所谓“叠头”，后者还提到民间音乐的类似手法——“鱼咬

---

① 唐圭璋编：《全宋词》第1册，第51页。

② 参见姜夔《白石道人歌曲》之《长亭怨慢》、《霓裳中序第一》、《暗香》、《徵招》、《角招》、《翠楼吟》诸调旁谱。刘崇德主编：《唐宋乐古谱类存》第2册，黄山书社2016年版，第925–967页。

③ 刘崇德主编：《唐宋乐古谱类存》第1册，第66、68–69页。

④ 吴钊：《宋元古谱“愿成双”初探》，《音乐艺术》1983年第3期；于韵菲：《〈愿成双·赚〉谱研究》，上海音乐学院2013年博士论文，第101–104、107页；刘崇德：《燕乐新说》（修订本），黄山书社2011年版，第258–259页。

尾”，并总结了白石旁谱中的二字换头现象[①]。此外，刘明澜直接指出词作的巾斗式换头取自民间，从柳永开始在慢体中获得较多的运用，而姜夔诸多词调使用了这种换头方式[②]。吕洪静进一步提出词调的换头音乐乃为两段之间的过门音乐转化而来，而过门音乐往往以上片结末两拍的乐曲为材料。据其考证，下片乐曲会比上片乐曲增加两拍，所增通常正是换头的两拍[③]。此说颇具合理性，下片仅比上片多一个换头二字句的宋代词调，如《月上海棠慢》、《瑶台第一层》、《春从天上来》等，当是过门音乐的极端体现。基本上，词乐研究已经形成共识，换头音乐存在“巾斗”现象，而换头二字、三字句是“巾斗”的文字体现。有的换头二字句直接重复上片末二字，如程垓的《摊破江城子》，音乐叠合特征就更加分明[④]。

也正是换头音乐的这一特征，给后世的词调分片带来了一些困扰，不同词作版本的分歧常缘此而生。原本应置于换头的二字句，误作上片结句，如将晁补之《洞仙歌·填卢仝诗》之二字句“心绝”断于上片[⑤]，或鉴于“心绝”完全重叠前句末二字，而没有参照该慢调常见的换头体式。对于姜夔词部分二字句的词片归属，刘崇德先生也有不同的考虑[⑥]。

“巾斗”揭示了换头体的乐律特征，由一端可窥慢调制曲的严密性。南宋蔡元定曾提出乐曲的“起调毕曲”之说[⑦]，虽起调理论尚存较大争议，毕曲理论基本获得了认同，词调“均”末在音乐上例用主音或是与主音关系最为密切的属音[⑧]。与乐律相对应，这些重要位置的词文也构成呼应，此现象普遍存在。换头韵也多用主音，与上片之歇、词调之结相应相和，凸显词调的腔韵。

---

① 何昌林：《宋代音乐文献中的“歌诀”研究（下）》，《音乐艺术》1984年第3期；洛地：《词体构成》，第182－183页；刘崇德：《燕乐新说》，第250－251页；伍三土：《宋词音乐专题研究》，第412－413页。

② 刘明澜：《宋代词乐结构中的头与尾》，《音乐艺术》1991年第3期。

③ 吕洪静：《从西安鼓吹乐中“换头”音乐形态看唐代的一种拍式》，《交响》1997年第3期；吕洪静《论“换头”》，《音乐研究》2002年第3期。

④ 唐圭璋编：《全宋词》第3册，第2567页。

⑤ 唐圭璋编：《全宋词》第1册，第719页。

⑥ 刘崇德：《燕乐新说》（修订本），第257－258页。

⑦（宋）蔡元定：《律吕新书·六十调篇》，见（元）脱脱等《宋史》卷一三一，中华书局1985年版，第10册，第3061－3062页。

⑧ 刘明澜：《论宋词词韵与音乐之关系》，《中国音乐学》1994年第3期。

从韵律的角度来看，二字句与词调腔韵的吻合度很好，这是换头体的一个成因。

由双音节组成的二字句，构成了一种二字韵律，在汉语韵律句法学中属于“标准音步”，也是最基本的韵律单位，最具韵律的稳定性与优先实现权[①]。类似的“标准音步”分布于词调的关要处，包括各大韵和换头，这些地方的韵脚往往与前一字构成韵律上的二字单元。既然同为“标准音步”，换头体容易与各大韵的二字单元产生韵律的共鸣，自然也很容易与上片的末二字相黏合。《白石道人歌曲》中，“二字换头处有节奏符号，上片末尾旋律上被重复的两字前亦有节奏符号”。[②] 节奏符号意味着需要停声待拍，上片倒数第三字加拍[③]，则末二字自成单元，再停声待拍，做好了迎接换头的准备。换头重复末二字的旋律之后，也停声待拍，完美地回应了上片的召唤。以姜夔的《暗香》为例：

> 旧时月色。算几番照我，梅边吹笛。/唤起玉人，不管清寒与攀摘。/何逊而今渐老，都忘却、春风词笔。/但怪得、竹外疏花，香冷入瑶席。/江国。正寂寂。叹寄与路遥，夜雪初积。/翠尊易泣。红萼无言耿相忆。/长记曾携手处，千树压、西湖寒碧。/又片片、吹尽也，几时见得。[④]

该谱的节奏符号，首先见于“笛”、“摘”、“笔”、“席”等八个大韵韵脚，其次见于换头句的韵脚“国”，可以推测，二字韵“江国”的添入，一个重要目的是停声待拍，以衔接上片结束，形成“巾斗”。事实上，上片结末“瑶席”前的“入”字，也带有节奏符号[⑤]，需要停顿，因此“瑶席”已发出召唤，而换头体“江国”重复“瑶席”的音乐，再引出后句“正寂寂”，从而完成

① 冯胜利：《论汉语的“韵律词”》，《中国社会科学》1996年第1期；冯胜利：《论汉语的“自然音步”》，《中国语文》1998年第1期。

② 伍三土：《宋词音乐专题研究》，第413页。

③ 上下片倒数第三字加拍的现象，参见伍三土：《宋词音乐专题研究》，第415–416页。

④ 唐圭璋编：《全宋词》第3册，第2808页。

⑤ 刘崇德主编：《唐宋乐古谱类存》第2册，第953页。

过渡。

这种二字韵律单元，构成了词调特有的腔韵，只不过在换头处被反复强调。这有助于理解换头叶二字暗韵的现象。例如《暗香》的姐妹篇《疏影》，换头句为“犹记深宫旧事”，“犹记”的音高旋律接近上片末二字“幽独”，且“幽独”前也有停顿[①]，因此“犹记”叶暗韵，同随后“事”、“里”押韵，虽非独立成句，亦完成“巾斗”式换头。

换头体在配合曲体、突出词调腔韵的同时，也严密了词文的结构。南宋时换头所受重视有似煞声，词家认为制曲“最是过片不要断了曲意，须要承上接下”[②]，相应地讲究词的章法结构，追求换头文字的精密。姜夔至少有九调采用二字换头体[③]，其音乐结构严密，行文章法亦谨严。以其《翠楼吟》为例：

> 月冷龙沙，尘清虎落，今年汉酺初赐。/新翻胡部曲，听毡幕、元戎歌吹。/层楼高峙。看槛曲萦红，檐牙飞翠。/人姝丽。粉香吹下，夜寒风细。/此地。宜有词仙，拥素云黄鹤，与君游戏。/玉梯凝望久，叹芳草、萋萋千里。/天涯情味。仗酒祓清愁，花销英气。/西山外。晚来还卷，一帘秋霁。[④]

换头体“此地”在音乐的关要处，也是通篇文字之枢纽，将上片对安远楼景致状貌的描绘，与下片思古幽情及倦游情绪的抒发有机联结，将现实时空与历史时空、实景与虚境于此交叠。“此地”一句，真见提炼之功力。此外，该调是换头合尾的结构，仅在下片第一均有句式变化，此后完全回复上片的句式。换头体“此地”在制造句式变化的同时，又如常山之蛇扣响“初赐”、“歌吹”、“风细”、“千里”，乃至“秋霁”各处，这固然是词调腔韵的体现[⑤]，

---

① 刘崇德主编：《唐宋乐古谱类存》第 2 册，第 954 页。

② （宋）张炎著，夏承焘校注：《词源注》（与沈义父著，蔡嵩云笺释《乐府指迷笺释》合刊），人民文学出版社 1963 年版，第 13 页。

③ 姜夔词换头多叶二字暗韵，以致有的二字句存在争议，例如《眉妩》、《念奴娇》便是。参见夏承焘：《姜白石词编年笺校》，上海古籍出版社 1998 年版，第 15、30 页。

④ 唐圭璋编：《全宋词》第 3 册，第 2811 页。

⑤ 刘崇德主编：《唐宋乐古谱类存》第 2 册，第 967–968 页。又参见修海林：《从姜白石自度曲看词乐创作中的“音”“韵”关系》，《音乐艺术》2010 年第 2 期。

又何尝不是文字的起承转合、埋伏照应，令全词意境一体浑成。

调中均首体

均首类二字句出现在调中非换头位置，构成调中均首体，也有单句、双句两式①，单句式共计225句，分布于35调②，双句式共202例，见于6个词调③。从应用的广度来说，单句式构成主体，即调中均首体多以二字单句领起一均。不同于调头体，该体的引起范围仅在一均，且面临与前句的交接，不免在引起后句的同时，还兼顾呼应前句。以姜夔《石湖仙》的两均为例："浮云安在，我自爱、绿香红舞。/容与。看世间、几度今古。"④"容与"为次均之首，而又与前均之尾"红舞"暗通消息，平仄一致，韵脚相通。通过姜夔所标谱字，也可见出这两处音乐有一些相关性⑤。又如蒋捷《珍珠帘》(寿岳君选)之调中均首体"争劝"，甚至完全重复前句之尾⑥。以上两例，点题的意味并不浓重，其意更在衔接。故调中均首体不仅使词调中"均"的结构单元更清晰，还给均与均之间的过渡加上润滑剂。

该体双句式，又基本为叠句格，其引起与过渡的功用更为突出。典型调例是《如梦令》，唐宋时期共有179首词作，数量为该体式之冠。此调多次易名，体式却十分稳定，以二字叠句构成其标志性特征，如李存勗所作：

曾宴桃园深洞。一曲清歌舞凤。/长记欲别时，和泪出门

① 调中均首连用三个二字句的情况，仅见于苏辙体《古调笑》。

② 《戚氏》、《引驾行》、《临江仙》、《木兰花慢》、《醉翁操》、《忆秦娥》、《惜奴娇》、《荔支香近》、《八六子》、《惜秋华》、《上行杯》、《秋夜月》、《定风波慢》、《郭郎儿近拍》、《剪牡丹》、《十二时》、《瑶池月》、《侧犯》、《卓牌儿》、《燕山亭》、《期夜月》、《月华清》、《真珠帘》、《无月不登楼》、《石湖仙》、《惜红衣》、《白苎》、《八声甘州》、《夏云峰》、《摊破丑奴儿》、《笛家弄》、《越江吟》、《梁州令叠韵》、《踏歌》、《兰陵王》及失调名一种。

③ 《古调笑》、《如梦令》、《如意令》、《风流子》、《上行杯》、《荔枝香》，前三调为叠句格，多达394句；后三调非叠句，仅有10句。

④ 唐圭璋编:《全宋词》第3册，第2808页。

⑤ 刘崇德主编:《唐宋乐古谱类存》第2册，第952页。

⑥ 唐圭璋编:《全宋词》第5册，第4349页。

相送。/ 如梦。如梦。残月落花烟重。[1]

叠句“如梦”在第三均，领起“残月落花烟重”一句。“如梦”叠句，不仅在声韵上呼应前句末二字“相送”，而且在书写上对前两均的铺叙进行了评点，从而自然过渡到末均，显示了勾连提顿的意义。此叠句格当与改令著辞的要求有关[2]，也具有较强的修饰性，任半塘先生以叠句为判定唐词可歌的一个条件[3]，二字句的反复，即便不对应叠唱，也表现了乐曲的变化和修饰，而非根源于行文章法，由唐宋众多名家的青睐不难想见此调旋律之流美。同时，该调二字句存在较为严重的创作因袭现象，如“归去”、“知否”、“无绪”等为高频用词[4]，这从反面说明，调中均首体的叠句格重在音乐表现。

（二）均中类：均中体

均中位置的二字句归入均中类[5]，又由于此类二字句都出现于调中的位置，故在体式上统归为均中体。其连接前后句，在均的内部过渡协调，也带有修饰的作用。就过渡功能而言，均中体与调中均首体、换头体有相似性，但各有针对，具体实现方式也不完全相同，比如均中体就少见“巾斗”方式；用句方面，均中体仅有单句式，其式别主要在于押韵方式的不同，可分为通韵、迟韵、随韵三式[6]。

通韵式

---

① 曾昭岷等编：《全唐五代词》上册，第 445 页。

② 王昆吾：《隋唐五代燕乐杂言歌辞研究》，第 240 页。

③ 任中敏著，张之为、戴伟华校理：《唐声诗》(上编)，见《任中敏文集》，凤凰出版社 2013 年版，第 52 页。

④ 唐宋《如梦令》的二字叠句，使用“归去”的七首，出自六位词人；“无绪”七首，出自七位词人；“知否”六首，出自五位词人。

⑤ 双句式的第二句，凡已归入“均首类”，则不再计入“均中类”。

⑥ 仅有偶未押韵者，无法纳入三式，参见王质与京镗所填《定风波》(《全宋词》第 3 册，第 2123 页、第 2380 页)。

均中体二字句押通韵，即与前后句押同部韵，此为通韵式。其数量不多，共五十四句，分布于九调①。如周邦彦《兰陵王》之“登临望故国。谁识。京华倦客”②，此处二字句“谁识”即属通韵式。此种体式的二字句，多因长句在前部添加句中韵而形成，故与后句似断实连。《兰陵王》也有此处少押一韵、不用二字句的，例如刘辰翁所作，相应位置为“依依甚意绪。漫忆海门飞絮”。③两相比较，带有均中体通韵式的表达更富于起伏变化，腔韵更鲜明。

迟韵式

均中体二字句，其前句不押韵，由二字句完成押韵，导致押韵有所延迟，故将其称为迟韵式。敦煌无名氏词已有该用法④，其余所见四调，或为词人一时之兴⑤，仅《南乡子》和《杏花天影》具有代表性。唐宋带有该体式的词作共 142 首，其中 137 首为《南乡子》。如冯延巳所作：

> 细雨湿流光。芳草年年与恨长。/ 烟锁凤楼无限事，茫茫。鸾镜鸳衾两断肠。/ 魂梦任悠扬。睡起杨花满绣床。/ 薄幸不来门半掩，斜阳。负你残春泪几行。⑥

对照单片《南乡子》，双片《南乡子》任意一片的句式与之并无差别，不同之处在于押韵：单片从第三句开始换韵，句句押韵，二字句为通韵式；而双片则是一韵到底，但第三句不押韵，二字句为迟韵式⑦，故使用迟韵式的目的应是造成押韵的间歇或者延迟，以矫济声韵的单一。上词的迟韵式二字句，就

① 《诉衷情》、《河传》、《送征衣》、《南乡子》、《定风波》、《隔浦莲》、《兰陵王》、《白苎》、《越江吟》及失调名一种。

② 唐圭璋编：《全宋词》第 2 册，第 787 页。

③ 唐圭璋编：《全宋词》第 5 册，第 4069 页。

④ 如失调名词“远闻孤山风动晓，心酸”句，见曾昭岷等编《全唐五代词》下册，第 943 页。

⑤ （五代）顾敻：《河传》，见曾昭岷等编《全唐五代词》上册，第 552 页；（宋）晁端礼：《定风波》，见唐圭璋编《全宋词》第 1 册，第 554 页。

⑥ 曾昭岷等编：《全唐五代词》上册，第 683 页。

⑦ 冯延巳另有两首《南乡子》，《词谱》录作单片（《钦定词谱》卷一，第 14 页）。

打破了全调一韵到底、五七言律句为主体带来的沉闷。七字句与二字句相配合所构成的一顿一韵的单元，是该调最生动之处。

迟韵式背后的乐曲特征可参另一典型词调——姜夔所制《杏花天影》，该调的二字句乃以《杏花天》为基础着意加入，相应地旋律有所变化①：

> 绿丝低拂鸳鸯谱。想桃叶、当时唤渡。/又将愁眼与春风，待去。倚兰桡、更少驻。/金陵路。莺吟燕舞。算潮水、知人最苦。/满汀芳草不成归，日暮。更移舟、向甚处。②

结合白石旁谱和相关译谱可知③，前句“又将愁眼与春风”与“满汀芳草不成归”，旋律下行，末字“风”和“归”处均加了节奏符号，需停声待拍，这是欲扬先抑；接下来二字句“待去”和“日暮”则旋律上行，且“去”和“暮”均为大顿，延长与停顿皆近于大韵④，将乐曲推向一个小高潮，由是曲调更富于抒情性和表现力。

值得一提的是，迟韵式虽仅用单句，但字声重叠，几乎非“平平”即“仄仄”。《南乡子》之二字句为“平平”；《杏花天影》之二字句为“仄仄”，这有助于增强修饰效果。

随韵式

均中体二字句，仅随前句押韵，而与后句不同韵，本文称其为随韵式。二字句受前句引导，自然与前句联系紧密，又虽在声韵方面区别于后句，仍在文意上保持关联。不难发现，随韵式的过渡功能局限于均内，过渡方式却与换头体颇有相似。均中体随韵式成熟之后，换头体才出现，前者应有铺垫之功。

唐宋词该体式句例总共261例，其中234例出自《定风波》，敦煌词所存

---

① 《词谱》仅录《杏花天》，无二字句（《钦定词谱》卷一〇，第178–179页）。《杏花天影》在宋代虽仅有姜夔所作，但在后世仍被填写。

② 唐圭璋编：《全宋词》第3册，第2798页。

③ 谱字释译参见杨荫浏、阴法鲁：《宋姜白石创作歌曲研究》，人民音乐出版社1957年版，第45页；刘崇德主编：《唐宋乐古谱类存》第1册，第317页。

④ 刘崇德主编：《唐宋乐古谱类存》第2册，第917页。

《定风波》，有的一个或两个二字句正是随韵用法，这大约是最早的随韵式。花间词人李珣、孙光宪、尹鹗等将《定风波》的随韵式定型，包含三个二字句，如欧阳炯所作：

暖日闲窗映碧纱。小池清水浸晴霞。/数树海棠红欲尽。争忍。玉闺深掩过年华。/独凭绣床方寸乱。肠断。泪珠穿破脸边花。/邻舍女郎相借问。音信。教人羞道未还家。[①]

该词体现了随韵式特有的调节、修饰手段：不仅将七言律句间开，造成句式的参差，而且随前句构造仄韵段，使得全调主韵为平，平中抱仄，错落有致。

当然，该词也体现了随韵式过渡功能的双重性：韵律方面，二字句既是对前面七字句换韵的配合，又是对于后句复归原韵的提示，令七字句的换韵不至于突兀而无着，其仄韵段也能与主韵相谐；同时在文字方面，二字句沟通前后，令文气顺畅。

随韵式的这种双重性被花间词人广泛吸纳[②]，仅《花间集》有《河传》、《诉衷情》、《中兴乐》、《荷叶杯》等调用法一辙。此外，随韵用法还渗入调头体双句式，如“江畔。相唤”(温庭筠《河传》)，第二句“相唤”就是押随韵。

虽然随韵式在五代时期已经成熟，但在两宋集中于《定风波》一调。由于《定风波》的缘故，随韵式的数量并不少，然而词调单一，加之该调定型之后[③]，二字句的书写趋于程式化，例如名家笔下疑问体的“何意”“何处”“何事”等多为后世所沿用，因此文字表现力反有削弱。

上文归纳了二字句的主要功用体式，未被纳入的，还有均首三句连用与

① 曾昭岷等编：《全唐五代词》上册，第464页。

② 刘学：《〈花间集〉二言句的功用、体式及指向》，见马兴荣、朱惠国主编《词学》第四十二辑，华东师范大学出版社2019年版，第39-62页。

③ 两宋该调主要有两种格式，最常见的是欧阳炯体，其次是敦煌词所存两个二字句体，由仲殊予以发扬。

均中不押韵的特例，以及二字句用于均尾的十余例[①]，皆不足以列为体式。

三、词中二字句与三字句功用辨异

二字短句与长句功用迥异，同其他短句相比或更见特点。既然词中三字句式已有专论[②]，今以之为参照来探讨二字句与三字句的不同功用。需要说明的是，唐宋词的三字句远多于二字句，甚至有专以三字为句的词调《三字令》，且三字句非词调专有，同时期三言诗犹存，三言诗句也颇多。此处暂略两种句式在功用方面的共同点，仅从位置、用韵、用句三个方面归纳其差异所在：

其一，二字句多居均首，极少出现在均尾，“起”的功用特征非常突出，“收”的功用则几乎缺失；三字句常出现在均尾，其功用相对全面，以“收”的功用为特色。

二字句不仅以均首类最多，而且各类“过渡”功用也包含着“引起”之效，唯均尾类罕见。二字句偶尔用于片尾[③]，几乎从不用于调尾，仅《惜分钗》带有二字词尾，是否特例，仍待考证。因为该调若依《钦定词谱》作《撷芳词》之一体，则更常见的是三字尾[④]。与之不同，三字句常用作均尾，尤其多用在片尾、调尾，相关词调不胜枚举，其收束的功用很突出。

其二，二字句押韵率极高，却仅为小韵，多发挥调整、补充、修饰作用，三字句押韵率没有二字句高，然可作小韵，也常作大韵，可撑起全调韵骨。

必须承认，二字韵的总体地位不如三字韵，因为三字韵常用于片尾、调尾，也就是大韵、主要韵脚所在，尤其调尾，乃为一调之结声，在韵律上举足轻重。二字韵却只是大韵的补充，虽然多出现在词调过片的关要，也深受词家重视，仍不能完全改变其次要韵脚的地位。主要韵脚不可随意改动，非

---

① 二字句用作均尾的情况见于词调《诉衷情》、《感皇恩》、《宴清都》、《醉翁操》、《惜分钗》，有的二字句归属还可商榷。

② 白朝晖：《三言句式在词中的出现及其词体意义》，《文学遗产》2010年第5期；周仕慧、李茜：《论乐府诗中的三言节奏与词》，见吴相洲主编《乐府学》第十六辑，社会科学文献出版社2017年版，第190–210页。

③ 约有三调，除了《惜分钗》，还有何籀《宴清都》、郭祥正《醉翁操》。

④（清）王奕清等：《钦定词谱》卷一〇，第181页。

主要韵脚，词人则可进行调整，相应地三字句式就比二字句式更稳固。《诉衷情》、《江城子》、《满江红》、《品令》、《望江东》等诸多词调以三字韵立干，如姜夔《江梅引》一调：

> 人间离别易多时。见梅枝。忽相思。/几度小窗，幽梦手同携。/今夜梦中无觅处，漫徘徊。寒侵被，尚未知。/湿红恨墨浅封题。宝筝空，无雁飞。/俊游巷陌，算空有、古木斜晖。/旧约扁舟，心事已成非。/歌罢淮南春草赋，又萋萋。漂零客，泪满衣。[①]

上下片的起均、末均皆以三字韵收尾，这些都是重要大韵所在。对比该调的不同格式，大韵处的三字句几无差异，而在有的格式中，换头处出现两个二字韵[②]，显然二字韵未成定格。这说明换头体虽然在词调的韵律结构中发挥重要的作用，并非无可取代。二字句一定程度上是为押韵而存在，却无法担纲主韵。而三字句除了承担大韵，并不以押韵为必然使命，常有不押韵的，连续使用的数个三字句，往往仅最后一句押韵。

反观之，二字句也赋予了词人较大的自主度。那些与二字句相关的增韵、减韵、句中韵、暗韵等现象，既表现了词人对乐理的深谙和对曲体的尊重，又体现了词人填词中的主动性。

此外，前文已经分析，二字句具有韵律方面的天然优势。以换头功用为例，二字句在“巾斗”式换头中十分高效，而有的三字句则有“带领二言”的意思[③]，如姜夔《淡黄柳》的三字换头句“正岑寂”，实际为后两字“岑寂”重复上片末二字“相识”的旋律音，而“正”字后加拍，以“正”字带领二字句[④]。由于三字句相当于标准音步的扩大，在韵律表现上便不如二字句直接明了。

---

① 唐圭璋编：《全宋词》第 3 册，第 2793 页。

② 参见丘崈、程垓、周密所填该调（《全宋词》第 3 册，第 2254、2567 页；《全宋词》第 5 册，第 4144 页）。

③ 洛地：《词体构成》，第 182 页。

④ 刘崇德主编：《唐宋乐古谱类存》第 2 册，第 951 页。

其三，从用句方面看，二字句比三字句更为独立。二字句多用单句，而三字句多用组句；二字单句可独立承担多种功用，三字单句则更依赖句组的协作。

在二字句各体式中，几乎仅有调头体和调中均首体存在双句式，且这两体仍以单句式为多。三字句则多以组句出现，用于调头的，如“柳丝长，春雨细”（温庭筠《更漏子》），用于换头的；如“晚秋里，烟寂静，雨微凉”（尹洙《水调歌头》）。

再看组句，二字句极少三句连用。除了叠句，二字双句不一定形成对仗，文意倾向于各自独立，例如“欢罢。归也”、“歌遍。三劝”（孙光宪《风流子》、杨泽民《荔枝香》），其声韵虽有停顿，文字却是一气而下，不相重复。而三字组句常见三句连用，更倾向于对仗和文意相互凭借，如“惊塞雁，起城乌”（温庭筠《更漏子》）、“转朱阁，低绮户，照无眠”（苏轼《水调歌头》），带有一点互文性。

由于二字句较为独立，有时也能做到语意自足，如偏正式意象“城月”，主谓式叙写“秋尽”，但无法展开更多的内容，合用于提点。相比之下，三字句习惯于句组配合，书写空间相对开阔，更适于铺叙，亦可见于前引《江梅引》。

爬梳了二字句的基本功用体式与特点，以下再于唐宋词史进一步观照其发展演变。

四、唐宋词二字句功用体式的演变

唐宋词体的演进，大约经历了唐五代、北宋和南宋三个阶段。兹按这三个阶段来归纳二字句的发展演变（详见下表）。

表 1 二字句主要功用体式的时代分布表（词句：例；词调：种）[①]

体式			时段					
			唐五代		北宋		南宋	
			词句	词调	词句	词调	词句	词调
均首类	调头体	单句式	5	3	50	8	34	3
		双句式	27	3	12	3	3	3
	换头体		1	1	183	50	828	89
	调中均首体	单句式	7	3	54	20	164	24
		双句式	19	4	54	2	129	3
均中类	均中体	通韵式	26	4	6	5	22	4
		迟韵式	7	3	114	2	160	2
		随韵式	53	6	131	1	77	1
合计			145		604		1417	

唐五代是二字词句的萌芽和发展期，奠定了二字词句的基本功用体式，这些体式多由文人创立。二字词句的形成比词体的产生要略晚一些，从词作文本来看，六、七、五字句最先出现于词体，短句中的三、四字句也比二字句更早进入词体。《云谣集》中四字句数量颇多，三字句也常见，却未见二字句。二字句主要见于诗客曲子词，如戴叔伦、白居易词，五代词的二字句更多些，如顾敻和孙光宪均有超过十首词含二字句。最早的调头体和调中均首体双句式，就是形成于中唐韦应物、王建、白居易之手。虽然二字单句起头的形式可以追溯到初唐甚至更早，但调头体和调中均首体的单句式至晚唐温庭筠、韦庄的词中才正式形成，而二字句换头的首例见于五代欧阳炯词。

均中体虽发端于敦煌无名氏词，但很快得到了文人的积极响应。通韵式数量虽少，但在唐宋各时期的应用比较稳定。南唐冯延巳推进了迟韵式，温庭筠、韦庄与其他花间词人则发展了随韵式。在唐五代诸种体式中，随韵式

① 表中双句式作为句例整体计算，二字句共计 2166 例。若以单句计算，则表中总共统计了 2415 句，仅有均首类三句连用、均中体不押韵、均尾类共计 45 句未被列入。词句不重复统计，但由于存在词调互见，故词调不合计。失调名词，仅计句例，不计词调。

最为活跃，共有五十三例，被应用于六种词调，凸显了二字句的押韵和过渡功用，这一功用也孕育了随后形成的换头体。

北宋是二字词句的成熟期，含二字句的词作和词调数量都超过唐五代的四倍，二字句获得广泛的应用，各体皆备，最大的新变是换头体的兴起。从上表可见，北宋换头体的应用远超均中体随韵式。柳永是换头体的奠基者，其后黄裳、晁端礼、周邦彦等词人使用较多，苏轼也是该体式的较早尝试者，填写了大量的二字换头《满庭芳》。换头体的兴起，固然是适应慢调的需要，也与北宋词人的自觉创作颇有关系。

二字句的体式主体，由均中体随韵式转变为换头体，其重要意义在于强化了二字句的结构功用，突破了此前二字句的关联范围，将局部的过渡与结构作用扩展到整首词作，从而实现文字与新曲体结构的密切结合。从此，二字句以换头为主要功用的格局得以形成。

南宋是二字词句的调整期，二字词句的总体数量为北宋的两倍有余，但基本上没有再创立新的功用体式，而是继续发展换头体，换头体的应用臻于完备，展现了慢调的过片艺术。一调兼具多种二字句体式的情况明显减少，往往仅有换头体。由上表可知，除了换头体，其余体式在南宋并没有大的推进，而是因循不前，调头体单句式、均中体迟韵式、随韵式有所萎缩，调头体双句式更是趋于消亡。双句式最早进入词体，也退场最快，应用面始终狭窄。南宋各体式发展的不均衡反映出二字句功用的调整，局部修饰的功用逐渐被淘汰，作用于全调的韵律、结构功用则获得足够的重视。

与之相关的一个问题是二字句功用体式与词调载体在发展方面的关系。一般情况下，二者荣枯与共，例如调头体、均中体迟韵式和随韵式多依托早期或者较早的词调而兴盛，正常情况下，随着词调的更新，传统词调衰亡，相关体式自然消衰。可是却存在这样的异步现象：上述二字句的用法在南宋已不再受欢迎，表现为新生词调不再使用这种体式，容载该体式的大部分传统词调已经消亡，但有一支词调硕果仅存，而且保有相当大的词作量，在这种情况下，该体式凭借着一枝独秀的词调而留存下来。调中均首体双句式的《如梦令》、均中体迟韵式的《南乡子》和随韵式的《定风波》，正是这种奇妙的词调载体。或许这些词调在南宋仍可被乐，抑或仍行令于尊前，又或由于名作效应，后世追随者络绎不绝，总之二字句传统体式因此得以保存。

活跃词调对于二字句体式的影响，还可从平仄律的角度见出。与唐宋词调的总体情况相符合，二字句大多数押仄声韵，最常见的是“平仄”式，其次是“平平”式，最少的为“仄平”式[①]。随韵式的字声大部分为“平仄”，其余为“仄仄”，仅此两种，这主要是出于《定风波》构造仄韵段的需要。如果没有《醉翁操》、《木兰花慢》，调头体、调中均首体几乎会缺失平韵格。而正是因为《南乡子》的存在，迟韵式绝大部分押平声韵。此外，换头体竟然以平韵格为多，其字声“平平”比“平仄”还多一百七十多句，主要是《满庭芳》、《玉蝴蝶》、《沁园春》、《木兰花慢》等押平声韵的活跃词调在起作用。当然，仅凭极少数词调很难支撑体式的发展，体式发展劲健的一个重要表征就是应用丰富。

唐五代到北宋是二字句体式与创作不断革新的阶段，二字句的功用由简趋繁。而南宋则是二字句体式趋同、创作因袭的阶段，故二字句的功用又由繁趋简。二字词句各功用体式的消长兴衰，与曲调的发展、更迭以及词创作的风尚变化相伴随。相关考察，或许能为深入理解唐宋词调的结构和准确解读词文提供一种角度。

（原载《文学遗产》2020年第6期）

【作者简介】

刘学，女，1977年生，湖南宁乡人。2000—2006年就读于武汉大学文学院，师从王兆鹏先生研读词学，获得文学博士学位。现为中南大学文学与新闻传播学院副教授。著有《词人家庭与宋词传承——以父子词人为中心》等。

---

① 据本文统计，全部2460个二字句，字声分布为：“平仄”1258句，“仄仄”191句，“仄平”82句，“平平”929句，与此前有关结论不尽相同，如王力先生谓：“（二字句）比较常用的只有平仄一种，偶然也有平平和仄仄。”（《汉语诗律学》下册，第594页）

姜夔词史经典地位的历史嬗变

郁玉英

作为一种对象性的存在，文学经典由作者创造由读者认可，实质上是一种包含着历史理解的审美存在，它必然是“实在本体”和“关系本体”的结合[①]。作为“实在本体”，文学经典的经典性表现为诗性、情感、哲思的统一，具审美的原创性与典范性，存在巨大的阐释空间。作为“关系本体”，文学经典具有时空的超越性，能产生长久的影响力。前者由创作主体造就，而后者，毫无疑问是读者选择性接受的结果。创作主体及其作品内在的经典性只有通过读者的发现才能得以彰显，从而表现出穿越时空的超越性。在此过程中，“读者的意见实则很容易发展成为一种强大的传统，会直接影响‘典律’的形成”[②]。因此，作家及其作品身后的命运更大程度上是由读者决定的。而读者又大致可以分为消费型的普通大众读者、批评型的专家、创作型的作家，其中后两类同属精英型的读者。这三种类型的读者，从不同的角度以不同的方式和态度造就了作品的影响力[③]。因此考察以上三类读者接受传播的状况，审视他们的态度和意见可以比较客观地还原经典作家作品的经典化过程，揭示他/

① 黄曼君：《中国现代文学经典的诞生与延传》，《中国社会科学》2004 年第 3 期。

② 孙康宜：《晚唐迄北宋词体演进与词人风格》，见李学译《北美二十年来的词学研究》，台湾联经出版事业公司 1994 年版。

③ 王兆鹏、郁玉英的《影响的追寻》（《国学学刊》2009 年第 1 期）将古今选本，当代网络上统计的相关数据视为消费型读者接受宋词的反映，而历代点评及二十世纪以来的研究论文则为批评型的专家的接受宋词的意见，历代唱和则可见创作型读者接受宋词的态度。该文同时也阐明了相关理由。

它们的生命力嬗变的轨迹。

姜夔是词史上名副其实的经典词家。他以清刚、疏朗、清空、骚雅等美学风神别开生面，“艺术成就颇高，确可称一代巨匠”[①]。从宋至今的历史动态平衡中，姜夔的综合影响力仅次于辛弃疾、苏轼和周邦彦，位居第四[②]。但是这位在词史上举足轻重的大家，他的经典化跌宕起伏，其人其作在历史流播过程中或被人追捧为“圣”，或被掩埋于历史的尘埃中，默默无闻。本文拟结合历代三大读者群对姜夔的接受情况，试对此嬗变现象及其原因进行阐释。

一、南宋：经典地位确立，享誉词坛

经典是在时间的冲洗下形成的。一位作家、一部作品必须经过一定时间的考验，在一定的时期内既被广泛传播，又被深度接受，从而产生长远影响，这才可以称之为经典。两宋三百余年间，越早出世的作家作品拥有更广泛的被传播接受的空间，因此，在名家如林的两宋时代，南宋词人要跻身两宋经典词人的行列，客观上处劣势。但姜夔却在两宋词坛获得了足够大的影响。他的词作，共有六首进入宋金时期的百首名篇，其中《暗香》为十大名篇第八位[③]，其人则名列宋金十大词人第五位。约生活于1155—1221年间的姜夔，十二世纪下半叶登上词坛，到十三世纪中叶，便在三大读者群产生了深远的影响，誉满词坛，确立了他在词史上的经典地位。

姜夔及其词拥有的传播广度从宋人选宋词的情况可见一斑。宋代大众接受宋词，一是通过听词、唱词，二是借助于选本的阅读。前者因词乐失传和文献不足而难以确切了解当时宋词的传唱情况，而后者则为我们打开了一扇了解宋代大众接受宋词的窗户。宋代最具影响力的四大词选中，除编定于绍兴十六年（1146）的《乐府雅词》因为成书于姜夔出生之前而不可能入选姜夔的词之外，另外三个选本均收录了姜夔的不少作品。其中，《阳春白雪》与

① 唐圭璋：《姜夔评传》，见《中国历代著名文学家评传》，山东教育出版社1980年版，第556页。

② 参见郁玉英：《宋词经典及其经典化研究》，武汉大学2008年博士学位论文。以下有关宋词经典的数据拙文未特别指明的，均来源于此。

③ 郁玉英：《宋金词学视野中的宋词经典名篇论析》，《江汉论坛》2009年第11期。

《花庵词选》的编撰者赵闻礼、黄昇均于十三世纪中期活跃于词坛，而《绝妙好词》的编撰者周密则是1232—1298年间人。这即意味着姜夔最晚的词作也最少经过了二十年的时间考验后被选家所认可，然后随着选本的流传而仍拥有广大读者。至于像作于南宋光宗绍熙三年（1192）《暗香》、《疏影》等名作则已经过了二三代人的时间沉淀，仍被证明具有旺盛的生命力。可见在词与音乐结缘的时代，精于音律的姜夔所创之词不仅在初创之后颇受时人喜爱，而且经过时间的检验，随着选本的流传，当中不少作品在普通大众读者中已经具有非常广泛的影响力。

批评型的词学专家则深层次地阐释了姜夔及其词内在的经典性，在延伸其传播广度的同时，彰显了对其接受的深度。在批评型读者群中，南宋词人的影响普遍不高，因为成书于南宋孝宗之前的杨绘《时贤本事曲子集》、杨湜《古今词话》、鲖阳居士《复雅歌辞》、王灼《碧鸡漫志》、吴曾《能改斋漫录》、胡仔《苕溪渔隐丛话》等著作，在论词中基本上没有对南宋词人词作的评论。以上著作也根本不可能对姜夔及其词进行点评，因而姜夔在宋金时期的点评数量远不可以和周邦彦（23次）、苏轼（19次）、秦观（18次）、李清照（16次）、柳永（15次）等北宋名家相比，在此期间姜夔被点评9次已属难能可贵[①]。虽然数量上并不是很多，但看具体的点评内容，则可知，在姜夔逝世半个世纪之后，他实际上获得了批评型读者的一致赞赏和认可。譬如在周邦彦被奉为词坛宗主的时候，黄昇就认为姜夔词“极精妙，不减清真乐府，其间高处，有美成所不能及。”[②]之后周密认为姜夔“长短句妙天下”，并十分仰慕赞赏姜夔的人格，他感叹道：“呜呼！尧章一布衣耳，乃得盛名于天壤间若此，则轩冕钟鼎，真可敝屣矣。”[③]再稍后走上词坛中心的张炎（1248—1320），他对姜夔词的点评更是顶礼膜拜式的：“白石词如《疏影》、《暗香》、《扬州慢》、《一萼红》、《琵琶仙》、《探春》、《八归》、《淡黄柳》等曲，不唯清空，又且骚雅，读之使人神观飞越。”“《暗香》、《疏影》二曲，前无古人，后

① 此处周、苏、秦、李、柳、姜的点评数来自于吴熊和《唐宋词汇评》(两宋卷)，文章以下点评数来源同此。

② （宋）黄昇：《中兴以来绝妙词选》卷六，《四部丛刊》本。

③ （宋）周密：《齐东野语》卷十二《姜尧章自叙》，中华书局1983年版，第211页。

为来者；自立新意，真为绝唱。”[①] 姜夔词确实可谓“自立新意”，而且难能可贵的是，他是在两个强大的词学审美传统之间别立一派，正如夏承焘先生所言：“白石在婉约和豪放两派之间另树清刚一帜，以江西诗的瘦硬之笔救周邦彦一派的软媚，又以晚唐的绵邈风神救苏辛派粗犷流弊。”[②] 毫无疑问，“直接战胜传统并使之屈从于己，这是检验经典性的最高标准”[③]。南宋的词评家们发现了姜夔词艺术上的独创性、典范性，及其堪比晋宋雅士的人格，并对此表示了他们的态度和意见。对姜夔及其词的这种深度接受为姜夔在南宋中后期赢得了崇高的词坛声誉。这种影响随着宋末遗民词人入元而延续至元初词坛。也就是说一个世纪之后，在批评型读者中，姜夔及其词不仅没有由于时间的流逝而褪色，反而随着时间的流逝而生命力渐次加强。经过一百多年时间的淘洗仍具旺盛生命力，已足能被称为经典。

正如张炎所言，姜夔“自立新意，真为绝唱”。他的词确立了一种新的范式，既不流于软媚，也不堕入叫嚣，别树清空骚雅之美。他的作品因高度的独创性和典范性成了创作型读者的效仿对象。而效仿在经典化过程中的作用也是不容忽视的，文学作品的生命力，不但通过创作者本人的作品流传，也能借助于别人的作品传之后世。如哈罗德·布鲁姆所言：“在某种意义上‘经典的’总是‘互为经典的’。”[④] 在创作领域，“清空”、“骚雅”的姜词具有强大的影响。查《全宋词》和《全金元词》，共有11首唱和姜夔词的作品，这在十大词人中仅次于周邦彦、苏轼、辛弃疾。事实上，诸多词家推崇姜夔的词，不仅效仿姜词的格律声韵，更以似姜夔词的风神为荣，如张炎极赏姜词“清空”、“骚雅”之致，他自己作的词也被认为“堪与白石老仙相鼓吹”[⑤]，张炎的《山中白云词》，多用姜夔自度曲《暗香》、《疏影》、《长亭怨慢》、《探春慢》等词调，而且达到了这样的效果：“试掩姓氏观之，应不辨孰为尧章，孰

① （宋）张炎：《词源》，见唐圭璋编《词话丛编》，中华书局2005年版，第259、266页。
② 夏承焘：《论姜白石的词风》，见《姜白石词编年笺校》（代序），中华书局1958年版。
③ ［美］哈罗德·布鲁姆：《西方正典》，江宁康译，译林出版社2005年版，第20页。
④ ［美］哈罗德·布鲁姆：《西方正典》，第40页。
⑤ （元）仇远：《山中白云词序》，见施蛰存编《词籍序跋萃编》，中国社会科学出版社1994年版，第391页。

为叔夏。”[①] 王沂孙词也得姜夔真传，被誉为“琢语峭拔，有白石意度”[②]。所谓词“至南宋乃极其工，姜夔尧章最为杰出，宗之者史达祖、高观国、卢祖皋、吴文英、蒋捷、周密、陈允平诸名家，皆具姜之一体”[③]。在南宋创作型读者群体中，姜夔已然成为一代宗主。

对姜夔的推崇并不仅仅限于姜派词人群中。譬如，与姜夔大致同时代的吴潜（1195—1262），词风豪放，是辛派词人中的一员干将，他不仅与姜夔私交甚笃，而且也服膺于姜夔的创作。其《暗香》(晓霜一色）词序云：“犹记己卯、庚辰之间，初识尧章于维扬。至己丑嘉兴再会，自此契阔。闻尧章死西湖，尝助诸丈为殡之，今又不知几年矣。自昭忽录示尧章《暗香》、《疏影》二词，因信手酬酢，并赓潘德久之诗云。”[④] 吴潜也爱作梅词，其中用姜夔《暗香》、《疏影》调的有 8 首之多。

可见，姜夔虽然生活在南宋中后期，但他的人格魅力和颇具一格的词风在三大读者群中都获得了巨大声誉，既被广泛传播，又被深度接受，从而确立了其作品在词坛的经典地位。

二、元明：湮没无闻，经典地位失落

经典既具超越性又具时代性，既具恒定性又具变异性。由于读者的历史理解介入经典化过程，一个经典被确立之后，并不意味着就具有永恒不变的经典地位。姜夔随着南宋遗民词人相继谢世，至元代中期，在享誉词坛一百多年后，声名渐隐，至明代几乎淡出词学视野，经典地位一落千丈。

首先，姜夔及其词在元明时期消费型的普通大众读者中被传播接受度甚微。

和南宋词选家对姜夔词的普遍青睐不同，元明词选编撰者选姜词者寥寥无几。当时词坛影响最大的词选是《草堂诗余》，元明不同的版本虽然在宋本的基础上增添了不少词作，但姜夔的词还是一首未选。据可资考证的史料，

---

① （清）先著、程洪：《词洁辑评》，见唐圭璋编《词话丛编》，第 1355 页。

② （宋）张炎：《琐窗寒·序》，见唐圭璋编《全宋词》，中华书局 1999 年版，第 4385 页。

③ （清）杜诏：《曹刻山中白云词序》，见施蛰存编《词籍序跋萃编》，中国社会科学出版社 1994 年版，第 397 页。

④ （宋）吴潜：《暗香·序》，见唐圭璋编《全宋词》，第 3496 页。

有明一代，《草堂诗余》共有近 40 个版本曾经刊行，没被它入选的词人词作自然难为大众所知。失去传播的广度，何以成为广为传颂的经典？除《草堂》不选外，明杨慎“取其尤绮练者四卷，皆《草堂诗余》之所未收”①，辑成《词林万选》，也未收录姜夔词。张綖编纂的《诗余图谱》、程明善所辑《啸余谱》于姜词亦一首未选。笔者曾统计明代主要词学选本的选词情况，唯明末赖以邠《填词图谱》选 8 首；题明程敏政编的《天机余锦》录 1 首；明卓人月汇选、徐士俊参评《古今词统》录 10 首，其《鹧鸪天》（辇路珠帘两桁垂）另著录于秦观名下；潘游龙辑《精选古今诗余醉》录 5 首；明陈耀文辑，选录了 3200 多首词作的《花草粹编》十二卷，作为明人选唐宋词规模最大的一部词选，也仅收录姜词 19 首，另《鬲溪梅令》（好花不与殢香人）被著录于李之仪名下。在笔者统计的明代词选中，姜词总共有 28 首词被入选 45 次。相对来说，排名前二百位的宋代词人在笔者统计的明代词选中共入选 11067 次，平均入选率为 1.81 个百分点，而姜词在这些明代词选中则只有 0.41 个百分点的入选率。不仅词选中几乎看不到姜夔词的影迹，姜词别集也仅见一版本。有明一代直至清初朱彝尊时，除毛晋《六十家词》据《花庵词选》辑录 34 首姜夔词编为《姜白石词》一卷外，未见有其他姜词别集传于世②。姜词全本于明代未见于世。总之，姜夔的词在明代既无完整别集传世，主要词选也难得见到姜词。作家作品据以流传于大众读者间的物质性传播资料的缺失必然使姜夔及其词淡出大众读者的视野，这必然导致其经典地位下降。

其次，元明时期的精英读者，不论是批评型的还是创作型的，对姜夔及其词的关注度也非常低，且基本上沿袭宋人之论，基本不见新的理解和阐释。

由于流传于明代的姜词数量少，姜夔及其词在明代很少受到批评型读者的关注自当是必然的。据吴熊和先生主编的《唐宋词汇评》所收录的文人点评资料，姜词中的名篇如《暗香》（旧时月色）被点评 2 次，《疏影》（苔枝缀玉）被点评 1 次，《齐天乐》（庾郎先自吟愁赋）被点评 3 次，余者皆未见相关的文人评点。明代文人即便是在谈到姜夔时，基本上都是秉承宋人的观点。如元代陆辅之，本就是张炎的传人，他在《词旨》中论及作词时要求取周、

① （清）永瑢：《四库总目提要》卷二〇〇，中华书局 1965 年版，第 1832 页。

② 王兆鹏：《词学史料学》，中华书局 2004 年版，第 216-218 页。

姜、史、吴四家之所长，其中应该学习姜夔的是："姜白石之骚雅"①，明显师承张炎的观点。其下所附对姜夔的介绍突出的是两个方面：一为"精通音律"，"词尤卓绝"，一为"以布衣终老江湖"，也无出宋人对姜夔评价之右者。再如明代杨慎在《词品》卷四中评价姜夔："姜夔字尧章，号白石道人，南渡诗家名流，词极精妙，不减清真乐府，其间高处，有美成不能及者。善吹箫，自制曲，初则率意为长短句，然能协以音律云。其咏蟋蟀《齐天乐》一词最胜。"这几乎就是宋人黄昇评姜词的翻板。其下文接着指出姜词："其腔皆自度者，传至今，不得其调，难入管弦，只爱其句之奇丽耳。"②这段述姜词至明不传的原因之论恐怕就算是元明时期对姜夔词的新评价。这一方面仅指出姜夔在元明经典地位失落的表层原因之一，另一方面也反映出元明人接受姜夔词的一个事实，那便是这时读者对姜夔的接受仅停留在其词的表象上，而未能深入词心。至明末云间派宋征璧评姜夔时也仅仅给出这样的评价："姜白石之能琢句"③，这对姜夔的认识也留于表象，没有达到宋人的高度，既未触及姜词之妙处，也没有认识到姜夔实际上于词体文学的创造之功。忽略姜夔另树"清刚"一帜之功的，也并不是一家之言，明人在论及词体之变时，基本上只关注到苏、辛一派。至于创作型读者这一接受群体中，姜夔词也少有效仿者。据《全明词》及《全明词补编》，也仅见彭孙贻的4首分别追和姜夔的《暗香》、《疏影》、《长亭怨》、《眉妩》的梅词。可见，姜夔在元明之际被接受的深度不仅没有开拓，也不及宋。

整个元明时期，既缺乏可供广大消费型的大众读者所赖以接受的选姜词的选本，精英型的读者对姜夔及其词的关注度也低，且多是沿袭旧说。由于传播广度与接受深度的缺乏，姜夔及其词在明代三大读者群中的影响力全线降低。由此，曾享誉于词坛的姜夔及其词，在明代差不多湮没于历史的尘埃之中了，其经典地位全面失落。

---

① （元）陆辅之：《词旨》，见唐圭璋编《词话丛编》，第301页。

② （明）杨慎：《词品》，见唐圭璋编《词话丛编》，第491–492页。

③ （清）宋征璧：《倡和诗余·序》，见陈子龙、李雯等《云间三子新诗合稿幽兰草　倡和诗余》，辽宁教育出版社2000年版，第2页。

三、清：声名再起，经典地位飙升

经典的时代性是它的本质属性之一，优秀的作家、作品必须与某一时代文化气候遇合时才会产生巨大的经典效应。于是，有的作家、作品诞生后或许要沉睡数百年，才会被认可，譬如陶渊明的经典化就是这样的一个典型。有的作家、作品或许在历史上灿烂一时继而黯然失色，而在下一历史阶段其内在的审美意蕴或许又为读者所发现而重放光芒。姜夔便是此类典型。与元明几乎不受关注的传承状况截然相反，姜夔及其词在清代声名鹊起，其人、其词在三大读者群中的影响力全面超出前代，经典地位飙升。

考察清人词学视野中的宋词经典，姜夔一人就有 4 首词进入十大名篇，分别为《暗香》（旧时月色）、《疏影》（苔枝缀玉）、《齐天乐》（庾郎先自吟愁赋）、《长亭怨慢》（渐吹尽）[①]。随着姜夔名作再次焕发生机，姜夔在清代的影响力也全面复兴且超越历史。此间，姜夔超越苏轼、周邦彦和辛弃疾，由明代排名 25、宋代排名第 5，一跃而成为清代词坛第一号历史人物，经典地位飙升至历史最高点。

姜夔在清代词史经典地位的复苏，首先得力于清初朱彝尊对姜词的充分肯定。为了改变明代长期以来形成的言词必《花间》、《草堂》的局面，扭转词坛柔靡之风，朱彝尊提出"醇雅"的词学审美观念，极力推重姜夔、张炎等南宋词家。他指出"鄱阳姜夔出，句琢字炼，归于醇雅"[②]，"词莫善于姜夔"[③]。他和汪森编纂《词综》即将当时仅见的 20 余首姜词全数收入，并大加赞赏。承袭宋人对姜夔的评价，在《词综发凡》里再次肯定地说："词至南宋，始极其工，至宋季而始极其变，姜尧章氏最为杰出。"[④]而《词综》"所录之词，自唐迄元，一以雅正为鹄。……一洗明代纤巧靡曼之习，遂开浙西一派，垂二百年"[⑤]。在浙西派的推重下，姜夔由明代的备受冷落一下子成为人人效

---

① 郁玉英、王兆鹏：《清人词学视野中的宋词经典》，《江海学刊》2009 年第 1 期。

② （清）朱彝尊、汪森编：《词综 · 序》，上海古籍出版社 1978 年版，第 1 页。此序乃汪森所写，然此论盖出自朱。

③ （清）朱彝尊：《黑蝶斋诗余序》，见施蛰存编《词籍序跋萃编》，中国社会科学出版社 1994 年版，第 543 页。

④ （清）朱彝尊：《词综发凡》，见（清）朱彝尊、汪森编《词综》，第 10 页。

⑤ 陈匪石：《声执》卷下，见唐圭璋编《词话丛编》，第 4962 页。

仿的对象，出现所谓“家白石而户玉田”[①]的盛况。

以《词综》为突破口，姜夔由词坛边缘重回词坛中心。一改明代被选家忽略的情况，清代主要的选本都选了姜夔的词。除《词综》外，张惠言《词选》、周济《宋四家词选》和《词辨》、戈顺卿《宋七家词选》、冯煦《宋六十一家词选》、沈辰垣《御选历代诗余》等清代有影响力的词选基本上都选了姜夔的词。如《暗香》历代选本入选情况，明代22个选本只入选3个，清代21个选本入选12次，列清代入选榜第三。姜夔词作名篇在清代的入选次数全面超过明代。选家的重新肯定直接影响了姜夔的词史地位。另外，姜夔词的别集在清代的传播也空前高涨，自元代陶宗仪钞本《白石道人歌曲》六卷《别集》一卷于清初由楼敬思购藏后，传钞传刻楼氏家藏本就有四大流别共20多个版本。此外还有朱彝尊辑录本的传刻本[②]。传刻姜词成为清代词坛一大热点。由于选录姜词的选本和姜词别集的刊刻流传，清代更多的大众读者能够有机会接受姜词，姜夔及其词重新获得广泛传播，在消费型的大众读者群中的影响力上升。

清代批评型读者对姜夔及其词的接受也全面超越前代。从数量上看，“尤为空前绝后，独有千古”[③]的《暗香》在《唐宋词汇评》收录点评中，宋代3次，元明2次，而清代猛增至24次，居清代点评榜首。清代文人对姜夔其人的点评数则远远超过任何一位宋代词人，以214次成为清代点评单首宋词中之最多的。在众多精英读者的关注下，清人对姜夔的接受远绍宋人，而又有新的发现，对姜夔及其词的理解与阐释在宋人的基础上进一步深化。

一方面，承宋人对姜夔及其词的推崇，清代词坛把握了话语权的精英型的批评读者对姜夔的评价可谓赞誉有加。在朱彝尊之前，王士禛、邹祗谟等就曾批评明清之际的云间派论词重北宋轻南宋的观点，他们从词史的角度肯定南宋词的地位，“长调惟南宋诸家，才情蹀躞，尽态极妍。阮亭尝云：词至姜、吴、蒋、史，有秦、李所未到者”[④]。作为南宋一大家，姜夔开始受到肯定。浙西派主盟词坛之后，姜夔更是备受赞赏。和朱彝尊一样，浙西派无

① （清）朱彝尊：《静惕堂词序》，见施蛰存编《词籍序跋萃编》，第543页。
② 王兆鹏：《词学史料学》，中华书局2004年版，第214—217页。
③ （清）李佳：《左庵词话》卷上，见唐圭璋编《词话丛编》，第3108页。
④ （清）邹祗谟：《远志斋词衷》，见唐圭璋编《词话丛编》，第659页。

不服膺姜夔。浙西派中期盟主厉鹗“尝以词譬之画。画家以南宗胜北宗，稼轩、后村诸人，词之北宗也；清真、白石诸人，词之南宗也”[①]，明确地表示了对姜夔一派的推重。浙西派另一位代表人物王昶对姜夔的人生际遇、人格韵致及其词颇为赞赏：“姜氏夔、周氏密诸人始以博雅擅名，往来江湖，不为富贵所熏灼，是以其词冠于南宋，非北宋之所能及。”[②]浙派后期代表人物郭麐也指出：“姜、张诸子，一洗华靡，独标清绮，如瘦石孤花，清笙幽磬，入其境者，疑有仙灵，闻其声者，人人自远。”[③]之后常州派主盟词坛虽另标周邦彦为两宋第一人，姜夔影响有所下降，但也并未随着浙西派的衰落而丧失，常州派词人在批判浙西词时对姜夔仍有比较中肯的评价，如张惠言的外甥兼弟子董士锡就曾比较客观地评价了姜夔对词体文学发展的贡献。他说：“姜白石、张玉田出，力矫其弊，为清雅之制，而词品以尊”[④]，而批评姜夔“情浅”、“才小”，对姜夔颇多微辞的周济也十分服膺姜夔的《暗香》、《疏影》，认为其“寄意题外，包蕴无穷”[⑤]。宋翔凤《乐府余论》中则指出“词家之有姜石帚，犹诗家之有杜少陵。继往开来，文中关键”。[⑥]至于由浙西派转而尊常州派的陈廷焯则前后二期对姜夔都相当推崇。他前期评姜词“以清虚为体”，“气体之超妙，则白石独有千古”，“清虚骚雅。每于伊郁中饶蕴藉，清真之劲敌，南宋一大家也”。后期陈廷焯则从“忠厚”、“沉郁”的角度肯定姜夔词：“南宋词人，感时伤事，缠绵温厚者，无过碧山，次则白石”[⑦]。直至晚清姜夔仍被赞许为“超脱蹊径，天籁人力，两臻绝顶，笔之所至，神韵俱到”，“白石为南渡一人，千秋论定，无俟扬榷”[⑧]。有清一代，姜词始终处于词坛的中心。从以上诸多点评看，有清一代长达近三百年的文人赏誉中，清人和宋人一样，分别从姜夔的人格魅力、清空之美与骚雅之致、自立新意的开创之功等方面给予了姜夔高度的评价。

---

① （清）厉鹗：《樊榭山房全集》卷四，见《四部备要》，中华书局 1936 年版。

② （清）王昶：《春融堂集》卷四十一，见《续修四库全书》，上海古籍出版社 2002 年版。

③ （清）郭麐：《灵芬馆词话》，见唐圭璋编《词话丛编》，第 1503 页。

④ （清）董士锡：《餐华吟馆词叙》，《齐物论斋文集》卷二，问影楼丛刻初编本。

⑤ （清）周济：《介存斋论词杂著》，见唐圭璋编《词话丛编》，第 1634 页。

⑥ （清）宋翔凤：《乐府余论》，见唐圭璋编《词话丛编》，第 2503 页。

⑦ （清）陈廷焯：《白雨斋词话》卷二，见唐圭璋编《词话丛编》，第 3797-3780 页。

⑧ （清）冯煦：《蒿庵论词》，见唐圭璋编《词话丛编》，第 3594 页。

另一方面，清代的词论家们在理解和接受姜夔的时候，并不是一味地追寻着宋人的脚印亦步亦趋，他们在远绍宋人之论的时候，也有新的评价，更深层地理解和阐释了姜夔的词，进一步提升了姜夔在词史上的地位。譬如认为“词家之有白石，犹书家之有逸少，诗家之有浣花”，将姜夔与杜甫媲美的邓廷桢在《双砚斋词话》的“白石词”一节指出了姜夔词之所以能取得如此高成就的原因，并不是仅在姜夔词表面上呈现出来的音律之妙、琢句之工的特点，而在于姜夔“识趣既高，兴象自别”，所以其词极具清空之美。同时他在那个“临安半壁，相率恬熙”的时代，“来往江淮，缘情触绪，百端交集，托意哀丝。故舞席歌场，时有击碎唾壶之意”[①]。这里指出姜夔之词实寓其身世遭际之感、家国衰亡之伤，而这是他内心深情的外化，是他的才情将情感体验化之于词的结果。这道出了姜夔词之所以感时伤事而具缠绵温厚之致的根本原因。邓氏之论可谓是真正触及了白石之词心。另外，在深入阅读文本的基础上，清代的词论家们对姜夔的另一个新解是发现了姜词与辛词之间的关系。一直以来在读者的视野中，辛、姜似乎一直是两条不相交的平等线，各自风格迥异。周济却发现“白石脱胎稼轩，变雄健为清刚，变驰骤为疏宕”[②]，这既说明了姜夔词风与辛弃疾的相异处，又认识到了姜夔对辛词的改造式借鉴。再有刘熙载则更鲜明地指出辛弃疾与姜夔“吐属气味，皆若秘响相通”[③]。这实际上指出了优秀词人的优秀词作都是他们吐纳自己真性情的结果。

在创作领域，姜夔词也是清代词人爱效仿的对象。如前所述，浙西填词，有“家白石而户玉田”的盛况。姜夔清空古雅之风是他们学习的典范。譬如人们作词时以得姜夔神韵格调者为高：“橙里意境清远，慕姜白石、张叔夏之风，其词清空蕴藉，无繁丽昵亵之情，除激昂嚣号之习，可谓卓然名家”（评江昉词）；“幻花老人诗，旨趣在王、孟间，而暇为长短句，又能宗尚石帚、玉田，刊落凡艳”（评张梁词）；“紫纶词，脱去凡艳，品格在草窗、玉田之间”（评杜诏词）[④]。甚至于晚清词人郑文焯“举词社于吴，即专以连句和姜词

---

① （清）邓廷桢：《双砚斋词话》，见唐圭璋编《词话丛编》，第 2530 页。
② （清）周济：《宋四家词选目录序论》，见唐圭璋编《词话丛编》，第 1644 页
③ （清）刘熙载：《词概》，见唐圭璋编《词话丛编》，第 3693 页。
④ （清）冯金伯：《词苑萃编》卷八，见唐圭璋编《词话丛编》，第 1953、1948、1948 页。

为程课”，并有《和姜全词》①。而查《全清词·顺康卷》，姜夔的词共被唱和36次。《暗香》、《疏影》、《扬州慢》、《惜红衣》、《长亭怨慢》等词受创作型接受者的喜爱。

有清一代，由于选本别集的广泛流传，词论家们的批评推重，词人创作时的效仿，姜夔在清代普通大众读者、精英型的批评者和创作者中的影响力遽增，被接受传播的深度和广度都超越前代，清代成为姜词传播接受史上的全盛期，其经典地位在清代达到历史的顶峰。

四、二十世纪以来：理性接受，经典地位稳中稍降

当历史的车轮驶入二十世纪的时候，经过元明数百年间的漠视，清代数百年间的追捧，姜夔在读者中进入了一个被理性认识接受的阶段。姜夔仍然被认为是词史上一大家，但其经典地位有所下降，影响力有所减弱。

二十世纪的十大宋词名家中，姜夔的综合影响力列第三位，次于辛弃疾和苏轼，与李清照和周邦彦在同一个层次②，十大名家中居第二阶梯。

在二十世纪的选本入选和词学点评中，姜夔和他的词仍然具有巨大的影响。笔者遴选的60个二十世纪的词学选本，姜夔入选了56个，仅次于苏轼（60个）、辛弃疾（59个）、柳永（57个）。《唐宋词汇评》中关于姜夔的点评仍然保持数量上的绝对优势，共76次，居所有词人之首。而且随着通信交通的发达，姜夔和他的词也漂洋过海，在海外产生了一定的影响。林顺夫《中国抒情传统的转变——姜夔与南宋词》（上海古籍出版社，2005）、J·Z·爱门森《清空的浑厚——姜白石文艺思想纵横》（上海文艺出版社，1997）等著作，中田勇次郎《姜夔》、村上哲见《姜白石词序说》等论文，是姜夔及其词在国外的有影响的研究，具有重要意义。

但从研究论著数量看，姜夔及其词的影响在逐渐降低。虽然仅在二十世纪就有399项论著总量，列二十世纪研究榜单第五位，不过却仅仅是苏轼（2047项）的五分之一，辛弃疾（1282项）和李清照（1215项）的三分之一。二十一世纪以来的十年，在中国知网上以“姜夔”为主题搜索2000年1

① （清）郑文焯：《大鹤山人词话》，见唐圭璋编《词话丛编》，第4329页。

② 辛、苏、姜、周、李二十世纪综合影响力指数分别为105、95.4、58.8、57.2、52.3。

月 1 日到 2010 年 7 月 1 日以来有关的期刊发表的论文和硕博论文共 443 项[①]，相对于其他几位大家——苏轼（6221 项）、李清照（2590 项）、辛弃疾（1780 项）、柳永（934 项）、周邦彦（533 项），以“姜夔”为研究主题的增长速度最低。而二十一世纪以来，姜夔及其词在大众新型传媒中的影响甚是低迷。现代传播信息最广最快的媒介——网络，对于姜夔名作的传播数量更是少之又少，笔者以“姜夔＋姜夔词作某词调＋首句”（如“姜夔＋暗香＋旧时月色”）这样的格式在两大搜索引擎谷歌和百度上进行搜索，姜夔的诸多名篇的相关链接篇数分别在四万以下，一般的名篇这项指标大多在十万条以上。不得不说，姜夔在二十一世纪的网络影响力与他词坛大家的身份并不相符。

综上可见，二十世纪以来，姜夔在传统的传播接受方式中，其影响力仍然具备相当的广度和深度，但在新的传播接受方式中，其影响力呈现出明显的下降趋势。这必然导致其经典地位在一定程度上的下滑。

同时，值得注意的是，在姜夔词史经典地位发生变化的同时，二十世纪以来的读者对于姜夔及其词的接受倾向也与前代读者有所不同。经典的时代性与阐释空间的丰富性再一次在姜夔身上得到证明。譬如研究姜夔的个人经历时，相对于前代文人关注于其布衣终身而保持独立人格的情况，二十世纪的研究者更热衷于探讨姜夔的个人情感经历，尤其是他与合肥妓的恋情。至于他的作品，二十世纪前历来被文人称道的是《暗香》、《疏影》，二十世纪以来姜夔最有影响的名篇则是《扬州慢》，它是姜夔词作中唯一入选二十世纪十大名篇的作品，名列第七位。随着时代文化思潮和审美理想的变化，二十世纪各种选本和研究人员跳出了古代选家和批评家的旧窠，《扬州慢》得入选 51 次，研究文章 54 篇，均列各单项指标第四，远远高于曾被张炎誉为“前无古人，后无来者”的《暗香》、《疏影》。同时，不同于宋、清大部分批评型读者的狂热追捧，二十世纪以来的研究批评更显得客观、理性。虽然任何时代的研究都不可能还原一个完全真实的历史人物，但夏承焘《姜白石系年》、《姜白石词校注》，唐圭璋《姜夔评传》，朱传誉《姜白石传记资料》、赵晓岚《姜夔与南宋文化》，陈鸿铭《辛弃疾与姜夔词比较研究》等著作，使姜夔生平事迹、词作系年、研究资料、文化地位等方面的研究评价更趋于合理。

① 检索日期为 2010 年 8 月 12 日 12：00。

五、姜夔词史地位嬗变之因

从上可见，姜夔是一位身后不久即具很大影响力的词坛大家，自元代中期后声名渐隐，直至清代朱彝尊主盟词坛，姜夔及其词的生命力才再次迸发，成为清人追慕效仿的对象。二十世纪以来，读者对姜夔及其词的传播接受回归理性，姜夔仍然保持宋词大家的地位，但影响力下降。不同历史时期的读者对姜夔的接受与传播情况各异。各个时代各有特点，后代读者面对前代读者的理解与阐释时，往往代有新变。笔者在此拟对此种嬗变的动因简呈一二陋见。

1. 姜夔词史经典地位的历史嬗变受文学经典化的普遍规律的必然影响。

如前所述，经典是由读者选择性接受而生成的历史性审美存在。作为历史实体和读者阐释的统一，经典从内到外都不可能是一成不变的。它的内涵随着不同读者、不同时代的理解而变化，它的影响地位也随着一代代读者的接受传播而变化。如同自然宇宙中运动变化是永恒的法则一样，文学经典的嬗变是一个普遍的文学现象，具超越性的同时具时代性，具传承性的同时具变异性是经典化过程中的普遍规律。譬如历久不衰的散文经典《过秦论》，它在汉代首先确立的是史学经典的地位，到魏晋南北朝时期，它的文学价值被读者发现，一举成为了史学和文学的双料经典，但是到宋朝的时候，它作为史学经典的地位却受到质疑，文学经典的地位则仍然稳固至今[①]。而如今为人所熟知的经典诗人东晋的陶洲明，直到唐代隐逸文化的盛行其影响力才逐渐显现。在词学领域亦然，没有任何一经典名家名篇的地位是永恒不变的。即便是像苏轼的《念奴娇·赤壁怀古》这样的千古第一名篇，它从宋至今，综合影响力排名在各个时代都位列第一，可以说是恒久型经典的典型，但是，通过我们对千年历史流播材料的考察，事实上它在三大读者群中的影响力仍然是变化的，各个时期读者对它的阐释也不尽相同[②]。姜夔词史经典地位的历史嬗变即受文学经典化的上述普遍规律的必然影响。综上可见，不同的读者心目中、不同时代文化氛围中，姜夔及其词的内涵也自是同中有异，代有新

① 吴承学:《〈过秦论〉——一个文学经典的形成》,《文学评论》2005 年第 3 期。

② 郁玉英、王兆鹏:《宋词第一名篇〈念奴娇·赤壁怀古〉经典化探析》,《齐鲁学刊》2009 年第 6 期。

变。譬如宋人的“清空”、“骚雅”之说，浙西词人的“醇雅”之论，二十世纪的“健笔写柔情”之观点，以及清人和现当代人对姜夔词新的理解与阐释，皆是传承中有新变，体现着时代性与超越性、变异性与传承性的有机融合。同时，其人其词的影响效果也必然如上所述，代代有所变化。

当然，文学经典在嬗变的大前提下，不同的个体变化轨迹各异。譬如苏轼、辛弃疾、李清照，在不同读者、不同时代那里也存在褒贬不一的情形，他们的影响力排名却始终能保持在前十之内。但是姜夔经典地位跌宕起落如此之大，在词史上却不多见。这当和下面因素相关。

2. 姜夔经典化过程中剧烈的升降浮沉，则决定于其人其词强烈的“雅化”面目与不同历史时期文化气候之间的冲突碰撞。

姜夔虽终身为布衣之士，但却赢得了古往今来文人雅士们的高度赞誉，高标远韵，流传后世。他身前即被范成大赞为“翰墨人品，皆似晋、宋之雅士”①。后世文人追慕其雅逸韵致，或曰：“词家称白石曰‘白石老仙’。或问‘毕竟与何仙相似？’”曰：‘藐菇冰雪，盖为近之’”；“姜白石词幽韵冷香，令人挹之无尽；拟诸形容，在乐则琴，在花则梅也。”② 这两处比喻可谓是对姜夔其人其词最形象的概括。姜夔及其词的美学特质——“雅”，为历来批评型读者所公认，此不赘言。而正是因为这种强烈的“雅化”面貌与历代社会文化思潮、词学审美观的冲突碰撞很大程度上决定了姜夔千百年来词坛经典地位的起伏不定。从时代变迁看，当时代文化思潮推重高雅之韵、推尊词体时，姜夔的影响便趋高；反之，影响力便衰落下去。

宋室南渡以来，词坛复雅之风日炽。生活在两宋之交的王灼就在《碧鸡漫志》中批评“浅近卑俗，自成一体”柳永词“声态可憎”，赞扬苏轼在词坛“指出向上一路，新天下耳目”③，同时代的胡仔亦同样的贬柳崇苏。到南宋后期，如前所述，张炎则直接将“清空”、“骚雅”作为词的审美标准，沈义父论作词之法时明确指出“下字欲其雅，不雅则近乎缠令之体”④。另外，鲖阳居士辑《复雅歌词》，曾慥编《乐府雅词》，赵闻礼撰《阳春白雪》，这些词集选

① （宋）周密：《姜尧章自叙》，见《齐东野语》卷十二，中华书局 1983 年版，第 211 页。
② （清）刘熙载：《词概》，见唐圭璋编《词话丛编》，第 3694 页。
③ （宋）王灼：《碧鸡漫志》，见唐圭璋编《词话丛编》，第 84、85 页。
④ （宋）沈义父：《乐府指迷》，见唐圭璋编《词话丛编》，第 277 页。

本的命名也是词坛审美风气转向的表现之一。而总体上看南宋词的内容风格，和北宋词相比，南宋词呈现出较明显的雅化倾向。姜夔的词在南宋应时而生，与整个词坛风尚标一致，因而在当时赢得崇高的词坛地位自在情理之中。

元明时期，一方面，词学观念越来越明显表现出他们远离诗学传统、以婉艳为正宗的的倾向。明人的词学观传承了北宋以来的观念，王世贞在辨词体正变时，形象地概括了本色词的特点，并表示了明确的崇抑倾向："词须宛转绵丽，浅至儇俏，挟春月烟花于闺幨内奏之，一语之艳，令人魂绝，一字之工，令人色飞，乃为贵耳。至于慷慨磊落，纵横豪爽，抑亦其次，不作可耳。作则宁为大雅罪人，勿儒冠而胡服也。"①明人以词为小道、末技，是"柔靡而近俗"②的，在"不朽之业，最为小乘"③。在诗词离合的衍变中，明代逆转南宋后期以来诗词合流的趋势，诗文之学和词学分途。纵观明代文坛，先后涌现的"前七子"、"后七子"、"公安派"、"竟陵派"为复兴诗文之学进行了此起彼伏的学术争辩。而这些诗文大家却绝少作词，"尽谓填词能损诗骨，近代何、李大家亦不肯降格为之"，"劝勿多作，以崇诗格"④。查《全明词》和《全明词补编》，明代重要的诗文大家除杨慎作词363首，王世贞89首外，其余都极少作词，著名的诗文大家中，袁宏道14首，李东阳13首，李攀龙3首，钟惺3首，李梦阳2首，何景明1首，谭元春0首，袁中道0首，袁宗道0首。另一方面，明代社会，资本主义萌芽促进了文化商品化、大众化、平民化，同时心学发展所诱发的个性解放也使得明代文化观念中世俗化色彩深厚。此种时风濡染下的明人对前代文学的选择性接受必然打上通俗化、世俗化的鲜明的时代烙印。这直接影响着词评家和选词者的批评和选择标准，因而有"永乐以后，南宋诸名家词皆不显于世，惟《花间》、《草堂》诸集盛行"⑤，"近来填词家辄效柳屯田作闺帏秽媟之语"⑥。精炼典雅、清空而古雅峭拔，以诗之"骚"法作词，以江西派的瘦硬笔法救周词之软媚的姜词自然难以引起明人的兴趣。清空骚雅的姜词于是淡出明人的视野。

① （明）王世贞：《艺苑卮言》，见唐圭璋编《词话丛编》，第385页。
② （明）王世贞：《艺苑卮言》，见唐圭璋编《词话丛编》，第385页。
③ （明）俞彦：《爰园词话》，见唐圭璋编《词话丛编》，第399页。
④ （清）沈雄：《古今词话·词话》下卷，见唐圭璋编《词话丛编》，第818页。
⑤ （清）王昶：《明词综·序》，辽宁教育出版社1997年版，第1页。
⑥ （明）毛晋：《花间集跋》，见李谊《花间集注释》，四川文艺出版社1986年版，第401页。

和明代诗文与词分途的情况不同，清人极力推尊词体，诗词文呈合流趋势。张惠言就是乾嘉时一位较有影响的经学家，撰有《周易虞氏记》。清代词坛大家如陈子龙、王士禛、朱彝尊、厉鹗、周济等也以诗论闻名于世。而且一些词学流派和诗文流派交互融合，如清初以毛先舒、沈谦等为代表的西泠词派成员大都诗词兼擅。常州词派不少也是阳湖古文派的成员。正因为如此，所以清人论词多以诗文理论作观照。在词源论上，“清初沿习朱明，未离《花》、《草》”[①]，但已有不少尊体者明确其源头上溯诗骚，不再把词的功能局限于审美和娱乐。稍后谢章铤认为“词固有兴、观、群、怨，事父、事君，而与雅颂同文者。”[②]丁澎《药园闲话》也指出《国风》、《小雅》中的一些篇章“烦促相宣，短长互用”，实乃后世“协律之原”，并进而认为，《诗三百》即词之“祖祢”[③]。阳羡派领袖陈维崧“选词所以存词，其所以存经存史也夫”[④]的观点则从功能论的角度将词和“经”、“史”相提并论。他们认为词应当以通风骚之旨，具讽谏之义为佳，而不只是言花前月下、酒筵间、温柔乡之乐。“雅”、“比兴”、“微言大义”、“骚人之旨”等传统诗学理论成为评价词的重要标准。浙西论词，以“醇雅”为旨归，本来就奉姜夔为宗师，此勿庸多言。“古雅”、“醇雅”的姜词自然倍受人喜爱。至于比兴骚法，则从浙西派延绵至常州派。朱彝尊早年也指出词上接诗骚：“诗所难言者，委曲倚之于声，其词愈微，而其旨愈远。善言词者，借闺房儿女子之言，通之于《离骚》、《变雅》之义。”[⑤]常州派张惠言则在《词选序》中明确指出词是“义有幽隐，并为指发”[⑥]的文体，和诗一样，要讲比兴、要有寄托。姜夔在以健笔写柔情的同时，往往以骚笔寄寓着深沉的个体身世之叹和家国之感，诸如《暗香》、《疏影》、《扬州慢》等词皆“寄意题外，包蕴无穷”。这些感慨既大、寄托自深的蕴含着身世之感和家国之思的姜词也自会受到更多的关注。作为持比兴寄托之词学观的词评家，必然在上述诗学审美观念的影响下选择符合自身审美理想的宋词经典。他们的审美倾向也对大众读者起着导向作用。再者，清代实

① 王煜：《清十一家词选·自序》，正中书局1936年版。

② （清）谢章铤：《赌棋山庄词话》卷十一，见唐圭璋编《词话丛编》，第3465页。

③ （清）徐釚：《词苑丛谈》卷一，上海古籍出版社1981年版，第1页。

④ （清）陈维崧：《词选·序》，见《湖海楼文集》卷三，《四部丛刊》本。

⑤ （清）朱彝尊：《红盐词序》，《曝书亭集》卷四十，商务印书馆1967年版。

⑥ （清）张惠言：《茗柯文二编》卷上，《四部丛刊》本。

行政治清剿，文网严密，再加上清初及清中后期经世致用成为学术的主要思潮，因而那些寄托深意、在言情的面纱下笼罩着个体身世感慨和家国之叹的骚雅之音自然能赢得清代读者的更大的关注，姜夔及其词经典地位的复归也正是迎合了这种时代文化气候。

二十世纪以来，姜夔词的"骚雅"应合了时代民族心理的需求，但随着时代变化，其"醇雅"的艺术特质离时代审美越来越远。一方面，这一时期，既强调文学艺术的社会功能，评价词的文化价值逐渐跳出了传统的以是否写娱乐艳情而判定是否为词之正宗的的窠臼，姜夔那些以健笔写柔情而且寄意深远，隐含身世之悲和家国之思的"骚雅"之作，既契合国家民族追求独立自主的主流意识形态要求，也契合着这一时期普通大众读者的审美心理，因而我们可以看到，并不算通俗的姜词在二十世纪各大选本中出现的频率实在不低。另一方面，随着大众传媒时代的到来，读者更乐于接受那些通俗易懂而打动人心的作品。"清空"、"醇雅"需要在静谧中体味咀嚼才能深得三昧的姜词，在越来越多的读者看来真的是"似雾里看花，终隔一层"了，在信息化、图像化的网络上，影响力的不足不可避免。二十世纪姜夔经典地位的下降也是必然的。

总而言之，作为对象性的存在的文学经典，其经典化之途必须依赖于读者。沉淀在读者精神深处的，隐藏在个人无意识和集体无意识中影响一代读者期待视界形成的文化气候是决定作品生命力的主要因素，作家身后的命运如何亦然。文化气候铸成一代读者所独有的时代心理，使之形成一定的阅读心理定势，影响读者对前代文学的选择性接受。姜夔词史经典地位嬗变很大程度上是其人其词的强烈的"雅化"特质与不同时期的文化气候冲突碰撞的结果。

（原载《文学评论》2012 年第 5 期）

【作者简介】

郁玉英，女，江西萍乡人。2005—2008 年就读武汉大学文学院，师从王兆鹏先生研治词学，获得文学博士学位。现为汕头大学教授。著有《宋词经典的生成及嬗变》、《朱敦儒词的阐释与接受》、《欧阳修词评注》等。

晚清词学的基础观念
词为声学：

昝圣骞

刘熙载《艺概·词曲概》揭橥的“词为声学”说代表了晚清学人对于词体创作和研究的一种总体认识。它以词的乐歌身份为出发点，强调审音辨韵，追求协律和雅。这一观念与尊体这一清代词学主题相承接，与嘉道以降词乐研究热潮相表里，带着实证返原的朴学精神，刷新了晚清词学的多个方面，成为学科建设的基石之一。“声学”是晚清词学一个醒目的标签。这一点却长期为研究者所忽视。如当前对于刘熙载词学的研究集中在《词曲概》的词品论和词史论，其“词为声学”的开篇宣言和“词曲合一”的总结陈词罕被提及；又如对清代词学理论的研究聚焦于“词史”说、寄托论、“重拙大”等热点论题，少有对词体观的深刻把握[①]。本文不揣谫陋，尝试探讨“词为声学”观的内涵及学理源流，以及它在学科体系建设、核心理论进阶和方法论提炼等三项词学“基础工程建设”上的重要作用，从而说明它是晚清词学的基础观念和基本特征之一。

① 杨柏岭《晚清民初词学思想建构》（安徽大学出版社2004年版）曾从播于管弦、专致协律、天籁之音和词为声学四个方面讨论晚清词家对于词体音乐性的看法，鲍恒《清代词体学论稿》（人民文学出版社2007年版）结语部分曾从“基础性”和“区别性”两个方面简略论及清代词体学与词学的渊源，陈水云《近现代词学史上的文体批评》（《词学》第23辑，华东师范大学出版社2010年版）指出了晚清词学尊体论对于词体音乐性的重视，三文皆有导夫先路之功，但也都未遑细致探析晚清词学“声学”观及其基础地位和重大影响。

一、“词为声学”的提出、基本内涵及学理源流

“词为声学”是刘熙载揭橥的，他在《艺概·词曲概》首则开宗明义道：“乐歌，古以诗，近代以词。如《关雎》、《鹿鸣》，皆声出于言也，词则言出于声矣。故词，声学也。”第二则又说：“《说文》解‘词’字曰：‘意内而言外也。’徐锴《通论》曰：‘音内而言外，在音之内，在言之外也。’故知词也者，言有尽而音意无穷也。”[①] 这两则是刘熙载词学的总纲。在他看来，词首先是配乐演唱的歌曲，与《诗》同属，只不过词是倚声按乐而作，先有“声”后有“言”，与《诗》相反，故而以“声”为重。“声”是词体源生和特性的第一义，余义皆自此生发。其次，词体“音内而言外”，其“声”包括“唱”的腔格和“言”的声调[②]，情意的表达伴随着声的熏陶，音意无穷、一唱三叹是词体的美感所在。在《词曲概》后文中，刘熙载又从词须雅正和严于声律两方面补充阐发：词既属乐歌，与古诗同质，便内含诗教、乐教之义，当以中正和雅为尚；且填词须严于持律，如前人之词本为协配音律而作，平仄组合浑然一体，不可据“另一体”而妄改，上、去、入三声更不可轻易替换，等等。诚然，刘熙载未免把词律看得过于死板，犯了晚清词学家常犯的以为音律和格律在字声句韵上榫卯相应的通病，但他的中心思想是将词体看成声辞配合的整体，特别看重声调的构成和表达，这是符合词体特性的探本之论。

“词为声学”说并非刘熙载的凿空原创，类似的看法在晚清词坛酝酿已久。“律严则词之道尊也”[③]，声律是词体之“道”的一部分，已成为词坛的普遍认识。即便是一贯反对持律过严的谢章铤，也承认“词以声为主”[④]，认

---

① （清）刘熙载著，袁津琥校注：《艺概注稿》，中华书局2009年版，第483页。

② 严格说起来，在古代乐学话语系统中，“声”是自然界包括人声在内的一切声响，“音”是有规律节奏的声，即《乐记》所谓“感于物而动，故形于声。声相应，故生变。变成方，谓之音”。但“声”这一范畴有时也指音乐之声，如《尚书·舜典》谓“声依永，律和声”，且徐锴《通论》“音内而言外”中的“音”显然是指语言声调，所以这里“声”和“音”大致相通，不作详辨。

③ （清）俞樾：《春在堂杂文》续编卷二《重刻〈词律〉序》，见《清代诗文集汇编》第685册，上海古籍出版社2010年版，第404页。

④ （清）谢章铤：《与黄子寿论词书》，见《谢章铤集》，吉林文史出版社2009年版，第49页。

为“推究音律，倚声家之最上乘也”[1]。就整体趋势而言，“声学”的具体内涵在晚清词坛有一个从重音律腔格到重格律声调的流变。乾嘉以降，词体音律研究方兴未艾，词体之“声”直接指向词乐。词被视为古乐之遗存，如俞樾谓“今之词即古之乐也”[2]，谭献称“生今日而求乐之似，不得不有取于词矣”[3]。词体之“声”直接进入乐统，获得了来自经典的权威性的加持。到清末，词乐研究遭遇瓶颈，况周颐、陈锐等人提倡从字声句度间体会韵律节奏，从吟诵中彰显音乐美感，词之“声学”逐渐向词体声调之学转进。至于词学圈外的一般学人，词是乐章的观念已牢不可破。如邓实在设计“国粹学堂”方案时将“古词曲”列入“音乐学”[4]，黄人甚至认为研讨词体声律属于“音乐史之范围，非我文学史之事”[5]。邓实和黄人是清末国学普及和教育现代转型的代表人物，且都不是词学家，他们的看法颇能代表普通知识阶层对于词体“声学”的态度。“声”成了词体最“国粹”的标志。

综核晚清诸家之说，“词为声学”观的基本内涵即从词的乐歌属性出发，在创作上以守律审音为原则，在表达上以声调为载体，在审美上追求中正和雅，在研究上以音律和格律的协配规律为重心[6]。在晚清词学的横向展开中，“词为声学”是一个颇具生发性的元命题，在它的渗透和引导下，词学各个领域都有不同程度的新变：在词体起源方面，学者着眼于倚声填词的发生机制，将赓歌、楚辞等古代“声诗”文体推为词体源头，如陈廷焯称词体“肇于赓歌，成于乐府”[7]，况周颐认为填词之法类似于“《九歌》、《九辩》皆天帝乐名，

---

① （清）谢章铤：《赌棋山庄词话》卷三，见《谢章铤集》，第 545 页。

② （清）俞樾：《重刻〈词律〉序》，见《清代诗文集汇编》第 685 册，第 404 页。

③ （清）谭献：《复堂词录序》，见唐圭璋编《词话丛编》第 4 册，第 3987 页。

④ （清）邓实：《拟设国粹学堂启》，《国粹学报》1907 年第 3 卷第 1 期。

⑤ （清）黄人：《中国文学史》，苏州大学出版社 2015 年版，第 42 页。

⑥ 客观地说，在晚清词坛，“词为声学”是一种理念，一个呈浑涵状态的元命题，其研究虽已多方面展开，但尚未凝练成理论、发展成体系，众家各自禀受，各有发挥。以当代词体研究的眼光看，“声学”其实就是对词体声律的研究，包括句度伸缩、字声抑扬、韵叶变换和按谱行腔等方面的调配规律与节奏呈现，具体展开于词乐、词调、章律、句律、字律、词韵和唱法等层面的研究。有关词体声律学的概念界定和学科体系建构［参见昝圣骞：《论词体声律学的建构及其意义》，《南京师大学报》（社会科学版）2017 年第 2 期］。

⑦ （清）陈廷焯：《词坛丛话》，见唐圭璋编《词话丛编》第 4 册，第 3719 页。

屈原、宋玉特用其音节以词填之”[①]；在统序建构方面，周邦彦和柳永因为精通音律、创调有功被重新“发现”，直至被推为词家之圣，如陈锐提出词自五代以来“以耆卿为先圣，美成为先师”[②]；在词律研究方面，以音律为主导，以合乐为目标，杜文澜论四声搭配以配合工尺抑扬，戈载论叶韵以配合宫调的起调、毕曲、煞声、住字，江顺诒论五音发声部位的不同以对应宫商谱字，皆成一家之说，张文虎释读白石旁谱、郑文焯斠律《词源》更是突破性成果；在词谱编纂方面，秦巘《词系》在《词律》基础上广泛增调备体，更为词调补注宫调，说明起调、毕曲音；在文献整理方面，律校法被成功运用到丛刻（如《彊村丛书》）和别集（如《梦窗四稿》）的校勘中，成果卓著，推动词籍校勘成为专门之学；在词学批评方面，严于持律的风气笼罩词坛，同时“胶柱鼓瑟”的讥弹亦时而出现；等等[③]。“词为声学”已经成为晚清词学研究者的共识和共同努力的方向。

从词学史发展来看，“词为声学”是晚清词学以复古为创新的一面旗帜，其精神内核就是要复本追源，还词于乐。这是一个螺旋上升的历史进程。唐宋时期，词被称为曲子词，歌者被称为声党，《梦溪笔谈》、《词源》等文献中多有词体之“声”的现场记录和实践总结，成为后代研究词体音律的第一手权威资料。此时，“词为声学”是不言而喻的，不需要作为一种理念特别强调。元明词乐沦亡，词学沉潜，明人虽有草创词谱、词韵之功，但基本停留在字分平仄、调列数体的层面，于音律、声调罕有发明。清初词学复兴，实证返原，学者普遍认识到词体“调有定格、句有定式、字有定声”，《词律》、《词韵略》、《钦定词谱》在重建词体规范上厥功甚大，并且初步讨论了四声相代、词中拗句、又一体等清代词学重要论题，为“声学”在晚清的繁荣打下基础。但由于文献的缺乏，词体音律研究进展缓慢，填词“自明以来，遂变

① 况周颐：《蕙风词话补编》卷一，见葛渭君编《词话丛编补编》第5册，中华书局2013年版，第3688页。

② （清）陈锐：《词比自序》，见张璋等编《历代词话续编》，大象出版社2005年版，第141页。

③ 有关晚清词体声律学演进及成果的梳理总结，可参见刘少坤的《清代词律批评理论史》（人民出版社2015年版）、昝圣骞的《晚清民初词体声律学研究》（社会科学文献出版社2017年版）等著作。

为文章之事，非复律吕之事”[①]。但如果放任填词成为“文章之事”，就无法冲破“诗余”说的束缚，词学学科也难以独立。随着乾嘉学术高潮到来，音韵学、古乐学成果迭出，善本《白石道人歌曲》、《词源》重新现世，学者将出发点回溯至倚声而作的唐宋词原生态，吸收前期成果，守律、审音兼行，明体、论调并进。“词为声学”观才应运而生，成为晚清词学的一大标志。

二、“词为声学”观流行的词坛环境与学术动因

由于传统词学大抵发轫于创作研讨，声律之学正是与填词具有天然紧密联系的本原之学，其消长与词坛衰荣同步；且要重现词体之“声”，不仅需要细论音韵，更须详考乐律。是以晚清词坛罕见的繁荣局面和尊法姜夔、张炎、周邦彦、吴文英等两宋“声律派”名家的风气，与正值鼎盛的乾嘉朴学互动，促使词学家以返本归原、实事求是的态度来认识词体，带动了“声学”观的广泛传播和研究实践。

晚清词坛体量巨大、词家林立，且共奉姜、张、周、吴等公认的精通音律的两宋名家为宗师，这就为“声学”的流行提供了极佳环境。张、周词被常州、吴中两大词派推为最高标准之一[②]，姜夔更独占清人选本中宋词十大经典名篇的四席，其中三篇为自度曲[③]。词坛上层风气大致如此，基层趋向恐怕更加一致。这一点可从一般读书人的基础读物来推断。光绪二年（1876），四川学政张之洞编《书目答问》刊行于世。张氏编写这本“普及读物”的初衷，是为偏处西南的四川举子指点治学门径，没想到甫一问世即风行海内，不断修订翻刻，读书人近乎家置一编。该书极其有限的词学篇幅中，姜夔、周密、张炎被推为“宋词最著者”；所列清词“最精者”十二家中，朱彝尊、厉鹗、

① （清）纪昀等：《钦定四库全书总目（整理本）》，中华书局1997年版，第2807页。下文省称《总目》。

② 常州派纲领性文献《词选》经过董士锡、董毅父子续辑后，收录最多的是张炎词二十三首。周济《宋四家词选》中以“浑化”许之清真，定其为最高典范。吴中派领袖戈载《宋七家词选》收录周邦彦、史达祖、姜夔、吴文英、周密、王沂孙、张炎等七家词，其倾向更加明确。

③ 郁玉英、王兆鹏：《清人词学视野中的宋词经典》，《江海学刊》2009年第1期。

郭麐、周之琦、边裕礼、承龄等浙派领袖或同调者占据半壁[①]。尽管张之洞向来不以词学名世，还在书中称“词乃小道”，但他自许该书“去取分类，及偶加记注，颇有深意”[②]，这样一种“旁观者”的真诚意见正可窥见当时文坛的基本观念。随着张之洞成为清流领袖、“中兴”巨子，其书其学的权威性随之大大增加，形成了远超一般词选的、持续不断的影响力[③]。随着对周、姜、张、吴等大家律文兼美的典范之作揣摩日久，研声刌律的创作惯性和声情并茂的审美向往的形成是自然而然的。而且时代又为这一进程加入了绝好的“催化剂”——经过厉鹗、鲍廷博、戈载等学者精校的元钞善本《白石道人歌曲》和《词源》在嘉道间相继问世，白石旁谱的破译、宋词音律的重建竟出现曙光，“北里知名，禁廷倾耳”[④]的盛世风雅似乎已经不远。当然音律属绝学，未必人人能通，声伎须财力，更非家家皆备；但“律不协则声音之道乖，韵不审则宫调之理失”[⑤]的道理已响彻南北。可以说，只要周、姜诸人仍是词坛的最高偶像，那么“词为声学”的观念、审音辨韵的风气就会作为词学的标签一直推广流传下去。晚清词坛如此，民国词坛亦然。

创作毕竟还不是研究，仅仅是声韵的仿拟还称不上“声学”；“声学”观在晚清的流行，还须有清代朴学的支持。其实在清代学术序列中，词章之学排在末位，词曲之学又排在末位之末位；如果不是与经学和小学密切相关，词学“声学”观的流衍和落实是难以想象的。因为“音韵之学，实为格律之原”[⑥]。首先，就理论建设而言，晚清词家以“音内言外”补充“意内言外”，就是借助小学训诂推衍“声学”思想的典型案例。清代词学话语中，“意内言外”说借重《说文》而流行一时，而晚清学人同样借助训诂之学，发现了对

① （清）张之洞：《书目答问二种》，中西书局 2012 年版，第 207、197 页。

② （清）胡均：《张文襄公年谱》引张之洞致王懿荣函，见（清）张之洞《书目答问二种》“附录辑评”，第 381 页。

③ 据张之洞门生易顺鼎《摩围阁词自叙》记载，张“论词则笃守皋文家法”（见《清代诗文集汇编》第 785 册，第 321 页），并向易传授乐教思想。易序作于光绪六年（1880），那么张之洞到北京后词学观和编纂《书目答问》时相比有了变化，不过这似乎更从侧面反映出浙派词学可能是包括张之洞在内的晚清学人的一般填词取径。

④ （清）樊增祥：《樊山集》卷二三《东溪草堂词选自叙》，见《清代诗文集汇编》第 762 册，第 388 页。

⑤ （清）戈载：《词林正韵·发凡》，上海古籍出版社 1981 年版，第 35 页。

⑥ （清）杜文澜：《憩园词话》卷六，见唐圭璋编《词话丛编》第 3 册，第 2970 页。

"词"的另一种训诂，即"小徐"徐锴的"音内言外"说，并以之作为"声学"观的学理支撑。刘熙载、张德瀛、况周颐皆宗此说[①]。既然"词"的权威定义中就已有"音"的存在，且明确了倚声依调的原则，那么词学即声学岂不是顺理成章吗[②]？其次，就"声学"的具体研究内容而言，音律研究属于乐学，四声、词韵研究离不开训诂、音韵，文献考据校勘是基本方法，依经立义是精神内核，这些都一脉相承自乾嘉朴学。清中叶以来的词坛"声学"名著如《燕乐考原》、《词林正韵》、《香研居词麈》、《声律通考》，都不仅是词体学经典，而且是音韵学或乐律学名作。再次，"声学"的研究方法和规范也处处与朴学相通，"剖豪析芒，森然起例，与笺经注史同一谨严"[③]。如戈载广辑《六十家词选》、《八家词选》、《续绝妙好词》，"博考互证，细加辨析"，兼作《词律订》以触类引申，"又复广稽韵书，裁酌繁简"[④]，历时三年编成《词林正韵》。这是一个严肃的音韵研究工程，其法古正今的态度，朴学方法，文献资源和音韵学基础都不是前代《词韵略》、《学宋斋词韵》等制作所能比的。同治年间还诞生了一部立足于词体研究而与主流学术接轨的"声学"成果，彭凤高的《词削》。其稿本自彭氏后人手中流出，经潘景郑著砚楼，归于上海图书馆，至今仍搁置架上。就笔者初步清理来看，彭氏尝试统一律吕与工尺、琴弦与箫管、乐官之学与乐工之艺这三重"矛盾"，申明词调之宫调归属与源流，系统考察词体起结、韵叶、字声等方面的规律，将音律与格律连接起来。这是一条"上溯古乐，下合今腔，以经解乐，以乐证词"[⑤]的思路，还蕴藏着上溯古代律算之学以抗衡西学的晚清下层守旧一派士人的"救国"志愿。《词

---

① 如况周颐曰："意内言外，词家之恒言也。《韵会举要》引《说文》作'音内言外'，当是所见宋本如是。以训诗词之词，于谊殊优。……词必先有调，而后以词填之。调即音也。"（况周颐著，孙克强辑：《蕙风词话　广蕙风词话》，中州古籍出版社2003年版，第66页。）

② 毋庸讳言，用"意内言外"或"音内言外"来解析词体，语源和逻辑都存在问题。谢章铤曾批评这一现象，称"乾嘉以来，考据盛行，无事不敷以古训，填词者遂窃取《说文》以高其声价"（《赌棋山庄词话》续编五，见《谢章铤集》，第661页），恰从反面道出了乾嘉朴学对词学的渗透和推动。

③ （清）俞樾：《春在堂杂文三编》卷三《杜小舫重刻宋七家词序》，见《清代诗文集汇编》第685册，第513页。

④ （清）戈载：《词林正韵·发凡》，第36页。

⑤ （清）胡澄：《词削序》，见（清）彭凤高《词削》，上海图书馆藏清咸丰稿本。

削》的长期湮没不彰，也一定程度上影响了学界对于晚清词学"声学"特征和成就的判断。

词作为一种文学体裁进入学术版图，肇端自宋代，经由明代纂谱、批评、考订、校勘的多领域展开，到清初《词律》、《词韵略》、《词学全书》的刊行，学理性已经大为提高。至于逐渐摆脱"学词"的束缚，独立为"词学"，与主流学术接轨，并反映当代学术水平和学术品格，实有赖于晚清"词为声学"观的带动。张尔田总结的清代词学"四盛"中，"守律"、"审音"和"校勘"[①]都与"声学"密切相关。这是我们今天讨论清代词学的学术品格所不能忽视的。也唯其如此，"词为声学"才能在晚清获得较大的号召力和参与度，并推动传统词学学科成立。

三"词为声学"与传统词学学科体系建构

词学学科意识的出现和体系的建构，是一个漫长的非线性过程，与当代学术统序相关，又与词体研究发展同步。明代词学虽已多领域次第展开，但缺乏独立成一门学问或建构成一支学科的意识，主要原因在于对词体特质认识不清。清初词学复兴，以重建词体规范为首要任务，但研究水平不高，未被主流学术所接纳，无力支撑学科独立。随着清人对于词体特征认识和研究的不断深入，词韵进入小学研究，词乐也成为古乐之一部，以词体学为主干的词学格局已初见端倪[②]。

进入晚清，由于新文献的不断出现和词体研究的不断进步，"词应有学"

---

① 张尔田：《彊村遗书序》，《词学季刊》1933年创刊号。

② 当时学界主流如四库馆臣虽然力主"惟以辨律吕、明雅乐者"才能列入经部乐类，"讴歌末技、弦管繁声"（《总目·乐类》，第500页）只能列入杂艺和词曲，但又不得不承认"词亦诗之余派，其音节亦乐之支流"（《总目·〈钦定词谱〉四十卷》，第2809页）。乾隆十一年（1746）敕刻的《律吕正义后编》分成祭祀、朝会、宴飨、导引、行幸五大乐类，"并详其用乐节次，随月旋宫之法"（《总目·〈御制律吕正义后编〉一百二十卷》，第508页），就颇有模仿宋乐之意。以"声学"为先锋的词学的发生、独立与壮大是不可逆转的趋势。

终于由顾广圻借由秦恩复《词学丛书》[①]的编成而揭橥。顾氏的“词学”正是以“声学”为龙头，因为“声”是词体的本原和特色；只有“声学”成立，“词学”才能得以成立。将《词学丛书》和清初查继超的《词学全书》[②]进行比较，正可以见出传统词学体系随着“声学”的升级而由模糊到清晰的轨迹。前者是后者由“律”到“声”的“阵容升级”：《词源》是宋词声律特别是词乐的权威文献；《词林韵释》传为南宋菉斐轩词韵，是宋人填词协韵的现身说法；《乐府雅词》分上中下三卷，上卷又分《转踏》、《大曲》、《雅词》三类，与宋代歌舞乐曲有关；《阳春白雪》各卷慢词在前，令、引在后，“歌本”形态明显[③]。整部丛书可以说是宋词声律的“现场记录”，尤其《词源》的刊行直接带动了声律研究的风潮。顾广圻领会了这一编刻意图，认为“词学”成立的时机已经到来。他在序文中总结道：

> 词而言学，何也？盖天下有一事即有一学，何独至于词而无之。……吾见是书之行也，填词者得之，循其名，思其义。于《词源》可以得七宫十二调声律一定之学，于《韵释》可以得清浊部类分合配隶之学，于《雅词》等可以博观体制、深寻旨趣，得自来传作无一字一句任意轻下之学。继自今将复夫人而知有词即有学，无学且无词，而太史之为功于词者非浅鲜矣。[④]

---

① 彭兆荪等人访得《乐府雅词》四卷、《阳春白雪》九卷、《词源》上下卷、《词林韵释》不分卷四种珍罕词籍抄本而无力付梓，曾撰写《征刻宋人词学四书启》征赀词林。这四种词籍，连同《元草堂诗余》，于道光九年（1829）被秦恩复编成《词学丛书》，精心校勘后广行于世。

② 康熙十八年（1679），查继超将《填词名解》、《填词图谱》、《词韵》、《古今词论》和《古韵通略》诸书汇刻成《词学全书》，以“词学”为名而指导填词，已经初步具备了体系意识，但有实而无名，但没有提炼成理论。四库馆臣将其列入词谱词韵之属，称“无所发明考正”（《总目·〈词学全书〉十四卷》，第2823页）。

③ 和《词学全书》不同，《词学丛书》未收词谱，可能是因为当时已有《词律》、《钦定词谱》这样的集大成著作，而二书卷帙浩繁，不易刊刻。

④ （清）顾广圻：《思适斋集》卷一三《词学丛书序》，见《清代诗文集汇编》第482册，第736页。

如果说《词学丛书》编纂本身尚有规范填词的动机在内，顾氏的阐发则已将“词”与词之“学”拉开了距离。“名”为“词学”，“义”则通于声律、音韵、文学，超出了填词的范围而具有普遍性，成为一门学问，一个学科。声律音韵是主体，是首要的，作法、风貌是次要的；声律对于词而言具有本体意义，是词之所以为词、与其他文体相区别的主因，是其他要素的载体。好比“人必五官端正，而后论妍媸”，词“必四声和协，而后论工拙”[①]。顾氏在《吴中七家词序》中说：

> 予因举“鸳鸯绣出从君看，不把金针度与人”，以为词有字焉、句焉、意焉、言焉，所谓绣鸳鸯也，而所谓金针者，其在律与韵乎？是故名家之词，试执律韵以相绳，则斤斤然弗敢逾累黍。……词非若此，固不足称一时之盛。……此实唐宋到今一线孤传之金针也。[②]

不讲声律，词而非词；声律不严，词亦不足称；非声律之学，词学亦无由成立；传承词学，声律之学得其先声。词而有学，实自“声学”始。顾广圻是乾嘉学术代表人物之一，精通训诂、天文、历算、舆地、校雠诸学，反倒不以词名。这恰好赋予他一个纯粹学者的立场，从“旁观者”的角度照见词学体系的建立。

嘉道以降，传统词学体系不断完善，“声学”始终占据着核心位置，其下词体起源、词乐、词调、词律、词韵五分法被各家所沿用或稍加改造，一直延续到20世纪20—30年代王蕴章《词学》、梁启勋《词学》之中。江顺诒《词学集成》通常被视作传统词学体系成立的标志。全书被合作者宗山条分缕析成了纲、流两大部分，前者包括词源、词体、词音、词韵，后者包括词派、词法、词境、词品，重心显然在词体。宗山正是秉承“词为声学”的

① （清）戈载：《翠薇雅词自序》引顾广圻语，见冯乾编校《清词序跋汇编》第2册，凤凰出版社2013年版，第797页。有趣的是，顾氏斯语被朱昌燕抄到为蒋学坚所作的《怀亭词录序》中，称是徐蛰庵所言，或可见流传之广。

② （清）顾广圻：《思适斋集》卷一三《吴中七家词序》，见《清代诗文集汇编》第482册，第737–738页。

思想来看待词体的。《词学集成》第二卷冠名“词体”，宗山阐释道：“辞尚体要，无体不立。正变剖分，大小次第。物不可遗，声亦如味。爰稽其属，总有十二。”“声亦如味”，当是指物一无文，声音是不同形态的不同元素有机组合而成的。“十二”当是六律六吕十二律。“物不可遗”，结合“声亦如味”，可以理解为音乐性是词体的主要属性，其他方面如字数、章法、句法、平仄、押韵等皆受其统摄①。

在催动传统词学学科体系建立的同时，作为积淀最为深厚、成果最为丰富的词学分支之一，“声学”研究率先成熟，成为体系严密、具有示范性的分支学科，其标志是清末民初词学家徐绍棨的遗著《词通》。该书现存《论字》、《论韵》、《论律》、《论歌》、《论名》、《论谱》六篇，加上散佚的《论调》、《论句》、《拾遗》三篇，每篇以一段总论领起，下含若干节，节与节互相勾连，分论词乐、词调、词谱、词律、词韵、词唱法六大方面，已经构成了一个完整的“声学”体系。其系统性即便是和现代词学名著龙榆生《研究词学之商榷》、詹安泰《词学研究》、夏承焘《词韵约例》比起来也不遑多让。这也是“声学”对于词学学科发展和体系建构的一个突出贡献。

四、“词为声学”与晚清词学理论进阶

“词为声学”的提出，不仅丰富了晚清词学理论，更作为“催化剂”推动寄托论、尊体论、乐教观念等重要命题实现进阶，并使晚清词学迈入浙常合流、圆融统一的新境界，同时也为现代词体学指出了发展方向。

其一，“声学”观对词体比兴寄托论有着重要的补完作用。“声”是传达作者之“意”的基本媒介之一，也是感染读者的重要手段之一，对词体声调的涵泳营造了感发志意的审美空间。“声”的感染效果直接、明显、不落言筌，很大程度上释放了“意”的表达空间和阐释空间。这实际上是周济、谭

① “声亦如味”，出自《左传·昭公二十年》：“声亦如味：一气、二体、三类、四物、五声、六律、七音、八风、九歌，以相成也；清浊、大小、长短、疾徐、哀乐、刚柔、迟速、高下、出入、周疏，以相济也。”“物不可遗”，出自《礼记·中庸》：“子曰：‘鬼神之为德，其盛矣乎！视之而弗见，听之而弗闻，体物而不可遗。’”郑玄注云：“体犹生也，可犹所也。不有所遗，言万物无不以鬼神之气生也。”

献等人得以从解释学层面不断修正寄托理论、强调读者本位的一个隐含前提，即抛开具体事件、言语、含义和思想，在音乐审美中感发欣赏者心中音色相近、同属一“类”的感情。这源于《乐记》“万物之理，各以类相动也”的思想。所以周济谈寄托“一物一事，引而申之，触类多通”，谭献认为读者不妨“侧出其言，旁通其情，触类以感，充类以尽”，不必问作者动机和作品大旨是什么，尽可以触景生情、缘物兴感；甚至“作者之用心未必然，而读者之用心何必不然”，获得更自由更广阔的感发阐释空间。以往我们研究常州派所谓的“无寄托之词”，认为其旨归在于玲珑的兴象、圆融的意境所带来的喻指的多重性和阐释的自由性，其实“声”的作用正与其相辅相成。“意”和“声”，立意和协律，在常州派词学中不是“主”与“末”而是“主”与“辅”的关系。“声”的引入，回答了志意的感发如何发生、无寄托的境界何以能实现的问题。缺少了这一点，就不易完整把握常州派词学的诗教理念，也不易理解为何张惠言称“词律宜严”才是“词家之正声”[①]，周济为何会在后期转向精研声律。

其二，“声学”观将“辨体”、“破体”两条尊体路径合二为一，推动尊体论发展至新阶段。关于这两条路径的源流和得失，以及常州派如何通过强调音节的感化效果和艺术形象自身的多义性，把辨体论中的形式特质和破体论中的诗教精神组合在一起，成为一种更圆融的尊体理论，学界已有不少研究成果。然而学者未遑论及的是，这种组合的完成方式和深层学理依据是“声学”理念。辨体以尊体，强调形式特质，却难摆脱“诗余”、“小道”之称；破体以尊体，标举诗教精神，却恐泯灭诗词界限、造就“句读不葺之诗”。二者组合的关键就在于如何看待词体的文体特性。“词为声学”的观念从协律合乐的角度将词体的发生上溯到古代歌诗传统，归根于儒家六艺，这样就使词体体制特性的存在意义、研讨价值和文化社会职能获得了经典的加持，实现“技进于道”的升华。这样一来，词就不仅仅是与诗同源，而是要与诗比肩并列、取长补短；因为与音乐关系更紧密，词甚至比诗（特别是近体诗）更具备观政化人的资格，是以在世变日深、国运日舛的晚清民国时代特受推崇。“同光中兴”时期，曾国藩、张之洞等大员大力提倡理学，开办书局，以正人

① （清）陈文述：《颐道堂文钞》卷八《葛蓬山蕉梦词叙》，见《清代诗文集汇编》第505册，第135页。

心、挽世俗为要务。文学方面，词因为乐教载体的身份受到格外青睐："词非小技，乐之遗也。先王立教，节之以礼，和之以乐。……是古人之发舒天籁，涵泳圣涯者，词犹有其遗意焉。"[①] 张之洞说这段话的时候，已由国子监司业升任翰林院侍读，历迁左春坊左庶子、日讲起居注官，是著名的清流领袖。以乐教观念规范词体，甚至染上了"官方认证"的政治色彩。

其三，在"声学"观的推动下，以儒家乐教规范词体的理念也逐渐成熟并体系化。不管"声"的追寻偏向音律还是声调，词之"声学"追求的境界都是格律与音律、人声与器声的协和，情感表达（内听）与调律表现（外听）的一致。这是中国古代乐学"贵人声"的体现，源于《礼记·乐记》音起于声、感物形声、以类相动的思想。这种对词的乐章身份的肯定，对词体之声表达方式的理解，打通了上溯儒家乐学经典、援引乐教思想的学术理路。当然，这不是晚清人的发明，《乐记》在宋代就是词学批评的纲领[②]。但是词是乐歌这一命题对宋人来说不言而喻，对清人来说却需要首先证通。这是两个时代词体乐教理念的根本性差异[③]。清前中期已有学者将词体源生上溯至上古歌诗，与乐建立联系。如宋荦称"夫填词非小物也……后之欲知乐者，必于此求之"[④]；王昶云"盖词实继古诗而作，而诗本于乐，乐本乎音"，"词可入乐，即与诗之入乐无异也。是词乃诗之苗裔，且以补诗之穷"[⑤]。其旨重在拔高词体的出身，仍是一种以诗和诗教为目标的尊体策略，未能溯源《乐记》、提炼出系统的乐教观念。词体乐教观在晚清的成熟，与"词为声学"观念的流行和词乐研究的大幅进步密切相关，其中常州派词学家周济和谭献贡献最大。周济先是撰写《乐论》，以古代诗、礼、乐三位一体的思想观照词体[⑥]；接着秉承宫商本于人声的理论，将声调与人情联系起来，"辨调以情"，"谐情以调"[⑦]，

① （清）易顺鼎：《摩围阁词自叙》，见《清代诗文集汇编》第 785 册，第 321 页。

② 彭国忠：《〈乐记〉：宋代词学批评的纲领》，《文学遗产》2014 年第 5 期。

③ 这还导致清代词体乐教观念中声与政通、词关治体的声音较弱，因为此时词早已不再流行于大众，观政的资格已弱化。

④ （清）宋荦：《瑶华集序》，见冯乾编校《清词序跋汇编》第 1 册，第 269 页。

⑤ （清）王昶：《国朝词综序》，见施蛰存主编《词籍序跋萃编》，中国社会科学出版社 1994 年版，第 774-775 页。

⑥ （清）周济：《乐论》，见《止庵遗集》，南京大学出版社 2010 年版，第 6-7 页。

⑦ （清）周济：《词调选隽序》，见《止庵遗集》，第 12-13 页。

编成《词调选隽》；还深入到字声句度层面展开具体而微的声律研究，成果见于《宋四家词选目录序论》。谭献则在《复堂词录序》中从源同乐府、义传乐经、旨归比兴、合乐协律、观政化人五方面集中而系统地表达了词的乐教观。要之，晚清词体乐教观以《乐记》为纲领，以词出于乐为前提，以修德立意为根基，以情声交映的理念为主干，以观政化人为功用，提倡含蓄蕴藉、一唱三叹的声情美，形成了一套完整的体系[①]。

其四，在“词为声学”尤其是词体乐教观的推动下，不仅尊体论趋于圆融和统一，晚清词学整体上也呈现出融合的趋势。谈到晚清词学走向融合，一般认为是常州派在主推立意、倡言寄托的同时，汲取了浙派重格调、尚清雅的观念和吴中派精研词体声律的思想，后两派词家也渐渐向常州派靠拢，接受意内言外之学。这种看法主要是从词学理论和批评的角度立言，未遑揭示融合背后的词学思想；主要是总结融合后的产物，未暇发掘造成各派词学达成“融合”而不是“分层”的那个相同的“化学成分”；主要是从常州派的既有观念和立场出发，未能揭示融合后晚清词学所呈现的新色彩。一方面，吴中派的词体声律研究以音律为主导，大旨在于恢复词乐，追慕大晟风雅。另一方面，常州派要发扬词体比兴寄托、感发志意的诗教功能，保障主体情感抒发的相对自由，又要避免穿凿附会式的解说，不得不借助于乐教理念关于“声”与“情”的阐释和具体的声调研究。两派正是在词通于乐这个层面上发生了“融合”，而不仅仅是立意与协律的里外“配合”而已。而浙派词学提领多年的、早已成为词坛共识的“醇雅”理念，也自然地涵容在了乐教观清和雅正、一唱三叹的审美标准中。

晚清“词为声学”的提出特别是乐教理念的成熟，是近世词体研究的理论结晶，对于词体学的发展有重要的指导意义。一方面，词体乐教观的理论源头是《乐记》，崇尚乐以德为基，声以意为本，乐音本于人声，声调抒写人情。这客观上要求词体研究打破唯音律论的笼罩，摆脱四声五音、阴阳清浊的沉迷，走上剖析文本“格律”、辨别词调声情的大路。另一方面，它呼应了复词于乐的词坛思潮，引领词学研究由“律”上升到“声”，由“声”指

① 关于晚清词体乐教观的提出、内涵与影响，可参见昝圣骞：《词体乐教观的传衍与晚清词学的进境——以常州派为言说中心》，见《词学》第42辑，华东师范大学出版社2019年版。

向"乐"，发出谱入管弦、声文合一的诉求。尽管在实际操作上困难重重，但并未束缚晚清词家各展身手。比如以今乐（如昆腔）歌古词，谢元淮、裘廷桢、薛绍徽、徐绍棨等词学家都有成功的尝试。这看似有些不伦不类的做法背后，是词坛对于复词于乐的殷切期盼，它贯通了从晚清"词之乐"（恢复词体音律）到民国"乐之词"（新体乐歌）的学术理路。古老的儒家乐教思想因为契合词的音乐文学属性和当代研究潮流，反倒显示出蓬勃的创新力。民国叶恭绰、龙榆生等学者研制"新体乐歌"，既要"适应西来音乐"，又要"与吾民族性相融合"，以"收化民成俗之效"[①]，又为词体乐教观注入了新时代的新内涵了。

五、"词为声学"与"词曲合一"方法论

"词为声学"对于晚清词学的基础性贡献不仅在于核心论题的生发阐释，还在于方法的总结升华。其中最具代表性的，是晚清词学家将明代以来"以曲通词"的研究方法进行从"别"到"通"的演进，由"律"到"声"的发扬，并升华为"词曲合一"的思想，成为延续至今的重要词曲学研究方法论。

词学与曲学的互动由来已久，特别在体制研究上相互借鉴甚多。明代词谱草创，仿照的是曲体字调谱，张綖《诗余图谱》就明显借鉴了朱权《太和正音谱》的谱式。入清词学初兴而曲学已盛，《九宫大成谱》反成为词调渊薮。由曲调考词调、由曲韵订词韵、由曲体正词体的案例比比皆是。这一时期学者以曲学通词学，重视的是词曲之别。这是因为当前词体研究以重编词谱、重建规范为主要工作，认识大多停留在格律层面，所以词曲在格律宽严、衬字有无、南北音叶韵等方面的差异体现得很明显。"上不类诗，下不类曲"成了词体标签。

时至晚清，词体研究从纂谱订韵的基础工作，迈向考调正声的新阶段，这时"求通"取代"别异"，成了"以曲通词"的新主题。一方面是因为词体格律规范的重建工作已基本完成，不必过分担心词曲混淆；另一方面更是因为"词为声学"的观念深入人心，复词于乐成为词坛的殷切期待，词曲在音

① 龙榆生：《诗教复兴论》，《同声月刊》1940年创刊号。

律上的相通之处也确实较“格律”更多也更明显。词应“上不类诗，下不类曲”的观点在这时甚至受到指摘：“夫于诗弗逮，则风格愈靡；与曲不类，则音均弥舛。”[①]其意在强调：如果将词曲割裂开来，不但难以考见词乐，而且很容易将词家引入不讲声律的误区。晚近以来，昆腔不衰，花部益盛，词曲兼擅者比比皆是，如陆继辂、周济、蒋敦复、谢元淮、姚燮、彭凤高、黄燮清、杨恩寿、宗山、江顺诒、俞樾、胡薇元、裘廷桢、薛绍徽等词坛名家都有撰曲或制谱经历，这意味着他们的“声学”研究并非全是纸上谈兵，而是对于音律宫调乃至唱法确有会心之处。身份跨界的普遍也从一个侧面显示出“声学”统摄下词曲互通观念的涌动。

词体声律研究也的确从曲体曲唱中借鉴良多，即所谓“以北曲之宫谱，考词之声律，十得八九焉”[②]。陈澧对此曾加以总结道：“夫以物之相变，必有所因，虽不尽同，必不尽异。譬夫大辂非椎轮之质，而方圆无改；积水无曾冰之凛，而清浊奚殊。诗失既求诸词，词失亦求诸曲，其事一也。”[③]陈澧肯定以时乐演唱唐宋古词的合理性，指出其学理基础是词、曲在文辞与音乐配合上的相同模式，其背后则是“乐无古今，其理一揆”[④]的清代乐学总纲领。具体而论，晚清词家“以曲通词”主要着眼于词、曲之声律在调牌、宫调、腔格、唱法等方面一脉相承。王咏霓在《瑶天笙鹤词序》中曾总结其大要：

> 自宋时雅俗管色行七宫十二调，并寄清声，寖与古异。稽乎玉田发微之论，参以白石自注之谱。换头应指，律吕是分；折高掣低，旁侧相犯。以故伯时斤守于上去，挺斋精审乎尾音，莀谟辨清浊之声，顺卿诠起结之法。要在度合分刌，罔失

① （清）蒋敦复：《啸古堂骈体文集·与陈同叔论词书》，见《清代诗文集汇编》第628册，第548页。应该指出的是，清初词学家坚持的“下不类曲”主要是就词体风格和文本格律而言，蒋氏主张的“词应类曲”谈的则是音律，也就是纯粹意义上的“声学”，因为他认为词乐与曲乐同一源流，只是简繁疏密上的差别。

② （清）江藩：《词源跋》，见唐圭璋编《词话丛编》第1册，第269页。

③ （清）陈澧：《东塾集》卷三《唐宋歌词新谱序》，见《清代诗文集汇编》第637册，第204页。

④ （清）江永：《律吕新义序》，见《续修四库全书》第114册，上海古籍出版社1996年版，第592页。

榘矱。大顿小顿，则如抗如坠；前拍后拍，则中矩中钩。协音含韵，累累乎如贯珠矣。[①]

引文中推演的各种名论，依次来自张炎《词源》、姜夔《白石道人歌曲》、沈义父《乐府指迷》、周德清《中原音韵》、陈献可《转音经纬》、戈载《词林正韵》等六书。前两部可视为词体音律的“现场记录”，后四部则专研字声韵叶，以格律与音律相对应的思想非常明确。六书中，《中原音韵》为北曲韵专书，《转音经纬》曾为沈宠绥《度曲须知》所取资，其余四部均为词籍；前三部为宋籍，后三部依次诞生于元、明、清代，显示出声律之学由词学发轫、旁通至曲学、再回溯至词学的轨迹。王咏霓将六书串联，鲜明地体现了词曲同质、一脉同源、声律相通的思想。

以曲学通词学的研究实践方面，贡献卓著者则首推谢元淮。谢氏在乐工的帮助下，进行了以唐宋词协配南北曲的“另类”试验，发现了“填词之声调”与“歌词之腔调”、词家之律与乐工之律的分野这一词体声律构成的“奥秘”；又“剿袭”明代沈宠绥的曲唱名著《度曲须知》，以曲唱法通词唱法，进行了以今乐歌古词的“声学”实践。谢氏和他的实践成果《碎金词谱》受到杜文澜、丁绍仪、谢章铤等人泥守复古立场的严厉质疑，今天看来则不失为返本和创新的成功实践。毕竟，词可不可歌、如何歌，是需要动态地、历史地讨论的问题。晚清时代，在词、曲音律上持通达之见的学者很多。《词系》的编者秦巘在判定词调宫调时大量参考《九宫大成》，认为“词与曲无二理，体裁虽分畦畛，声调未必径庭”[②]。沈曾植认为即便昆腔和词唱不同，“然人声口势，古今不易，固可以推类比知也”[③]，所以力证《唱论》与《讴曲旨要》相通。这相比于清初李渔宣称“词则全为吟诵而设”[④]、乾隆间徐大椿《乐府传声》跳过词体不论显然是进步了。

在词学与曲学频繁互通的基础上，晚清学者提出“词曲合一”之论，将

---

① （清）王咏霓：《函雅堂集》卷二七《瑶天笙鹤词序》，见《清代诗文集汇编》第740册，第541页。

② （清）秦巘：《词系·凡例》，北京师范大学出版社2010年版第1册，第4页。

③ （清）沈曾植：《菌阁琐谈》，见唐圭璋编《词话丛编》第4册，第3620页。

④ （清）李渔：《窥词管见》，见唐圭璋编《词话丛编》第1册，第559页。

词曲互通作为一种重要研究方法固定下来，又提出“声文合一”的理论升华。代表人物是刘熙载。其《艺概》卷四名为《词曲概》，本意即合词曲而论之。“曲概”第一、二则及末则综论词曲，申述了“词曲合一”的思想：

> 曲之名古矣。近世所谓曲者，乃金、元之北曲，及后复溢为南曲者也。未有曲时，词即是曲；既有曲时，曲可悟词。苟曲理未明，词亦恐难独善矣。
>
> 词如诗，曲如赋，赋可补诗之不足者也。昔人谓“金元所用之乐，嘈杂、凄紧、缓急之间，词不能按，乃更为新声。”是曲亦可补词之不足也。
>
> 词曲本不相离，惟词以文言，曲以声言耳。词、辞通。……是辞属文、曲属声，明甚。古乐府有曰“辞”者，有曰“曲”者，其实辞即曲之辞，曲即辞之曲也。襄二十九年《正义》又云：“声随辞变，曲尽更歌。”此可为词、曲合一之证。①

结合论“乐歌”的倒数第二、三则，刘熙载的“词曲合一”论大致包括四重含义：其一，词曲皆为乐章，声、辞一体，声律与文章不可分割。长言之辞，必配曲折之声；声之曲折，又长言而为之。其二，词曲同质，一脉相续，应一并研究。曲理不明，词学亦不能明。其三，词曲声情不同，曲能补词所不能言。其四，包括词曲在内的古今乐歌，“皆取以正声感人”，统摄于乐教。必须说明的是，刘熙载“词曲合一”论的逻辑出发点是一首歌诗的两个部分“词”与“曲”的合一，不是文学文体词、曲的“合一”，类似于宋翔凤“宋元之间，词与曲一也。以文写之则为词，以声度之则为曲”②的看法。但正如晚清词家以“意内言外”解释词体，刘熙载（包括宋翔凤）的“词曲合一”论既是语源训诂，也是文学批评。他之所以力证歌之“词”与歌之“曲”不可分割，目的在于说明词体与曲体在文体源生及形态上的一致性，从而破除

① （清）刘熙载著，袁津琥校注：《艺概注稿》，第578、612–613页。

② （清）宋翔凤：《乐府余论》，见唐圭璋编《词话丛编》第3册，第2498页。

文体间粗暴的雅俗尊卑之别，彻底打通词曲互通的道路，同时保护词曲作为音乐文学的文本与声律组合的完整性，最终统合到乐教体系之中，“文章通丝竹之微，歌曲会比兴之旨”①，达到声文合一并茂的最高境界。这是刘熙载“词曲合一”论的旨归所在，或许也是“词为声学”的终极价值所在。

“词曲合一”的思想在现代学术科学研究方法的论证加持下，固定成重要的词（曲）研究方法论，传承至今。民国时代词学大师吴梅即以提倡“词曲双修”蜚声学林，任二北作为传人于20世纪20—30年代撰写《词曲合并研究》和《词曲通义》，将其提炼成现代的、科学的词曲学研究基本方法。宋翔凤关于宋元之间词、曲不分的考证，刘熙载关于词曲一源同质的申说，在通俗文学地位急遽上升、词曲均进入大学讲堂的民国时代，已经没有必要，故为任氏所不取。词曲合并研究的功效，任氏认为在于“得词之用”和“得曲之体”两大端。“得词之用”，主要指以曲体演出的感化作用通于词，实际上还是溯源词体的音乐性；“得曲之体”，主要指曲体宫调、牌名、联套数、演故事等特征无不是从词体转变增衍而出，不明词体即不明曲体。其学术理路实自宋翔凤、刘熙载二人一脉相承而来。“声学”的不缺席，才能保证词（曲）研究文学本位的完整性，“词曲合一”说的前瞻性和学术史价值于此得以凸显。

结语 “词为声学”观的历史评价与道路反思

以上试图回到历史现场，从学风际会、学科建构、理论推进和方法论生成等方面，说明“词为声学”的观念不仅带动了晚清以来词体声律研究的热潮，更是已经成为晚清词学的一项基本理念和特征表现。那么作为“现场观众”的晚清人如何评价“词为声学”，是一个饶有兴味的话题，或许可以从中获得关于晚清词学更深刻的认识。

晚清学人对词之“声学”的勃兴评价甚高，每每艳称为“词学（界）中兴”。这其中不乏声律派的自我标榜，如吴中派朱绶称嘉道间词体音律的研讨是“词学最盛之际”②；也多有“旁观者”的肯定，如邹弢推张惠言、戈载为

① （清）宋翔凤：《乐府余论》，见唐圭璋编《词话丛编》第3册，第2498页。
② （清）朱绶：《历代词腴序》，见施蛰存主编《词籍序跋萃编》，第815页。

“中兴”功臣，理由是：“词学衰于康雍朝，乾嘉时张、戈辈出，韵学中兴，至今日填词家益众。”[①]“反对”的声音也有，但反的是清词，不是“声学”。如陈去病称：“词肇于唐，盛于宋，衰于元明，而再振于清。……唐宋研精声律，其词多可入箫管，而清贤俱谢不能。此古今优劣之比较，略可睹矣。”[②]能不能谱入管弦，是词学是否兴盛的判断标准。进一步论，“中兴”之名既出，潜台词即以前代为“中衰”。众所周知，清词特别是清初词艳称千年词史之“中兴”，已成不刊之论。那么“中衰”所指为何？邹弢以康雍朝为词学之衰，其理由当即“声学”之不彰；戈载对清初词学，也有“韵学不明，词学亦因之而衰矣”[③]的相似评价；甚至徐釚在清初就表达过若不能“按其音节，传于乐部”，词填得再多，词林再盛，也是“极衰”[④]。可见仅能合于词谱，不能称“盛”；必得倚声协乐，才能“中兴”。要想说清代“词学之盛直接两宋，亦犹经学之盛直接两汉”[⑤]，不能不自“声学”谈起。晚清词家对于前代的批评在此，对“声学”的期待在此，信心亦在此[⑥]。

其实晚清词体研究的得失很大程度上也在此。作为原动力，“词为声学”在推进词学研究上取得显著实绩之后，很快面临道路抉择和时代考验。追复词乐难度太大，谈音律者多是纸上谈兵，而一旦有所实践，就会发现词家讲四声五音和乐工按律行腔根本是两个过程。所以词体之“声”必须向格律声调倾斜。这倒也是符合乐教以人为本的。遗憾的是时代“暂停”了这一进程。清末社会的加速崩溃和对正声强音的呼唤“逼得”词体社会功能越来越强，审美的感发逐渐让位给本事的索解、意义的认知。词成了言志载道的工具，

① （清）邹弢：《三借庐赘谈》卷六“词品”条，清光绪间申报馆丛书余集本，第19b页。

② 陈去病：《病倩词话》，见朱崇才编《词话丛编续编》第4册，人民文学出版社2016年版，第2300页。

③ （清）戈载：《词林正韵·发凡》，第90页。

④ （清）徐釚：《词觏序》，见《南州草堂集》卷二一，清康熙三十四年（1695）刊本，第2b页。

⑤ （清）俞樾：《春在堂杂文》续编卷二《徐诚庵大令〈词律拾遗〉序》，见《清代诗文集汇编》第685册，第405页。

⑥ 回溯曲学兴盛的明代，曾编纂《南九宫十三调曲谱》、维护曲体舞台性的沈璟，也曾得到王骥德等明代曲学权威给予的“中兴”曲学的高度赞誉。在“声学”的中心地位上，词学与曲学又一次达成一致。

成了“无声之乐”，甚至成了“不可见之《易》，莫赞之《春秋》”[①]。地位在急遽上升，活力却在急遽流失。学梦窗者半天下却仅学字面格律，隶事僻奥，摘词窒塞，伪体横行。只有当词学现代转型，龙榆生等人以借鉴西洋音乐的新国乐作为词乐，又提倡现代词体声调学，尝试建设新“词律”；以汉语词律学、词体音律研究的“现代化”和词与音乐关系的现代诠释为三大特征的现代词体学最终成立，才终于打开了“声学”研究的崭新局面。

“中兴”一词本就有向昔日荣光致敬之意。反思晚清词坛“声学”的发展历程，词家致力的实际上不是词体声律学，而是“宋词声律学”：大多数时候罔顾南、北宋词音律不同，姜夔词谱与流行词乐有异，宋词本身同时存在“无标准化”和“律化”的复杂性，宋代词人中精通音律、真正倚声填词者也属凤毛麟角等等情况，而径以宋词音律为终极目标，宋词文本为权威模板。这种以复古为创新的态度，在认识词体特性、把握历史定位、重建体制规范、提升创作水准、促成词学的学术化和学科化等方面，实为必由之路，也的确发挥了巨大作用。但复古若成了泥古，则复古必成桎梏。只有破除对于唐宋词的“迷信”，全面、客观、动态地认识词体的非线性演化过程，真正把握唐宋词既植根于汉语诗律传统、又与时（乐）俱进的活力源头，才能由“宋词声律学”进化为词体声律学，从而丰富汉语诗学的研究。这是乾嘉以降流行近百年的“词为声学”观的经验与教训，也是当前方兴未艾的词体研究面临的重要课题。

（原载《文学遗产》2021 年第 4 期）

【作者简介】

昝圣骞，男，1987 年生，江苏徐州人，文学博士。2015—2017 年南京师范大学中国语言文学博士后，师从钟振振教授。现为江苏师范大学文学院副教授。著有《晚清民初词体声律学研究》等。

---

① （清）沈曾植：《彊村校词图序》，龙榆生《彊村校词图题咏》，见《清代诗文集汇编》第 783 册，第 816 页。

纪念文萃

唐圭璋先生对词学的贡献

曹济平

唐圭璋先生已经永远离开了我们。他以一人之力编纂宋金元三朝词的辉煌巨制，泽被后世，昭若日星。施蛰存先生所献挽词云："七十载征存辑佚，词学入乾嘉，建业论功，善本先开垂典则；百万言别非正误，宗风绍朱郑，景行继志，几人后起仰仪型。"可以说是对先生治词业绩的极好概括。

唐圭璋先生从事词学研究凡历七十余春秋。他与词学结下不解之缘，并非承传于家学的渊源，而是接受了师长的熏陶。唐先生出生在一个满族的塾师家庭，父母早逝，十一岁的孤儿，生活无着，只好寄居在舅父家里。舅家清贫，无法供养先生读书，所以先生从小学到师范都是依靠校长的资助，其中对他帮助最大的是师范校长仇埰先生。仇校长不但在经济上给予接济，而且在学习上也给先生以多方面的启迪，使先生得以精读大量的古典文学名著。仇埰校长是江宁闻名的词学家和教育家，著有《鞠宴词》，并辑有《金陵词续抄》，是唐先生爱好词学的引路人和启蒙者。从词学的师承关系来说，唐先生又私淑乡前辈端木埰先生。1922 年，先生考入东南大学（后改名为中央大学），又在词曲专家吴梅先生的指导下，确立了以词学为终身事业的信念，并开始汇辑《纳兰容若词》，为彊村（朱祖谋）所编《宋词三百首》作笺注。吴梅先生在《笺序》中称赞说：

> 圭璋据厉（鹗）、查（为仁）二家笺《绝妙好词》例，疏通而畅明之，晨夕抄录，多历年所，引书至二百余种，都若干万言，可云勤矣。

又云：

> 今圭璋所作，博涉群籍又过于厉、查二家，盖为后学辨泾渭，示门户，反复详审，固不厌其词之多也。

七十年来，由于先生刻苦勤奋，锲而不舍，终于在当代词学研究领域里矗立起一座丰碑，与夏承焘等先生并为一代宗师。

一、词集校勘

唐圭璋先生对词学研究所作的特殊贡献，首先体现在翔实精审地汇编、辑佚和校勘词籍方面。我国词学发展到清代又复呈中兴的态势，研究对象也不断延伸并扩展到词籍的校刻。

唐先生早在大学读书时，就曾与同学任中敏先生商议合编《全宋词》的事宜，计划分四步进行：（一）综合诸家所刻词集；（二）搜求宋集附词；（三）汇列宋词选集；（四）增补遗佚。后来任中敏“矢志教育，遂寝斯议”（《全宋词》缘起），于是便由先生一人独编。当时有人把汇编工作看得比较简单，以为只要花一二年时间，即可大功告成。其实汇集一代文献，谈何容易！唐先生在搜辑整理词集的过程中，深切地感到必须投入大量的时间，专门从事有关的考证、校勘和辑佚。比如同一首词作，在不同书籍版本中的作者记载不一致，常有互见，如果不辨真伪，必然沿讹袭谬，因此写了《宋词互见考》。后又作《两宋词人时代先后考》、《宋词版本考》和《两宋词人占籍考》。为了广泛采集各种资料，唐先生把宝贵的时光都浸沉在南京龙蟠里国学图书馆中。这所图书馆有丁氏八千卷楼藏书，珍藏着许多词籍善本和足本。直到先生晚年撰写的短文中，还记忆犹新地追叙这一段难忘的往事：

> 我利用一切空闲时间到龙蟠里查书，经常从早到晚，手不释卷。中午在图书馆里花两角钱吃一餐，又埋首书中。诸如宋人词学总集和《永乐大典》、《全芳备祖》、《翰墨大全》等典籍无不涉猎，又如山川琐志、书画题跋、花木谱录，无不备采。每有所获，喜不自胜。虽严寒酷暑，不以为苦。（《新民晚报》1987年8月13日）

1935年，唐先生写成《全宋词目录》，三次印发全国各地，广泛征求意见。在集思广益的基础上先写六十家词跋尾，发表在《江苏国学图书馆年刊》上，后又写成四十种词跋尾，发表在《制言》上，作为准备工作。1937年，全书初稿完成，送交上海商务印书馆排印。吴梅先生看到《全宋词》完稿，极为高兴，赞叹不已，亲为作《序》云：

> 今唐子以一人之耳目，十年之岁月，成此巨著。举凡山川琐志、书画题跋、花木谱录，无不备采，已非馆阁诸臣所及。而《互见表》一卷，尤足息前人之争，祛来学之惑，此岂清代词臣得望其项背哉！近赵君万里尝辑宋词五十六家，多为选本所无，一时学子，莫不颊首。今唐子独能举其全，斯实过其上。

夏敬观先生在《序》中也赞赏说：

> 唐君圭璋，笃好词学，为之专勤。今手辑《全宋词》，补苴赅备，校雠厘析，务臻精博，将以完朱、吴两先生未竟之志，俾来学获此于南北宋之词，穷竟源委。

这两篇序文客观地反映了唐先生当年编纂《全宋词》的学术价值，遗憾的是，它们没被排入中华书局新版的《全宋词》中。这里需要说明，旧版《全宋词》在1937年排出后，因抗日战争爆发，至1940年方能在长沙出版二十册线装本，而且印数极少，流传不广，今天的读者可能大多数没有能看到。《全宋词》线装本是有上述两篇重要序文的，为什么新版抽掉？这是因为旧版《全宋词》由于受到时代条件的限制，存在着不少缺点，新中国成立以后，唐先生一直思考着修订工作，后在南京师院党委的关怀和鼓励下，进行了重编。1959 年唐先生患风湿性关节炎，行动不便，为此学校决定派我担任先生的工作助手，协助查抄资料。初稿完成后送交中华书局，唐先生推荐王仲闻先生参加修订审稿。中华书局接稿后随即聘请王先生审稿。于是他们书信往来，共同研讨，而解决难题和书写按语都经过先生过目，其中有的资料是由我查核的。王先生在审稿中做了大量工作，进行订补加工，计增补词人 240 余家，词作 1000 余首，使新版《全宋词》更加完善。但是王先生在稿件发排时抽掉了夏敬观和吴梅两位先生的序，唐先生直到 1965 年底接到样书时才发现，然已补救不及，只能引为憾事了。

《全宋词》从旧版到新版，唐先生倾注了毕生的心血，尤其在选择善本、作品考订、校勘辑佚方面，都是在认真研究考察的基础上做出判断的。例如毛晋刻本程珌《洺水词》40 首，是编据明嘉靖刻本《洺水集》增补 3 首；毛晋刻李之仪《姑溪词》86 首，是编据《姑溪集》本增补 8 首；王鹏运刻本何梦桂《潜斋词》40 首，是编据成化刻本《潜斋先生文集》增补 7 首；江标刻本吴儆《竹斋词》21 首，是编据明刊《吴文肃公文集》增补 9 首。此外原刻文字倘有脱讹，则据其他善本校订，如江标刻黄裳《演山词》有脱误，是编据《演山先生文集》本校订；江标刻林正大《风雅余音》有脱误，是编据黄荛圃藏明本校订；王鹏运刻姜特立《梅山词》有脱误，是编据《梅山续稿》校订；朱祖谋刻王之道《相山居士词》有脱误，是编据《四库全书》本《相山居士集》校订。若此之类，不烦一一枚举。由此可见，先生编成《全宋词》，使“一代文献，举而不废”（国立编译馆《全宋词》跋），其精审在毛、王、江、朱氏诸刻本之上，代表了当代词籍校勘之学的最高成就。

继《全宋词》之后，唐先生又推出《全金元词》，共收词人 282 家，词作近 7200 首，是编体例依照《全宋词》，其特点主要是采用底本以善本、足本为主。金元词集由于版本不同，卷数不一，收词多寡也不尽相同。例如朱祖谋所刻金元好问《遗山乐府》三卷本，收词 323 首，而吴重熹刻《遗山新乐府》则为五卷本，收词比三卷本多出 160 首。唐先生是编汇集两种版本，较为完备。《彊村丛书》所刻元词中有的底本未善，有的刻工有误而未能校改，因此脱误较多。唐先生对此一一加以校补，其中有丘处机《磻溪词》一卷、许衡《鲁斋词》一卷、朱晞颜《瓢泉词》一卷和王恽《秋涧乐府》四卷等25种，并撰写成《〈彊村丛书〉中所刻元词补正》一文，1978年发表在香港《大公报》复刊三十周年纪念论文集上。

唐先生汇编是书的时间很早，在《全宋词》"缘起"中即表明"拟辑为《金元词汇》一书，以觇词学递嬗之迹"。然而直到1979年始得问世。这自然与当时的政治气候有密切关系，但中间有一段小插曲是鲜为人知的。我记得六十年代初是编已修订完稿，因一时不能付印，其中从《道藏》所辑大量金元道士词全部借给了夏承焘先生。不久"文革"开始，此项工作被迫中断。1971年为了使先生早日了却心愿，我曾向学校建议让唐先生专门从事《全金元词》的定稿工作，获得了同意。嗣后唐先生多次致函夏承焘先生，索回原稿。不料杳无音讯。直至1974年夏先生解除"隔离"状态后，才复信告知原稿已在抄家时被焚毁。唐先生幸有存目，于是从头重辑。但那时此类用书属于"封禁"之列，难以长期借用，只得雇人抄录，后来清样又未经先生寓目，因此脱误、错简较多。近年来，唐先生根据海内外学者提供的资料，进行修订校补。不幸订补工作即将竣事，而先生已遽归道山。

除了《全宋词》、《全金元词》之外，还必须提出的是《词话丛编》。唐先生早就"蓄志搜辑"历代词话，是编在1934年即已辑成面世。计辑宋元明清和近代词话共六十种，线装二十四册。吴梅先生作《序》盛赞云：

> 圭璋广罗群籍，校勘增补，用力弥勤。所收诸书，多出善本，未刊之籍，亦得二三。……此书洵词林之巨制，艺苑之功臣矣。

由于此编系个人出资承印，当时限于经济力量，只印了200部，后加印300部。抗战后，先生只身内迁，家中存书大都散失，故流传甚少。中华人民共和国成立后，唐先生对旧版进行修订校改，并增补宋至近人词话25种，共计85种，以精装五册问世。这部巨制鸿篇，填补了我国词学批评史上的空白，实为词林之盛事。

二、词学评论

唐先生对词学的贡献还表现在词论研究的博大精深。词的创作先于评论。随着词体的产生、成熟和创作的繁富，词学评论逐渐形成，其研究对象、方法和范式，也在历史发展中不断演进和开拓。自两宋至近代，千百年来已成为一个体系完整的专门之学。前人评论词作，大都采用词话的形式，唐先生虽没有留下词话专著，但收入《词学论丛》的论述有 34 篇（不包括与人合作的论文），涉及的面极为广泛。至于先生所写“考证”、“札记”等文中，有关记录词人轶事、词作艺术探微阐幽等亦不少，如果统汇一处，可以说是一部别具特色的有价值的《词话》专著。

唐先生论词的“批评之学”，师承于端木埰，而“导夫先路”者实为周济。经过王鹏运、陈廷焯、况周颐、朱祖谋诸家的努力，开疆拓宇，最后由吴梅先生直接传授，而自成一家之学。唐先生不仅精通两宋金元词作，熟悉明清至当代词家，而且对词史、词乐、词律等方面都有深厚的造诣。因此纵论古今词坛，全局在胸，别具卓识。尤其是所撰《历代词学研究述略》，从词的起源、词乐、词律、词韵到词人传记、词集版本、校勘、笺注、辑佚、评论等，进行全面深入的评述，体现了先生对词学宏观研究的成果。至于其他方面，略举数端，以窥一斑。

一是强调词作“重、拙、大”之说。关于此三字的来历，有人以为是况周颐所创言，况周颐《蕙风词话》卷一曾提出“作词有三要，曰重、拙、大”。夏敬观《柯亭长短句序》云：“夔生（况周颐）创重、拙、大之说，特有见解。”其实况氏并非首创者。或谓朱祖谋首先提倡，也不符事实。徐珂《近词丛话》谓况周颐尝自述其填词之所历，曰：“余自同治壬申、癸酉间，即学填词，所作多性灵语，有今日万不能道者，而尖艳之讥在所不免。光绪己丑（1889）薄游京师，与半塘（王鹏运）共晨夕。半塘词夙尚体格，于余词多所规诫，又以所刻宋元人词属为校雠，余自是得窥词学门径。所谓重、拙、大，所谓自然从追琢中出，积心领神会之而体格为之一变。”可知况氏所言乃源于王鹏运。龙沐勋《清季四大词人》云：“鹏运论词，夙尚体格，其所揭橥之宗旨，曰重、拙、大。”然而王鹏运揭此三义，实受教于端木埰。唐先生在《端木子畴与近代词坛》中指出：

> 吾乡端木（埰）子畴先生，年辈又长于王氏（鹏运），而其所以教王氏者，亦是止庵（周济）一脉。

又云：

> 先生尝手书《宋词赏心录》以贻王氏。先生有作，王氏见即怀之。可见王氏倾倒先生之深。

由此可知启发王氏提出“重、拙、大”主张的是端木埰，故陈匪石先生《宋词赏心录》跋语云：“近数十年词风大振，半塘老人遍历两宋大家门户以成拙、重、大之诣，实为之宗，论者谓为清之片玉。然词境虽愈变愈进，而启之者则子畴先生。”唐先生在同书跋语中更进一步断言：“此册所录共七家，词仅十九首，然已兼包周氏四家、戈氏七家之选，具见重、拙、大之旨，大辂椎轮，此其权舆欤！”近年来有人向他请教，“三字究竟出自何人？”唐先生回答说：“朱、况都不是，最早提出重、拙、大三字的是端木先生。”（《文教资料》1985 年第 5 期）实发前人之所未发。

何谓重、拙、大？蔡嵩云《柯亭词论》解释说：“重谓力量，大谓气概，拙谓古致。”所释太简略、太抽象。夏敬观推进一步，在《蕙风词话诠评》中说：“按况氏言，重、拙、大为三要，语极精粲。盖重者轻之对，拙者巧之对，大者小之对，轻、巧、小皆词之所忌也，重在气格。”又云：“况氏但解重、拙二字，不申言大字，其意以大字则在以下所说各条间。余谓重、拙、大三字相连系，不重则无拙、大之可言，不拙则无重、大之可言，不大则无重、拙之可言。析言为三名辞，实则一贯之道也。”（《蕙风词话》附录，《词话丛编》新版）唐先生则从词风上加以评论，认为“况蕙风所标重、拙、大之旨，实皆特重厚字。惟拙故厚，惟厚故重、故大，若纤巧、轻浮、琐碎，皆词之弊也”（《论词之作法》）。这是对重、拙、大之旨的深层阐发，也是先生论词教人的规矩准绳。

二是论述词风之“雅、婉、厚、亮”。唐先生拈此四字，指出古人词作名篇之所以为人称道者，无不具有此四种作风，并在《词论之作法》中申释其旨：雅——清新纯正；婉——温柔缠绵；厚——沉郁顿挫；亮——名隽高华。

接着唐先生又引用具体词作和词话，进行详情剖析，旧说新诠，议论透辟。如对“婉”的阐释云：

> 词之所以异于诗者，在于婉。诗有婉，有不婉，词则非婉不可。诗过婉嫌弱，词则不婉嫌率。故少游以婉为诗，则为元遗山所讥，而以婉为词，则为一代正宗。飞卿词云：“鸾镜与花枝，此情谁得知。”韦端己词云：“凝恨对斜晖，忆君君不知。”柳耆卿词云：“衣带渐宽终不悔，为伊消得人憔悴。”欧阳永叔词云：“日日花前常病酒，不辞镜里朱颜瘦。”论其佳处，皆在于婉。少游远祖温、韦、冯、李，近承晏、欧，其词温柔缠绵，一往情深，既非急管繁弦之音，又非哀丝豪竹之音，一种和平悠扬之音，读之令人荡气回肠，哀乐不能自主，宜人称之为婉约之宗也。

唐先生对婉约词派的总体评论，既吸取了前人研究的成果，又有所发展提高，对后辈启发甚大，由于先生平时酷爱秦观词，心领神会，研究有素，曾撰《秦观》一文，称其“词既丽且清，卓然自成一家”。故上面引文中概括秦观词情韵兼胜的特色，自然别出手眼。当然以上四种作风，并非互不相关，而是有机联系的，正如唐先生所说：“雅、婉、厚、亮四种词风，皆消息相通，相因相济，学者守之，趋向自正矣。”

三是注重“实证”的批评风格。晚清以来词学复兴，其标志不仅在名家辈出，词籍善本、珍本纷呈，而且词学批评也出现多元的趋势。词学已由“文苑的附庸”蔚为大国。但从批评角度看，其偏差流弊也在所难免。龙沐勋在《研究词学之商榷》中说：“前辈治学，每多忽略时代环境关系，所下评论，率为抽象之辞，无具体之剖析，往往令人迷离惝恍，莫知所归。此中国批评学者之通病，补苴罅漏，是后起者之责也。”故他主张在诸家词话之外，别立“批评之学”。尽管至今尚没有一部《中国词学批评史》问世，但“前修未密，后出转精”，在词学批评的研究中，继起者都作出了各自的贡献。唐先生治词的批评之学，发挥了乾嘉以来学者治经稽古的考据之长，用“实证”

的方法，客观的态度，以还词家轶事、作品之真面目，庶不致迷误来者。如《读词三记》中说：

> 明清人引宋人轶事往往有误，盖因明清人自由剪裁宋人载记，字句俱不符原文，故引用宋人说词之语，必须用宋人第一手资料。明人误引宋人书，清人又误引明人书，展转沿讹，贻害不浅。

唐先生所举的例证，是明蒋仲舒《尧山堂外纪》记张文潜事云云，“因文潜作大石调《风流子》故也”。清《历代诗余》照此过录，其实此条原始资料出自宋胡仔《苕溪渔隐丛话》前集所引《王直方诗话》，对照原文，不但节录有误，漏掉了王仲至，而且并未言及张文潜作《风流子》事。类似这种订误纠谬的文字，已发表的就有百条以上。当然词学名家也难免“千虑一失”。唐先生一旦发现旧著中的失误，随即加以修正，如江苏古籍出版的《宋词四考》中李漳、李泳、李洤、李淛为江苏扬州人，先生据友人所告，复查方志，确定他们都是江西庐陵李洪之弟，即通知出版社再版订正，这反映了先生一贯所持的严谨学风。至于在批评的客观态度方面，唐先生评《人间词话》是有代表性的。自王国维《人间词话》刊印以来，一时学人交口赞誉。先生也称颂其“议论精到，夙为人所传诵”。但王氏此书毕竟是早年所作，间有未当之处。唐先生从词体本身研究出发，指出它有“未尽当者”。概言之有三点：其一，以“情韵”补充“境界”之说。王氏论词，首标“境界”二字，因为词中紧要之事，然不可舍情韵而专倡此二字。其二，指出姜白石天籁人力，两臻高绝，所写景物，往往精细入微，而王氏极诋白石，以“隔”少之，殊为皮相。其三，王氏论柳永、周邦彦，亦有不符实际之处，谓“北宋名家，以方回（贺铸）为最次”，尤为不知方回者。这些都体现出先生评论的实事求是态度，而决非率意褒贬。

四是鉴赏与治词心得相融合。鉴赏的学问在于对词的思想与艺术作出审美价值判断，属于词学批评的一个组成部分。词家的眼光和素修显示出鉴赏水平。近年来社会上掀起古典诗词鉴赏“热”，曾遭人非议，虽事出有因，但其中不可忽视的因素，恐怕与出版中的“劣质”产品影响声誉有关。由此想到前辈学者名家的鉴赏之作，如夏承焘、唐圭璋、俞平伯、沈祖棻等，所作阐释正确，内涵丰富，分析细致，为后学树立了典范，对提高当今词作鉴赏质量是很有助益的，因而值得研究。

唐先生所写鉴赏文章传世的并不多，除了少数应约之作外，大多写于授课之暇。1981 年出版的《唐宋词简释》就是在 1940 年重庆中央大学讲授《宋词选》的基础上扩充而成的。从这部力作中可知先生鉴赏词作的套路，着眼于词之作法与体会，以帮助学生领会词旨。因为“各家词之风格不同，一词之起结、过片、层次转折，脉络井井，足资借鉴。词中描绘自然景色之细切，体会人物形象之生动，表达内心情谊之深厚，以及语言凝练，声韵响亮，气魄雄伟，一经释明，亦可见词之高度艺术技巧”(《简释》后记)。欲达到“释”而“明”的境地，必须首先了解词旨。如果不明本义而加以“引申”，那就会“失之毫厘，谬以千里”。为了说明问题，让我们引述先生对吴文英《八声甘州》的简释：

> 此首游灵岩词。起从远望点灵岩。“幻苍崖”三句，吊馆娃宫。“箭径”两句，吊采香径。“时靸”两句，吊响屧廊。换头，承上吊古之意，言吴王以沉醉而亡国，范蠡以独醒而全身。“问苍波”以下，空际转身，将吊古及身世之感尽融入景中。前片所言馆娃宫、采香径、响屧廊，俱已化为乌有，只有山青水碧，乱鸦盘空而已。末句，更转一境，亦“更上一层楼”之意，与起句相应。全篇波澜壮阔，笔力奇横。

这种深入细致、要言不烦的分析，贯穿于全书之中。更可贵的是这些释语中常常反映了唐先生对词学研究的独到见解。例如李白《忆秦娥》释语最后说：“北宋李之仪曾和此词”。按李之仪所作《忆秦娥》(用太白韵)，乃为证明李白作此词提供了新的依据。又如说李煜《破阵子》(四十年来家国)“上片极写当年江南之豪华，气魄沉雄，实开宋人豪放一派”。李煜词风对宋代婉约词派的影响是大家公认的，但“开宋人豪放一派”之说，则为前人所未发。这些给人以启迪的精彩之笔，至今仍然吸引着广大读者。

三、歌词创作

唐圭璋先生继承发扬前辈词学家既精通词学，又擅长填词的优良传统。他早年作词唱曲，有着得天独厚的师承渊源和良好的创作氛围。吴梅先生在东南大学时领导学生组织词社，取名“潜社”（取“潜心学术”之意），先生与段熙仲、王季思、张世禄等一起作词。吴梅先生教填词的方法很别致，除了课堂讲授，每月还利用一个星期假日带领学生游览南京名胜古迹，观赏自然风光，然后命题填词，当场批改。后来还刻印过《潜社词刊》。先生深厚的词学功底，就是得力于吴梅先生的指导。到了1934年，前辈词家云集南京。吴梅先生又发起组织“如社”，与社者有廖竹庵、林铁尊、仇埰、石云轩、陈匪石、乔大壮、汪旭初、蔡嵩云等人，先生也在社中，一时形成了江宁词人创作群体。这个词社规定每月集会一次，由各人轮流选择词调，不限词题与词韵，但要求词调体式所依四声，均依宋词名家之作为准。先生《梦桐词》集中所收《倾杯》依柳永“鹜落霜洲”体，《换巢鸾凤》依梅溪（史达祖）四声，《绮寮怨》倚清真（周邦彦）四声，《惜红衣》倚白石（姜夔）四声，《水调歌头》依东山（贺铸）四声，《泛清波摘遍》依小山（晏几道）四声等，就是先生当年苦思吟咏的篇章。这个词社的创作，曾刻印过《如社词钞》一册，其余稿件均汇集在唐先生处，后因战事，未能续刊，原稿也已散失，诚为憾事。晚清江宁词坛由端木埰开其端，发展到吴梅、仇埰、陈匪石、汪旭初、唐圭璋等人组织的词社团体，已形成名副其实的江宁词派，与沪、杭二地词坛鼎立而三。唐先生在陈匪石《宋词举》后记中论其“所作《倦鹤近体乐府》，不偏南北，不主一家，吸收众长，融会贯通”，可以说是体现了江宁词派创作的共同特征，而继承这种特征并能发展至当代的，则唯有唐先生一人。正因为先生早年词作严守格律，具有深厚的功力，所以运用到词籍校勘、词学研究方面能取得一系列的丰硕成果。例如先生对《彊村丛书》中所刻元词“补正”云：

> 丘处机《磻溪词》中《水龙吟》（混元南岳初开）一首：“云散十方三界”，“界”字失叶，《道藏》本作“岛”，是。
>
> 又，《梅花引》（无名客）一首：“贯千金”，“金”字失叶，

《道藏》本作“径”，是。

又如赵雍《赵待制词》中《蝶恋花》(颜色如花肤似雪)一首：“肤似雪”，振绮堂本作“肌似雪”，“肤”字声误，作“肌”，是。

这样的“补正”，如果没有丰富的词学创作实践，是很难遽下断语的。所以先生常对学生辈说，研究古代诗词而不会创作旧体诗词，要想不说外行话，很难。新中国成立前，先生在大学任教期间，常要求学生当堂填词作为考试成绩，就是从自己的切身体会出发的。从先生的歌词创作来说，早年严守声律而苦吟，迨至抗战军兴，先生只身避蜀，不仅饱经颠沛流离之苦，而且备尝与骨肉生离死别之痛，发为词章，更觉感人心脾，如《行香子·匡山旅舍》：

狂虏纵横，八表同惊。惨离怀、甚饮芳醽，忍抛稚子，千里飘零。对一江风，一轮月，一天星。 乡关何在，空有魂萦。宿荒村、梦也难成。问谁相伴，直到天明。但幽阶雨，孤衾泪，薄帷灯。

又如《鹧鸪天·登观稼台》：

飘荡经年总可哀，日长无俚独登台。田间万绿分深浅，湖上千红半落开。 人去远，信来稀。最难细数是归期。何当扫却妖氛净，一夕飞腾到古淮。

还有《菩萨蛮·辛巳除夕宿重庆小龙坎大雪》：

年年只见江南月，今宵却见江南雪。火冷已三更，开门四野明。 无家空有泪，谙尽天涯味。万里一灯前，娇儿眠未眠？

从这些诗篇中，可窥见先生眷念家国之真挚情愫，几乎字字是泪，句句是血。先生曾将这部分词作辑为《南云小稿》，后收入杨公庶《雍园词钞》。先生虽创作了大量词篇，然因长期不愿汇编成集，以致散佚不少。至1987年编成《梦桐词》集，收词仅一百三十三首，其散佚者有待于增补。

唐圭璋先生对词学事业，从词籍校勘、词学评论到歌词创作，都倾注了毕生的心血，推出一部又一部前无古人的不朽巨著。唐先生一贯宽容待人而严于律己，乐于助人而无私奉献，其道德文章，世所共仰。晚年依旧笔耕不辍，诲人不倦，为培养一批批词学硕士生、博士生作出了新的贡献。为了表彰先生治词育人的功绩，去年国家授予他“有特殊贡献的专家”这个光荣称号。综观其一生业绩，确是当之无愧的。

（原载《文学遗产》1992年第2期）

【作者简介】

曹济平，男，1931年生，江苏武进人。南京师范大学文学院教授。1958年南京师范学院中文系毕业，长期从唐圭璋先生研治宋词。著有《芦川词笺注》、《张元幹词研究》等。

唐圭璋先生的治学经历与人格精神

——《词的真伪与高下》①导读（节录）

王兆鹏

本书是先师唐圭璋先生的词学论文选。谨介绍其为人为学的几个侧面，以便读其书想见其为人。

一

唐师一生，始终是读书、教书、著书。庚子赔款那年，也就是光绪二十六年十二月初四（1901年1月23日），他生于南京一位私塾教师的家庭。六岁上私塾，读《幼学琼林》、《古文观止》和《唐诗三百首》，奠定了古典文学的初步基础。七岁时父亲不幸去世，不久母亲又病故，从此他孤苦无依，只得寄居舅父家。舅父开杂货店，想让他当学徒，可年幼的唐师自有主见，不愿当学徒，想读书，十二岁，进南京市立奇望街小学就读。他的勤奋好学，感动了校长陈荣之先生。陈校长爱护他如子侄，资助他一切费用。少年老成又聪慧懂事的唐师更加刻苦攻读，从早到晚，手不离书本。小学毕业时，获得南京市会考第一名。

十五岁小学毕业后，唐师考入南京江苏省立第四师范学校，又得到校长

---

①《词的真伪与高下》已由生活·读书·新知三联书店、生活书店出版有限公司出版。

仇埰先生的赏识和鼓励。读师范期间，除学习自然科学和英语之外，他特别爱好古典文学，饱览《诗经》、《楚辞》及唐诗宋词原典，进一步夯实了古典文学的基础。英语也学得特别棒，后来他翻译过美国欧·亨利的小说《波斯智者的礼物》，发表在1929年12月21日的《中央日报》副刊上。欧·亨利小说的英文原标题是*The Gift of the Magi*，近些年国内语文教材多译为《麦琪的礼物》，或译为《圣诞礼物》，这两种翻译，都不准确。因为Magi是指耶稣诞生时波斯拜火教的法师（Magician），英文缩写为Magi。随着基督教的发展，波斯拜火教法师被改为智者（Wise Man）。八十多年前唐师的翻译，比时下的翻译还要高明准确，可以想见当年唐师的英语水平相当了得。

五年师范毕业，唐师留在学校附属小学当老师。1922年，考入东南大学（后改为中央大学）中文系。因南京著名画家梁公约的推荐，唐师受到系主任陈中凡先生的照顾。梁氏曾致信陈先生说："唐君圭璋，即在贵校肄业。此君孤露，志学甚坚，可否乞公设法，使每日写讲义一二张，为补助学费计，千万注意为祷！"① 陈先生也慨然应允，安排唐师勤工俭学，并请他到家里给自己的子女做家教，给予经济上的资助。孤苦伶仃的唐师，求学期间总能得到师长的特别眷顾，命运之神给他关闭了一扇门，又给他开启了另一扇门。

1923年，词曲大师吴梅先生从北京大学到东南大学任教，原来偏爱诗文的唐师，跟随吴梅先生学习词曲。在吴先生的引导下，唐师走上词学研究之路。读大学期间，曾汇辑《纳兰容若词》，后来书稿交给神州国光社，因出版社停办，书稿遗失。吴先生不仅仅是学者，还精通昆曲，既能创作剧本，也能当导演，做演员，更能吹笛伴奏。受吴梅先生的熏陶和指点，唐师也学会了唱昆曲和吹笛箫。课余时间，老师唱曲，学生伴奏，其乐也融融。吴先生又组织词社，指导学生填词，还常常带领学生外出寻幽探胜，寻找诗材词料。唐师天赋既高，又勤奋好学，加上吴先生的精心点拨，词的创作水平日益提高。吴先生对唐师也赞赏有加，寄予厚望，曾在日记中写道："余及门中，唐生圭璋之词，卢生冀野之曲，王生驾吾之文，皆可传世行后，得此亦足自豪矣。"②

---

① 吴新雷：《记唐圭璋先生的嘉言懿行》，见钟振振编《词学的辉煌——文学文献学家唐圭璋》，南京大学出版社2001年版，第95页。

② 吴梅：《吴梅全集·日记卷》，河北教育出版社2002年版，第667页。

1928年大学毕业后，唐师在江苏省立第一女子中学教语文，又在中央军校教历史。教学之余，致力于词学研究，先后编成《全宋词》和《词话丛编》等巨著，并发表一系列词学论文。1937年，抗日战争全面爆发，唐师随中央军校西迁成都，途经九江、武昌、长沙、宜昌，一路尝尽颠沛流离之苦。

1939年，唐师应汪辟疆先生之邀，辞去中央军校教职，到重庆中央大学任讲师，两年后升副教授，1943年晋升教授。1945年11月，毛泽东的《沁园春·雪》在重庆《新民报晚刊》上发表，引起轰动。国民党当局颇为恼怒，一方面组织人写同调词试图压过其风头，一方面组织学者写文章来讨伐其词的所谓帝王思想。唐师因出版《词话丛编》、《全宋词》和在《词学季刊》上发表系列词学论文，早已是有相当影响的词学专家，故而当时任国民党图书杂志审查委员会审查专员、《时事与政治》杂志社社长的易君左，两次邀约唐师写文章参与“围剿”、讨伐。唐师不便断然拒绝，于是用“拖字诀”。唐师曾就此事征询过他的老师汪辟疆先生的意见，汪先生也支持唐师不写，更坚定了唐师的决心。事情过了一个多月后，唐师才于1946年8月4日策略地回信给易君左：

> 君左仁兄先生：
>
> 前在校时曾奉六月廿六日手书，嘱为《中国之词》一文，本拟勉应尊命，奈系务（师范学院国文系归并中文系）及新生考试事先后萦心，遂致不获稍安握管，有负雅望，慨歉奚如。今小休此间，如可宽假时日，当及此补过也。匆复。并颂著安。
>
> 弟唐圭璋顿首
>
> 八月四日
>
> 土桥清华中学周光午先生转，月底则返中大。[①]

唐师以为此信可以平息易君左的不满。没想到，易君左是奉国民党中央宣

---

① 虞山平衡编：《名家书简》，万象图书馆1949年版；张增泰：《三生有幸识唐老》，见钟振振编《词学的辉煌——文学文献学家唐圭璋》，第138页。

传部的旨意，唐师的拒绝，得罪的不止是易君左，而是国民党当局。所以，1946年回到南京后，他就被中央大学解聘。当时中央大学中文系主任伍叔傥，是国民党政府教育部长朱家骅的连襟，不动声色地按照上峰的意图将唐师解职。唐师失业后，幸好同学卢冀野帮助，介绍他到南京通志馆任编纂。

1949年，“中央大学”中文系主任伍叔傥随国民党逃走后，胡小石先生接任主任，于是聘唐师回校任教。1950年，“中央大学”改名南京大学，执行对旧知识分子的思想改造政策，送唐师到苏州华东革命大学政治研究院学习。学习期间，唐师曾悄悄地去听过老朋友李叔同讲佛学，不料被人告发，说他政治学习期间去听佛学，思想意识有问题。1951年2月结业时，唐师因此被“分配”到长春会计专科学校任教。一位年过半百的著名学者、古典文学教授，被发送到苦寒的大东北去教语文，唐师自然明白这意味着什么。他虽然身高一米七五，但极瘦弱，体重只有七十多斤，到了冬天，无法忍受长春的严寒，无奈只能苦熬。好在天无绝人之路。唐师教语文课时，教学生写词，表扬过一位女学生的习作。这位女生将自己写的词拿回去给哥哥看，说是老师唐圭璋很欣赏她写的词。女生的哥哥是东北师范大学校长成仿吾的秘书，听说唐圭璋的名字后，大为惊讶，起初还不相信，确认之后，就把唐师在会计学校任教的消息告诉了成仿吾校长。成校长早闻唐师的大名，于是把唐师调入东北师范大学任教。在东北师大不久，唐师实在吃不消长春的寒冷气候，就提出调回南京。他的老师陈中凡将他推荐给南京师范学院中文系主任刘开荣教授。成仿吾校长念及唐师的实际困难，同意唐师调到南京师范学院。1953年秋天，唐师终于回到南京。此后，一直在南师教书育人，直到1990年11月28日仙逝。

唐师在南京师范大学任教近四十年，培养了不少词学人才。中国词学研究会名誉会长杨海明、中国韵文学学会前会长钟振振、中国词学研究会会长王兆鹏、中国词学研究会副会长刘尊明、夏承焘词学奖一等奖得主肖鹏等，都是唐师的嫡传弟子。中国词学研究会副会长赵维江、孙虹，中国词学研究会常务理事王晓骊、刘东海、刘荣平、宋秋敏、张幼良、张再林、郁玉英、姚蓉、高峰、钱锡生、曹辛华、董希平、路成文、谭新红、薛玉坤、汪超等，都是唐先生的再传弟子。

二

唐师一生，命运极坎坷。七岁时父亲病逝，十一岁时母亲病故，三十六岁时妻子一病不起。五十六岁时次女病亡，六十七岁时长女又因病离世。少年丧父母，青年丧妻，晚年丧女，这些人世间的深哀巨恸，他都一一经受。

从小就经受的苦难，磨炼了他坚毅的性格。唐师治学，强调“五心”：雄心、决心、信心、恒心、虚心。这“五心”，是他一生治学精神的总结，也是他坚毅性格的体现。他三十一岁就立志编《全宋词》，足见其雄心。无论遇到什么困难，都痴心不改，足显其决心、信心和恒心。三十四岁时一度失业，又遇师母卧病在床，他一边照顾病人，一边继续搜罗整理宋金元人词作。师母病故后，他强忍心中的悲痛，编成《全宋词》，成就亘古伟业。

唐师既专于业，又深于情，一生重情重义。尤其是对师母生死不移的爱恋，动人心魄、感人肺腑！

唐师母姓尹，是大户人家的闺秀。唐师二十四岁就读东南大学期间，因为长相好、品德好、学识好而被尹家选中，入赘尹府。婚后两人感情十分融洽，家庭生活充满艺术情趣。唐师填词吹箫，师母随声拍节和唱。唐师《望江南》组词回忆道：“人眠后，吹笛夜凉天。丽曲新翻同拍节，芸香刚了又重添。谁复羡神仙？”节假日，一同外出游赏，至晚兴尽方归：“花丛外，艇系小红阑。细语生憎风水乱，夜凉多恐着衣单。戴月踏莎还。”唐师病了，师母亲为调药护理，无微不至：“帘栊静，几日病缠绵。素手纤纤劳敷药，柔情脉脉立灯前。痛苦亦心欢。”“痛苦亦心欢”，道出了唐师与师母心心相印的惬意与满足。

可好景不长，师母后来患病瘫痪，唐师日夜守护料理，访尽名医也无力回天。1936 年除夕，师母受尽病痛的折磨后留下三个幼女而与世长辞。师母病逝后，唐师无法摆脱心灵的怆痛，常常独自到师母的坟上哭泣、吹箫，一吹就是一整天。那回荡云天、凄凉哀怨的箫声，饱含着唐师多么大的痛苦，寄托着唐师多么深的情意！唐师的痛苦中夹着自责与内疚，自恨无力拯救、挽回师母的生命。他在《忆江南》词中伤心地哭诉：“绵绵恨，受尽病魔缠。百计不邀天眷念，千金难觅返生丹。负疚亦多端。”带着对师母深沉执着的爱和“多端”的内疚，唐师立志不再娶。他用后半生五十四年的独居生活，书写了对师母生死不移的爱恋。元稹写完悼亡诗“曾经沧海难为水，除却巫山不是云。取次花丛懒回顾，半缘修道半缘君”，不久就移情别恋，跟唐师执着永恒的爱情相比，简直是云泥之别。

唐师爱师母，爱子女。师母去世时，三个女儿尚幼。唐师为了不让她们受委屈，终生不续弦。五十六岁时，二女儿病逝，唐师将两个年幼的小外孙接来亲自抚养。六十七岁时，长女也因病离世，留下十四岁的独生女，唐师又接到身边养育成人。年近古稀，还要代女儿抚养外孙。

他对学生的爱也是无微不至，每逢佳节，总要请门生到家中餐叙。即使是晚辈后学，也关怀备至。广东东莞的中学教师杨宝霖，因经常与唐师通信请教词学问题而相识。1982 年，他到南京图书馆查资料，时逢端午，唐师特地嘱家人持便条请他到家中餐叙：“每逢佳节倍思亲。君客中寂寞，今日端阳节，务请于今晚六时惠临舍下便饭。”1984 春节，杨宝霖在北京查校词集，唐师知悉后又致函其早年的学生予以关照：

> 伯先仁弟：
>
> 我的好友杨宝霖同志来京校《全芳备祖》，春节不回东莞故乡。杨君治学，艰苦已极，我深深仰佩，也深深念其在外寂寞，举目无亲，因盼弟与静珍留其在尊处一过春节，就如我来尊处。杨君在我处如家人，想至弟处亦如家人，随茶便饭，寒士本色。我不客气与弟言，望弟亦勿客气待客。附诗一首：
>
> 杨君治学滞都门，万里关山劳梦魂。
> 客舍寂寥聊问讯，敢烦梁孟赐春温。
>
> 唐圭璋拜
>
> 一月十七日①

其情殷殷，读之动人！对一位没有任何师友渊源的学界友人尚如此关爱，其大爱无疆，不难想见。

① 杨宝霖：《十年恩德　没齿难忘》，见钟振振编《词学的辉煌——文学文献学家唐圭璋》，第 121–152 页。

唐师的尊师，也令人动容。王季思先生说他“著作等身，声华日盛，而乐于称扬师德，奖励后生，自视常若不足，更是并世学者所少见的”[①]。他对老师吴梅先生终身感念。1937 年，吴梅先生客居湘潭，唐师特地前往拜望，他的《吴先生哀词》写道：“予过长沙，尝买舟谒先生于湘潭柚园，兵间相遇，几疑梦寐。在先生则喜闻足音，在予则快接光风。然予见先生白发苍颜，冻足蹒跚，心窃忧之。是夕酒阑灯灺，倾谈不倦，言念国家，欷歔无限。”“翌日，予拜别，先生执手丁宁，既盼有暇重来，复期鸿雁勿疏。衡门久伫，弥深缱绻之情。”[②] 两年后，吴先生不幸病逝，唐师闻之，悲痛不已，特撰《吴先生哀词》以哀悼，感恩吴先生对自己的培养和鼓励：“计予从先生十六载，勉予上进，慰予零丁，示予秘籍，诲予南音，书成乐为予序，词成乐为予评。”唐师对吴先生的感情，日久弥深。晚年跟门弟子辈谈及吴先生，总是满怀深情，并不断写文章回忆吴先生。八十岁以后，每次写文章回忆自己的学词经历、治学道路，都会浓墨重彩书写吴先生对自己的教导。1982 年写的《自传及著作简述》、1985 年写的《我学词的经历》，都用相当的篇幅回忆吴先生的教学风格和对自己学词治词的引导。唐师对吴先生的感恩、尊敬，不仅是在文章里回忆，而且在行动上落实。每年三月十七日是吴先生的忌日，这天唐师都要吃斋，以表达对吴先生的怀念。1980 年，华东师范大学马兴荣先生告知，吴先生在苏州蒲林巷的故居被人分占，吴先生的儿媳仅住一间阴暗潮湿的小房间，生活十分困苦。时年八十岁的唐师知道后，与省政协同仁吴白匋等先生联名提案，请归还吴先生之屋。此事解决后，唐师才释然。1984 年 11 月，唐师与同门任中敏、万云骏教授努力争取，苏州市举行了吴梅先生百年诞辰（1884—1984）纪念活动，恢复故居，迁建墓址。唐师从不为个人的事情给单位提要求，而为筹办吴先生的纪念活动和恢复其故居，则竭尽所能，不遗余力。

不独对吴梅先生，唐师对其他老师也是敬重有加。抗战初期，唐师和他的老师陈中凡先生都随学校西迁成都，陈先生在金陵女子大学执教，住市区内；唐师在中央军校任教，住远郊。陈先生喜唱昆曲，而无人伴奏。唐师为

---

① 王季思：《高风亮节　永耀词林》，见钟振振编《词学的辉煌——文学文献学家唐圭璋》，第 41 页。

② 唐圭璋：《词学论丛》，上海古籍出版社 1986 年版，第 1039 页。

慰藉陈先生客居异乡的寂寞，每逢节假日必带箫笛，进城为陈先生伴奏。胡小石先生也是唐师的老师，唐师每年春节都要到胡先生家拜年。胡先生去世后，唐师仍然每年去给胡师母拜年，一直坚持到辞世的前两年。

唐师是学者，也是词人。其悼亡词，尤为动人，有纳兰容若风调。如“昏灯照壁，轻寒侵被，长记心头人影。几番寻梦喜相逢，怅欲语、无端又醒。”（《鹊桥仙·宿桂湖》）“经岁分携共渺茫。人间无处话悲凉。三更灯影泪千行。　袅娜柳丝相候路，翩跹衣袂旧时妆。如何梦不与年长。”（《浣溪沙》）真可谓“字字回文如血吐”（《蝶恋花》）。抗日战争期间写的词，或沉郁，如《行香子·匡山旅舍》：“狂虏纵横，八表同惊。惨离怀、甚饮芳醽，忍抛稚子，千里飘零，对一江风，一轮月，一天星。　乡关何在，空有魂萦。宿荒村、梦也难成。问谁相伴，直到天明。但幽阶雨，孤衾泪，薄帷灯。”或劲健，如《浪淘沙·抗战期间过夔门作》：“天际雾初收，峡束江流。狂涛如雪阴行舟。断壁摩崖千仞立，万古悠悠。　烽火乱神州，消息都休。便无猿啸也生愁。自念江南憔悴客，不是英游。”风格多样，而自成一家。

年轻时，唐师还尝试写过新诗。1927 年 9 月 12 日《盛京时报》转载过他的一首《浔阳曲》：

一片江月，/ 照着枫叶芦花。/ 可笑他江州司马，/ 千呼万唤那商妇的是他，/ 泪湿了青衫的也是他，/ 他倒是歌哭无端的司马！// 说起了江州司马，/ 却不能不怪他。// 你听听琵琶也罢，/ 不该又问她飘泊的伤心话。/ 你只听琵琶，/ 会使你忘却迁谪在天涯。/ 你听她细诉根芽，/ 你的青衫泪湿不是你自家？// 说起了江州司马，/ 却也不能怪他。/ 他便不听琵琶，/ 不听伤心话。// 他一掬辛酸泪，/ 也要向江天的月儿洒。/ 便不向江天的月儿洒，/ 怕瑟瑟的枫叶芦花，/ 也不由他。

此诗旧曲翻新，既有新诗的韵致，又有古诗的格调。1931 年 3 月 8 日、3 月 15 日唐师又在《中央日报·中央画刊》分别发表《易水悲歌》和《西台之泪（拟谢皋羽）》：

你们的嘱咐我已领了，/我的酒也喝够了；/听听这西风萧萧，/看看这易水滔滔；/我便要独上咸阳道。//此去咸阳道：/成也好，/败也好；/手刃了祸国的奸雄，/一了百了。//说甚么去去归来早，/说甚么万古姓名标；/谁希望侥幸归来早！/谁要讨后世一声好！//别了别了，/请你们莫再唠叨！/须知道：/荆轲的匕首只一把！/荆轲的心肠只一条！

国破身亡，/一身飘流，/何处安顿我这孤囚？/有酒难浇万斛愁，/有剑难斩匈奴头，/莽天涯，没个知心友！/寒风起塞外，落日挂西楼；/睁裂了星眸，/敲碎了如意，/问何时恢复旧神州？

这两首诗跟《浔阳曲》一样，都是从旧题材中翻出新意境。稍后他又在1931年4月12日的《中央画刊》发表《落日》：

千仞山，/独立苍茫，/看落日下平冈。/放射出万缕霞光，/染红了枯枝，/染红了乌翮，/染红了天外的云水乡。//似大火在烧，/似鲜血在流；/血——/是离人的眼中血？/是沙场的战士血？/是糁合在一齐流？//有多少/登楼长啸，/把栏干敲遍；/有多少/荒村古道，/一鞭直向天涯袅；/更多少/军营炊煮，/马鸣风萧萧。

这几首诗，风格比较统一，都渗透着一股古典的韵味。而情绪高昂，是血性男儿的手笔，可见想象当时诗人的意气风发。

青年时代的唐师，兴趣广泛，唱昆曲，吹笛箫，写诗词，译小说。他不是关在书斋里埋头做学问的书呆子，而是满身散发着才情的艺术型学者。

三

唐师毕生研究词学，自成体系。其词学研究的体系，包含词体、词作、词人、词史、词论和词学史这六大层次。

词体，指词的文体特性和形式层次，主要包括词源、词乐、词律、词韵四个部分。词源，是探讨词的起源。唐师曾说："词的起源，为研究词史的第一个问题。""词的起源是和音乐有密切的关系，我们不能离开音乐而谈词的起源。"[①] 词起源于隋唐燕乐，词乐是燕乐的重要组成部分。词乐研究的对象，是词的音律，涉及的问题有宫调、旁谱等。由于词乐失传，词的音律、音谱也都随之亡失。后人所作《词律》、《词谱》，考究的并非音律、音谱，而是文字格式。有关词的文字格式研究，主要是词调和词体。词调研究，又包含词调来源、词调类别、词调演变和词调谱式四个方面。词体研究，则涉及体式变格、分段、字法、句法、章法和平仄四声等。本书所选《论词之作法》，对词的字法、句法、章法，有十分精彩而细致的例举分析。词韵问题，主要是研究韵部与韵法，唐师对唐宋词中的用韵方法多有探究[②]。

词作，指词的作品文本。词作研究，包含词作的整理考订和词作的鉴赏批评两大层面。词作的整理考订，可分目录版本、校勘、辨伪、辑佚和笺注五端。这五个方面，唐师都有卓越的成果。1940 年所撰《宋词版本考》，将历来书目所载及传世词集版本汇聚一处，俾承学之士探源穷流，察其完缺，辨其优劣，开宋词目录版本研究的先河。本书所收《宋词别集叙录》，考叙九十九家宋词别集的版本源流，比较各本的优劣异同，凡卷数之分合、词数之多寡，序跋之有无，文字之正误，都一一考述，是词集版本目录研究的力作。词集校勘，是词学研究的重要课题，因为词集流传，或辗转抄写，或屡经重刻，常有讹误。唐师早年曾用力校释敦煌《云谣集杂曲子》，而其《全宋词》的校勘之功，更迈越前贤，不仅校正误，而且补阙、辑佚和祛伪，在晚清王鹏运《四印斋所刻词》和朱祖谋《彊村丛书》的基础上，将词集校勘水平提升到一个前所未有的高度。唐师穷毕生之力，考辨宋词真伪，《宋词互见考》之外，还曾考辨李白、孙浩然、岳飞、朱淑真、文天祥词的真伪，并探索出明先后、察源流、考本事、据题序、参和作、依题跋、验方言等一套系统的辨伪方法。至于词作辑佚之功，也无人出其右。《全宋词》收有姓氏可考的作者 1493 人，词作 21055 首。其中原有词集传世者 197 家，时贤辑录 568

① 唐圭璋：《词学论丛》，第 811–812 页。

② 唐圭璋：《词学论丛》，第 751–752 页、第 666–667 页。

家，唐师自辑925家，超过了有集传世者和他人补辑的总和。《全宋词》初版之后，唐师仍不遗余力地搜罗宋人佚词，本书所收《佚词零拾》即可见一斑。词集笺注之作，则有《宋词三百首笺注》和《南唐二主词汇笺》。

《宋词三百首》，大家都知道是20世纪最风行的宋词选本，但未必知道此书的流行主要得力于唐师的笺注。朱彊村所选原书，1924年刊行，但印数有限，影响不大。1934年唐师的《宋词三百首笺》由神州国光社出版后，才广为流传。笺注本1947年再版，1948年重印。1958年中华书局上海编辑所重版后，更是风行海内外，上海古籍出版社，香港中华书局，台湾中华书局、广文书局、华正书局、学生书局、西南书局、北一出版社、明伦出版社、文史哲出版社、台北汉京文化事业公司等多家出版社一再翻版重印。程千帆先生《圭翁杂忆》曾回忆此书轶事说："朱古微《宋词三百首》，为近代影响极大之选本，霜厓（吴梅）师尤重视之。翁早岁即斐然有著述之意，因博采词话，旁及小说、杂记，以为之笺。书成，辟疆师为推荐于神州国光社印行，以时主该社者，为早岁弟子王礼锡也。书既出，风行海内，重版多次。乃该社办事不周，竟忘致稿酬。抗战发生，该社停办，翁遂一无所获。在成都时，偶一谈及，一笑而已。以是知翁之雅量高致也。"①

唐师以词籍文献整理见称于世，其实他也擅长词的鉴赏批评，而且对词的鉴赏有一套完整的理论方法。他认为，鉴赏词，须先读词。而读词的步骤是，初当读选本，以博其趣；继乃读专集，以精其诣。鉴赏词作，须领会词之结构如何，词之命意如何，词之衬副如何，以及承接转折、开合呼应之法如何。《论词之作法》用具体实例，做了很好的欣赏示范。而其《唐宋词简释》，也是注重从结构、命意、章法角度赏析唐宋词的典范。

词作鉴赏，主要是就一首词而言；词作批评，则多是就一家词或数家词而言。如何着手对一位词人词作进行全方位的批评，唐师金针度人，指出可从风格个性、价值意义、弊病、渊源、影响五个方面切入。他善于用比较方法论析词人风格的异同。《温韦词之比较》就从写人与写境两个方面比较分析了温韦词的艺术个性；其他论秦观词、姜夔词和吴文英词，都是多方比较，以突显词人的个性。批评，既要揭示词人的优长，也要指出其缺失。《纳兰容

① 程千帆：《程千帆全集》第十四卷，河北教育出版社2000年版，第107页。

若评传》就说纳兰词“以任情抒写，少加锤炼，故长调多不叶律，短调亦有平衍之处”。对词人艺术渊源的探析，唐师也时有独到的发现。如说“梦窗运意用笔出清真；而研炼字句，则出贺方回；驱使灏瀚流转之气，则出于柳（永）耳”（《论词之作法》），即为前人所未道。

批评，不仅要有方法，还要有正确的态度。前代批评家，往往以主观好恶随意轩轾，抑此扬彼。如清代浙派，尊南宋而轻北宋；常州派，则尊北宋而轻南宋；尚小令者往往忽视慢词，尚自然者常常轻议凝练。这些都是门户之见。“不知一时代有一时代之所胜，一体有一体之所胜”（《论梦窗词》）。“各运其妙，各具真价。不可执此以议彼，入主而出奴也”（《姜白石评传》）。唐师提倡“会通”与“求是”，他既推崇辛弃疾、陈亮、刘过等英雄豪侠气魄雄伟、精光外铄的词风，也重视姜夔、吴文英等人或传神于虚，或气潜于内的凝练密丽之词。

词人研究，既要考察其外在的人生经历，又要分析其内在的情感态度。考察人生经历的内容包括姓氏、籍贯、世系、生卒、经历、交游等。词人姓名字号，史有明载，似乎不成问题。然而，词人同名或同字者较多，常被混淆，以致词主误植。如北宋晏几道字小山，南宋萧泰来亦字小山，其兄字大山。《翰墨大全》载《满江红》（七十人稀），题作《寿大山》，署名“小山”，乃萧泰来所作。《历代诗余》不知小山为萧泰来，而径改作晏几道，后人辑晏几道《小山词》，不辨其误而收入。唐师首予辨明。词人生卒年，关涉到对词史的理解。如柳永的生卒年，一直不明，前人皆以为年少于张先和晏、欧，故20世纪60年代以前的词史、文学史论著，无论是分期，还是评论，都视柳永为晏、欧、张先的后辈。唐师1957年发表《柳永事迹新证》，推断柳永约生于太宗雍熙四年（987），实年长于张先和晏、欧，从而确定柳词是始出，张先词是继出；柳在先，张在后；柳是主，张是辅。柳永生卒的推定，改变了词史进程的看法。

唐师注重探究词人的内心世界、人格个性与其创作的关系。《屈原与李后主》从天性、情感、精神、生活、态度、思想六个方面比较了二人内在情感世界的异同及与风格的关系。他还注意到词人的禀赋、兴趣和环境对创作个性的影响：“各人之禀赋不同，环境不同，兴趣不同，故其所表现之作品，亦各有异。”（《姜白石评传》）《李后主评传》、《南宋词侠刘龙洲》、《纳兰容若评传》、《蒋鹿潭评传》等都注意结合创作主体的性情禀赋与客观历史环境来论析其词的艺术个性。

词史，是对词人词作的综合研究。唐师注重从个体词风的变化探索一代词风的演进，如论白石、梦窗词，就细察其源流正变；《唐宋两代蜀词》，旨在彰显一地词风之盛；考察宋人父子、兄弟能词的现象（参《词林偶记》），意在突出一门词风之盛，为词史研究提供了独特的视角。

词论，是词的理论与批评。唐师一方面搜集整理词论文献，辑成词林巨制《词话丛编》，一方面努力辨词话之误。清人词话著作，多系辗转抄撮而成，错讹极多。唐师在历辨清人词话之误后告诫，《古今词话》和《历代诗余》、《词林纪事》、《词苑萃编》等所引宋人之书，必须查考宋人原始材料，决不可信清人之误引。

唐师既注重对前代词论文献的整理，也注意自己的理论建构，在前人创作实践的基础上提出新的理论。唐师曾提出雅、婉、厚、亮四字，作为词的审美理想。所谓雅，是清新纯正；婉，是温柔缠绵；厚，是沉郁顿挫；亮，是名隽高华（《论词之作法》）。这是继清人提出的重、拙、大理论之外，又一具有理论蕴涵的审美范畴。

词学史，目的是总结已有成果的得失和进展，为今后的词学研究提供借鉴。唐师评介吴梅、任中敏、赵万里等先生的词学成就和学术贡献，既是怀念与致敬，也是对我们后学的激励与期望。

四

唐师和龙榆生、夏承焘三位先生，是学界公认的词学大师。这三位大师有何气度？治学有哪些特点？回顾他们的治学历程，可以发现他们都有“四气”：锐气、大气、傻气、和气。

三位大师治学，都具有开拓、创新的锐气。二十多岁，就开始学术研究，起步早，起点高。唐师二十六岁时，在《东南论衡》发表《温韦词之比较》，谓温韦词一浓一淡，异趣同工，认为温词“溶情于境，遣词造境，着力于外观，而借以烘托内情，故写人极形容刻画之致，写境极沉郁凄凉迷离惝恍之致。一字一句，皆精锤精炼，艳丽逼人”；而韦词“抒情为主，境系于情而写，故不着力于运词堆饰，而惟自将一丝一缕之深在内心，曲曲写出，其秀气空行处，自然沁人心脾”。温韦并称，始于明代，王世贞《艺苑卮言》说“温、韦艳而促”，胡应麟《诗薮》也说“温、韦虽藻丽，而气颇伤促，意不胜辞”。而唐师是第一次用现代学术理念和思维方式分析温韦词风格和艺术表现的异同。发表此文时，唐师只是一位大学四年级的学生，足显其锐气。

龙榆生（1902—1966）先生二十九岁时，就在《暨南大学文学院集刊》发表成名作《清季四大词人》，清季四大词人的名号，从此成为定论。而夏承焘（1900—1986）先生自学成才，1932 年就写出难度极大和学术含量极高的学术论文《白石歌曲旁谱辨》，发表在当年的《燕京学报》。

由于唐先生和夏先生都很高寿，所以有人觉得大师是“活”出来的，只要能活到八九十岁，自然就被尊奉为大师。其实不然。大师的学术地位固然要等到晚年或身后才被普遍认可，但大师的学术成就，是年青时候就已取得。大师是青年时代“干”出来的，不是“活”到晚年“等”出来的。

唐师的鸿篇巨制《全宋词》、《全金元词》和《词话丛编》，都是年青时完成的。《全宋词》编成于 1937 年，唐师时年三十七岁；《词话丛编》初印于 1934 年；《全金元词》与《全宋词》同时完成，因条件所限，未能同时出版。而唐师的其他名作如《两宋词人时代先后考》、《宋词互见考》、《宋词版本考》、《两宋词人占籍考》（后结集为《宋词四考》）都是三四十岁时写成发表的，《宋词三百首笺》和《南唐二主词汇笺》也是早年的著述。

此外，唐师的理论分析文章，如《蒋鹿潭评传》、《李后主评传》、《南宋词侠刘龙洲》、《民族英雄陈龙川》、《宋代女词人张玉娘》、《论词之作法》、《论梦窗词》、《屈原与李后主》、《姜白石评传》、《纳兰容若评传》、《评〈人间词话〉》等著名论文，也都是四十五岁以前的作品。

可以说，唐师的学术成就和学术地位，在三四十岁时就已获得认可。1936 年，著名藏书家、目录版本学家潘承弼（景郑）在《制言》杂志第八期盛赞唐师《全宋词》说：

> 宋贤遗词，自汲古阁辑成六十家，至彊村始臻完备。彊村所据，多系善本，其校辑之功，远胜毛刻。然所收词籍一百十二家，宋贤菁英，犹未尽也。外此如江氏灵鹣阁、王氏

四印斋、吴氏双照楼，并有刊辑，惜皆一鳞半爪，未快人意。曩岁赵君斐云，校辑前贤所遗，复得六十五家，余读其书而服其用力之勤。今唐君圭璋，复有《全宋词》之辑。综其所得，已逾千家，集诸家之大成，创亘古之伟业，毅力宏愿，钦佩何似！

“集诸家之大成，创亘古之传业”之誉，非一家之私言，乃是四海之公言。程千帆先生亦谓：“《全唐诗》之纂辑，由明代胡震亨、季振宜导其先路，至清康熙卒命词臣撰成之。而《全宋词》则成于一介寒儒圭翁一人之手。虽篇幅若有大小，然其难易相殊，尽人可知。”“近贤始以清儒治经之术治词，于词之纂录、表谱、笺疏、校勘、辑佚、目录、版本诸端，皆有博稽之功。此可总称之曰词学文献学。翁则可谓此学一大师也。”① 王季思先生亦赞道：“以一人一手之功，由博返约，钩沉探微，完成《全宋词》、《词话丛编》等十几部宏伟著作，环顾海内词林，并世能有几人！”②

龙榆生、夏承焘先生词学研究的代表作，也基本上是青年时代写就的。龙先生三十二岁创办《词学季刊》，主编兼主笔，每一期压卷的长篇大论都是龙先生亲自撰写，如《词体之演进》、《选词标准论》、《词律质疑》、《研究词学之商榷》、《两宋词风转变论》、《今日学词应取之途径》、《东坡乐府综论》、《清真词叙论》、《漱玉词叙论》、《南唐二主词叙论》等鸿文，都刊载于 1933 至 1936 年间《词学季刊》的头条。这些论文，开启了 20 世纪词学研究的方向，界定了现代词学研究的疆域，建构出词学研究的格局体系，从而奠定了龙榆生先生后来作为词学大师的学术地位。

夏承焘先生代表性的词学论著，也大多是青年时代写成。他的名作《张子野年谱》、《贺方回年谱》、《冯正中年谱》、《白石道人行实考》和《白石歌曲旁谱辨》、《白石道人歌曲考证》、《白石歌曲旁谱辨校法》、《重考唐兰白石道人歌曲旁谱考》、《白石道人歌曲斠律》、《俞理初易安居士事辑后案》、《乐府补题考》、《令词出于酒令考》都是三十八岁以前发表的。他的两部经典性著作《唐宋词人年谱》和《唐宋词论丛》，虽到五十五岁后才结集出版，但其

① 钟振振编：《词学的辉煌——文学文献学家唐圭璋》，第 46-47 页。

② 钟振振编：《词学的辉煌——文学文献学家唐圭璋》，第 41 页。

中的篇章都是青年时代完成的。词学大师夏承焘，也是青年时代造就，只是到晚年才广被认同而已。

三位大师治学，都是大格局、大气象，眼界开阔，气魄宏大。唐师三十一岁立志编纂《全宋词》，就体现出非凡的雄心壮志。同为断代总集的《全唐诗》，是清代康熙年间十多位词臣奉敕编成的，他们有钱——朝廷出资，有书——皇家藏书可以便利取用，有团队——包含彭定求、汪铎两位状元和沈三曾、徐树本、车鼎晋、潘从律、查嗣瑮等翰林院编修。而三十出头的唐师，竟敢以一己之力编纂《全宋词》，这需要何等的勇气与毅力！当时唐师只是江苏省立第一女子中学的普通语文老师，要钱没钱，要书没书，要团队没团队。可他硬是下定决心独立编纂。没钱没书，就每天在教课之余，到南京图书馆查阅丁丙八千卷楼原藏的善本词书，花两角钱在馆里吃顿午饭，继续查书到傍晚。没团队，自己一人担当。原来计划与同学任中敏一起编纂，因任先生专办教育，没能继续编下去，而唐师则坚持原计划，努力搜讨诸家所刻词集，并旁采笔记小说、金石方志、书画题跋、花木谱录、应酬翰墨及《永乐大典》诸书所载零星词作，终将宋人词统汇为一编。

更具宏规远略的是，唐师编纂《全宋词》的同时，还广泛搜集金元词和历代词话著作，编成《全金元词》和《词话丛编》。又汇考词集目录版本，校勘笺注词集，辑佚补遗，考订词人生平和词作真伪。故程千帆先生谓唐师"于词之纂录、表谱、笺疏、校勘、辑佚、目录、版本诸端，皆有博稽之功"①。

夏承焘先生治学，也有大气魄。他自学成才，二十八岁开始从事词学研究时，就显示出大家治学的非凡气度，计划撰写系列词学著作，包括《词学史》、《词学考》、《词林年谱》、《词林年表》和《词林续事》、《学词问话》、《历代名家词评》、《名家书牍》等。他先从词人生平事迹考据入手，而着眼于整个词学史的变迁。他将唐宋金元明清词人一并纳入视野之内，半年内就写出晚唐五代温庭筠、韦庄、南唐二主，宋代陈亮、张孝祥，金代吴激、蔡松年，元代王奕、赵文以及明代唐寅、谢应芳等五十八家词人年谱初稿。后来在此基础上整理成《唐宋词人年谱》。这些年谱，被誉为"可代一部词学史。此彊村未为之业，不但足吞任公而已"②。他不断地思考探索，力图建构现代词

① 程千帆：《圭翁杂记》，见钟振振编《词学的辉煌——文学文献学家唐圭璋》，第47页。

② 夏承焘：《天风阁学词日记》，浙江古籍出版社1984年版，第361页。

学研究的格局体系。1939 年 12 月 22 日在日记中说："拟扩大词史范围为词学六书：一词史，二词史表，三词人行实及年谱，四词例，五词籍考，六词乐考。"这词学六书，涵盖词史、词人、词作、词籍、词乐等五大层次，构筑起词学研究的基本框架。

龙榆生先生治词，同样有大气魄。实践层面，他创办《词学季刊》，广泛团结词坛耆宿和词学新锐，齐心协力开创词学研究的新局，实实在在地推进词学的发展。理论层面，他自觉建构词学研究体系。其著名论文《研究词学之商榷》，就从图谱之学、词韵之学、词史之学、校勘之学、声调之学、批评之学、目录之学等方面，建构现代词学研究的体系，体现出开创新局的领袖气魄和理论自觉。

夏承焘先生曾说治学要"笨"，就是要下笨功夫，下苦功夫，下真功夫。我觉得，三位大师治学，都有"傻气"。所谓"傻气"，是一种超功利的治学态度，只是纯真地探索学问，不考虑名利得失。做学问，如果精于名利算计，时刻考虑付出多少就要有多少回报，甚至像投资一样，力求最少的投入获得最大的回报，那一定做不好学问，更不可能做出大学问。做学问，要有一股傻劲，只问耕耘，不问收获。只求把学问做好做大，不考虑学问能带来多少实际利益。当年唐师着手编纂《全宋词》时，只是一介中学语文老师。编《全宋词》，对他而言，没有任何现实功利，既不能像现在这样作为晋升评职称的资本，也不可能获得多少稿费。1934 年 10 月，他自费印《词话丛编》，正是他失业在家、生计艰难之时。可为了追求远大的学术目标，为了自己钟爱的词学事业，宁可贴钱赔钱，也要把耗费多年心血搜集整理出来的《词话丛编》印成书，以供学界利用。

夏承焘先生 1928 年开始研究词学时，是浙江严州中学的一位教师，做学问，写论著，完全没有现实功利的考虑。他治学的根本目的，是追求自我人生价值的实现，是为人生寻求一个"安心立命"之处："念治学不可精力旁骛，年来治《词人年谱》、《姜白石词考证》及拟作《述林清话》等，虽自谓不轻心掉之，然究非第一等著作，当更为其精者大者，为安心立命处。日来读声韵书，又见猎心喜。第恐方面太多，不能专一耳。"[①]

---

① 夏承焘：《天风阁学词日记》，第 323 页。

三位词学大师，对学术的追求坚定执着，不因生活环境、经济条件的改变而动摇。没有衣食之虞时潜心于著述，经济上有了危机，也仍然痴心不改。20 世纪 30 年代初，龙榆生先生主编《词学季刊》时，家大口阔，生活拮据，常常向夏承焘先生借钱度日。夏先生感叹道："榆生食指甚繁，每月须三百金始可维持，亦诚苦矣！"[①] 生活上的困境，并没有影响《词学季刊》的发展和龙先生本人学术研究的激情。他既当主编，又当主笔，把《词学季刊》办得风生水起。而主办《词学季刊》，全是"义务劳动"，没有任何报酬。主编是义务编辑稿件，作者是义务投稿。《词学季刊》创刊号《投稿简章》第五条说："投稿经揭载后，由本社酌奉本刊或其他新刊词籍借酬雅意。"作者的论文刊发后，所得回报只是样刊或其他新刊词籍而已。当时的主编龙榆生先生和作者们，就是凭着一股傻劲傻气，把《词学季刊》办成了造就词学大师、大家、名家的特色名刊，在 20 世纪词学史上留下一道炫目的辉煌。

大师都有相互支持、相互协作的气度。大师不是"独立"师，而是"协同"师。唐师在《我学词的经历》特别强调了"师友的切磋支持"。其中说道："同学赵万里、卢冀野、任中敏和词友龙榆生、赵叔雍、夏瞿禅、王仲闻等不弃浅薄，热诚指教，积极帮助，亲切鼓励，也是可感可敬，不能忘情的。""万里借我影宋本《梅苑》参考，并给我《截江网》、《翰墨大全》、《永乐大典》中词，皆他处所未见。我辑《词话丛编》、《全宋词》时，冀野曾为我多方搜集资料，鼓励我奋勇前进。中敏知我辑《全宋词》，便将他个人所藏诸家词集全部送我，我至今不忘。书出之后，他又通阅一遍，指出错误。……榆生从彊村老人治词，主编过《词学季刊》，我和他经常通信论词，对我编《全宋词》积极帮助。瞿禅自学功深，心仪已久。我辑《全宋词》时，陆游《剑南诗稿》中有《渔歌子》五首，《平阳县志》中有石刻宋词，都是他告诉我的。叔雍为况蕙风先生高足，他在宁时，曾为我撰《南唐二主词汇笺》序，并借给我《清初百名家词》过录。我们相约，他见宋词给我，我见明词给他，共同治词，相互研讨。仲闻为静安先生次子，家学渊源。我辑《全宋词》，曾先将目录分发全国各地，广泛征求意见，他提出很多宝贵意见，并把自己所作的宋词长编借给我参考。他为我重新修订《全宋词》，六年辛勤，全力以

① 夏承焘：《天风阁学词日记》，第 481 页。

赴。”[①] 这里，唐师只称道同学友人对他的帮助，其实，他也为同学友人提供了许多帮助和资料。唐师曾将自己从《道藏》里搜集整理的金元道家词悉数给夏先生参考。后逢“文革”，夏先生被抄家，词稿下落不明。唐先生只得重新辑录，也因此故，与《全宋词》差不多同时在 1937 年就编成的《全金元词》，直到 1979 年才正式由中华书局出版。

据夏承焘先生《天风阁学词日记》记载，1931 年 12 月，唐师致信夏先生，说正在着手《南唐二主词汇笺》、《宋词三百首笺》、《词苑丛谈校注》、《纳兰词校笺》，希望他提供相关资料。夏先生即寄奉自己收藏的纳兰容若和顾贞观手迹及纳兰像片。次年五月，夏先生作《彊村丛书》校补，唐师应夏先生的请求，把自己搜录增补的《彊村丛书》各家词抄寄给夏先生。当时，唐先生作有《续词林纪事》书稿，夏先生辑有《词林补事》，于是两人计划将分头所作的《续词林纪事》、《词林补事》“并为一书”。他们互相提供资料，彼此真诚合作。大师，就是在这种相互协作中炼成的！

① 唐圭璋：《我学词的经历》，《文史知识》1985 年第 2 期；钟振振编：《词学的辉煌——文学文献学家唐圭璋》，第 12-13 页。

“唐圭璋先生学术精神大家谈”会议纪要

记录整理人：葛恒刚　陈　悦
周嘉玥　胡镇蕾

2021年4月12日下午，在南京师范大学随园校区中大楼117会议室，由南京师范大学文学院高峰院长主持的学术论坛上，文学院已故词学宗师唐圭璋先生的高足杨海明、王兆鹏、钟振振、肖鹏、王筱芸等五位先生深情回忆了唐圭璋先生的为人与治学精神，在同学中激起了热烈的反响。为与学界同仁分享“大家谈”的成果，特将本次论坛的记录整理稿予以刊发。特别感谢《词学》主编朱惠国先生、倪春军先生对本次论坛的关注和厚爱！

主持人高峰教授：

不忘师恩的感人情怀，就是对文化精神和师道传承的继承与弘扬，值得我们用一生去践行。今天我们举办这场“唐圭璋先生学术精神大家谈”，就是要通过这些老师讲述往事，进一步宣传和弘扬唐先生纯粹的学术品格、高尚的道德情操、严谨的治学风范，以及仁者爱人的精神魅力。

今天的报告会题名为“大家谈”，一方面表明不是一个人谈，另一方面表明谈的都是大家。下面请允许我隆重介绍这些大家：

杨海明老师，苏州大学文学院教授、博士生导师。杨老师是唐老“文革”后的首届硕士生，一生致力于词学研究，著有《唐宋词风格论》、《唐宋词史》、《唐宋词美学》、《唐宋词与人生》等诸多著作，洋洋大观的《杨海明词学文集》已经一版再版。杨老师被词学界公认为是与刘扬忠、邓乔彬、施议对并称的当代词学研究四大家，几年前在南开大学的词学国际研讨会上，与叶嘉莹教授一起荣获“中华词学研究终身成就奖”。

王筱芸老师，中国社会科学院文学研究所研究员，是唐老首届博士生，多年从事词学研究，尤其在南宋词人王沂孙研究方面颇有成就。

钟振振老师，南京师范大学文学院教授、博士生导师。钟老是唐老首届硕士生和首届博士生，在词学研究方面成就卓著，兼任中国韵文学会会长。

肖鹏老师，曾任南京师范大学文学院教师，1992年下海，投身新闻传媒行业，是深圳广电集团的领导。这么多年来，肖老师对词学研究初心不改，从自身传媒行业的视角，为词学研究开拓了新的视域，几年前出版的《宋词通史》颠覆了人们的成见，提供给大家众多值得关注的选题。最近肖老师又和王兆鹏老师一起，利用地理考察、遥感测量等手段重新还原宋词的创作现场，创造出全新的宋词解读模式，真正体现出新文科的研究路径。

王兆鹏老师，中南民族大学文学与新闻传播学院教授、博士生导师，担任中国词学研究会会长，一直以充满激情的发展理念，不断创新的研究思路，引领中国词学研究的路径和方向。

我粗浅的认知和简短的介绍，不能充分显示上述几位老师的学术成就。下面就让我们深情地聆听诸位老师的真挚之言。

杨海明教授：

我讲一些具体的事迹，透过这些事迹我们可以看到唐老的学术精神，思考我们该如何去传承与学习。我于1978年考入唐老门下，时已三十七岁，毕业四十岁，于今已过去四十年。今日扫墓，内心十分感慨，于此简单地讲述我记忆中的唐老。

首先，是唐老于艰难苦恨中坚韧不拔地献身于学术。

唐老身世悲惨，七岁丧父，十一岁丧母，由祖母带大。辛亥革命时期满、汉矛盾尖锐，唐先生是满族人，只得在亲戚家寻求庇护。祖母过世后，唐老寄人篱下过着日子，是城南小学校长培养其读书。中年时他曾有一段美满的婚姻，育有三女，但命运不放过他——夫人在一个大年夜过世，才三十几岁。抗战时期，唐老随所在大学迁往四川，因而对杜甫的诗颇能感同身受。唐老曾在国民党当局做过军校文职教员，中华人民共和国成立后被重新分配到东北吉林，身体每况愈下，心情极端苦闷。后来孙望先生请其来南师，才得以回到江南。晚年两个女儿相继过世后，唐老还要接济外孙辈。“艰难苦恨繁霜鬓”，唐老能够坚韧不拔地完成如此之多的著作，是因为他把学术作为自己生命的支撑。

其次，唐老生活中三句不离本行，开口只谈宋词，对学术专注且执着。

唐老做学术每每引用材料都要注明出处。唐老的《宋词三百首笺注》引用的沈雄《古今词话》中评价岳飞的一条材料出了问题。沈雄这句话引自宋人陈郁的《藏一话腴》，书里记载岳飞创作了《满江红》，但有一学生翻阅《藏一话腴》后，并未在该书中发现这句话。他来请教唐老，唐老方知是自己疏忽，未核对材料最原始出处，所以出了差错。因为这件事情，唐老特别强调写考证文章一定要找原始资料，要做到言必有据；特别是引用第二手材料时，必须去核对第一手材料，要养成严谨的学风，一丝不苟，有错就改。

最后，唐老用自己的人生经验，用自己的生命感悟拥抱宋词。

唐先生最喜欢婉约词，他最推崇三个人：一是李后主。他著有《李后主评传》，特别喜欢这句词：“人生愁恨何能免，销魂独我情何限！”人生的愁苦无人能免，如何叫我一人独受众苦！二是李清照。李清照在国破家亡、独自飘零之际所创作的词情调哀伤愁苦，也契合唐老的身世之感。唐先生对亡妻之情甚笃，在李清照是否改嫁的问题上，始终坚持李清照终未改嫁的观点。三是纳兰性德。纳兰性德是用情甚深的词人，对妻子、对友人的感情都有着无比深厚的情感，这和唐老师也是极为相似的。在唐老的身上，也能看出纳兰性德的影响。

王筱芸研究员：

唐老的词学研究，特别是他开始进行《全宋词》、《全金元词》辑录研究的时候，并不是当时的显学。唐老并不是因为追逐潮流才开始这个研究的。唐宋词诞生虽已有一千余年，但词学中兴到清代才开始。此前，词体一直被认为是小道，不可与诗同尊。民国初年，唐老的恩师吴梅先生首先在北京大学教授词曲的时候，还被同仁视为“不登大雅之堂的小道”。当时还是中学老师的唐圭璋先生，就是在这样的情况下，以一己之力，开始了《全宋词》的辑佚工作，其难度之大可以想见。唐老是以清人治经方法治词，主要体现在版本考证和辑佚集成的标准和体例建立方面。唐老站在古今交汇、近代学术向现代学术范式转型的关键点上，既开风气亦为师。不仅继承传统，更开辟、奠定了现代词学学科基本架构。现代学术分类是基于现代西方科学发展趋势而为。词学作为继古承近、集现代研究之大成的新学科范式，唐老无论是在词起源、词乐、词格律、词籍版本、词鉴赏，还是在词创作、词学批评、词学理论、词人年谱、词人传记等现代学科十大建构上，都有巨大贡献。所以说，唐老不仅是继承清人、以朴学方法治词的词学文献学意义上的词学大师，更是作为由古代到近代、向现代词学学科建构意义上的词学大师。

钟振振教授：

唐先生的治学态度是非常朴实的，知之为知之，不知为不知，不耻下问，实事求是，谦虚谨慎，从不掠人之美。在读书时，碰到问题唐老会随时问，问程千帆先生、钱仲联先生、徐复先生等等同辈学者，有时对这些答案仍觉不满意，便会问问学生。作为一流的学者仍然会不耻下问，这一品质是很宝贵的。同时，作为学者他非常坦荡，在学术问题上有错就改，对于“雷癫”的典故释义问题，唐老原以为以前的解释是对的，但在我提出了新的意思后，他毫不吝啬地肯定了我的解释。唐老对于年轻学者的学术之路十分支持，年轻学者投稿可以自己发，不用挂上唐老的名字。南京师范大学曾经接受了一个非常光荣的任务：当时的中国社科院文学研究所要组织编一部多卷本的《中国文学史》，其中的宋代卷因考虑到宋词的成就最高，就把宋代卷编纂的任务交给了南师大。杨海明老师研究张炎非常好，就由杨老师做张炎这一部分，贺铸部分就由我做，但当时的领导想挂上唐老的名字，唐老师严肃地拒绝了。唐老不收和别人一起署名的文章，只收自己亲笔写的文章。唐老的诗集出版时没有序言，因为唐老认为请别人作序，实际上就是请别人夸自己，这会让写序的人很不好办，所以他从不主动请名家作序。唐先生这些在学术问题上非常光明磊落、非常实事求是、非常谦虚、非常谨慎的精神，是我们作为年轻学者应该要继承发扬的优良传统。

肖鹏先生：

唐老是大师。唐老上课，有时会亲切地拉着学生的手，有时会边吹笛边唱歌，有时情到深处会哽咽落泪。唐老的风度让我常常回忆和感慨：那是什么样的一个大师的年代！

唐老师是以什么样的形象留在我们的心目中的？一是坚持，一个人的坚持。唐老年轻时候就开始做宋词的收集，而且是一个人平静地坚持，没有那么多资金，没有那么多学生助理的帮助，是一个人完成的，是充满激情的；二是挑战，要有难度。做学术时，我们很容易进入一个舒适圈，而唐老凭一人就移动了一座巨大的山，他不是和别人挑战，而是挑战自我。三是包容，唐老非常平和，听取各方意见，学生的不同选题，其他人的不同风格，只要能做出一番成就，他都能接受，做人做学问都如此。四是内修，“纷吾既有此内美”，淡化外在，深化内质，内心的自我婆娑，自性是非常重要的，貌不惊人，一出手就是顶级学问。

王兆鹏教授：

最近两年编了两本有关唐老的书，一本是商务印书馆委托的《词学探微》，另外一本是三联书店委托的《词的真伪与高下》，在编写过程中检索了很多资料，也想起了一些往事。

我讲三个故事。

第一个故事是1946年，唐老为何被中央大学解聘。1945年毛泽东主席赴重庆谈判，写了一首举世闻名的《沁园春·雪》词。此作一经发表，国民党高层便召集人马来写文章批判。唐老因出版《词话丛编》、《全宋词》和在《词学季刊》上发表系列词学论文，早已是有相当影响的词学专家，故当时任国民党图书杂志审查委员会审查专员、《时事与政治》杂志社社长的易君左，两次邀约唐老写文章参与“围剿”。唐老不便断然拒绝，于是用“拖字诀”。唐老曾就此事征询过他的老师汪辟疆先生的意见，汪先生也说不写，更坚定了唐老的决心。事情过了一个多月后，唐老才策略地回信给易君左。原信保存在1949年万象图书馆出版的《名家书简》上。易君左是奉国民党中央宣传部的旨意，唐老的拒绝，得罪的不止是易君左，而是其时的国民党当局。所以，1946年回到南京后，他就被中央大学解聘。因为当时中央大学中文系的主任，是国民党政府教育部长朱家骅的连襟，不动声色地按照政府的意图将唐师解职。

第二个故事是，唐老在1951年到苏州参加华东革命大学的政治学习，怎么最后会被“发配”到东北去呢？那个时候其实是对旧知识分子的一种思想改造。在学习期间，唐老去听了一次他的老朋友李叔同的课。李叔同出家以后，在苏州讲佛学，唐老就去听了一次课。却没想到这件事情被人举报，认为唐老在学习马列思想的同时，不该去听佛学讲座。被举报后，唐老就被“分配”到了东北，先开始不是到东北师大，而是在东北一个会计学校里教语文。后来一个很偶然的机会改变了唐老的命运：在教学生写作时，班里有位女生的词写得非常好，这位女生拿着唐老批改的词作回去向哥哥炫耀。他的哥哥是当时东北师范大学校长成仿吾的秘书。哥哥深知唐老的名声，就向成仿吾校长推荐，把唐老聘任到东北师范大学教书了。当时的唐老十分瘦弱，仅 70 多斤重，实在不堪忍受东北的严寒天气，于是向成仿吾先生提出申请，想要回南京去。成仿吾先生亦非常理解唐老，通过联系刘开荣先生，将唐老调到了南京师范大学。

第三个故事是关于唐老吹箫。唐先生当时跟随吴梅先生学习了京剧、昆曲，他不仅会唱，还会吹。唐老在夫人病逝以后，每年清明节都要到夫人的坟前去吹箫，带着两个烧饼，一吹就是一整天，以此来表达他对妻子的怀念。这是最让我们感动的事情。我们知道，从唐宋时期起，苏轼、贺铸、陆游等名家都会写悼亡诗词来怀念亡妻，而唐先生是以整整 54 年的鳏居生活，来表达了对他夫人无尽的爱，这种精神是非常令人感动的。而唐老的爱，同时也是博大的——他的爱国情怀对他来说是一种本能，在民族大义的问题上，他毫不含糊，这也是需要我们学习的。

讲完这三个故事之后，我们来谈谈唐老的精神。正如之前杨老师所说，唐先生有“五心”。

他的第一种心是雄心——要有雄心壮志，要做大学问。唐老在 31 岁的时候，就开始准备编《全宋词》。当时的他只是南京一家女中的中学教师，虽然身份普通，却有要以一己之力编成《全宋词》的雄心壮志。在当时那样无文献、无团队的刻苦条件下，唐老有这样的一颗雄心是非常可贵的。

第二种心就是决心。在编《全宋词》的过程中，唐先生的生活是很困顿的。当时正逢夫人重病在床，他一方面照顾夫人，另一方面还坚持着到南京图书馆去读丁丙的《善本书室藏书志》，八千卷楼的藏书，他都看过。即便在这样艰苦的环境下，唐老编《全宋词》的决心依旧不改。

最后是信心、虚心和恒心。恒心是至关重要的，确定人生的目标比较容易，坚持一天两天也容易，但坚持一辈子却很不容易，而唐先生一辈子都沉浸在他的词学事业里。快到 90 岁的时候，他还在读书，这种恒心是成就一个事业的最基本的心理素质。我觉得我也传承了老师的这种精神——对于我认定的事情，就会坚持不懈。

有一件我印象最深的一件事情。在 1989 年的时候，《文学遗产》发表了一篇文章，那篇文章批评《全金元词》的校勘错误，语言很不客气，不是一个晚辈对前辈的语气，简直就是训斥。唐先生看到这个文章后对我说："批评得好啊！我当时怎么会犯了这样的错误呢？"唐老认为后人本应该比前人高明。他的谦虚精神，几乎是与生俱来。在唐老编《全宋词》的时候，王仲闻先生作为中华书局特聘的编辑，参与校勘增订。他经常写信批评唐老的错误，唐老都虚心地接受。前几年中华书局出版的《全宋词审稿笔记》，就记录了唐老和王仲闻先生书信往来讨论的意见。一等的学问，要有一等的胸襟气度。唐老能成为公认的词学大师，与他虚怀若谷的精神分不开。

除了"五心"，唐老还有"四气"。

第一是锐气。做学问要有锐气，特别是年轻的时候，要有一种开拓精神。唐老写的第一篇文章，是二十六岁时写的《温韦词之比较》，发表在《东南论衡》里。当时的唐先生只是东南大学的一个本科生。有人开玩笑说，大师是活出来的，不是做出来的，活到八九十岁，自然就是大师了。真正的大师，其实是做出来的，而且是年轻的时候做出来的。唐先生最有代表性的成果都是四十岁以前做的。他的《全宋词》是从三十一岁开始编写的，三十四岁编好了《词话丛编》，三十七岁编就了《全宋词》，同时又编好了《全金元词》。唐老的一些著名论文也都是三十多岁写成的。我同时也考察了夏承焘先生和龙榆生先生，他们最优秀的成果基本上都是在三十多岁写成的。所以说三十多岁是做学问的最佳时间。现在你们还是打基础，毕业以后要趁着思想最活跃的时候，做出一番学问。我们希望，二三十年后，在座的各位都能超越我们。你们超过了我们，学术才能够发展进步。

第二个是大气，大气跟雄心有关系。大气，是指做学问要有宏观远略，要有规划。比如，选题要有延展性，不是做一个小小的课题，做完了就完了。做一个题目的时候，要考虑到周边的研究和产出系列性成果。早年的唐先生，是一个文弱书生，但做学问很大气。他编《全宋词》的时候，就在考虑《全金元词》；又想到编《词话丛编》，而且《词话丛编》先编了出来。

他后来做《宋词三百首笺注》的同时，又做《南唐二主词汇笺》。《宋词三百首》之所以能成为二十世纪最流行的宋词选本，能够跟《唐诗三百首》并驾齐驱，主要得益于唐先生的笺注。朱彊村的手稿，现在还藏在浙江图书馆。1924 年出版的初版是白文本，没有什么反响。到 1934 年唐老为之笺注，在神州国光社出版，又不断重印再版，这样才出名。20 世纪 50 年代以后，上海古籍出版社不断重印，台湾也有六七家出版社翻印。《宋词三百首》能成为流行的著名选本，跟唐先生的笺注有着莫大的关系。程千帆先生在他的回忆文章当中讲过一个故事，说神州国光社将唐老的《宋词三百首笺注》重印了好几次，居然忘记给版税。抗日战争爆发后，神州国光社倒闭，唐先生分文未得。在重庆与程千帆先生等朋友说起此事，一笑了之，足见唐先生的雅量大气。

唐先生善于做系列性选题，事半功倍。这对我们初入门的学生是有启发的。因为我们收集材料的时候，一次注意几家的材料，总比注意一家的材料要有收获。比如笺注《宋词三百首》，熟悉了有关词的语词典故和评点资料来源，再做《南唐二主词笺注》的时候，就更得心应手，能节省很多时间。后来唐老把这个方法教给我，他说："研究一个人，要了解一群人；研究一群人，需要了解一代人。" 我的硕士论文是《张元干年谱》，而我博士论文做的是《宋南渡词人群体研究》。我的硕士论文大概写了十来万字，考上博士后，第一个学期主要是修订《张元干年谱》。唐老告诉我，研究一个作家需要了解一群作家，使我豁然开朗。我在搜集张元干资料的同时，也收集与他同时的南渡词人的有关资料。那个时候没有电脑，没有电子检索系统，都是手工做资料卡片。我修订完《张元干年谱》，又写了十多家宋南渡词人的年谱稿。毕业以后，加以整理，花了两年时间就写成三十多万字的《两宋词人年谱》。因为我在做《张元干年谱》时，一并搜集其他词人的材料，也熟悉了史料来源。这样我后面做《两宋词人年谱》时，材料就能够信手拈来。

做学问要大气，先要有宏观的眼光。写一本书时，要想到后面还可以写哪几本书；写一篇论文，要想到后面可以写哪几篇相关的论文。就像下棋，高手下棋，下一步能想到紧接着的四步五步，而不会下棋的人只会走一步看一步。做学问，也是这样。做一个选题，能想到相关的N个选题，做这个课题的同时，又为后续的课题打基础。

第三是傻气。夏承焘先生说做学问要笨，意思就是下笨功夫。读书，要有悟性，要聪明，但是更要下苦功夫。尤其是我们当下，有很多电子文献，现在能全文检索的文献要比我们当年要多得多。但我们回过头来看看今天的学术，是不是比以前更高明了？未必。现在的检索手段比以前更快捷了。如果说，以前我们写一篇论文，要用百分之九十的时间来收集资料、百分之十的时间是来写作的话，今天可能只是一半对一半，收集材料效率是大大提高了的。可为什么我们的学术水准并没有提高多少呢？是因为我们过分依赖检索，而不去读文本。有些文本是要细读的。这方面，我们要向在座的钟振振老师学习。《东山词》校注是他的代表作。他做《东山词》校注时，是先把贺铸的词全部背诵下来，然后从先秦典籍一部部细读下来，所以他知道这个语源从哪里来，那个典故出自哪本书。现代人都在追求查询资料的快捷方便，我们做学问有时要反其道而行之。人们都不大细读文献的时候，我们去细读文献，这才会发现别人发现不了的问题，注意到别人注意不到的材料。

有些文献资料，不是检索就能检索出来的。虽然我注重使用电子文献资料，但我在观念上是力主细读文本的。熟悉纸本文献，再用电子文献的检索，就是如虎添翼。如果不读文献，不沉潜到文献中去，那只能做天马行空、不着边际的学问。好多文献是读出来的，不是检索出来的。举一个例子。范仲淹到西北戍守边疆，是为国分忧，根本不考虑个人功名。我在读《续资治通鉴长编》时发现，范仲淹负责修筑大顺城，因为大顺城具有特别的战略意义，城修好后，朝廷大力奖赏有关将士，唯独没有范仲淹和他儿子范纯祐的名字。而修建大顺城，范仲淹是总指挥，他儿子范纯祐是先锋。但朝廷奖赏的名单中没有他父子俩的名字，为什么？是因为范仲淹没有把他自己和儿子的名字报上去，他把功劳全部记在部下头上。像这样的事情根本检索不到。只有将文献上下文全部细读以后，才能发现事件的原委，体会到范仲淹的伟大。范仲淹到边塞，是为天下苍生谋利益，而不是为个人谋利益。

夏承焘先生说做学问要笨，是说要下真功夫。说唐先生做学问有“傻气”，是指要有超越功利的精神。当下社会，人们都追求功利。但做学问，要有超越功利的精神，不能考虑我做学问，写这篇论文能得多少钱、能拿到什么好处。有学术兴趣，有学术志向，选择了学术之路，就要甘于寂寞。到了一定的程度，才会有回报。在求学、治学过程中，不能有太多的功利目的。否则的话，学术很难做得精深。夏先生、唐先生的治学经历，表明他俩都有傻气。唐先生傻到什么程度？一个三十一岁的中学老师，要编《全宋词》；他自费印《词话丛编》的时候，正值失业，他花钱印《词话丛编》，只是为他心爱的学术。如果唐先生当时考虑实际利益的话，就不会编纂、也不会印制《词话丛编》，也不可能有《全宋词》。因为当时这些成果，不可能给他带来任何物质功利的回报。所以说做学问，要有一些傻气。

还有一个是和气。人文科学，需要个体的坚持，个人的独立思考，但是也需要团队的协作。做大学问，更要有相互协作的精神。唐老编《全宋词》，固然是一个人的坚持、一个人的事业，但他也得到了很多学者的帮助：他的同学赵万里，版本学家，邮寄给他很多版本资料；夏承焘先生知道他要编《全宋词》，就把自己做的《宋词长编》给他参考。而五十年代夏承焘先生要编词谱、词调史的时候，找唐先生借阅《全金元词》的稿子，唐先生便把全部的底稿给了夏先生。“文革”期间，夏老家受影响，《全金元词》的底稿也就没了。唐老毫无怨言，又重新去辑录。唐老那辈学人，都能相互支持。我们这代人，也要有一种协作的精神。

总之，我们做学问，要成就大事业，要有锐气、大气、傻气、和气。这四点不一定能够概括唐老的治学精神，只是我对唐老治学精神的一点体认。

高峰教授：

刚才五位老师都分享了一些唐老的事情，给大家提出了一些希望，特别是几位老师都娓娓道来，讲了很多故事。这些故事对同学们这一代人来说都恍如隔世。我记得唐老 100 周年诞辰词学研讨会上，王水照先生来参会，给我们分享了一个唐老的故事：唐老曾有一个关于苏轼词的问题写信给王水照先生。就在把信将要投进学校门口的邮筒之前，他又想到了一个问题，然后便在信封上面又写。后来这封信就寄给了王水照先生，王先生一直珍藏着这封信。唐老可以在信封上探讨学术问题，这从一个侧面说明他是一个一心只有学术的纯粹的学者。

唐老对自己的老师吴梅先生非常尊敬。吴梅先生去世之后，唐老一直怀念着自己的老师，晚年唐老还写信给苏州市政府，倡议建立吴梅先生纪念馆，并且一直惦记着这件事情。

唐老和同门之间经常以学术相切磋，对自己的同门非常爱护和关心。他有一个师兄任中敏先生，他们之间关系非常密切。唐老经常把《全宋词》相关的一些材料寄给任先生，任先生也经常直言不讳地对有些问题提出批评，他们既是同门，也是学术诤友。当年任中敏先生从中国社科院调到扬州师范学院的时候，由于交通不便利，必须先从南京转车，于是他就先到南京，住在一个小招待所里面。唐老师虽已七十多岁高龄，行动不便，但还是由杨海明老师陪着，赶到小招待所里去见他的师兄。可是很遗憾，未能见到任中敏先生，因为任先生已经背着行李，坐长途汽车到扬州去了。这都是很多年的事情了，但一想到唐老这种笃于友情的精神，还是能深深地打动我们。

王兆鹏教授：

唐老对吴先生是非常尊敬的。每年吴先生的忌日这天，唐先生是吃斋的，非常让人感动。

高峰教授：

唐老对老师精诚所至，非常让人感动。座谈的几位老师也是尊师重道的典范。今年清明节，他们都是特地从外地赶来给唐老扫墓，体现了中华文化里的尊师美德，值得我们学习。他们师兄弟之间也是非常融洽的，在学术上相互切磋，共同进步，生活上也相互关心，传承了老师的衣钵，真正在践行着唐老的治学和为人的精神，诚可谓薪火相继。

我们在词学界开会的时候，能跟王兆鹏老师分到一组，往往感到很荣幸。王老师开会时经常“串会”，他会把所有的论文都点评一遍，非常精彩，实际上也是给我们上了一次课。同样的还有彭玉平教授，他是我们中文系 83 级校友。虽然彭老师未列唐老门下，但是他亲口说过，也受到了唐老治学精神的影响。彭玉平教授在词学会闭幕时的学术总结，也往往是将参会论文全部点评一下，概括性很强，很精彩。

唐老一生培养了很多弟子，让南师大成为词学研究的重镇。唐老之后的南师学者也都取得了很多突出的成就，包括郁贤皓先生的李白研究，陈美林先生的《儒林外史》研究，钟振振老师的宋词研究，陈书录老师的民歌研究，以及程杰老师的花卉瓜果研究，这些老师奠定了我们南师古代文学作为“江南文枢”的地位。我们刚才开会前还在一起讨论，该怎么样纪念唐先生，该怎样来阐释挖掘唐圭璋先生在“世界文学之都”——南京这座文学之城中的地位？我们希望能搭建一些重要的学术交流的平台，能够借助平台开展更加丰富多彩的诗词学方面的一些活动，让唐先生奠定的学术精神和传统能够生生不息，培养出一批又一批古代文学的学术英才。

最后，让我们再一次对五位老师表示衷心的感谢！

唐门学谱

序

今年清明，唐门弟子杨海明、钟振振、王筱芸、肖鹏、王兆鹏相聚南京，为先师扫墓；复假南师中大楼，商议纪念先师百廿周年诞辰事宜。筱芸、肖鹏提议编纂《唐门学谱》，以彰唐门学风之盛，以见薪火传承之绪。众咸以为然，并嘱予拟凡例、定架构。予参酌学案之理念、家谱之体例，构建唐门谱系。幸赖同门齐心协力，借助小程序，不日即将六百余位唐门弟子身份信息收集完备。门生陈思晗、尤云轩、张悦、郑腾尧协助董理，使谱系分明、脉络井然。蒙高峰院长慨然许诺，学谱得以梓行问世。唐门自此有学谱，学术史亦新增一体式。亦幸事也！

唐门不肖生　王兆鹏敬序

辛丑中秋

编纂凡例

一、范围：学谱限录有正式学籍的博士（含博士后）、硕士。访问学者、进修学者、私淑弟子等不入谱。

二、结构：分门下、派下、支下三层。门下系宗师嫡传弟子，派下录再传弟子，支下收三传弟子。

三、分卷：宗师一卷。嫡传弟子人各一卷，无门生者从略。为明谱系源流，再传弟子不独立成卷，在所属派下分支卷，如第一卷之一、之二、之三等。

四、排序：各代弟子严格按照届别先后排列，同届按照年龄先后排列。派下、支下又分别按博士、硕士两个层次排列。

五、小传内容：所有嫡传弟子、再传博士弟子含届次、学位、姓名、出生年、籍贯、任职单位及职称或职务、博士论文题目（如出版，括注出版社及出版年）、代表作（限三种）等内容。

再传及三传硕士弟子，含姓名、出生年、籍贯、考取博士的学校及导师姓名（无则从略）及硕士论文题目。

六、学谱乃首次草创，个别弟子难以联系者，未能尽数核实体现。待来日补充完善。

第一卷　唐圭璋先生门下

1978，硕士，杨海明（1942— ），江苏苏州人。苏州大学教授。著有《唐宋词史》（江苏古籍出版社 1987 年版）、《唐宋词风格论》（上海社会科学院出版社 1986 年版）、《唐宋词美学》（江苏教育出版社 1998 年版）等。

1978，硕士，钟振振（1950— ），江苏南京人。南京师范大学教授。整理有《东山词》（校注，上海古籍出版社 1989 年版），著有《唐宋词举要》（安徽师范大学出版社 2015 年版）、《词苑猎奇》（广西师范大学出版社 2007 年版）。

1985，博士，钟振振。博士论文《北宋词人贺铸研究》（后由台湾文津出版社 1994 年出版）。

1985，博士，王筱芸（1955— ），广西柳州人。中国社会科学院文学研究所研究员。博士论文《碧山词研究》（后由南京出版社 1991 年出版）。著有《文学与认同：蒙元西游、北游文学与蒙元王朝认同建构研究》（河北教育出版社 2014 年版）。

1987，博士，史双元（1953— ），江苏南京人。澳大利亚新南威尔士州教育部联盟秘书长（Director, New South Wales Education Alliance, Australia）。博士论文《宋词与佛道思想》（后由今日中国出版社 1992 年出版）。著有《唐五代词纪事汇评》（黄山书社 1995 年版）、《太虚传》（台湾佛光出版社 1997 年版）。

1987，博士，肖鹏（1957— ），江苏南京人。深圳广播电影电视集团媒体战略研究员。博士论文《群体的选择——唐宋人选词与词选通论》（后由台湾文津出版社 1992 年出版）。著有《宋词通史》（凤凰出版社 2013 年版）、《重返宋词现场：宋词可以这样读》（东方出版中心 2021 年版）、《呼吸蛮烟瘴雨》（文化艺术出版社 1997 年版）。

1987，博士，王兆鹏（1959— ），湖北鄂州人。中南民族大学教授。博士论文《宋南渡词人群体研究》（后由台湾文津出版社 1992 年出版）。著有《唐宋词史论》（人民文学出版社 2000 年版）、《词学史料学》（中华书局 2004 年版）、《宋代文学传播探原》（武汉大学出版社 2013 年版）。

1989，博士，孙立（1955— ），江西婺源人。江苏人民出版社编审。博士论文《词的审美特性》（后由台湾文津出版社 1995 年出版）。

1990，博士，朱崇才（1954— ），江苏涟水人。博士论文《词话学》（后由台湾文津出版社 1995 年出版）。著有《词话史》（中华书局 2006 年版）、《词话理论研究》（中华书局 2010 年版），编著有《词话丛编续编》（人民文学出版社 2010 年版）。

1990，博士，刘尊明（1961— ），湖北钟祥人。博士论文《唐五代词的文化观照》（后由台湾文津出版社 1994 年出版）。著有《唐宋词综论》（中国社会科学出版社 2004 年版）、《唐宋词的定量分析》（合著，北京大学出版社 2012 年版）、《唐宋词调研究》（凤凰出版社 2019 年版）。

第二卷　杨海明先生派下

杨海明先生在苏州大学 1987 年开山招硕士研究生，凡 11 届 21 人。1991 年起招博士生，共招博士后 6 人、博士生 16 届 33 人。

一、博士（含博士后）

1991，博士，邓红梅（1966—2012），江苏句容人。南京师范大学教授。博士论文《女性词史》（后由山东教育出版社 2000 年出版）。著有《乱世流萍——杜甫传》（河北人民出版社 1999 年版）、《闺中吟——传统女性的精神自画像》（河北人民出版社 2001 年版）、《李清照新传》（上海古籍出版社 2005 年版）。

1993，博士，赵梅（1967— ），江苏吴江人。现居美国，自由撰稿人。博士论文《唐宋词意象论》。

1994，博士，闵定庆（1964— ），江西永修人。华南师范大学教授。博士论文《〈花间集〉研究》（后易名《〈花间集〉论稿》，由南方出版社 1999 年出版）。编著有《民国诗词学文献珍本整理与研究——唐五代词研究论文集》（河南文艺出版社 2016 年版）、《孙涛诗话二种》（福建人民出版社 2016 年版)、《廖恩焘集》(浙江古籍出版社 2019 年版)等。

1995，博士，祁光禄(1965—2008)，湖南古丈人。生前为湖南教育出版社编审。博士论文《词的艺术研究》(后易名《词艺术研究》，由湖南教育出版社 2003 年出版)。

1996，博士，曹志平(1965—)，山东嘉祥人。曲阜师范大学教授。博士论文《苏、柳对峙及其文化整合》。著有《中国历代分体文学作品选·诗歌卷》(青岛海洋大学出版社 1995 年版)、《陆游诗词选》(山东大学出版社 1999 年版)、《唐宋词艺术研究》(中国广播电视出版社 2004 年版)。

1996，博士，曹辛华(1969—)，河南巩义人。先后入南京大学莫砺锋教授、南京师范大学钟振振教授门下做博士后，现为上海大学教授。博士论文《二十世纪词学批评史》，博士后出站报告《南社词学研究》。著有《20 世纪中国古代文学研究史·词学卷》(东方出版中心 2006 年版)、《唐宋诗词的文体观照》(中华书局 2011 年版)、《民国词史考论》(人民出版社 2017 年版)。

1998，博士，王晓骊(1970—)，江苏苏州人。华东政法大学教授。博士论文《文化冲突与词的演进——唐宋词与商业文化关系研究》(后易名《唐宋词与商业文化关系研究》，由中国社会科学出版社 2004 年出版)。著有《中国古代题跋文学研究》(北京大学出版社 2021 年版)、《三吴文人画题跋研究》(上海人民出版社 2013 年版)、《解语花：传统男性文学中的女性形象》(合著，河北人民出版社 2001 年版)。

1999，博士，叶帮义(1973—)，安徽太湖人。安徽师范大学教授。博士论文《北宋文人词的雅化历程》。编有《唐代文学研究论著集成》(第一卷，合编，三秦出版社 2004 年版)、《中国诗学研究》(合编，福建人民出版社 2006 年版)。

1999，博士，张再林(1973—)，湖南永州人。南宁师范大学教授。博士论文《中唐——北宋士风与词风研究》(后易名《唐宋士风与词风研究——以白居易、苏轼为中心》，由人民文学出版社 2005 年出版)。编著有《赵尊岳词学文集》(合编，河南文艺出版社 2016 年版)、《宋代文人结盟与文学研究》(合著，广西师范大学出版社 2016 年版)。

2000，博士，孙虹(1957—)，安徽黄山人。江南大学教授。博士论文《词风嬗变与文学思潮关系研究——以北宋词为例》(后易名《北宋词风嬗变与文学思潮》，由上海古籍出版社 2009 年出版)。整理有《清真集校注》(合作，中华书局 2002 年版)、《梦窗词集校笺》(合作，中华书局 2014 年版)、《山中白云词笺证》(合作，中华书局 2019 年版)。

2000，博士，薛玉坤（1971— ），江苏泰州人。苏州大学副教授。博士论文《区域文化视野中的宋词研究——以江南区域为中心》(后易名《宋词与江南区域文化——人地关系的视角》，由中国华侨出版社 2007 年出版)。著有《汪东年谱》(河南文艺出版社 2013 年版)，整理有《汪东文集》(河南文艺出版社 2016 年版)、《老学庵笔记校注》(浙江古籍出版社 2016 年版)。

2000，博士，金振华（1957— ），江苏常熟人。苏州大学出版社编审。原为苏州大学潘树广教授门下博士，潘先生去世后转入杨海明教授门下。博士论文《叶昌炽研究》(后由吉林人民出版社 2005 年出版)。主编《文史合璧》(一套六册，苏州大学出版社 2016 年版）等。

2001，博士，张幼良（1963— ），江苏无锡人。常熟理工学院教授。后入南京师范大学钟振振教授门下做博士后。博士论文《当代视野下的唐宋词研究论纲》(后由兰州大学出版社 2006 年出版)。著有《中国词学研究》(合著，福建人民出版社 2006 年版)。

2001，博士，蒋晓城（1970— ），湖南湘阴人。湖南理工学院美术与设计学院副教授。博士论文《流变与审美视阈中的唐宋艳情词》(后易名《流变与审美视阈中国的唐宋艳情词研究》，由江西人民出版社 2009 年出版)。

2001，博士，时志明（1958— ），甘肃天水人。苏州职业大学教授。原为苏州大学严迪昌教授门下博士，严先生去世后转入杨海明教授门下。博士论文《杜鹃啼血心不死　绿水青山唤归魂——明末清初节烈诗人山水诗论》。著有《山魂水魄：明末清初节烈诗人山水诗论》(凤凰出版社 2006 年版)、《盛世华音：清代顺康雍乾诗人山水诗论》(凤凰出版社 2017 年版)。

2001，博士，王平（1957— ），江苏句容人。南京邮电大学教授。原为苏州大学严迪昌教授门下博士，严先生去世后转入杨海明教授门下。博士论文《王文治研究——兼及京江诗派与乾嘉诗坛》（后易名《探花风雅梦楼诗——王文治研究》，由凤凰出版社 2006 年出版）。著有《东山艺谭——美术与设计论纲》（江苏凤凰美术出版社 2017 年版）、《中国民间美术通论》（中国科学技术大学出版社 2007 年版）、《意生象外——艺术学探索》（中国文联出版社 2004 年版）。

2001，博士后，许伯卿（1967— ），江苏海安人。常州大学教授。南京师范大学钟振振教授门下博士，后入杨海明教授门下做博士后。博士后出站报告《宋词题材构成及其文化解构》。著有《宋词题材研究》（中华书局 2007 年版）、《浙江词史》（浙江大学出版社 2014 年版）。

2002，博士，辛衍君（1972— ），辽宁沈阳人。中国政法大学外语学院教授。博士论文《唐宋词意象的符号学阐述》。著有《意象空间——唐宋词意象的符号学阐释》（辽宁大学出版社 2007 年版），译著有《实现卓越》（中国对外翻译出版公司 2012 年版）、《野性的呼唤》（中央编译出版社 2016 年版）。

2003，博士，钱锡生（1962— ），江苏张家港人。苏州大学教授。博士论文《唐宋词传播方式研究》（后由复旦大学出版社 2009 年出版）。著有《不器斋词学论稿》（苏州大学出版社 2015 年版），整理有《入蜀记校注》（收入《陆游全集校注》，浙江教育出版社 2011 年版），主编《化古为新：唐宋词对前人诗歌的接受》（光明日报出版社 2019 年版）。

2003，博士，陈国安（1972— ），江苏镇江人。苏州大学副教授。原为苏州大学钱仲联教授门下博士，钱先生去世后转入杨海明教授门下。后入黄霖教授门下做博士后。博士论文《清代诗经学研究》（后由台湾花木兰文化出版社 2016 年出版）。参编《中国古代诗文名著提要（明清卷）》（河北教育出版社 2009 年版）、《无锡国专史料选辑》（苏州大学出版社 2012 年版），整理有《南唐书校注》（收入《陆游全集校注》，浙江教育出版社 2011 年版）。

2003，博士，罗燕萍（1978— ），陕西宝鸡人。四川外国语大学教授。博士论文《宋词与园林》（后由中国社会科学出版社 2012 年出版）。

2003，博士，李青（1975— ），贵州遵义人。贵州大学副教授。博士论文《唐宋词与楚辞》。

2003，博士后，司马周（1976— ），湖南汨罗人。江苏理工学院教授。博士后出站报告《茶陵派研究》（后易名《茶陵派与明中期文坛研究》，由湖南人民出版社 2010 年出版）。主编《茶陵派学术档案》（武汉大学出版社 2015 年版）。

2004，博士，周建梅（1976— ），江苏东台人，苏州高等职业技术学校高级讲师。博士论文《哲学、历史视野下的两宋词人心灵史》（后由台湾花木兰文化出版社 2016 年出版）。

2004，博士，王慧敏（1974— ），山东鄄城人。江苏联合职业技术学院苏州建设交通分院副教授。博士论文《宋词与亭台楼阁考论》（后由台湾花木兰文化出版社 2016 年出版）。

2005，博士，张翠爱（1968— ），江苏阜宁人。盐城工学院教授。博士论文《两宋休闲词研究》（后由中国社会科学出版社 2015 年出版）。

2005，博士，宋秋敏（1974— ），黑龙江密山人。东莞理工学院教授。博士论文《"流行歌曲"视角下的唐宋词》（后易名《唐宋词与流行歌曲》，由中国社会科学出版社 2009 年出版）。著有《唐宋词与流行文化》（上海人民出版社 2013 年版）。

2005，博士，陈未鹏（1980— ），福建莆田人。《福州大学学报》（哲学社会科学版）编辑部编审。博士论文《宋词与地域文化》（后由中国社会科学出版社 2016 年出版）。

2005，博士后，左洪涛（1967— ），河南信阳人。中南民族大学教授。博士后出站报告《元代道教文学探析》。著有《金元时期道教文学研究——以全真教王重阳和全真七子诗词为中心》（人民出版社 2008 年版）、《两宋浙东高氏家族研究》（海洋出版社 2010 年版）、《高似孙〈纬略〉校注》（浙江大学出版社 2012 年版）。

2006，博士，张英（1981— ），吉林柳河人。江苏理工学院副教授。博士论文《唐宋贬谪词研究》（后由中国社会科学出版社 2017 年出版）。

2006，博士后，张文德（1963— ），江苏东海人。江苏师范大学教授。博士后出站报告《元明南戏文本传播研究》。著有《王昭君故事的传承与嬗变》（学林出版社 2008 年版）。

2007，博士，徐拥军（1976— ），江西万年人。广东技术师范大学讲师。博士论文《唐宋隐逸词史论》。

2007，博士，马丽梅（1974— ），河北邯郸人。苏州工业园区服务外包职业学院讲师。博士论文《宋词与宴饮》（后由台湾花木兰文化出版社 2016 年出版）。

2008，博士，马俊芬（1984— ），山东滨州人。苏州大学图书馆馆员。博士论文《宋词与苏杭》（后由台湾花木兰文化出版社 2014 年出版）。

2008，博士，王慧刚（1979— ），山西潞城人。河南师范大学副教授。博士论文《宋词与陶渊明》（后由新华出版社 2014 年出版）。

2008，博士后，李建华（1970— ），江苏海安人。南京师范大学钟振振教授门下博士，后入杨海明教授门下做博士后。现为宁波大学副教授。博士后出站报告《唐代江东士族与文学》。著有《唐代山东士族的复兴与文学思潮》（中国社会科学出版社 2018 年版）。

2009，博士，许菊芳（1980— ），湖北大冶人。郑州航空工业管理学院学院副教授。博士论文《民国以来重要唐宋词选研究》（后易名《民国重要唐宋词选研究》，由河南文艺出版社 2015 年出版）。著有《古代边塞诗词三百首》（中国国际广播出版社 2014 年版）。

2009，博士，白帅敏（1982— ），河南禹州人。苏州经贸职业技术学院讲师。博士论文《唐宋词声音意象研究》（后由台湾花木兰文化出版社 2016 年出版）。著有《石湖名贤范成大》（合著，苏州大学出版社 2017 年版）。

2009，博士后，张立荣（1973— ），山西运城人。山西大学文学院教授。南京师范大学钟振振教授门下博士，后入杨海明教授门下做博士后。博士后出站报告《北宋七言律诗研究》。著有《北宋前期七言律诗研究》（中国社会科学出版社 2014 年版）。

二、硕士

1987，硕士，钱锡生（1962— ），江苏张家港人。硕士论文《吴文英词研究》。后随杨海明教授继续攻读博士。

1989，硕士，赵梅（1967— ），江苏吴江人。硕士论文《宋代节序词研究》。后随杨海明教授继续攻读博士。

1992，硕士，王晓骊（1970— ），江苏苏州人。硕士论文《逐弦管之音　为侧艳之词——试论冶游之风对晚唐五代北宋词的影响》。后随杨海明教授继续攻读博士。

1994，硕士，薛玉坤（1971— ），江苏泰州人。硕士论文《晏殊词研究》。后随杨海明教授继续攻读博士。

1994，硕士，薛蕾（1971— ），江苏无锡人。硕士论文《南宋咏史词研究》。

1996，硕士，许金华（1957— ），浙江余杭人。硕士论文《论小山词》。

1997，硕士，陈娟（1966— ），江苏常州人。硕士论文《李清照诗词比较研究》。

1997，硕士，崔小春（1971— ），江苏东台人。硕士论文《离骚读煞浑无味，好个诗家阮步兵》。

1997，硕士，许春燕（1975— ），江苏溧阳人。硕士论文《南宋余韵 嗣响稼轩——〈名儒草堂诗余〉再探》。

1997，硕士，王鹏（1973— ），山东荷泽人。硕士论文《温柔的叛逆——〈花间集〉艳风新论》。

2000，硕士，陈国安（1972— ），江苏镇江人。硕士论文《清初诗经学研究》。后随杨海明教授继续攻读博士。

2000，硕士，季品锋（1977— ），江苏常熟人。硕士论文《印刷术与词体演进关系初探》。后随复旦大学王水照教授攻读博士。

2000，硕士，石英（1979— ），湖南常德人。硕士论文《诗与梅花一样清——试论姜夔的自恋人格对其词作之美学风貌的潜在影响》。

2001，硕士，宋秋敏（1974— ），黑龙江密山人。硕士论文《晚唐五代“醉梦词”探析》。后随杨海明教授继续攻读博士。

2003，硕士，殷春华。硕士论文《略论唐宋词中的陶渊明意象》。

2003，硕士，沈燕。硕士论文《“水满平湖香满路”：论唐宋词中的香世界》。

2005，硕士，罗云芳（1982—2017），河南开封人。硕士论文《唐宋词中的桃源意象》。

2005，硕士，刘宝侠（1982— ），江苏徐州人。硕士论文《南宋后期寒士词人群研究》。

2005，硕士，杨雅骞（1981— ），河北保定人。硕士论文《千载风味此山中——辛弃疾词中的山意象：对传统的突破与继承》。

2006，硕士，于咏梅（1971— ），江苏扬中人。硕士论文《宋代镇江词研究》。

2006，硕士，焦佳朝（1982— ），河北冀州人。硕士论文《唐宋湖州词研究》。

第二卷之一　邓红梅先生支下

邓红梅先生1998年开始在山东师范大学招收硕士研究生，凡招8届20人；1999年开始招博士生，招3届3人。2006年调任南京师范大学教授，招博士生7届8人，博士后1人，硕士生7届23人。

一、博士（含博士后）

1999，博士，王伟伟（1975— ），山东莱州人。山东师范大学副教授。博士论文《宋代社交词研究》（后易名《宋词与宋代的社交生活》，由山东教育出版社2015年出版）。

2001，博士，曲向红（1979— ），山东烟台人。山东财经大学副教授。博士论文《两宋俗词研究》（后由中国戏剧出版社2008年出版）。著有《醉卧花丛：浪子的快意与失意人生》（济南出版社2011年版）、《宋词的力量》（台湾海鸽文化出版图书有限公司2015年版）、《桃花依旧笑春风》（台湾海鸽文化出版图书有限公司2008年版）。

2006，博士，王纱纱（1982— ），辽宁台安人。硕士为钟振振教授门下。现为泰山学院副教授。博士论文《彊村词人群体研究》。著有《常州词派创作研究》（南京大学出版社2011年版），整理有《国朝常州词录》（南京大学出版社2011年版）、《词选（附〈续词选〉）》（南京大学出版社2012年版）等。

2008，博士，纪晓华（1984— ），山东聊城人。新乡学院讲师。博士论文《历代帝王对词体的文化参与及其形象被塑》。

2009，博士，朱国伟（1971— ），河南汝南人。硕士为党银平教授门下。信阳师范学院副教授。博士论文《唐宋行旅词研究》。编著有《民国诗社集六种》（河南文艺出版社2016年版）。

2010，博士，赵宣竹（1981— ），河北人。华北科技学院讲师。博士论文《顺康女性词研究》（后由人民出版社 2020 年出版）。

2010，博士后，宋秋敏（1974— ），黑龙江密山人。东莞理工学院教授。博士后出站报告《唐宋词与流行文化》（后由上海人民出版社 2013 年出版）。著有《唐宋词与流行歌曲》（中国社会科学出版社 2009 年版）。

2011，博士，韩荣荣（1986— ），河北平山人。石家庄铁道大学文法学院副教授。博士论文《雍乾女性词人研究》。

2012，博士，兰石洪（1973— ），湖南岳阳人。贵州师范学院教授。博士论文《顺康雍乾题画词研究》（后易名《清前中期题画词研究》，南京大学出版社 2017 年出版）。邓红梅教授去世后转入南京师范大学钟振振教授门下。

二、硕士

1998，硕士，周玉梅（1973— ），山东济宁人。硕士论文《周邦彦词新论》。

1998，硕士，朱长英（1975— ），山东德州人。硕士论文《南宋典雅词派中的梦窗词》。

1999，硕士，高瑞芹（1976— ），山东东明人。硕士论文《南宋风雅词派研究》。

2000，硕士，赵莉萍（1976— ），山东济南人。硕士论文《陈子龙词研究》。

2002，硕士，田桂芬（1980— ），山东龙口人。硕士论文《明清词谱的发展概况》。

2003，硕士，李玉玲（1981— ），山东即墨人。硕士论文《“艳词”义蕴流变考》。

2004，硕士，尹祚鹏（1973— ），山东莱芜人。硕士论文《词体结构层次研究》。

2004，硕士，杨乐（1980— ），辽宁沈阳人。硕士论文《赵长卿词研究》。

2004，硕士，满颖慧（1982— ），山东金乡人。硕士论文《晁补之诗歌艺术研究》。

2005，硕士，郑强（1975— ），山东淄博人。硕士论文《陆贽研究》。

2007，硕士，张薇（1986— ），陕西榆林人。从西北大学李浩教授读博士。硕士论文《清代清溪吟社女作家研究》。

2007，硕士，吴佳永（1984— ），河北正定人。硕士论文《中国古代女性咏史怀古诗歌研究》。

2008，硕士，韩荣荣（1986— ），河北平山人。硕士论文《现代女词人茅于美研究》。

2008，硕士，陈婷婷（1984— ），吉林人。硕士论文《邓廷桢诗词研究》。

2008，硕士，刘合媛（1986— ），山东沂源人。硕士论文《清代中期京江鲍氏三女史诗词研究》。

2009，硕士，李国龙（1984— ），河北南宫人。硕士论文《清代词人叶申芗研究》。

2009，硕士，王梦玉（1984— ），江苏邳州人。硕士论文《唐宋鸿雁词研究》。

2009，硕士，周娟（1986— ），江苏扬州人。硕士论文《清代词人顾翰及其词研究》。

2009，硕士，倪良菊（1984— ），安徽六安人。硕士论文《才子苍梧怨——董元恺及其〈苍梧词〉研究》。

2010，硕士，刘源（1984— ），天津人。硕士论文《随园女弟子考论》。

2010，硕士，张怡文（1988— ），江苏南京人。硕士论文《高翥及其诗歌研究》。

2010，硕士，朱小琳（1987— ），江苏涟水人。硕士论文《刘宰及其诗歌研究》。

2012，硕士，谢彩萍（1989— ），江苏江阴人。硕士论文《庄盘珠词研究》。

2012，硕士，王存恒（1989— ），山东聊城人。硕士论文《先唐诗歌蔬菜意象研究》。

第二卷之二　钱锡生先生支下

钱锡生先生2010年开始在苏州大学招硕士研究生，凡12届16人，2016年起招博士生，凡1届1人。

一、博士

2016，博士，陶友珍（1976— ），江西南昌人。景德镇学院讲师。博士论文《唐宋词在清代顺康雍乾时期的传播与接受》。

二、硕士

2010，硕士，王春苗（1987— ），河南周口人。硕士论文《论姜夔词在宋元明清的接受》。

2011，硕士，陈斌（1988— ），江苏苏州人。硕士论文《东坡词历代传播与接受研究四题》(后易名《苏东坡词历代传播与接受专题研究论稿》，由苏州大学出版社2014年出版)。

2011，硕士，杨静（1989— ），江苏泰州人。硕士论文《清真词传播与接受研究》。

2012，硕士，雷雯（1990— ），湖南益阳人。硕士论文《稼轩词历代传播与接受专题研究》。

2013，硕士，蔡慧（1990— ），江苏靖江人。硕士论文《温庭筠词接受史研究》。

2013，硕士，陆松（1990— ），江苏苏州人。硕士论文《柳永、周邦彦词异同论》。

2014，硕士，李晟萱（1990— ），湖北武汉人。硕士论文《贺铸词对前人的创作接受研究》。

2015，硕士，陶映竹（1993— ），江苏盐城人。硕士论文《传播与接受视阈中的宋代词坛唱和研究》。

2015，硕士，田友蓝（1993— ），四川沐川人。硕士论文《黄庭坚词的创作接受和传播研究》。

2016，硕士，邱苏华（1993— ），江西泰和人。硕士论文《词本事对唐宋词的遮蔽现象研究》。

2016，硕士，袁月（1993— ），江苏泰州人。硕士论文《历代词人对梦窗词接受研究》。

2017，硕士，温静（1994— ），江西宜春人。硕士论文《历代词人对李清照词的创作接受研究》。

2017，硕士，时雪昊（1995— ），山东泰安人。硕士论文《欧阳修词的创作接受研究》。

2019，硕士，范梦瑶（1997— ），河南驻马店人。苏州大学硕士研究生在读。

2020，硕士，赵语晨（1997— ），江苏镇江人。苏州大学硕士研究生在读。

2021，硕士，张悠然（2000— ），广东河源人。苏州大学硕士研究生在读。

第二卷之三　闵定庆先生支下

闵定庆先生1999年开始在华南师范大学招收硕士研究生，凡22届52人。2018年开始招博士后，凡1届1人。

一、博士后

2019，博士后，何素雯（1988—　），广东鹤山人。博士后出站报告《近代古文选本序录》。现任广东韶关学院中文系讲师。

二、硕士

2000，硕士，彭洁莹（1972—　），广东揭西人。硕士论文《论仇远〈无弦琴谱〉的遗民心态及其意象呈现》。

2000，硕士，王敏（1977—　），辽宁沈阳人。硕士论文《晚清世情小说叙事模式研究》。

2001，硕士，邓绮雯（1974—　），广东江门人。硕士论文《中小学语文教学之唐宋词课堂教学实施策略研究》。

2002，硕士，易定军（1979—　），湖南永州人。硕士论文《试论郭嵩焘诗学主张的理学实学特征》。

2003，硕士，潘程环（1976—　），广东湛江人。硕士论文《〈孽海花〉的接受及其文本意义》。

2003，硕士，张洲（1973—　），广西合浦人。硕士论文《吴藻词研究》。考入中山大学中文系欧阳光教授门下攻读博士学位。

2004，硕士，刘新万（1976—　），江西寻乌人。硕士论文《徘徊于传统与现代之间——陈炽的文化心态及其内在矛盾》。考入南开大学中文系卢盛江教授门下攻读博士学位。

2005，硕士，杨伟宏（1978—　），广东梅州人。硕士论文《丘逢甲寓潮时期的诗歌创作与矛盾心志》。

2006，硕士，黄柳媚（1976—　），广西贺州人。硕士论文《古代文学的鹤意象研究》。

2007，硕士，谭余娟（1984—　），广东茂名人。硕士论文《陆氏家学与陆游的教学诗创作》。

2009，硕士，胡春梅（1986— ），四川遂宁人。硕士论文《论顾太清诗词创作的文人化倾向》。

2010，硕士，何素雯（1988— ），广东鹤山人。硕士论文《〈听秋声馆词话〉研究》。考入韩国岭南大学中文系崔桓教授门下攻读博士学位。

2011，硕士，谭素怡（1989— ），广东广州人。硕士论文《张德瀛〈文学史〉笺证》。

2013，硕士，方冰瑶（1990— ），广东潮州人。硕士论文《饶锷〈西湖山志〉笺证》。

2016，硕士，张业明（1993— ），广东阳江人。硕士论文《黄咏雩词研究》。考入韩国外国语大学朴宰雨教授门下攻读博士学位。

第二卷之四　曹志平先生支下

曹志平先生自2003年起在曲阜师范大学招收硕士研究生，至今共17届34人。

2003，硕士，付玲玲（1981— ），山东罗庄人。硕士论文《陆游茶诗研究》。考入中国社科院刘跃进教授门下攻读博士。

2004，硕士，余海珍（1981— ），河南镇平人。硕士论文《唐代布衣诗人及其诗歌研究——以晚唐布衣诗人及其诗歌为例》。

2005，硕士，马俊芬（1984— ），山东滨州人。硕士论文《宋代节序词审美观照》。后随苏州大学杨海明教授攻读博士。

2005，硕士，刘轶男（1980— ），天津人。硕士论文《梦窗词赋化之研究》。

2005，硕士，赵庆芳（1981— ），山东日照人。硕士论文《宋代女性词的审美价值》。

2005，硕士，冀贞友（1964— ），山东新泰人。硕士论文《盛唐边塞诗地域文化研究》。

2005，硕士，刘永礼（1979— ），山东潍坊人。硕士论文《苏轼谪居黄州时期的文学创作研究》。

2005，硕士，赵举忠（1980— ），山东单县人。硕士论文《南宋寿词社会文化学研究》。

2006，硕士，邢振霞（1971— ），山东烟台人。硕士论文《韩翃及其诗歌研究》。

2006，硕士，张艺凡（1982— ），山东潍坊人。硕士论文《宋代南渡词坛唱和研究》。

2006，硕士，李新（1981— ），山东日照人。硕士论文《中国古代文学中的蝴蝶意象研究》。

2006，硕士，苗冠群（1982— ），山东曲阜人。硕士论文《道教文化与李贺诗歌》。

2006，硕士，于秀玲（1968— ），山东威海人。硕士论文《宋遗民词意象探析——以西湖词、送春词为例》。

2007，硕士，孟露芳（1983— ），山东阳谷人。硕士论文《宋代寿词浅论》。

2007，硕士，陶明香（1971— ），山东昌乐人。硕士论文《中唐田园诗新变及其原因探析》。

2007，硕士，李冠宇（1981— ），山东胶州人。硕士论文《李之仪诗歌研究》。

2007，硕士，褚福梅（1973— ），山东枣庄人。硕士论文《〈醒世姻缘传〉传统家庭伦理的沦丧》。

2007，硕士，刘淑玲（1979— ），山东沂水人。硕士论文《论唐宋诗词中的桃花意象》。

2008，硕士，单秀芹（1982— ），山东临沂人。硕士论文《唐诗中青鸟意象的内涵及其成因探析》。

2009，硕士，王璇（1986— ），山东鱼台人。硕士论文《冯延巳词的悲剧风格及其成因》。

2009，硕士，王玉娟（1986— ），山东临清人。硕士论文《清代对秦观词的接受研究——以云间词派、常州词派为例》。

2010，硕士，董娜（1988— ），陕西渭南人。硕士论文《李清照与纳兰性德愁情词比较研究》。

2010，硕士，张玲（1985— ），四川泸县人。硕士论文《五代入蜀贰臣诗人诗歌创作与文化心态研究》。

2011，硕士，柳咏莉（1988— ），山东莱西人。硕士论文《豫章诗社研究》。

2012，硕士，刘青（1990— ），山东德州人。硕士论文《昆山诗社考索》。
2013，硕士，刘宁（1991— ），山东青岛人。硕士论文《楚东诗社研究》。
2014，硕士，周雪琦（1991— ），山东青岛人。硕士论文《叶梦得许昌诗社研究》。
2014，硕士，刘文静（1990— ），山东枣庄人。硕士论文《苏轼茶诗审美研究》。
2015，硕士，王淼（1993— ），山东济宁人。硕士论文《明代文学葫芦意象的象征意涵研究》。
2016，硕士，付丽媛（1994— ），山东滨州人。硕士论文《明清小说葫芦意象的道教色彩》。
2016，硕士，肖雨佳（1992— ），山东聊城人。硕士论文《北郭诗社研究》。
2017，硕士，梅文文（1995— ），山东东营人。硕士论文《论苏轼的诗酒人生与醒醉心态》。
2019，硕士，代雨鑫（1998— ），山东临沂人，曲阜师范大学硕士研究生在读。
2020，硕士，文海阔（1996— ），内蒙古通辽人，曲阜师范大学硕士研究生在读。

第二卷之五　曹辛华先生支下

曹辛华先生2004年开始在南京师范大学招硕士研究生，凡15届40人；2015年起招博士生，招3届4人。2017年调任上海大学教授，招博士后4届9人、博士生4届7人、硕士生5届16人。

一、博士（含博士后）

2015，博士，郝文达（1988— ），江苏常州人。江苏理工学院讲师。博士论文《作词法批评研究》。编著有《赵尊岳词学文集》（合编，河南文艺出版社2016年版）。
2016，博士，程诚（1987— ），安徽黄山人。博士论文《近代词学史研究》。现为安徽师范大学中国诗学研究中心助理研究员。
2017，博士，方俊（1990— ），河南信阳人。南京师范大学在读博士。博士论文《民国词选学史论》。

2017，博士，伏蒙蒙（1991— ），江苏连云港人。任职于浙江财经大学。博士论文《词调研究史论》。

2018，博士，苏鹏飞（1991— ），河南周口人。上海大学博士。博士论文《民国时期清诗郡邑类总集研究》。任职于扬州大学文学院。

2018，博士，仇俊超（1991— ），河南滑县人。上海大学博士。博士论文《民国时期清诗家族类总集研究》。

2018，博士后，刘宏辉（1986— ），江西赣州人。上海大学博士后。博士后出站报告《近代中日词学交流研究》。

2019，博士，刘亚楠（1989— ），河南安阳人。上海大学在读博士。博士论文《近现代词学丛书编纂研究》。

2019，博士后，陈伦敦（1978— ），福建连江人。西南交通大学副教授。博士后出站报告《民国赋作文献整理》，整理有《明〈蜀都赋〉》（点校，四川大学出版社 2018 年版）。

2019，博士后，林晓筠（1980— ），台湾嘉义人。玉林师范学院副教授。博士后出站报告《郑孝胥研究》。

2019，博士后，袁晓聪（1983— ），陕西岐山人。博士后出站报告《南唐词在现代的传播与接受研究》。

2020，博士，李飞跃（1978— ），河南焦作人。上海大学在读博士。

2020，博士，鲁宴松（1992— ），韩国人。上海大学在读博士。

2020，博士，潘如成（1993— ），江苏盐城人。上海大学在读博士。

2020，博士后，李昇（1982— ），湖北孝感人。上海大学在读博士后。博士后出站报告《中国现代旧体诗歌别集叙录》。

2020，博士后，刘慧宽（1989— ），河南焦作人。暨南大学赵维江教授门下博士生，现为曹辛华教授门下博士后。

2020，博士后，李雪（1990— ），河南新乡人。上海大学在读博士后。

2021，博士，陈必欢（1980— ），湖北孝感人。上海大学在读博士。

2021，博士后，陈更（1990— ），陕西咸阳人。上海大学在读博士后。

2021，博士后，何群（1985— ），江苏宿迁人。上海大学在读博士后。

二、硕士

2004，硕士，曹冬雪（1978— ），黑龙江绥棱人。硕士论文《宋代词人江阴“三葛”研究》。

2005，硕士，李智（1977— ），安徽马鞍山人。硕士论文《南宋徽州词坛研究》。

2005，硕士，白帅敏（1981 — ），河南禹州人。硕士论文《两宋父子词人曹组曹勋研究》。后入苏州大学杨海明教授门下攻读博士。

2005，硕士，马石丁（1981— ），江苏如皋人。硕士论文《南宋道教词人葛长庚研究》。

2006，硕士，黄正红（1976— ），安徽六安人。硕士论文《唐宋词句法研究》。

2006，硕士，姜艳（1982— ），山东临沂人。硕士论文《南宋词人李曾伯研究》。

2006，硕士，王睿（1981— ），河南郑州人。硕士论文《南宋父子词人韩元吉韩淲研究》。考入南京大学莫砺锋教授门下读博士。

2007，硕士，张传刚（1977— ），江苏徐州人。硕士论文《唐宋鹧鸪天诗词研究》。

2007，硕士，范敏（1986— ），江苏如皋人。硕士论文《唐代蝴蝶诗研究》。

2007，硕士，吴浩（1986— ），江苏盐城人。硕士论文《晚清民初词人张尔田研究》。

2008，硕士，陈阳阳（1987— ），安徽桐城人。硕士论文《唐宋鹤诗词研究》。

2008，硕士，李莹（1984— ），河南洛阳人。硕士论文《唐宋〈临江仙〉词研究》。

2008，硕士，昝圣骞（1987— ），江苏徐州人。硕士论文《晚清民初词人郭则沄研究》。考入武汉大学陈水云教授门下读博士。

2009，硕士，刘岳磊（1984— ），河南鹤壁人。硕士论文《晚清民国词人徐乃昌研究》。后随南京师范大学钟振振教授读博士。

2009，硕士，徐倩（1986— ），江苏赣榆人。硕士论文《唐宋〈西江月〉词研究》。

2009，硕士，申明镜（1986— ），河南汤阴人。硕士论文《唐宋“燕”词研究》。

2010，硕士，孙文周（1979— ），河南孟州人。硕士论文《晚清民国吴虞诗词研究》。后考入南京师范大学钟振振教授门下攻读博士。

2010，硕士，李芳（1987— ），湖南武冈人。硕士论文《唐宋〈菩萨蛮〉词研究》。

2010，硕士，阮琼（1988— ），湖南邵阳人。硕士论文《唐宋“莺”诗词研究》。

2011，硕士，刘曼丽（1989— ），河南商丘人。硕士论文《宋金元〈满江红〉词研究》。

2011，硕士，张响（1989— ），江苏泗洪人。硕士论文《晚清民国词人蔡嵩云研究》。随南京师范大学钟振振教授继续攻读博士。

2011，硕士，郑华萍（1989— ），安徽太湖人。硕士论文《唐宋“凤”诗词研究》。随南京师范大学王青教授继续攻读博士。

2012，硕士，郝文达（1988— ），江苏常州人。硕士论文《晚清民国词人赵尊岳研究》。随曹辛华教授继续攻读博士。

2012，硕士，黄盼（1990— ），河南信阳人。硕士论文《唐宋〈蝶恋花〉词研究》。后考入武汉大学谭新红教授门下攻读博士。

2012，硕士，许梦婕（1989— ），安徽合肥人。硕士论文《唐宋咏月词研究》。后考入高峰教授门下攻读博士。

2013，硕士，王兆娟（1990— ），安徽人。硕士论文《程珌诗文研究》。

2013，硕士，张锦（1990— ），湖北荆门人。硕士论文《民国词人刘麟生研究》。考入中国社会科学院文学研究所高建平教授门下攻读博士。

2013，硕士，张楚楚（1991— ），江苏南京溧水人。硕士论文《宋金元〈青玉案〉词调研究》。考入中国社会科学院研究生院张政文教授门下攻读博士。

2014，硕士，孙会芳（1992— ），河南武陟人。硕士论文《唐宋“马”诗词研究》。考入复旦大学黄霖教授门下攻读博士。

2014，硕士，方俊（1990— ），河南信阳人。硕士论文《宋代文人李石研究》。随曹辛华教授继续攻读博士。

2014，硕士，周翔（1990— ），河南遂平人。硕士论文《龙榆生诗词创作研究》。随南京师范大学钟振振教授继续攻读博士。

2014，硕士，伏蒙蒙（1991— ），江苏连云港人。硕士论文《宋金元〈满庭芳〉词研究》。随曹辛华教授继续攻读博士。

2015，硕士，仇俊超（1991—　），河南滑县人。硕士论文《晚清民国词人张素研究》。随曹辛华教授至上海大学继续攻读博士。

2015，硕士，陈旭鸣（1991—　），江苏南京人。硕士论文《晚清民国词人刘毓盘研究》。

2015，硕士，张晓丹（1992—　），河南封丘人。硕士论文《南宋文人张侃研究》。

2016，硕士，郜旻（1992—　），江苏泰州人。硕士论文《民国词人卢前及其词研究》。

2016，硕士，宋亚凤（1992—　），河南巩义人。硕士论文《晚清民国词人王易研究》。

2016，硕士，齐伯伦（1990—　），河南新野人。硕士论文《缪荃孙诗词赋研究》。

2017，硕士，刘畅（1993—　），河南延津人。硕士论文《民国词人赵万里研究》。随南京师范大学钟振振教授继续攻读博士。

2017，硕士，鲁宴松（1992—　），韩国光州人。硕士论文《现代韩国旧体汉诗创作考论》。随曹辛华教授至上海大学继续攻读博士。

2017，硕士，苌雨晴（1996—　），安徽泗县人。硕士论文《沈宗畸及其〈今词综〉研究》。

2017，硕士，姚霞丽（1995—　），浙江嘉兴人。硕士论文《陈乃乾及其诗词学研究》。

2018，硕士，徐新娣（1996—　），江苏盐城人。硕士论文《明代江阴文人缪昌期研究》。

2018，硕士，闫菲（1995—　），河南长垣人。上海大学硕士。硕士论文《陈衍〈近代诗钞〉研究》。

2018，硕士，付聪敏（1995—　），辽宁鞍山人。上海大学硕士。硕士论文《民国词人蒋梅笙研究》。考入上海交通大学朱丽霞教授门下攻读博士。

2019，硕士，宗昊（1997—　），河北临西人。上海大学在读。

2019，硕士，陈雪琦（1993—　），河南永城人。上海大学在读。

2019，硕士，吉梦飞（1998—　），河南洛宁人。上海大学在读。

2020，硕士，王惠民（1995—　），河南驻马店人。上海大学在读。

2020，硕士，刘恩惠（1998—　），河南安阳人。上海大学在读。

2020，硕士，智晓倩（1999— ），河南汝州人。上海大学在读。
2020，硕士，郁陈晨（1998— ），浙江嘉善人。上海大学在读。
2020，硕士，袁馨（1998— ），江苏南京人。上海大学在读。
2021，硕士，付建雨（1999— ），山西大同人。上海大学在读。
2021，硕士，陈明虹（1999— ），福建宁德人。上海大学在读。
2021，硕士，李姝威（1999— ），甘肃武威人。上海大学在读。

第二卷之六　王晓骊先生支下

王晓骊先生 2005 年开始在苏州大学招硕士研究生，凡 2 届 6 人。

2005，硕士，陶友珍（1976— ），江西南昌人。硕士论文《宋代西湖词研究》。后考入钱锡生教授门下读博士。
2005，硕士，王惠梅（1978— ），山西人。硕士论文《唐宋岭南词研究》。后考入马卫中教授门下读博士。
2005，硕士，赵建华（1983— ），安徽肥西人。硕士论文《论唐宋艳情词兴盛的佛因禅缘》。
2006，硕士，章继成（1972— ），河南光山人。硕士论文《论北宋前期词人的功名观及其创作》。
2006，硕士，王青松（1979— ），湖北大冶人。硕士论文《南宋闽中词研究》。
2006，硕士，张明雪（1984— ），山东青岛人。硕士论文《宋代女性词人酒意象研究》。

第二卷之七　张再林先生支下

张再林先生 2003 年开始在南宁师范大学（原广西师范学院）招硕士研究生，已招 18 届 42 人。

2003，硕士，彭曙蓉（1976— ），湖南邵东人。硕士论文《唐宋词与洛阳文化关系研究》。后考入华中师范大学戴建业教授门下读博士。

2004，硕士，王萍（1976— ），安徽淮南人。硕士论文《周济词学思想研究》。

2006，硕士，李再新（1976— ），湖南平江人。硕士论文《宋代城市词研究》。

2006，硕士，汪莹娣（1982—）安徽阜阳人。硕士论文《宋诗中节日民俗研究》。

2006，硕士，郭洁（1981— ），山东茌平人。硕士论文《宋代词作家广西词作及文化活动研究》。

2007，硕士，莫军昌（1974 一），江西宜春人。硕士论文《唐代袁州进士考论》。

2007，硕士，华东方（1983— ），江苏徐州人。硕士论文《遗山词研究三题》。

2008，硕士，唐灏（1978— ），广西桂林人。硕士论文《南宋赵彦端诗词创作研究》。

2008，硕士，潘月（1985— ），湖北襄阳人。硕士论文《唐宋八大家与襄阳考论》。

2008，硕士，于瑞娟。硕士论文《宋代词集序跋研究》。

2009，硕士，肖昌菊（1978— ），湖南衡阳人。硕士论文《宋初三朝文人的结盟风气及诗史意义研究》。

2009，硕士，王淋淋（1985— ），浙江台州人。硕士论文《南宋文人的结盟风气及文学史意义研究：以“两浙地区”为中心》。后考入中南民族大学王兆鹏教授门下读博士。

2009，硕士，章文明（1986— ），湖南永州人。硕士论文《北宋中期文人集会诗文研究》。

2010，硕士，王金伟（1984— ），山东利津人。硕士论文《北宋晚期的文人结盟与诗歌嬗变研究》。后考入南京师范大学高峰教授门下读博士。

2010，硕士，杨黎黎（1988— ），安徽凤阳人。硕士论文《试论欧阳修对“宋型文化”发展的贡献》。

2011，硕士，张兴（1987— ），江苏靖江人。硕士论文《徐凝及其诗歌研究》。

2012，硕士，李雪（1990— ），河南新乡人。硕士论文《清代张积中的文学创作与词选研究》。后考入南京师范大学孙书磊教授门下读博士。

2012，硕士，寇昌宁。硕士论文《大历诗人严维及其诗歌研究》。

2012，硕士，刘亚洁。硕士论文《唐代除夕诗研究》。

2012，硕士，于林林。硕士论文《柳永生平与词作考辨》。

2012，硕士，张荡（1988— ），山西晋城人。硕士论文《钱楷〈绿天书舍存草〉注释》。

2013，硕士，袁猛（1990— ），河南商丘人。硕士论文《袁甫及其〈蒙斋集〉研究》。

2013，硕士，李航（1989— ），湖南岳阳人。硕士论文《宋代诗歌中的“池”意象研究》。

2013，硕士，童超。硕士论文《明代靖江王府文献辑注》。

2014，硕士，管晶晶（1990— ），安徽合肥人。硕士论文《宋代同年集会诗歌汇编注释》。

2014，硕士，黎文凤（1990— ），江西赣州人。硕士论文《中唐诗歌“审丑”意象研究》。

2014，硕士，王梦梦（1991— ），江苏徐州人。硕士论文《南宋陈三聘〈和石湖词〉研究》。

2014，硕士，王文丹（1992— ），河南新乡人。硕士论文《南宋赵善括诗词研究》。

2016，硕士，伍雅萍（1993— ），广西桂林人。硕士论文《苏门文人集会诗歌研究》。

2017，硕士，谢林玉（1993— ），贵州遵义人。硕士论文《梅溪词与竹山词比较研究》。

2018，硕士，杨耀忻（1995— ），河南焦作人。硕士论文《宋词昆虫意象研究》。

2019，硕士，蒋媛媛（1994— ），山东聊城人，南宁师范大学在读。

2020，硕士，朱壮昳（1997— ），浙江绍兴人，南宁师范大学在读。

2021，硕士，邓婷允（1998— ），广西玉林人，南宁师范大学在读。

第二卷之八　叶帮义先生支下

叶帮义先生2007年开始在安徽师范大学招硕士研究生，共招硕士生12届26人（不含联合指导的研究生）。

2007，硕士，梁秀清（1985— ），安徽肥东人。硕士论文《仇远诗词研究》。

2007，硕士，毛等（1985— ），安徽砀山人。硕士论文《论南宋词的理学意蕴》。

2010，硕士，杨晶（1988— ），安徽合肥人。硕士论文《姜夔词与唐诗》。

2010，硕士，李洋（1988—2014），安徽天长人。硕士论文《清真词与唐诗》。

2011，硕士，朱家元（1988— ），安徽霍邱人。硕士论文《辛弃疾词与唐诗》。

2011，硕士，桂丹瑜（1989— ），安徽金寨人。硕士论文《北宋前中期词对白居易的接受——从晏殊到苏轼》。

2012，硕士，尹良珍（1988— ），安徽阜阳人。硕士论文《苏轼饮食文学初探》。

2012，硕士，潘侄芳（1989— ），安徽安庆人。硕士论文《李清照的女性身份与其接受历程》。

2012，硕士，陈庆霞（1989— ），安徽安庆人。硕士论文《辛词对儒家经典的化用》。

2013，硕士，郭鹏（1983— ），山东曹县人。硕士论文《宋词化用杜诗研究》。

2013，硕士，朱明艳（1991— ），安徽安庆人。硕士论文《苏、辛词对李白诗歌接受之研究》。

2014，硕士，卢琦（1990— ），安徽萧县人。硕士论文《宋词化用杜牧诗研究》。

2014，硕士，查小飞（1991— ），安徽太湖人。硕士论文《苏轼七言古诗研究》。

2015，硕士，杨帆（1991— ），安徽芜湖市人。硕士论文《宋词化用李商隐诗研究》。

2016，硕士，王丹（1992— ），安徽临泉人。硕士论文《论盛唐爱情诗》。

2017，硕士，桑冷燕（1993— ），安徽芜湖县人。硕士论文《宋词使用〈论语〉研究》。

2017，硕士，唐棠（1996— ），湖南邵阳人。硕士论文《经济·隐逸·诗歌：从陶渊明到王维到白居易》。

2018，硕士，薛怡然（1995— ），山西朔州人。硕士论文《论苏轼诗中的理趣》。

2018，硕士，储晓曼（1996— ），安徽岳西人。硕士论文《孔平仲笔记研究》。

2019，硕士，翟锡娟（1995— ），安徽芜湖县人。安徽师范大学在读。

2019，硕士，许莹莹（1995— ），安徽当涂人。安徽师范大学在读。

2020，硕士，李昌平（1997— ），山东寿光人。安徽师范大学在读。

2020，硕士，赵磊（1998— ），山西夏县人。安徽师范大学在读。

2020，硕士，郑莎珊（1998— ），广东梅州人。安徽师范大学在读。

2021，硕士，徐航（1999— ），安徽宣城人。安徽师范大学在读。

2021，硕士，钱梦晗（1999— ），安徽枞阳人。安徽师范大学在读。

第二卷之九　孙虹先生支下

孙虹先生2007年开始在江南大学招硕士研究生，凡招12届26人。

2007，硕士，王婷（1986— ），江苏常州人。硕士论文《吴梦窗交游及时地考论》。

2007，硕士，孙蒙（1986— ），江苏淮安人。硕士论文《梦窗词研究中“泛情词说”论辨》。

2007，硕士，王媛（1986— ），江苏扬州人。硕士论文《清代常州词派寄托理论与吴梦窗词研究》。

2007，硕士，张露敏（1984— ），浙江宁波人。硕士论文《梦窗词对诗词传统的传承及创新——兼论梦窗词研究中“现代派”之争》。

2009，硕士，杨立萍（1986— ），山东潍坊人。硕士论文《姜夔诗词分期研究》。

2009，硕士，王慧（1986— ），河南驻马店人。硕士论文《周密词学思想与词风研究》。

2009，硕士，刘凤文（1986— ），山东济南人。硕士论文《蒋捷遗民情怀研究》。

2009，硕士，武光霞（1986— ），山东临沂人。硕士论文《梅溪词研究》。

2010，硕士，杨雪（1987— ），江苏泰州人。硕士论文《吴梦窗苏州词考论——以交游为中心》。

2010，硕士，阳竞希（1987— ），湖南株洲人。硕士论文《吴梦窗及交游群体词风研究——兼论吴梦窗的词学思想》。

2010，硕士，佘卉囡（1989— ），江苏南通人。硕士论文《梦窗词在清代词学中的接受与经典化》。

2011，硕士，阳国梁（1988— ），江西九江人。硕士论文《吴梦窗临安及绍兴词考论——兼论梦窗与幕主交游心态》。

2012，硕士，孙龙飞（1989— ），吉林松原人。硕士论文《张炎及其交游词人研究》。

2012，硕士，朱鸿翠（1990— ），江苏盐城人。硕士论文《陈世崇〈随隐漫录〉研究》。

2013，硕士，冉丹（1990— ），重庆开州人。硕士论文《周密及其诗歌研究》。

2014，硕士，何扬（1992— ），安徽芜湖人。后师承南京师范大学高峰教授攻读博士。硕士论文《张炎及其词作词学接受研究》。

2014，硕士，陈蓉（1991— ），江苏淮安人。硕士论文《宋元之际唱和语境下的碧山词研究》。

2015，硕士，胡慧聪（1993— ），黑龙江哈尔滨人。硕士论文《周密及其交游词人研究》。

2019，硕士，刘元璐（1996— ），陕西宝鸡人。现为江南大学在读硕士。

2019，硕士，田嘉怡（1996— ），黑龙江哈尔滨人。现为江南大学在读硕士。

2020，硕士，李楠（1997— ），贵州贵阳人。现为江南大学在读硕士。

第二卷之十　薛玉坤先生支下

薛玉坤先生 2009 年开始在苏州大学招硕士研究生，共 12 届 14 人。

2009，硕士，鞠婷（1986— ），江苏泰兴人。硕士论文《韩淲及其诗词研究》。

2010，硕士，吴悦（1986— ），江苏南京人。硕士论文《词人宋翔凤研究》。

2011，硕士，常娜（1985— ），山西长治人。硕士论文《岭南词人叶衍兰研究》。

2011，硕士，罗俊龙（1989— ），江苏泰州人。硕士论文《词人冒鹤亭研究》。

2012，硕士，杜翠云（1989— ），河南南阳人。硕士论文《稊园社发展史论》。
2013，硕士，方慧勤（1990— ），安徽芜湖人。硕士论文《夏孙桐诗词研究》。
2014，硕士，朱尧（1991— ），江苏南京人。硕士论文《清遗民词人林葆恒研究》。
2015，硕士，邓晓倩（1991— ），广东南海人。硕士论文《晚清民国广东番禺汪氏家族词人研究》。
2016，硕士，闫毓燕（1994— ），甘肃张掖人。硕士论文《光宣吴中词坛研究》。
2018，硕士，曹宇薇（1996— ），江苏太仓人。硕士论文《清代女性词选研究》。
2018，硕士，丁宸（1995— ），广东人。苏州大学硕士在读。
2019，硕士，纪雨晴（1998— ），江苏淮安人。苏州大学硕士在读。
2020，硕士，房启迪（1998— ），江苏溧阳人。苏州大学硕士在读。
2021，硕士，卞嘉傲（1999— ），江苏扬州人。苏州大学硕士在读。

第二卷之十一　张幼良先生支下

张幼良先生2009年开始在苏州大学招硕士研究生，共3届3人。

2009，硕士，何抗（1987— ），江西上饶人。硕士论文《蔡伸及其词研究》。
2010，硕士，杜艳红，硕士论文《易顺鼎词研究》。
2013，硕士，杨帆（1981— ），江苏常熟人。硕士论文《高中语文课堂阅读教学与写作教学有效结合的策略研究》。

第二卷之十二　陈国安先生支下

陈国安先生2015年开始在苏州大学招硕士研究生，共5届10人。

2015，硕士，朱广霖（1982— ），江苏盐城人。硕士论文《〈牧斋初学集〉诗歌自注研究》。

2015，硕士，李向阳（与涂小马先生联合指导）（1993— ），河南周口人。河南大学博士毕业。硕士论文《清代女性文学创作中的性别意识研究》。

2016，硕士，高石（与涂小马先生联合指导）（1993— ），江苏徐州人。硕士论文《清代〈文选〉学与清代骈文关系论稿》。复旦大学博士在读。

2016，硕士，徐飞（1978— ），江苏南通人。硕士论文《梁启超情感诗论研究》。

2017，硕士，刘思彤（1995— ），江苏苏州人。硕士论文《龚萼〈雪鸿轩尺牍〉研究》。

2018，硕士，徐登昊（1996— ），山东威海人。硕士论文《方玉润及其〈诗〉学研究》。

2018，硕士，陈粟（与涂小马先生联合指导）（1996— ），江苏张家港人。硕士论文《〈歧路灯〉和〈儒林外史〉接受〈诗经〉的比较研究》。

2020，硕士，黄润琪（1995— ），江苏苏州人。苏州大学在读。

2020，硕士，范佳玥（1996— ），江苏常熟人。苏州大学在读。

2021，硕士，杨宗妍（1999— ），江苏淮安人。苏州大学在读。

第二卷之十三　罗燕萍先生支下

罗燕萍先生2010年开始在四川外国语大学招硕士研究生，共9届12人。

2010，硕士，段超（1988— ），河北衡水人。硕士论文《四大奇书与园林》。

2011，硕士，王文娴（1989— ），河南人。硕士论文《明清小说中女同性恋行为的呈现与研究》。

2014，硕士，耿阳阳（1991— ），河南禹州人。硕士论文《柳宗元“宗陶”研究》。

2015，硕士，陈凤鸣（1992— ），江苏盱眙人。硕士论文《王冕题画诗研究》。

2016，硕士，张力谦（1992— ），成都蒲江人。硕士论文《曾巩骈文及其相关问题研究》。

2016，硕士，范正峰（1992— ），山西太原人。硕士论文《〈镜花缘〉传播研究》。

2016，硕士，唐铭珠（1996— ），四川宜宾人。硕士论文《结构主义视野下的金圣叹小说评点》。

2017，硕士，胡沛（1994— ），甘肃平凉人。硕士论文《宋代诗歌中的“玉门关”书写》。

2019，硕士，赵靖（1996— ），陕西安康人。四川外国语大学在读。

2020，硕士，刘旭（1996— ），四川成都人。四川外国语大学在读。

2020，硕士，张金晶（1998— ），山西晋中人。四川外国语大学在读。

2021，硕士，廖卫平（1994— ），四川自贡人。四川外国语大学在读。

第三卷　钟振振先生派下

钟振振先生1993年在南京师范大学开山招硕士研究生，凡17届37人。1995年招博士生，共招博士后16人、博士生26届48人。

一、博士（含博士后）

1995，博士，赵维江（1955— ），河北邯郸人。暨南大学教授、广州华商学院传播与传媒学院院长，博士论文《金元词论稿》（后由中国社会科学出版社2000年出版）。

1995，博士，孙家政（1962— ），安徽和县人。安徽省公安厅副处长。博士论文《明词研究》。

1995，博士，李扬（1971— ），江苏镇江人。江苏省社会科学院副院长。博士论文《宋代词学批评研究》。

1995，博士，任振镐（1960— ），韩国首尔人。任教于韩国韩神大学。博士论文《〈左传〉与中国古典文学》。

1996，博士，颜翔林（1958— ），江苏淮安人。温州大学教授。博士论文《宋代词话的美学研究》。著有《论两宋词话》（中国社会科学出版社2018年版）、《怀疑论美学》（商务印书馆2015年版）等。

1997，博士，童向飞（1973— ），湖北鄂州人。湖北大学副教授。博士论文《宋代唱和词研究》。

1997，博士，黄震云（1963— ），江苏徐州人。中国政法大学教授。博士论文《辽代文学史》。

1998，博士，许伯卿（1967— ），江苏淮安人。常州大学教授。博士论文《宋词题材研究》。著有《宋词题材研究》（中华书局2007年版）、《浙江词史》（浙江大学出版社2014年版）等。

1999，博士，赵望秦（1953— ），陕西西安人。陕西师范大学教授。博士论文《唐代咏史组诗研究》。著有《唐代咏史组诗考论》（三秦出版社2003年版）。

1999，博士，高峰（1969— ），江苏镇江人。南京师范大学教授。博士论文《以词话为中心的宋元词论研究》。著有《花间词研究》（江苏古籍出版社2001年版）、《江苏词文化史论》（凤凰出版社2011年版）、《南京古代文化变迁与文学演进》（南京师范大学出版社2019年版）等。

2000，博士，俞明（1948— ），浙江海宁人。原南京市政协副主席。博士论文《历史名胜与中国古代文学》。著有《名胜与文学》（东亚文化出版社2006年版）。

2000，博士，朱德慈（1963— ），江苏宿迁人。扬州大学教授。博士论文《中晚期常州词派研究》。著有《常州词派通论》（中华书局2006年版）等。

2000，博士，刘蔚（1973— ），江苏徐州人。江苏省社会科学院研究员。博士论文《宋代田园诗研究》（后由人民文学出版社2012年出版）。

2000，博士后，崔铭（1964— ），湖南南县人。同济大学副教授。博士后出站报告《苏门交游研究》。著有《苏轼传：智者在苦难中的超越》（合著，天津人民出版社2000年版）、《欧阳修传：达者在纷争中的坚持》（天津人民出版社2008年版）、《张耒年谱及作品编年》（同济大学出版社2019年版）。

2000，博士后，康震（1970— ），陕西绥德人。北京师范大学教授。博士后出站报告《唐代翰林学士与诗歌关系之研究》。著有《中国散文通史·隋唐五代卷》（安徽教育出版社2013年版）、《康震讲诗仙李白》（中华书局2018年版），参编《中国古代文学名篇导读》（北京师范大学出版社2017年版）等。

2001，博士，许隽超（1969— ），黑龙江哈尔滨人。黑龙江大学教授。博士论文《黄仲则研究》。编有《黄仲则资料汇编》（合编，黑龙江大学出版社 2012 年版）、《张问陶资料汇编》（合编，中华书局 2016 年版）、《〈两当轩集〉珍本选刊》（合编，国家图书馆出版社 2016 年版）等。

2001，博士，赵楠（1972— ），四川三台人。南京晓庄学院副教授。博士论文《唐代的教育和教育诗》。

2001，博士后，路成文（1973— ），湖北仙桃人。博士后出站报告《唐宋牡丹文化与牡丹文学》。

2002，博士后，曹辛华（1969— ），河南巩义人。博士后出站报告《南社词学研究》。

2002，博士，邹志勇（1969— ），山西浮山人。辽宁师范大学副教授。博士论文《宋人笔记中的诗学讨论热点研究》。著有《宋代笔记诗学思想研究》（中国社会科学出版社 2014 年版）。

2002，博士，姜革文（1966— ），湖南湘潭人。广西师范大学出版社集团总裁。博士论文《商业·商人·唐诗》。

2003，博士，赵永源（1962— ），江苏昆山人。江苏大学教授。博士论文《遗山词研究》（后由上海古籍出版社 2007 年出版）。著有《遗山乐府校注》（凤凰出版社 2006 年版）。

2003，博士，周子翼（1972— ），江西湖口人。南昌大学副教授。博士论文《北宋七言绝句研究》。著有《北宋七言绝句研究》（后由江西人民出版社 2011 年出版）。

2003，博士，张立荣（1973— ），山西运城人。山西大学教授。博士论文《北宋前期七言律诗研究》（后由中国社会科学出版社 2014 年出版）。

2004，博士，李建华（1970— ），江苏海安人。宁波大学教授。博士论文《唐代山东士族与文学》。著有《唐代山东士族的复兴与文学思潮》（中国社会科学出版社 2018 年版）。

2004，博士，张经建（1956— ），江苏淮安人。博士论文《当代格律诗词创作研究》。

2004，博士后，郭锋（1965— ），陕西高陵人。河南理工大学教授。博士后出站报告《清空与宋代词学》。著有《清空：宋代词学的创作风格》（高等教育出版社 2015 年版）。

2004，博士后，牛海蓉（1974— ），河南灵宝人。湖南大学教授。博士后出站报告《元初遗民文学》。著有《元初宋金遗民词人研究》（中国社会科学出版社 2007 年版）。

2005，博士后，张幼良（1963— ），江苏无锡人。博士后出站报告《文化视域中的词学研究》。

2005，博士，张静（1967— ），山西原平人。南京信息工程大学教授。博士论文《元好问诗歌的接受与传播研究》。著有《元好问诗歌接受史》（中国社会出版社 2010 年版）、《河汾诸老诗集》（三晋出版社 2017 年版）、《金代诗歌接受史》（气象出版社 2019 年版）。

2005，博士，王秋雯（1976— ），江苏南京人。南京师范大学档案馆馆员。博士论文《日本平安时代女流作家与汉文学》。

2006，博士，史华娜（1979— ），陕西渭南人。南京信息工程大学讲师。博士论文《接受视野下的追和词研究》。

2007，博士，郑虹霓（1974— ），安徽六安人。阜阳师范大学教授。博士论文《唐宋词对六朝文学的接受》（后由黄山书社 2016 年出版）。

2007，博士，张文胜（1977— ），安徽桐城人。韩山师范学院讲师。博士论文《〈槐聚诗存〉笺注及研究》。

2007，博士后，马莎（1981— ），浙江诸暨人。博士后出站报告《周邦彦接受史专题研究》。

2008，博士后，张翠爱（1968— ），江苏盐城人。博士后出站报告《唐宋休闲词研究》。

2008，博士，王爱荣（1975— ），江苏南京人。南京旅游职业学院副教授。博士论文《论辛亥革命与中国近代文学的关系》。

2008，博士，于莎雯（1983— ），江苏南京人。博士论文《论诗词对明代戏曲的影响》。

2009，博士，张小华（1974— ），江西瑞昌人。豫章师范学院副教授。博士论文《中国楹联史》。

2009，博士，李秋霞（1974— ），辽宁葫芦岛人。博士论文《异端与才子——

袁枚诗歌研究》。

2009，博士后，关龙燕（1981— ），黑龙江人。哈尔滨电大教授。

2010，博士后，朱光立（1981— ），江苏扬州人。中国人民解放军国防大学副教授。博士后出站报告《被遗忘的革新者：宋人尤袤解析》。著有《南宋中兴诗人行年系地谱》（高等教育出版社2020年版）。

2010，博士，朱志远（1982— ），河南尉氏人。扬州大学副教授。博士论文《元明词选研究》。著有《唐宋词选三种》（河南文艺出版社2016年版）。

2011，博士，熊言安（1967— ），安徽庐江人。安庆师范大学副教授。博士论文《杜诗批点研究》。著有《杜诗批点史》（人民出版社2021年版）。

2012，博士，兰石洪（1973— ），湖南岳阳人。贵州师范学院教授。博士论文《顺康雍乾题画词研究》。著有《清前中期题画词研究》（南京大学出版社2017年版）。

2012，博士，温瑜（1976— ），广西陆川人。南京晓庄学院副教授。博士论文《先秦至唐五代哀悼诗研究》。著有《先秦至唐五代哀悼诗类型论、内涵与文化论》、《先秦至唐五代哀悼诗文体论、艺术论、作家论》（燕山大学出版社2018年版）。

2012，博士，刘岳磊（1984— ），河南鹤壁人。深圳北理莫斯科大学讲师。博士论文《明清词话研究》。著有《徐乃昌词学整理与研究》（河南文艺出版社2016年版）等。

2013，博士，赵丽萍（1977— ），山西晋中人。山西传媒学院教授。博士论文《清顺康时期山右诗歌研究》。

2014，博士，袁晓聪（1983— ），陕西岐山人。运城学院副教授。博士论文《散点透视中国古代诗歌与玉文化》。著有《南唐词接受与传播研究》（天津古籍出版社2021年版）。

2014，博士，张响（1989— ），江苏泗洪人。江苏第二师范学院讲师。博士论文《唐宋词笺注研究》。著有《蔡嵩云词学文献整理》（河南文艺出版社2016年版）。

2014，博士后，王睿（1981— ），河南郑州人。河南农业大学副教授。著有《民国诗学著作考述》（河南文艺出版社2016年版）。

2015，博士后，昝圣骞（1987— ），江苏徐州人。江苏师范大学副教授。博士后出站报告《晚清民初词体声律学研究》（后由社会科学文献出版社2017年出版）。著有《郭则沄词学整理与研究》（河南文艺出版社2016年版）。

2015，博士，赵家晨（1987— ），江西九江人。江西师范大学讲师。博士论文《同光体诗人之词作与词学》。

2016，博士，孙文周（1979— ），河南焦作人。洛阳师范学院讲师。博士论文《民国四川词坛研究》。著有《吴虞诗词整理与研究》（河南文艺出版社2013年版）。

2016，博士，李鹤丽（1989— ），安徽合肥人。南京大学文学院博士后。博士论文《“同题诗词创作”现象研究》。

2016，博士后，张明强（1985— ），河南禹州人。贵州师范大学副教授。博士后出站报告《清代骈文学史》。

2016，博士后，沈扬（1986— ），浙江杭州人。常州大学讲师。博士后出站报告《北宋文人与花卉》。

2017，博士，周翔（1991— ），河南遂平人。江苏第二师范学院讲师。博士论文《近现代词集评点研究》。

2017，博士，唐颢宇（1991— ），江苏南京人。博士在读。

2018，博士，何群（1983— ），江苏宿迁人。博士论文《古典诗词学家叶嘉莹教授研究》。

2018，博士后，胡善兵（1980— ），安徽池州人。南京师范大学博士后，出站报告《宋代词人年谱相关问题考》。

2019，博士，刘红霞（1974— ），江苏常州人。南京师范大学在读。

2019，博士，陈冲（1995— ），陕西礼泉人。南京师范大学在读。

2020，博士，刘畅（1993— ），河南新乡人。南京师范大学在读。

二、硕士

1993，硕士，俞香顺（1971— ），江苏溧水人。硕士论文《张祜诗歌研究》。

2002，硕士，孙广华（1978— ），山东莒县人。考入南京师范大学黄征教授门下读博士。硕士论文《吴潜及其词》。

2002，硕士，牛晓凤（1979— ），山西长治人。硕士论文《北宋山水词研究》。

2003，硕士，王亚芹（1973— ），江苏连云港人。硕士论文《两宋咏史词研究》。

2003，硕士，张文胜（1977— ），安徽桐城人。硕士论文《词调的本体论与创作论意义初探》。后继续跟随钟振振教授读博士。

2003，硕士，王纱纱（1982— ），辽宁台安人。硕士论文《文同山水诗研究》。考入南京师范大学邓红梅教授门下读博士。

2005，硕士，胡银元（1971— ），湖北孝感人。硕士论文《北宋文人郑獬研究》。

2005，硕士，乔国恒（1980— ），山东莱阳人。考入山东大学刘培教授门下读博士。硕士论文《两宋钱塘潮诗词研究》。

2005，硕士，柯敏敏（1982— ），安徽池州人。硕士论文《宋代端午词研究》。

2006，硕士，张亚祥（1979— ），安徽阜阳人。硕士论文《白居易与苏轼怀古诗比较研究》。

2006，硕士，彭亚萍（1982— ），湖南怀化人。硕士论文《两宋之交宋金战事诗研究（靖康元年至绍兴十一年，1126—1141）》。考入西南大学刘明华教授门下读博士。

2006，硕士，唐碧红（1983— ），广东罗定人。硕士论文《曹溶交游与词作关系研究》。考入中山大学张海鸥教授门下读博士。

2006，硕士，郝天培（1983— ），河南镇平人。硕士论文《李弥逊及其诗歌研究》。

2007，硕士，胡善兵（1980— ），安徽池州人。硕士论文《陈亮研究丛稿初编》。考入澳门大学施议对教授门下读博士。

2008，硕士，吴亚娜（1985— ），河北承德人。硕士论文《楼钥诗歌研究》。考入西南大学何宗美教授门下读博士。

2008，硕士，宋妍霖（1986— ），四川泸州人。硕士论文《陶弼诗歌研究》。

2008，硕士，金燕（1986— ），湖北房县人。硕士论文《清初词人金烺研究》。

2011，硕士，陶慧（1988— ），江苏启东人。硕士论文《宋代咏史词研究》。考入南京大学莫砺锋教授门下读博士。

2012，硕士，张桂银（1989— ），辽宁大连人。硕士论文《宋代山水绝句研究》。

2013，硕士，王惠琇（1989— ），山西平遥人。硕士论文《雁门关诗歌研究》。

2013，硕士，谭磊（1990— ），江苏徐州人。硕士论文《〈新五代史〉文史研究》。考入南京大学莫砺锋教授门下读博士。

2013，硕士，刘驰（1991— ），四川绵阳人。硕士论文《当代旧体诗词研究》。考入南京大学程章灿教授门下读博士。

2014，硕士，肖敏（1991— ），四川内江人。硕士论文《宋代巴蜀词研究》。

2014，硕士，徐天韵（1991— ），江苏南京人。硕士论文《唐诗与美国二十世纪诗歌中的植物意象比较研究》。

2014，硕士，高新航（1992— ），河北唐山人。硕士论文《孙应时及其诗歌研究》。

2015，硕士，胡鹏（1988— ），安徽淮南人。硕士论文《北宋笔记的多维观照》。考入浙江大学沈松勤教授门下读博士。

2015，硕士，董秀秀（1992— ），安徽蒙城人。硕士论文《唐宋文房四宝文化与诗词创作研究》。

2016，硕士，吕克（1990— ），浙江瑞安人。硕士论文《〈太平广记〉鬼类故事研究》。

2017，硕士，郭帅帅（1993— ），河北邯郸人。硕士论文《晚清民国词人王蕴章研究》。

2017，硕士，蔡晓伟（1994— ），江苏昆山人。硕士论文《南社镇江词人研究》。

2017，硕士，李琦（1995— ），安徽安庆人。硕士论文《方贞观诗歌研究》。考入深圳大学刘尊明教授门下读博士。

2018，硕士，陈鸿喆（1995— ），山东莘县人。硕士论文《宋代咏经诗研究》。考入南京大学卞东波教授门下读博士。

2018，硕士，白珊珊（1997— ），山东菏泽人。硕士论文《宋元之际仕元词人群体研究》。

2019，硕士，奎欣怡（1996— ），河北石家庄人。南京师范大学在读。

2019，硕士，吕程（1997— ），广西融安人。南京师范大学在读。

2020，硕士，刘睿良（1997— ），河南郑州人。南京师范大学在读。

2020，硕士，林颖（1999— ），福建泉州人。南京师范大学在读。

第三卷之一　赵维江先生支下

赵维江先生2009年开始在暨南大学招收博士生，凡6届6人、博士后3人；2011年起招收硕士生17届55人（其中3人毕业后随导师再读博士或做博士后研究）。

一、博士（含博士后）

2009，博士，徐海容（1976—　），陕西渭南人。东莞理工学院教授。博士论文《唐代碑志文研究》（后由中华书局2018年出版）。

2009，博士后，张振谦（1979—　），河南许昌人。暨南大学教授。博士后出站报告《道教与宋代诗歌之关系研究》。著有《道教文化与宋代诗歌》（人民文学出版社2015年版）。

2010，博士，郑平（1973—　），内蒙古赤峰人。韶关学院讲师。博士论文《明代词学思想研究》。

2010，硕博连读，谷卿（1987—　），安徽安庆人。中国艺术研究院副研究员。博士论文《南宋词学思想研究》。

2011，博士，王玫（1974—　），四川宜宾人。江苏海事职业技术学院讲师。博士论文《词体诗化进程研究》。

2012，博士，刘慧宽（1989—　），河南焦作人。上海大学博士后，讲师。博士论文《清末民国时期文言散文研究》。

2013，博士后，徐拥军（1976—　），江西万年人。博士后出站报告《唐宋词体研究》。

2014，博士，李曙光（1976—　），河南安阳人。惠州学院讲师。博士论文《清代粤词研究》。

2015，博士后，陈伟庆（1980—　），广州肇庆人。博士后出站报告《辽金文学家族研究》。

二、硕士

2001，硕士，易淑琼（1970—　），湖南常德人。硕士论文《刘敏中词研究》。考入暨南大学王列耀教授门下读博士。

2001，硕士，张沫（1974— ），浙江宁波人。硕士论文《“二妙”词研究》。

2001，硕士，温灿龙（1975— ），澳门人。硕士论文《论唐代小说发展过程中志怪成份的消长》。

2002，硕士，褐志德（1955— ），澳门人。硕士论文《隐者的情怀　遗民的哀歌：论李俊明词》。

2002，硕士，胡梅仙（1969— ），湖北赤壁人。硕士论文《金代大定、明昌词研究》。考入中山大学吴定宇教授门下读博士。

2002，硕士，李向军（1976— ），山西大同人。硕士论文《刘秉忠〈藏春词〉研究》。

2003，硕士，徐持庆（1940— ），广东南海人（马来西亚籍）。硕士论文《诗在南洋矣——新加坡“国宝”诗人潘受研究》。

2003，硕士，宁晓燕（1980— ），山西运城人。硕士论文《许有壬词研究》。

2003，硕士，万薇薇（1981— ），河北石家庄人。硕士论文《龟与词——谢应芳龟巢词研究》。

2003，硕士，夏令伟（1981— ），山东滕州人。硕士论文《王恽秋涧词研究》。考入暨南大学邓乔彬教授门下读博士。

2004，硕士，黄慧忻（1966— ），香港人。硕士论文《〈放翁词〉研究》。

2004，硕士，杨明侠（1981— ），山东枣庄人，硕士论文《理学家心境下的词——刘因、姚燧词研究》。

2004，硕士，贾波（1981— ），宁夏彭阳人。硕士论文《程文海与元初馆阁词风研究》。

2004，谭辉煌（1981— ），湖北通山人。硕士论文《宋元之际风雅词派研究》。考入武汉大学张金海教授门下读博士。

2004，刘立华（1982— ），河北邢台人。硕士论文《元代词坛上的父子词人——张之翰、张埜词研究》。

2005，硕士，徐拥军（1976— ），江西万年人。硕士论文《赵孟頫诗歌及其诗画关系研究》。后考入苏州大学杨海明教授门下攻读博士。

2005，硕士，黄春梅（1978— ），广东揭阳人。硕士论文《遗山乐府与宋词关系研究》。

2005，硕士，于慧（1980— ），江苏泰兴人。硕士论文《金代全真道教文人马钰词研究》。

2005，硕士，徐燕（1981— ），安徽无为人。硕士论文《邵亨贞及其蚁术词研究》。

2006，硕士，王明主（1975— ），四川宜宾人，硕士论文《“借才异代”时期的金代宋儒诗歌研究》。

2006，硕士，余柱青（1979— ），广东佛山人。硕士论文《王士祯词研究》。

2006，硕士，李碧竹（1981— ），湖南岳阳人。硕士论文《金元少数民族和域外词人研究》。

2006，硕士，罗菲妮（1981— ），广东潮州人。硕士论文《宋征璧词与词学研究》。

2006，硕士，陈奎英（1984— ），山东曹县人。硕士论文《元后期江浙词坛翘楚张雨及其〈贞居词〉研究》。

2007，硕士，龙起凤（1983— ），湖南长沙人。硕士论文《王闿运〈湘绮楼词〉及词论研究》。

2007，硕士，王玉兰（1984— ），湖南衡阳人。硕士论文《谭献及其复堂词研究》。

2007，硕士，赵红（1985— ），山东临沂人。硕士论文《郑燮词研究》。

2008，硕士，侯卓均（1981— ），湖南湘潭人。硕士论文《陈锐及其词学研究》。

2008，硕士，台伶俐（1982— ），湖北荆门人。硕士论文《广陵词学评点研究》。

2008，硕士，毛娅琪（1985— ），云南昆明人。硕士论文《史承谦〈小眠斋词〉研究》。

2008，硕士，莫岸洪（1985— ），广东肇庆人。硕士论文《满族诗人承龄诗词研究》。考入台湾“中央大学”卓清芬教授门下读博士。

2009，硕士，韩配阵（1984— ），河南濮阳人。硕士论文《清代论词绝句研究》。

2009，硕士，李琛（1986— ），河南禹州人。硕士论文《李观及其古文研究》。

2009，硕士，孙赫然（1986— ），河北承德人。硕士论文《项鸿祚〈忆云词〉研究》。

2009，硕士，杨媚（1987— ），河北省邯郸市人。硕士论文《岳端的诗歌研究》。

2009，硕士，李守萍（1988— ），山东潍坊人。硕士论文《赵文哲〈媕雅堂词〉研究》。

2010，硕士，黄骁（1974— ），香港人。硕士论文《丘浚文学创作研究》。

2010，硕士，杨维（1987— ），湖南常德人。硕士论文《严绳孙及其〈秋水词〉研究》。

2010，硕士，池晓洁（1987— ），河北邢台人。硕士论文《王之道及其词研究》。

2011，硕士，冉竞华（1979— ），贵州沿河人。硕士论文《沿河土家族哭嫁歌研究》。

2011，硕士，黄晓凌（1988— ），广西桂林人。硕士论文《曾习经“蛰庵诗”研究》。

2011，硕士，吴云良（1988— ），安徽铜陵人。硕士论文《叶衍兰词研究》。

2012，硕士，刘慧宽（1989— ），河南焦作人。硕士论文《无盦词研究》。

2013，硕士，罗鼎元（1985— ），四川凉山人。硕士论文《余昭、安履贞诗歌研究》。

2013，硕士，策力木格（1990— ），内蒙古兴安盟人。硕士论文《隋唐历史演义小说在蒙古地区的口传——以布仁巴雅尔说唱的〈隋唐演义〉为例》。

2013，硕士，杨雪瑾（1991— ），广东梅州人。硕士论文《张德瀛词与词学研究》。

2014，硕士，陈泽森（1989— ），广东汕头人。硕士论文《饶宗颐词及词学思想研究》。考入武汉大学谭新红教授门下读博士。

2015，硕士，黄春梅（1978— ），广东揭阳人。硕士论文《遗山乐府与宋词关系研究》。

2015，硕士，王艳芳（1991— ），福建人。硕士论文《丁炜词研究》。

2015，硕士，杨元停（1992— ），河南许昌人。硕士论文《杨铁夫词及词学研究》。

2015，硕士，程璐（1993— ），广东湛江人。硕士论文《晚清壮族诗人韦丰华及其诗歌研究》。

2016，硕士，金志豪（1993— ），广东湛江人。硕士论文《古代南越王叙述研究》。

2016，硕士，李月寒（1994— ），湖北黄冈人。硕士论文《晚清广东报刊词研究》。

2016，硕士，黄文兵（1994— ），湖北阳新人。硕士论文《渝湘鄂边区明清时期竹枝词研究》。

2017，硕士，籍祥（1994— ），河北邯郸人。硕士论文《宋金元小说戏曲中的词学话语研究》。

第三卷之二　童向飞先生支下

童向飞先生2011年开始在湖北大学招收硕士生，凡3届3人。

2011，硕士，曾芳（1989— ），湖北荆州人。硕士论文《刘辰翁交游词研究》。
2012，硕士，韩晓灵（1989— ），湖北秭归人。硕士论文《〈全宋词〉中高频典故的运用》。
2014，硕士，陆雪（1992— ），湖北随州人。硕士论文《宋代诗词中的武汉书写》。

第三卷之三　高峰先生支下

高峰先生2013年开始在南京师范大学招收博士生7届8人，硕士生12届19人。

一、博士

2013，博士，王金伟（1984— ），山东利津人。中共山东省委党校（山东行政学院）讲师。博士论文《北宋边塞诗词研究》。
2015，博士，许梦婕（1989— ），安徽合肥人。江苏理工学院讲师。博士论文《宋词叙事艺术研究》。
2016，博士，周秀蓉（1988— ），江苏淮安人。南京师范大学在读。
2017，博士，王明霞（1990— ），河南洛阳人。博士论文《明末清初祥符周氏家族文学研究》。
2018，博士，何扬（1992— ），安徽芜湖人。安庆师范大学教师。博士论文《顺康时期梁溪词人群体研究》。
2019，博士，宋子乔（1993— ），江苏盐城人。南京师范大学在读。
2019，博士，舒乙（1994— ），贵州铜仁人。南京师范大学在读。

2020，博士，朱子愈（1993—　），江苏苏州人。南京师范大学在读。

二、硕士

2004，硕士，高平（1975—　），江苏淮安人。硕士论文《论柳宗元的政治诗文》。考入南京大学张伯伟教授门下读博士。

2005，硕士，马利文（1982—　），浙江衢州人。硕士论文《唐代咏竹诗研究》。

2005，硕士，张玲（1983—　），浙江衢州人。硕士论文《北宋文人赵湘研究》。

2007，硕士，沈慧红（1984—　），江苏泰州人。硕士论文《宋代淮南东路词研究》。

2008，硕士，刘威（1985—　），辽宁锦州人。硕士论文《唐代舞蹈诗研究》。

2011，硕士，张荣（1990—　），安徽芜湖人。硕士论文《李贺女性题材诗研究》。

2012，硕士，谢彩萍（1989—　），江苏江阴人。硕士论文《庄盘珠词研究》。

2013，硕士，王强（1990—　），江苏徐州人。硕士论文《李鸿章诗歌研究》。

2013，硕士，闫晓璇（1991—　），山西晋城人。硕士论文《宋代风景组词研究》。考入四川师范大学赵义山教授门下读博士。

2015，硕士，吴苏萍（1993—　），福建福州人。硕士论文《宋代熏香文化及其文学书写》。

2015，硕士，钱奕坤（1993—　），浙江宁波人。硕士论文《论中国古代文学中的蓝桥》。

2016，硕士，张宇（1994—　），江苏泰州人。硕士论文《南宋张镃及其词作研究》。

2016，硕士，吴旭莹（1994—　），江苏靖江人。硕士论文《唐宋诗词燕子意象研究》。

2017，硕士，林昕禹（1993—　），安徽滁州人。硕士论文《南宋四名臣谪琼文学研究》。

2018，硕士，李志明（1996—　），山东潍坊人。硕士论文《北宋词与禅关系研究》。考入南开大学张培锋教授门下读博士。

2019，硕士，吉晓凡（1997—　），江苏泰州人。南京师范大学在读。

2020，硕士，洪萍（1990—　），安徽合肥人。南京师范大学在读。

2020，硕士，胡锦翔（1998—　），浙江衢州人。南京师范大学在读。

2020，硕士，程佳慧（1999— ），山西太原人。南京师范大学在读。

第三卷之四　赵望秦先生支下

赵望秦先生2004年在陕西师范大学招收硕士生2届2人，2009年招收博士生3届3人。

一、博士

2009，博士，潘晓玲（1979— ），山东潍坊人。大连工业大学副教授。博士论文《咏史诗与历史小说关系论——以唐宋咏史诗与元明清历史小说为探讨中心》。著有《咏史诗与历史小说》（西安交通大学出版社2016年版）。

2010，博士，张焕玲（1976— ），河南南阳人。平顶山学院副教授。博士论文《宋代咏史组诗研究》。著有《宋代文化视野下的咏史诗研究》（中国文史出版社2017年版）。

2011，博士，张海燕（1978— ），河南南阳人。山西师范大学讲师。博士论文《清代咏史创作论稿》。著有《清代咏史诗创作研究》（中国社会科学出版社2018年版）。

二、硕士

2004，硕士，潘晓玲（1979— ），山东潍坊人。硕士论文《“列国”系列小说研究——以〈列国志传〉与〈新列国志〉为主》。继续跟随赵望秦教授读博士。

2005，硕士，张焕玲（1976— ），河南信阳人。硕士论文《宋代咏史组诗考论》。继续跟随赵望秦教授读博士。

第三卷之五　许隽超先生支下

许隽超先生2007年开始在黑龙江大学招收硕士生10届20人，2015年起招博士生5届5人。

一、博士

2015，博士，孙超（1987— ），黑龙江大庆人。大连外国语大学汉学院讲师。博士论文《汤贻汾年谱》。

2016，博士，张宏波（1981— ），黑龙江哈尔滨人。集美大学诚毅学院讲师。博士论文《张惠言文学与文献研究》。

2018，博士，张金杰（1989— ），河南项城人。黑龙江大学在读。

2019，博士，赵琳（1975— ），黑龙江哈尔滨人。黑龙江大学文学院讲师、博士在读。

2020，博士，田孟龙（1994— ），黑龙江哈尔滨人。黑龙江大学在读。

二、硕士

2007，硕士，周洪峰（1974— ），黑龙江尚志人。

2007，硕士，高凤杰（1982— ），黑龙江双城人。

2008，硕士，邬晓东（1976— ），黑龙江鹤岗人。

2008，硕士，张毅巍（1980— ），河北乐亭人。硕士论文《桂馥年谱》。

2008，硕士，吕盼盼（1983— ），内蒙古赤峰人。硕士论文《恽敬年谱简编》。

2010，硕士，高政锐（1977— ），黑龙江木兰人。硕士论文《乾隆五十八年扬州文学研究——以曾燠为中心》。

2012，硕士，许秋雪（1988— ），黑龙江哈尔滨人。硕士论文《清代金陵王氏家族文学创作及其文化传承》。

2013，硕士，李嘉瑶（1989— ），黑龙江佳木斯人。硕士论文《陆锡熊论》。

2014，硕士，李冬冬（1991— ），安徽安庆人。硕士论文《赵文楷研究》。

2014，硕士，孙艳丽（1991— ），黑龙江鸡西人。硕士论文《山西灵石何氏家族的文化传承》。

2016，硕士，王玉莹（1993— ），吉林通榆人。硕士论文《陆耀遹研究》。

2016，硕士，刘晓娜（1993— ），山西孝义人。硕士论文《吕星垣研究》。

2018，硕士，李静（1992— ），河南郑州人。硕士论文《王宸年表》。

2018，硕士，夏宇辉（1995— ），黑龙江哈尔滨人。硕士论文《何厚琦年表》。

2019，硕士，吕亚南（1995— ），河北保定人。黑龙江大学在读。

2019，硕士，戴莉（1997— ），四川宜宾人。黑龙江大学在读。
2020，硕士，梁重阳（1995— ），河北邯郸人。黑龙江大学在读。
2020，硕士，刘旭展（1997— ），黑龙江哈尔滨人。黑龙江大学在读。
2020，硕士，于晨洋（1998— ），黑龙江哈尔滨人。黑龙江大学在读。
2021，硕士，李思源（1996— ），黑龙江哈尔滨人。黑龙江大学在读。

第三卷之六　邹志勇先生支下

邹志勇先生2012年起在辽宁师范大学招收硕士生24人。

2012，硕士，夏奇娇（1988— ），辽宁岫岩人。硕士论文《蔡襄诗歌研究》。
2015，硕士，孙运萍（1991— ），河南商丘人。硕士论文《宋代“临川四才子”诗歌研究》。
2015，硕士，赵宇航（1993— ），河北邯郸人。硕士论文《刘子翚绝句研究》。
2016，硕士，韩诗妍（1993— ），辽宁葫芦岛人。硕士论文《北宋徽宗朝新党诗歌研究》。
2016，硕士，邱玥（1994— ），辽宁朝阳人。硕士论文《檃括研究四题》。
2017，硕士，郭皓然（1994— ），辽宁朝阳人。硕士论文《苏辙诗歌研究》。
2017，硕士，黄欣欣（1994— ），安徽芜湖人。硕士论文《统编初中语文教材选文研究》。
2017，硕士，范萌（1995— ），辽宁大连人。硕士论文《宋代诗歌蓼意象研究》。
2017，硕士，郭超华（1995— ），山西原平人。硕士论文《唐宋枸杞文学专题研究》。
2017，硕士，尹悦琦（1995— ），辽宁沈阳人。硕士论文《曾巩诗歌笺注》。
2018，硕士，王丽萍（1995— ），山东滨州人。辽宁师范大学在读。
2018，硕士，徐爽（1995— ），黑龙江大庆人。硕士论文《田锡诗歌研究》。
2018，硕士，王恩竹（1995— ），辽宁海城人。硕士论文《初中语文综合性学习教学中写作能力培养研究》。
2018，硕士，武旭东（1996— ），安徽利辛人。硕士论文《徐积诗歌研究三题》。

2019，硕士，许诗宜（1995—　），湖南怀化人。辽宁师范大学在读。
2019，硕士，张晓杰（1996—　），内蒙古赤峰人。辽宁师范大学在读。
2019，硕士，许慧琳（1997—　），山东莱芜人。辽宁师范大学在读。
2019，硕士，张舒郁（1997—　），河北丰润人。辽宁师范大学在读。
2019，硕士，朱姝颖（1997—　），辽宁朝阳人。辽宁师范大学在读。
2020，硕士，李静（1994—　），河南驻马店人。辽宁师范大学在读。
2020，硕士，李爽（1995—　），辽宁营口人。辽宁师范大学在读。
2020，硕士，李世勤（1996—　），安徽六安人。辽宁师范大学在读。
2020，硕士，白文思（1997—　），山西吕梁人。辽宁师范大学在读。
2020，硕士，姜洁（1999—　），辽宁辽阳人。辽宁师范大学在读。

第三卷之七　张立荣先生支下

张立荣先生2012年起在江西师范大学招收硕士生2届2人，2017年起在山西大学招收硕士生4届15人。

2012，硕士，余小萍（1989—）江西九江人。硕士论文《宋庠研究》。
2013，硕士，李竹君（1991—　），江西南昌人。硕士论文《民国词学批评视域中的骚雅词派》。
2017，硕士，霍妍杰（1993—　），山西汾阳人。硕士论文《宋代山西籍诗人研究》。
2017，硕士，董晨（1994—　），河南新乡人。硕士论文《韩国诗话中李商隐诗歌接受研究》。
2017，硕士，米宁（1995—　），山西临汾人。硕士论文《民国诗话中南宋中兴四大诗人接受研究》。
2019，硕士，边玲玲（1988—　），山西太原人。山西大学在读。
2019，硕士，申美晨（1996—　），山西晋城人。山西大学在读。
2019，硕士，张佳佳（1996—　），山西太原人。山西大学在读。
2020，硕士，张静（1996—　），山西大同人。山西大学在读。
2020，硕士，董瑞弟（1997—　），山西运城人。山西大学在读。

2020，硕士，林怡雯（1997— ），浙江绍兴人。山西大学在读。
2020，硕士，李蓓蓓（1998— ），山西临汾人。山西大学在读。
2021，硕士，张妮（1997— ），山西长治人。山西大学在读。
2021，硕士，杨应欣（1999— ），山西运城人。山西大学在读。
2021，硕士，车二丽（1997— ），山西运城人。山西大学在读。
2021，硕士，高彩丹（1999— ），河南洛阳人。山西大学在读。
2021，硕士，张静怡（1997— ），山西朔州人。山西大学在读。

第三卷之八　郑虹霓先生支下

郑虹霓先生 2014 年起在阜阳师范大学招收硕士生 7 届 10 人。

2014，硕士，焦自艳（1992— ），山东日照人。硕士论文《南北朝表文研究》。
2015，硕士，程文（1974— ），江苏徐州人。硕士论文《李商隐尺牍研究》。
2016，硕士，李天琪（1993— ），安徽阜阳人。硕士论文《程颂万及其词研究》。
2017，硕士，邵莉莉（1993— ），江苏兴化人。硕士论文《纳兰常安词研究》。
2018，硕士，王楠（1996— ），安徽阜阳人。硕士论文《齐梁尺牍研究》。
2019，硕士，康超（1996— ），山西吕梁人。硕士论文《人教版高中语文教材中宋词教学研究》。
2019，硕士，黄蓉（1988— ），湖北襄阳人。阜阳师范大学在读。
2020，硕士，李静文（1990— ），安徽阜阳人。阜阳师范大学在读。
2020，硕士，杨森（1998— ），安徽亳州人。阜阳师范大学在读。
2021，硕士，王慧文（1999— ），安徽亳州人。阜阳师范大学在读。

第三卷之九　熊言安先生支下

熊言安先生 2020 年起在安庆师范大学招收硕士生 2 届 2 人。

2020，硕士，胡蓉（1996— ），安徽安庆人。安庆师范大学在读。
2021，硕士，王小蝶（1997— ），安徽临泉人。安庆师范大学在读。

第三卷之十 张明强先生支下

张明强先生 2020 年起在贵州师范大学招收硕士生 1 人。

2020，硕士，王芳蓉（1995— ），贵州铜仁人。贵州师范大学在读。

第四卷 王筱芸先生派下

王筱芸先生 2003 年起在中国社会科学院文学研究所招收硕士生 2 人。

2003，硕士，闫姝行（1980— ），河南封丘人。硕士论文《从〈乐府诗集〉的体例看郭茂倩所建构的新乐府观》。

2010，硕士，刘思琪（1989— ），河北保定人。硕士论文《〈花间集〉经典化建构研究——以〈花间集〉、花间体、花间派为中心》。

第五卷 王兆鹏先生派下

王兆鹏先生 1993 年在湖北大学开山招硕士研究生，凡 4 届 14 人。2000 年移任武汉大学教授，同年招收硕士研究生，2002 年始招博士生，共招博士后 5 人、博士生 16 届 29 人、硕士生 16 届 36 人。2004—2007 年兼任上海大学特聘教授，招收 2 届硕士生 4 人和 1 届博士生 2 人。2014 年在台湾客座“中央大学”，指导博士生 1 人。2016 年调至中南民族大学后，招博士生 8 人、硕士生 7 人。

一、博士（含博士后）

2002，博士，李欣（1973— ），湖北云梦人。武汉纺织大学传媒学院副教授。博士论文《宋南渡诗坛研究》。著有《宋南渡诗坛的格局与变迁》（中国社会科学出版社 2011 年版）。

2002，博士，张春媚（1975— ），广东珠海人。中南财经政法大学讲师。博士论文《南宋江湖文人研究》。著有《放翁诗话》（崇文书局 2018 年版）。

2002，博士，李菁（1977— ），湖北天门人。湖北第二师范学院副教授。博士论文《南宋四洪研究》。

2003，博士后，孙晓辉（1968— ），湖北兴山人。武汉音乐学院教授、《黄钟》副主编。博士后出站报告《唐宋词调研究》。著有《两唐书乐志研究》（上海音乐学院出版社 2005 年版）、《中国历代乐论 · 隋唐五代卷》（漓江出版社、上海音乐出版社 2019 年版）。

2003，博士后，姚蓉（1972— ），湖南长沙人。上海大学教授。博士后出站报告《十七世纪江南文化世族与文学研究》（后易名《十七世纪江南文化世族与文学》，由广东教育出版社 2020 年出版）。著有《明清词派史论》（广西师范大学出版社 2007 年版）、《明末云间三子研究》（广东高等教育出版社 2004 年版）。

2003，博士，王星（1972— ），湖北武汉人。湖北大学文学院教授。博士论文《宋代石刻与文学》（后易名《宋代石刻功能的多元透视与文学个案分析》，由中国社会科学出版社 2020 年出版）。

2003，博士，曾维刚（1974— ），河南新县人。苏州大学文学院教授。博士论文《南宋中兴诗坛的建构》（后易名《南宋中兴诗坛研究》，由人民出版社 2018 年出版）。著有《张镃年谱》（人民出版社 2010 年版）、《故事里的文学经典 • 南宋诗》（兰州大学出版社 2013 年版）。

2003，博士，刘学（1977— ），湖南宁乡人。中南大学文学与新闻传播学院副教授。博士论文《词人家庭与宋词传承——以父子词人为中心》（后由百花洲文艺出版社 2008 年出版）。

2004，博士，叶烨（1978— ），广东龙川人。中南大学文学与新闻传播学院副教授。博士论文《北宋文人经济状况研究》（后易名《北宋文人的经济生活》，由百花洲文艺出版社 2008 年出版）。

2005，博士后，张再林（1973— ），湖南永州人。南宁师范大学教授。博士后出站报告《北宋前期士风与词风研究》。

2005，博士，郁玉英（1973— ），江西萍乡人。汕头大学教授。博士论文《宋词经典及其经典化研究》（后易名《宋词经典的生成及嬗变》，由中国社会科学出版社 2016 年出版）。

2006，博士，邓建（1976— ），湖北松滋人。广东海洋大学教授。博士论文《宋代文学选本研究：基于“选学”立场的返观与重构》。

2007，博士，刘东海（1963— ），上海人。上海理工大学教授。博士论文《顺康词坛群体步韵唱和研究》（后由上海古籍出版社 2013 年出版）。

2007，博士，黄俊杰（1972— ），湖北仙桃人。荆楚理工学院教授。博士论文《唐五代文人传播意识研究》（出版时修订为《唐代文人文学传播意识研究》，武汉大学出版社 2018 年出版）。另纂有《唐代厅壁记汇编》（凤凰出版社 2020 年版），校注《嘉庆荆门直隶州志》（中国文史出版社 2021 年版）。

2007，博士，汪超（1980— ），江西上饶人。继续从王兆鹏教授读博士后，现任武汉大学文学院副教授。博士论文《明词传播述论》（后由中华书局 2017 年出版）。

2007，博士，叶宽（1982— ），湖北武汉人。武汉工商学院讲师。博士论文《宋代文学传播研究》。

2008，博士后，王毅（1978— ），江苏徐州人。上海社会科学院文学研究所副研究员。博士后出站报告《唐宋金元俳谐词研究》。著有《中国古代俳谐词史论》（上海古籍出版社 2013 年版）。

2008，博士，王世立（1979— ），湖北荆州人。湖北经济学院副教授。博士论文《唐诗经典的确立与嬗变》。

2008，博士，王骞（1982— ），河南濮阳人。周口师范学院文学院讲师。博士论文《宋诗经典及其经典化研究》。

2009，博士，邵大为（1985— ），陕西西安人。中南民族大学讲师。博士论文《文化名楼的历史还原》。

2010，博士，潘明福（1975— ），浙江湖州人。湖州师范学院教授。博士论文《北宋时期的文集编纂与传播研究》。

2010，博士，金蕊（1980— ），辽宁辽阳人。四川外国语大学副教授。博士论文《德国汉学的变迁与汉学家群体的更替——以中国古代文学研究为中心》。

2010，博士，李璐（1983— ），湖南邵阳人。湖南信息职业技术学院研究员。博士论文《先唐昆虫文学研究》(后易名《意象与嬗变：先唐昆虫文学研究》，由人民出版社 2019 年出版)。

2010，博士后，汪超（1980— ），江西上饶人。博士后出站报告《北宋文坛师承谱系研究》。

2011，博士，王可喜（1968— ），湖北通山人。湖北科技学院教授。博士论文《宋代诗人丛考》。

2012，博士，陈小青（1969— ），河南鄢陵人。西安外事学院讲师。博士论文《〈全宋文〉编年考订——以太祖、太宗朝为对象》。

2012，博士，田甘（1986— ），辽宁沈阳人。沈阳师范大学文学院讲师。博士论文《宋代吴县范氏家族文学研究》。

2013，博士，陈朝鲜（1973— ），重庆人。华中农业大学讲师。博士论文《熙丰新法语境下的士林裂变研究》。

2013，博士，郑栋辉（1987— ），河南信阳人。湖南文理学院讲师。博士论文《张耒作品编年系地谱》。

2014，博士，梁雅英（1986— ），台湾屏东人。逢甲大学专任助理教授。博士论文《清人选清词研究》。

2014，博士，宋学达（1987— ），河北沧县人。香港浸会大学中文系副研究员。博士论文《唐宋词的文本空间研究》。

2014，博士，江卉（1989— ），福建屏南人。闽江学院讲师。博士论文《唐宋词结构艺术研究》。

2015，博士，王洁（1987— ），山西太原人。比利时根特大学教师。博士论文《三字组与先唐诗体衍生》。

2015，博士，喻宇明（1989— ），江西高安人。考入香港大学继续攻读博士。

2016，博士，胡玉尺（1989— ），湖南长沙人。湖南理工学院讲师。博士论文《南宋福建理学家群体的政治意识与文学表现》。

2016，博士，王文（1992— ），湖北十堰人。湖北警官学院讲师。博士论文《唐文经典的生成与嬗变》。

2017，博士，李常生（1949— ），江苏常州人。台湾城乡风貌研究室主任。

2017，博士，谢安松（1992— ），湖北利川人。上海大学博士后。博士论文《宋代两湖地区的文人活动与文学书写》。

2018，博士，王艳（1978— ），湖北钟祥人。中南民族大学在读。

2019，博士，王淋淋（1985— ），浙江台州人。中南民族大学在读。

2019，博士，齐晓玉（1996— ），河北邢台人。中南民族大学在读。

2020，博士，高武斌（1979— ），山西河津人。中南民族大学在读。

2020，博士，李洁芳（1983— ），云南普洱人。中南民族大学在读。

2021，博士，尤云轩（1994— ），江苏扬州人。中南民族大学在读。

2021，博士，张悦（1995— ），湖北黄石人。中南民族大学在读。

2021，博士，郑腾尧（1996— ），河南平顶山人。中南民族大学在读。

二、硕士

1993，硕士，徐国良（1971— ），江西乐平人。硕士论文《于湖词研究》。

1993，硕士，方红芹（1971— ），湖北荆门人。硕士论文《苏轼词“接受历史”初探》。

1994，硕士，刘荣平（1965— ），湖北洪湖人。硕士论文《词法研究》。考入华东师范大学邓乔彬教授门下读博士。

1994，硕士，陈为民（1969— ），贵州毕节人。硕士论文《邓肃生平事迹系年考证》。

1994，硕士，刘向鸿（1970— ），湖北鄂州人。硕士论文《五朝沧桑经老眼　大笔如椽抒国忧——王庭圭》。

1994，硕士，孟广芹（1972— ），山东梁山人。硕士论文《曾几年谱》。

1994，硕士，童向飞（1973— ），湖北鄂州人。硕士论文《韩元吉年谱》。考入南京师范大学钟振振教授门下读博士。

1996，硕士，谭新红（1970— ），湖北建始人。硕士论文《唐宋词名篇的定量分析》。考入浙江大学吴熊和教授门下读博士。

1996，硕士，董希平（1970— ），山东莱阳人。硕士论文《秦观词传播接受研究》。考入北京大学袁行霈教授门下读博士。

1996，硕士，龚红林（1974— ），湖北五峰人。硕士论文《〈本事词〉考》。考入湖北大学何新文教授门下读博士。

1996，硕士，郭蕾（1974— ），山东鄄城人。硕士论文《刘一止行年考》。

1996，硕士，张雁，湖北孝感人。硕士论文《宋人选宋词五种版本考》。考入南京大学张宏生教授门下读博士。

1996，硕士，王春（1970— ），湖北武汉人。硕士论文《王之望行年考》。

1999，硕士，李菁（1977— ），湖北天门人。硕士论文《〈草堂诗余〉版本的流传演变》。继续从王兆鹏教授读博士。

2000，硕士，张远林（1974— ），湖北随州人。硕士论文《陆游诗歌在宋元时期的传播与接受史研究》。

2000，硕士，刘学（1977— ），湖南宁乡人。硕士论文《1901—1992年词学研究论著的定量分析》。继续从王兆鹏教授读博士。

2001，硕士，郭明玉（1978— ），湖北荆门人。硕士论文《宋代文坛师承现象初探》。

2001，硕士，符樱（1979— ），重庆人。硕士论文《清词综系列研究》。

2001，硕士，刘敏（1980— ），湖北大冶人。硕士论文《当代流行歌曲与〈花间〉词情爱主题之比较》。

2001，硕士，刘俊丽（1981— ），湖北南漳人。硕士论文《宋诗作者队伍的定量分析》。

2002，硕士，周静情（1978— ），浙江海宁人。硕士论文《经典的选择——宋词名篇百首的定量分析》。

2002，硕士，孙凯云（1980— ），湖北荆门人。硕士论文《寻找经典——唐诗名篇定量分析》。

2003，硕士，吴丽娜（1980— ），湖北武汉人。硕士论文《七夕民俗和七夕诗词研究》。

2003，硕士，黄姿（1982— ），湖南双峰人。硕士论文《汉文化影响下的朝鲜稗说文学》。

2003，硕士，胡小燕。硕士论文《宋代题壁词研究》。考入南京大学莫砺锋教授门下读博士。

2004，硕士，谭俊洪（1979— ），河南南阳人。硕士论文《宋词传播环境研究》。考入复旦大学黄珊教授门下读博士。

2004，硕士，丁炜（1981— ），江西宜春人。硕士论文《秦观词的传播与接受》。

2004，硕士，吕厚艳（1982— ），河南杞县人。硕士论文《李光年谱》。

2004，硕士，胡婧（1982— ），湖北蕲春人。硕士论文《柳永词的传播接受研究》。

2004，硕士，苏妍。硕士论文《论贺铸词的传播与接受》。

2005，硕士，郭红欣（1967— ），河南嵩县人。河南科技大学应用工程学院、三门峡职业技术学院教授。硕士论文《“一生赢得是凄凉”——柳永的人生选择与人生悲剧论析》。

2005，硕士，朱兴艳（1981— ），甘肃兰州人。河源开放大学高级讲师。硕士论文《赵鼎年谱》。

2005，硕士，张静（1982— ），山东威海人。硕士论文《李曾伯年谱》。考入北京师范大学蒋寅教授门下读博士。

2005，硕士，李璐（1983— ），湖南邵阳人。硕士论文《王维诗歌的色彩词》。继续从王兆鹏教授读博士。

2005，硕士，彭洁明（1984— ），湖南长沙人。硕士论文《南宋名臣胡铨研究》。考入南京大学张宏生教授门下读博士。

2005，硕士，刘芳。硕士论文《南宋开禧前后和平气象下的和平文学》。

2006，硕士，许博（1983— ），辽宁沈阳人。硕士论文《宋代词学尊体史论》。考入南京大学张宏生教授门下读博士。

2007，硕士，陈小青（1969— ），河南鄢陵人。硕士论文《中华多元民族文化对李白诗文成就的影响》。继续从王兆鹏教授读博士。

2007，硕士，邵大为（1985— ），陕西西安人。硕士论文《唐诗三百名篇的定量分析》。继续从王兆鹏教授读博士。

2008，硕士，冯美蓉（1973— ），湖北潜江人。硕士论文《近十年来词学研究论著的定量分析》。

2009，硕士，龚玲（1986— ），广东梅州人。硕士论文《宋代闺秀四大家用典研究》。

2009，硕士，谌银（1987— ），江西高安人。硕士论文《宋代江阴“三葛”研究》。

2009，硕士，赵赟（1987— ），山东青岛人。硕士论文《“私”与“乐”的变化轨迹——宋代私家园林词发展进程研究》。考入中国社会科学院刘扬忠教授门下读博士。

2010，硕士，刘丽红（1988— ），宁夏固原人。硕士论文《郑侠研究》。

2011，硕士，郑栋辉（1987— ），河南信阳人。硕士论文《宋文作者队伍的定量分析》。继续从王兆鹏教授读博士。

2011，硕士，杨华（1989— ），四川中江人。硕士论文《南宋文官年表》。

2012，硕士，王洁（1987— ），山西太原人。硕士论文《李至年谱与创作编年》。继续从王兆鹏教授读博士。

2013，硕士，吴琼（1990— ），湖北随州人。硕士论文《稼轩事迹及词作编年异说考辨》。考入武汉大学谭新红教授门下读博士。

2013，硕士，李姝（1991— ），湖南邵阳人。硕士论文《唐文官年表》。考入中国人民大学诸葛忆兵教授门下读博士。

2014，硕士，姚怡君（1991— ），安徽歙县人。硕士论文《新世纪以来唐代文学研究的定量分析》。

2014，硕士，王文（1992— ），湖北十堰人。继续从王兆鹏教授读博士。

2015，硕士，韩文昕（1991— ），河南信阳人。硕士论文《论当代网络旧体诗词的现代性》。

2015，硕士，张诗瑞（1993— ），湖北武汉人。硕士论文《宋代生祠研究》。

2017，硕士，杨何银（1993— ），安徽宣城人。硕士论文《稼轩词声音景观研究》。

2017，硕士，陈思晗（1996— ），湖北孝感人。硕士论文《秦桧年谱》。考入上海大学姚蓉教授门下读博士。

2018，硕士，梁洪汀（1995— ），湖北恩施人。硕士论文《南宋使金路线与文学书写考论》。

2018，硕士，周彦成（1995— ），湖南凤凰人。硕士论文《宋人沿江入蜀路线图考》。

2019，硕士，蒋晓晓（1996— ），浙江台州人。中南民族大学在读。

2020，硕士，景浩哲（1998— ），山西灵石人。中南民族大学在读。

2021，硕士，韦汉婵（2000— ），广西玉林人。中南民族大学在读。

第五卷之一　姚蓉先生支下

姚蓉先生2005年起在上海大学招硕士研究生，凡16届35人；2015年起招博士生，共招博士后3人、博士生7届8人。

一、博士（含博士后）

2015，博士，贾艳艳（1983—　），山东济宁人。山东大学文学院博士后。博士论文《明代阁臣诗歌唱和研究》。

2016，博士，尚慧萍（1973—　），湖南长沙人。上海大学在读，上海城建职业学院副教授。博士论文《明清中朝使臣唱和诗研究》。

2017，博士，王天觉（1984—　），陕西西安人。博士论文《明代唱和诗集研究》。2020年，继续随姚蓉教授做博士后。

2018，博士，苑丽丽（1988—　），山东青岛人。博士论文《中国古代夫妻唱和研究》。上海大学在读。

2018，博士，尚鹏（1993—　），安徽合肥人。博士论文《清代扬州唱和研究》。上海大学在读。

2019，博士，王凯（1992—　），河南鹤壁人。博士论文《近代诗社唱和集研究》。上海大学在读。

2020，博士，彭健（1992—　），贵州大方人。上海大学在读。

2021，博士后，周丹丹（1989—　），浙江台州人。上海大学在站。

2021，博士后，王春（1993—　），江苏徐州人。上海大学在站。

2021，博士后，谢安松（1992—　），湖北利川人。上海大学在站。

2021，博士，陈思晗（1996—　），湖北孝感人。上海大学在读。

二、硕士

2005，硕士，李小凤（1983—　），甘肃静宁人。硕士论文《谢章铤词学词作研究》。

2006，硕士，李松（1981—　），河南南阳人。硕士论文《清初“江村三子”唱和活动研究》。

2006，硕士，马兆婷（1983—　），黑龙江齐齐哈尔人。硕士论文《施绍莘〈秋水庵花影集〉研究》。

2007，硕士，毛晶（1984— ），湖南怀化人。硕士论文《晚清湖湘词人群研究》。

2007，硕士，何曦君（1986— ），江西萍乡人。硕士论文《清初词人严绳孙》。

2007，硕士，全亮（1981— ），湖北荆门人。硕士论文《〈金瓶梅〉作者徐渭说补证》。后考入上海师范大学曹旭教授门下读博士。

2008，硕士，鹿苗苗（1985— ），山东淄博人。硕士论文《郭麐年谱》。后考入中山大学彭玉平教授门下读博士。

2009，硕士，孙欣婷（1987— ），山东潍坊人。硕士论文《碧城仙馆女诗人群体研究》。后考入武汉大学谭新红教授门下攻读博士。

2010，硕士，许昱君（1987— ），安徽泾县人。硕士论文《瞿佑唱和活动研究》。

2011，硕士，孙冉冉（1986— ），安徽肥西人。硕士论文《十七世纪松江周氏文学世族研究》。

2011，硕士，盛光（1987— ），江苏常熟人。硕士论文《夏言年谱》。

2012，硕士，王倩倩（1988— ），山东邹平人。硕士论文《明清松江张氏文学世族研究》。

2012，硕士，刘蕾（1989—）。安徽安庆人。硕士论文《明清松江陆氏文化世家研究》。

2013，硕士，周忆（1990— ），重庆市人。硕士论文《庚子唱和研究》。

2013，硕士，孟诗杨（1991— ），甘肃天水人。硕士论文《〈灵芬馆诗话〉研究》。

2014，硕士，张静（1989— ），河南信阳人。硕士论文《李元鼎朱中楣唱和诗词研究》。

2014，硕士，王玥（1991— ），安徽全椒人。硕士论文《诗词中“桃源”意象之演变研究》。

2014，硕士，张晨晨（1991— ），陕西渭南人。硕士论文《徐树铮诗歌研究》。

2015，硕士，肖克毛（1992— ），安徽太和人。硕士论文《清代金山王氏家族文学研究》。

2015，硕士，尚鹏（1993— ），安徽合肥人。硕士论文《方濬颐唱和活动研究》。后继续随姚蓉教授攻读博士。

2016，硕士，胡燕子（1993— ），河南洛阳人。硕士论文《〈新目标汉语口语课本〉插图研究》。

2016，硕士，侯雨薇（1994— ），江苏徐州人。硕士论文《徐树铭闱场唱和研究》。

2017，硕士，胡剑（1994— ），福建福州人。硕士论文《明清鸳鸯湖唱和研究》。

2017，硕士，王千平（1995— ），河南泌阳人。硕士论文《周履靖唱和诗词集研究》。

2018，硕士，DINA（1989— ），哈萨克斯坦人。硕士论文《邓邦述词学词作研究》。后考入上海大学钱文亮教授门下读博士。

2018，硕士，薛梦颖（1994— ），河南驻马店人。硕士论文《〈晚香唱和集〉研究》。

2018，硕士，蒋李楠（1995— ），浙江温州人。硕士论文《文征明唱和活动研究》。

2018，硕士，张媛颖（1997— ），湖南宁远人。硕士论文《明代王鏊、王铨兄弟唱和研究》。后考入上海大学尹楚兵教授门下读博士。

2019，硕士，郭繁荣（1997— ），山西长治人。上海大学在读。

2019，硕士，喻梦妍（1996— ），安徽马鞍山人。上海大学在读。

2019，硕士，杨春妮（1997— ），云南昆明人。上海大学在读。

2020，硕士，豆国庆（1997— ），河南周口人。上海大学在读。

2020，硕士，银文（1998— ），湖南邵阳人。上海大学在读。

2021，硕士，吴志敏（1998— ），云南昆明人。上海大学在读。

2021，硕士，郭雪颖（1999— ），湖北黄冈人。上海大学在读。

第五卷之二　王星先生支下

王星先生2011年开始在湖北大学招收硕士研究生，已招9届11人。

2011，硕士，陈艳丽（1979— ），湖北潜江人。硕士论文《张炎言情词研究》。

2014，硕士，龚敏（1991— ），湖北崇阳县人。硕士论文《民国词人陈匪石研究》。考入厦门大学钱建状教授门下攻读博士。

2015，硕士，惠晶晶（1991— ），安徽芜湖人。硕士论文《唐宋〈生查子〉词调研究》。

2016，硕士，欧阳丹（1994— ），湖北黄石人。硕士论文《守正与开新——黄侃词研究》。

2017，硕士，皮露（1994— ），湖北大冶人。硕士论文《孙绍远〈声画集〉研究》。

2017，硕士，胡小涵（1995— ），湖北武汉人。硕士论文《汪东的民国词研究》。

2018，硕士，郭庆（1996— ），河北沧州人。硕士论文《坡门酬唱集：苏门文人的精神交流与诗艺锤炼》。

2019，硕士，郭岚（1996— ），陕西咸阳人。湖北大学在读。

2020，硕士，梅璐（1998— ），湖北黄冈人。湖北大学在读。

2020，硕士，舒文弢（1998— ），湖北武汉人。湖北大学在读。

2021，硕士，袁绎凡（1999— ），湖北大冶人。湖北大学在读。

第五卷之三　曾维刚先生支下

曾维刚先生2010年在兰州大学开始招收硕士研究生，凡6届10人。2016年移任苏州大学教授，次年招收硕士研究生，2018年始招博士生，共招博士生1人、硕士生5届6人。

一、博士

2018，博士，吴变（1988— ），湖北天门人。博士论文《欧门文学唱酬研究》。苏州大学在读。

二、硕士

2010，硕士，袁晓聪（1983— ），陕西岐山县人。硕士论文《南唐词的传播与接受研究——以李煜和冯延巳为中心》。考入南京师范大学钟振振教授门下读博士。

2012，硕士，吴变（1988— ），湖北天门人。硕士论文《〈定风波〉在唐宋时期的流变研究》。在苏州大学继续随曾维刚教授攻读博士。

2013，硕士，何艳霞（1990— ），甘肃天水人。硕士论文《五代十国时期闽国诗歌研究》。

2013，硕士，白秀珍（1989— ），河南商丘人。硕士论文《宋〈鹧鸪天〉词研究》。

2014，硕士，张华（1990— ），山西大同人。硕士论文《宋诗中的荆轲形象研究》。

2017，硕士，阚沁园（1996— ），安徽阜阳人。硕士论文《胡铨文学活动与文学创作研究》。

2018，硕士，向宁若（1996— ），陕西石泉人。硕士论文《南宋宁宗理宗之际诗人群体研究》。

2019，硕士，钟晓梅（1996— ），浙江桐乡人。硕士论文《杨万里诗文传播接受研究》。苏州大学在读。

2020，硕士，高轩（1997— ），江苏兴化人。苏州大学在读。

2021，硕士，郭源琪（1999— ），江苏镇江人。苏州大学在读。

2021，硕士，王柳榴（1999— ），山西运城人。苏州大学在读。

第五卷之四　刘学先生支下

刘学先生 2014 年开始在中南大学招收硕士研究生，已招 5 届 7 人。

2014，硕士，瞿梦琴（1989— ），湖南湘西人。硕士论文《姜夔诗词互动研究》。

2014，硕士，潘景羽（1993— ），江苏扬中人。硕士论文《留学生易混淆同义词实验研究及教学设计》。

2015，硕士，杨柳（1992— ），广东肇庆人。硕士论文《唐代咏侠诗研究》。

2019，硕士，何冰（1998— ），湖南衡阳人。中南大学在读。

2020，硕士，张敏元（1997— ），内蒙古鄂尔多斯人。中南大学在读。

2020，硕士，刘晓钰（1998— ），河北沧州人。中南大学在读。

2021，硕士，韩明兴（1999— ），安徽淮南人。中南大学在读。

第五卷之五　叶烨先生支下

叶烨先生 2016 年开始在中南大学招收硕士研究生。

2016，硕士，唐潇珺（1994—　），河南清丰人。硕士论文《庚戌之变与嘉靖诗坛》。

第五卷之六　郁玉英先生支下

郁玉英先生 2020 年开始在汕头大学招收硕士研究生。

2020，硕士，覃艳红（1996—　），广西岑溪人。汕头大学在读。
2021，硕士，田静（1997—　），山东威海人。汕头大学在读。

第五卷之七　汪超先生支下

汪超先生 2019 年开始在武汉大学招收硕士研究生，已招 3 届 7 人。

2019，硕士，李永华（1996—　），河南平顶山人。武汉大学在读。
2019，硕士，刘相林（1997—　），河北沧州人。武汉大学在读。
2020，硕士，刘素娟（1994—　），四川宜宾人。武汉大学在读。
2020，硕士，高慧琳（1998—　），湖南常德人。武汉大学在读。
2020，硕士，李玮（1998—　），湖南溆浦人。武汉大学在读。
2021，硕士，张子康（1999—　），湖北仙桃人。武汉大学在读。
2021，硕士，申晓清（1999—　），江西九江人。武汉大学在读。

第五卷之八　王毅先生支下

王毅先生 2014 年开始在上海社会科学院招收硕士研究生，已招 4 届 4 人。

2014，硕士，朱曼曼（1990— ），江苏泗洪人。硕士论文《“边城”扬州——战争视域下的南宋诗词研究》。

2016，硕士，张雅丽（1992— ），山东东营人。硕士论文《韩琦园林文学研究》。

2018，硕士，龚金晔（1995— ），上海人。硕士论文《胡铨年谱》。后考入中国社会科学院郑永晓教授门下读博士。

2020，硕士，尉立丹（1995— ），浙江绍兴人。上海社会科学院在读。

第五卷之九　金蕊先生支下

金蕊先生 2020 年开始在四川外国语大学招收硕士研究生。

2019，硕士，王菲（1996— ），安徽六安人。四川外国语大学在读。

2020，硕士，莫敏（1997— ），四川泸州人。四川外国语大学在读。

2021，硕士，郑雅丹（1998—），重庆垫江人。四川外国语大学在读。

第五卷之十　刘荣平先生支下

刘荣平先生 2004 年开始在厦门大学招收硕士研究生，共招 22 人。

2004，硕士，王丽煌（1983— ），福建漳州人。硕士论文《宋代闽词三论》。

2005，硕士，胥秀丽（1983— ），河南鹿邑人。硕士论文《王安中研究》。

2006，硕士，刘志华（1983— ），湖南浏阳人。硕士论文《曹勋诗歌研究》。

2006，硕士，王信霞（1979— ），安徽枞阳人。硕士论文《曾觌及其词研究》。

2006，硕士，尤玉兵（1978— ），安徽无为人。硕士论文《白玉蟾文学研究》。

2007，硕士，方慧君（1985— ），安徽巢湖人。硕士论文《宋人词体体制观研究》。

2007，硕士，刘桂林（1982— ），湖北仙桃人。硕士论文《刘壎研究》。

2007，硕士，饶金军（1984— ），江西乐安人。硕士论文《两宋词史观研究》。

2008，硕士，曹军黎（1986— ），安徽池州人。硕士论文《唐宋应制词的文化观照》。

2008，硕士，丁晨晨（1986— ），安徽芜湖人。硕士论文《洪咨夔及其诗歌研究》。

2010，硕士，娄洪（1984— ），贵州沿河人。硕士论文《词可兴观群怨说》。

2010，硕士，刘洋（1985— ），湖南张家界人。

2011，硕士，江卉（1989— ），福建屏南人。硕士论文《唐宋词调衍生关系研究》。后考入武汉大学王兆鹏教授门下读博士。

2012，硕士，赵瑞华（1989— ），河南开封人。硕士论文《北宋熙宁词坛研究》。后考入武汉大学谭新红教授门下读博士。

2013，硕士，董乐宁（1988— ），四川资阳人。硕士论文《论宫体词及其在北宋的演变》。

2014，硕士，肖菊香（1989— ），湖北黄石人。硕士论文《地理环境与稼轩词创作》。后考入武汉大学陈水云教授门下读博士。

2015，硕士，吴昊（1991— ），山东临沂人。硕士论文《宋词本事中的词学观念研究》。后考入中山大学彭玉平教授门下读博士。

2017，硕士，施超（1993— ），安徽青阳人。硕士论文《北宋域外诗研究》。

2018，硕士，魏阿碧（1995— ），福建漳浦人。硕士论文《苏轼词题序的形成演变与传播研究》。

2019，硕士，崔又菁（1997— ），河南郑州人。厦门大学在读。

2020，硕士，曾玥（1997— ），福建武平人。厦门大学在读。

2020，硕士，王子宁（1998— ），山东省广饶人。厦门大学在读。

第五卷之十一　谭新红先生支下

谭新红先生2005年起在武汉大学招收硕士研究生，已招15届32人；2012年招收博士生，已招8届13人。

一、博士

2012，博士，孙欣婷（1987— ），山东潍坊人。济南大学文学院讲师。博士论文《清人辑选清词总集研究》。

2013，博士，董继兵（1979— ），湖北咸宁人。湖北科技学院副教授。博士论文《晚清战争词研究》(后由四川大学出版社 2019 年出版)。

2014，博士，王新立（1980— ），河南南阳人。河南财经政法大学讲师。博士论文《近代文学社团研究》。

2014，博士，米昊阳（1986— ），四川平昌人。成都大学讲师。博士论文《文学景观视野下的成都古典园林》。

2015，博士，赵瑞华（1989— ），河南开封人。安阳师范学院讲师。博士论文《清代无锡顾氏家族及其文学研究——以顾润之一脉为中心》。

2015，博士，黄盼（1990— ），河南信阳人。湖北第二师范学院文学院讲师。博士论文《清代满族四家词人年谱》。

2016，博士，齐凯（1989— ），湖北武汉人。武汉大学在读。

2017，博士，吴琼（1990— ），湖北随州人。武汉工程大学讲师。博士论文《唐宋词声情研究》。

2017，博士，陈泽森（1989— ），广东汕头人。武汉大学在读。

2017，博士，任玉（1972— ），澳大利亚人。武汉大学在读。

2019，博士，宋雨娟（1996— ），湖北恩施人。武汉大学在读。

2019，博士，黄贞子（1994— ），湖北黄冈人。武汉大学在读。

2021，博士，马宜军（1996— ），安徽合肥人。武汉大学在读。

二、硕士

2005，硕士，汪媛（1983— ），安徽合肥人。硕士论文《论陆游的“以诗为词”》。

2005，硕士，刘瑞欣（1980— ），湖北鄂州人。硕士论文《从环境伦理学的角度看杨万里的自然诗》。

2006，硕士，柯贞金（1975— ），湖北鄂州人。硕士论文《词学卑体观研究》。

2006，硕士，卢汉宜（1979— ），湖北武汉人。硕士论文《论宋词在元代的传播与接受》。

2008，硕士，张文瑾（1985— ），湖北浠水人。硕士论文《论黄庭坚江西诗派宗主地位之形成》。

2008，硕士，程曦（1984— ），河南信阳人。硕士论文《苏轼在黄州的日常生活研究》。

2010，硕士，闵倩倩（1987— ），湖北宜城人。硕士论文《范纯仁年谱》。

2010，硕士，董文君（1988— ），湖南常德人。硕士论文《沈遘年谱》。

2011，硕士，马中燕（1988— ），河南商丘人。硕士论文《宋代京朝官群体籍贯研究》。

2011，硕士，侯玮琳（1988— ），山西大同人。硕士论文《北宋文官年表》。

2011，硕士，辛琪（1986— ），辽宁沈阳人。硕士论文《宋代福建路地方长官研究》。

2012，硕士，冯红梅（1987— ），重庆彭水人。硕士论文《论唐诗用典中的女性抒写》。

2013，硕士，张妍（1987—）。硕士论文《王珪年谱》。

2014，硕士，李烨含（1991— ），山西临汾人。硕士论文《吴泳年谱》。

2015，硕士，许文可（1992— ），山东菏泽人。硕士论文《綦崇礼年谱》。

2015，硕士，张雨潮（1993— ），陕西人。硕士论文《孙觌年谱》。

2016，硕士，黄贞子（1994— ），湖北黄冈人。硕士论文《宋代诗学考据学研究》。后继续随谭新红教授攻读博士。

2016，硕士，陈紫茜（1995— ），山西长治人。

2016，硕士，朱康玲（1994— ），浙江浦江人。硕士论文《北宋赐宴诗研究》。

2017，硕士，滕彦泠（1994— ），四川三台人。硕士论文《宋代牡丹诗研究》。

2017，硕士，许晨星（1995— ），河南周口市西华县人。硕士论文《金代论诗诗研究》。

2017，硕士，王桑（1996— ），湖北鄂州人。硕士论文《宋代史地百咏诗研究》。

2018，硕士，赵维宁（1996— ），江苏南京人。硕士论文《刘攽交游研究》。

2018，硕士，马天舒（1996— ），湖北襄阳人。硕士论文《刘敞诗歌研究》。

2019，硕士，郑佩林（1996— ），河南郑州人。武汉大学在读。

2019，硕士，黄巧盈（1996— ），台湾人。武汉大学在读。

2019，硕士，朱彦霖（1997— ），浙江绍兴人。武汉大学在读。

2020，硕士，廖峻漪（1998— ），湖北神农架人。武汉大学在读。

2020，硕士，赵妍楠（1998— ），河南许昌人。武汉大学在读。

2021，硕士，姜俞冰（1999— ），吉林敦化人。武汉大学在读。

2021，硕士，阮奥琪（1998— ），湖北红安人。武汉大学在读。

2021，硕士，周子豪（1999— ），湖北来凤人。武汉大学在读。

第五卷之十二　董希平先生支下

董希平先生在中国传媒大学2007年开山招硕士研究生，已招15届25人。2019年起招博士生，已招3届3人。

一、博士

2019，博士，王守福（1987— ），山东莒南人。中国传媒大学在读。
2020，博士，李燕（1989— ），安徽亳州人。中国传媒大学在读。
2021，博士，谢丹（1974— ），贵州兴仁人。贵州兴义民族师范学院文学与传媒学院副教授。中国传媒大学在读。

二、硕士

2007，硕士，沈晓璠（1981— ），山东淄博人。硕士论文《梦窗词接受研究》。
2008，硕士，王立（1973— ），内蒙古呼和浩特人。硕士论文《唐代乐伎研究》。随后入马来亚大学中文系随潘碧华教授读博士。
2008，硕士，边卫（1985— ），河北秦皇岛人。硕士论文《〈倾杯乐〉研究》。
2008，硕士，庄永（1985— ），山东省日照人。硕士论文《宋词曲化研究》。
2009，硕士，刘隽一（1986— ），河北邯郸人。硕士论文《王灼行年考》。后考入清华大学孙明君教授门下读博士。
2009，硕士，杨津（1986— ），山东济宁人。硕士论文《西湖吟社研究》。
2009，硕士，张津津（1986— ），安徽寿县人。硕士论文《吴潜年谱》。
2010，硕士，董晨（1987— ），山西太原人。硕士论文《李之仪与北宋崇宁党禁》。后考入中国社会科学院研究生院党圣元教授门下读博士。
2010，硕士，王彤（1987— ），山东章丘人。硕士论文《〈本事诗〉版本研究》。
2011，硕士，程艳梅（1988— ），河南洛阳人。硕士论文《曾慥行年考》。
2012，硕士，王思静（1986— ），山西太原人。硕士论文《古琴与宋词演唱》。
2013，硕士，刘姝（1991— ），山西吕梁人。硕士论文《曾协考》。

2014，硕士，王龙（1988— ），河南南阳人。硕士论文《张惠言唐宋词接受研究》。

2014，硕士，郭兴（1990— ），陕西西安人。硕士论文《宋代王安石形象研究》。

2015，硕士，吴亚琦（1992— ），宁夏银川人。硕士论文《鼓与宋词演唱》。

2016，硕士，付利杰（1991— ），河南开封人。硕士论文《陆游隐逸诗研究》。

2018，硕士，甘煜婷（1995— ），山东淄博人。硕士论文《〈全唐诗〉词部研究》。

2018，硕士，董雅静（1993— ），山东高密人。硕士论文《〈全唐诗〉“白居易卷”渊源考》。

2019，硕士，延嘉琦（1993— ），内蒙古呼和浩特人。中国传媒大学在读。

2019，硕士，王宇（1996— ），山西吕梁人。中国传媒大学在读。

2020，硕士，董佳楠（1997— ），山东潍坊人。中国传媒大学在读。

2020，硕士，姜欣辰（1998— ），山西长治人。中国传媒大学在读。

2021，硕士，赵雪（1998— ），河南长垣人。中国传媒大学在读。

2021，硕士，陈昱杉（1999— ），四川安岳人。中国传媒大学在读。

第六卷　朱崇才先生派下

朱崇才先生2013年在南京师范大学文艺学专业开始招博士，共招2届2人；2000年始招硕士，共招18届120余人。

一、博士

2013，博士，陈虹（1974— ），安徽合肥人。安徽铜陵学院副教授。博士论文《汉字的感性显现·甲骨金石篇》。

2014，博士，朱彦（1982— ），江苏宝应人。现任职于南京福康通健康产业有限公司。博士论文《“雅”范畴的汉字美学研究》。

二、硕士

2000，硕士，王猛（1971— ），陕西合阳人。硕士论文《对基础教育中应试教育现象的再审视》。

2000，硕士，陈庆艳（1976— ），江苏盐城人。硕士论文《“宋调”的开启者——论梅尧臣在宋诗史上的地位》。

2000，硕士，朱彦（1975— ），江苏南京人。硕士论文《语文教学中学生审美能力的培养》。

2001，硕士，石志鸟（1977— ），河南宜阳人。硕士论文《苏门词学之异同》。后考入南京师范大学程杰教授门下读博士。

2001，硕士，凌霞（1979— ），江苏南京人。硕士论文《苏雪林文学道路述评》。

2001，硕士，李本军（1978— ），安徽霍邱人。硕士论文《论语文多媒体教学优化》。

2002，硕士，刘月琴（1977— ），山西灵石人。硕士论文《宋词“女性化”审美意识》。

2002，硕士，梁欢华（1980— ），广西苍梧人。硕士论文《“志不在鱼”——宋词渔钓意象研究》。

2002，硕士，阚加明（1980— ），江苏南京人。硕士论文《内地新疆高中班汉语教学现状调查与实践研究》。

2002，硕士，蔡桂忠（1980— ），江苏泰州人。硕士论文《人教版 2002 高中语文教材练习系统的基本特征及实施策略》。

2002，硕士，田浩东（1980— ），江苏阜宁人。硕士论文《论新课标背景下中学文学作品的多元解读》。

2002，硕士，许露（1980— ），江苏南京人。硕士论文《生命意识在高中语文教学中的渗透》。

2003，硕士，顾美和（1981— ），山东枣庄人。硕士论文《词籍序跋刍议》。

2003，硕士，刘文伟（1981— ），江苏南京人。硕士论文《宋代歌曲研究》。

2003，硕士，王倩（1981— ），江苏沭阳人。硕士论文《梦窗词心理意象研究》。

2004，硕士，张巧凤（1970— ），江苏常州人。硕士论文《文学内在价值与社会道德规范的冲突——以纳博科夫〈洛丽塔〉为例》。

2004，硕士，李保龙（1979— ），河南新乡人。硕士论文《渴求尊严的“受害者”——贝娄小说知识分子形象分析》。

2004，硕士，韩模永（1981— ），安徽六安人。硕士论文《中西反阐释理论比较研究》。

2004，硕士，徐钰愉（1982— ），浙江上虞人。硕士论文《格式塔心理学美学“异质同构论”研究》。

2004，硕士，杨文静（1982— ），山东任城人。硕士论文《由济世到修己——刘心武1980到1990年代创作心态转变探析》。

2004，硕士，隋艳梅（1982— ），黑龙江佳木斯人。硕士论文《小杂志与大文学——论1979—1989〈读书〉的文学选择》。

2004，硕士，黎娟（1982— ），浙江杭州人。硕士论文《浅析米兰·昆德拉与终极悖谬时期的小说》。

2004，硕士，吴永平（1982— ），江苏镇江人。硕士论文《“京剧文化”校本课程的开发与实施策略研究》。

2004，硕士，张秋华（1982— ），江苏苏州人。硕士论文《苏教版高中语文课文系统选编特点及教学实施研究》。

2004，硕士，曹劲红（1974— ），江苏南京人。硕士论文《中职校商贸专业语文教学现状及其改进策略研究——以南京市四所中等职业学校为例》。

2005，硕士，杨沉（1973— ），安徽凤阳人。硕士论文《生命的隐喻——论中国古典文学中的水意象》。

2005，硕士，黄仲山（1980— ），安徽六安人。硕士论文《中国古典文学中的亭意象研究》。后考入中国社会科学院文学研究所高建平教授门下读博士。

2005，硕士，吴莉莉（1982— ），江苏盐城人。硕士论文《狷行人生路》。后考入汪介之教授门下读博士。

2005，硕士，李燕（1982— ），江苏南通人。硕士论文《元杂剧义仆形象研究》。

2005，硕士，顾炜（1982— ），江苏南通人。硕士论文《中学校园文学的现状、问题及因应策略》。

2005，硕士，张震芳（1982— ），江苏金坛。硕士论文《旅游专业职高生的语文口语教学研究》。

2005，硕士，吴海平（1980— ），江苏南京人。硕士论文《初高中语文教学的衔接研究》。

2005，硕士，刁琲（1980— ），江苏南通人。硕士论文《中国当代女小说家作品中母亲形象研究》。

2006，硕士，王飞（1982— ），山东费县人。硕士论文《慕侠情结的文学呈现及文化意蕴》。

2006，硕士，赵娟（1982— ），湖北仙桃人。硕士论文《中国古典诗词中的笛声意象》。

2006，硕士，蔡玲玲（1984— ），江苏海门人。硕士论文《南宋词中的山形水态与中国抒情传统的转变》。

2006，硕士，张燕（1984— ），江苏南京人。硕士论文《金陵景观美学研究》。

2006，硕士，翟月琴（1985— ），山西临汾人。硕士论文《朦胧诗人漂泊海外后的自我认同研究》。后考入上海戏剧学院杨扬教授门下读博士。

2006，硕士，赵萍（1980— ），江苏南京人。硕士论文《中学说明文教学研究》。

2006，硕士，陈玫玫（1981— ），江苏南京人。硕士论文《初中语文中国现代文学作品教学探讨》。

2006，硕士，吴英（1981— ），江苏南京人。硕士论文《针对“90后”高中生特征的作文教学策略研究》。

2006，硕士，杨正明（1981— ），江苏南京人。硕士论文《洪镇涛语感教学观研究》。

2006，硕士，张晨（1981— ），江苏南京人。硕士论文《大众文化语境下的电子游戏艺术》。

2007，硕士，蔡枫林（1981— ），江苏无锡人。硕士论文《新课程背景下高中小班化语文教学研究》。

2007，硕士，戴玉秀（1982— ），江苏南京人。硕士论文《高中语文知识教学浅论》。

2007，硕士，朱明清（1982— ），江苏淮安人。硕士论文《“80后”青春文学研究》。

2007，硕士，汪珠文（1982— ），浙江安吉人。硕士论文《唐宋词中的审美回忆》。

2007，硕士，赵倩（1982— ），江苏宜兴人。硕士论文《宜兴景观美学研究——论其“灵秀谨严”的美学特点》。

2007，硕士，高雅如（1982— ），江苏南京人。硕士论文《钟摆轻扬——试说〈卡拉马佐夫兄弟〉的双重性》。

2007，硕士，耿亚萍（1982— ），江苏南京人。硕士论文《高中语文选修课教学中存在的问题及对策研究》。

2007，硕士，沈丽娜（1982— ），江苏南京人。硕士论文《农村初中生语文课外阅读的现状与对策研究》。

2007，硕士，王颖颖（1982— ），江苏南京人。硕士论文《初中语文诗歌教学与中考作文》。

2007，硕士，毛红莉（1982— ），江苏南京人。硕士论文《初中语文教学整体设计》。

2007，硕士，张琴（1982— ），江苏南京人。硕士论文《五年制高职学生语文应用能力现状及培养研究》。

2007，硕士，魏新建（1982— ），江苏南京人。硕士论文《寄宿制管理模式下提高初中学生语文素养策略研究》。

2007，硕士，匡立庆（1982— ），江苏赣榆人。硕士论文《农村重点高中校外语文课程资源的开发利用》。

2007，硕士，程冬梅（1982— ），江苏南京人。硕士论文《高中古诗文教学中民族精神的弘扬》。

2007，硕士，吴正英（1982— ），江苏常州人。硕士论文《新课程背景下常州市语文中考试卷及其导向性研究》。

2008，硕士，张天梅（1982— ），江苏南京人。硕士论文《初中语文语法教学现状和教学策略研究》。

2008，硕士，石榴（1982— ），江苏南通人。硕士论文《初中语文课外学习资源开发利用研究》。

2008，硕士，乔丽（1982— ），江苏南京人。硕士论文《高中生写作障碍成因探析与对策研究》。

2008，硕士，陈健（1982— ），江苏南京人。硕士论文《乡镇初中口语交际教学的现状及其改进策略研究》。

2008，硕士，姚菲菲（1982— ），江苏南京人。硕士论文《新媒介环境与移动文学》。

2008，硕士，窦倩（1983— ），江苏南京人。硕士论文《论元杂剧的生命意识》。

2008，硕士，叶菁（1983— ），江苏南京人。硕士论文《数字化传播途径下的网络文学读写关系研究》。

2008，硕士，李东（1983— ），山东济宁人。硕士论文《论中国古代文人的远游》。

2008，硕士，孙隽莹子（1985— ），江苏海门人。硕士论文《论文学镜意象中的“我”》。

2009，硕士，王伯美（1982— ），江苏泰兴人。硕士论文《高中校园文学活动的纵深发展与功能开发》。

2009，硕士，王颖（1982— ），江苏南京人。硕士论文《审美想象在高中诗歌教学中的运用》。

2009，硕士，王丽华（1982— ），江苏南京人。硕士论文《隋唐海洋文学研究》。

2009，硕士，董晓强（1982— ），河北邢台人。硕士论文《杜鹃意象研究》。

2009，硕士，王运刚（1983— ），江苏沭阳人。硕士论文《高三语文课堂教学效率研究》。

2009，硕士，陈军军（1984— ），湖北襄阳人。硕士论文《从梦窗词研究热潮看晚清四大词人审美心态》。

2009，硕士，陈婧（1985— ），河南长葛人。硕士论文《洛水文学审美研究》。

2009，硕士，吴蔚（1986— ），湖北武汉人。硕士论文《勃朗特姐妹作品中的暴风雨意象研究》。后考入南京师范大学骆冬青教授门下读博士。

2010，硕士，陈茜（1975— ），江苏江阴人。硕士论文《南菁书院教育实践与南菁中学语文课堂教学》。

2010，硕士，佘凤华（1981— ），江苏江宁人。硕士论文《江苏省对口单招语文课程教学改进策略研究》。

2010，硕士，刘红梅（1983— ），江苏南京人。硕士论文《近十年苏教版中职语文教材研究》。

2010，硕士，徐国奎（1986— ），山东临沂人。硕士论文《明清经典小说女性形象荒诞性研究》。

2010，硕士，傅一岑（1988— ），江苏南京人。硕士论文《“自然”观与文学审美理想》。

2010，硕士，刘振华（1989— ），山东济南人。硕士论文《魏晋玄学与朱熹文论关系研究》。

2010，硕士，叶紫（1987— ），江苏南京人。硕士论文《南宋浙西词地图研究》。

2011，硕士，陈建浩（1978— ），江苏盱眙人。硕士论文《新课程背景下的“本色语文”研究》。

2011，硕士，马晓静（1987— ），河南濮阳人。硕士论文《生命的诗意流动：词的形式美感》。

2011，硕士，王海峰（1987— ），湖北孝感人。硕士论文《中国古代文学中的大同思想研究——以互文性角度切入》。后考入苏州大学徐国源教授门下读博士。

2011，硕士，王思丹（1989— ），江西九江人。硕士论文《“感物”说的发展研究》。

2011，硕士，李燕（1985— ），江苏南京人。硕士论文《基于个体差异的初中语文小组合作学习探索》。

2012，硕士，唐玮（1983— ），江苏南京人。硕士论文《人教版初中〈语文〉作文教学的优化策略探索》。

2012，硕士，卫秀荣（1988— ），山西吕梁人。硕士论文《苏轼词中的自由精神探究》。

2012，硕士，陈璐（1989— ），河南驻马店人。硕士论文《清代女性词中的身体语言研究》。

2012，硕士，张继强（1989— ），山东泰安人。硕士论文《陀思妥耶夫斯基作品中的救赎主题》。

2013，硕士，周秀聪（1989— ），山西朔州人。硕士论文《汉字“自”及“自”族若干词语的美学研究》。

2013，硕士，李娟（1990— ），安徽池州人。硕士论文《家谱中辈分字的文化研究——以紫阳朱氏家谱为例》。

2013，硕士，丁慧（1991— ），江苏盐城人。硕士论文《从攻玉到穷理——“理”的汉字美学阐释》。

2014，硕士，王坤（1990— ），山东聊城人。硕士论文《〈人民文学〉“非虚构”专栏作品叙事学研究》。

2014，硕士，蔡云（1991— ），安徽铜陵人。硕士论文《绘本的美学特征及其流行传播研究》。

2014，硕士，吴希文（1992— ），江苏常州人。硕士论文《汉语词学概念“雅正”与英语、德语中的对应概念》。

2014，硕士，莫太平（1992— ），安徽池州人。硕士论文《汉字“風”的美学研究》。

2014，硕士，欧阳田（1992— ），江苏苏州人。硕士论文《乡关何处——从“鄉”字探寻打工文学中的原乡困境》。

2015，硕士，翟玲玲（1985— ），江苏泰兴人。硕士论文《〈小学识字教本〉汉字图像还原研究》。

2015，硕士，张勤（1993— ），江西赣州人。硕士论文《常州派词学接受研究》。

2015，硕士，蒋珊珊（1993— ），江苏如皋人。硕士论文《当代“汉字图像游戏”研究》。

2015，硕士，周婷（1993— ），浙江嘉兴人。硕士论文《手机摄影图像研究》。

2015，硕士，赵丹蕾（1993— ），河南济源人。硕士论文《身体美学视域下汉字“德”的研究》。

2016，硕士，拾晓峰（1993— ），江苏南京人。硕士论文《汉画像中的“升仙”现象研究——从神仙信仰到升仙崇拜》。

2016，硕士，陈之勤（1993— ），浙江宁波人。硕士论文《先唐“骨”论研究》。

2016，硕士，江雪（1994— ），安徽安庆人。硕士论文《汉字“夢”的文化内涵与美学研究》。

2016，硕士，方荻（1994— ），安徽六安人。硕士论文《汉字“游”的美学研究》。

2016，硕士，赵丽云（1994— ），四川南充人。硕士论文《“蜀道”审美研究》。

2017，硕士，张靖奎（1994— ），河北唐山人。硕士论文《宋代侠文学主题研究——以宋代笔记小说为例》。

2017，硕士，吴晨菲（1995— ），江西波阳人。硕士论文《汉字“毓”的美学研究》。

2017，硕士，孙雅惠（1995— ），浙江慈溪人。硕士论文《杜拉斯自传性作品中的自恋》。

2017，硕士，陈喆（1995— ），安徽阜阳人。硕士论文《论“作”者在中国的早期呈现》。

第七卷　刘尊明先生派下

刘尊明先生1995年在湖北大学开始招收硕士研究生，共10届24人。2003年在武汉大学评聘博士生导师，招收博士生2届2人。2007年在湖北大学招收博士生1届1人。2008年移师深圳大学，招收硕士生13届14人、博士生3届3人。

一、博士

2003，博士，陈鑫（1977— ），湖北随州人。湖北大学文学院副教授。博士学位论文《宋词长调“金曲”〈水调歌头〉研究》。著有《宋词长调“金曲”〈水调歌头〉研究》(湖北人民出版社2017年版）等。

2003，博士，洪豆豆（1980— ），湖北武汉人。武汉大学国际教育学院讲师。博士论文《唐宋词明前传播史》。

2007，博士，徐海梅（1979— ），湖北荆门人。攀枝花学院文学院讲师。博士论文《周紫芝及其文学研究》。著有《周紫芝生平考述暨创作探源》（中国社会科学出版社2014年版）。

2019，博士，李文韬（1992— ），山东聊城人。深圳大学博士在读。博士论文拟题《中国古代词调学史论》。

2020，博士，李琦（1995— ），安徽安庆人。2021年7月博士肄业。

2021，博士，吴亚萍（1976— ），湖北宜昌人。深圳大学博士在读（硕博连读）。

二、硕士

1995，硕士，曾晓峰（1971— ），湖南邵东人。硕士论文《周紫芝生平事迹考述》。

1995，硕士，李定广（1966— ），安徽肥东人。硕士论文《唐宋词雅化史论》。后考入复旦大学杨明教授门下攻读博士学位。

1995，硕士，路成文（1973— ），湖北仙桃人。硕士论文《竹山词研究》。后考入南京大学莫砺锋教授门下攻读博士，南京师范大学钟振振教授门下博士后。

1997，硕士，钱建状（1971— ），安徽无为人。硕士论文《宋江湖词人初探》。后考入浙江大学吴熊和教授门下攻读博士。

1997，硕士，赵晓涛（1974— ），湖北黄陂人。硕士论文《史浩其人其词初探》。后考入复旦大学王水照教授门下攻读博士。

1997，硕士，王秀林（1976— ），湖北随州人。硕士论文《李煜词研究二题》。后考入复旦大学陈允吉教授门下攻读博士。

1999，硕士，张春媚（1975— ），广东珠海人。硕士论文《温庭筠词传播与接受研究》。后考入武汉大学王兆鹏教授门下攻读博士。

1999，硕士，田智会（1976— ），湖北汉川人。硕士论文《周邦彦词传播与接受研究》。

2000，硕士，邓建（1976— ），湖北松滋人。硕士论文《柳永词传播接受研究》。后考入武汉大学王兆鹏教授门下攻读博士。

2000，硕士，陈鑫（1977— ），湖北随州人。硕士论文《李之仪研究》。后随刘尊明教授继续攻读博士。

2000，硕士，白静（1976— ），湖北荆州人。硕士论文《〈花间集〉传播接受研究》。2003 年考入南开大学师从叶嘉莹教授攻读博士学位。

2001，硕士，王相红（1973— ），湖北钟祥人。硕士论文《戴复古研究》。

2001，硕士，李蓉（1980— ），湖北监利人。硕士论文《宋代僧词的文化意蕴及审美特征》。

2002，硕士，甘松（1979— ），湖北公安人。硕士论文《宋代宫廷词研究》。后考入安徽师范大学丁放教授门下攻读博士。

2002，硕士，洪豆豆（1980— ），湖北武汉人。硕士论文《清代李清照词传播接受研究》。后随刘尊明教授继续攻读博士。

2003，硕士，刘云峰（1973— ），湖北钟祥人。硕士论文《唐宋金元〈杨柳枝〉研究》。后考入华中科技大学李俊国教授门下攻读博士。

2003，硕士，熊艳敏（1978— ），湖北天门人。硕士论文《唐五代〈菩萨蛮〉研究》。

2004，硕士，王丽琴（1980— ），湖北麻城人。硕士论文《欧阳修词在宋代的传播接受研究》。

2004，硕士，夏志颖（1982— ），安徽马鞍山人。硕士论文《李弥逊行实考》。后考入南京大学张宏生教授门下攻读博士。

2004，硕士，黎蓉（1982— ），湖北宜昌人。硕士论文《二晏词接受史论》。

2005，硕士，杜艳（1983— ），湖北大冶人。硕士论文《辛弃疾唱和词研究》。

2005，硕士，陈君丹（1982— ），湖北武汉人。硕士论文《唐宋词与当代流行歌曲》。

2006，硕士，林红（1984— ），湖北人。硕士论文《吕本中及其创作研究》。

2006，硕士，肖青松（1984— ），湖北人。硕士论文《宋代怀古词的定量和定性分析》。

2008，硕士，余泽薇（1986— ），广东潮州人。硕士论文《唐宋〈望江南〉词初探》。

2009，硕士，洪叶（1987— ），湖北公安人。硕士论文《唐五代词经典名篇研究》。

2010，硕士，李志丽（1986— ），广东化州人。硕士论文《历代次韵苏轼〈念奴娇·赤壁怀古〉词研究》。

2011，硕士，陈晶（1987— ），广东茂名人。硕士论文《宋词“金曲”〈鹧鸪天〉初探》。

2011，硕士，李晓妍（1988— ），广东阳江人。硕士论文《柳永词用调研究》。

2012，硕士，殷玉纯（1989— ），河北石家庄人。硕士论文《宋词长调“金曲”〈满江红〉初探》。

2013，硕士，苏怡充（1989— ），广东人。硕士论文《周邦彦词用调研究》。

2014，硕士，金瑶（1975— ），河南人。硕士论文《宋代词人次韵东坡词研究》。

2015，硕士，霍文雅（1991— ），广东人。硕士论文《唐宋词调名研究》。

2016，硕士，赵晓莹（1994— ），山东聊城人。硕士论文《宋代无名氏词艺术特征研究》。

2017，硕士，唐新清（1995— ），四川泸县人。硕士论文《唐宋小令名调〈清平乐〉研究》。

2018，硕士，邵洋（1995— ），天津人。硕士论文《吴文英词用调研究》。

2019，硕士，吴亚萍（1976— ），湖北宜昌人。现从刘尊明教授继续攻读博士学位（硕博连读）。

2020，硕士，纪盈（1995— ），广东汕头人。深圳大学在读。

第七卷之一　李定广先生支下

李定广先生2004年起在汕头大学招硕士生4届8人。2009年调任上海师范大学教授，招博士生10届15人，硕士生12届37人。

一、博士

2012，博士，武氏明凤（1987— ），越南人。2016年毕业回越南，现为顺化大学副教授。博士论文《越南李陈禅诗之研究》。

2013，博士，张敬雅（1988— ），籍贯河北，生于贵州安顺。2016年博士毕业，现为贵州师范大学文学院副教授。博士论文《清代唐诗总集序跋研究》。

2014，博士，严维哲（1986— ），上海人。2017年入华东师范大学刘永翔教授门下做博士后，现为上海师范大学天华学院讲师。博士论文《唐代宫廷唱和诗歌研究》。

2014，博士，范明心（1988— ），越南人。2018年毕业回越南。博士论文《越南慧忠上士与中国苏东坡禅诗比较研究》。

2015，博士，叶汝骏（1990— ），浙江丽水人。2018年毕业赴台湾政治大学继续深造。博士论文《唐代五律艺术流变研究》。

2015，博士，阮福心（1989— ），越南人。2019年毕业回越南。博士论文《唐诗对越南李陈汉诗的影响研究》。

2016，博士，左福生（1980— ），福建武夷山人。2019年毕业，现为重庆师范大学学报编辑部主任、副教授。博士论文《宋代寺院与诗歌关系研究》。

2017，博士，袁姝月（1990— ），安徽合肥人。2021年12月毕业。博士论文《唐宣宗与大中诗坛研究》。

2018，博士，张永吉（1986— ），河南信阳人。2021年6月毕业，现为上海应用技术大学讲师。博士论文《柳宗元诗歌及其接受研究》。

2018，博士，岳冰（1990— ），安徽淮南人。上海师范大学在读。

2019，博士，裘江（1992— ），江苏淮安人。上海师范大学在读。

2019，博士，刘燕（1991— ），安徽人。上海师范大学在读。

2020，博士，丁震寰（1992— ），新疆人。上海师范大学在读。

2021，博士，李刚刚（1993— ），河南人。上海师范大学在读。

2021，博士，顾晓瑜（1994— ），浙江湖州人。上海师范大学在读。

二、硕士

2005，硕士，谭琼（1978— ），四川人。后考入北京语言大学韩经太教授门下攻读博士。硕士论文《两〈唐书〉文学批评比较研究》。

2005，硕士，黄丽华（1980— ），广东人。硕士论文《〈香奁集〉佳人形象研究》。

2006，硕士，林彬（1981— ），广东人。硕士论文《中国古典诗词明月意象探赜——以李白、苏轼为中心》。

2006，硕士，杨旭峰（1983— ），广东人。硕士论文《皮日休诗歌研究》。

2007，硕士，翁艾（1984— ），广东人。硕士论文《罗隐咏物诗研究》。

2007，硕士，尚旭（1984— ），广东人。硕士论文《北宋诗词背景下的陈师道词研究》。

2007，硕士，陈婷（1984— ），广东人。硕士论文《孙光宪词研究》。

2010，硕士，贾红（1987— ），山西人。硕士论文《〈唐音审体〉研究》。

2010，硕士，程至（1987— ），山西人。硕士论文《“诗虎”罗邺及其诗歌研究》。

2010，硕士，王茜（1987— ），山东人。硕士论文《温庭筠七律研究》。

2010，硕士，吴果恒（1987— ），上海人。硕士论文《“形式美”在高中古诗文教学中的效用研究》。

2010，硕士，许贤（1987— ），上海人。硕士论文《中小学语文课堂朗读教学研究》。

2010，硕士，王友（1987— ），上海人。硕士论文《中学现代文学作品阅读与鉴赏方法研究》。

2011，硕士，王晶（1988— ），江西人。硕士论文《晚唐五代诗格探究》。

2011，硕士，薛芹（1988— ），江西人。硕士论文《中学语文课堂教学语言探究》。

2012，硕士，王燕（1989— ），上海人。硕士论文《外来务工人员子女文言文阅读教学有效性研究》。

2012，硕士，王海峰（1989— ），上海人。硕士论文《高考语言文字运用题答题策略研究——以江苏卷为例》。

2012，硕士，张骏如（1989— ），河南人。硕士论文《罗隐咏史诗研究》。

2012，硕士，周梦璐（1989— ），上海人。硕士论文《陆龟蒙咏物诗研究》。

2012，硕士，孙晓晔（1989— ），河南人。硕士论文《初中生学习古诗的现状与对策——以沪教版初中语文教材为例》。

2013，硕士，李星霖（1990— ），江苏人。硕士论文《〈唐文粹〉研究》。

2013，硕士，周曼（1990— ），安徽人。硕士论文《蝴蝶梦中家万里——晚唐诗人崔涂诗歌研究》。

2014，硕士，李永（1991— ），江苏人。硕士论文《唐宣宗朝科举变革与诗风变易》。

2014，硕士，刘慧（1991— ），安徽人。硕士论文《苏轼倅杭词研究》。

2015，硕士，王婷婷（1992— ），河南人。硕士论文《"花间别调"研究》。

2015，硕士，王洁（1992— ），安徽人。硕士论文《张祜题壁诗研究》。

2015，硕士，朱俊声（1992— ），上海人。硕士论文《陆龟蒙组诗研究》。

2016，硕士，宋炎宏（1993— ），安徽人。硕士论文《许渊冲唐诗英译之研究》。

2016，硕士，龙慧文（1993— ），江西人。硕士论文《罗隐七绝研究》。

2016，硕士，冯云霄（1993— ），江苏人。硕士论文《唐代牡丹诗研究》。

2017，硕士，娄凤南（1994— ），安徽人。硕士论文《晚唐薛逢诗歌研究》。

2017，硕士，陈旭蕊（1994— ），内蒙古人。硕士论文《晚唐诗人曹邺研究》。

2017，硕士，裘江（1992— ），江苏淮安人。2019 年直博。

2018，硕士，樊梦瑶（1995— ），山西人。硕士论文《李白代言类诗歌研究》。后考入华东师范大学胡晓明教授门下攻读博士。

2018，硕士，王子钰（1995— ），江苏人。硕士论文《宇文所安、许渊冲杜诗英译比较研究》。

2018，硕士，施昂（1995— ），上海人。硕士论文《晚唐五代词的文学地理学研究》。

第七卷之二　路成文先生支下

路成文先生2004年起在湖北大学招收硕士生2届2人。2007年调任广东外语外贸大学教授，招硕士生5届6人。2016年调任华中科技大学教授，招博士生5届5人，硕士生6届15人。

一、博士

2016，博士，张丽莎（1991— ），湖北红安人。华中科技大学博士在读。博士论文《花木之咏与宋代士大夫的精神世界》。

2017，博士，史悦（1992— ），河南开封人。华中科技大学博士在读。博士论文《宋元上梁文研究》。

2018，博士，阮萌萌（1990— ），河南驻马店人。华中科技大学博士在读。博士论文《文献学视域下的〈二如亭群芳谱〉研究》。

2020，博士，宋定坤（1995— ），河南新乡人。华中科技大学博士在读。

2021，博士，李玉蓉（1995— ），湖南怀化人。华中科技大学博士在读。

二、硕士

2004，硕士，李珺（1983— ），湖北襄阳人。硕士论文《南渡词人蔡伸丛考》。

2013，硕士，李婷（1990— ），广东梅县人。硕士论文《词调〈昭君怨〉研究》。

2014，硕士，左洁雯（1992— ），江西宜春人。硕士论文《日本“中国文学史”的书写研究》。

2016，硕士，黄琪（1993— ），江西吉安人。硕士论文《“盘洲别业”与洪适园林诗文研究》。

2016，硕士，冯甜甜（1993— ），湖北钟祥人。硕士论文《杜牧传记类文章研究》。

2017，硕士，刘治羽（1993— ），湖北通城人。硕士论文《陆游疾病诗研究》。

2018，硕士，郭淑雅（1995— ），湖北襄阳人。硕士论文《史惟圆词研究》。

2018，硕士，赵丹阳（1995— ），河南驻马店人。硕士论文《邵雍花木诗研究》。

2018，硕士，杨小娟（1996— ），贵州三都人。华中科技大学在读。

2019，硕士，姚璐雅（1996— ），福建南平人。华中科技大学在读。

2019，硕士，陈娜（1997— ），重庆巫山人。华中科技大学在读。

2020，硕士，尹雨妍（1998— ），山东德州人。华中科技大学在读。

2020，硕士，杨梅（1998— ），湖南益阳人。华中科技大学在读。

2021，硕士，胡彩霞（1998— ），湖北襄阳人。华中科技大学在读。

2021，硕士，骆怡嘉（2000— ），江西萍乡人。华中科技大学在读。

第七卷之三　钱建状先生支下

钱建状先生2004年开始在厦门大学招收硕士生，已招15届19人；2015年招收博士生，已招7届8人。

一、博士

2015，博士，杨文佳（1987— ），江西九江人。厦门大学在读。

2015，博士，意莉莎（1985— ），意大利罗马人。博士论文《欧美的唐宋小说研究》。

2016，博士，张经洪（1988— ），江西人。现就职于厦门市水利局。博士论文《南宋碑志文研究》。

2017，博士，龚敏（1991— ），湖北咸宁人。现就职于杭州师范大学人文学院。博士论文《明末清初文人日常生活与词体书写》。

2018，博士，胡晓（1993— ），江西赣州人。厦门大学在读。

2019，博士，林雨鎏（1988— ），江西赣州人。厦门大学在读。

2020，博士，隋胜男（1994— ），河北邢台人。厦门大学在读。

2021，博士，冀晋华（1993— ），内蒙古呼和浩特人。厦门大学在读。

二、硕士

2004，硕士，郑玲（1981— ），安徽贵池人。硕士论文《北宋扬州文学研究》。

2005，硕士，陈瑶（1984— ），浙江温州人。硕士论文《王禹偁贬谪商州时期诗风研究》。

2006，硕士，王晓琦（1984— ），辽宁沈阳人。硕士论文《南宋“崇欧热”研究》。

2007，硕士，杨唐衍（1973— ），江西吉安人。硕士论文《苏轼日常生活诗歌研究》。

2007，硕士，孙宗英（1982— ），安徽萧县人。硕士论文《〈宋史·文苑传〉北宋文人著述考》。

2007，硕士，苏碧铨（1984— ），福建南安人。硕士论文《北宋读史诗研究》。

2008，硕士，李正明（1983— ），河南信阳人。硕士论文《马楚天策府十八学士考》。

2009，硕士，胡晓骝（1985— ），浙江宁波人。硕士论文《宋代无名氏词初探》。

2010，硕士，王红杏（1988— ），广西南宁人。硕士论文《北宋词对杜牧诗接受研究》

2011，硕士，艾冰梅，（1989— ），辽宁北票人。硕士论文《元祐文人茶诗研究》。

2011，硕士，王霞（1990— ），江西吉安人。硕士论文《〈花间集〉女性服饰描写研究》。

2013，硕士，魏琼琼（1991— ），河南新乡。硕士论文《周必大碑志文研究》。

2014，硕士，温学茹（1990— ），内蒙古呼和浩特人。硕士论文《陆游诗歌中的饮食书写》。

2015，硕士，胡晓蒙（1992— ），浙江杭州人。硕士论文《稼轩词修辞艺术研究》。

2016，硕士，叶德颜（1993— ），安徽明光人。硕士论文《陈造考论》。

2017，硕士，隋胜男（1994— ），河北邢台人。硕士论文《庆历文人书信研究》。随钱建状教授继续攻读博士。

2018，硕士，龚婵祎（1996— ），福建宁德人。硕士论文《谢章铤诗文研究》。

2018，硕士，仲皓（1996— ），辽宁营口人。硕士论文《明末清初山左诗人卢世漼研究》。

2019，硕士，葛祎（1996— ），安徽铜陵人。厦门大学在读。

第七卷之四 王秀林先生支下

王秀林先生2008年在中央民族大学开始招硕士研究生，已招11届19人。

2008，硕士，刘成成（1985— ），湖北荆州人。硕士论文《苏轼与佛僧》。

2010，硕士，张璐（1988— ），北京人。硕士论文《苏辙佛道会通思想研究》。

2011，硕士，封国霞（1975— ），北京人。硕士论文《从书信看苏轼之心态——以“乌台诗案”之前书信为例》。

2011，硕士，李聚慧（1988— ），湖南邵阳人。硕士论文《张方平散文研究》。

2011，硕士，程华锋（1979—）。硕士论文《北宋文人对〈维摩诘经〉的接受》。

2012，硕士，张琦（1988— ），吉林长春人。硕士论文《曾布及其创作研究》。

2012，硕士，黄玲霞（1990— ），江西萍乡人。硕士论文《蔡确研究》。

2013，硕士，张爱玲（1978— ），山东济南人。硕士论文《李廌研究》。

2013，硕士，汪培培（1988— ），河南新乡人。硕士论文《苏过唱和诗研究》。

2015，硕士，谭逊（1992— ），山东潍坊人。硕士论文《“乌台诗案”牵连人员研究》。

2016，硕士，徐志鹏（1991— ），河北承德人。硕士论文《北宋中后期王安石文学创作的接受研究》。

2018，硕士，梁冰（1995— ），河北承德人。硕士论文《司马光同年研究》。

2019，硕士，韩卓希（1996— ），四川成都人。中央民族大学在读。

2019，硕士，左佳帅（1997— ），河北承德人。中央民族大学在读。

2020，硕士，柯欢（1995— ），湖北黄冈人。中央民族大学在读。

2020，硕士，汤朝露（1998— ），江苏淮安人。中央民族大学在读。

2021，硕士，张曼萍（1997— ），云南曲靖人。中央民族大学在读。

2021，硕士，徐奕敏（1998— ），浙江湖州人。中央民族大学在读。

2021，硕士，宋莹（1999— ），湖北宜昌人。中央民族大学在读。